생사의 기로에 선 중국공산당의 운명적 선택

生死關頭-中國共產黨的道路抉擇 by 金冲及

本书由生活·读书·新知三联书店有限公司授权出版
© 2016 SDX Joint Publishing Co., Ltd.
Korean Language edition published by Hakgobang in 2025
This project is supported by the Chinese Fund for the Humanities and Social Sciences.
本项目获得"中华社会科学基金"资助。
All rights Reserved.

이 책은 SDX Joint Publishing Co., Ltd.를 통한 저작권자와의 독점계약으로
도서출판 학고방에서 출간되었습니다.
저작권법에 의해 한국 내에서 보호를 받는 저작물이므로 무단전재와 복제를 금합니다.

생사의 기로에 선 중국공산당의 운명적 선택

生死關頭-中國共産黨的道路抉擇

진충지 金沖及 지음
안인환 安仁煥·**제효봉** 齊曉峰·**이형준** 李炯俊 옮김

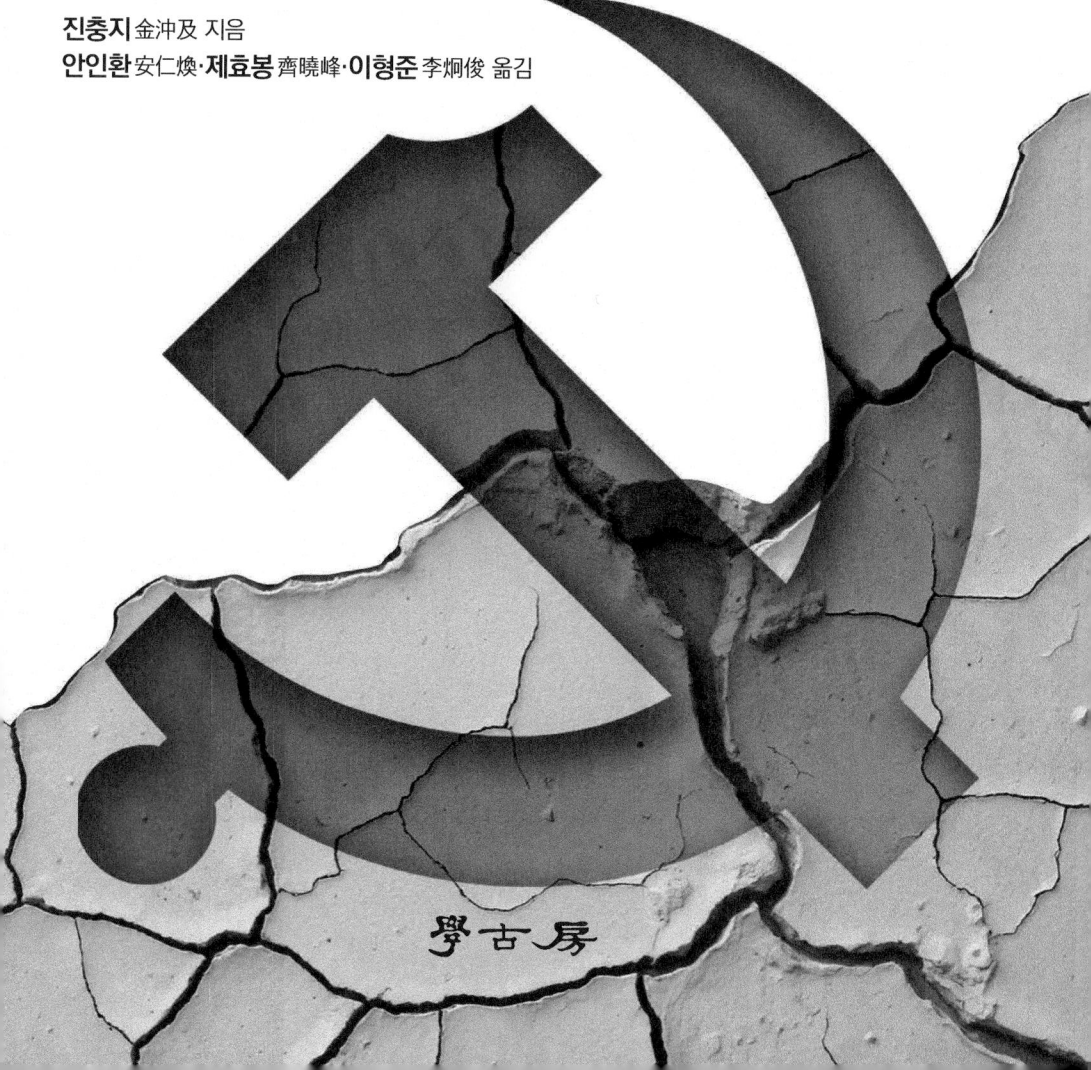

學古房

이 도서는 중국 정부의 중화학술번역사업에 선정(18WDJ003)되어 중국사회과학기금(Chinese Fund for the Humanities and Social Sciences)의 지원을 받아 번역 출판되었습니다.

머리말

시진핑習近平은 제18차 중국공산당 전국대표대회 직후 다음과 같이 말했다. "노선道路이 운명을 결정한다. 올바른 노선을 찾는다는 것이 그만큼 쉽지 않다는 것을 알기에, 우리는 흔들림 없이 지금의 노선으로 나아가야만 한다."*

중국공산당은 혁명과 건설, 그리고 개혁이라는 시기마다 여러 차례에 걸쳐 자신의 노선을 선택해왔다. 그렇다면 올바른 노선을 찾는 것이 왜 그렇게까지 어려운 일이었을까? 그것은 마르크스주의의 기본 원리와 각국의 실제 상황들이 결합되어야만 올바른 노선이 확립될 수 있었기 때문이다.

중국은 다른 서구 국가들과 구분된, 아시아의 농업대국으로서 유구한 역사와 함께 수많은 인구를 지녔다. 하지만 근대에 들어 중국의 경제와 문화는 서구 국가들의 그것보다 많이 뒤처졌으며, 각 지역의 발전도 대단히 불균등했다. 그러한 나라에서 혁명은 물론이고, 건설이나 개혁 과정에서 제기된 문제들은 하나같이 새로운 것이었다.

그 문제들은 예전에 경험해본 적이 없었던 것으로, 서적에서도 다른 나라들의 경험에서도 만들어진 해답이 없었다. 오직 중국 사람들 스스로의 방법만이 있었을 뿐이다. 다시 말해서, 중국의 실제 상황으로부터 담대하게 탐색했으며, 성공했거나 실패했던 실천적 경험과 교훈에서 자신만의 올바른 경로를 점차 모색해 나갔던 것이다. 그것 말고는 다른 효과적 방도가 없었다.

---

* 2012년 11월 29일, 중국국가박물관의 「부흥의 길復興之路」이라는 전시회에서 한 발언이다.

하지만 그것이 탐색의 수준에 머물렀던 만큼, 당연하겠지만 사전에 모든 것이 명확했다거나 100%의 확신은 있을 수 없었다. 중국의 상황은 너무나 복잡했고, 마주한 일들마다 모르는 것이 태반이었으며, 변수도 많았다. 어떠한 길을 가야 할 것인가에는 서로 다른 주장들이 있을 수 있고 때론 격렬한 논쟁도 벌어질 수도 있기 때문에 그것에 대한 선택이 필요했다.

또한 객관적 정세는 늘 긴박했고 여러 차례 생사의 갈림길에 놓였기에, 느긋하게 모든 것을 준비한 다음 행동한다는 것은 용납되지 않았다. 대부분은 큰 방향만을 결정하고, 그 방향으로 용감하게 나아갈 결심을 해야 했다. 그리고 나아가는 과정에서 다양한 시도, 즉 실천을 통한 검증만이 있었을 뿐이다. 그것이 역사적 사실이다.

선택이나 결단을 해야만 했던 당시의 어려움을 평화로운 시기의 후세 사람들이 온전히 이해한다는 것은 어려운 일일 듯하다. 그 실천적 검증의 결과는 다음과 같다. 선택이 실제에 부합한 것이라고 증명되었다면, 그것은 크게 성공한 경우였다. 반면, 선택이 실제와 전혀 부합하지 않아 좌절을 겪거나 실패 직전까지 이른 경우도 있었다.

이와 같이 탐색과 학습을 거친 여정은 그것이 성공이었든 아니면 일시적인 실패였든 간에 소중한 정신적 재산을 남겨 놓았다. 그 시기의 중국 사회는 역사적으로 전례가 없던 격렬하면서도 급격한 변화 과정에 있었기 때문에, 하나의 문제가 해결되자마자 또 다른 매우 복잡한 문제들이 눈앞에 펼쳐졌다. 그로 인해 새로운 선택과 탐색이 끊임없이 요구되었다.

중국공산당은 90여 년 동안 줄곧 그러한 노선을 견지했으며, 실천 과정에서 성공했던 선택과 실패했던 선택을 지속적으로 평가해왔다. 물론 그 과정에서 고통스러운 반성의 시기도 있었다. 하지만 마침내 올바른 노선을 찾아냈는데, 그것에는 중국의 혁명과 건설, 그리고 개혁을 어떻게 전개할 것인가에 관한 노선도 포함되어 있다.

100년 동안의 거대한 변화로부터 온 세계가 주목할 만한 거대한 성공을 이뤄낸 것이다. 그것은 결코 쉽게 이루어진 일이 아니라 모두 실천적으로 검증된 결과였다. 따라서 그것은 그러한 노선에 확실한 자신감을 부여하는 근거와 이유가 되었다.

   역사는 실천에 관한 기록이다. 여기서는 주로 중국공산당이 혁명과 건설, 그리고 개혁이라는 역사적으로 중요한 전환점에서 어떻게 자신의 노선을 선택했는가를 다루었다. 또한 실천 과정에서 어떻게 그것을 풍부히 했고, 발전시켰으며, 수정했는가를 논의했다.

   책에 서술된 역사적 사실들을 통해 독자 여러분의 사고가 조금이나마 확장되길 바라는 마음이다. 여기에 소개된 글들은 여러 해 동안 집필되었던 것을 한데 묶은 것이다. 전체적으로 큰 변화를 주지 않고, 최소한의 교정만을 진행했다. 만약 적절하지 못한 부분이 있다면, 그에 대한 독자 여러분의 비판과 질정을 고대한다.

진충지金沖及

2015년 6월

옮긴이 글

2024년 11월 14일, 옮긴이가 이 책의 번역 교정을 막 시작했을 때, 저자인 진충지 선생의 부음 소식이 들려왔다. 1930년생인 그가 94세를 일기로 세상을 떠난 것이다. 스스로도 밝히고 있지만, 그는 문화대혁명 시기 많은 고초를 겪었음에도 불구하고 중국공산당의 역사, 즉 당사黨史 연구를 손에서 놓지 않았다. 그러한 그의 모습은 한때 같은 연구실 동료로 있었지만, 이후 다른 인생행로를 보인 가오원첸(14장)과 극명한 대비를 이룬다고 할 수 있다.

이 책은 진충지金冲及의 『生死關頭: 中國共産黨的道路抉擇』(生活·讀書·新知三聯書店, 2016)을 옮긴 것이다. 저자는 이 책에서 중국공산당이 만들어지고 성장해 나간 과정을 시간 순서대로 보여준다. 중국공산당은 정답이 정해져 있지 않은 길에서 매번 자신의 운명을 스스로 결정할 수밖에 없었고, 그로 인해 많은 시행착오도 뒤따랐다. 그는 그러한 시행착오의 경험과 교훈이 지금의 중국공산당을 만드는 동력이었다고 평가한다.

현재 한국 사회에서는 중국공산당(과 중국)을 어떻게 볼 것인가에 대해 다양한 이해가 표출되고 있다. 그로부터 '혐중'은 어느덧 익숙한 표현 가운데 하나가 되었으며, 중국공산당(또는 중국)은 한국 사회의 내부 문제와 깊이 연동되어 있는 그 자체로 '문제'적 대상으로 부각되었다. 하지만 그러한 혐오와 적대는 비단 중국이라는 대상에만 국한되어 있지 않다. 한국 사회에서는 내부적으로 다양한 혐오와 적대가 폭발적으로 늘어났으며, 그 깊이도 점차 심각한 수준에 다다르고 있다.

그렇다면 그와 같은 현상이 초래된 원인에 대한 전반적인 사회구조적 분석도 필요하지만, 무엇보다 상대방을 정확하게 인식하고 이해하려는 시도가 그 해결의 출발점이 될 수 있을 것이다. 그러한 차원에서 당사 연구에 평생을 바친 저자가 그려내는 중국공산당의 이야기는 그 자체로 중국공산당과 중국을 이해할 수 있는 하나의 계기가 된다.

1840년 아편전쟁의 청나라, 2025년 미중갈등의 중화인민공화국은 분명 다른 모습이지만, 모두 '중국'이라는 이름으로 통칭된다. 그리고 그것은 현재 '중화민족의 위대한 부흥'이라고 일컫는 시간적 여정을 거치고 있으며, 그러한 흐름의 중심에 중국공산당이 존재한다. 중국공산당은 창당 100년이 되는 2021년을 지나, 이제 사회주의 중국의 수립 100년이 되는 2049년을 준비하고 있다.

이 책의 가장 큰 특징은 방대한 분량의 1차 자료들을 활용했다는 점이다. 그것은 역대 중국공산당 중앙의 회의 내용과 같은 내부 문헌들이며, 현재까지도 대부분 미공개 상태에 있다. 저자는 그러한 미공개 자료에 접근해 기존의 논의들이 간과했던 역사적 사건의 전후 맥락과 그 의미를 새롭게 규명하고 있을 뿐만 아니라, 그것을 자기주장의 설득력 있는 근거로 삼고 있다. 참고로, 옮긴이가 번역 과정에서 공식 출판물을 대상으로 최대한의 자료 확인 작업을 거쳤음에도 불구하고 자료의 특성상 일부 문헌 경우, 여전히 미확인 상태라는 점을 밝혀둔다.

이 책에서는 1차 자료와 관련된 언급이 소개되어 있다. 바로 마오쩌둥과 관련된 공식 기록들이 모두 보존되어 있다는 사실(14장)이다. 다시 말해서, 마오쩌둥이 단 한 줄이라도 선을 그었다면, 그 문서와 부속 문서들은 그대로 보관되어 있을 뿐만 아니라 다른 사람들이 그에게 보낸 서신이나 보고서, 그리고 관련된 부속 문서들까지도 빠짐없이 보관되어 있다. 이처럼 마오쩌둥 관련 기록이든 중앙의 내부 문헌이든 간에, 그것은 중국공산당이 자신의 역사인 당사를 대하는 태도를 보여준다. 그들은 스스로의 역사로부터 제기된 긍부정적 요소들을 계승하거나 극복하려는 시도와 함께, 그것으로 현재를 규정하려는 태도가 두드러진다.

바로 그 지점에 '중국적 특색사회주의'가 위치한다. 중국적 특색사회주의는 말 그대로 다른 사회주의와 구별되는 중국만의 고유하고 독특한 경로를 갖는 사회주의를 가리킨다. 이와 관련되어, 세계 사회주의 운동을 이끌던 소련 주도의 코민테른과 중국공산당의 대립은 매우 상징적인 사건이라고 할 수 있다. 일반적으로 마오쩌둥과 소련 공산당의 대립은 널리 알려진 사실이지만, 그것은 1930년에 좌편향적 모험주의인 '리싼 노선', 즉 리리싼의 노선을 둘러싼 중국공산당과 코민테른의 대립(5장)으로 시작되었다.

리리싼은 코민테른이 중국의 실정을 알지 못할 뿐 아니라 중국 혁명의 전반적 추세도 이해하지 못한다고 비판한다. 이에 코민테른도 중국공산당이 지독한 지역주의에 빠져 있으며, 중국 혁명을 전망하면서 (감히?) 전 세계 혁명운동의 상황을 예측하고 있다고 비난한다. 물론 그것을 중국 혁명이 지닌 세계적 보편성과 중국적 특수성에 대한 해석의 차이로 이해할 수도 있지만, 보다 핵심적인 문제는 누가 '중국의 구체적인 현실'을 정확히 파악해 중국의 혁명을 주도할 것인가에 있었다.

이에 코민테른에서는 왕밍을 중국으로 직접 파견하기도 했음에도 불구하고, 이후 모든 담론의 중심에는 '중국의 구체적 현실'이 자리하게 된다. 그것은 2018년에 제기된 '두 개의 결합'에서도 등장한다. 즉, 마르크스주의의 기본 원리를 중국의 구체적인 현실에 결합시키고, 중화의 우수한 전통 문화에 결합시킨다. 여기서 전자가 '첫 번째 결합'이고, 후자가 '두 번째 결합'이다. 따라서 중국공산당과 코민테른의 대립은 세계 사회주의의 운동의 주도권 문제로 이해하기 보다는 오히려 중국적 특색사회주의의 정립 과정으로 이해하는 편이 더 적절해 보인다.

나아가 저자는 마오쩌둥의 실정(14장)을 직접 거론하기도 한다. '대약진' 운동의 실패를 논하면서, 마오쩌둥이 중국 농촌에 대한 이해가 뛰어났기 때문에 신중국 수립의 기초를 닦을 수 있었다고 평가한다. 하지만 그는 저우언라이나 덩샤오핑과 다르게 해외유학 경험이 없어 현대화된 국가 경제의 이해는 부족했다. 그것은 전쟁 시기에 성공적이었던 방법들이 왜 신중국 수립 이후에는 가능하지 않은가라는 마오쩌둥의 솔직한 고백에서도 드러난다.

또한 저자는 문화대혁명의 발생 이유(14장)에 대해서도 설명한다. 어렵게 세운 사회주의 중국에서 자본주의가 다시 출현할 수 있으며, 그로 인해 중국의 체제가 바뀔 수도 있다는 마오쩌둥의 우려 때문에 문화대혁명이 촉발되었다고 주장한다. 당시 마오쩌둥의 나이가 73세였다는 점도 문화대혁명을 더욱 심각한 상황으로 몰아간 주된 이유가 된다. 마오쩌둥은 자본가계급이 사라진 사회주의 중국에서 자본주의의 재등장은 공산당 간부들에 의해 이루어질 수 있다고 보았다. 그렇기 때문에 그 간부를 가장 잘 알고 있는 군중들만이 그들을 통제할 수 있고, 자본주의의 재등장도 막을 수 있다고 판단했다. 심지어 문화대혁명에 홍위병을 끌어들인 것도 어린 학생들이 사회주의의 길에서 벗어난 중국을 어떻게 구해냈는지를 알게 하려는 교육적 차원이었다.

하지만 저자는 동원된 군중들에게 마오쩌둥이 '마음대로 하라'고 한 것은 잘못되었다고 평가한다. 즉, 중국과 같이 인구가 많은 나라에는 매우 복잡한 상황들이 많기 때문에 군중에 대한 지도(즉, 영도領導)가 필수적으로 요구된다. 만약 군중을 올바르게 지도하지 못한다면, 누구도 예상하지 못한 문제가 발생할 수 있다고 지적한다. 이처럼 '영도' 개념에는 불완전한 군중과 완전한 영도 집단이라는 대립이 전제되어 있다. 그리고 그것은 '민주에 기초한 집중'과 '집중의 지도를 받는 민주'가 결합된 '민주집중제'와 논리적으로 연결된다. 불완전한 민주는 집중을 통해 완전한 영도를 실현하고, 완전한 영도가 불완전한 민주를 주도한다. 나아가 양자의 변증법적 통일이 군중과 영도 집단을 상호보완적 관계로 완성시킨다.

한편, 마오쩌둥의 자본주의 재등장이라는 우려는 '자본주의 시장경제'와 '사회주의 시장경제'를 구분한 덩샤오핑의 '개혁개방'으로 해소된다. 사회주의 사회에서도 시장경제가 가능하다는 입장의 이론적 타당성을 차치한다면, 그들의 사회주의 시장경제가 지금의 중국을 이끌어왔다는 점은 부인할 수 없는 사실이다. 덩샤오핑은 양극화의 자본주의를 부정하면서, 사회주의는 함께 부를 누리는 '공동부유共同富裕'가 특징(16장)이라고 주장한다. 신중국 시기인 1953년에 제기된 공동부유는 여전히 사회주의 시장경제에서도 그 사회주의적 특징을 드러내는 대표적 개념이자 목표로 남아 있다. 여기서 공동부유는 최저생계 보장, 중산층의 확대 등을 포괄하는 개념으로 설정된다.

이 책은 저자가 그간 발표한 논문들을 중심으로 구성되어 있다. 따라서 주장을 뒷받침하기 위해 사용했던 논거들이 일부 각 장별로 중복되는 현상이 보인다. 하지만 그것이 논의의 전개에서 불필요한 문제로 나타나지는 않는다. 또한 책으로 묶는 과정에서 저자는 대중서를 염두에 두었는지 많은 각주를 과감히(?) 생략했다. 그와 다르게, 옮긴이는 한국 사회에서 중국공산당의 역사가 대중서보다는 학술서로 연구 가치가 높다고 판단해 인용문들의 출처를 일일이 밝혀 학술서로서의 면모를 갖추려 노력했다.

마지막으로, 감사의 말씀을 전하고자 한다. 먼저 번역 작업을 함께 진행한 제효봉 선생님과 이형준 선생님에게 감사함을 표한다. 늦어진 번역 일정 때문에 많은 심려를 끼쳐 드린 삼련서점三聯書店의 통싱쑤툐 선생님, 그리고 학고방의 하운근 대표님과 최인석 선생님에게도 고마움을 전한다. 아무쪼록 이 책이 한국에서 중국이라는 전체 그림을 그리는 데 작은 밑거름이 되었으면 하는 마음이 간절하다.

북경의 여름 문턱에서
2025년 5월 안인환

차례

머리말…5

옮긴이 글…8

1. 그들은 왜 사회주의를 선택했는가? …17
  1) 중국에서 진행된 자산계급 공화국 방안의 실험과 실패…19
  2) 세계적 규모의 거대한 사상적 변화가 중국에 끼친 영향…24
  3) 사회주의적 기치를 내걸었던 새로운 흐름들 간의 비교…30
  4) 5·4 운동, 중국 역사에서 새로운 시대를 연 출발점…41

2. 신해혁명에서 중국공산당의 창당까지 …45
  1) 신해혁명…45
  2) 5·4 운동…57
  3) 중국공산당의 창당…63

3. 제1차 국공합작과 대혁명 …71
  1) 왜 1920년대 중반에 대혁명이라는 것이 발생했을까?…71
  2) 제1차 국공합작은 어떻게 가능했는가?…74
  3) 제1차 국공합작은 무엇을 초래했는가?…76
  4) 절정으로 치닫는 대혁명과 본격화된 장제스의 반공反共 활동…78
  5) 북벌의 성공적인 전개와 장제스의 반공 쿠데타…81
  6) 공산당의 계속된 타협과 양보, 그리고 실패로 끝난 대혁명…84
  7) 맺음말…86

4. 중국공산당의 제6차 전국대표대회에 대한 역사적 고찰 …90
  1) '좌편향'적 맹목주의의 광풍…90
  2) 모색과 진전의 과정에서 나타난 방황…94
  3) 코민테른의 2월 결의와 그것이 끼친 영향…107
  4) 중국공산당 제6차 전국대표대회의 성과와 한계…113
  5) 간략한 맺음말…121

5. 중국공산당이 혁명적 시기에 보여준 3차례의 '좌편향'적 오류에 대한 비교 연구 ···123

1) 대혁명의 실패와 첫 번째 '좌편향'적 오류···123
2) 다시 고조된 혁명과 두 번째 '좌편향'적 오류···144
3) '코민테른 노선'과 세 번째 '좌편향'적 오류···174
4) 오류 형성의 근본 원인···205

6. 쭌이회의遵義會議: 중국공산당의 역사적 전환점 ···216

1) 차이의 본질···217
2) 모순의 격화···221
3) 역사적 전환···224
4) 새로운 전통의 형성···226

7. 구이저우 시기 중앙 홍군에 나타난 몇 가지의 중차대한 문제들 ···229

1) 중앙 홍군이 구이저우로 들어간 이유···230
2) 정치적 세력들에 대한 분석···238
3) 리핑黎平에서 쭌이遵義까지···255
4) 초수이를 4차례 건너 서쪽의 윈난으로 들어가다···274
5) 결론···298

8. 항일 전쟁을 앞두고 이루어진 중국공산당 중앙의 전략적 결정 ···301

1) 산베이에 도착한 중앙 홍군···302
2) 와야오부瓦窯堡 회의···308
3) 동쪽으로의 진격과 진시晉西 회의···318
4) 양광 사변兩廣事變과 국민당 제5기 중앙위원회 2차 전체회의가 가져온 반향···333
5) 장제스에게 항일을 압박하기 위한 중국공산당 중앙의 지시···341
6) 시안 사변西安事變의 발발 전후···358

9. 12월 회의로부터 제6기 중앙위원회 6차 전체회의에 이르기까지 ···380

1) 항일 전쟁의 발발 초기, 중국공산당 중앙의 대응 전략 ··· 381
2) 왕밍의 귀국과 12월 회의 ··· 386
3) 창장국長江局의 설치와 3월 회의 ··· 402
4) 코민테른에서 진행된 논의들 ··· 415
5) 중국공산당의 확대 제6기 중앙위원회 6차 전체회의 ··· 421
6) 맺음말 ··· 429

10. 항일 전쟁과 중화민족의 새로운 각성 ···433

1) 민족의식의 새로운 경지高度 ··· 434
2) 마음속에 깊이 새겨진 민주 관념 ··· 441
3) 더 많은 이들의 곁으로 다가간 중국공산당 ··· 446
4) 나가며 ··· 450

11. 마오쩌둥과 장제스의 3대 전략적 결전 ···453

1) 마오쩌둥에 관하여 ··· 457
2) 장제스에 관하여 ··· 474

12. 중국 사람들이 이제 떨쳐 일어섰다 ···482

1) 공화국 수립을 위하여 ··· 483
2) 신중국 수립의 청사진을 그리다 ··· 486
3) 첫걸음을 뗀 인민공화국 ··· 493

13. 신중국의 첫해 ···500

14. 신중국의 첫 30년 ···519

1) 사회주의적 제도의 확립에 관해 ··· 524
2) '대약진'에 관해 ··· 536
3) '문화대혁명'에 관해 ··· 549

15. 신新민주주의 사회와 사회주의 초급 단계 …565

16. 중국공산당 제11기 중앙위원회 3차 전체회의에서 제12차 전국대표대회까지 …576

1) 중국공산당 제11기 중앙위원회 3차 전체회의 전야前夜…577
2) 그 시작은 사상 노선을 바로잡는 것으로부터…578
3) 새로운 시기에 맞는 기본적 구조의 마련…581
4) 혼란의 수습과 본격화된 개혁개방…583
5) 치켜 든 중국적 특색사회주의라는 기치…588

17. 세기의 교차점에서의 회고와 전망 …591

1) 20세기 중화민족의 역정歷程…591
2) 굳게 움켜잡아야 할 미증유의 역사적 기회…597
3) 다가오는 새로운 세기…600

18. 21세기 초 중국공산당의 행동강령 …603

1) 21세기에 마주한 새로운 정세…604
2) 높이 치켜든 위대한 기치, 덩샤오핑 이론과 주요 사상인 '3가지의 대표'의 전반적 구현 …607
3) 소강 사회의 전반적 건설…613
4) 본격화된 새로운 위업으로서의 당 건설…618

참고문헌 …622   찾아보기 …632

1) 간행물…622
2) 단행본…623
3) 해외 간행물…630

참고: 각주의 "|" 표시는 옮긴이 주를 나타낸다.

1
그들은 왜 사회주의를 선택했는가?[1]
— 5·4 시기 선진先進적 청년들의 사상적 변화 과정에 대한 분석

거대한 중국 근대사상의 변화 과정에서 5·4 운동이 두드러진 위치를 차지하고 있다는 점은 누구도 부인할 수 없는 사실이다. 그 당시는 거친 비바람의 시기였다. 선진적 이들은 '과학'과 '민주'의 기치를 치켜들었고, 중국 사회의 진보를 가로막는 옛 사상과 관념을 향한 공격을 맹렬히 전개했다. 그야말로 새로운 사조와 옛 사조 간에 대격전이 벌어진 것이다.

암울한 환경 속에서 치열하게 고민하던 많은 청년들은 사상계가 불러일으킨 거대한 변화로부터 문득 새로운 빛줄기를 발견했다. 그들은 당시의 새로운 사조들에 대한 반복적 비교를 통해 중국의 현실을 타개할 수 있는 방안을 검토했을 뿐만 아니라 조금의 두려움도 없이 담대한 기개를 가지고 미래를 탐색했다.

하지만 그러한 비교와 검토가 동일한 결론을 가져왔던 것은 아니다. 비판의 대상이 같다고 해서 그것이 곧 같은 목표를 가졌다는 것을 의미하지 않기 때문이다. 옛 사상과 관념을 함께 거부했던 가까운 동료들은 점점 분열되어 갔다. 선진적인 이들 가운데 많은 수가 여러 경로를 통해 과학적 사회주의인 마르크스주의의 기치 아래로 계속해서 모여 들었다. 그것이 당시에 가장 눈에 띄었던 역사적 현상이다.

청년 취추바이[瞿秋白, 1899-1935]는 5·4 운동 이듬해에 다음과 같이 말했

---

1 이 글은 저자가 1989년 5월 5일부터 7일까지 열린 5·4 운동 학술토론회에 제출한다.

다. "오늘날 중국 사회사상은 거대한 변화의 시기에 처해 있다. 많은 청년들이 안절부절 못하며, 먹지도 잠을 이루지도 못하는 듯하다. 대체 왜 그럴까? 그것은 불안한 사회생활에 대한 반작용일 뿐이다. 그 반작용이 일어난 초기에는 다양한 흐름들이 함께 '옛' 사상과 학술 제도에 초점을 맞춰 용감하게 싸웠다. '옛' 세력이 더 이상 싸울 여력이 없음을 선언했을 때 '새로운' 세력들의 사상에 감춰진 모순, 즉 학술 사상의 역사적 연원과 문화 교류의 지리적 법칙 등이 점차 표출되었다. 그로 인해 사상적 경향은 단순했던 처음의 그것과 다른 양상을 보였다."² "나와 여러 동지들은 당시에도 그러한 격랑 속에서 흔들리며 표류하고 있었다."³

장원톈[張聞天, 1900-1976]은 당시 자신의 사상적 변화 과정을 생생하게 묘사한 바 있다. "우리들은 이와 같은 불합리한 사회에 대해 일찍부터 정서적 불안을 느꼈고, 그러한 불안 때문에 처음부터 사회를 바꿔야 한다는 결심도 하게 되었다. 그렇지만 어떤 방법을 가지고 바꿀 것인가? 그리고 어떻게 바꿔야만 하는가? 그 문제들은 내 마음에서 하루도 떠나지 않았다. 무저항주의? 저항주의? 무정부주의? 사회주의? 나는 강물이 흘러가는 것처럼 번민이 끊임없이 출렁였다. 하지만 영원히 결단을 내리지 않고 살아갈 수는 없었다. 그래서 그 장점을 취하면서 단점을 제외하다 보니, 결국 사회주의라는 경로로 들어설 수밖에 없었다. 나는 지금부터 사회주의를 실현하는 역사적 과정에서 한 명의 병졸이 되고자 한다."⁴

---

2 瞿秋白,「餓鄕紀程」,『瞿秋白文集·文學編』1, 北京: 人民文學出版社, 1985: 29쪽.

3 瞿秋白,「餓鄕紀程」,『瞿秋白文集·文學編』1, 北京: 人民文學出版社, 1985: 30쪽.

4 張聞天,「中國底亂源及其解決」, 1922年1月,『黨的文獻』1989年第3期에 실려 있다. | 張聞天,「中國底亂源及其解決」,『民國日報·覺悟』1922年1月6日: 1면. 여기서 저자 진충지가 거론한 장원톈의 글은『民國日報·覺悟』1922年1月5·6日자에 게재된 것이다. 이 글은『民國日報·覺悟』1922年1月1日자에 발표된 한쥔[漢俊/李漢俊, 1890-1927]의「中國底亂源及其歸宿」·「我們如何使中國底混亂趕快終止?」를 비판하기 위해 작성되었다. 장원톈은 주로 '진화進化'와 '조화調和' 등의 번역어가 가져온 개념상의 오해, 중국이 혼란하게 된 근본 원인과 그 해결 방법에 초점을 맞춰 한쥔을 비판한다. 이에 한쥔은「讀張聞天先生底『中國底亂源及其解決』」을『民國日報·覺悟』1922年2

그토록 5·4 운동의 세례를 많이 받은, 당시 가장 각성되고 풍부한 사유 능력을 갖춘 청년들이 왜 거듭된 비교와 검토를 거쳐 동일한 결론, 즉 과학적 사회주의를 자신의 이상理想으로 삼게 되었을까? 그와 같은 현상에 어떤 내재적 논리가 개입되어 있는 것일까? 이것은 확실히 흥미로운 문제라고 할 수 있다.

1) 중국에서 진행된 자산계급 공화국 방안의 실험과 실패

사물은 어떠한 근거도 없이 발전할 수 없기 때문에 언제나 그것의 맥락을 찾을 수 있다. 논의의 진전을 위해, 5·4 운동 이전의 선진적인 중국 사람들이 그렸던 꿈과 그 현실을 간략히 회고해보는 것도 좋을 듯하다. 중국의 역사가 근대에 들어서면서 폐쇄적이던 전통 사회는 더 이상 예전과 같이 유지될 수 없었다. 중국 사람들은 경이로운 눈으로 그동안 몰랐던 새로운 이치와 사물이 외부 세계에 그렇게 많다는 사실을 알게 되었다.

청일전쟁이 패배로 끝나면서 중국의 민족적 위기는 더욱 심화되었다. 당시 사람들은 마치 허기를 채우듯 많은 서구 사회의 사회정치학 서적들을 읽었다. 그들의 마음을 강렬하게 사로잡은 그 서적들로부터, 그들은 새로움을 느꼈을 뿐만 아니라 크게 고무되었다.

1903년 일본 유학생들이 출판한 『강소江蘇』라는 잡지에는 그와 같은 심정이 남김없이 표현되어 있다. "유럽과 미국의 밝은 정치적 상황을 가로질러 보고, 일본 근대의 혁신적 역사를 옆에서 살펴봐야 한다. 그들의 사회에 주목하고, 그들의 국가 대사에 관심을 기울일 때마다 위대하고 융성한 기상이 왕성하게 움튼다. 그것을 직접 보면 흐뭇한 마음이 생기고, 그것을 직접 들으면 기개가 높아진다. 그 과정에서 자신도 모르게 흥겹게 손뼉을 치

月2·3·5·6日자에 연속으로 자신의 입장을 발표하면서, 두 사람의 논쟁은 심화된 양상을 보인다. 한편, 톈즈위는 당시 한쿤의 글들이 한쿤 개인의 명의로 발표되기는 했지만, 1921년에 창당된 중국공산당 활동의 일환으로 평가한다. 田子渝, 「論評 『中國底亂源及其解決』」, 『黨史研究與敎學』2002年第4期: 69쪽을 참조하라.

면서⁵ 춤을 추거나 노래를 부르거나, 그것을 부러워하고 동경하는 좋은 감정들이 일어나는데, 가슴이 뛰어 억누를 수 없을 정도다."⁶ 점점 더 많은 사람들이 서구 국가를 본받아야만 조국을 구할 수 있다고 믿기 시작했다. 그를 위해 그들은 어떠한 희생도 마다하지 않고, 앞사람이 쓰러지면 뒷사람이 앞으로 나서며 용감히 투쟁했다.

그러한 투쟁의 정점에 1911년의 신해혁명辛亥革命이 있었다. 서구에서 들어온 진화론, 천부인권론, 민주공화국과 같은 방안들이 그것의 사상적 무기가 되었다. 그 혁명에 투신했던 이들은 오랜 시간 동안 충만한 자신감을 드러내며 다음과 같이 기대했다. "일단 중국을 혁신한다는 위대한 목표가 완수될 수만 있다면, 그것은 아름다운 우리나라에 신기원을 여는 서광이 될 뿐만 아니라 모든 사람들에게도 눈부신 미래를 공유할 수 있도록 할 것이다."⁷ 신해혁명이 중국 근대에서 담당했던 위대한 역할에 관해서는 더 이상의 설명이 필요할 것 같지 않다.

당시 많은 사람들에게 이해되었던 민주는 서구 국가의 정치적 조직 형식이나 정치적 활동 절차 등 몇몇 측면에만 한정되어 있었다. 그것은 민국民國이 세워지면서 공화국이라는 간판만 내걸린 것이 아니라, 의회제·다당제·보통 선거 등 서구 국가의 정치적 조직 형식이나 활동 절차들까지도 한꺼번에 요란스럽게 중국으로 옮겨졌기 때문이다. 많은 이들이 그것에 큰 기대를 보였다.

일본 유학을 했을 뿐만 아니라 서구 국가의 정치 제도에 관해서도 상세히 알고 있던 쑹자오런[宋敎仁, 1882-1913]은 살해당하기 한 달여 전, 들뜬 마

5　│ 본문에는 '歡欣'으로 되어 있지만, 원문에는 '歡抃'으로 되어 있기 때문에 바로잡아 번역했다.

6　漢駒, 「新政府之建設」, 『江蘇』第5期, 1903年8月 출판. │ 漢駒, 「新政府之建設」, 『江蘇』1903年第5期: 25쪽.

7　孫文, 「中國問題的眞解決」, 廣東省社會科學院歷史研究室·中國社會科學院近代史研究所 中華民國史研究室·中山大學歷史係孫中山研究所 合編, 『孫中山全集』1, 北京: 中華書局, 1981: 255쪽.

음으로 연설을 했다. "세계의 민주 국가들은 정치적 권위가 국회에 집중되어 있다. 국회 안에서 다수의 의석을 차지한 정당이라야 정치적 권위를 지닌 정당이 된다. 따라서 우리는 지금 선거 운동에 힘써야만 한다."[8]

그리고 "우리가 국회에서 과반수 이상의 의석을 확보하고 정권을 잡아야만 일당으로서 책임내각을 구성할 수 있다. 설령 의석에서 밀려 야당이 되었을지라도 정부를 면밀히 감시할 수 있다. 정부가 두려움을 느껴 함부로 행동하지 못하도록 해야 하며, 당연히 해야 할 일은 정부가 내키지 않아도 하지 않으면 안 되게끔 만들어야 한다. 그처럼 우리의 주의主義와 정강政綱을 관철시켜 갈 수 있다."[9] 여기서 그가 드러낸 감정은 분명 거짓이 없어 보이며, 듣기에도 꽤나 매력적인 것이다.

의아했던 것은 그렇게 듣기 좋은 말도, 어쩌면 서구 국가에서 일정한 성과를 거두었던 정치 제도였을지라도, 중국의 실제 상황을 고려하지 않고 당시의 중국 사회라는 토양에 억지로 옮겨 심게 되면서 완전히 다른 결과가 나타났다는 점이다. 다시 말해서, 보통 선거는 형식적일 뿐이었고, 다당제는 파벌 결성을 부추겨 자신과 의견이 같으면 한 편이 되지만 다르면 배척하는 것으로 전락했다. 또한 의회에서는 한 줌의 정치꾼들만이 시끄럽게 떠들어댈 뿐이었다.

그랬기 때문에 국민당이 국회의원 선거에서 다수가 되었음에도 불구하고, 국민의 실질적인 이익에 관해 어떠한 도움도 되지 못했다. 위안스카이[袁世凱, 1859-1916]로 대변되는 옛 세력들이 대오를 정비해 맹렬히 달려들자, 그들은 결국 그나마 형식적인 것조차 하늘 저편으로 던져버렸다. 팥을 심은 곳에 콩이 날 수 있다는 사실은 창업자 자신도 전혀 예상하지 못했던 것이다.

'헤아릴 수 없는 목숨을 바치고 무수히 많은 피를 뿌렸지만, 가엽게도 거

---

8   宋教仁, 「國民黨鄂支部歡迎會演說辭」, 陳旭麓 主編, 『宋教仁集』下, 北京: 中華書局, 1981: 456쪽.

9   宋教仁, 「國民黨鄂支部歡迎會演說辭」, 陳旭麓 主編, 『宋教仁集』下, 北京: 中華書局, 1981: 456쪽.

짓된 공화共和를 사들였다.'[10] 그 교훈은 실로 대단히 참혹하고도 고통스러운 것이었다. 자산계급 공화국 방안의 실험과 그것의 실패는 어쩌면 20세기 초의 혁명이 중국 사람들에게 남겨준 중요한 정신적 유산이라고 할 수 있을 것이다. 많은 사람들이 심한 상실감을 느꼈고, 곤혹스러움과 방황을 거쳐 절망에 다다랐다. 하지만 진정으로 진취적이었던 애국자들은 진전을 위한 발걸음을 멈추지 않았다. 가시밭 같은 험난한 길에서도 전혀 좌절하지 않았고, 다시금 새로운 탐색을 시작했다.

일찍부터 동맹회同盟會에 참여했던 린보취[林伯渠, 1886-1960]는 다음과 같이 회고했다. "신해혁명 전에는 군주제만 전복시키면 천하가 태평해질 것으로 보았다. 하지만 혁명 이후 얼마간의 새로운 변화를 겪으면서 스스로 추구했던 민주주의가 여전히 요원하다는 사실을 깨닫게 되었다. 고통스러운 경험으로부터 조금씩 그 방향이 잘못되었다는 점을 알았고, 결국 공산주의라는 노선을 택했다. 그것은 하나의 개인적 경험에 국한된 것이 아니라 당시의 혁명 대오 가운데 적지 않은 사람들이 그러했다."[11]

이것이 중국 사상계에 일대 전환을 가져온 중요한 계기가 된다. 하지만 새로운 노선은 그렇게 쉽게 갈 수 있는 길이 아니었다. 그들이 실패한 신해혁명의 교훈을 정리하면서 가장 먼저 주목했던 것은 바로 문화 영역이었다. 신해혁명 당시 안후이도독부安徽都督府 비서장秘書長이자, 이후 신문화운동의 핵심 인물인 천두슈[陳獨秀, 1879-1942]는 『신청년新青年』에서 다음과 같이 밝혔다. "그러한 진부한 사상이 나라 안에 널리 퍼져 있기 때문에, 우리는 진실로 공화共和라는 국가 체제를 공고히 해야 하고, 공화와 배치되는 윤리나 문학 등의 옛 사상을 깨끗하게 완전히 일소해야만 한다. 그렇지 않

---

10 | 이 말은 차이지민[蔡濟民, 1886-1919]의 「書憤·六律」에 나오는 "無量金錢無量血, 可憐購得假共和"라는 표현을 사용한 것이다. 中國人民政治協商會議武漢市洪山區委員會 編, 『武昌首義元勳蔡濟民將軍辛亥百年紀念文集』, 武漢: 湖北人民出版社, 2011: 120쪽을 참조하라.

11 林伯渠, 「荏苒三十年」, 『解放日報』(延安), 1941年10月10日. | 林伯渠, 『林伯渠文集』, 北京: 華藝出版社, 1996: 238쪽.

다면 공화 정치를 시행하지도 못할 뿐만 아니라 공화라는 간판도 내걸 수 없게 된다."[12]

천두슈에게 중국 인민들의 우매함은 봉건 도덕에 의해 초래된 것으로 봉건 도덕은 곧 노예 도덕이었다. 그는 윤리적 각성을 '우리의 마지막 각성'[13]으로 간주했으며, 그것을 이루기 위해서는 "정부의 모든 압력, 사회적 공격이나 조롱, 그리고 목이 잘리고 피가 뿌려진다고 하더라도 마다하지 않았다."[14] 그처럼 조금의 두려움도 없이 용감하게 돌진한 그들의 정신은 대단히 존경할 만한 것이었다. 그것은 사상 해방이라는 거대한 기능을 담당했을 뿐만 아니라, 그로부터 새로운 흐름을 확산시키기 위한 기초가 만들어졌다.

그런데 문화는 궁극적으로 정치와 경제의 사회적 반영이라고 할 수 있다. 장원톈의 언급처럼, 당시 중국 사회의 실정은 그만큼 부패했고 암담했다. "중국이 혼란한 이유는 중국의 사회 조직이 점진적으로 붕괴되어 갔지만, [그것을 대체하는] 새로운 사회 조직이 한동안 형성되지 못한 데 있다."[15] 따라서 사회를 근본적으로 바꾸지 않은 채 단지 정치적 조직 형식 또는 문화 사상에만 손을 댄다면, 어떻게 그 문제를 실질적으로 해결할 수 있겠는가?

베이징대학 학생이었던 허명슝[何孟雄, 1898-1931]은 1919년 10월 『시사신보時事新報』에서 그와 같은 새로운 인식을 드러냈다. "여전히 사회가 이렇게 암울하기 때문에 지금의 청년들은 옛 사회의 죄악을 철저히 파악하고, 굴하지 않는 투쟁의 정신을 품어야만 한다. 다시 말해서, 옛 사회에 굴복하

12　陳獨秀,「舊思想與國體問題」,『新青年』第3卷第3號, 1917年5月. | 陳獨秀,「舊思想與國體問題」,『新青年』1917年第3卷第3號: 3쪽.

13　陳獨秀,「吾人最後之覺悟」,『青年』雜誌第1卷第6號, 1916年2月15日. | 陳獨秀,「吾人最後之覺悟」,『青年雜誌』1916年第1卷第6號를 참조하라.

14　| 陳獨秀,「本誌罪案之答辯書」,『新青年』1919年第6卷第1號: 11쪽.

15　張聞天,「中國底亂源及其解決」, 1922年1月,『黨的文獻』1989年第3期에 실려 있다. | 張聞天,「中國底亂源及其解決」,『民國日報·覺悟』1922年1月6日: 1면.

면 절대로 안 된다. 그래야만 중국의 변혁에 희망이 있다."[16] 그로부터 '사회 변혁'과 '새로운 사회의 건설'이라는 함성이 갈수록 높아지면서 전국으로 퍼져나갔다. 그처럼 사회 변혁의 문제가 사상계에서 두드러진 위치를 차지했을 뿐만 아니라, 선진적 청년들에게 초미의 관심사로 부각된 것은 중국의 근대 사상사에서 처음 있는 일이었다. 그것은 문제에 대한 더 깊은 차원에서의 모색이었고, 당시 선진적 청년들의 새로운 각성이었으며, 중국 사람들에게 나타난 또 다른 인식적 도약이었다.

2) 세계적 규모의 거대한 사상적 변화가 중국에 끼친 영향

당시 대부분의 선진적 청년들에게 공유된 인식은 중국 사회를 바꾸어야만 한다는 것이었다. 그렇지만 사회를 어떻게 바꿔야 하는지에 대해서는 처음부터 명확하지 못했다. 바로 그때 세계적인 규모의 거대한 변화가 중국의 선진적인 청년들의 시선을 강하게 사로잡았다.

1914년에 일어난 제1차 세계대전은 이후 4년 동안 유럽의 인민들에게 재앙을 안겨다 주었다. 그와 같은 전대미문의 참혹한 전쟁은 그 이전의 어떤 시기보다도 더욱 첨예한 방식으로 자본주의 세계의 고유한 내적 모순을 확실히 드러냈다. 전란이 유럽에 남긴 것은 갖가지의 참상, 그리고 경악할 정도의 큰 재난과 혼란이었다. 한동안은 밝은 미래라는 것을 찾을 수 없는 듯했다. 그로부터 수많은 서구 국가의 사람들이 심한 상실감에 젖어 들었다.

제1차 세계대전이 종료된 다음 달, 량치차오[梁啓超, 1873-1929] 등은 1년 동안 서유럽의 곳곳을 살펴보기 위해 떠났다. 그들이 본 것은 무엇일까? 그것은 일상적인 실망과 방황, 그리고 '세기말'적 공황 상태라는 분위기였다. 한 미국 기자는 량치차오에게 "서구 문명은 끝났다."[17]고 말했다.

16　何孟雄,「過去的靑年」,『何孟雄文集』, 北京: 人民出版社, 1986: 2쪽.

17　| 梁啓超,「歐遊心影錄節錄(節錄)」, 李華興·吳嘉勳 編,『梁啓超選集』, 上海: 上海人民出版社, 1984: 725쪽을 참조하라.

량치차오는 귀국 후, 유럽에서 직접 목도한 처참한 광경을 『구유심영록 歐遊心影錄』에 담았다. "사회적 여론 전체가 모두 회의감, 답답함, 두려움에 빠져 있었다. 마치 나침반을 잃어버린 해선海船이 바람과 안개를 만나 어디로 나아가야 할지 모르는 것과 같았다."[18] 또한 그는 그 과정에서 강한 인상을 받았는데, "사회 혁명은 20세기의 가장 독특한 특징으로 어느 나라도 그것을 피할 수는 없다. 문제는 그것이 빨리 이루어지는가, 아니면 늦게 이루어지는가에 있을 뿐이다."[19] 량치차오는 평소에 온화한 정치적 태도와 예민한 감수성으로 정평이 나 있었기 때문에 그의 발언들은 자연스럽게 중국에서 큰 반향을 불러일으켰다.

명성이 자자했던 영국의 철학자 러셀[Bertrand Arthur William Russell, 1872-1970]이 당시 중국의 여러 곳을 다니면서 강연을 했다. "여러분은 모두 사회주의에 대한 나의 믿음을 알고 있을 것이다. 나는 산업이 어떻게 발전하든 간에 사회주의를 실행하지 않는다면 불공정한 일이 생겨날 수밖에 없다고 본다. 한 계급이 다른 계급을 억압하고, 고된 자는 더욱 고통을 받으며, 부자는 더욱 부를 축적하는 병폐가 한꺼번에 발생한다. 그로 인해 생필품, 도구, 토지, 이익을 모두 공유公有로 귀속시켜 개개인에게 재분배하고, 개인이 독점할 수 없도록 하는 것이 정의일 것이다. 서구의 사회주의는 산업 제도의 결과로서 자연스러운 변천을 거듭해 왔다."[20] 러셀은 진정한 사회주의자가 아니었을 뿐만 아니라 '만약 중국에서 사회주의를 실현하고자 한다면, 어쩔 수 없이 자본주의를 제기할 수밖에 없다.'고 부추겼을지라도,

---

18 梁啓超, 「歐遊心影錄」, 『梁啓超選集』, 上海: 上海人民出版社, 1981: 723쪽. | 梁啓超, 「歐遊心影錄節錄(節錄)」, 李華興·吳嘉勳 編, 『梁啓超選集』, 上海: 上海人民出版社, 1984: 723쪽.

19 梁啓超, 「歐遊心影錄」, 『梁啓超選集』, 上海: 上海人民出版社, 1981: 719쪽. | 梁啓超, 「歐遊心影錄節錄(節錄)」, 李華興·吳嘉勳 編, 『梁啓超選集』, 上海: 上海人民出版社, 1984: 719쪽.

20 Bertrand Arthur William Russell 講/鐵巖 記, 「社會主義」, 『時事新報』副刊 『學燈』, 1921年2月21日. | 이 글은 21일자와 22일자의 제1판에 연속으로 게재되어 있다. 여기서 副刊은 칼럼을 가리킨다.

그런 그 역시도 이처럼 사회주의를 찬양하고 있었다. 여하튼 사회주의는 많은 관심을 받았으며, 사회주의가 자본주의보다 더 새롭고 선진적 제도라는 점이 부각되었다.

따라서 유럽을 직접 가본 중국의 선진적 청년들이 받은 충격은 당연히 더욱 컸다. 1920년대 말 저우언라이[周恩來, 1898-1976]는 유럽한 도착한 지 얼마 되지 않아, 톈진天津의 『익세보益世報』에 [런던] 통신을 기고했다. 그는 그 첫머리에서 다음과 같이 밝혔다. "우리가 처음 유럽을 방문했을 때 느낀 첫 인상, [즉] 우리들의 시야에 들어왔던 것은 세계대전 이후의 유럽 사회가 겪고 있는 거대한 영향[의 흔적], 그리고 현저히 불안한 상태였다. 그 영향의 흔적은 무엇인가? 생산력의 결핍, 경제 분야의 공황, 생활상의 곤궁이다. 그러한 갖가지 일들이 일반 사람들에게 굶주림, 추위, 실업 등 안팎으로 많은 어려움을 가져다주었고, 또한 전쟁이 정신문명에 끼친 간접적인 피해까지 겹쳐지면서 사회적 불안 상태는 더욱 가중되었다."[21] 이로부터 그의 신념은 더욱 확고해졌다. "유럽의 위기가 결국 폭발할 수밖에 없다면, 사회적 혁명의 흐름은 동쪽을 향하게 될 것이다. 우리나라 또한 어찌 예외일 수 있겠는가?"[22]

오랫동안 중국의 선진적 이들은 줄곧 서구 국가의 부강을 흠모했고, 그것을 중국이 본받아야 할 모델로 간주했다. 그들은 서구 세계의 동향을 면밀히 주시하면서, 새로운 서구의 학설과 사상적 흐름들을 열정적으로 배우고 연구했다. 서구 세계에서 일어나는 모든 사회적 변동과 사상적 변화가 언제나 그들의 마음을 사로잡았다.

19세기 말과 20세기 초의 서구 자본주의는 비교적 안정적인 시기였다. 그런데도 일부 중국의 선진적 이들은 이미 그것의 어두운 면을 날카롭게 간파하고 있었다. 쑨원[孫文/孫中山, 1866-1925]은 1905년 「민보 발간사民報發

---

21 周恩來, 「歐戰後之歐洲危機」, 『益世報』(天津), 1921年3月22日. | 周恩來, 『周恩來旅歐通信』, 北京: 人民日報出版社, 1979: 1쪽.

22 周恩來, 「歐戰後之歐洲危機」(續篇), 『益世報』(天津), 1921年3月23日. | 周恩來, 『周恩來旅歐通信』, 北京: 人民日報出版社, 1979: 4쪽.

刊詞」에서 말했다. "유럽과 미국은 강하지만 그 인민들은 실제로 빈곤하다. 대규모 동맹파업, 그리고 무정부[주의] 정당과 사회당[의 활동]이 나날이 활발해지는 것을 보니 장차 사회적 혁명이 멀지 않은 듯하다."[23] 그리고 장빙린[章炳麟/章太炎, 1869-1936]은 『대의연부론代議然否論』에서 서구의 의회 제도를 단지 소수에 의한 통치로 보았다.[24] 하지만 당시 그 문제들은 많은 이들의 주목을 받지 못했다.

유럽 국가들의 사회적 모순은 결국 그와 같은 첨예한 방식으로 표출되었으며, 그것의 결함도 분명한 형태로 드러났다. 그로 인해 그것을 확신했던 수많은 서구 사상가들이 동요하기 시작했으며, 또한 그것은 서구를 배우는 데 열중했던 많은 중국 사람들에게도 큰 충격을 안겨주었다. 그들이 마음속에 품었던 서구 사회 제도라는 예전의 찬란했던 광채가 순간적으로 사라져버린 것이었다.

그들은 자연스럽게 다음의 결론에 도달했다. 남의 뒤를 좇아 다시 그 낡은 길로 가야만 하는가? 어째서 방향을 바꾸거나, 새로운 세계적 학설을 선택해 더욱 합리적인 사회를 만들 수 없는가? 허명승의 언급은 당시 적지 않은 중국의 선진적 청년들이 지녔던 인식을 보여준다. "유럽 자본주의의 발달은 노동자와 중산계급을 불행한 처지로 전락시켰는데, 우리 중국은 산업의 맹아가 싹트는 상황에서 당연히 유럽 자본주의가 만들어낸 죄악에 대해 경계심을 가져야만 한다. 더 나은 다른 방법이 있다면 마땅히 그 나은 방법을 선택해야만 한다. 자본주의는 반드시 거쳐야 할 단계가 아니다. 자본주의가 발전했는가와 무관하게 미래의 혁명은 피할 수 없기 때문이다. 설마 노동계급은 반드시 자본주의의 고통을 받아야만 한다고 결정되어 있

---

23 孫文,「民報發刊詞」, 廣東省社會科學院歷史研究室·中國社會科學院近代史研究所中華民國史研究室·中山大學歷史係孫中山研究所 合編, 『孫中山全集』1, 北京: 中華書局, 1981: 288-289쪽.

24 │ 章炳麟,「代議然否論」, 石峻 主編, 『中國近代思想史參考資料簡編』, 北京: 三聯書店, 1957: 612-625쪽을 참조하라.

겠는가?"²⁵

레닌[Vladimir Il'ich Lenin, 1870-1924]이 이끈 10월 사회주의 혁명은 어째서 그 시기의 선진적인 중국 청년들에게 그토록 매력적이었을까? 그것은 바로 10월 혁명이 그 당시 절실하게 고민하던 문제에 새로운 방향을 제시했기 때문이다. 물론 그 이전부터 마르크스주의를 접하지 않았던 것은 아니지만, 그 시기의 마르크스주의에 관한 일부 소개들은 정확하지도 못했고, 그 영향도 제한된 범위에 머물러 있었다. 대부분의 사람들이 마르크스주의를 유럽의 새로운 흐름들 가운데 하나로만 여겼기 때문에 그것은 가끔씩 언급될 뿐, 진지하게 고려되지 못했다.

하지만 이제 소련에서의 사회주의는 책 속에 머물러 있던 학설에서 살아 있는 현실로 바뀌었을 뿐만 아니라 기근, 내전, 외국 간섭 등의 극심한 시련을 거쳐 지속적으로 뿌리를 내렸다. 그로부터 노동자와 농민이 역사상 처음으로 사회의 주인이 되었다. 한편에서는 힘들게 시작하고는 있지만 활기찬 생기로 충만한 소련과, 다른 한편에서는 쇠락해가는 혼란스러운 서구가 선명한 대조를 이루었다. 그것은 자연스럽게 어둠 속에서 나아갈 방향을 모색하던 중국의 선진적 이들에게 새로운 희망과 새롭게 의지할 수 있는 힘을 제시해 주었다. 그로부터 그들은 러시아의 10월 혁명 노선이라는 방향으로 매우 빠르게 돌아섰다.

리다자오[李大釗, 1889-1927]가 1918년에 발표한 「서민의 승리」와 「볼셰비즘(Bolshevism)의 승리」라는 글은 중국 인민이 10월 혁명의 노선을 수용했다는 최초의 표현이었다. 5·4 운동이 일어난 지 얼마 되지 않아, 그는 "러시아 혁명 이후, 세계 대부분에서 마르크스주의가 유행했다. 독일, 오스트리아, 헝가리 등 여러 나라에서 사회혁명이 잇따라 일어났으며, 모두들 마르크스주의의 정통성을 인정했다."²⁶고 밝혔다. 또한 그는 거기서 마르크

---

25 何孟雄, 「發展中國的實業究竟要采用甚麼方法?」, 『何孟雄文集』, 北京: 人民出版社, 1986: 62쪽. | 참고로, 이 글은 1921년 3월에 작성되었다.

26 李大釗, 「我的馬克思主義觀」, 『李大釗文選』下, 北京: 人民出版社, 1984: 46-47쪽. | 中國李大釗研究會 編注, 『李大釗全集』3, 北京: 人民出版社, 2006: 15쪽.

스주의 학설을 상당히 체계적으로 소개하고 있다. 리다[李達, 1890—1966]도 "마르크스의 사회주의는 이미 러시아에서 온전히 실현되었다."[27]고 보았다.

선진적인 이들 가운데 노선을 전환하는 경우도 더욱 많아졌다. 동맹회의 초창기 회원인 우위장[吳玉章, 1878-1966][28]은 다음과 같이 회고했다. "10월 혁명과 5·4 운동이라는 위대한 시대에 나의 사상은 매우 격렬한 변화를 겪게 되었다. 당시 나는 혁명에서 희망을 보았기 때문에 중국이 망하지 않으려면 예전의 혁명 방식을 바꿔야 한다고 생각했다. 그때 나는 체계적이고 완벽하게 중국 혁명에 관한 새로운 견해를 곧바로 정립할 수는 없었다. 하지만 10월 혁명과 5·4 운동의 영향으로부터 나의 머릿속에서는 반드시 하층 인민에 의존해야만 한다는 점, 그리고 반드시 러시아 사람들의 노선을 적용해야만 한다는 점이 점점 더 강렬해졌을 뿐만 아니라 뚜렷해졌다."[29] 여기서 언급된 사상적 변화를 단지 우위장 개인의 경우로 국한시킬 필요는 없다.

사회주의는 어떤 사람의 갑작스러운 영감으로부터 만들어진 터무니없는 상상이 아니라, 자본주의 사회가 스스로 해결할 수 없는, 고유한 내적 모순이 빚어낸 결과였다. 1919년 6월, 리다는 다음과 같이 언급했다. "프랑스 혁명은 군주의 전제專制를 전복시켰고, 귀족계급을 타파했으며, 성직자의 특권을 철폐했다. 하지만 그 모든 것은 단지 정치혁명의 성공으로만 간주될 뿐이었다."[30] "결국 가난한 자는 더 가난해지고(이들이 노동자다), 부유한 자는 더 부유해지면서(이들이 자본가다) 빈부의 격차는 더욱 심해졌다. 이

---

27 李達,「馬克思還原」,『李達文集』1, 北京: 人民出版社, 1981: 30쪽. | 李達,「馬克思還原」, 『李達文集』1, 北京: 人民出版社, 1980: 30쪽.

28 | 우위장은 동비우董必武·쉬터리徐特立·셰쥐짜이謝覺哉·린보취林伯渠와 함께 '옌안의 다섯 노혁명가'로 칭송된다.

29 吳玉章,「回憶五四前後我的思想轉變」,『吳玉障回憶錄』, 北京: 中國青年出版社, 1978: 112쪽.

30 李達,「社會主義的目的」,『李達文集』1, 北京: 人民出版社, 1981: 4쪽. | 李達,「社會主義的目的」,『李達文集』1, 北京: 人民出版社, 1980: 4쪽.

것이 바로 19세기 정치적 혁명이 일어난 이후의 문명 형태다. 근대 사회주의는 그러한 사회적 불평등이라는 충격으로부터 자연스럽게 생겨난 것이다."[31]

물론 지금까지의 역사 발전 경로는 일직선이 아니라 파도의 움직임과 같은 방식으로 진행되었다. 자본주의 사회가 지나온 몇 백 년의 역사를 살펴보면, 그것은 왕성한 발전의 시기를 거친 다음 위기로 이어졌고, 그 위기를 극복하고 조정을 거치고 나면 다시금 안정된 발전의 시기가 찾아왔다고 할 수 있다. 그럼에도 불구하고 오늘날까지도 자본주의 세계는 해결하지 못하는 모순으로 가득 차 있다. 반면, 사회주의 사회의 역사는 자본주의의 그것보다 시간적으로 훨씬 짧다.

10월 혁명을 기점으로 해서 보면, 지금에 이르기까지 그것의 역사는 70여 년에 불과하다. 그 과정에서 왕성한 발전의 시기도 있었고, 또한 복잡하게 얽힌 일과 당혹스러운 일로부터 개혁이 요구되기도 했다. 그렇지만 그것의 생명력은 여전히 사라지지 않았다. 역사적 시각에서 그 모든 것들은 매우 자연스러운 일일 뿐이다.

3) 사회주의적 기치를 내걸었던 새로운 흐름들 간의 비교

사회 사상의 변화 과정은 일반적으로 생각하는 것처럼 그렇게 단순하고 명쾌한 것이 아니다. 당시 사회주의를 기치로 내건 새로운 흐름은 대단히 다양했는데, 그것들을 꼼꼼히 비교하지 않으면 명확하게 구분해내기 어렵다. 진보적인 청년들 가운데 적지 않은 이들이 자본가계급의 민주주의로부터 과학적 사회주의로 나아가는 과정에서 대부분 하나의 중간 단계를 거쳤는데, 그것은 바로 무정부주의적 흐름의 영향을 받았다는 점이다.

류사오치[劉少奇, 1898-1969]는 5·4 운동의 당시를 회고하면서 다음과 같이 언급했다. "처음에는 사회주의적 정파의 사상들 가운데 무정부주의가

---

31 李達, 「社會主義的目的」, 『李達文集』1, 北京: 人民出版社, 1981: 4쪽. | 李達, 「社會主義的目的」, 『李達文集』1, 北京: 人民出版社, 1980: 4쪽.

우위를 차지했다."[32] 마오쩌둥[毛澤東, 1893-1976]·저우언라이·윈다이잉[惲代英, 1895-1931]·덩중샤[鄧中夏, 1894—1933]·천옌녠[陳延年, 1898-1927][33]·뤄이농[羅亦農, 1902-1928]과 같은 우수한 진보적 청년들은 모색의 과정에서 정도는 다르지만, 모두 그러한 흐름의 영향을 받았다. 그와 같은 현상이 왜 나타났을까? 여기에는 크게 3가지 원인이 있다.

첫째, 마르크스주의는 당시 중국에서 막 전파되기 시작했다. 1920년 이전에는 마르크스·엥겔스의 기본 저작 가운데 온전한 중국어 번역서가 한 권도 없었으며, 레닌의 글 또한 한 편도 중국어로 번역되지 못했다. 그러한 상황에서 마르크스주의를 어느 정도라도 이해한다는 것은 실제로 매우 어려운 일이었다. 외국에 가봤거나 직접 외국어로 된 글을 읽을 수 있었던 적은 수의 사람들, 예를 들어 일본에 가 본 적이 있는 리다자오·리다·리한쥔[李漢俊, 1890-1927]·천왕다오[陳望道, 1891-1977]와 베이징대학의 일부 학생들을 제외하면, 많은 진보적 청년들은 마르크스주의에 관심을 가졌을지라도 실제로 알고 있는 것은 매우 적었다. 아름다운 미래 사회가 그들에게 동경심을 불러일으킨 것이었지만 그 아름다운 사회라는 것은 도대체 무엇이며, 무엇을 통해 이룰 수 있는 것일까? 여전히 그들은 분명하게 인식하지 못했다.

취추바이는 1920년 소련으로 떠나기 전 이렇게 말했다. "사회주의에 관한 토론은 언제나 우리들에게 무한한 흥미를 불러일으켰다. 하지만 그것은 결과적으로 1840년대 러시아의 청년 사상과 비슷하게 확실한 것이 없었고, 그물창紗窓을 통해 새벽안개를 보는 듯했다. 사회주의 분파나 사회주의 의미에 대한 이해 [또한] 혼란스러웠을 뿐만 아니라 명확하지 못했다. 오랫동안 막아 놓은 수문이 열리면 지류들이 뒤섞여 쏟아지는 것처럼, 솟구

---

32 「感想與回憶」, 『中國青年』第1卷第2期, 1939年5月. | 毛澤東 外, 「感想與回憶: 五四運動的二十年」, 『中國青年』1939年第1卷第2期: 9쪽. 여기에는 毛澤東의 글을 포함해 모두 18명이 쓴 5·4 운동 20주년 글이 실려 있다. 劉少奇의 글은 여섯 번째로 나온다.
33 | 천두슈의 맏아들인 천옌녠은 초기 중국공산당 활동에 참여했는데, 1927년 국민당에 체포된 지 9일 만에 처형되었다.

치는 물거품이 소리를 내며 튀어 오르기는 하지만 스스로 어디로 나아가야 할지를 정하지 못했다. 그 당시 대부분의 사회사상이 대체로 이와 같았다."[34]

덩잉차오[鄧穎超, 1904-1992]도 다음과 같이 언급했다. "5·4 운동은 사상해방 운동이었다. 해방이 되자 그것은 거대한 강물이 세차게 흐르는 듯했다. 그 시기의 사상은 오랜 시간 동안 속박되었던 것으로, 마치 전족을 한 여인의 발을 감싸고 있는 것 같았다. 그래서 감싼 것을 풀어헤치자 어떻게 걸어야 할지를 몰라 넘어지거나 발목을 삐거나 쓰러지기까지 했다. 당시는 백가쟁명의 시기로, 다양한 사상적 흐름들이 있었다."[35]

그리고 "우리는 10월 혁명의 영향을 받았는데, 당시의 소련은 계급도 없고 사람에 대한 착취도 없는 사회라고만 들었다. 우리는 그러한 정의로운 사회를 동경했고, 고통에 시달리던 광범위한 대중을 동정했으며, 중국 사회의 어두운 면을 혐오했다. 우리의 논의 범위는 평상시 매우 넓었는데, 무정부주의에서 길드基尔特 사회주의까지 모든 것을 다루었다. 하지만 우리는 그것들을 명확하게 이해하지 못했을 뿐만 아니라, 마르크스주의가 무엇인지도 알지 못했다. 그래서 당시의 우리는 '공산주의 인텔리共产主义知识分子'가 아니었다. 그저 우리 같은 사람들은 그때부터 지속적인 공부를 통해 새로운 지식을 원했다고 말할 수 있을 따름이다."[36] 그러므로 당시 그들이 사회주의 사회를 동경했을지라도, 일시적으로 과학적 사회주의와 무정부주의를 명확하게 구별하지 못했다는 것은 조금도 이상한 일이 아니었다.

둘째, 중국의 무정부주의자들은 처음부터 줄곧 자신들이 '사회주의' 내지 '공산주의'를 내세웠다고 주장했다. 초기 무정부주의자인 류스페이[劉師培, 1884-1919]·장지[張繼, 1882-1947]가 1907년에 조직한 사회주의 강습회社

34　瞿秋白,「餓鄕紀程」,『瞿秋白文集·文學編』1, 北京: 人民文學出版社, 1985: 26쪽.

35　「五四時期老同志座談會記錄」, 中國社會科學院近代史硏究所 編,『五四運動回憶錄』續, 北京: 中國社會科學出版社, 1979: 10쪽.

36　鄧穎超,「回憶天津'覺悟社'等情況」, 中國社會科學院現代史硏究室·中國革命博物館黨史硏究室 選編,『'一大'前後』2, 北京: 人民出版社, 1980: 232-233쪽.

會主義講習會의 광고에는 다음과 같이 언급되어 있다. "요 몇 해 들어, 사회주의는 서구에서 성행하고 있을 뿐만 아니라 일본에서도 만연해 있다. 하지만 중국 학자들은 여전히 그 학설을 아는 자가 드물다. 뜻을 품은 인재들이 점점 더 민족주의로 기울었는데, 그것으로는 그저 종족의 차이만이 구분될 뿐 백성들의 기쁨이나 슬픔은 더 이상 헤아려지지 않는다. [민족주의로부터] 나라를 되찾으려는 시도가 실제로 실행된다면 그것은 아마도 폭력이 폭력으로 대체될 뿐, 그 잘못은 알지 못하게 된다. 우리 동인同人들은 그런 점을 감안하면서도 아직 사회주의를 제대로 모르는 것을 한탄한다. 그래서 동서東西 옛 현인들의 학술 성과들을 수집해 참고하고, 상호 검증을 통해 더욱 크게 발전시킴으로써 우리 인민들에게 그것을 돌려주고자 한다."[37] 하지만 여기서 언급된 사회주의는 사실 무정부주의를 가리킨다.

민국民國이 세워진 뒤, 당시 유명했던 무정부주의자 스푸[師復/劉師復/劉思復, 1884-1915]는 1914년 7월 상하이에서 무정부공산주의동지사無政府共產主義同志社를 조직하면서 다음과 같이 선언했다. "자본주의 제도의 철폐와 공산사회의 개조를 주장하며, 또한 정부의 지배라는 것을 채택하지 말자고 주장한다. 한마디로 말하면, 경제적·정치적 차원의 절대적 자유를 요구한다."[38] 그들은 자신들의 주장을 공산주의로 표현하고 있다.

중국 무정부주의자들의 선전은 초기 중요한 두 가지 문제에서 확실히 긍정적인 계몽 기능을 담당했다. 하나는 사람들에게 분연히 일어나 전제정치와 강압에 대항할 것을 격려했다. 다른 하나는 처음부터 무시되어오던 사회 문제에 사람들이 더 많은 주의와 관심을 기울이도록 했다. 즉, '신성한 노동'의 고취, 모든 재산을 공유해야 하며 누구든 노동을 해야 한다는 주장, 그리고 노동자와 농민을 사회의 주인으로 간주했다는 점이 그것이다.

---

37 「社會主義講習會廣告」, 『天義』第3卷, 1907年7月10日.
38 師復, 「無政府共產主義同志社宣言書」, 朱謙之·師復, 『謙之文存·師復文存』(影印版), 上海: 上海書店, 1991: 53쪽. | 저자는 여기서 인용 쪽수를 56쪽으로 표기했는데, 이를 바로잡았다.

그리고 『천의天義』와 같은 무정부주의의 초기 간행물에는 부분적이기는 하지만 마르크스와 엥겔스의 저작들이 게재되었으며, 5·4 운동 전후로도 적지 않은 무정부주의자들이 지속적으로 마르크스주의자들과 협력했다. 그것은 훗날 양자가 첨예하게 대립했던 것과는 다른 모습이었다. 바로 그 때문에 무정부주의는 자연스럽게 당시 많은 진보적 청년들의 호감을 얻을 수 있었다.

셋째, 무정부주의적 흐름이 진보적 청년들에게 한 차례 크게 유행했다는 것은 중국의 근대적 상황, 다시 말해서 그 흐름에 적합한 사회적 밑바탕 또는 분위기와 관련된다. 당시 중국은 방대한 소생산자를 갖춘 나라였다. 지식인들도 그들의 사회적 지위와 노동 방식 때문에 쉽게 개인적 역량이 중시되는 편이었다. 그리고 현대화된 대량 생산과 연관된 중국 산업노동자의 조직화는 여전히 미성숙 상태였다.

특정한 사회구조에서는 언제나 그것에 상응하는 사회적 심리 상태와 사유 방식이 쉽게 만들어진다. 의식적으로든 무의식적으로든, 사람들은 흔히 소생산자의 시선으로 주위의 사물을 대하는 데 익숙해져 있었다. 그들은 제국주의적 강압이나 봉건주의적 전제를 대단히 증오했으며, 그것들이 중국에서 깨끗이 사라지길 바랐다. 소생산자들은 사회적 공정公正의 실현을 기대했기 때문에 사회주의에 공감했다.

하지만 소생산자의 협소한 시선이 그들을 한마음 한뜻의 거대한 집단적 힘으로 뭉치지 못하게 했는데, 특히 상당히 오랜 기간 동안 함께 보조를 맞춰야 하는 협동 행위를 어렵게 만들었다. 따라서 그들에게는 개인의 절대적인 자유 획득이 최고의 가치 지향으로 간주되었다. 그들이 사회적 강압과 불평등 현상에 분노했을 때, '개인의 절대적 자유'를 고취할 뿐만 아니라 가장 격렬하고 철두철미해 보이는 무정부주의가 매우 매력적으로 다가왔다.

이 3가지가 '처음에는 사회주의적 정파의 사상들 가운데 무정부주의가 우위를 차지할' 수 있었던 근본 원인이라고 할 수 있다. 그러나 실제로 집단과 규율이라는 조건을 배제한다면, 무엇이든 한 가지도 이룰 수 없다. 조직적 측면에서, 그것은 소수의 인원과 느슨한 내부 기강, 그리고 어떠한 실질적 행동도 없는 작은 단체일 뿐이다. 민국民國 초기에 등장했던 일부 소규모의 무정부주의 단체들이 대체적으로 그와 같았으며, 실제 사회적으로 어떤 중요한 역할도 담당하지 못했다.

그러한 이유 때문에 그들은 5·4 운동을 전후로 다시금 새로운 모습을 띠게 된다. 그들은 일본에서 형성된 신촌주의新村主義[39] 등의 영향을 받아, '무정부적 공산주의란 무엇인가'라는 질문에 3가지 핵심을 제시했다. 첫째, 조직적으로는 "강압적인 소수의 정치적 지배를 벗어나 자유로운 다수의 자유로운 단체를 스스로 조직한다."[40] 둘째, 경제적으로는 "생산수단(예를 들어, 토지나 기계와 같은)과 생산물(예를 들어, 의식주)은 모두 사회 전체의 공유로 귀속하고, 각자 능력껏 최선을 다하면서도 필요에 따라 받을 수 있다고 주장한다."[41] 셋째, 도덕적으로는 "'노동과 상호 협력'이라는 어휘로 표현된다. 노동을 해야만 생존할 수 있으며, 서로 도와야만 진화할 수 있기 때문이다."[42] 이와 같은 방안들은 표면적으로는 어느 정도 실행 가능한 것처럼 보인다.

그래서 5·4 운동 전후로, '공독호조단工讀互助團'과 같은 조직이 전국에 대

---

39 | '신촌주의新村主義'는 유럽에서 시작되어 1910년대 일본의 무샤노코지 사네아쓰[武者小路實篤, 1885-1976]와 시라카바파(白樺派)를 중심으로 제기되었다. 그들은 옛 사회의 사회적 폭압에서 벗어난 소공동체를 건설하고자 했으며, 폭력혁명과 사유재산을 부정했다. 그것은 공동생활을 통해 개인의 자유와 인간적 삶을 구현하려던 시도였다. 각자가 평등하게 노동하면서 여가 시간에 자기수양을 하는 이상적인 공산사회를 추구했다. 이론적으로는 톨스토이[Lev Nikolayevich Tolstoy, 1828-1910]의 범(汎)노동주의와 크로포트킨[Pyotr Alekseyevich Kropotkin, 1842-1921]의 상호부조론이 결합된 것이다. 중국에서는 저우쭤런[周作人, 1885-1967] 등이 주요 인물로 거론된다.

40 | 張聞天,『張聞天文集』1, 北京: 中共黨史出版社, 2012: 10쪽. 이 글은 1919년 8월 19일에서 21일까지『南京學生聯合會日刊』(第50號-52號)에 연재되었던 것이다.

41 | 張聞天,『張聞天文集』1, 北京: 中共黨史出版社, 2012: 10쪽.

42 | 張聞天,「社會問題」, 1919年 8月을 보라.『黨的文獻』1989年 第3期에 실려 있다. | 張聞天,『張聞天文集』1, 北京: 中共黨史出版社, 2012: 10쪽.

거 출현했다. 그 단체에 참여한 사람은 노동과 공부를 병행하면서 공동 노동으로 얻은 수입을 단체의 공유 재산으로 관리했다. 그 대신 개인의 생활과 학습 비용은 단체가 지급했다. 그 단체들은 베이징北京·상하이上海·톈진·우한武漢·난징南京·창사長沙·광저우廣州·양저우揚州 등에서부터 해외에 있는 유학생들에 이르기까지 한 때 크게 유행했는데, 천두슈와 리다자오와 같은 이들이 그들을 후원하기도 했다.[43]

많은 선진적 청년들이 그러한 공독호조 단체에 크나큰 열정을 품었다. 그들은 5·4 운동의 세례를 거치면서 낡은 가정 또는 개인의 작은 세계로부터 뛰쳐나왔지만, 사방을 둘러봐도 막막했을 뿐만 아니라 주위의 환경도 매우 암울했다. 그래서 그들은 의지할 수 있는 의지할 수 있는 힘 있는 단체가 필요했고, 그러한 단체에서 상호부조와 노동의 습관을 키우길 희망했다. 또한 그것을 사회적 개혁 운동의 실질적 출발점으로 삼았다.

마오쩌둥은 「학생의 임무」라는 글에서 다음과 같이 언급했다. "올봄에 후난湖南으로 돌아와 다시 떠오른 생각은 바로 악록산岳麓山에 신촌新村을 만드는 것이었다. 그것은 우선 사회 중심적 교육론에 입각한 학교가 될 것이다. 그 신촌은 새로운 가정, 새로운 학술, 그리고 새로운 여타의 사회를 하나로 연결하는 것을 근본 목표로 한다."[44] "학생은 학교를 자기 가정처럼 생각하고, 스스로 가꾸고 있는 농촌과 나무숲 등을 자신의 것으로 여긴다. 학생들이 갖고 있는 개인적 물품들을 공동의 것으로 해서 하나의 공공 집단을 만든다. 그 단체를 '공독동지회工讀同志會'라고 부른다."[45]

---

43 張允侯·段敍彛·洪淸祥·王雲開 編, 『五四時期的社團』2, 北京: 三聯書店, 1979: 361-496쪽. | 언급된 내용의 인용 범위는 「工讀互助團」편을 가리킨다.

44 毛澤東, 「學生之工作」, 『湖南教育月刊』第1卷第2號, 1919年12月. | 中共中央文獻研究室·中共湖南省委『毛澤東早期文稿』編輯組, 『毛澤東早期文稿(1912.6-1920.11)』, 長沙: 湖南出版社, 1990: 449쪽.

45 毛澤東, 「學生之工作」, 『湖南教育月刊』第1卷第2號, 1919年12月. | 中共中央文獻研究室·中共湖南省委『毛澤東早期文稿』編輯組, 『毛澤東早期文稿(1912.6-1920.11)』, 長沙: 湖南出版社, 1990: 456쪽.

원다이잉은 경건한 자세로 말했다. "공독주의工讀主義는 지금의 불평등한 사회교육을 구제하기 위한 실제적 방법이다."⁴⁶ "뜻을 가진 이들은 반드시 서로 도와야 하고, 싸우기 위한 힘을 미리 갖춰야 한다. 일반 학생들이 졸업한 이후에도 [……]⁴⁷ 지금처럼 계속 서로를 아끼고 보살피며, 3-5년 후에 확실한 사회적 능력을 드러낼 수 있다면, 그것이 사람들을 구하는 근본적 방법이 아닐까?"⁴⁸ "나는 다음을 믿는다. 즉, 스스로 자유·평등·박애·노동의 진리를 하나씩 실천해 나가기만 한다면, 스스로에게 요구하되 다른 사람들에게 강요하지 않는다면, 사람들은 자연스럽게 감동할 것이고 사회도 자연스럽게 변화될 것이다."⁴⁹ 그들은 진심으로 그것을 새로운 삶의 시작, 또는 새로운 사회의 창조적 출발점으로 여겼다.

그렇지만 중국 사회의 전체적 환경은 여전히 암울했고, 적대적인 옛 사회 세력들이 주변에 가득했던 시기에, 이상화된 소규모 단체들이 어떻게 오랜 시간 동안 독자적으로 존립할 수 있겠는가? 단체 내부의 사람들은 처음에 엄청난 열정을 보였지만, 오래지 않아 개인들 간의 이해 충돌과 의견 대립이 만연하게 되었다. 거의 예외 없이, 그와 같은 대부분의 소규모 단체들은 얼마가지 못하고 연이어 사라져 갔다.

리다자오는 그것을 바로 알아차렸다. "베이징의 공독호조단은 이미 정신적으로 단결하지 못하고 있으며, 경제적으로도 유지되기 어려워 소멸될 것 같다."⁵⁰ 원다이잉도 침통한 모습으로 말했다. "이렇듯 여러 군웅들이 우위를 다투는 상황으로부터 생활은 나날이 어려워지고 불안정해졌다. 자신의

---

46 惲代英, 「現實生活」, 『惲代英文集』上, 北京: 人民出版社, 1984: 68쪽.

47 | 저자는 여기서 원문의 일부 표현을 누락했는데, 말줄임표로 이를 밝혔다.

48 惲代英, 「現實生活」, 『惲代英文集』上, 北京: 人民出版社, 1984: 68쪽.

49 惲代英, 「致王光祈信」, 『惲代英文集』上, 北京: 人民出版社, 1984: 109쪽. | 저자는 여기서 이 글을 「致王光祁」로 표기했는데, 이를 바로잡았다. 왕광치[王光祈, 1892-1936]는 중국의 음악가이자 사회 활동가이다.

50 李大釗, 「都市上工讀團底缺點」, 『李大釗文選』下, 北京: 人民出版社, 1984: 212쪽. | 中國李大釗研究會 編注, 『李大釗全集』3, 北京: 人民出版社, 2006: 179쪽.

힘으로만 사업을 일군다는 것은 설령 그것에 모든 힘을 쏟아 붓는다고 하더라도 유지되기 어렵다. 그리고 다른 사람의 힘에 기대 사업을 바꾼다고 하더라도 그것은 그들의 흥미와 운수에 따라 수시로 변하게 된다."[51] "따라서 그와 같은 노력들이 실제로 원만하게 성공할 가능성은 전혀 없다."[52] 이처럼 사람들이 처음 가졌던 기대는 아주 빠르게 환멸로 대체되었다.

하지만 그렇게 한번 해 보는 것도 나쁜 일은 아니었다. 하나의 학설이 문자나 말로만 언급되고 실제로 실행되지 않는다면, 그것이 진리인지 환상인지를 구별해낸다는 것은 어려운 일이다. 무정부주의와 같은 사상적 흐름은 고상하고 아름다운 문구들이 가득했을 뿐만 아니라 절대적 평등과 자유를 동경하는 소생산자들에게 매력적으로 다가왔기 때문에, 고통스러운 실천적 검증을 거치지 않고 그것을 완벽하게 극복해낸다는 것은 쉽지 않았다.

그런데 실제로 그 흐름의 영향을 받은 대다수의 청년들은 체계적으로 무정부주의를 이해한 것도 아니었고, 또한 그것을 일관되게 추구했다고도 할 수 없었다. 그들은 단지 일시적으로 매우 새로워 보이는 학설에 매료되어, 그에 대한 흥미를 가지고 실천해 보고자 했을 뿐이다. 그렇지만 그 길이 막혀 있다는 것을 알았을 때, 그들은 생각을 바꾸었다.

바로 류런징[劉仁靜, 1902-1987]이 지적했던 것처럼, "실제로 그들은 당시 길드 사회주의와 무정부주의에 대해 어떤 연구도 하지 않았으며, 잡지에 실린 여러 선전물들을 보고 일리가 있다고 생각하거나 자기 입맛에 맞는다고 느꼈을 뿐이다. 그래서 이후 또 다른 주장이 더 낫다고 판단하면서 원래의 자기주장을 포기하는 경우도 있었다."[53]

사람들은 실제 생활을 통해 다음의 사실을 점점 더 분명하게 알게 되었다. 즉, 사회 전체가 바뀌지 않는다면, 국가와 민족이 해방되지 않는다면,

---

51 惲代英, 「民治運動」, 『惲代英文集』上, 北京: 人民出版社, 1984: 338쪽.

52 惲代英, 「民治運動」, 『惲代英文集』上, 北京: 人民出版社, 1984: 339쪽.

53 劉仁靜, 「北京馬克思主義硏究會的情況」, 中共中央黨史資料徵集委員會 編, 『共産主義小組』上, 北京: 中共黨史資料出版社, 1987: 321쪽. | 저자는 이 책의 출판 연도를 1988년으로 표기했는데, 이를 바로잡았다.

개인적 문제는 근본적으로 해결되지 못한다는 점이었다. 그리고 사회·국가·민족 문제를 극복하는 가장 타당한 방안은 바로 과학적 사회주의라는 것이었다. 그 과제는 달성하기 매우 어렵고도 힘든 것이다. 또한 제거해야 할 대상의 힘이 너무나도 강했기 때문에, 그것을 이루려면 모든 사람들을 한마음 한뜻의 싸울 수 있는 핵심 역량으로 만들어야만 했다. 만약 중국 사람들이 예전처럼 흩어진 모래가 되어 각자만이 옳다고만 한다면 중국에는 희망이 없었을 것이다.

그리고 마침내 많은 사람들이 중대한 의미의 한걸음을 내딛었다. 윈다이잉은 자신의 고통스러운 교훈으로부터 다음과 같이 결론지었다. "그와 같은 불합리한 환경에서 어떤 이상적인 성과를 부분적으로나마 성취한다는 것은 결단코 불가능하다. 바꾸고자 한다면 전체를 바꿔야만 하며, 현재의 잘못된 경제 제도를 근본적이고 효과적으로 공격해야만 한다. 그렇게 하지 않는다면, 어떤 이로움도 없을 것이다."[54] "군중[55]의 역량이 결집되면, 전 세계의 무엇도 그것에 대적할 수 없다."[56] "우리는 다음을 위해서 유물사관의 이치를 연구해야만 한다. 즉, 경제적 삶에서 가장 억압된 군중을 일깨우고, 그리고 그들을 가장 많이 동정하는 이들도 일깨워 그들이 서로 손을 잡고 착취계급과 싸울 수 있도록 해야 한다."[57] "군중들이 연대해 착취계급에 저항하는 것은 사실 경제적 발전 과정에서 나타나는 필연이다. 처음부터 우리가 선동할 필요도 없고, 누가 막을 수 있는 일도 아니다."[58]

프랑스에 도착한 차이허썬[蔡和森, 1895-1931]은 1920년 8월에 마오쩌둥에게 보낸 서신에서 다음과 같이 언급했다. "나는 최근 여러 주의主義들을 종합적으로 검토하면서 사회주의가 현 세계를 바꾸는 데 진정으로 필요한 처방이라는 점, 그리고 중국도 여기서 예외가 될 수 없다는 점을 깨달았다.

---

[54] 惲代英,「爲少年中國學會同人進一解」,『惲代英文集』上, 北京: 人民出版社, 1984: 329쪽.
[55] 본서에서 '군중'은 가치중립적 의미로 사용된다.
[56] 惲代英,「爲少年中國學會同人進一解」,『惲代英文集』上, 北京: 人民出版社, 1984: 331쪽.
[57] 惲代英,「爲少年中國學會同人進一解」,『惲代英文集』上, 北京: 人民出版社, 1984: 332쪽.
[58] 惲代英,「爲少年中國學會同人進一解」,『惲代英文集』上, 北京: 人民出版社, 1984: 332쪽.

사회주의가 필요로 하는 방법은 계급투쟁인 프롤레타리아 독재이다."[59]

마오쩌둥은 그에 대한 회답에서 차이허썬의 의견에 전적으로 동의하면서, "평화적인 수단을 통해 전체의 행복을 도모한다"[60]는 주장은 "이론적으로는 그럴 듯해 보여도, 실제로는 가능하지 않은 것"[61]이라고 비판했다. 또한 다음과 같이 지적했다. "내 생각에 러시아식 혁명은 여러 길들이 모두 막히고 궁지에 몰려 어찌할 도리 없이 선택된 변통이었다. 그것은 더 좋은 방법이 있는데도, 그것 대신 무시무시한 방법을 선택한 것이 아니었다."[62]

무정부주의 사상의 영향을 상대적으로 적게 받은 저우언라이는 당시 유럽에서 유행하던 여러 사회주의적 흐름들을 진지하게 검토한 다음, 마지막으로 다음과 같이 결심했다. "우리는 공산주의라는 원칙, 그리고 계급혁명과 프롤레타리아 독재라는 양대 원칙을 견지해야 하며, 구체적인 상황에 따라 실행 수단을 적절히 활용해야만 한다."[63] 나아가 그는 단언했다. "내가 확신한 주의主義는 반드시 변하지 않을 것이며, 또한 결연히 그것의 선전을 위해 바삐 움직일 것이다."[64]

후세 사람들은 선구자들의 사상적 이력을 깊이 살펴볼 필요가 있다. 그

59　蔡和森, 「蔡林彬給毛澤東」, 『蔡和森文集』, 北京: 人民出版社, 1980: 50쪽.

60　| 毛澤東, 「新民學會通信集(第三集): 毛澤東給蕭旭東蔡林彬竝在法諸會友」, 中國革命博物館·湖南省博物館 編, 『新民學會資料』, 北京: 人民出版社, 1980: 147쪽.

61　「新民學會通信集(第二集)」, 中國革命博物館 編, 『新民學會資料』, 北京: 人民出版社, 1980: 148쪽. | 毛澤東, 「新民學會通信集(第三集): 毛澤東給蕭旭東蔡林彬竝在法諸會友」, 中國革命博物館·湖南省博物館 編, 『新民學會資料』, 北京: 人民出版社, 1980: 148쪽. 참고로, 저자는 新民學會通信集(第二集)으로 표기했는데, 新民學會通信集(第三集)으로 바로잡는다.

62　「新民學會通信集(第二集)」, 中國革命博物館 編, 『新民學會資料』, 北京: 人民出版社, 1980: 148쪽. | 毛澤東, 「新民學會通信集(第三集): 毛澤東給蕭旭東蔡林彬竝在法諸會友」, 中國革命博物館·湖南省博物館 編, 『新民學會資料』, 北京: 人民出版社, 1980: 148쪽.

63　中共中央文獻硏究室 編, 『周恩來書信選集』, 北京: 中央文獻出版社, 1988: 40-41쪽. | 저자는 편찬자를 『周恩來書信選集』編委會로 밝혔는데, 中共中央文獻硏究室로 바로 잡았다.

64　中共中央文獻硏究室 編, 『周恩來書信選集』, 北京: 中央文獻出版社, 1988: 46쪽.

들이 마르크스주의를 받아들이기로 한 결정은 결코 경솔한 것이 아니었고, 일시적 충동이나 시류에 따른 행동은 더더욱 아니었다. 오히려 스스로의 심사숙고를 거쳐, 다시 말해서 반복적인 검토와 비교 그리고 실천적 검증을 통해 최종적으로 자신의 일생에서 가장 중요한 선택을 내렸던 것이다.

4) 5·4 운동, 중국 역사에서 새로운 시대를 연 출발점

역사에서는 자주 다음과 같은 현상을 볼 수 있는데, 그것은 강렬한 군중 투쟁이라는 충격이 짧은 시간 동안 많은 사람들에게 격렬하고도 거대한 사상적 변화를 일으킬 수 있다는 점이다. 거대한 수천 수백만 명의 사상적 변화는 보통 여러 해가 지나도 이루기 어려운 일일 뿐만 아니라 몇몇 간행물이나 몇 차례 연설의 영향력도 그것과는 비교가 되지 않는다.

1919년 5월 4일에 촉발된 애국 운동은 바로 그러한 강렬한 군중 투쟁이었다. 긴박한 민족적 위기로부터, 이 운동은 하늘에서 불어온 광풍처럼 대도시로부터 중소도시와 외진 향진鄕鎭에 이르기까지 전국을 맹렬하게 휩쓸었다. 수천 수백만의 사람들이 평온한 일상생활이나 그 협소한 울타리를 홀연히 벗어나, 피 끓는 심정으로 거리나 공공 집회로 나가 나라를 구하고 생존을 도모하기 위해 분주히 뛰어다니며 지지를 호소했다.

'침묵하던 다수'는 더 이상 침묵하지 않았다. 지금까지 지배당하기만 하던 민중들이 직접적으로 행동에 나서 정치에도 개입했다. 그것은 매우 광범위한 군중적 성격을 띠었는데, 중국 역사상 처음 있는 일이었다. 우위장은 자신의 소회를 다음과 같이 묘사했다. "예전에도 우리는 혁명을 하면서 어느 정도의 규모 있는 군중 운동을 본 적은 있지만, 이렇듯 전국을 휩쓴 웅장하고 거대한 기세는 본 적이 없었다. 군중 운동의 충격으로부터 중국 전체가 깊은 잠에서 깨어났으며, 청춘의 활력을 선명하게 드러내기 시작했다."[65] 그와 같은 장면이 사람들에게 얼마나 큰 감동을 주었는가!

---

65 吳玉章,「回憶五四前後我的思想轉變」,『吳玉障回憶錄』, 北京: 中國靑年出版社, 1978: 111쪽.

조국을 위기에서 구해내고자 했던 군중들의 위대한 투쟁은 수천 수백만에게 거대한 사상적 해방을 가져왔으며, 계몽이라는 매우 큰 기능을 담당했다. 사람들은 투쟁이 고조되면서 매우 흥분된 상태에 있었다. 투쟁 과정에서 벌어진 옛 사회세력과 새로운 사회세력 간의 생사고투는 다시금 첨예한 문제들을 사람들 앞에 던져놓았고, 그들로 하여금 그 해답을 진지하게 찾게끔 만들었다. 세차게 소용돌이치던 거대한 운동의 흐름이 점차 평온해질 무렵, 일부는 익숙했던 본래의 자기 생활 모습으로 돌아갔지만, 일부의 선진적인 이들은 오히려 예전보다 더 심층적인 모색을 해나가기 시작했다. 나아가 서로의 뜻과 생각이 일치하는 동료들이 한데 모여 새로운 단체를 결성하기도 했다. 이를 통해 마르크스주의는 마침내 사회적 주류가 되었다.

5·4 운동 직전까지 전개되었던 초기의 신문화운동은 일찍부터 과학과 민주라는 우렁찬 구호를 내세웠다. 그것은 중국 근대 사상의 발전 과정에서 크나큰 진보적 기능을 담당했으며, 사람들을 크게 각성시켰다. 마르크스주의를 받아들인 선진적 이들은 바로 그 기치를 부여잡고 계속 전진해 나갔을 뿐만 아니라 더욱 새롭고 완성도 높은 내용을 만들어냈다.

그들은 어떤 것이 진정한 민주이고, 어떤 것이 진정한 과학인가를 반복적으로 검토했다. 당시 중국 민중은 대부분 노동자와 농민이었다. 그런데 만약 그들 속으로 들어가지 않거나 그들의 이익과 관심을 충분히 고려하지 않는다면, 그리고 그들을 자신의 시야 밖에 두고 소수의 학자나 지식청년들의 협소한 테두리에서만 활동한다면, 아무리 그 논의가 격렬하고 심지어 일정한 성과를 얻을 수 있을지라도, 그것은 일부나 소수의 민주가 될 뿐이다. 따라서 그것을 광범위한 인민의 진정한 민주라고는 할 수 없다.

과학에서 가장 근본적인 것은 실제에 부합하고 사물 발전의 객관적 법칙에 부합해야만 하는, 바로 실사구시實事求是다. 그것은 시대에 뒤떨어진 진부하고 경직된 낡은 교조敎條에 속박되어서도 안 되지만, 단순한 선의의 바람이나 강단식의 추리에 의지해 해결되어서도 안 된다. 오히려 과학은 중국 사회라는 토양에 깊숙이 뿌리내리고, 그 땅에 발을 딛고 중국 사회의 진보를 촉진시키는 확실한 방법을 찾아야만 한다. 물론 그것은 탁상공론보다는 훨씬 더 어려운 과정이 될 것이다.

민주와 과학의 대립물은 바로 전제專制와 우매함이다. 옛 중국을 지배한 제국주의와 봉건세력은 중국 사회의 생산력 발전과 사회적 진보의 가장 큰 장애물이자, 전제와 우매함의 가장 뿌리 깊은 원천이었다. 역사의 진전을 가로막는 반동적 사회세력을 일소할 수 있는 현실적 방법으로 사회를 바꾸고, 그로부터 옛 사회의 소생산 구조를 점차 현대화된 대량생산 구조로 바꿔야만 했다. 만약 그렇게 하지 않고 단순히 상부구조 영역에만 온 힘을 기울인다면, 과학과 민주라는 문제는 제대로 해결될 수 없었다.

5·4 운동을 거치면서 과학과 민주에 대한 사람들의 인식은 예전보다 더 심오해졌을 뿐만 아니라 실제에도 부합되었다고 할 수 있다. 그들은 과학과 민주라는 초기 신문화운동 정신의 계승자이자 제창자였다. 물론 다양한 주객관적 조건의 제약, 특히 마르크스주의자 자신의 미숙함과 실천적 경험의 부족함 때문에 과학과 민주에 대한 그들의 인식도 어떤 한계와 편파성을 지니고 있었다. 그러한 부정적 측면은 이후 역사 발전 과정에서도 그대로 드러났다.

그리고 5·4 운동의 세례를 받아 과학과 민주에 대한 신념은 갖췄지만, 마르크스주의를 수용하지 않았던 이들도 있었다. 그들은 지속적으로 민주적 정치 운동에 투신하거나 교육·과학·상공업 등의 업무에 종사했다. 따라서 그들도 중국 사회가 진보하는 데 긍정적인 기여를 했다고 할 수 있다. 그러나 그들은 중국의 사회적 문제를 해결할 수 있는 근본적 방법을 찾아내지 못했다. 그로 인해 근대 중국에서 진보적 사상의 주류가 될 수 없었을 뿐만 아니라 중국 근대사의 진전 과정에서도 주도적인 역할을 담당할 수 없었다.

마땅히 인정해야만 할 것이 있다. 그것은 5·4 운동이 폭발적으로 전개되었을 당시, 마르크스주의를 믿었던 사람이 매우 적었고, 그 운동에 참여한 사람들의 사상적 경향도 상당히 복잡했다는 점이다. 그래서 그 운동이 처음부터 무산계급의 지도 아래 진행되었다고 말할 수는 없다. 하지만 앞서 언급한 것처럼, 근대 중국의 거대한 사상적 변화 과정에서 5·4 운동은 결정적 전환점이라는 의의를 지닌다. 그 이전에 진행되었던 초기 신문화운동의 제창, 과학과 민주라는 구호의 제기, 마르크스주의의 초기 전파 등은 그것을 준비하거나 그것의 서막을 알리는 것에 불과했다.

그 역사적 순간으로부터 수천 수백만 군중의 실제적 행동이 시작되었다. 사람들은 조국의 운명에 위기의식을 느끼고 있었으며, 나랏일에 적극적인 관심을 갖고 참여했을 뿐만 아니라 용감하게 미래를 향해 나아갔다. 그들은 생각하고 모색하는 것을 단 한순간도 멈추지 않았는데, 1년 동안 출판된 간행물이 400종에 달했다. 그 이듬해에는 전국적으로 많은 수의 선진적 청년들이 마르크스주의를 받아들였고, 5·4 운동의 핵심 지도자인 천두슈 등의 주도로 1921년에 중국공산당이 만들어졌다. 이것은 서로 떼어놓을 수 없는, 온전히 하나로 연결된 운동 과정이었다. 그러한 차원에서 5·4 운동을 중국 민주혁명[66]의 새로운 시대를 알리는 출발점이라고 하는 것은 합리적일 뿐만 아니라 실제에도 부합한다.

---

66 | 민주혁명은 봉건적 지주의 지배와 봉건적 전제 제도를 무너뜨리고, 민주적 제도를 수립한 혁명이다. 중국에서는 그것을 구舊민주주의 혁명과 신新민주주의 혁명으로 구분한다. 전자는 1840년 아편전쟁에서 1919년 5·4 운동 이전까지로, 자산계급이 혁명을 주도하면서 자산계급의 공화국과 자본주의적 사회 제도를 확립하고자 했다. 1911년의 신해혁명이 여기에 속한다. 반면, 후자는 1919년 5·4 운동부터 1949년 중화인민공화국의 수립까지로, 무산계급이 주도하며 반反제국주의·반反봉건주의·반反관료자본주의를 추구했다. 따라서 본문에서 언급된 민주혁명은 신민주주의 혁명을 가리킨다.

2
신해혁명에서 중국공산당의 창당까지[67]

2011년은 신해혁명 100주년이자 중국공산당 창당 90주년이 되는 해이다. 신해혁명에서 중국공산당의 창당까지의 시간적 거리는 10년도 채 안 될 뿐만 아니라 그 사이에는 5·4 운동도 위치해 있다. 이 3가지 사건들은 서로 맞물려 진행되어갔다.

마오쩌둥은 1942년에 「중국공산당 역사를 어떻게 연구할 것인가如何研究中共黨史」에서 다음과 같이 지적했다. "중국공산당의 역사를 연구하려면 창당 이전의 신해혁명과 5·4 운동이라는 소재를 가지고 연구해야 한다. 그렇지 않으면 역사의 진행 과정을 명료하게 파악할 수 없다."[68]

여기서는 신해혁명, 5·4 운동, 중국공산당 창당이라는 3가지 사건을 다루려고 한다. 대체로 사건의 구체적 경위를 언급하기보다는, 그 기간 동안 중국공산당이 출현할 때까지의 역사가 어떻게 진행되었는지를 언급하고자 한다.

1) 신해혁명

신해혁명을 어떻게 볼 것인가? 중국공산당 제15차 전국대표대회[69] 보고에서는 다음과 같이 평가했다. "지난 한 세기 동안 중국 인민들이 지나온

67 　원문은 「黨的文獻」2011年第4期에 실려 있다.
68 　| 中共中央文獻研究室編, 『毛澤東文集』2, 人民出版社, 1993: 404쪽.
69 　| 중국공산당 제15차 전국대표대회는 1997년 9월 12일부터 18일까지 베이징에서 개최되었다.

길에는 3차례의 거대한 역사적 변화가 있었다. 쑨원·마오쩌둥·덩샤오핑[鄧小平, 1904-1997]이라는 위대한 인물들이 그 시기의 선구적 역할을 담당했다."[70]

역사적 변화의 첫 번째는 신해혁명, 두 번째는 중화인민공화국의 건국과 사회주의 제도의 건설, 그리고 세 번째는 사회주의 현대화를 실현하기 위한 개혁개방을 가리킨다. 이처럼 그것은 신해혁명을 높게 평가함으로써 신해혁명과 관련된 역사적 위상의 문제를 해소했다고 할 수 있다.

지난 오랜 시간 동안 사람들은 신해혁명을 제대로 알지 못했다. 대부분이 그것의 부정적 측면이나 실패한 측면만을 언급했을 뿐, 그것이 지닌 역사적 의의나 중국 역사를 추동한 역할과 같은 것은 상대적으로 이루어지지 못했다. 왜 그랬을까? 여기에는 인식상의 이유뿐만 아니라 시대적인 원인도 있었다.

신해혁명에 참가했던 린보취는 1941년에 옌안延安 『해방일보解放日報』에서 다음과 같이 주장했다. "제왕의 지배를 받아보지 못한 수많은 청년들에게 신해혁명의 정치적 의의는 자주 과소평가되곤 한다. 그런데 그것은 조금도 이상한 일이 아니다. 왜냐하면 그들은 수천 년 간 이어져 내려온 전제정치專制政治의 전복이 얼마나 어려운 일인지 모르기 때문이다."[71]

린보취가 그 말을 했을 때가 지금으로부터 70년 전이었으니까, 이처럼 상황은 마찬가지였다. 당시의 청년들이 살아있다면 지금쯤 90세 전후가 되었을 것이고, 오늘날의 청년들이 신해혁명을 잘 모른다고 해서 그것을 이상하게 여길 필요는 없다.

그리고 시대적 원인은 다음에 있었다. 신해혁명이 큰 성공을 거두었을 지라도 제국주의와 봉건 세력의 지배를 근본적으로 끝내지 못했고, 중국의 반半식민지·반半봉건이라는 사회적 성격도 바꾸지 못했다. 게다가 중국 인

---

70 | 江澤民, 「高擧鄧小平理論大旗幟, 把建設有中國特色社會主義事業全面推向二十一世紀」, 『江澤民文選』2, 北京: 人民出版社, 2006: 2쪽.

71 | 林伯渠, 「荏苒三十年」, 『林伯渠文集』, 北京: 華藝出版社, 1996: 237쪽. 참고로, 이 글은 1941년 10월 10일에 발표되었다.

민들의 비참한 처지를 바꾸지도 못했다. 그래서 쑨원이 "혁명은 미완성이고, 여전히 동지들의 노력이 필요하다."[72]고 했던 것이다.

공산당원을 포함한 선진적 인사들은 자주 민주혁명 시기의 신해혁명이 근본적 문제들을 제대로 해결하지 못했다는 점을 강조해왔다. 물론 그와 같은 평가에는 승리를 위한 투쟁을 지속적으로 고취하려는 데 목적이 있었기 때문에 그 시기부터 신해혁명의 결함이 더 많이 언급되었다고 볼 수 있다.

중국 사람들은 지난 100년이라는 시간 동안 스스로 떨쳐 일어나 위대한 승리를 거두었다. 당연하겠지만, 이제 다시 신해혁명의 역사적 공적을 보다 냉정하면서도 포괄적이고 객관적으로 평가할 수 있게 되었으며, 또 그렇게 해야만 한다고 생각한다. 20세기 중국에서 신해혁명이 첫 번째 거대한 역사적 변화가 될 수 있었던 것은 그 역사적 공로가 최소한 3가지 측면에서 밝혀졌기 때문이다.

① 신해혁명은 근대적 민족민주혁명의 실질적 출발점이었다. 이 말은 중국공산당 제15차 전국대표대회 보고에서의 평가였지만, 그것은 지금까지도 제대로 된 관심을 받고 있지 못한 것 같다. 여기서 근대적 민족민주혁명의 실질적 출발점이라고 언급한 것은 그것이 중화민족의 역사에서 투쟁 목표를 새롭게 제시했기 때문이다.

근대 이후, 중화민족이 겪었던 고통은 매우 깊고도 컸다. 중화민족은 고대로부터 찬란한 문명을 이룩했지만 근대에 들면서 크게 낙후된 모습을 보였다. 중국에서 아편전쟁을 중국 근대사의 출발로 삼는 것은 그 시기부터 독립 국가로서의 온전한 주권과 존엄이 상실되었으며, 외국 식민주의자들의 모욕과 통제로 인해 반식민지 상태가 되었기 때문이다.

그것은 중화민족을 점점 더 깊은 고통의 나락으로 빠져들게 만들었다.

---

72 | 이것은 일반적으로 쑨원의 언급으로 알려져 있다. 하지만 이에 대해 이견도 존재하고 있다. 高戈, 「"革命尙未成功, 同志仍須努力"竝非孫中山先生所言」, 『福建黨史月刊』1991年第1期. ; 余齊昭, 「""革命尙未成功, 同志仍須努力"確非孫中山所說'質疑」, 『中山大學學報(社會科學版)』1996年第4期를 참조하라.

당시 중국 사람들을 짓누르고 있던 문제는 크게 두 가지였다. 하나는 제국주의에 의한 억압이었고, 다른 하나는 청나라 정부의 봉건적 전제 통치다.

1894년에서 1895년까지 벌어진 청일전쟁에서 중국은 전쟁에 패했을 뿐만 아니라 강제적으로 '시모노세키 조약馬關條約'을 체결했다. 그 후에 중화민족의 위기는 한층 더 악화되었다. 이 사건을 직접 겪었던 우위장은 그의 회고록에서 다음과 같이 언급하고 있다. "이것은 진정 전대미문의 망국적 조약이다. 그것은 중국 전체에 충격을 주었다. 예전에 중국은 단지 서양의 대국에게만 패했을 뿐이지만 지금은 아시아의 작은 나라에게도 패했다. 게다가 패한 정도가 매우 비참할 뿐만 아니라 조약도 매우 가혹하다. 이것이 얼마나 큰 치욕인가! …… 청일전쟁에서 패배했다는 소식이 우리 고향에 전해졌을 때 나와 둘째 형은 하염없이 목 놓아 울었다. 지금도 나는 그 일을 기억하고 있다. …… 우리는 그때 말로 표현하지 못할 정도로 너무나도 비통했다."[73] 그것은 청일전쟁의 패배가 중국 사람들에게 준 충격과 영향이 매우 컸다는 점을 알려준다.

하지만 상황이 모두 끝난 것은 아니었다. 1897년 겨울, 독일은 군대를 출동시켜 강제로 교주만(膠州灣, 지금의 칭다오青島)을 조차租借했다. 이로부터 서구의 여러 나라들은 중국에서 강제로 중국 영토를 잇달아 조차하면서 자신의 세력 범위를 확정했다.

또한 1900년에는 8개국 연합군[74]이 중국에 침입했는데, 세계적으로 모든 제국주의 국가들이 연합해 한 나라를 향해 전쟁을 벌이는 것도 역사상 처음이었다. 그 후에 8개국 연합군은 중국의 수도인 베이징을 1년 넘게 점령했을 뿐만 아니라 구역을 서로 나눠 통치하며 중국 주민들에게 각 점령국의 국기를 내걸도록 했다.

그러한 치욕은 중국 사람들의 마음속에 깊이 각인될 수밖에 없었다. 1990년대 덩샤오핑은 다음과 같이 언급했다. "나는 중국 사람으로서 외국

---

73 | 吳玉章, 『吳玉章回憶錄』, 北京: 中國青年出版社, 1978: 2쪽.

74 | (제정)러시아, 일본, 독일, 영국, 미국, 이탈리아, 오스트리아, 프랑스를 가리킨다.

이 중국을 침략한 역사를 알고 있다. 7개국 정상회의에서 중국을 제재하려고 했을 때, 나는 바로 1900년 8개국 연합군이 중국을 침략한 역사를 떠올렸다. 7개국 중 캐나다를 제외한 다른 6개국에다가 러시아와 오스트리아를 더하면 당시 연합군을 조직한 8개국이 된다. 중국의 역사를 알아야만 한다. 왜냐하면 이것이 중국을 발전시키는 정신적 힘이기 때문이다."[75]

그리고 1904년부터 1905년까지 일본과 제정러시아가 중국을 놓고 이권 다툼을 벌이다가 중국의 동북 지방에서 러일전쟁을 벌여 중국 인민들에게 크나큰 피해를 안겨줬다. 중국과 조선 양국은 역사적으로 입술과 이의 관계처럼 매우 가까운 관계였는데, 1910년 조선에 대한 일본의 공식적 병합은 다시 한번 중국 사람들에게 큰 충격을 주었다. 중화민족은 이제 멸망할 수도 있는 위기 상황에 다다른 것이다.

오랫동안 청나라 정부는 '천조대국天朝大國'[76]으로 자처했고, 많은 청나라 사람들도 제멋대로 잘난 척하면서 당시의 상황에만 안주했다. 중국은 아편전쟁 이후 반半식민지 국가로 전락했지만, 보통 사람들은 여전히 그것을 인정하지 않았고 세상일에도 아무런 관심을 갖지 않았다.

1894년 청일 전쟁이 일어나기 직전, 정관잉[鄭觀應, 1842-1922]은 그의 명저 『성세위언盛世危言』에서 "세상의 흐름이 또다시 변해 병풍과 울타리가 사라지고, 강한 이웃은 나날이 핍박"[77]하는 엄중한 국면을 지적했다. 그리고 사람들의 각성을 불러일으켜야 한다면서 일련의 개혁적 주장들을 내놓았다. 그럼에도 불구하고 그는 '쇠락한 세상'이라는 말 대신, '태평한 세상盛世'라는 글자를 책 이름으로 사용할 수밖에 없었다. 그렇지 않고서는 감당해야 할 압력이 너무나도 컸기 때문이다.

쑨원은 1894년에 흥중회興中會를 창립하면서 '중화의 부흥振興中華'이라는

---

75 | 鄧小平, 「振興中華民族」, 『鄧小平文選』3, 北京: 人民出版社, 1993: 357-358쪽.
76 | 천하의 중심 국가라는 의미다.
77 | 鄭觀應, 『盛世危言』, 北京: 華夏出版社, 2002: 11쪽. 참고로, 『盛世危言』은 1894년(광서 24년)에 편찬되었는데, 거기에는 정치·경제·군사·외교·문화 등의 측면에서 요구되는 부강과 구국의 개혁 방안들이 담겨 있다.

구호를 처음으로 제기했다. 그 다음해 개량파인 옌푸[嚴復, 1854-1921]은 「구망결론救亡決論」[78]에서 최초로 '구망'이라는 구호를 제창했다. 천톈화[陳天華, 1875-1905]는 『경세종警世鐘』에서 "혁명을 한다고 하면 지금 바꿀 수 있다. 이 시간이 지나면 명분이 없어진다."[79]고 했다. 여기에는 당시 중국 사람들의 지나친 초조함과 긴박함이 반영되어 있다.

이어서 부패한 청나라 정부의 통치상을 살펴보자. 8개국 연합군이 중국을 침략한 후 시안西安을 떠돌던 청 정부는 조칙을 발표했는데, "중국의 물력物力을 헤아려 체결국의 환심을 산다."[80]라고 했다. 그 시기 청 정부는 이미 '서양 사람들의 조정朝廷'인 것 같았고, 또한 지극히 독재적인 정부이기도 했다.

백성들의 원망이 들끓고 혁명의 기세가 날이 갈수록 높아지던 시기, 청 정부는 1908년 「흠정헌법대강欽定憲法大綱」[81]을 반포했다. 제1조는 다음과 같았다. '대청大淸의 황제는 대청 제국을 통치하며, 영원토록 존귀하게 추대된다.' 또한 국가가 반포한 법률, 회의 소집, 군대 소집, 대외적 선전포고, 조약 체결 등의 모든 권력이 군주에게 집중되었다. 특히, '선전포고, 강화講和, 조약 체결, 사신을 파견·승인하는 권리, 국가 간 업무는 군주가 직접 주재하며, 의회議院에는 의결권을 부여하지 않는다.'[82]는 점이 강조되었다. 이로부터 청 정부가 궁지에 몰렸다고는 하지만 여전히 극단적 전제 제도를 유지하고 있었음을 알 수 있다.

그리고 느린 생산력 발전으로 청 정부의 재정 수입도 그 증가 속도가 줄곧 더딘 양상을 보였다. 청일전쟁 이전, 청 정부의 1년 재정 수입은 대략 은銀 8천만 냥 정도였지만 청일전쟁에서 패배한 이후에는 일본에 대한 배상금이 은 2억 3천만 냥에 달했다. 거기에 분할 납부에 필요한 이자까지

---

78 | 「救亡決論」은 1895년 『直報』에 실린 글이다.
79 | 陳天華, 『猛回頭·警世種』, 沈陽: 萬卷出版公司, 2015: 64쪽.
80 | 『淸實錄』58(德宗景皇帝實錄7), 北京: 中華書局, 1987: 292쪽.
81 | 청나라 정부에 의해 1908년 8월 27일에 반포된 중국 최초의 헌법 문서이다.
82 | 「흠정헌법대강」 제7조의 내용이다.

합한다면, 그것은 3년 동안의 재정 수입 전체에 이르렀다. 그리고 8개국 연합군이 강제적으로 체결한 '신축조약辛丑條約'에서도 중국이 갚아야할 각국에 대한 배상금은 중국인 1인당 은 1냥이라는 기준에 따라 4억 5천만 냥으로 정해졌다.

그렇다면 그 돈은 어디서 나왔을까? 청 정부는 한편으로 대량의 외채를 빌렸는데, 그것이 열강에 대한 의존도를 크게 심화시켜 서구 사람들의 명령에 더욱 따르지 않으면 안 되는 상황으로 만들었다. 다른 한편으로는 세수를 늘려 국민들에 대한 수탈을 강화했다. 선통宣統 시기, 국가의 재정 수지가 몇 배로 뛰면서 은 3억 냥이 되었다. 이처럼 세수의 상승은 생산 발전에 의한 것이 아니라 강화된 수탈에 의해 이루어진 결과에 불과했다.

그와 같은 위기를 어떻게 극복할 것인가? 중국이 그 위기에서 벗어날 길은 어디에 있는가? 태평천국 운동, 의화단 운동, 유신변법 등 수많은 시도들이 모두 실패로 돌아갔다. 그 시기, 쑨원을 중심으로 한 자산계급 혁명파가 역사의 무대에 등장했다. 그는 우선 '중화의 부흥'이라는 구호와 함께 중국동맹회를 조직하고, '민족·민권·민생'이라는 삼민주의를 제기했다.

그것은 바로 민족 독립, 민주 정치, 민생 행복의 실현을 위한 요구였다. 이처럼 그는 뒤엉켜 있던 근대 중국의 모순들로부터 그 핵심을 파악하고 혁명적 수단을 통해 그와 같은 요구를 이루고자 했다. 당시의 시대적 요구와 인민들의 바람이 담긴 가장 진보적 사상이라고 할 만하다. 그래서 마오쩌둥이 "중국의 반제반봉건反帝反封建적 자산계급 민주혁명은 쑨원 선생으로부터 공식화되었다."[83]고 평가했던 것이다.

지금의 시각에서 보면, 쑨원의 사상에는 공상적인 부분이 존재할 뿐만 아니라 목표 달성의 구체적인 경로도 없었고, 중국공산당처럼 사회주의와 공산주의라는 원대한 이상을 제시하지도 못했다. 그럼에도 불구하고 그러한 목표 제시는 한 세대의 중국 사람들을 지속적인 투쟁 과정으로 끌어들이는 역할을 담당했다. 따라서 신해혁명이 그 임무를 완성하지는 못했을지

---

[83] | 毛澤東, 『毛澤東選集』2, 北京: 人民出版社, 2009: 563쪽.

라도, 그 역사적 공적은 영원히 지워지지 않을 것이다. 바로 그러한 차원에서 중국공산당은 줄곧 자신을 쑨원 선생이 일군 혁명 사업의 계승자로 간주했다.

② 신해혁명은 수천 년 간 중국을 지배한 군주적 전제 제도를 전복시켰다. 중국은 군주적 전제 정치의 지배 아래 수천 년의 세월을 보냈다. 그것은 감당하기 어려운 인습이라는 무거운 짐을 남겼다. 오랫동안 '삼강오상三綱五常'이라는 봉건적 윤리 관념이 사람들의 머릿속에 끊임없이 주입되었고, 사람들은 그것을 어려서부터 만고불변의 진리로 여겨왔다. 마치 "나라에는 하루라도 군주가 없으면 안 된다."[84]는 것처럼 말이다.

중국에서 군주적 전제 제도의 경제적 기초는 봉건적 토지 제도로 이루어졌으며, 그 군주적 전제 제도는 역으로 봉건적 토지 제도를 정치적으로 보장하고 유지시키는 기능을 맡아왔다. 그리고 군주는 '천자天子'로 불리며, 하늘의 뜻을 대변하는 것처럼 봉건적 위계질서의 정점에 위치해 있었다.

『홍루몽紅樓夢』에서 왕희봉王熙鳳은 다음과 같은 명언을 남겼다. "이 한 몸이 갈가리 찢겨지더라도 황제를 말에서 끌어내리겠다."[85] 거꾸로 말해보자면, 그 시대에는 누가 '황제를 말에서 끌어내리'고자 했다면 자신의 '한 몸이 갈가리 찢겨지'는 용기를 감수했어야만 했기에 보통 사람은 엄두조차 낼 수 없던 일이었다.

그런데 신해혁명이 황제라는 봉건 사회의 '머리'를 잘라버림으로써 옛 질서 전체는 혼란에 빠져들었다. 그 이후로 북양 군벌北洋軍閥[86]에서 장제스[蔣介石, 1887-1975]의 난징南京정부에 이르기까지 마치 주마등처럼 하나둘 연이어 등장한 옛 사회세력은 더 이상 통일되고 안정된 정치적 질서를 확

---

84 | 『老子想爾注』: 國不可一日無君. 『老子想爾注』은 『道德經』의 주석본으로, 초기 도교 계파인 五斗米道의 저술이다.

85 | 이 표현은 『紅樓夢』 68회에서 보인다.

86 | 위안스카이가 만든 북양北洋 신군新軍을 모체로 해서 중화민국 초기(1912-1927)에 베이징 정권을 장악한 군벌을 가리킨다. 위안스카이가 죽은 뒤 安福派·直隸派·奉天派로 나뉜다.

립할 수 없었다. 그와 같은 상황이 신해혁명 이전과 확연히 구분되는 지점이었다.

어떤 이는 신해혁명으로 중국 군벌들이 할거하면서 사회가 더 혼란해졌다고 평가하기도 한다. 다시 말해서, 혁명은 옛 것을 파괴만 할 뿐, 새로운 것은 만들 수 없기 때문에 공연히 사회적 혼란만 가중시켜 중국의 현대화를 저해했다는 주장이다. 하지만 그것은 근시안적인 견해에 불과하다.

물론 신해혁명으로 청 정부가 타도된 다음, 옛 세력에 의해 노골적이고 야만적인 군사적 강권 통치가 자행되었지만 사실 그와 같은 방식은 오래 지속되지 못했다. 그리고 군벌들의 혼전은 옛 지배세력들을 분열시켜 서로 싸우게 만들었으며, 그것은 이후 인민 혁명을 펼쳐나가는 데도 도움이 되었다. 따라서 군벌들의 혼전이 중국 인민들에게 매우 큰 상처가 되었을지라도, 장기적 관점에서 그러한 불안정과 혼란은 사회적 전환기에 거칠 수밖에 없는 과정이라고 할 수 있다. 그러한 측면에서 신해혁명은 중국 인민에게 혁명의 승리를 안겨준 길을 개척했다고 할 만하다.

③ 신해혁명은 민주 의식의 향상과 사상의 해방을 가져왔다. 민주 의식이란 국민이 국가에서 자신의 위치를 인식하는 것이다. 봉건적인 군주적 전제 사회에서는 모든 것이 황제의 '독단적 결정乾綱獨斷'으로 이루어졌다. 백성들은 국가에 무엇을 건의하거나 국가를 관리할 수 있는 권리가 전혀 없었다. 무술변법 이전의 '공거상서公車上書'[87]는 중국 전체에 커다란 충격을 안겨주었다. 상서는 지위가 있는 거인들만이 할 수 있는 것인데, 결과적으로 도찰원都察院[88]에서 황제에 대한 전달을 거부했기 때문에 상서는 광서제

---

87 | 공거상서는 청나라 광서 21년인 1895년에 캉여우웨이(康有爲, 1858-1927)가 량치차오와 거인擧人 1,300여 명을 모아 광서제에게 연명聯名으로 상서한 사건을 말한다. 그들은 거기서 청일 전쟁에서 패한 청나라 정부가 일본과 맺은 마관馬關 조약을 반대했다. 공거상서는 중국에서 유신파維新派의 등장을 상징하며, 정치적 군중 운동의 시발점으로 평가된다. 참고로, 여기서 거인은 명청明淸 시기의 과거 시험인 향시에 급제한 사람을 가리킨다.

88 | 都察院은 명청 시기의 감찰 기관이다.

에게 전달되지 못했다.

신해혁명 이후, 중화민국 임시정부는 '중화민국임시약법中華民國臨時約法'을 공포했다. 쑨원은 여기서 특별히 '중화민국의 주권은 국민 전체에 속한다.'고 했는데, 그 이유는 그가 그것을 가장 중시했기 때문이다. 중화민국이 비록 인민 스스로 주인인 세상을 만들지는 못했지만, 그것을 제시하고 실현하지 못했다는 것과 아예 제시조차 하지 못했다는 것 사이에는 큰 차이가 존재했다.

그로부터 많은 민중들의 생각에 큰 변화가 나타나면서 스스로를 국가의 주인으로 인식하기 시작했다. 중화민국이 수립된 후 다양한 정치 단체들이 우후죽순으로 생겨났고, 신문과 잡지도 전례 없이 활성화되었으며, 군중 활동도 늘어났다. 따라서 신해혁명이 없었다면 5·4 운동도 없었다고 할 수 있다. 왜냐하면 신해혁명으로부터 조성된 사회적 분위기와 민중들의 심리 상태가 없었다면 5·4 운동은 일어나기 어려웠기 때문이다.

또 다른 하나는 사상의 해방이라는 점에 있다. 신해혁명은 과거 절대 권력으로 간주되던 황제를 끌어내렸다. 황제라는 존재도 타도되는 마당에, 다른 어떤 진부하고 낡은 것들에 대해 의심하지 못하겠는가, 그리고 그것을 무너뜨리지 못하겠는가?

천두슈는 『신청년』의 「우상파괴론偶像破壞論」에서 다음과 같이 언급했다. "사실 군주君主도 우상의 일종이다. 그 자체에 무슨 신기하고 대단한 역할은 없다. 모든 사람들이 그를 맹목적으로 숭배하고 의지하며 그를 존경해야만, 그는 전국을 호령할 수 있고 국가 원수로 불릴 수 있다. 하지만 나라가 망하자 …… 군주는 평범한 사람들보다 더 불쌍해 보인다."[89] 5·4 운동 시기, 옛 것을 강하게 회의하고 비판한 것은 신해혁명이 가져온 사상 해방과 밀접한 관계를 맺고 있다.

쑨원과 같은 혁명적 선구자들의 민주공화제라는 역사적 공적은 정확하

---

89 | 『新青年』簡體典藏全本』5(1-6號), 銀川: 寧夏人民出版社, 2011: 69-70쪽. 偶像破壞論은 『新青年』第5卷第2號, 1918年8月15日자에 실려 있다.

게 평가되어야 한다. 중국 근대사에서 태평천국의 훙수전[洪秀全, 1814-1864]은 천왕天王, 사실 황제로 불렸고, 무술변법은 좋은 황제에 의지해 그것을 실현하고자 했다. 의화단 운동도 청나라를 도와 서구를 멸한다는 명분을 내세웠다. 따라서 아시아에서 중화민국은 첫 번째 공화국이다. 세계를 놓고 보자면, 당시 세계 대국들 가운데 공화제를 실시한 나라는 미국과 프랑스뿐이었고, 다른 나라들은 공화제가 아니었다.

물론 쑨원과 같은 자산계급 혁명파가 지닌 심각한 약점과 결점도 파악할 필요가 있는데, 그것은 크게 3가지로 나뉜다. 우선 반제반봉건反帝反封建이라는 명확한 혁명 강령이 없었을 뿐만 아니라 제국주의와 봉건주의에 대한 인식도 불충분했다. 청나라 정부의 전복이 곧 성공이라는 단순한 생각은 결과적으로 청나라가 와해되자마자 계속 앞으로 나아가야할 공통의 방향과 동력이 상실되었다. 반제반봉건이라는 문제를 근본적 차원에서 해결하지 못함으로써 중국의 반半식민지·반半봉건이라는 사회의 성격도 바꿀 수 없었다.

둘째, 광범위한 군중, 특히 중국 인구의 대다수를 차지하는 노동자·농민 대중의 참여가 없었다. 신해혁명의 주요 역량은 근대 교육을 받은 애국 청년들이었다. 그들은 회당[90]과 신군[91]에서 수많은 활동을 했고, 혁명적 선전 활동을 효과적으로 전개했으며, 상당히 광범위한 지지를 얻었다. 그것이 우창 봉기武昌起義 이후, 대부분의 성省에서 빠르게 호응을 얻을 수 있었던 이유였다.

신해혁명은 어느 정도의 군중이 참여했기 때문에 일정 정도의 성공을

---

[90] 會黨은 아편전쟁 이후 반청복명反淸復明을 기치로 한 민간비밀조직의 총칭이다. 회당은 청조의 봉건적 지배와 제국주의를 반대한다는 성격을 띠었다. 이전까지 天地會·哥老會 등은 '會'로 통칭되었으나, 興中會와 天地會가 서로 연결되면서 '會黨'으로 불리기 시작했다. 흥중회의 광저우 봉기와 후이저우惠州 봉기는 모두 회당 세력이 주도했다.

[91] 新軍은 청일전쟁에서 일본에 참패하자 새롭게 창설된 군대이다. 이 군대는 서구의 총과 대포를 사용했으며, 편제와 훈련도 서구의 것을 모방했다.

거둘 수 있었지만, 여전히 참여 군중의 수가 크게 부족한 형편이었다. 그것은 중국 인구의 절대 다수를 차지하는 노동대중에 의지하지도 않았고, 그들을 참여시키지도 못했다. 특히, 농촌 사회에서는 그 어떤 변화도 나타나지 않았다. 중국에서 가장 큰 세력인 농민의 참여와 지지가 이루어지지 않는다면, 결국 스스로를 약하게 여겨 강한 제국주의나 봉건 세력과 타협할 수밖에 없다. 그것이 신해혁명 실패의 주된 원인이다.

마지막으로 동맹회는 매우 느슨한 조직이었고 구성원도 복잡했다. 혁명이 초보적 승리를 거둔 후, 사람들 간에 자리다툼이 빈번히 일어났다. 따라서 내부 분열 때문에 혁명을 이끌고 나갈 견고한 핵심을 만들 수 없었다. 이 3가지 측면을 한 마디로 정리해보면 다음과 같다.

과학적이고 명확한 혁명 강령을 제시할 수 있는, 대다수 군중에 의지하고 그들이 참여할 수 있는, 공통의 이상과 엄격한 기율을 갖춘 선진적 이들로 조직된 강력한 정당이 없었다는 점이다. 그래서 신해혁명은 그렇게 큰 성과를 거두었음에도 불구하고 여전히 근본적 문제들을 해결하지 못했다. 그것은 그 혁명에 투신했거나 그것의 영향을 받았던 수많은 애국자들에게 국가와 사회의 근본 문제들을 다시금 심각하게 고민하게 만들었고, 새로운 방향을 모색하게 했다.

중국공산당원의 앞 세대에 속하는 주더[朱德, 1886-1976], 동비우[董必武, 1886-1975], 린보치, 우위장 등은 신해혁명에 참여했을 뿐만 아니라 쑨원이 주도하는 중국동맹회에도 참가했다. 그들보다 젊은 마오쩌둥, 저우언라이, 류사오치 등과 같은 이들은 모두 신해혁명으로부터 많은 영향을 받았다. 마오쩌둥은 당시 후난湖南 신군新軍에 참여하기도 했다. 그들은 모두 신해혁명에 의해 교육되었으며, 사상적으로 이전 사람들을 크게 넘어섰다. 또한 신해혁명의 심각한 결점을 발견하고, 그것을 교훈으로 삼아 지속적인 탐구를 이어나갔다.

첫 걸음을 옮겨야 두 번째와 세 번째 걸음이 있다. 신해혁명의 승리와 실패라는 긍·부정적 측면은 5·4 운동의 발생, 마르크스주의의 중국 전파, 중국공산당의 창당에 이르는 사건들의 주요 조건을 형성했다.

2) 5·4운동

5·4 운동은 중국 근대사에서 하나의 전환점이자 구舊민주주의 혁명과 신新민주주의 혁명의 경계를 이룬다. 5·4 운동을 언급할 때 자주 사용되는 두 가지 기준이 있다. 하나는 1919년 5월, 파리강화회의에서 산둥 문제로 인해 촉발된 5·4 애국운동을 뜻한다. 다른 하나는 1915년 『신청년』(처음에는 『청년잡지青年雜誌』로 불렸다)의 창간과 함께 시작된 신문화운동으로부터 중국공산당 창당 직전인 1920년까지의 역사를 가리킨다.

주목해야 할 것은 후자의 기준은 하나의 맥락으로 구성되지만, 그것에는 서로 다른 성격의 두 가지 국면이 포함되었다는 점이다. 첫 번째 국면은 1919년 5·4 운동 이전의 초기 신문화운동으로, 그것의 주류 사상은 서구 자산계급의 민주주의 문화다. 두 번째 국면은 5·4 애국운동으로부터 기존의 진보적 사상계가 분화되면서, 선진적 지식인들 사이에서 마르크스주의가 점차 주류로 성장했던 과정이다.

지금까지 5·4 운동을 기념한 많은 글들이 그 두 가지 국면의 계승 관계와 성격 차이를 명확하게 구분하지 않았다. 양자를 함께 묶어서 다루면, 새로운 시기로 접어든 중국 혁명의 실질적 출발점인 두 번째 국면을 따로 설명할 수 없게 된다. 다음에서는 역사적 사건들이 맺고 있는 연관성과 맥락이라는 차원에서 그 두 국면이 중국공산당의 창당에 어떠한 기능을 담당했는지 살펴보고자 한다.

① 봉건주의적 옛 사상·문화·예교禮教를 없애기 위한 비판은 마르크스주의를 받아들이기 위한 준비 과정이었다. 첫 번째 국면의 초기 신문화운동은 중국 문제를 해결하지 못한 신해혁명의 반성으로부터 시작되었다. 당시의 주류 사상인 서구 자산계급의 민주주의 문화가 봉건주의적 옛 사상·문화·예교에 대한 강한 비판을 담당했는데, 그것이 이후 마르크스주의 수용을 위한 주요 장애물들을 없애는 준비 작업이 되었다.

우위장은 다음과 같이 지적했다. "신해혁명은 오랜 시간 어둠에 빠져 있던 중국에 한 줄기 빛을 가져다주었다. 당시 사람들이 얼마나 많이 기뻐했던가! 하지만 눈 깜짝할 사이에 위안스카이가 권력을 훔쳐가자 중국은 다시금 어둠의 심연으로 빠져들었다. 실로 사람들의 비통함과 실망은 극에 다다랐다. 이로 인해 어떤 이는 스스로 목숨을 끊기도 했다."[92] 그럼에도 불구하고 많은 선진적 이들이 그 해결 방안을 지속적으로 모색해 나갔다.

『신청년』 창간 후, 천두슈는 공화 제도를 제대로 공고화하지 못하고, 여전히 중국 상황이 어두운 원인은 기본적으로 옛 사상·문화·예교를 철저하게 비판하지 못한 데 있다고 진단했다. 다시 말해서, 국민 대다수가 전제 정치와 우매함에 깊이 사로잡혀 민주와 과학을 각성하지 못했기 때문이다. 『신청년』이 외친 가장 우렁찬 구호는 '민주'와 '과학'이었는데, 당시에는 '덕선생德先生(democracy)과 새선생賽先生(science)'[93]으로 불렸다.

민주적인 것의 대척점에 전제專制가 있고, 과학적인 것의 대척점에 우매와 미신이 있다. 그것이 바로 중국에서 수천 년 동안 이어져 내려온 봉건 통치의 악습이었다. 봉건주의적 옛 사상·문화·예교에 대한 5·4 운동의 비판은 예리함과 철저함이라는 측면에서 신해혁명 시기의 그것을 훨씬 능가했다. 따라서 5·4 운동은 신해혁명을 보완하는 역할과 함께, 사상적 계몽이라는 매우 중요한 기능을 담당했다.

초기 신문화운동의 또 다른 핵심 내용은 '문학혁명'과 백화문白話文을 제창했다는 점이다. 루쉰[魯迅, 1881-1936]의 「광인일기狂人日記」는 백화문으로 성공한 첫 번째 소설이었다. 문언문文言文이 백화문으로 대체된 것은 관습적 속박으로부터 사람들의 사상을 해방시켰을 뿐만 아니라 분명하고 이해하기 쉬운 문자 표현으로부터 평민들이 신문화를 더 많이 이해하고 받아들일 수 있게 도와주었다. 이처럼 당시의 신문화운동은 당시 사상계에 불어 닥친 폭풍우와도 같이, 봉건주의를 철저히 없애는 역할을 담당했다.

앞서 밝혔듯이, 초기 신문화운동은 서구식 민주주의 문화의 기치 아래 진행된 것으로, 개인 중심의 '인격 독립'과 '개성 해방'을 주창했다. 대체로

---

92 | 吳玉章, 『吳玉章文集』下, 重慶: 重慶出版社, 1987: 1052쪽.

93 | '덕선생과 새선생'은 '민주와 과학'으로, 중국 신문화운동의 대표적 주장이다. '덕선생'은 'Democracy'인 민주 사상과 민주 정치, '새선생'은 'Science'인 근대 자연과학 법칙과 과학 정신을 뜻한다.

개인의 권리에 주목했기 때문에 인민의 전체 이익은 고려되지 않았는데, 그와 같은 사상이 5·4와 같은 역사적 전환기에서 반봉건적 진보라는 거대한 기능을 담당했다.

하지만 그것은 폐해가 매우 심각했던 당시의 중국 사람들에게 어디로 나아가야 하는지 명확하게 제시하지 못했다. 그 시기 노르웨이 극작가 헨리크 입센[Henrik Johan Ibsen, 1828-1906]의 희극 『노라挪拉』(당시 중국에서는 『인형의 집玩偶之家』으로 번역함)는 중국에 아주 큰 영향을 끼쳤다. 그것은 '남편의 허수아비'를 원치 않았던 여주인공 노라가 집을 떠난다는 내용으로 이루어져 있다. 당시 많은 사람들이 흥분해하며 그것에 '여성의 자각'이라는 찬사를 보냈다.

그런데 그렇게 한다고 해서 중국의 문제가 해결될 수 있을까? 중국 사회에 깊은 이해를 가졌던 루쉰은 「노라는 떠난 후에 어떻게 되었는가娜拉走後怎樣?」[94]라는 강연을 통해 그 점을 날카롭게 지적했다. "이치에 따라 미루어 생각해보면, 사실 노라에게는 아마 두 가지의 길이 있었을 뿐이다. 타락하거나 아니면 집으로 돌아가는 것이다. 작은 한 마리의 새는 분명 새장 안에서 자유롭지 못하겠지만 새장 밖을 나가는 순간 그곳에는 매나 고양이와 같은 것들이 있다."[95]

실로 당시 중국 사회의 현실은 그만큼 암담했다. 사회적 개혁이 근본적 차원에서 진행되지 못했기 때문에 많은 사람들의 생존조차 보장하기 어려운 상태였다. 그러한 상황에서 무슨 개성 해방이나 개인의 진로와 같은 것들을 논할 수 있겠는가? 그로부터 '사회적 개혁'과 '새로운 사회의 건설'의 요구가 점차 높아져 갔지만, 사람들은 새로운 각양각색의 사조들이 물밀듯이 들어오던 초기 상황에서 그것을 정확하게 이해하지 못했다. 다시 말해서, 현실 사회를 어떻게 개혁해야 하는지, 만들어갈 새로운 사회는 어떠해야 하는지, 그리고 중국이 나아갈 길은 어디인지와 같은 문제들은 그대

---

94 | 1923년 12월 26일 베이징여자고등사범학교에서 진행된 문예회 강연을 가리킨다.
95 | 魯迅, 『魯迅全集』1, 北京: 人民文學出版社, 2006: 163쪽.

로 남아 있었다.

② 5·4 운동은 중국공산당 창당을 위한 사상적 준비이자 간부 양성의 준비 과정이었다. 1차 세계대전 동안, 서구 자본주의 열강들은 전쟁에 몰두했기 때문에 동아시아를 살필 겨를이 없었다. 당시 중국의 민족 산업이 크게 발전해 중국 산업노동자의 수는 2백여만 명에 달할 정도로 빠르게 증가했다. 노동계급의 역량은 나날이 강대해졌고 노동자들에게 가해지는 억압도 심화되었다. 그로부터 새로운 사회적 문제들이 등장하게 되었고, 노동계급의 투쟁도 더욱 강렬해졌다.

그때 레닌이 주도한 10월 사회주의 혁명이 러시아에서 발발함으로써 과학적 사회주의라는 학설을 현실화시켰다. 그 사건은 중국 사회를 어떻게 바꿔야 하는지, 그리고 어떻게 새로운 사회를 만들 것인지에 대해 고민하던 중국의 선진적 지식인들에게 새로운 시야를 열어주었다. 많은 선진적 지식인들은 레닌의 러시아 혁명이 역사적으로 이전의 다른 혁명들과 구분되는, 노동계급 주체의 새로운 사회 혁명이라는 점을 재빨리 알아차렸다. 비록 그와 같은 인식이 초보적인 것일지라도, 그것은 완전히 새로운 사회적 전망을 제시해주었다.

리다자오가 1918년 10월에 발표한 「서민의 승리」와 「볼세비키의 승리」는 중국 인민들이 10월 혁명의 길을 받아들인 최초의 반응이었다. 그것은 중국 인민들이 새로운 인식과 각오를 가지고 사회주의에 희망을 품기 시작했다는 것을 보여준다. 어떤 사람은 마르크스주의를 수입품이자 미숙한 사상이라고 한다. 하지만 사물의 변화발전에서 내적 원인이 근간을 이루고, 외적 원인은 단지 조건일 뿐이다. 만약 중국 사회와 중국 사람들의 생각이 여기에 이르지 않았다면, 만약 사람들의 절박한 관심사가 그 문제에 집중되지 않았다면 중국에서 러시아 10월 혁명은 그처럼 거대한 영향력을 발휘하지 못했을 것이다.

5·4 애국운동은 바로 그러한 역사적 조건에서 비롯되었다. 그것이 사람들의 생각에 어떤 영향을 끼쳤을까? 중국은 1차 세계대전 전승국의 하나였다. 그런데도 파리강화회의에서는 중국으로부터 빼앗은 패전국 독일의

특권이 일본에게로 넘겨졌다. 그것은 중국 사람들에게 매우 치욕스러운 일이었다.

원래 많은 사람들은 세계대전에서의 승리를 '힘을 이긴 정의公理戰勝强權',[96]로 여겼다. 천두슈는 글에서 민족자결주의를 주장한 미국 대통령 윌슨[Thomas Woodrow Wilson, 1856-1924][97]이 세상에서 제일 좋은 사람이라고까지 했다.[98] 하지만 파리강화회의는 결국 일본제국주의가 제멋대로 중국을 유린하도록 결정했으며, 서구 국가들은 힘으로 약자를 무시하는 모습을 여실히 드러냈다. '정의'는 어디에 있는 것일까?

'힘'이 여전히 모든 것을 지배하고 있었다. 그 잔혹한 사실은 중국 인민들에게 반면교사가 되었으며, 서구를 배워야 한다는 환상은 산산조각이 났다. 그것은 중국 사람들에게 민족적 위기의 심각성을 느끼게 했을 뿐만 아니라 그들에게 서구식 민주의 위선을 깨닫게 했다. 그것이 중국 인민들에게 더 높은 수준의 각성을 가져다주었고, 또 다른 새로운 길을 모색하게 만들었다. 초기 신문화운동의 기수인 천두슈도 소자산계급적 급진민주파로부터 마르크스주의를 선전하는 등 변화된 모습을 보이기 시작했다.

취추바이는 1920년의 글에서 중국의 선진적 이들이 5·4 애국운동 과정에서 겪은 거대한 역사적 변화를 다음과 같이 묘사했다. "제국주의 압제에 의한 뼈저린 고통은 공허한 민주주의라는 악몽에서 깨어나게 했다. 학생운동의 도화선이 된 산둥山東 문제는 처음부터 민족 문제에 포함된 것이었다. 산업 선진국에서 현대의 문제는 자본주의이고, 식민지에서는 제국주의다. 그래서 학생운동이 갑자기 사회주의로 기울었던 것은 바로 그 문제 때문이었다."[99]

그리고 우위장은 다음과 같이 밝혔다. "10월 혁명과 5·4 운동이라는 위

---

96 | 陳獨秀, 「發刊詞」, 『每週評論』第1號, 1918年12月22日: 1면을 참조하라.
97 | 미국의 제28대 대통령이다.
98 | 陳獨秀, 「發刊詞」, 『每週評論』第1號, 1918年12月22日: 1면.
99 | 瞿秋白, 『瞿秋白文集·文學編』1, 北京: 人民文學出版社, 1985: 26쪽.

대한 시대는 내 사상에 아주 격렬한 변화를 불러 일으켰다. 나는 당시 그렇게 생각했다. 혁명은 아직 희망이 있다. 중국은 망하지 않을 것이다. 하지만 과거의 혁명 방식은 바뀌어야 한다. 그 시기에 나는 아직 중국 혁명에 대해 체계적이고 완벽한 견해를 새롭게 제시할 수 없었다. 그렇지만 10월 혁명과 5·4 운동을 거치면서 반드시 중국 혁명은 하층 인민들에게 의존해야만 할 뿐만 아니라 러시아 사람들이 걸었던 길로 가야만 한다고 생각했다. 그러한 생각은 내 머릿속에서 날마다 강렬해졌고 또 명확해졌다."[100]

이와 같은 언급들로부터 다음과 같은 사실을 분명히 알 수 있다. 즉, 혁명적 선구자들의 마르크스주의 수용은 일시적 충동에서가 아니라 실제 생활 과정에서 심사숙고를 거친, 거듭된 비교와 실천적 검증을 거친 뒤에 내려진 신중한 선택이라는 점이다.

중국에서 마르크스레닌주의는 5·4 애국운동을 시발점으로 웅장하면서도 광범위하게 전파되기 시작했고, 결국 기세등등하게 사상적 주류에 자리했다. 마르크스주의라는 과학적 세계관을 수용한 선진적 이들은 민주와 과학이라는 기치를 포기하지 않았을 뿐만 아니라 그것에 새롭고 더욱 완벽한 내용을 부여했다.

민주는 소수 사람들의 민주도 아니고 개인의 해방을 모색하는 것도 아니다. 그것은 절대 다수 사람들의 민주이고, 국가와 민족의 해방을 추구한다. 과학은 과학적 이론으로 다시금 문제를 관찰하고 분석하는 것인데, 그것이 혁명적 지식인과 광범위한 인민들의 결합을 가속화시켰다.

따라서 전자에서 후자로 나아가는 것이 역사의 근본적인 변화라고 할 만하다. 오늘날 5·4 운동을 기념하고, 그것의 위대한 역사적 의의를 이야기하는 것은 그것이 중국공산당 창당의 조건이 되었을 뿐만 아니라 그 경로를 개척했으며, 선진적 이들 사이에서 마르크스주의가 주류적 위치를 차지하도록 했기 때문이다.

5·4 애국운동 이후, 리다자오·천두슈는 베이징과 상하이에서 각각 '마르

---

100 | 吳玉章, 『吳玉章回憶錄』, 北京: 中國靑年出版社, 1978: 112쪽.

크스학설 연구회'와 '마르크스주의 연구회'를 설립했는데, 많은 선진적 지식청년들이 그것을 중심으로 결집했다. 예를 들어, 리다, 천왕다오, 리한쥔과 같은 일본으로부터 돌아온 유학생들이 마르크스주의의 번역·선전 활동을 펼쳐나갔다. 이처럼 5·4 운동은 중국공산당 창당을 위한 사상적 준비이자 간부 양성의 준비 과정이라는 의미를 지닌다.

3) 중국공산당의 창당

위대한 5·4 애국운동을 거치면서 수많은 선진적 이들은 마르크스주의라는 기치 아래 모여들어 새로운 이상과 신념을 세워나갔다. 조국과 인민의 위기 상황은 그들에게 최대한 빠른 시간 안에 뜻이 맞는 이들을 결집시켜 중국 사회를 개혁하기 위한 실질적 행동을 요구했다. 중국공산당의 창당은 그러한 위기 상황이 조성된 시기와 정확히 일치한다.

중국에서 공산당의 창당을 최초로 제기하고 추진한 사람은 바로 천두슈와 리다자오였다. 현재 접근 가능하면서도 가장 신뢰할 만한 자료는 코민테른 중국공산당 대표단의 공식 기록檔案이다. 그것은 1921년 서명되지 않은 채로 남아 있는 「중국공산당 제1차 전국대표대회中國共産黨第一次代表大會」에 관한 러시아어 기록이다. 거기에는 1920년 5월 천두슈 등 5인이 상하이에서 중국공산당을 창당했다고 기록되어 있다.

리다자오는 천두슈보다 일찍 마르크스주의를 받아들였을 뿐만 아니라 천두슈보다 마르크스주의에 대한 이해와 연구가 훨씬 깊었다고 할 수 있다. 반면, 천두슈라는 사람은 성격이 불같아서 자주 성급하게 행동했다. 그는 마르크스주의가 괜찮다면(이해 정도가 상당히 천박할지라도) 바로 당을 만들어야 한다고 생각했기 때문에 각 지역의 당 조직 활동을 이끄는 데 천두슈의 공헌은 매우 컸다.

과거에는 천두슈에 관해 인정할 수 있는 부분이 있었음에도 충분히 인정하지 않았고, 또한 일부분의 잘못은 온전히 그의 책임이라고 할 수 없었음에도 불구하고 상당히 많은 책임을 그에게 돌렸다. 그것은 잘못된 태도다. 물론 반대로 구체적인 분석도 없이 천두슈를 무조건 인정하려는 태도 역시 객관적인 실제에 부합되지 않는다.

천두슈와 리다자오의 추동으로부터 우한武漢, 창사長沙, 광저우廣州, 지난濟南 등의 지역에서 당 조직들이 잇달아 만들어졌다. 거의 같은 시각에 차이허썬은 프랑스에서 마오쩌둥에게 편지를 보냈다. 그 편지에서 그는 현재 필요한 것은 당, 즉 공산당을 세우는 일이라고 주장했다. 윈다이잉은 우한의 이군서사利群書社[101]를 기반으로 '파사波社(볼셰비키단체波爾什維克團體)'라고 불리는 정치 조직을 만들었다. 사실 이것도 공산당에 속한다. 그리고 쓰촨四川에서는 우위장과 양안공[楊闇公, 1898-1927] 등이 중국청년공산당을 조직했는데, 이 조직들은 중국공산당이 창당되고 나서 개인이나 조직 전체의 자격으로 중국공산당에 참여했다.

이로부터 다음과 같은 사실을 알 수 있다. 즉, 중국에서 만들어진 공산당은 우연도 아니었고, 소수 몇몇의 생각에 의한 것도 아니었으며, 외부 요인에 의해 만들어진 것도 아니었다. 그것은 당시 중국의 많은 선진적 이들의 공통된 요구이자 객관적 정세에 따른 결과였다. 따라서 그것은 역사적 필연성을 지닌다.

중국공산당은 창당과 동시에 역사적으로 중국에 존재했던 다른 정당들과 구별된 3가지 특징을 보인다. 첫째, 과학적 이론인 마르크스주의로 중국의 문제를 관찰하고 분석해야만 한다는 중국공산당의 명확한 입장이다. 따라서 마르크스주의가 없었다면 중국공산당도 없었다는 지적은 두말할 필요도 없는 것이다.

1920년 5월, 중국공산당의 초기 조직이 만들어진 이후 조직을 발전시키는 일 이외에도 주로 3가지 일이 진행되었다. 그것은 사회주의 청년단의 건설, 마르크스주의의 선전, 노동자운동에 대한 투신이었다. 당시에는 마르크스주의를 받아들여 사회 혁명에 적극적으로 투신하려는 청년학생들이 많았다.

---

101 | 이군서사는 5·4 운동 시기에 우한 지역의 가장 큰 진보 단체였다. 1920년에 '利郡書局'이라는 명칭으로 창립되었다.

그래서 상하이에 당 조직을 만든 다음, 사회주의 청년단의 건설에 많은 노력을 기울였다. 1920년 5월, 초기 당 조직을 만들고 나서 8월에 청년단을 결성한 것이 대표적이다. 청년단의 몇몇 지도자들, 예를 들어 위슈송[俞秀松, 1899-1939] 등은 모두 공산당의 초기 당원이었다.

한편, 마르크스주의 선전을 위해 『신청년』은 점차 당이 주도하는 간행물로 바뀌었다. 1920년에 창간된 『공산당共産黨』도 당의 주장을 선전했다. 1920년 4월, 천왕다오는 『공산당선언共産黨宣言』를 중국어로 번역했다. 그것은 마르크스주의의 주요 저작 가운데 전문이 중국어로 번역된 첫 번째 번역서였다.

저자는 천왕다오 선생과 매우 가까운 관계라서, 건국 초기에 그에게 어떻게 해서 『공산당선언』을 번역하게 되었는지를 물은 적이 있다. 이에 그는 일본에서 마르크스주의의 영향을 받았으며, 중국으로 돌아와서는 무슨 일이든 하고자 했다고 대답했다.

또 한 가지 중요한 일은 당시 마르크스주의의 기본 이론을 최대한 선전하는 것뿐만 아니라 그것을 중국의 현실과 결합시켜 중국의 문제를 실질적으로 해결하는 것이었다. 1922년 1월 청년단의 기관지인 『선구先驅』의 발간사에는 다음과 같이 쓰여 있다. "본지의 첫 번째 임무는 중국의 객관적 실제 상황을 적극 연구하고, 중국 문제에 가장 적합한 해결 방안을 찾는 데 있다."[102]

그리고 1922년 6월, 중국공산당 중앙에서 발표한 「시국에 관한 중국공산당의 주장中國共産黨對於時局的主張」에서는 중국의 내우외환이 군벌에서 비롯되었다는 점을 강조했다. 거기서는 중국이 직면한 여러 문제들을 해결할 수 있는 유일한 방법은 "민주 전쟁에 참여해 군벌을 타도하는 것뿐"[103]이라고 지적하면서, 시국에 관한 잘못된 3가지 생각이 사회적으로 만연해 있다

---

[102] | 「發刊詞」, 『先驅』半月刊創刊號, 1922年 1月 15日: 1면.

[103] | 中共中央文獻硏究室·中央檔案館 編, 『建黨以來重要文獻選編1921-1949』1, 北京: 中央文獻出版社, 2011: 97쪽.

고 비판했다.[104] 그와 같은 주장에는 중국공산당이 실제로 '중국의 객관적 실제 상황을 적극 연구'하고 있었다는 점이 반영되어 있다.

같은 해, 중국공산당 제2차 전국대표대회에서는 제국주의와 봉건적 군벌을 반대한다는 강령이 제출되었다. 과거 쑨원이 주도한 신해혁명이 청 정부를 전복했을 때, 많은 사람들은 완전한 혁명이 이루어졌다고 생각했다. 하지만 실제로는 '혁명이 아직 성공하지 못했다.'는 점이다.

신문화운동의 초기, 진보적 지식인들은 이전의 정권을 정치적으로 전복해야 할 뿐만 아니라 옛 사상의 속박으로부터도 해방되어야 한다고 주장했다. 하지만 사상문화의 측면에서만 진행된 해방만으로는 중국의 문제를 해결할 수 없었기 때문에 '사회 개혁', 즉 새로운 사회적 이상이 필요하다는 견해가 제출되었다.

그러한 요구는 중국공산당이 창당된 이후에야 가능해졌는데, 그때 중국 역사상 최초로 반反제국주의·반反봉건주의라는 문제가 당면 과제로서 선명하게 부각되었다. 그로부터 명확한 목표를 가지고 앞으로 나아갈 수 있었고, 중국 혁명의 최소 강령과 최대 강령도 명확해졌다. 그래서 중국공산당이 역사적으로 중국에 존재했던 다른 정당들과 구분되는 첫 번째 지점은 과학적 이론에 의한 지도라고 할 수 있으며, 그것은 전국의 인민들에게 중국의 문제를 명확하게 해결하는 강령으로 제시되었다.

둘째, 중국공산당은 창당 때부터 중국 인구에서 최대 다수를 차지하는 근로대중 속으로, 즉 하층으로 깊숙이 들어가려는 군중 활동을 결정했다. 천왕다오 선생은 저자에게 당시 지식인들이 노동자들 사이에 들어가 선전·조직 활동을 전개하는 것은 결코 쉬운 일이 아니었다고 밝혔다. 그와 선옌빙[沈雁冰/茅盾, 1896-1981]은 공장에서 노동자들의 퇴근 시간에 맞춰, 자주 높은 곳에 올라가 노동자들한테 강연을 했지만 대부분이 별다른 관심을 갖지 않았다.

---

104 | 中共中央文獻研究室·中央檔案館 編, 『建黨以來重要文獻選編1921-1949』1, 北京: 中央文獻出版社, 2011: 91-94쪽을 참조하라.

이후 그들은 새로운 실천적 방법을 모색했다. 공장 안에서 노동자 야학을 열어 노동자들의 각성을 이끌어냈을 뿐만 아니라 적극적인 사람들을 발견하면 노동자 모임을 만들어 노동자들을 조직했다. 이를 통해 노동자 자신의 이익을 위해 투쟁하는 노동자 운동을 펼쳐나갔다. 그리고 농촌에서도 농민운동을 전개했다. 이처럼 중국공산당은 창당되자마자 사회적 기층에 해당하는 기본 군중 속으로, 특히 노동자·농민 속으로 들어갔다고 할 수 있다. 그것은 공산당의 근본이며, 이전에 중국의 어떠한 정당도 하지 못했던 일이었다.

현재 일부 사람들이 이의를 제기하고 있는데, 그것은 중국공산당의 지도층이 모두 지식인들인데도, 당을 왜 노동자계급의 전위대로 부르는가이다. 사실 어떤 사람이 어느 계급을 정치적으로 대표하는가는 그의 개인적 출신 성분이 아니라 어느 계급의 근본 이익을 대변하고 있는가에 달려 있다. 다시 말해서, 그것은 어느 계급의 사상으로 주위의 모든 것들을 관찰·처리하고, 어떤 역량으로 그 주장을 실현할 것인가의 문제다.

중국공산당의 성공 경험은 농촌으로 도시를 포위하고, 무장武裝으로 정권을 탈취한 데 있다. 그렇지만 중국공산당은 농촌에서 만들어진 것이 아니라 도시에서 만들어졌다. 마오쩌둥·류샤오치·저우언라이와 같은 중국공산당 간부들도 모두 도시의 노동자 운동으로부터 시작해 넓은 안목을 갖춰 엄격한 조직성을 기를 수 있었다.

그런 이후에야 그들은 농촌으로 들어가 농민들의 게릴라 투쟁을 지도했다. 그 지점이 매우 중요하다. 그것이 없었다면 옛날 방식의 농민 혁명만이 반복되었을 것이고, 승리할 수도 없을 것이다. 그와 같은 사실은 태평천국의 난에 이르기까지 수천 년 동안의 중국 역사가 그것을 증명하고 있다.

계급 분석으로부터 보자면, 노동자계급은 몇 가지 특징을 드러낸다. 첫 번째는 노동자계급은 현대화된 거대 생산체계와 서로 결합되어 있는데, 그것은 지주와 농민이 결합된 낙후한 소규모 생산 방식과 구별된다. 두 번째로는 노동자계급은 높은 수준의 조직성을 띤다. 그들은 수공업자나 일반 농민들을 포괄하는 소생산자와 다를 뿐만 아니라 일반적인 자유주의적 지식인들과도 구분된다.

　세 번째는 노동자로 불리는 그들은 착취에 기대어 살아가는 자산계급이나 지주계급과도 구별된다. 공산당은 그 계급의 근본적 이익을 대변한다. 인류가 도달하게 되는 마지막 단계에는 여타의 계급들은 모두 사라지고, 노동으로 살아가는 노동자계급(블루칼라와 화이트칼라가 포함된)만 남게 될 것이다. 그들은 현대화된 거대 생산체계와 결합되어 있으며, 고도로 조직화된 노동에 의존하는 존재이다.

　그래서 중국공산당의 지도자들이 농촌에 들어가 농민 운동과 게릴라 전투를 지도했을 때, 그들의 사상은 선진적인 사회적 생산력을 대표하는 노동자계급의 사상이었다. 그들은 원대한 안목과 강한 조직력을 갖추었을 뿐만 아니라 그것을 통해 농민들의 의식을 바꿔나갔다. 그것이 이전의 농민전쟁과 확연히 구분되는 지점이자, 궁극적으로 승리할 수 있었던 핵심 요소이다.

　셋째, 중국공산당은 공통의 이상과 엄격한 기율을 갖춘 선진적 이들로 구성되며, 강력한 혁명 정당을 지향한다. 그들이 혁명 활동을 이끌어 나가는 핵심 역량이 된다. 중국공산당이 막 만들어졌을 때, 당원들의 성향은 대단히 복잡했다. 12명의 대표[105] 가운데, 마오쩌둥이나 동비우와 같이 줄곧 혁명만을 고수하며 중국공산당의 지도자가 된 이들도 있고, 혁명을 위해 희생당한 이들도 있었다. 또한 중간에 당을 떠나거나 천궁보[陳公博, 1892-1946]·저우포하이[周佛海, 1897-1948]·장궈타오[張國燾, 1897-1979]와 같이 변절한 이들도 있었다.

　그 이후에도 공산당에 참여한 이들 가운데, 조직적으로 입당은 했지만 사상적으로는 불철저한 경우가 있었다. 심지어 타락하고 변질된 이들까지

---

105 ｜ 중국공산당 제1차 전국대표대회에 참가한 12명의 대표들을 가리킨다. 구체적으로 살펴보면 다음과 같다. 상하이 그룹의 리다李達·리한쥔李漢俊, 우한 그룹의 동비우董必武·천탄추陳潭秋, 창사 그룹의 마오쩌둥毛澤東·허수헝何叔衡, 지난 그룹의 왕진메이王盡美·덩언밍鄧恩銘, 베이징 그룹의 장궈타오張國燾·류런징劉仁靜, 광저우 그룹의 천궁보陳公博, 재일 그룹의 저우포하이周佛海가 그들이다.

있었지만, 그들은 주된 흐름이 아니었다. 파도가 쉼 없이 모래를 밀어내듯, 그와 같은 과정을 거쳐 결국 공통의 이상과 엄격한 기율을 갖춘, 선진적이고 조직화된 이들의 진정한 당이 만들어졌다. 그러한 핵심 역량이 없었다면 어떠한 일도 이룰 수 없었을 것이고, 수천 수백만의 군중을 움직여 그러한 공통의 이상도 실현하지 못했을 것이다.

그것과 신해혁명의 교훈을 비교해보면 선명하게 대비된다. 앞서도 언급했지만, 신해혁명의 문제점은 어디에 있었을까? ① 명확한 과학적 혁명 강령이 없었다. ② 가장 광범위한 인민 군중에게 제대로 의지하지 않았다. ③ 강력한 혁명적 핵심 역량이 없었다. 이처럼 당시의 선진적 이들은 신해혁명의 교훈을 받아들여 그 이후를 모색해 나가는 과정에서 중국공산당을 만들었다.

창당했을 때, 중국공산당 제1차 전국대표대회 대표자들의 평균 연령은 28세였다. 대표 당원은 고작 50여 명에 불과했지만, 그들은 중국 사회에서 형성된 새로운 힘과 희망을 상징했다. 중국공산당은 28년의 지난한 투쟁을 통해 중화인민공화국을 건설하고 새로운 역사를 창조함으로써, 중화민족의 위대한 부흥에 필요한 기반을 마련했다. 그 몇 가지는 중국공산당의 근본에 속하는 것들이라고 할 수 있다.

90년이라는 시간이 흘렀지만, 그 몇 가지는 변하지 않았을 뿐만 아니라 더욱 강화되었다. 첫 번째 특징, 즉 현재에도 중국공산당 중앙의 많은 업무들 가운데 하나는 반드시 올바른 이론으로 나아갈 길을 밝히고, 그 이론으로 개개인이 무장해야 한다는 점이다. 오늘날 중국 사람들은 중국화된 마르크스주의, 즉 마오쩌둥 사상과 중국적 특색사회주의라는 이론 체계의 성과로 무장해야만 한다. 그것이 전제되지 않는다면 다른 것들은 논할 필요도 없다.

두 번째 특징인 군중과 더욱 친밀한 관계를 맺기 위해서는 사회 기층 속으로 들어가 함께 호흡해야만 한다. 그리고 가장 광범위한 인민의 근본 이익을 모든 활동의 출발점이자 귀착점으로 삼아야 한다. 모든 일은 인민을 위해서 하는 것이고, 모든 일은 인민들에게 의지해야만 가능하다. 그것에서 벗어나면 중국공산당의 목적을 위반한 것으로, 그 어떠한 일도 가능하지 않다. 세 번째 특징으로, 당 건설[106]을 강화해 중국공산당을 진정으로 선진적이면서도 집권 능력이 있는 정당으로 만든다. 반드시 공통의 이상과 엄격한 기율을 갖춰야만 투쟁력 있는 핵심적 역량이 만들어진다.

역사는 언제나 한 걸음씩 나아간다. 첫 번째 걸음을 떼어야만 두 번째 걸음이 있다. 중국 근현대사는 마치 이어달리기와 같아서 후발 주자는 선발 주자가 뛰었던 곳을 출발점으로 삼아 배턴을 받자마자 선발 주자보다 더 멀리 앞으로 뛰어나간다. 신해혁명으로부터 중국공산당 창당까지 10년 동안의 역사는 많은 모순 가운데서도 쉼 없는 모색이 이루어진 역사라고 할 수 있다. 신해혁명이 남긴 경험과 교훈은 중국공산당 창당의 필연성을 알려줄 뿐만 아니라 오늘날 어떻게 앞으로 나아가야 할지를 알려주는 중요한 시사점이 된다.

---

[106] | 여기서 '당 건설'은 '창당하다'라기보다는 '당을 발전시키거나 강화하다'의 의미에 더 가깝다. 그것에는 당의 업무뿐만 아니라 조직·사상·기풍·제도 등의 측면이 포함된다.

3
제1차 국공합작과 대혁명[107]

중국에서는 1924년에서 1927년까지 전국을 휩쓴 혁명 운동이 폭발적으로 전개되었다. 그 혁명 운동의 기세는 대단했고 광범위한 군중이 동원되었는데, 그것은 중국 근대사에서 일찍이 유례를 찾아볼 수 없었던 일이었다. 사람들은 보통 그것을 중국의 '대혁명'[108]이라 부른다. 따라서 대혁명과 제1차 국공합작은 함께 시작했고, 함께 끝났다고 할 수 있다.

1) 왜 1920년대 중반에 대혁명이라는 것이 발생했을까?

이 문제는 아주 쉽게 대답할 수 있을 것 같다. 즉, 제국주의와 봉건세력, 그리고 중국 인민 사이의 모순이 격화된 결과로서, 인민 혁명의 요구를 억누를 수 없었다는 것이다. 하지만 거꾸로 다음과 같은 질문을 던질 수 있다. 근대 중국에서 그러한 기본 모순은 줄곧 있어왔던 것일 뿐만 아니라 그것도 늘 첨예한 대립으로 표현되었는데, 대혁명 때와 같은 전국적 규모의 고조된 군중 혁명 운동은 왜 빈번하게 나타나지 않는가? 여기서 당시 중국의 사회역사적 상황을 구체적으로 분석할 필요가 있다.

첫째, 당시 유럽과 미국 열강은 제1차 세계대전이 가져온 엄중한 정치·경제적 위기를 거친 다음, 1924년부터 그 지배 질서가 상대적으로 안정적

---

107 이 글은 전국 타이완 업무 사무소의 주임 연수반에서 진행되었던 강의 내용의 개요이다. 1996년 9월에 인쇄 발행되었다.

108 | 대혁명은 국민혁명 또는 제1차 국내 혁명전쟁이라고도 불린다.

인 시기에 접어들었다. 극동 지역에서 다시 재기한 그들은 부등가로 교환된 대량의 덤핑 상품을 중국에 들여왔고, 중국의 공업과 광업에 대한 약탈과 통제를 대대적으로 강화했다. 그 가운데 영국과 미국이 매우 적극적이었다. 당시 사람들이 워싱턴 회의[109]에 주목했던 이유도 바로 여기에 있다. 중국의 민족공업은 세계대전 기간에 크게 발전했을 뿐만 아니라 전후에도 일정 기간 동안은 상당 정도의 발전을 거듭했다. 하지만 1924년 이후 곳곳에서 서구 열강의 압력이 가해지면서, 순조롭게 발전하던 예전의 조건들이 상실되었다. 그 발전 속도는 현저히 완만해졌고, 점차 어려운 지경에 처하게 되었다.

민족공업에서 가장 중요했던 면방직을 예로 들어보면 다음과 같다. 방직 기계인 방추紡錘의 지수는 1920년에 100이었고, 1924년에는 208로 4년 동안 2배 이상 늘어났다. 하지만 1929년에는 255로, 5년 간 1/4만이 증가되었을 뿐이다. 서구 사람들이 중국 땅에서 의기양양하게 하고 싶은 대로 행동할수록 중국 사람들의 처지는 갈수록 어려워졌다. 대다수의 사람들이 그러한 사회적 압박감을 온몸으로 겪었다. 이로 인해 중국에서는 반제국주의적 정서와 민족주의적 정서가 크게 확산되었으며, 5·30운동[110]은 바로 그러한 배경에서 발생했다.

둘째, 중국 내부의 정치 활동 가운데 두드러진 현상은 군벌들의 할거와 치열한 다툼이 지속적으로 확대되는 것이었다. 국가는 사실상 사분오열의 상태가 되었는데, 전횡을 일삼는 군인들이 각 성省을 통치했다. 그와 같은

---

[109] 워싱턴 회의는 1921년 11월 12일부터 1922년 2월 6일까지 미국 워싱턴에서 개최된 국제회의로, 태평양 회의 또는 9개국 회의로도 불린다. 미국, 영국, 일본, 프랑스, 이탈리아, 네덜란드, 벨기에, 포르투갈, 중국이 참여했으며, 그 회의에서는 제국주의 열강 간의 해군력 비교와 동아시아·태평양 지역, 특히 중국에서의 이해 충돌 등이 주되게 다뤄졌다.

[110] 1925년 5월 30일, 상하이의 일본계 방직 공장에서 일어난 파업을 지지하는 노동자와 학생 2,000여 명의 시위가 있었는데, 그 과정에서 영국 측의 발포로 사상자가 발생했다. 이를 계기로 반제국주의 애국 운동이 전국적으로 촉발된다.

상황은 스스로 황제가 되려 한 위안스카이[袁世凱, 1859-1916]의 시도가 실패로 돌아간 뒤 더욱 심해졌다. 1920년에 직완 전쟁直皖戰爭[111], 1922년에 제1차 직봉 전쟁直奉戰爭, 1924년에 제2차 직봉 전쟁[112]이 일어났는데, 그것들은 모두 전국적인 규모의 전쟁이었다. 지방 단위에서는 해마다 전쟁이 그칠 날이 없었다. 여러 해 동안 군벌 사이의 전쟁이 계속되면서 인민들의 생명과 재산도 최소한의 보장을 받지 못했으니, 다른 것들은 말할 필요도 없었다.

『향도嚮導』 창간호의 「본보 선언本報宣言」에서는 다음과 같이 지적했다. "현재 가장 많은 중국 인민들이 원하는 것은 무엇인가? 우리는 감히 그것을 통일과 평화라고 말할 수 있다."[113] "평화와 통일을 가로막는 군벌을 무너뜨려야 한다는 것이 바로 가장 많은 중국 인민들이 원하는 실제 민의다."[114] 이처럼 현 상황을 바꿔야만 한다는 것이 당시 사회 각 계층의 강렬한 염원이었다.

셋째, 대혁명이 일어날 수 있었던 결정적 요인은 그 시기에 이미 중국공산당이 존재했으며, 나아가 제1차 국공합작도 이뤄냈다는 점에 있다. 국민당과 공산당이 합작했던 광둥廣東 혁명근거지에서, 두 당은 함께 "열강을

---

[111] | 1920년 7월 14일 발발한 직완전쟁은 북양北洋 군벌 간의 정권 다툼이다. 돤치루이[段祺瑞, 1865-1936]를 중심으로 한 완계皖系, 그리고 우페이푸[吳佩孚, 1874-1939]와 차오쿤[曹錕, 1862-1938]을 중심으로 한 직계直系가 베이징·톈진 지역에서 전쟁을 벌였다. 당시 차오쿤이나 돤치루이는 모두 민국 정부의 지역 담당 군인들로서, 이 전쟁은 공식적으로 중앙 정부에 항거한 지방 군인들의 군사정변이라는 성격을 지닌다. 직계直系와 봉계奉系는 공동으로 완계를 물리치고 베이징 정권을 차지했다.

[112] | 직봉전쟁은 북양 군벌의 두 분파인 직계와 봉계가 1922년과 1924년 두 차례 충돌한 사건을 말한다. 1차 전쟁은 직계가 승리했지만, 2차 전쟁에서는 봉계가 승리했다. 결과적으로 차오쿤과 우페이푸가 몰락하고, 봉계를 이끌던 장쭤린[張作霖, 1875-1928]이 정국을 주도한다.

[113] | 「本報宣言」, 『嚮導週報』1922年第1集第1期: 1면.

[114] | 「本報宣言」, 『嚮導週報』1922年第1集第1期: 1면.

타도하고, 군벌을 없애자"[115]는 힘찬 구호를 외쳤다. 그들에게는 혁명 정권과 혁명 군대가 있었고, 노동자·농민 운동이 광범위하게 전개되면서 전국적으로 큰 반향을 이끌어냈다. 따라서 다음과 같이 말할 수 있다. 즉, 혁명이라는 대폭풍의 출현은 인민의 고통과 실망만으로는 충분치 않으며, 그것은 언제나 사람들에게 새로운 신념과 희망을 제시함으로써 그들을 결집시킬 수 있다. 이를 위해서는 올바른 지도력이 요구되는데, 그것이 없다면 기회가 있더라도 그 기회를 잡을 수가 없다. 그렇기 때문에 대혁명을 촉발한 3가지 원인 가운데 이 세 번째가 무엇보다 중요하다.

2) 제1차 국공합작은 어떻게 가능했는가?

중국공산당은 1921년 7월에 창당되었다. 공산당은 처음부터 몇 가지 선명한 특징을 지니고 있었다. 첫째, 그것은 마르크스·레닌주의에 의해 지도되었다. 계급분석의 방법을 통해 창당 1년 만에 중국 역사 최초로 반제反帝·반봉건反封建이라는 정치적 강령을 명확하게 제시했다. 그로부터 중국의 미래 전망을 분명히 했다. 둘째, 공산당은 처음부터 중국 인구의 절대 다수인 하층의 노동군중 사이로 깊이 스며들어 군중을 철두철미하게 이끌었다. 셋째, 공산당의 당원은 사회주의·공산주의적 이상과 신념을 갖췄기 때문에 생기 넘치는 투쟁 핵심들을 결집시킬 수 있었다.

비록 처음에는 유치하고 이런저런 약점도 드러냈지만, 공산당의 뚜렷한 장점 몇 가지는 예전 중국의 어떠한 정당에서도 찾아볼 수 없었던 것이다. 그럼에도 불구하고 제국주의와 봉건군벌은 상당히 강력한 세력이었기 때문에 소수만의 고군분투나 각기 분산된 형태의 싸움으로는 그들을 이기기

---

115 | 이 구호는 당시 유행하던 국민혁명가國民革命歌에서도 찾아볼 수 있다. 국민혁명가는 1926년 황푸군관학교의 정치교관이자 국민혁명군 정치부 선전과 과장이던 쾅융[鄺鄘, 1897-1928]이 동요에 가사를 붙여 만든 곡이다. 이 노래가 국민혁명군 군가가 되면서 전국적으로 크게 유행했는데, 중화민국 국민정부는 이 노래의 광범위한 영향력을 감안해, 1927년 7월 1일에 임시 국가國歌로 제정했다. 燕毅, 「『國民革命歌』及其他」, 『文史精華』2012년 2月 (總第261期): 62-63쪽을 참조하라.

어려웠다. 그래서 민족민주혁명에 동의하는 모든 세력들이 함께 싸워야만 했다. 그것이 국공합작이 가능했던 객관적 토대다.

그 당시 국민당의 상황도 그다지 좋지 않았다. 여러 차례의 실패를 겪으면서 자체 역량은 크게 소진되었고, 내부 상황은 상당히 복잡했으며, 또한 군중과도 심각할 정도로 괴리되어 있었다. 그럼에도 불구하고 당시 국민당은 간과할 수 없는 몇 가지 장점을 갖추고 있었다.

첫째, 당시 국민당은 중국 사회에서 상당 정도의 명성을 지녔다. 그 전신인 동맹회同盟會는 청나라 정부를 전복시킨 신해혁명을 이끌었다. 국민당의 지도자 쑨원은 극단적인 어려움 속에서도 외국의 침략과 중국의 군벌 세력에 조금의 흔들림도 없이 저항하면서 사람들에게 혁명의 상징이 되었다. 루쉰[魯迅/周樹人, 1881-1936]은 다음과 같이 언급했다. "쑨원 선생의 일생에는 역사가 들어 있는데, 그가 세상에 나타난 것도 혁명이었고 그의 실패조차도 혁명이었다."[116] "그는 영원한 혁명가로서 하나의 전체였다. 그가 행한 것이 무엇이든 간에 모두 혁명이었다."[117]

둘째, 국민당은 광동에 혁명근거지가 있었다. 거기서는 국민혁명의 기치를 본격적으로 내걸 수 있었으며, 혁명 세력도 공개적으로 활동할 수 있었다. 또한 노동자와 농민의 운동도 합법적으로 전개될 수 있었다. 그것은 전국에서 극히 드문 현상이었다. 셋째, 일련의 국민당 인사들이 민족민주혁명에 입각해 공산당과의 합작을 희망했는데, 쑨원·쑹칭링[宋慶齡, 1893-1981]·랴오중카이[廖仲愷, 1877-1925]·덩옌다[鄧演達, 1895-1931]·류야쯔[柳亞子, 1887-1958]와 같은 이들이 있었다. 그들을 통해 중간적 성향의 많은 이들이 결집되었다. 또한 코민테른도 국공합작을 이루는 데 중요한 역할을 담당했다.

국민당의 입장에서 보면, 그들의 지도자인 쑨원은 오랜 시간 동안 사회주의에 공감해왔다. 그는 여러 차례의 실패, 특히 천중밍[陳炯明, 1878-1933]의 반란이 있은 이후 다음을 공개적으로 표명했다. "우리 당은 이후의 혁

---

116 | 魯迅, 「中山先生逝世後一週年」, 『魯迅全集』7, 北京: 人民文學出版社, 2005: 307쪽.
117 | 魯迅, 「中山先生逝世後一週年」, 『魯迅全集』7, 北京: 人民文學出版社, 2005: 308쪽.

명에서 러시아를 본받지 않는다면 절대로 원하는 성과를 거둘 수 없다."[118] 서구 국가들로부터는 어떠한 원조도 받을 수 없었지만, 이와 다르게 소련은 자금·무기·군사 정치적 고문 등 여러 차원의 도움을 주었기 때문이다. 또한 국민당은 예전부터 군중 운동에 관계하지 않았기 때문에 군중 운동을 지도할 수 있는 인물들이 부족했다. 그런데 공산당이 바로 그러한 부족한 부분을 보완해줄 수 있었다.

쑨원이 공산당과 합작하기로 결정한 이후의 상황을 쑹칭링은 다음과 같이 회고했다. "당시 그에게 왜 그러한 결정을 내렸는지를 물어본 적이 있다. 그는 국민당을 죽어가는 사람에 비유하면서 그와 같은 합작이 국민당의 건강한 모습을 회복시키거나 강화시켜 줄 것이라고 말했다."[119] 그 당시 합작에 대한 쑨원의 태도는 진실되고 거짓이 없었다.

3) 제1차 국공합작은 무엇을 초래했는가?

국공합작이라는 형태는 1924년 1월 개최된 국민당의 제1차 전국대표대회를 통해 공식화되었다. 채택한 대회 선언에서는 시대적 흐름에 맞춰 삼민주의三民主義를 새롭게 해석하면서, 사실상 소련과 연합, 공산당과 연합, 농민과 노동자를 지원한다는 3대 정책을 확정했다. 마오쩌둥은 1938년 5월 4일 국민당과 공산당의 관계를 다음과 같이 평가했다. "합치면 양쪽 모두에게 이롭지만, 나뉘면 모두 해롭다."[120]

제1차 국공합작은 국민당에게 무엇을 주었는가? 첫째, 공산당의 도움으로 국민당은 반제반봉건이라는 정치적 강령을 비교적 명확한 형태로 갖출 수 있었으며, 국민당의 제1차 전국대표대회 선언에서 그것을 집중적으로 드러냈다. 새롭게 해석된 민족주의는 외부적으로 제국주의를 반대하고, 내부적으로는 각 민족 간의 평등 실현을 강조했다. 민권주의에서는 소수에

---

118 | 孫文, 「致蔣中正函」, 『孫中山全集』11, 北京: 中華書局, 1986: 145쪽.
119 | 宋慶齡, 『宋慶齡選集』下, 北京: 人民出版社, 1992: 390쪽.
120 | 毛澤東, 「合則兩利, 分則兩傷」, 『黨的文獻』1995年第4期: 13-15쪽을 참조하라.

의해 전유되는 중국의 권력이 아니라, 대다수가 공유해야 한다는 점을 강조했다. 특히, 자산계급이 전유할 수 없다고 밝혔다. 그리고 민생주의에서는 '자본 통제'와 '토지소유권의 균등'이라는 두 가지 원칙을 확립했다. 얼마 후, 쑨원은 '경작자가 토지를 소유한다.'는 슬로건도 제시했다. 둘째, 광둥 지역의 노동자와 농민 운동을 활성화시킴으로써 인근의 후난湖南, 장시江西 등의 성省들에 영향을 주었다. 이와 같은 조건들이 마련되지 못했다면, 북벌北伐은 순조롭게 이루어지지 못했을 것이다.

셋째, 당의 군대를 육성했다. 황포군관학교黃埔軍官學校는 국공합작의 결과물이다. 그것의 중요한 특징은 정치교육과 군사훈련을 동등한 위치에 놓음으로써, 학생들의 혁명정신이 투철해졌다는 데 있다. 당시의 그 군대는 혁명적인 패기와 엄격한 기율을 지녔으며, 군중들과의 관계도 괜찮았다. 그러한 측면에서 황포군관학교의 정치부 주임을 맡았던 저우언라이의 기여가 매우 컸다고 할 수 있다. 황포군관학교의 제1기 학생들에는 공산당의 주요 장성이 된 쉬샹첸[徐向前, 1901-1990]·천겅[陳賡/陳庶康, 1903-1961]·쮜취안[左權, 1905-1942]·쉬지선[許繼慎, 1901-1931]뿐만 아니라, 국민당 군대의 주요 장성이 된 후쭝난[胡宗南, 1896-1962]·두위밍[杜聿明, 1904-1981]·관린정[關麟征, 1905-1980]·쑹시롄[宋希濂, 1907-1993]·정둥궈[鄭洞國, 1903-1991]·황제[黃傑, 1902-1996] 등이 있었다. 소련도 군관학교에 군사 교관을 파견했으며, 설립 비용으로 200만 위안의 현금을 지원했고, 소총 8,000정과 탄환 500만 발을 제공했다.

넷째, 조직 개편을 통해 국민당을 크게 발전시켰다. 이전의 국민당 조직은 광둥廣東·상하이上海·쓰촨四川·산둥山東 등 일부 지역에만 존재하고 있었다. 심지어 베이징·톈진·난징南京·저장浙江·량후兩湖 등과 같은 지역에도 없었기 때문에, 변방 지역은 더 말할 필요도 없었다. 공산당의 지원을 받은 국민당 조직은 전국적으로 확장되었다. 국민당의 2차 전국대표대회가 열릴 무렵, 신장新疆·윈난雲南·구이저우貴州 등 일부의 몇 개 성省을 제외하고는 대부분의 지역에 국민당의 조직이 만들어졌다. 그리고 적지 않은 성과 시市의 당 기관 책임자를 리다자오·둥비우[董必武, 1886-1975]·린쭈한(보취)[林祖涵/

林伯渠, 1886-1960]·샤시[夏曦, 1901-1936]·쉬안중화[宣中華, 1898-1927]·허우사오추[侯紹裘, 1896-1927] 등과 같은 공산당원들이 맡았다. 그 지역들의 국민당 조직은 대부분 공산당의 노력으로 세워졌다. 따라서 당시 공산당의 지원이 없었다면, 국민당은 훗날 그렇게 거대한 규모를 갖추지 못했을 것이다.

물론 국공합작은 공산당에도 유리한 점이 많았다. 그것은 반제반봉건이라는 공산당의 정치적 강령이 사람들에게 더욱 광범위하게 스며들도록 만들었다. 공산당이 광둥에서 공개적으로 활동할 수 있었다는 점은 당이 거대한 군중투쟁의 현장에서 단련될 수 있던 기회였고, 그를 통해 많은 간부들이 배양되면서 다양하고 소중한 경험들을 축적할 수 있었다.

당 조직도 확대되었다. 1923년 6월, 국공합작이 결정된 중국공산당 제3차 전국대표대회 시기의 당원 수는 420명에 불과했지만, 1925년 1월에 994명으로 늘어났고, 그 해 연말에는 1만 명까지 확대되었다. 또한 원래 당 조직이 없던 윈난·광시廣西·안후이安徽·푸젠福建과 같은 지역에도 당 조직들이 새롭게 만들어졌다. 그 모든 것들이 북벌전쟁을 위한 중요한 준비과정이 되었다.

부족했다고 할 수 있는 부분은 중국공산당이 당시 국민당의 지원 활동에 치중하면서, 주도권 경쟁과 자체의 조직 강화에 소홀했다는 점이다. 공산당의 활동은 주로 정치교육과 군중운동에 맞춰져 있었지만, 국민당 우파는 정치권력과 군사적 권력을 확실히 움켜쥐는 데 활동의 초점을 두었다. 따라서 국민당이 강화된 역량으로 얼굴을 바꿔 공산당을 제거하고자 했다면, 혁명은 심각한 위험에 빠질 수밖에 없는 상황이었다.

4) 절정으로 치닫는 대혁명과 본격화된 장제스의 반공反共 활동

5·30 운동으로부터 시작된 대혁명은 반제反帝·반군벌反軍閥이라는 전국적 군중운동의 양상을 띠며 절정으로 치달았다. 5·30 운동은 남쪽으로 전파되어 25만 명이 참가한 성항省港 총파업을 만들어냈다.[121] 5·30 운동과 성

---

121 | 성항 총파업은 상하이의 5·30 운동을 지원하기 위해 1925년 6월 11일에 홍콩香

항 총파업이 발생한 시기를 전후로, 광둥 혁명정부는 두 차례에 걸친 동쪽 지역 정벌東征, 그리고 남쪽 지역 정벌南征을 진행했을 뿐만 아니라, 양시민 [楊希閔, 1886-1967]·류전환[劉震寰, 1890-1972]의 반란도 평정했다. 이로부터 광둥 지역의 혁명근거지가 통일된다.[122]

중국공산당은 그 과정에서 군중운동과 정치적 선전교육 업무에 온 힘을 기울이는 등 큰 역할을 맡았다. 그럼에도 불구하고 코민테른 대표[123]는 처음부터 역량의 측면에서 공산당이 국민당보다 부족하다고 보았다. 그래서 "모든 활동은 국민당에 귀속된다."[124]고 거듭 강조했을 뿐만 아니라 당시의 공산당이 할 수 있는 것은 그저 '[단순한] 중노동'일 뿐이라고 생각했다.

언뜻 좋아만 보이던 정세 속에서 국민당 우파의 반공 활동이 점점 고개를 들기 시작했다. 국민당은 원래 복잡한 성향의 집단이었는데, 그 구성이 좌파에서부터 우파에 이르기까지 다양했다. 아주 많은 이들이 쑨원을 따라 반청反淸 혁명에 참가했지만, 그들은 사회적 혁명과 노동자·농민 운동의 확산에 반대했다. 또한 거기에는 정치꾼, 군인 출신, 그리고 야심에 찬 이들이 많았다. 일부는 국공합작이 이루어진 뒤에도 계속해서 합작을 부정했다. 쑨원이 세상을 떠나고 랴오중카이마저 암살되자 그들의 반공 활동은 더욱 거침이 없어졌다. 하지만 그것이 초기 대세에는 큰 영향을 미치지 못했다.

港과 광둥성廣東省의 광저우廣州에서 전개된 대규모 총파업을 가리킨다. 총파업은 공산당원인 덩중샤와 쑤자오정[蘇兆征, 1885-1929]가 주도했으며, 약 1년 4개월 동안 지속되었다.

122 | 2차 광둥 정부는 쑨원과 천중밍의 연합으로 이루어졌지만, 천중밍의 반란으로 두 차례의 동정東征이 이루어졌다. 남정南征은 천중밍과 결탁한 군벌 세력을 토벌한 것이다. 광둥 정부는 그 과정을 통해 광둥 지역의 군벌들을 소탕하고 확고한 기반을 마련하게 된다. 이것의 의의는 당시 베이징의 북양 군벌에 대한 토벌, 즉 북벌의 기반이 되었다는 점에 있다.

123 | 마링[Maring / Hendricus Josephus Franciscus Marie Sneevliet, 1883-1942]을 가리킨다.

124 | 張國燾, 『我的回憶』上, 北京: 東方出版社, 2004: 276쪽.

반공이라는 대세 형성에 핵심적 역할을 한 이는 장제스였다. 장제스는 원래 국민당에서 그 지위가 별로 높지 않아서 국민당 제1차 전국대표대회에서도 중앙집행위원회 위원으로 선출되지 못했다. 그리고 황포군관학교가 설립될 때도, 쑨원은 학교 책임자로 청첸[程潛, 1882-1968]을 고려하고 있었다. 당시 장제스는 광둥군의 참모장이었고, 광둥군의 총사령관은 쉬충즈[許崇智, 1886-1965]였다. 장제스의 지위가 높아진 것은 국공합작이 이루어진 이후였다. 그는 처음에는 국공합작을 견결히 옹호하는 '좌파'인 듯 행동했으며, 결단력 있고 성실하게 일을 했기 때문에 여러모로 큰 주목을 받았다. 황포군관학교의 설립과 광둥 혁명근거지의 통일 전쟁에서 승리하면서 그의 지위는 점차 높아졌다. 또한 강력한 힘을 갖추게 되면서 점차 반공이라는 그의 진면목이 부각되기 시작했다.

1926년 3월 20일에 벌어진 중산함中山艦 사건[125]은 장제스에게 당시 '좌파'로 행세하던 국민정부의 주석 왕징웨이[汪精衛/汪兆銘, 1883-1944]를 축출해내고, 국민당의 대권을 자기 손에 넣을 수 있는 기회였다. 또한 그것은 반공 활동을 공개적으로 전개하기 위한 중요한 모색의 기회이기도 했다. 그는 그와 같은 과정을 통해 더욱 대담해졌다.

그해 5월 국민당 제2기 중앙위원회 2차 전체회의에서는 이른바 '정리당무안整理黨務案'을 통과시켜 공산당원이 국민당 중앙의 부장 등의 직책에 오르지 못하게 규정함으로써 국민당의 지도부에서 공산당원을 제외시켰다. 이에 대해 공산당은 다시 한번 양보했다. 천두슈는 "일은 하지만 직책을 맡

---

125 | 중산함 사건은 제1차 국공합작 이후에 장제스과 공산당, 그리고 장제스과 국민당 좌파 사이의 갈등이 격화되던 시기에 발생한 것으로, 이를 통해 장제스는 주도권을 장악하게 된다. 1926년 3월 18일 황포黃埔섬 인근에서 상선을 보호하기 위한 순시선 파견 요구가 있었고, 그때 순시선이 아닌 전투 주력함인 중산함이 출항했는데, 명령권자인 장제스의 지시가 없었다는 점이 문제가 되었다. 장제스는 3월 20일에 계엄령을 선포하고, 국민당 좌파와 공산당원을 체포했다. 이를 3·20 쿠데타라고도 한다. 중산함의 출항이 공산당에 의한 것인지, 아니면 국민당 우파의 자작극인지에 대해서는 여러 주장이 있지만, 그 사건의 최대 수혜자가 장제스라는 점은 분명해 보인다.

지 않으며, 직책에서 물러나더라도 국민당을 나가지 않는다."[126]고 천명했다. 그리고 북벌이 시작될 무렵, 장제스는 국민혁명군 총사령관의 자리에 올랐다.

마오쩌둥과 같은 이는 공산당에서 그러한 반공 활동에 대항해야 한다고 요구했다. 하지만 당시의 공산당은 노련하지 못했다. 코민테른의 대표와 중국공산당의 중앙 지도부는 장제스와 관계가 틀어질 것을 걱정해 줄곧 양보만을 주장했다. 양보를 해야만 상대방이 만족할 것이고 갈등도 누그러뜨릴 수 있으며, 그래야만 북벌이 가능하다고 생각했다. 그로 인해 결과적으로 중요한 기회가 사라졌다.

물론, 당시는 북벌이 임박한 시점이었고, 광둥廣東 지역의 역량도 제한되어 있었다. 또한 장제스 자신도 스스로의 입지를 완전히 굳히지 못한 상태였기 때문에 소련과 중국공산당의 지원이 지속적으로 필요했다. 그래서 장제스는 노련하고 주도면밀하게 공산당과 즉각적인 결렬을 선택하지 않고, 경우에 따라 누그러뜨린 모습을 보여주기까지 했다.

5) 북벌의 성공적인 전개와 장제스의 반공 쿠데타

북양北洋 군벌의 토벌을 위한 북벌 전쟁은 예상 밖의 큰 승리를 거두었다. 북벌군은 1926년 10월에 이미 우페이푸가 이끄는 직계直系 군벌의 후난성湖南省과 후베이성湖北省을 장악했다. 그리고 같은 해 11월, 장시江西에서 동남부 지역의 5개 성을 차지한 쑨촨팡[孫傳芳, 1885-1935] 군대와 전투를 벌여 결정적인 승리를 거두었다. 북벌이 순조롭게 진행됨에 따라 중국 남부 곳곳에서 노동자·농민 운동과 반제국주의적 애국운동이 활발해졌으며, 예사롭지 않은 혁명의 바람이 빠르게 확산되었다. 만약 북벌 전쟁의 승리가 지속적으로 이루지지 않았다고 한다면, 5·30 운동으로부터 시작된 군중운동의 열기만으로는 그처럼 노도와 같은 대혁명이 만들어지기 어려웠을

---

126 | 華崗, 『1925—1927中國大革命史』, 北京: 文史資料出版社, 1982: 300쪽. 참고로, 이 책은 上海春耕書店의 1931년 초판을 재출판한 것이다.

것이다.

북벌의 승리가 이어지면서 북양 군벌 세력은 다시 회복하지 못할 정도의 상태가 되었다. 장제스는 투항한 옛 군벌 군대를 흡수해 군 체계를 대대적으로 개편하고, 지방 정권들을 연이어 점령했다. 그를 통해 자신의 세력을 크게 확충했다. 이와 다르게, 중국공산당 중앙은 공산당원인 예팅[葉挺, 1896-1946]이 이끌던 독립단獨立團을 제외하면, 군대를 장악하지도 못했고, 공산당원의 지방 정권 참여도 엄격히 금지된 상황이었다. 그로 인해 유리한 정세에서도 더 많은 역량을 축적하지 못했을 뿐만 아니라 자신의 활동 공간조차 확장시키기 못했다. 공산당 자신의 역량에 비해 상황은 점차 불리한 방향으로 흘러갔다.

장제스는 반공 쿠데타라는 음모를 꾸민 지 오래이며, 적당한 때만을 기다리고 있었다. 그 전환점이 된 시기는 바로 결정적 승리를 안겨준 장시江西 전투였다. 그 이유는 다음에 있었다. 첫째, 당시 북벌군은 이미 우한武漢을 점령하고 있었지만, 쑨촨팡은 줄곧 북벌군의 측면을 심각하게 위협했다. 만약 장시에서 패배했다면, 쑨촨팡 군대는 기세를 몰아 곧장 후난湖南으로 들어왔을 것이고, 그렇게 되었다면 전방인 후베이湖北와 후방인 광둥廣東의 연결이 끊어져 북벌군 간의 긴밀한 소통이 어려웠을 것이다. 따라서 북벌군의 장시 전투 승리는 그러한 위험 요소를 제거한 것일 뿐만 아니라, 그로부터 동남부 지역의 대세가 결정되면서 남중국 전체의 정치군사적 국면이 완벽하게 바뀌었다.

둘째, 제국주의 열강도 처음에는 '열강을 타도하고, 군벌을 없애자'라는 노래 가사를 부르며 거침없이 북상하는 북벌군을 굉장히 두려워했기 때문에 곳곳에서 북벌군을 저지하고자 했다. 하지만 그들은 자신들이 직접 출병하는 것보다 중국의 혁명 진영을 분열시키는 것이 훨씬 더 효과적이라는 것을 점차 깨닫기 시작했다. 특히, 일본은 주장九江의 총영사를 난창南昌에 보내 장제스를 만나게 했다. 장제스는 그 자리에서 북벌의 성공 이후, 각국이 중국에서 체결한 조약들을 반드시 준수할 것이라고 했는데, 이에 일본 측은 크게 만족해했다. 그 일은 장제스에게도 제국주의 열강의 지지를 받아 경제적으로 가장 부유한 장쑤江蘇·저장浙江 지역을 자신의 근거지로 만들 수 있다는 자신감을 심어 주었다.

셋째, 장제스와 관련된 북방의 관료와 정치꾼들이 함께 남방으로 내려왔고, 상하이의 금융 자본가들도 장제스에게 자금을 지원하기 시작했다. 북방에서 국무총리를 대행했던 황푸[黃郛, 1880-1936]가 난창으로 가다가 상하이에 들르자, 중국은행 부총재인 장궁취안[張公權, 1889-1979]은 장제스에게 100만 원의 당좌 대출을 지급하겠다고 화답했다. 이처럼 수많은 옛 세력들의 손이 장제스를 잡아당겼다. 그래서 당시 '군사적으로는 북벌, 정치적으로는 남벌'이라는 표현[127]도 있었던 것이다. 장제스는 그와 같이 복잡하고 미묘한 시기에 오랫동안 꾸며온 반공 활동을 점차 가시화했다.

연합전선이 언제라도 결렬될 수 있다는 엄중한 상황에서, 중국공산당 중앙은 1926년 12월 회의에서 다음과 같이 주장했다. 현재 "가장 중요하고도 심각한 경향은 고조된 민중운동이 나날이 좌左를 향하고, 또한 군사정권은 고조된 민중운동이 두려워 나날이 우右를 향한다는 점이다."[128] 사실, 그것은 '나날이 우를 향하는' 장제스와 같은 이들을 막는 데 아무 것도 하지 않겠다는, 단지 하나마나한 소리에 지나지 않았다. 결국 할 수 있는 것은 노동자·농민 운동을 일방적으로 통제하는 것뿐이었다.

물론 노동자·농민 운동은 남방의 여러 성省에서 지속적으로 발전하고 있었다. 여러 해 동안 혹독한 탄압에 시달렸던 노동자와 농민들이 동원되거나 조직되기 시작하면서 그들의 과격한 행동으로 중간계급中間分子이 두려움에 떨었던 것은 사실이지만, 중국공산당 중앙의 지도 사상도 전반적으로 우경화되고 있었다. 그런데 중국공산당이 기댈 수 있는 역량은 주로 노

---

127 | 국민당이 북벌 전쟁에서 승리한 만큼, 국민당이라는 새로운 군벌의 지배가 전국적으로 확산되었다는 뜻이다. 특히, 국민당은 북양 군벌과 정치적으로 동일한 면모를 보인다. 陳祖懷, 「論'軍事北伐, 政治南伐'-北伐戰爭時期的一種社會現象」, 『史林』 1989年第1期: 32쪽을 참조하라.

128 | 中共中央文獻硏究室·中央檔案館 編, 『建黨以來重要文獻選編1921-1949』3, 北京: 中央文獻出版社, 2011: 501쪽.

동자·농민이라는 군중이었다. 따라서 그 군중들을 효과적으로 동원하거나 조직해내지 못한다면, 머지않아 개시될 장제스의 반공이라는 공격 계획에 강력하게 저항할 수 없고, 중간파의 동요도 극복하기 어려워졌다. 결과적으로 중국공산당 중앙은 심각한 위험 앞에서 스스로를 무장해제한 것과 다름없었다. 이로 인해 이후 엄청난 대가를 치르게 된다.

그 당시 장제스의 역량은 사실 공고하지 못했고, 내부적으로도 여러 갈등들이 쌓여 있었다. 하지만 그는 정치적 경험이 풍부했고, 결단력도 있었기 때문에 마치 도박꾼마냥 한 번에 모든 것을 거는 모험을 시도했다. 그는 한걸음씩 앞으로 과감하게 나아가면서 자신의 활동 공간을 점차 확대시켰으며, 결정적 순간이 되자 조금의 망설임 없이 단호하게 행동했다.

그는 1927년 4월 12일, 상하이에서 반혁명 쿠데타를 일으켰다. 그와 동시에 '당내의 불순분자 숙청'을 선포하고 공산당원과 진보인사들에 대한 대대적으로 체포와 학살을 자행했다. 또한 스스로 난징南京 정부를 세웠다. 공산당은 이러한 장제스의 쿠데타 조짐을 눈치 채고 있었지만, 계속해서 시의적절한 대응을 하지 못했다. 결국 그러한 돌발 사태를 사전에 대비하지 않아 막대한 피해를 입게 되었다.

6) 공산당의 계속된 타협과 양보, 그리고 실패로 끝난 대혁명

장제스의 배반은 대혁명이 생사의 갈림길에 서 있다는 점을 보여준다. 원래 광저우廣州에 있던 국민정부는 그때 우한武漢으로 옮겨왔다. 그것은 표면적으로 좌파 정부였지만, 실제적으로는 그 입장이 자주 변해 신뢰할 수 없을 정도였다. 그 가운데 쑹칭링·덩옌다와 같은 소수의 진정한 좌파도 있었지만, 대다수는 장제스의 전횡과 독재에 불만을 가진 정치꾼과 군인들, 그리고 대세를 좇아 기회를 엿보는 인물들이었다. 해외에서 귀국하자마자 '좌파의 지도자'라는 모습으로 등장했던, 그리고 언변이 뛰어났던 왕징웨이는 야심만만했지만 어떠한 원칙도 없는 정치꾼이었다. 그러한 이들이 우한 정부의 실권을 장악하고 있었다. 따라서 공산당의 긴급한 임무는 본격적인 결렬 가능성에 대비하는 것이었다. 그렇게 해야만 역량 차이로 인한 실패는 피하지 못했을지라도, 적어도 더 많은 역량을 보존해 향후 투쟁에서 보다 나은 조건을 마련할 수 있었다.

하지만 공산당은 그렇게 하지 않았다. 코민테른은 장제스의 배반을 혁명으로부터 민족자본가계급이 퇴각한 것으로 이해했기 때문에, 노동자·농민·소자본가계급의 연대를 더 공고히 해야 한다고 판단했다. 그들은 왕징웨이의 우한 정부를 소자본가계급의 대표로 간주했는데, 결과적으로 처음에는 장제스와의 결별을 걱정하다가 이제는 다시 왕징웨이와의 결별을 걱정해야만 하는 처지가 되었다. 결별은 곧 역량의 손실을 의미했고, 그것은 곧 혁명이 실패할 수도 있는 문제였다.

4월 27일부터, 우한에서 공산당 제5차 전국대표대회가 거행되었다. 그때 공산당은 생존의 문제에 직면해 있었고, 각 지역 대표들은 그 문제의 극복 방안이 나오기를 초초하게 기다리고 있었다. 하지만 제5차 전국대표대회에서는 정세 분석은 물론이고 어떤 효과적인 대책도 제시하지 못했다. 단지 중국 혁명의 비非자본주의적 전망이라는 의미 없는 말들만 늘어놓았을 뿐이다. 토지혁명이 언급되었지만, 그것도 '소자본가계급'의 동의가 필요하다고 보았기 때문에 어떤 실질적인 조치가 아니었다. 긴급한 시기에 혁명적 과제를 감당하지 못한 채, 그저 악화되어만 가는 정세 전반을 지켜보고 있을 뿐이었다.

코민테른이 고문顧問으로 파견한 보로딘[Mikhail Markovich Borodin, 1884-1952]은 대혁명 초기에는 몇몇 의미 있는 활동을 전개했지만, 그 당시에는 '서북학설西北學說'[129]이라는 것에 빠져 있었다. 그는 우한 정부가 북벌을 계속 진행해야 하고, 그를 통해 산시陝西에서 동남쪽 방향으로 이동하는 펑위

---

[129] 1차 국공합작의 가장 큰 성과였던 북벌 전쟁은 짧은 기간 동안 큰 성과를 거두었지만, 국민당 우파의 배반으로 혁명 자체가 위태로워지면서 중국혁명의 진로를 둘러싼 논쟁이 벌어진다. 보로딘이 제기한 '서북학설'은 북벌군이 북서쪽으로 진출해 소련의 도움을 받아 북양 군벌을 무너뜨리고 국민당 우파를 넘어선다는 주장이다. 安濟森, 「北伐戰爭中'西北學說'提出的背景及加行性探析」, 『世紀橋』2018年第4期: 24쪽.

샹[馮玉祥, 1882-1948]의 군대와 허난河南에서 합류해야 한다고 강력히 주장했다. 이처럼 그는 펑위샹에게 기대를 걸었지만 사실 펑위샹이 어떤 사람인지는 알지 못했다.

그 시기 우한의 경제적·군사적 상황은 날로 악화되어 갔다. 북벌군은 고전苦戰하며 허난河南에서 펑위샹을 맞이했다. 하지만 펑위샹은 우한 정부의 좋지 않은 상황을 보고, 장제스 쪽으로 기울었다. 중국공산당 중앙도 왕징웨이를 놓치지 않으려고 온갖 노력을 다했고, 심지어 코민테른에서 파견된 로이[Manabendra Nath Roy, 1887-1954]조차도 왕징웨이에게 현 사태에 대한 코민테른의 대응이라는 비밀 전보를 보여주었음에도 불구하고, 우한 정부는 7월 15일에 공산당과의 결별 방침을 발표했다. 그로 인해 쑹칭링·덩옌다과 같은 이들은 어쩔 수 없이 당을 떠났으며, 국공 관계는 완전한 파국을 맞이했다. 결국 대혁명은 실패했고, 중국 혁명은 토지 혁명이라는 새로운 시기로 접어들었다.

7) 맺음말

이 시기의 역사를 다시 살펴본다는 것은 어떤 시사점이 있는가? 첫째, 중국공산당은 대단히 특별했다. 창당에서부터 제1차 국공합작에 이르기까지는 2년 반도 채 되지 않았으며, 대혁명의 실패까지도 6년 정도밖에 되지 않았다. 신생 정당이 창당 이후 그렇게 짧은 시간 안에 거대한 혁명의 흐름을 이끌어내고, 그와 같이 웅장한 역사적 장면을 연출해냈다는 것은 분명 예사로운 일이 아니었다.

둘째, 대혁명은 왜 실패했는가? 여기에는 객관적 측면과 주관적 측면의 원인이 존재한다. 객관적 측면의 원인으로는 양쪽의 역량 차이다. 세계자본주의는 그 당시 상대적으로 안정된 시기에 들어섰기 때문에, 중국 혁명을 방해하는 데 더 많은 힘을 모을 수 있었다. 또한 중국의 옛 세력들은 서로 뒤엉켜 있었을 뿐만 아니라 반혁명적 정치 경험도 풍부했기 때문에 한두 번의 혁명, 그 충격만으로는 그들을 깨뜨릴 수 없었다.

이와 다르게, 중국공산당은 만들어진 지 얼마 되지도 않았고, 이론적 준비나 실질적인 정치적 경험, 그리고 중국 상황에 대한 이해도 부족했다. 하지만 객관적 정세는 그들을 대혁명에 헌신하도록 만들었을 뿐만 아니라 그 투쟁의 선두에 서게 했다. 또한 코민테른은 중국과 너무 떨어져 있었다. 그들은 물론 중국 혁명을 올바른 방향으로 이끈 적도 있지만, 올바르지 못한 방향으로 이끈 때도 많았다. 따라서 당시 대혁명을 전국적 차원의 승리로 이끌고자 했어도, 그에 걸맞은 조건들이 갖추어지지 못한 상황이었다고 할 수 있다.

지도指導 사상이라는 주관적 측면에서 살펴보면 다음과 같다. 초기 공산당, 특히 적대세력과 동맹세력이 공산당의 힘보다 현저히 컸을 때 가장 쉽게 범한 오류는 주로 우경화였다. 대혁명 시기가 바로 그러했다. 실제 도시와 농촌의 활동 과정에서 미숙한 '좌경화'된 오류들이 일부 있었는데, 그것은 대체로 코민테른의 잘못된 지도에 책임이 있었다. 천두슈가 지도한 중국공산당 중앙은 때론 장제스의 행동을 경계하기도 했지만, 그만큼 국민당의 힘을 지나치게 크게 보았기 때문에 장제스·왕징웨이 등을 자극해 파국이 초래되는 것을 두려워했다. 그래서 언제나 공산당이 양보해야만 국공관계의 긴장 국면을 완화시킬 수 있으며, 단결된 모습도 유지할 수 있다고 생각했다.

국민당 우파는 이러한 공산당의 약점을 꿰뚫어 보고 더 많은 것을 얻고자 하는 욕심을 부렸으며, 결과적으로 기세가 높아지고 그 힘이 더 강해졌다. 반면, 공산당은 자신의 손발을 스스로 묶어버렸다. 당시 그들은 일부 문제점들을 사전에 파악하고 있음에도 불구하고, 결정적 시기에는 주저하면서 움츠러들었다. 그로 인해 진보세력을 확대시키지도 못했을 뿐만 아니라 반격이 필요한 시기에도 당당히 나서지 못했다. 나아가 기존의 근거지가 하나씩 사라져도 갖가지 환상만을 품으며, 돌발적인 사태에 대응하려는 준비도 하지 않았다. 상대방과 사이가 틀어졌을 때는 이미 거의 모든 부대가 전멸한 상태였다. 비참한 교훈이라고 할 수 있을 것이다.

이어진 10년 동안의 내전[130]에서도 중국공산당은 통일전선의 문제점을 드러냈다. 그것의 주된 오류는 '좌경화'였는데, 실제 상황이나 투쟁 전략을 고려하지 않은 채 "모든 투쟁의 연합을 거부한"[131] 것이다. 스스로를 완전히 고립시키고 무턱대고 일만 벌리는 것은 결과적으로 혁명의 실패 가능성만을 높이는 것과 같다. 그처럼 쓰라린 두 가지의 교훈이 있었기 때문에, 항일전쟁 시기의 중국공산당은 국공 관계를 포함한 통일전선 문제에 대해 온전하고 성숙한 경험들을 갖출 수 있었다.

마오쩌둥은 그 경험들을 치밀하게 정리했다. 예를 들면, 다음과 같은 언급들이 있다. "진보세력을 확장하고, 중간세력을 쟁취하며, 완고한 반공세력을 고립시킨다."[132] 연합을 해야 하지만 투쟁도 해야 한다. 그리고 "투쟁의 단결만이 그 단결을 유지시키고, 양보의 단결은 그 단결을 와해시킨다."[133] 투쟁 과정에서는 "타당함, 유리함, 절제함"[134]을 취해야 하며, "적 내부의 모든 갈등을 이용하면서 소수를 고립시키고 다수를 우리 편으로 만들어야 하며, 동시에 여러 적들을 공격하는 것이 아니라 하나하나 격파"[135]해 나가야 한다. 또한 "정세를 유리한 방향으로 바꾸려고"[136] 해야 하며, "발생 가능한 전국적 차원의 긴급 상황에 대해서도 대응"[137] 준비를 해야 한다. "당과 군 전체는 정신적 준비가 되어 있어야 하며, 임무에 따른 배치가 완료되어야 한다."[138] 이 소중한 경험들은 모두 피의 대가로 얻어졌다.

---

130 | 10년 내전은 제2차 국내 혁명전쟁으로도 불린다. 1927-1937년까지 진행된 공산당과 국민당의 전쟁을 가리키는데, 1937년 일본의 침략으로 중단된다.

131 | 毛澤東, 『毛澤東選集』2, 北京: 人民出版社, 2009: 763쪽.

132 | 毛澤東, 『毛澤東選集』2, 北京: 人民出版社, 2009: 745·763쪽.

133 | 毛澤東, 『毛澤東選集』2, 北京: 人民出版社, 2009: 745쪽.

134 | 毛澤東, 『毛澤東選集』2, 北京: 人民出版社, 2009: 763쪽.

135 | 毛澤東, 『毛澤東選集』2, 北京: 人民出版社, 2009: 763쪽.

136 | 中共中央文獻硏究室·中央檔案館 編, 『建黨以來重要文獻選編1921-1949』17, 北京: 中央文獻出版社, 2011: 7쪽.

137 | 毛澤東, 『毛澤東選集』2, 北京: 人民出版社, 2009: 755쪽.

138 | 毛澤東, 『毛澤東選集』2, 北京: 人民出版社, 2009: 755쪽.

그러한 대가가 없었다면 이와 같은 말들이 나올 수 없었을 것이다.

셋째, 대혁명은 실패했을지라도 중국공산당의 뛰어난 기량을 확인할 수 있었다. 전 세계의 적지 않은 정당들이 크나큰 위세를 떨쳤지만, 적의 돌발적인 공격과 무자비한 탄압에 의해 붕괴되었다. 그런데 중국공산당은 그들과 달랐다. 대혁명이 실패로 돌아가자 혁명은 전국적인 침체 국면에 빠졌으며, 많은 이들이 이제 희망이 없는 공산당이라고 절망할 정도였다. 그렇지만 공산당은 그러한 극단의 어려움 속에서도 완강하게 투쟁해 나갔을 뿐만 아니라 주어진 임무에 더욱 충실함으로써 다시금 새로운 혁명의 기운을 빠르게 불러일으켰다.

그것이 가능할 수 있었던 원인은 다음에 있다. 우선 공산당 내부와 주변에 중화민족의 우수한 인재들이 모여 있었고, 그들이 제시한 방향은 옳은 것이었다. 그리고 공산당은 실천 과정에서 겪은 자신의 경험과 교훈을 진지하게 평가했다. 그로부터 대단히 복잡한 환경에 대처하는 법을 하나하나 배워나갔을 뿐만 아니라 지속적인 모색의 과정을 통해 앞으로 나아갔다. 마지막으로 공산당은 인민 군중과 강고한 연대를 구축했으며, 어떠한 세력도 그들을 상대할 수 없었다.

4
중국공산당의 제6차 전국대표대회에 대한 역사적 고찰[139]

역사에 길이 남는 회의會議는 일반적으로 중요한 역사적 시점에서 이루어졌으며, 오랜 논쟁의 결과인 경우가 많다. 1928년 6월에 개최된 중국공산당 제6차 전국대표대회가 바로 그러했다. 그 회의는 거대한 역사적 성과이기도 했지만, 그 한계도 명확했다. 그렇다면 그 모든 것을 어떻게 아울러야 할까? 그것을 둘러싼 복잡했던 배경과 함께 회의 이전부터 진행되었던 오랜 논쟁을 역사적으로 살펴보지 않는다면, 그것을 적절히 평가하기는 쉽지 않을 것이다.

1) '좌편향'적 맹목주의[140]의 광풍

대혁명이 실패하고 1년도 채 되지 않아 중국공산당 제6차 전국대표대회가 개최되었다. 그 짧은 시간 동안, 중국 혁명은 거칠고 사나운 격랑과 같은 과정을 거쳤다. 공산당은 도시와 농촌의 근거지에서 거의 궤멸적인 타격을 입었고, 6만 명에 가까웠던 전국의 공산당원들은 1만여 명으로 줄어들었다. 반동이라는 역류逆流가 격렬했지만, 중국공산당은 두려워하거나 위축되지 않았다. 그들은 다시금 대오를 정비해 무기를 들었으며, 새로운 투쟁을 시작했다. 하지만 모색과 분투의 과정에서 또다시 위험한 경향이 새

---

139 원문은 『黨的文獻』1988年第1期에 게재되었다. | 참고로, 중국공산당의 제6차 전국대표대회는 1928년 6월 18일부터 7월 11일까지 소련의 모스크바에서 개최되었다.
140 | '맹목주의盲動主義'는 원칙이나 현실에 대한 객관적 분석 없이 정부의 전복을 위한 음모와 폭동, 파업 등을 전면에 내세우는 운동 경향을 가리킨다.

롭게 대두되었는데, 그것이 바로 '좌편향'적 맹목주의였다. 1927년 11월에 개최된 중국공산당 중앙의 임시정치국 확대회의는 그러한 오류가 당 전체적으로 크게 확산되는 계기가 되었다.

중국 혁명의 성격과 정세 평가, 그리고 현 시기의 투쟁 임무에 관한 11월 회의의 규정들은 모두 '좌경화'된 것이었다. 물론 코민테른 대표인 로미나츠[Vissarion Lominadze, 1897-1935]에게 그 오류에 대한 막중한 책임을 물어야 한다. 중국 혁명의 성격과 속도를 한 마디로 개괄한 '영구혁명'을 바로 그가 제창했기 때문이다.[141] 하지만 문제는 그것이 그렇게 단순하지 않다는 데 있다. 당시 중국공산당에서는 그러한 '좌경화'된 사상과 분위기가 널리 퍼져 있었는데, 그것은 맹목적인 추종에서가 아니라 그들 스스로의 진지한 검토 과정을 통해 형성되었다.

당시 중국공산당 중앙의 주요 책임자였던 취추바이의 「중국 혁명은 어떠한 혁명인가?」를 살펴볼 필요가 있다. 우선 그는 "혁명은 침체되었는가?"[142]라는 문제를 던지고 나서, 다음과 같이 답했다. "혁명의 흐름이 침체되거나 소멸되려면, 중국의 현 시점에서 3가지 조건이 갖춰져야만 한다. 첫째, 반혁명적인 지배가 중국의 사회적 관계에서 제기되는 심각한 문제(토지문제, 자본과 노동의 문제 등)를 상당 정도 해결해야만 한다. 둘째, 반혁명적인 지배가 점진적으로 안정화되어야 한다. 셋째, 혁명적인 군중들이 흩어지거나 사라져야만 한다. 하지만 현재까지 중국에서 이러한 조건들은 전

---

[141] | "'영구혁명론'은 1927년 코민테른의 대표인 로미나츠가 스탈린의 중국 혁명 '3단계론'에 입각해 제기한 것이다." 邵雍, 「中共六大對新民主主義革命理論的闡釋」, 『上海黨史與黨建』2011年9月號: 31쪽. 여기서 언급된 '3단계론'은 1917년 이후의 세계 혁명에 관한 시기 구분이다. 1단계는 1917년부터 1923년까지로, 혁명이 고조된 시기를 가리킨다. 2단계는 1923년부터 1927년까지로, 자본주의가 안정된 시기이다. 마지막으로 3단계는 1928년부터 시작되는데, 프롤레타리아 혁명이 세계적으로 승리하는 시기이다. 따라서 로미나츠의 영구혁명론은 세계 혁명의 승리가 가까이 있기 때문에, 비록 대혁명이 실패로 돌아갔을지라도 중국 혁명 운동이 지속되어야 한다는 주장이다.

[142] | 瞿秋白, 『瞿秋白文集 . 政治理論編』5, 北京: 人民出版社, 1995: 74쪽.

혀 형성되지 않았다."¹⁴³

또한 그는 "중국 혁명은 단지 민권民權주의만을 요구하는가?"¹⁴⁴라고 제기하면서 다음과 같이 답했다. "중국 혁명이 지방의 토호나 지주계급을 타도하고자 한다면, 마찬가지로 자본가계급도 타도하지 않으면 안 된다."¹⁴⁵ 이로부터 중국 혁명은 자본가계급의 민권주의라는 범주에서 벗어나게 된다. "따라서 현 중국의 혁명은 명확하게 민권주의를 해결하는 임무에서 곧바로 사회주의 혁명으로 이행해야만 한다."¹⁴⁶ 이것은 분명 취추바이의 심사숙고를 거친 답변이었으며, 게다가 그는 자신감으로 가득 차 있었다.

중국공산당 중앙에서 같은 11월에 잇달아 발송한 「중앙통고中央通告」 15호와 16호¹⁴⁷를 좀 더 살펴보자. 이 두 통지문은 각지의 노동자·농민 등 민중들에게 가능한 한 무장폭동을 전개하라고 요구한다. 나아가 만약 "경거망동"¹⁴⁸하기 보다는 당의 조직을 더 많이 "보존해"¹⁴⁹야 한다고 판단한다면, "그것은 다시금 기회주의라는 독을 키워 군중 폭동이 발전해 나가는 데 장애가 될 수밖에 없다."¹⁵⁰고 공언했다. 이와 같은 요구를 할 때조차, 그들은 마찬가지로 자신감에 차 있었다.

---

143 | 瞿秋白, 『瞿秋白文集 . 政治理論編』5, 北京: 人民出版社, 1995: 74-75쪽.

144 | 瞿秋白, 『瞿秋白文集 . 政治理論編』5, 北京: 人民出版社, 1995: 78쪽.

145 | 瞿秋白, 『瞿秋白文集 . 政治理論編』5, 北京: 人民出版社, 1995: 78쪽.

146 | 瞿秋白, 「中國革命是什麽樣的革命」, 1927年11月16日. | 瞿秋白, 『瞿秋白文集 . 政治理論編』5, 北京: 人民出版社, 1995: 79쪽.

147 | 참고로, 「中央通告第十五號」와 「中央通告第十六號」의 부제는 각각 '전국 군벌의 혼전 국면과 당의 폭동 정책에 관하여', 그리고 '중공중앙 임시정치국 확대회의의 내용과 의의'다.

148 | 中共中央文獻研究室·中央檔案館 編, 『建黨以來重要文獻選編1921-1949』4, 北京: 中央文獻出版社, 2011: 608쪽.

149 | 中共中央文獻研究室·中央檔案館 編, 『建黨以來重要文獻選編1921-1949』4, 北京: 中央文獻出版社, 2011: 608쪽.

150 | 「中央通告第十五號」, 1927年11月. | 中共中央文獻研究室·中央檔案館 編, 『建黨以來重要文獻選編1921-1949』4, 北京: 中央文獻出版社, 2011: 608쪽.

그렇다면 도대체 어디에서 실책을 범했을까? 그것은 당시 그들이 직면한 복잡한 문제들과 관련되어 있다. 대혁명이 실패로 돌아가자, 크게 동요한 중국의 민족자본가계급이 혁명 진영을 벗어나 반혁명 진영으로 돌아섰다는 점은 확실하다. "중국은 자본가계급의 민주혁명을 해야 하지만, 다른 한편으로는 자본가계급을 반대해야 한다. 당시에 그 문제를 받아들이기 매우 어려웠다."[151] 당시의 많은 사람들이 중국 혁명을 '노동자와 농민의 혁명'이라고 생각했고, 그것을 사회주의 혁명과 동일시했다.

리리싼[李立三, 1899-1967]이 광둥廣東에서 "논문 한 편을 발표했는데, 거기서는 현재 자본가계급의 혁명과 사회주의 혁명이 혼재된 시기에 접어들었다고 보았다."[152] 그렇지만 혁명의 성격은 혁명적 임무에 의해 결정될 뿐이다. 반제·반봉건이라는 중국 자본가계급 민주혁명의 임무가 완성되지 않았기 때문에, 그 단계를 벗어나 중국 혁명이 곧바로 사회주의 혁명으로 이행할 수는 없었다.

마찬가지로 중국 사회 내부의 근본 모순은 어떠한 것도 해결되지 못했고, 반동세력은 장기적이고 안정적인 지배 체제를 마련하지 못했으며, 인민들은 투쟁을 방기하지 않았다는 점 또한 분명했다. 하지만 상황에는 또 다른 측면이 존재했다. 다시 말해서, 대혁명의 실패 이후 반동세력과 민족자본가계급의 결속이 일시적으로 강화된 반면, 혁명세력은 크게 약화되었다는 점이다. 따라서 당시의 혁명적 흐름은 전국적으로 '지속적인 상승' 상태가 아니었다.

당시 중국공산당은 만들어진 지 얼마 되지 않은 정당이었다. 그럼에도 불구하고 그들이 극도의 어려운 조건에서 투쟁을 끝까지 견지했다는 점은

---

151 周恩來,「關於黨的'六大'的研究」, 中共中央文獻編輯委員會 編,『周恩來選集』上, 北京: 人民出版社, 1980: 158쪽. | 저자는 여기서 편찬자를『周恩來選集』編委會로 밝혔는데, 中共中央文獻編輯委員會로 바로잡았다.

152 李立三在六大政治報告討論時的發言, 1928年6月23日. |「第二十三號李立三在政治報告討論時的發言」, 中共中央黨史研究室·中央檔案館 編,『中國共產黨第六次全國代表大會檔案文獻選編』下, 北京: 中共黨史出版社, 2015: 513쪽.

사실 대단한 일이었다. 하지만 그들은 이와 같이 복잡한 문제를 처리하는데 필요한 경험을 충분히 갖추지 못했다. 적들이 자행한 학살에 대한 분노와 복수의 갈망, 기회주의적 오류에 대한 강한 증오가 마치 사나운 불길처럼 많은 혁명가들의 가슴 속에서 타올랐는데, 그것이 그들에게 필사적이고 조급한, 충동적이기까지 한 심리 상태를 가져다주었다. 그로 인해 한 측면으로만(과도할 정도로까지) 상황을 바라보고 다른 측면을 쉽게 간과했다. 즉, 하나의 극단에서 또 다른 극단으로 나아간 것이다. "이러한 '좌편향의 분위기'는 당시 혁명가들 내부에서는 일반적인 현상이었다."[153]

중앙의 많은 지도자들도 그러했다. 리리싼은 다음과 같이 언급했다. "혁명이 실패하면서 많은 노동자들이 학살당하거나 일자리를 잃었다. 대다수의 군중들은 피로감에 휴식이 필요했지만, 일부 급진적인 이들은 참지 못하고 군중들의 전면에 나섰다. 이것이 바로 맹목주의와 강박적인 파업 등을 빚어낸 근원이다."[154] 그의 분석은 실제에 부합한 것이었다. 그와 같은 맹목주의의 오류는 어느 한 사람의 실수로만 설명될 수 없으며, 일정한 의미에서 역사적 현상이라고도 할 수 있다.

2) 모색과 진전의 과정에서 나타난 방황

중국공산당이 그 문제들을 다시 냉정하게 검토하는 데 도움이 된 것은 추상적인 학문적 논의가 아니라 사실이라는 생생한 교훈이었다. 11월의 회의 이후, 중국공산당 중앙은 광저우廣州 폭동과 후난湖南·후베이湖北 폭동에 기대를 걸고 있었다. 당시 광동 지역의 실세인 장파쿠이[張發奎, 1896-1980]와 리지선[李濟深, 1885-1959]의 다툼, 그리고 난징 정부의 서정군西征軍이 후난湖南에 진입한 이후 벌어졌던 리쭝런[李宗仁, 1891-1969]과 청첸[程潛, 1882-

---

153 李維漢,「對瞿秋白'左'傾盲動主義的回憶與研究」,『回憶與研究』上, 北京: 中共黨史資料出版社, 1986: 231쪽.

154 李立三在六大政治報告討論時的發言, 1928年6月23日. |「第二十三號李立三在政治報告討論時的發言」, 中共中央黨史研究室·中央檔案館 編,『中國共産黨第六次全國代表大會檔案文獻選編』下, 北京: 中共黨史出版社, 2015: 513쪽.

1968]의 충돌이 공산당 중앙을 매우 흥분하게 만들었다. 그것은 후난·후베이·광둥·장시라는 4개 성省에서 무장폭동으로 승리할 수 있는 절호의 기회였기 때문이다.

그들이 보기에 "광저우 폭동은 전국의 노동자·농민이 폭동으로 정권을 탈취할 수 있다는 하나의 '신호'"[155]였기 때문에, 나아가 다음의 훈령訓令을 내렸다. "후난·후베이의 공산당과 공산주의 청년단[156] 모두는 새로운 전쟁(서정군의 후난 진입) 과정에서 본격적인 폭동을 준비해야 한다."[157] "특히, 즉각적으로 후난의 일부 지역을 장악해 제2의 하이루펑海陸豐[158]으로 만들어야만 한다. 왜냐하면 그곳은 아주 좋은 환경과 함께 우리의 군사적 역량이 위치해 있기 때문이다."[159] "결론적으로, 지금 바로 후난·후베이와 장시 동남부에서 폭동을 전개해 광둥의 승리를 보장해야 하며, 국면 전체를 전국적으로 확장시켜야만 한다."[160]

---

[155] | 中共江西省委黨史研究室 等編, 「中央通告第二十三號-廣州暴動形勢下黨的任務」, 『中央革命根據地歷史資料文庫·黨的系統』1, 北京: 中央文獻出版社·南昌: 江西人民出版社, 2011: 131쪽.

[156] | 중국 공산주의 청년단은 1921년 7월 중국공산당이 창당되면서 조직되었다. 초기에는 중국 사회주의 청년단으로 불렸는데, 1925년 1월에 개최된 중국 사회주의 청년단 제3차 전국대표대회에서 그 명칭이 중국 공산주의 청년단으로 변경되어 현재에 이른다.

[157] | 中共江西省委黨史研究室 等編, 「中央通告第二十三號-廣州暴動形勢下黨的任務」, 『中央革命根據地歷史資料文庫·黨的系統』1, 北京: 中央文獻出版社·南昌: 江西人民出版社, 2011: 132쪽.

[158] | '하이루펑'은 현재 광둥성 동남쪽 연안에 위치한 산웨이시汕尾市를 가리킨다. 1927년 최초의 중국공산당 소비에트가 생겼던 곳이다.

[159] | 中共江西省委黨史研究室 等編, 「中央通告第二十三號-廣州暴動形勢下黨的任務」, 『中央革命根據地歷史資料文庫·黨的系統』1, 北京: 中央文獻出版社·南昌: 江西人民出版社, 2011: 132쪽.

[160] 「中央通告第二十三號」, 1927年12月14日. | 中共江西省委黨史研究室 等編, 「中央通告第二十三號-廣州暴動形勢下黨的任務」, 『中央革命根據地歷史資料文庫·黨的系統』1, 北京: 中央文獻出版社·南昌: 江西人民出版社, 2011: 132쪽.

그러나 냉혹한 현실은 그들의 순진한 기대를 무참히 무너뜨렸다. 광저우 봉기는 3일 만에 실패로 돌아갔으며, 후난에서 시도된 '회일 폭동灰日暴動'[161]은 시작과 동시에 진압되었다. 후베이에서는 아예 시작도 하지 못했다. 중국공산당 광둥성 위원회 서기書記인 장타이레이[張太雷, 1898-1927]와 후난성 위원회 서기인 왕이페이[王一飛, 1898-1928]는 차례로 희생되었다.

열사의 피로 물든 교훈 앞에 사람들은 큰 충격을 받을 수밖에 없었는데, 그들은 다음과 같은 질문을 던지지 않을 수 없었다. 어째서 주관적인 구상은 그와 같았는데, 객관적인 결과는 달리 되었는가? 실패의 원인은 도대체 어디에 있는 것인가? 그로부터 어느 정도 분명한 의견들이 중국공산당 중앙 내부에서 제기되었는데, 그 가운데 11월 회의에서 막 중앙정치국 상임위원이 된 저우언라이와 뤄이농이 있었다.

그들은 이전에도 폭동 문제에 관해 적절하고 현실적인 주장들을 제기해 왔다. 뤄이농은 그 해 10월, 우한武漢의 삼진三鎭[162]에서 실행하려던 즉각적인 폭동이 잘못된 계획이라고 제지한 바 있는데, 그것은 "지금이 전면적 폭동을 지속할 수 있는 시기가 결코 아니"[163]라고 판단했기 때문이다. 하지만 그는 그것 때문에 견디기 힘든 공격을 받아야만 했다.

그리고 저우언라이는 난창南昌 봉기군이 실패했을 때 중병에 걸려 있었는데, 그는 11월초가 되어서야 상하이에 도착할 수 있었다.(당시 중국공산당 중앙이 상하이에 있었다는 사실은 극비 사안이었다.) 12월초, 그는 정치국 상임위원

---

161 | '회일 폭동'은 공산당원들이 1927년 12월 10일에 창사長沙에서 주도했던 것으로, 창사 폭동이라고도 불린다. 이 폭동은 후난 국민당의 심장부인 창사長沙에서 일으켰기 때문에 그 여파가 상당했다. 하지만 결국 실패로 끝나면서 대규모의 백색 테러가 자행되었다. 왕이페이를 비롯한 창사시 당서기인 투정추[塗正楚, 1900-1928] 등 지도부 20여 명이 체포되고, 1000여 명의 간부들이 살해되었다. 참고로, '회일'은 당시 전보電報의 날짜 표기인 운목韻目에서, 그 날짜(10일)가 '灰'로 표기되었기 때문에 '灰日'로 불린다.

162 | 여기서 三鎭은 漢口, 漢陽, 武昌을 가리킨다.

163 「長江局最近政治決議案」, 1927年10月29日. | 羅亦農, 『羅亦農文集』, 北京: 人民出版社, 2011: 365쪽.

회에서 다음의 문제들을 연이어 제기했다. 즉, 저장浙江의 노동자·농민들의 무장폭동을 위한 계획이 지나치게 비현실적인 것 같다.[164] 또한 장쑤성江蘇省 위원회가 이듬해 1월 1일을 기점으로 양쯔강의 남쪽과 북쪽에서 성省 전체의 폭동을 준비하고 있는데, 그렇게 일정을 정하기보다는 준비된 정도를 점검하면서 일정을 정해야만 한다.[165]

당시 저우언라이는 공산주의 청년단 내부의 전위주의적 경향도 신랄하게 비판하며, 다음과 같이 언급했다. "상하이의 당 위원회는 요즘 정말 군사적으로 투기꾼 같은 면을 보이고 있다. 그 이유는 청년단이 자신들을 기회주의라고 말할까봐, 그런 어린아이들한테 비웃음을 당할까봐 모험을 하고 있는 것이다. 청년단이 그것을 심각하게 고민하지 않는다면, 앞으로 청년단은 모험주의에 빠져 그것의 또 다른 극단인 허무주의로 흐를 것이다. 청년단의 대다수가 실패해도 괜찮다고 하면서 한번 해보자고 한다. 하지만 그 또한 모든 것을 내던지는 오류이다. 그것은 '폭동은 일어나기만 하면 성공한다.'는 생각과 함께 두 극단을 이룬다. 그러한 위험은 수많은 동지들을 희생시킬 수 있기에 더 많이 주의가 요구된다."[166]

청년단 중앙의 서기였던 런비스[任弼時, 1904-1950]가 그 말을 받아 발언했다. "저우언라이의 지적은 타당하다. 청년단의 동지들은 폭동을 아주 쉬운 것으로 여긴다. 폭동이 무엇인지를 제대로 이해하지 못한 채 벌이는 임의적 폭동은 매우 위험한 것이다."[167]

후난의 '회일 폭동'과 광저우의 봉기가 잇따라 실패하자, 중국공산당 중앙의 많은 이들이 상황을 새롭게 인식하기 시작했다. 당시 중국공산당 중

---

164 | 中共中央文獻研究室 編, 『周恩來年譜: 1898-1949(修訂本)』, 北京: 中央文獻出版社, 1998: 131쪽을 참조하라.

165 | 中共中央文獻研究室 編, 『周恩來年譜: 1898-1949(修訂本)』, 北京: 中央文獻出版社, 1998: 132쪽을 참조하라.

166 | 中共中央文獻研究室 編, 『周恩來年譜: 1898-1949(修訂本)』, 北京: 中央文獻出版社, 1998: 132쪽.

167 周恩来·任弼时在中共中央常委会上的发言, 1927年12月6日.

앙을 주관한 취추바이의 나이는 28세에 불과했지만, 리웨이한[李維漢, 1896-1984]의 평가에서 그의 일면을 잘 알 수 있다. "나는 취추바이가 강직한 사람이라고 생각한다. 그는 야심이 없고, 타인을 동등하게 대할 줄 알며, 다른 의견들도 들으려 하고, 동지들을 단결시킬 줄 알며, 종파주의에도 빠지지 않는다."[168] 그러한 취추바이는 사실에 근거해 자신의 잘못된 관점을 고쳐나갔다.

1928년 1월 3일, 중국공산당 중앙정치국은 「광저우廣州 폭동의 의미와 교훈」, 「후베이湖北 당위원회 내부 문제에 관한 결의」를 통과시켰다. 「광저우 폭동의 의미와 교훈」에서는 "남아 있는 기회주의의 해독"[169]에 반대하고, "겉모습만 혁명적인 맹목주의"[170]를 단호하고도 신속하게 배격해야 한다고 주장했다. 「후베이 당위원회 내부 문제에 관한 결의」에서는 실제 상황을 고려하지 않고 본격적인 폭동을 결정한 일부 동지들을 비판하면서, "폭동이 남발되는 것은 위험하다."[171]고 밝혔다.

같은 달 14일, 중국공산당 중앙은 저우언라이가 집필한 서신을 후베이성湖北省 공산당 위원회에 보내면서 다음을 지적했다. "중앙은 여러분들에게 무정부주의와 맹목주의적 경향이 있다고 생각한다. 다시 말해서, 여러분들은 모든 투쟁을 폭동으로 본다. 그리고 어느 곳에서나 폭동을 일삼으며, 모든 것을 폭동으로 해결하려 한다."[172] 나아가 후베이성 위원회에 요

---

[168] 李維漢, 「對瞿秋白'左'傾盲動主義的回憶與研究」, 『回憶與研究』上, 北京: 中共黨史資料出版社, 1986: 237쪽. | 저자는 출처 쪽수를 231쪽으로 표기했는데, 이를 바로잡았다.

[169] | 中共中央文獻研究室·中央檔案館 編, 『建黨以來重要文獻選編1921-1949』5, 北京: 中央文獻出版社, 2011: 31쪽.

[170] | 中共中央文獻研究室·中央檔案館 編, 『建黨以來重要文獻選編1921-1949』5, 北京: 中央文獻出版社, 2011: 31쪽.

[171] | 中央秘書處 編,「中央政治局關於湖北黨內問題的決議」, 『中央政治通訊』5, 湘潭: 湘潭大學出版社, 2014: 356쪽. 참고로, 『中央政治通訊』는 『紅藏: 進步期刊總彙1915-1949』편집출판위원會, 『紅藏: 進步期刊總彙1915-1949』, 湘潭: 湘潭大學出版社, 2014의 스물여덟 번째 시리즈로 제작되었다.

[172] | 中央秘書處 編,「[附]中央致湖北省委信」, 『中央政治通訊』6, 湘潭: 湘潭大學出版社,

구했다. "즉각 무정부주의적이고 맹목주의적인 행동들을 중단하고, 노동자와 농민 군중 속으로 깊숙이 들어가 고통을 감내하는 활동을 벌여야 한다. 노동자와 농민 군중의 일상적 투쟁을 지도하면서 군중 혁명의 큰 흐름을 불러일으켜야 한다."[173]

또한 실제 업무의 배치에서도 광저우 봉기 이전과 현저히 다른 변화를 주문했다. 즉, "후베이와 후난에서 연말에 준비 중인 폭동을 중단한다. 그리고 후난·후베이·장시 3성省의 폭동은 주요 도시의 점령으로부터 시작하는 것이 아니라, 명확하게 그 일부 지역을 장악함과 동시에 도시 활동을 강화하는 방향으로 전개해야 된다."[174]

광저우 봉기의 실패 이후, 중국공산당 중앙의 인식과 실천이 이전과 다르게 크게 향상되었다는 점은 확실히 인정된다. 그렇지만 그것은 대체로 전략적인 문제라기보다는 전술상의 문제들이었다. 혁명적 흐름이 계속 상승할 것이라는 예측에는 조금의 변화도 없었고, 전체적으로 공산당의 주된 관심은 여전히 폭동이라는 문제에 맞춰져 있었다. 다른 점이 있다면, 폭동을 시작하기 위해서는 반드시 주·객관적 조건의 충족 여부를 검토해야 한다는 점, 그리고 전체적 상황의 고려 없이 무턱대고 진행해서는 안 된다는 점에 있었을 뿐이다. 당연하게도 그러한 인식은 많은 부분에서 부족했다.

1928년 1월 중순의 「중앙통고中央通告」에서도 그와 같은 인식의 불철저한 단면이 드러난다. 이 통고는 뤄이눙과 취추바이가 차례로 초안을 작성했다. 그것은 다음을 정확하게 비판했는데, 즉 "군중의 사기가 어느 정도인지 알아보지 않았고, 당의 조직 역량이 어떤지 알아보지 않았으며, 당과 군중의 관계가 어떠한지를 알아보지 않았다. 줄곧 '폭동'만을 주장하면서 어

2014: 139쪽.
173 中共中央給湖北省委의 信, 1928年1月14日. | 中央秘書處 編, 「[附]中央致湖北省委信」, 『中央政治通訊』6, 湘潭: 湘潭大學出版社, 2014: 140쪽.
174 李維漢, 「對瞿秋白'左'傾盲動主義的回憶與研究」, 『回憶與研究』上, 北京: 中共黨史資料出版社, 1986: 233쪽. | 저자는 출처 쪽수를 231쪽으로 표기했는데, 이를 바로잡았다.

디에서나 '폭동'만을 외치는 것이 바로 맹목주의적 경향이다."[175]

그럼에도 불구하고 상황을 바라보는 시각은 매우 단순했다. "[처음에] 광저우 폭동이 승리할 수 있었던 이유는 군중들의 동원으로 노동자·농민·병사라는 3대 세력이 결합했기 때문이다. 그리고 그것이 실패한 이유 역시 군중 동원이 제대로 이루어지지 않았기 때문이다."[176] 하지만 그것은 "동풍東風만 빼놓고 모든 것이 갖춰졌다."[177]는 것처럼, 그것은 주관적으로 더 많이 노력하면 문제들이 어렵지 않게 해결될 것이라고 믿는 것 같았다. 이처럼 그들은 기본적으로 '좌편향'적 맹목주의의 오류에서 벗어나지 못하고 있었다.

그러다가 2월에 들어, 공산당 내부에서 격렬한 논쟁이 벌어졌다. 논쟁을 야기한 것은 장쑤성江蘇省 위원회였다. 그 당시 장쑤성 위원회는 상하이 지역을 포괄하고 있었기 때문에, 전국의 공산당 조직 가운데 주도적인 위치에 있었다. 그들은 실제로 공산당 활동의 최전선에 서 있었을 뿐만 아니라, 대혁명 실패 이후의 어려워진 상황을 누구보다 절실하게 느끼고 있었다. 장쑤성 위원회 상임위원들은 노동자職工 운동을 논의하면서, 하나의 첨예한 문제를 제기했다. 그것은 지금 중국 혁명의 흐름이 고조되고 있는가, 아니면 퇴조하고 있는가의 문제였는데, 당시 많은 이들이 퇴조하고 있다고 판단했다.[178] 마찬가지로, 상하이 구區 위원회의 서기書記 연석회의에서도 많은 동지들이 당시 혁명의 흐름을 그와 같이 보고 있었다.[179]

---

175 | 中共中央文獻研究室·中央檔案館 編, 「中央通告第二十八號-論武裝暴動政策的意義」, 『建黨以來重要文獻選編1921-1949』5, 北京: 中央文獻出版社, 2011: 51쪽.

176 「中央通告第二十八號」, 1928年1月12日. | 中共中央文獻研究室·中央檔案館 編, 「中央通告第二十八號-論武裝暴動政策的意義」, 『建黨以來重要文獻選編1921-1949』5, 北京: 中央文獻出版社, 2011: 43쪽.

177 |『三國演義』四十九回: 萬事俱備, 只欠東風.

178 王若飛在政治談話會上的發言, 1928年2月12日.

179 周恩來在六大政治報告討論時的發言, 1928年6月27日. | 中共中央文獻研究室·中央檔案館 編, 『建黨以來重要文獻選編1921-1949』5, 北京: 中央文獻出版社, 2011: 322쪽을 참조하라.

중국공산당 중앙은 당연히 동요했다. 1928년 2월 12일, 중국공산당 중앙은 정치적 담화 회의를 개최했다. 여기에는 9명이 참가했는데, 취추바이·저우언라이·뤄이농·샹잉[項英, 1898-1941]·왕뤄페이[王若飛, 1896-1946]·천차오녠[陳喬年, 1902-1928]·류쥔산[劉峻山, 1899-1985]·류보젠[劉伯堅, 1895-1935]·정푸타[鄭覆他, 1904-1928]가 그들이다. 회의에서 격렬한 논쟁이 벌어졌다.

장쑤성 위원회의 상임위원인 왕뤄페이는 명확하게 자신의 입장을 밝혔다. "나는 현재 혁명의 흐름이 퇴조하고 있다고 생각한다."[180] 그리고 "광저우 폭동의 실패 이후, 혁명의 주도권 확보를 위한 두 계급의 투쟁에서 승부는 이미 결정되었다. 자본가계급이 일시적으로 승리한 것이다. 무엇에 때문에 혁명의 흐름이 퇴조했다고 하는가? 정치적 측면에서 보면, 현재 진행 중인 제국주의 세력의 대대적인 철병은 국민당 단독으로 혁명의 진압이 가능하다고 판단했기 때문이다. 경제적으로는 우한武漢 정부의 반동화 이후, 제국주의의 경제가 하루하루 회복되는 상태를 보이고 있기 때문이다. 물론 그 위기의 조짐들이 완전히 사라졌다고 할 수는 없지만 [분명] 줄어들었다. 군중들의 기세도 예전과 같지 않다. 농촌의 투쟁은 도시의 그것과 차이를 보이는데 많은 농촌에서 투쟁이 벌어지고 있지만, 그것이 시작되자마자 실패하는 곳도 많다."[181] 또한 "혁명에 대한 불분명한 예측은 반드시 부정확한 정책으로 이어진다. 지금 전국의 모든 군중들은 폭동으로 정권을 탈취할 정도의 사기를 갖추지 못했으며, 당의 역량도 전국적인 폭동을 감당할 수 있는 수준에 이르지 못했다."[182]

장쑤성 위원회의 서기인 샹잉은 왕뤄페이에 비해 다소 누그러뜨린 태도를 보인다. 그는 광저우 폭동의 결과는 그와 같은 전환 과정에서 필연적으

---

180 | 政治談話會記錄, 1928年2月12日.

181 | 政治談話會記錄, 1928年2月12日.

182 | 政治談話會記錄, 1928年2月12日. 왕뤄페이의 이 주장은 중국공산당 제6차 전국대표대회(1928년 6월 25일)에서 더욱 명료한 형태로 제기되었다. 王若飛, 「現時爭鬪形勢的估量」, 中共中央文獻研究室·中央檔案館 編, 『建黨以來重要文獻選編1921-1949』5, 北京: 中央文獻出版社, 2011: 312-314쪽을 참조하라.

로 적들에 의해 조성된 것이지, 그것이 곧 혁명적 흐름의 퇴조를 의미하지는 않는다."[183]고 하면서도, 다른 한편으로는 다음과 같이 언급했다. "앞으로 나아가기만 하는 전략은 옳지 못한 듯하다."[184] "나는 지금을 전환 과정에서 나타나는 퇴조기라고 본다."[185] "나는 혁명의 흐름이 고조되고 있다는 단순한 평가에 동의하지 않는다."[186]

취추바이는 회의석상에서 두 차례에 걸쳐 발언했는데, 처음에는 실사구시의 입장에서 심각한 상황에 직면한 어려움들을 분석했다. "우리의 투쟁은 분명히 아주 어려운 지경에 처해 있다. 8·7 회의 이후, 당시 나는 우리의 투쟁이 마치 홍양(洪楊)[187]과도 같이 진행될 것이라 생각했지만 결과는 그렇지 못했다. 이제 우리는 우리의 힘이 적보다 약하다는 점을 인정해야만 하며, 일정한 휴지기가 필요하다. 물론 그것은 영원한 휴식이 아니다."[188] 그러면서 다음을 지적했다. "또한 나는 현재의 당 역량을 보다 신중하게 사용하는 방향으로 정책 전반이 맞춰져야 한다고 본다. 당을 군중의 당으로 변모시켜야 할 뿐만 아니라, 당의 역량을 키우는 데 주의를 기울여야 한다. 당의 역량이 일정한 수준에 도달해야만 다음 일을 도모할 수 있기 때문이다. 지금은 당의 손실이 너무나도 크다."[189]

하지만 그는 혁명적 흐름이 고조되고 있는가를 언급하면서 다음을 언급

---

183 | 政治談話會記錄, 1928年2月12日.

184 | 政治談話會記錄, 1928年2月12日.

185 | 政治談話會記錄, 1928年2月12日.

186 | 政治談話會記錄, 1928年2月12日.

187 | 여기서 홍양은 홍수전(洪秀全, 1814-1864)과 양수청(楊秀清, 1823-1856)으로, 태평천국 운동(1851-1864)을 가리킨다. 태평천국 운동은 한때 난징까지 점령하며 사실상의 국가 체제를 갖추기도 했다. 그것은 청나라의 멸망을 가속화시켰을 뿐만 아니라 중국의 혁명운동에도 큰 영향을 끼쳤다.

188 | 政治談話會記錄, 1928年2月12日. ; 劉小中·丁言模 編, 『瞿秋白年譜詳編』, 中央文獻出版社, 2008: 266쪽을 참조하라.

189 | 政治談話會記錄, 1928年2月12日. ; 劉小中·丁言模 編, 『瞿秋白年譜詳編』, 中央文獻出版社, 2008: 266쪽을 참조하라.

했다. "우리는 확실히 말할 수 있다. 혁명의 흐름은 전체적으로 고조되고 있으며, 농민들의 자발적 폭동도 크게 늘어났다. 만약 그것이 퇴조하고 있다고 주장한다면, 반드시 노동자와 농민들은 낙담할 것이다."[190] "물론 고조되고 있다고 해서 그것이 내일 당장 폭동을 일으켜야 한다는 것을 의미하지는 않는다."[191] "우리는 혁명적 흐름이 객관적으로 고조되고 있다고 [자신 있게] 말할 수 있으며, 하나 또는 몇몇의 성省에서 정권을 탈취한다는 목표를 지속적으로 견지해야만 한다."[192]

여기서 맹목적 행동을 여러 차례 반대했던 저우언라이와 뤄이농이 그 문제를 거론하면서, 혁명이 고조되어 간다고 강조한 점은 주목할 만하다. 저우언라이도 혁명의 흐름이 퇴조되고 있다는 언급 자체를 우려했다. "실패에서 나온 관념으로서 그것은 퇴조뿐만이 아니라 비관마저도 야기한다."[193] "중국의 노동자들 사이에서 혁명적 흐름이 퇴조한 것 같지는 않다. 광둥 폭동이 여러 지역의 노동자들에게 영향을 주었기 때문이다. 농촌에서는 일부 지역의 우선 점령이라는 국면이 계속 유지될 것이라는 점 또한 더 말할 나위도 없다. 우리는 정책이나 그것의 운용 방법 때문에 퇴조하고 있다고 추정해서는 안 된다. 그것은 옳지 않다."[194] 뤄이농은 "나는 중국 혁명이 고조되고 있다고 본다. 저우언라이의 말에 전적으로 동의한다."[195]고 말했다.

---

190 | 政治談話會記錄, 1928年2月12日. ; 劉小中·丁言模 編, 『瞿秋白年譜詳編』, 中央文獻出版社, 2008: 266쪽을 참조하라.

191 | 政治談話會記錄, 1928年2月12日. ; 劉小中·丁言模 編, 『瞿秋白年譜詳編』, 中央文獻出版社, 2008: 266쪽을 참조하라.

192 | 政治談話會記錄, 1928年2月12日. ; 劉小中·丁言模 編, 『瞿秋白年譜詳編』, 中央文獻出版社, 2008: 266쪽을 참조하라.

193 | 政治談話會記錄, 1928年2月12日. ; 中共中央文獻研究室 編, 『周恩來年譜: 1898-1949(修訂本)』, 北京: 中央文獻出版社, 1998: 139쪽을 참조하라.

194 | 政治談話會記錄, 1928年2月12日. ; 中共中央文獻研究室 編, 『周恩來年譜: 1898-1949(修訂本)』, 北京: 中央文獻出版社, 1998: 139쪽을 참조하라.

195 政治談話會記錄, 1928年2月12日.

나흘 후인 2월 16일, 제6차 전국대표대회의 준비를 위한 중앙위원회의 회의가 다시 열렸는데, 그 회의에는 취추바이·저우언라이·장궈타오·뤄장룽[羅章龍, 1896-1995]·류사오치[劉少奇, 1898-1969]·왕쩌카이[汪澤楷, 1894-1958/1959]가 참석했다. 회의석상에서 류사오치가 제기한 견해는 주목할 만하다. "혁명의 흐름이 고조되고 있는가 아니면 퇴조하고 있는가를 논한다면, 농촌에서는 고조되고 있고 도시에서는 퇴조하는 추세다."[196] "농민 혁명은 고조되는 방향으로 나아가고 있다. 그것은 마치 조류의 이동이 아니라 물결이 이는 듯하다."[197]

저우언라이는 회의에서 중국 혁명의 불균등한 발전을 주장했다. 현재 중국의 노동자와 농민이 여전히 혁명을 요구하고 있다는 점에서, 혁명의 흐름은 퇴조한 것이 아니라 오히려 고조되고 있다고 봐야 한다. 일부 지역의 점령도 장기화할 가능성이 있기 때문에 장기적인 준비를 해야만 한다.[198] 그는 나아가 "농민의 유격전을 통해 광저우를 포위"[199]함으로써 "광저우의 일부 지역을 점령"[200]할 수 있을 것으로 예상했다. 한편, 취추바이는 회의에서 여전히 다음을 강조했다. 즉, "중앙의 상임위원회는 혁명적 흐름이 지속적으로 고조되어 왔다고 판단한다."[201]

전체적으로 보면, 중국공산당 중앙의 주요 일부 책임자들은 몇 차례의 회의를 거치면서 이전보다 혁명적 흐름의 '고조'라는 입장을 더욱 강조하고 있다. 그것은 마치 심각한 인식상의 실수를 다시금 반복하는 것처럼 보

---

196 | 中央委員談話會記錄, 1928年2月16日.

197 | 中央委員談話會記錄, 1928年2月16日.

198 中央委員談話會記錄, 1928年2月16日. | 中共中央文獻研究室 編, 『周恩來年譜: 1898-1949(修訂本)』, 北京: 中央文獻出版社, 1998: 140쪽을 참조하라.

199 | 中共中央黨史研究室·中央檔案館 編, 『中國共産黨第六次全國代表大會檔案文獻選編』上, 北京: 中共黨史出版社, 2015: 90쪽.

200 | 中共中央黨史研究室·中央檔案館 編, 『中國共産黨第六次全國代表大會檔案文獻選編』上, 北京: 中共黨史出版社, 2015: 90쪽.

201 | 中共中央黨史研究室·中央檔案館 編, 『中國共産黨第六次全國代表大會檔案文獻選編』上, 北京: 中共黨史出版社, 2015: 90쪽.

이지만, 그들의 발언을 자세히 살펴보면 복잡하면서도 상반된 그들의 심정을 어렵지 않게 파악할 수 있다.

한편으로, 그들의 깊어진 고민에는 당면 정세의 심각한 어려움뿐만 아니라 심층적 차원에서 중국 혁명의 장기성과 불균등성, 그리고 일부 농촌 지역을 점령하는 것의 중요성과 같은 근본적 문제점들이 반영되어 있다. 또한 공산당에 일정한 휴식과 정비의 시간이 필요하다는 점, 공산당의 역량을 키워 군중들을 흡수할 필요가 있다는 점도 고려되었다. 그러한 근본적 사상 변화는 성공적인 제6차 전국대표대회의 중요한 사상적 기반이 되었다.

그들은 다른 한편으로 커다란 근심도 가지고 있었다. 다시 말해서, 광저우 봉기의 실패 이후 혁명의 퇴조라는 언급 자체가 당에 만연한 좌절과 침체라는 분위기를 반영한 것이며, 그것은 혁명의 진전에 부정적인 작용만 할 뿐이라고 여겼다. 그리고 어려운 상황에서는 낙관적인 평가로 사람들을 북돋을 필요가 있었기 때문에, '고조되는 혁명의 흐름'을 예전보다 더 많이 강조했던 것이다. 그들의 발언 곳곳에서 그러한 상반된 심리 상태를 엿볼 수 있다.

사흘 뒤인 1928년 2월 19일에 중국공산당 중앙정치국 회의가 열렸다. 취추바이·저우언라이·뤄이농 등은 거기서도 고조되는 혁명의 흐름을 재차 강조했으며, 취추바이에게 관련 통고문 작성을 요구했다. "그 통고문에는 중국의 현 정치 상황이 포함되어야 하고, 나아가 현재 중국의 혁명적 흐름이 왜 고조되고 있는지를 설명해야 한다. 또한 퇴조하는 혁명적 흐름이라는 주장이 얼마나 수치스러운 기회주의인지, 그리고 퇴조한다는 주장이 곧 폭동을 대비하지 말자는 것과 같다는 점을 밝혀야 한다. 완안萬安과 하이루펑海陸豊에서 실패했다고 하더라도, 나는 중국의 혁명적 흐름이 여전히 고조되고 있다고 본다. 왜냐하면 지배계급은 어쨌든 안정되지 못할 것이고, 군중의 분위기도 어쨌든 고조될 것이기 때문이다."[202]

---

202   羅亦農在中共中央政治局會議上的發言, 1928年2月19日.

취추바이가 초안을 작성했다는 통고문이 바로 「중앙통고 제36호」다. 거기서는 "지금 혁명이 고조되고 있다는 점은 의심할 바 없다."[203]고 강조하면서, 다음을 제기했다. "일반적인 정세에서 보자면, 현재 혁명의 중심 지역은 두 군데다. 하나는 광둥이고, 다른 하나는 후난·후베이·장시·허난 남부 지역豫南이다. 후자의 지역적 배치에서 당분간은 후난을 중심으로 한다. 그리고 [후베이에 위치한] 우한武漢의 폭동은 당연하게도 그 지역의 폭동으로 마무리되는 것이며, 나아가 폭동이 전개되는 우한을 혁명의 전국적 중심으로 만들어야 한다."[204]

그리고 「중앙통고 제36호」의 부록에서 다음을 지적했다. "중국 혁명은 분명히 고조되고 있다. 무장폭동으로 정권을 탈취한다는 본격적인 대응 전략은 여전히 당면한 문제이며, 하나 또는 일부 성省의 정권 탈취는 더욱 긴급한 현안이 되었다."[205] 이와 함께 혁명적 흐름의 퇴조라는 견해도 비판했다. "예를 들어, 상하이의 동지들은 혁명적 흐름의 퇴조가 상하이에 국한된 것이 아니라 전국적인 현상이며, 따라서 보수적인 대응 전략을 채택해야 한다고 주장한다. 하지만 그와 같은 논조는 명확히 잘못된 것으로, 그저 기회주의에 매몰된 관점일 뿐이다."[206]

중국공산당 중앙은 그 통고문을 하달하면서 별도의 내용을 밝혔다. "부록은 각 지도기관들이 참조하도록 하고, 되도록이면 지부까지 받아볼 수 있도록 한다. 하지만 본문인 「중앙통고 제36호」는 반드시 지부에 도착해야

---

203 | 中共中央文獻研究室·中央檔案館 編, 『建黨以來重要文獻選編1921-1949』5, 北京: 中央文獻出版社, 2011: 119-120쪽.

204 | 中共中央文獻研究室·中央檔案館 編, 『建黨以來重要文獻選編1921-1949』5, 北京: 中央文獻出版社, 2011: 120쪽.

205 | 中共中央文獻研究室·中央檔案館 編, 『建黨以來重要文獻選編1921-1949』5, 北京: 中央文獻出版社, 2011: 127쪽.

206 | 中共中央文獻研究室·中央檔案館 編, 『建黨以來重要文獻選編1921-1949』5, 北京: 中央文獻出版社, 2011: 132쪽.

만 한다."²⁰⁷ 이처럼 그들은 이 통고를 통해 당 전체의 사상을 통일시키려 했던 것이다.

하지만 실제 활동을 지도할 때, 그들의 활동 중심은 각 성의 일부 농촌 지역을 점령하는 것으로 이미 옮겨져 있었다. '우한의 폭동은 당연하게도 그 지역의 폭동으로 마무리되는 것'이라는 말은 언뜻 매우 격한 표현 같지만, 다르게 이해할 수도 있다. 그것은 바로 우한이라는 도시의 폭동이 후난·후베이·장시·위난 지역에서 진행되는 폭동의 마지막 '종착점'일 뿐이지, 그것이 폭동의 시작을 알리는 최초의 '신호'가 아니라는 점이다. 그것은 광저우 봉기 이전의 지도 사상과 확연히 구분된다. 이와 같이 상반되고 복잡한 현상들은 앞서의 분석과 연결시켜야만 이해하기가 쉬워진다.

3) 코민테른의 2월 결의와 그것이 끼친 영향

광저우 봉기의 실패는 코민테른과 스탈린에게도 큰 충격을 안겨주었다. 소련 공산당(볼셰비키) 제15차 당 대표 대회가 1927년 12월 2일부터 19일까지 개최했다. 코민테른의 중국주재 대표였던 로미나츠도 서둘러 소련으로 귀국해 이 대회에 참가했다. 광저우 봉기의 발발 소식이 모스크바에 전해졌다. 로미나츠는 회의석상에서 아주 기쁜 마음으로 광둥에 소비에트 정권이 수립되었다고 공표했다. "이는 광둥성에서 대단히 좋은 혁명적 정세가 명확히 도래했음을 증명한다. 이제 정권 탈취의 문제를 제기할 만하다. 우리가 곧 그 성에서 벌어지고 있는 대규모적인 혁명적 행동의 산 증인이 될 수 있을 듯하다."²⁰⁸

그 발언과 함께 그는 다음과 같은 내용도 제기했다. 즉, 중국 사회의 특

---

207 「中央通告第三十六號」와 「附文」, 1928年3月6日. | 中共中央文獻硏究室·中央檔案館 編, 『建黨以來重要文獻選編1921-1949』5, 北京: 中央文獻出版社, 2011: 120쪽.

208 Vissarion Lominadze, 「在聯共第十五次大會上的發言」, 孫武霞·許俊基 編, 『共産國際與中國革命資料選集(1925-1927)』, 北京: 人民出版社, 1985: 593쪽. | 참고로, 이 발언은 1927년 12월 16일에 행해진 것이다. 광저우 봉기는 1927년 12월 11일에 시작되어, 앞서 언급했던 것처럼 3일 만에 실패로 끝났다.

징은 봉건주의가 아니라 아시아적 생산양식이다. 따라서 중국의 자본가계급은 실제적인 정치 세력이 되지 못한다. 대혁명 실패 이후의 중국 혁명은 노동자와 농민의 혁명으로, 그 혁명은 자본가계급의 민주혁명 단계를 뛰어넘어 곧바로 사회주의 혁명으로 전환되었다."[209]

그런데 광저우 봉기가 너무 빨리 실패했다. 로미나츠의 말이 끝나자마자, 봉기가 실패했다는 소식이 모스크바에 도착한 것이다. 모스크바 중산中山대학 총장인 미프[Pavel Aleksandrovich Mif, 1901-1938]는 소련 공산당 제15차 당 대표 대회에서 로미나츠의 발언을 반박했다. 바로 로미나츠가 봉건제와 아시아적 생산양식을 대립시키면서 자본가계급을 실제적인 정치 세력으로 간주하지 않았던 것을 비판한 것이다.

하지만 중국의 혁명 정세에 대한 미프의 전망은 혼란스러움만을 남겨 주었다. "군중의 근간을 이루는 무산계급과 농민이 세력 균형의 측면에서 열세에 놓여 있다면, 반동파의 일시적인 승리와 함께 중국의 지주와 자본가계급이 주도하는 [러시아] 스톨리핀[Pyotr Stolypin, 1862-1911]식의 반동적인 통치가 시작될 것이다."[210] 그리고 나서 언급했다. "중국의 무산계급이 수차례 심각한 타격을 입었을지라도, 중국에는 지금도 혁명이 직접적으로 가능한 정세가 조성되어 있다."[211]

그들의 논쟁은 여기서 끝나지 않았다. 소련 공산당 제15차 당 대표 대회가 끝나자마자, 코민테른 집행위원회는 곧바로 제9차 전체회의의 개최 준비에 들어갔다. 그리고 그 회의의 주요 논의 사항이 중국 문제라는 점을 분명했다. 회의가 개최되기 얼마 전, 로미나츠는 「중국 혁명의 새로운 단계와 중국공산당원들의 임무」라는 글을 썼는데, 거기서도 다음의 주장을 고

---

209 | Vissarion Lominadze, 「在聯共第十五次大會上的發言」, 孫武霞·許俊基 編, 『共産國際與中國革命資料選集(1925-1927)』, 北京: 人民出版社, 1985: 587-593쪽을 참조하라.

210 | Pavel Aleksandrovich Mif, 「在聯共(布)第十五次代表大會上的發言」, 中國社會科學院近代史研究所現代史研究室 編譯, 『米夫關於中國革命言論』, 北京: 人民出版社, 1986: 48쪽.

211 | Pavel Aleksandrovich Mif, 「在聯共(布)第十五次代表大會上的發言」, 中國社會科學院近代史研究所現代史研究室 編譯, 『米夫關於中國革命言論』, 北京: 人民出版社, 1986: 50쪽.

수했다. 즉, "현 중국 혁명의 단계에서는 자본가계급의 민주혁명이 바로 사회주의 혁명으로 이행한다는 특징을 갖는다."[212] 이에 미프는 「중국 혁명의 쟁점」이라는 글을 통해 로미나츠에 대한 반박을 이어간다.[213] 이 첨예한 두 편의 논쟁적인 글은 1928년 『볼셰비키』[214]의 같은 호에 발표됨으로써 사람들의 많은 주목을 받았다.

코민테른 집행위원회의 제9차 전체회의는 1928년 2월 9일에서 25일까지 개최되었다. 회의 마지막 날, 소련과 중국의 공산당 대표단인 스탈린·부하린[Nikolai Ivanovich Bukharin, 1888-1938]·샹중파[向忠發, 1880-1931]·리전잉[李震瀛, 1900-1937]의 명의로 된 「중국 문제에 관한 코민테른의 결의안」이 통과되었다. 이 결의안에서는 매우 분명한 언어로 다음을 제시했다. 즉, 중국 혁명의 현 단계는 자본가계급의 민권혁명이다. 따라서 중국 혁명의 현 단계가 성숙해 사회주의 혁명이 가능해졌다는 주장, (코민테른 중국 주재 대표의) '영구혁명'이라는 주장은 모두 잘못된 것이다. 중국의 노동자와 농민이 주도한 거대한 혁명 운동의 첫 번째 파고는 이미 지나갔다. 현재까지 위력적인 전국적 범위의 새로운 군중혁명 운동이 출현하지는 않았지만, 노동자와 농민 혁명의 많은 조짐들이 바로 새로운 흐름을 상승시키고 있다. 또한 현시기 공산당의 활동 중심은 수많은 노동자와 농민 군중의 지지를 얻으면

---

212 Vissarion Lominadze, 「中國革命的新階段和中國共產黨人的任務」, 中國社會科學院近代史研究所『國外中國近代史研究』編輯部 編, 『國外中國近代史研究』3, 北京: 中國社會科學出版社, 1989: 30-31쪽. | 참고로, 옮긴이는 이 책의 1982년판을 참조했다.

213 | Pavel Aleksandrovich Mif/鄒寧 譯, 「中國革命的爭論問題」, 中國社會科學院近代史研究所『國外中國近代史研究』編輯部 編, 『國外中國近代史研究』3, 北京: 中國社會科學出版社, 1982: 32-52쪽을 참조하라. 그리고 이 글의 또 다른 중문 번역본으로는 Pavel Aleksandrovich Mif/王福曾 譯, 「中國革命的幾個爭論問題」, 中國社會科學院近代史研究所現代史研究室 編譯, 『米夫關於中國革命言論』, 北京: 人民出版社, 1986: 54-78쪽을 참조하라.

214 | 여기서 언급된 『볼셰비키』는 소련에서 발행된 것으로, 1927년부터 발행되기 시작한 중국공산당의 『볼셰비키』와 다른 간행물이다. 참고로, 두 편의 글은 1928년도 3-4기 합본호에 실려 있다.

서 새로운 혁명적 흐름의 상승을 준비하는 데 맞춰져야 한다. 그렇기 때문에 맹목주의를 단호히 반대해야만 한다.²¹⁵

그리고 주목해야 할 것은 그 결의안에서 중국 혁명 운동이 각 성省마다 불균등하게 진행되고 있으며, 도시와 농촌 간에도 불균등하다는 사실을 지적했다는 점이다. 소비에트화된 농민 지역에서, 공산당의 주요 임무는 토지혁명의 시행과 홍군紅軍의 부대를 조직하는 일이다. 그래야만 농민 폭동이 전국적 폭동을 승리로 이끄는 출발점의 의미를 지니게 된다.²¹⁶

그런데 결의안은 다음의 문제도 지적했다. 그와 같은 농민 폭동은 무산계급이 주도하는 새로운 혁명적 상승 흐름과 서로 결합된 상황에서만 실현될 수 있다. 따라서 공산당의 주요 임무는 도시와 농촌을 서로 유기적으로 결합시켜 실제적 행동을 준비하는 데 있기 때문에 과도한 유격전의 전개는 피해야만 한다.²¹⁷

그것은 대단히 중요한 결정이었다. 저우언라이는 옌안延安의 정풍整風운동²¹⁸ 시기에 그 결의안을 매우 높게 평가했다. "1928년의 코민테른의 결의안은 아주 훌륭했지만, 제6차 전국대표대회의 결의안은 오히려 그만도 못했다. 왜냐하면 '좌편향'적 맹목주의를 반대하는 데 온전히 치중하지 못했

---

215 | 中共江西省委黨史硏究室 等編,『中央革命根據地歷史資料文庫·黨的系統』1, 北京: 中央文獻出版社·南昌: 江西人民出版社, 2011: 216-219쪽을 참조하라.

216 | 中共江西省委黨史硏究室 等編,『中央革命根據地歷史資料文庫·黨的系統』1, 北京: 中央文獻出版社·南昌: 江西人民出版社, 2011: 217-219쪽을 참조하라.

217 「共産國際執行委員會第九次擴大會議關於中國問題的議決案」, 1928年2月25日. | 中共江西省委黨史硏究室 等編,『中央革命根據地歷史資料文庫·黨的系統』1, 北京: 中央文獻出版社·南昌: 江西人民出版社, 2011: 219쪽을 참조하라. 이 결의안의 또 다른 중문 번역본으로는 「共産國際執行委員會第九次全會關於中國問題的決議」, 中國社會科學院近代史硏究所翻譯室 編譯,『共産國際有關中國革命的文獻資料1919-1928』1, 北京: 中國社會科學出版社, 1981: 350-354쪽을 참조할 수 있다.

218 | 1942년 마오쩌둥이 옌안에서 제창한 3가지 기풍에 대한 정비(三風整頓) 운동이다. 주관주의·종파주의·팔고문이라는 3가지에 대한 반대를 뜻한다. 여기서 팔고문八股文은 명청 시기의 과거 시험에 쓰였던 문체로, 형식적이고 의미 없는 글과 같은 형식주의를 가리킨다.

기 때문이다."²¹⁹ 비밀리에 활동하던 중국공산당 중앙에 결의안이 전달된 것은 4월말이 다 되어서였다.

4월 28일, 중국공산당 중앙은 정치국 회의를 개최했다. 그 회의에는 취추바이·저우언라이·리웨이한·덩중샤·샹잉 5명이 참석했다.(뤄이농은 며칠 전에 체포되어 희생되었다.²²⁰) 그들은 바로 느꼈다. 즉, "코민테른의 결의가 (1927년 11월에 있었던) 확대회의의 결의 내용과 몇 가지 지점에서 분명히 달랐다."²²¹ 중국공산당 중앙은 그것에 어떻게 반응했을까? 여기서 다음의 몇 가지를 살펴볼 필요가 있다.

① 중국 혁명의 성격에 대한 인식은 비교적 일치했다. 취추바이는 회의 석상에서 다음과 같이 발언했는데, "혁명의 성격이 자본가계급의 민권 혁명이라는 점에서, 중앙은 다른 의견을 갖고 있지 않다."²²²

② 중국공산당 중앙은 농촌과 도시의 투쟁 관계에 대해서 내부적으로 다른 인식을 가지고 있었다. 저우언라이는 중국 혁명에서 농민이 차지하는 비중이 러시아의 그것과 차이가 난다고 지적했다.²²³ 코민테른에서는 농촌과 도시가 적절히 결합되어야 한다고 생각한 듯하다. 물론 결합의 문제도 매우 중요하다. 하지만 "과거의 도시 활동은 분명 제대로 이루어지지 않았다. 그런데 중국의 정세에서 양자를 적절히 결합시키는 것은 매우 어려운 일이다. 그렇게 하자면 [혁명 운동이 활발한] 농촌을 기다리라고 해야 하는데 그것은 좋은 일이 아니다."²²⁴ "과거의 불균등한 결합 현상은 토지혁명

219　周恩來, 「關於共産國際指示及反立三路線的研究」, 1943年9月16日-20日. | 中共中央文獻硏究室 編, 『周恩來年譜: 1898-1949(修訂本)』, 北京: 中央文獻出版社, 1998: 577쪽을 참조하라.

220　| 뤄이농은 1928년 4월 15일에 상하이에서 체포되어 6일 후인 4월 21일, 26세의 나이로 처형되었다.

221　| 中共中央第十二次政治局會議記錄, 1928年4月28日.

222　| 中共中央第十二次政治局會議記錄, 1928年4月28日.

223　| 中共中央文獻硏究室 編, 『周恩來年譜: 1898-1949(修訂本)』, 北京: 中央文獻出版社, 1998: 142쪽을 참조하라.

224　| 中共中央第十二次政治局會議記錄, 1928年4月28日. ; 中共中央文獻硏究室 編, 『周恩來

초기에도 피할 수 없는 것이었다. 과거의 사실은 토지혁명이 심화되었다는 것을 증명하지, 그 투쟁이 농락당했다는 것을 증명해주지 않는다."[225] "나는 지금도 결합을 위한 활동이 강화되어야 한다고 본다. 하지만 각 지역의 자발적 투쟁들은 우리의 지도를 필요로 하며, 그 활동 또한 중단해서는 안 된다."[226]

이에 취추바이는 다음을 지적했다. "코민테른의 의견은 도시와 농촌의 결합을 이루어낸 다음에 행동을 취하라는 것이다. 이전 중앙위원회의 문제는 예전부터 본의 아니게 도시 활동에 소홀했다는 점이다. 그런데 그것은 전에도 인정했듯이, [도시] 노동운동을 간과했던 것에는 나름의 이유가 있다. 이 문제는 상당히 복잡하기 때문에 [제6차] 전국대표대회에서 토론하는 것이 적절할 듯하다."[227]

③ 중국공산당 중앙은 혁명적 정세를 제대로 예측하지 못했다. 저우언라이는 다음과 같이 밝혔다. "중앙의 의견은 혁명의 흐름이 계속 고조되어 가고 있지만 그것이 최고조에 달했다는 것은 아니다. 나는 지금도 그렇게 설명할 수 있다고 생각한다."[228] 대체로 다른 이들도 그러한 태도를 보였다.[229]

이틀 후인 4월 30일, 중국공산당 중앙은 코민테른 집행위원회의 결의안을 수용한 제44호 통고문을 발송했다. 거기서 중국의 혁명 성격에 대한 입장과 맹목주의의 반대라는 태도를 명확하게 드러냈는데, 중국 혁명의 정세 예측에 대해서는 다루지 않았다. 물론 이것은 우연한 실수가 아니다.[230] 이

年譜: 1898-1949(修訂本)』, 北京: 中央文獻出版社, 1998: 142-143쪽.

[225] | 中共中央第十二次政治局會議記錄, 1928年4月28日.
[226] | 中共中央第十二次政治局會議記錄, 1928年4月28日.; 中共中央文獻研究室 編, 『周恩來年譜: 1898-1949(修訂本)』, 北京: 中央文獻出版社, 1998: 143쪽을 참조하라.
[227] | 中共中央第十二次政治局會議記錄, 1928年4月28日.
[228] | 中共中央第十二次政治局會議記錄, 1928年4月28日.; 中共中央文獻研究室 編, 『周恩來年譜: 1898-1949(修訂本)』, 北京: 中央文獻出版社, 1998: 143쪽을 참조하라.
[229] 中共中央第十二次政治局會議記錄, 1928年4月28日.
[230] 「中央通告第四十四號」, 1928年4月30日. | 中共中央文獻研究室·中央檔案館 編, 『建黨以

후 6월 15일[231]에 취추바이는 그 이유를 솔직하게 밝혔다. "중앙은 코민테른의 결의안에 대해 다른 견해를 갖고 있다."[232] "그러나 중앙과 코민테른의 견해 차이는 아직 그리 심각할 정도는 아니다. 따라서 지금 중국공산당의 하부 기관들에서 토론을 진행할 필요는 없다. 우선 중앙이 코민테른과 토론하고 나서, 그것을 다시 전국대표대회나 전국의 당 기관들에 제출하는 것이 바람직하다."[233]

전체적인 상황이 그러했다. 코민테른의 결의안이 4월말에 중국에 전달되고 '좌편향'적 맹목주의 오류는 실제 활동 과정에서 중단되었지만, 몇 가지 인식상의 문제들(특히, 중국 혁명의 정세 예측이라는 문제)은 그대로 남아 있었다. 그러한 문제들은 곧 개최될 중국공산당 제6차 전국대표대회에서 해결될 필요가 있었다.

4) 중국공산당 제6차 전국대표대회의 성과와 한계

제44호 통고의 발송과 동시에 중국공산당 중앙 책임자들은 잇따라 모스크바로 출발하기 시작했는데, 그것은 바로 그곳에서 개최될 중국공산당 제6차 전국대표대회의 준비 때문이었다. 제6차 전국대표대회는 6월 18일에서 7월 11일까지 24일 동안 진행되었다. 회의에서는 많은 보고와 토론들이

來重要文獻選編1921-1949』5, 北京: 中央文獻出版社, 2011: 153-155쪽을 참조하라.

231 | 저자는 이 부분을 '보름 후'라고 서술했는데, 문맥에서 보름을 계산하게 되면 5월 15일이 된다. 하지만 저자도 밝혔듯이, 취추바이가 참석한 이 정치담화 회의는 6월 14일에서 15일까지 모스크바에서 개최된 것이다. 따라서 문맥상 '보름 후'를 '한 달 보름 후'인 6월 15일로 기술한다.

232 | 「六大代表政治談話會的材料」, 中共中央黨史研究室·中央檔案館 編, 『中國共産黨第六次全國代表大會檔案文獻選編』上, 北京: 中共黨史出版社, 2015: 109쪽.; 劉小中·丁言模 編, 『瞿秋白年譜詳編』, 中央文獻出版社, 2008: 275쪽.

233 瞿秋白在六大前的政治談話會上的發言, 1928年6月15日. | 「六大代表政治談話會的材料」, 中共中央黨史研究室·中央檔案館 編, 『中國共産黨第六次全國代表大會檔案文獻選編』上, 北京: 中共黨史出版社, 2015: 109쪽.; 劉小中·丁言模 編, 『瞿秋白年譜詳編』, 中央文獻出版社, 2008: 275쪽.

이루어졌는데, 그 가운데 정치 보고와 그와 관련된 토론이 가장 중요했다. 일정을 마무리하면서「정치결의안」등이 의결되었고, 중앙위원회도 새롭게 선출되었다. 회의 과정에서 어느 정도 충분한 토론이 이루어졌기 때문에, 중국 혁명의 근본 문제에 관해서는 상당한 인식의 일치를 보았다. 다음의 3가지가 주된 지점이었다.

① 중국 혁명의 성격과 임무, 그리고 전망

중국 혁명의 현 성격은 자본가계급의 민주 혁명이다. 그것은 예전부터 제기되었던 것으로 원래 새로운 문제 제기는 아니었다. 대혁명이 실패하고 나서, "혁명은 토지혁명이 심화되는 단계로 나아갔다. 그것은 혁명에 변화가 일어나고 있다는 것을 의미했다. 하지만 일반 사람들은 혁명의 변화를 이해하지 못했기 때문에, 토지혁명이나 공장 점거를 사회혁명으로 간주했다. 그러한 관념들이 결과적으로 모든 토지를 몰수해야 한다는 구호, 그리고 혁명의 단계를 넘어선 여타의 관점들을 만들어냈다."[234]

제6차 전국대표대회의 참석자들이 그 문제에 대해 격렬한 논쟁을 벌인 것은 아니지만, 인식적으로는 분명한 성과가 있었다. "혁명의 임무를 가지고 혁명의 성격을 결정해야지, 혁명의 동력을 가지고 혁명의 성격을 결정해서는 안 된다. 이것 또한 새로운 문제라고 할 수 있다."[235] 그리고 또 한 가지 주목해야 할 것은 로미나즈의 '영구혁명론'이 제6차 전국대표대회에서 비판당할 때, 중국 혁명의 비자본주의적 전망이 부정되지 않았다는 점이다. 그것은 이후 중국 혁명의 진행 과정에서 긍정적인 의미를 지닌다.

② 중국 혁명의 정세 예측

당시 논쟁에서 가장 격렬했던 문제였다. 제6차 전국대표대회가 개최되기 직전, "중국 대표들이 스탈린 동지 앞에서까지 논쟁을 벌인 적도 있었다. 스탈린 동지가 현 정세를 고조되는 것이 아니라 퇴조하고 있는 것이

---

[234] 周恩來在六大政治報告討論時的發言, 1928年6月27日. | 中共中央文獻硏究室·中央檔案館 編, 『建黨以來重要文獻選編1921-1949』5, 北京: 中央文獻出版社, 2011: 316쪽.

[235] 周恩來,「關於黨的'六大'的硏究」, 中共中央文獻編輯委員會 編, 『周恩來選集』上, 北京: 人民出版社, 1980: 158쪽.

라고 언급하자, 리리싼 동지는 지금도 노동자와 농민의 투쟁이 여러 지역에서 진행되고 있기 때문에 여전히 고조되고 있는 것이라고 응수했다. 이에 스탈린 동지는 퇴조하는 동안에도 몇 차례의 물보라가 인다고 대답했다."[236] 또한 스탈린은 "고조된 혁명은 미래의 일이지, 지금의 일이 아니다."[237]라고 명확하게 지적했다.

그 문제를 둘러싼 격렬한 논쟁은 제6차 전국대표대회 정치 보고의 토론 과정에서도 계속 이어졌다. 그럼에도 불구하고 그들의 견해는 여전히 크게 달랐다. 취추바이는 회의의 전체 결론을 내리는 자리에서 '고조'와 '상승'을 어휘의 의미 차이로부터 구분하고자 했다. "[중국어에서] 상승과 하락은 동태적인 명사이고, 고조와 중지는 정태적인 명사다."[238] 그에게 '상승하다'와 "고조를 향해 가는 것"은 같은 의미였지만, "동지들이 그것들을 명확하게 구분하지 않았기 때문에 그 명사들이 제대로 사용되지 못했다."[239]

일부 대표들은 매우 명확하게 발언했다. 예를 들면, 왕뤄페이는 "'8·7' 이후, 현 투쟁 정세에 관한 중앙의 예측은 정확하지 못했다."[240] "현 투쟁 정세가 고조되어 간다고 할 수 없다. 단지 혁명이 앞으로 나아간다고 말할 뿐

---

236 周恩來, 「關於黨的'六大'的硏究」, 中共中央文獻編輯委員會 編, 『周恩來選集』上, 北京: 人民出版社, 1980: 175쪽. | 中共中央文獻硏究室 編, 『周恩來年譜: 1898-1949(修訂本)』, 北京: 中央文獻出版社, 1998: 144쪽을 참조하라.

237 斯大林同瞿秋白·向忠發·周恩來和其他的中共代表的談話, 1928年6月. | 中共中央文獻硏究室 編, 『周恩來年譜: 1898-1949(修訂本)』, 北京: 中央文獻出版社, 1998: 144쪽을 참조하라. 여기서는 좌담회의 날짜를 6월 9일로 명시하고 있다.

238 | 中共中央文獻硏究室·中央檔案館 編, 『建黨以來重要文獻選編1921-1949』5, 北京: 中央文獻出版社, 2011: 330쪽.

239 瞿秋白在六大政治報告討論後的結論, 1928年6月28日. | 中共中央文獻硏究室·中央檔案館 編, 『建黨以來重要文獻選編1921-1949』5, 北京: 中央文獻出版社, 2011: 330쪽.

240 | 中共中央文獻硏究室·中央檔案館 編, 『建黨以來重要文獻選編1921-1949』5, 北京: 中央文獻出版社, 2011: 309쪽. ; 中共中央黨史硏究室·中央檔案館 編, 『中國共産黨第六次全國代表大會檔案文獻選編』下, 北京: 中共黨史出版社, 2015: 573쪽.

이다."²⁴¹

저우언라이의 태도 역시 아주 분명했다. 그는 다음과 같이 말했다. "적들은 우리를 집중적으로 공격해 승리를 거두었다. 또한 우리는 불균등한 발전(남부는 중부 또는 북부와 지역적으로 다르고, 활발한 농민 [투쟁]과 침울한 도시는 계급적으로 어울리지 않는다) 상태를 보이고 있다. 그와 같은 측면에서는 당연히 우리의 혁명이 고조되어 간다고 말할 수 없다."²⁴² "우리의 혁명이 지금 고조된 상태라고도, 또는 확실하게 고조되어 간다고도 말할 수 없다. 하지만 우리는 혁명이 나아간다고, 다시 말해서 상승 또는 고조된 상태를 향해 나아간다고 믿고 있다."²⁴³

이 문제는 부하린의 전체 결론에서도 강조되었다. 그는 보다 분명하고 단호하게 지적했다. "현재 우리가 적들에게 패배했다는 것을 잊어서는 안 된다. 지금까지도 새로운 혁명이 고조되어 간다는 그 어떠한 근거도 없다."²⁴⁴ "지금 중국공산당의 가장 큰 위협은 바로 중국공산당이 많은 실패 이후의 퇴조 국면을 [스스로] 직시하지 못했다는 점이다."²⁴⁵

---

241 王若飛在六大政治報告討論時的發言, 1928年6月25日. | 中共中央文獻研究室·中央檔案館 編, 『建黨以來重要文獻選編1921-1949』5, 北京: 中央文獻出版社, 2011: 313쪽.; 中共中央黨史研究室·中央檔案館 編, 『中國共產黨第六次全國代表大會檔案文獻選編』下, 北京: 中共黨史出版社, 2015: 574쪽. 참고로, '王若飛在六大政治報告討論時的發言'의 공식 명칭은 '第十號王若飛在政治報告討論時的發言'이다.

242 | 中共中央文獻研究室·中央檔案館 編, 『建黨以來重要文獻選編1921-1949』5, 北京: 中央文獻出版社, 2011: 321쪽.

243 周恩來在六大政治報告討論時的發言, 1928年6月27日. | 中共中央文獻研究室·中央檔案館 編, 『建黨以來重要文獻選編1921-1949』5, 北京: 中央文獻出版社, 2011: 321쪽.

244 | 中共中央黨史研究室·中央檔案館 編, 『中國共產黨第六次全國代表大會檔案文獻選編』上, 北京: 中共黨史出版社, 2015: 371쪽.

245 布哈林在六大政治報告討論後的結論, 1928年6月29日. |「國際代表在中國共產黨第六次全國代表大會上關於政治報告的結論(節錄)」, 中共中央黨史研究室第一研究部 編譯, 『共產國際·聯共(布)與中國革命檔案資料叢書11-共產國際·聯共(布)與中國革命文獻資料選輯(1927-1931)』上, 北京: 中央文獻出版社, 2002: 156쪽.; 中共中央黨史研究室·中央檔案館 編, 『中國共產黨第六次全國代表大會檔案文獻選編』上, 北京: 中共黨史出版社, 2015:

대회에서 통과된 「정치결의안」도 최종적으로 다음을 명확하게 언급했다. "일반적으로 현 정세에서 광범위하고 고조된 군중 혁명은 존재하지 않는다. 중국 혁명 운동의 속도는 불균등한데, 그 역시 현 정세의 특징이 된다."²⁴⁶ 이로부터 공산당 내부의 오랜 논란이 명확하고도 현실적인 결론에 도달하게 되었다. 그것은 제6차 전국대표대회의 가장 큰 성과이다.

③ 중국 혁명의 현 시기 임무와 대응 전략

정세에 대한 적절한 예측의 목적은 당면한 중국 혁명의 올바른 노선과 대응 전략의 방침을 규정하기 위한 것이었다. 중국 혁명의 흐름이 '지속적으로 고조되어 가는' 것이라고 판단한다면, 대응 전략의 방침도 자연스럽게 '본격적인 폭동'으로 귀결될 수밖에 없다. 제6차 전국대표대회에서는 그 문제에 관한 커다란 진전을 이루어냈다.

취추바이는 결론 부분에서 다음과 같이 천명했다. "모든 조직의 정치적 임무는 군중의 지지를 확보해 폭동을 준비하는 데 집중된다."²⁴⁷ 또한 부하린도 결론 부분에서 다음을 언급했다. "우리의 이전 정책에서는 내일의 폭동을 대비해야 한다고 주장했지만, 지금 우리는 내일 전국적 범위의 폭동이 불가능하다고 말한다. 우리는 자신의 역량을 키워나갈 준비가 필요하다. 우리의 역량이 온전히 갖춰졌을 때, 우리는 그때서야 다시금 폭동을 전개할 수 있다. 물론 이것은 우리가 전국 각지에서 산발적인 폭동을 벌여서는 안 된다는 의미가 아니다."²⁴⁸

378쪽.

246 中共六大「政治決議案」, 1928年7月9日. |「政治議決案」, 中共中央文獻研究室·中央檔案館 編, 『建黨以來重要文獻選編1921-1949』5, 北京: 中央文獻出版社, 2011: 386쪽. 저자는 「政治決議案」으로 표기했는데, 「政治議決案」으로 바로잡는다.

247 瞿秋白在六大政治報告討論後的結論, 1928年6月28日. | 中共中央文獻研究室·中央檔案館 編, 『建黨以來重要文獻選編1921-1949』5, 北京: 中央文獻出版社, 2011: 331쪽.

248 布哈林在六大政治報告討論後的結論, 1928年6月29日. |「國際代表在中國共産黨第六次全國代表大會上關於政治報告的結論(節錄)」, 中共中央黨史研究室第一研究部 編譯, 『共産國際·聯共(布)與中國革命檔案資料叢書11-共産國際·聯共(布)與中國革命文獻資料選輯(1927-1931)』上, 北京: 中央文獻出版社, 2002: 153쪽.; 中共中央黨史研究室·中央檔案

그리고 제6차 전국대표대회의 「정치결의안」에서는 다음을 명확하게 규정했다. "지금의 첫 번째 혁명적 파고는 계속된 실패로 인해 이미 사라졌으며, 새로운 흐름은 아직 형성되지 않았다. 반혁명의 세력들이 여전히 노동자와 농민을 압도하고 있기 때문에 공산당의 기본 노선은 군중의 지지를 확보하는 데 있다."[249] 이를 위해 '극좌편향의 해소'라는 문제가 제기되었다. "가장 위험한 경향은 바로 맹목주의와 명령주의[250]다. 그것이 공산당을 군중으로부터 멀어지게 만든다."[251]

이처럼 공산당은 갖가지 방법이 동원되었던 조직적 폭동에서 장기적이면서도 쉽지 않은 군중 활동이라는 방식으로 그 활동 중심이 옮겨졌다. 그로부터 군중의 지지 확보를 최우선 과제로 삼았을 뿐만 아니라 '좌편향'을 주된 위험 요소로 간주해 배척했다. 그것은 또한 공산당 활동의 전략적 중심 이동이자, 제6차 전국대표대회 이후 공산당의 활동 방식을 바꾸고, 활동력을 복원하는 데 핵심적인 역할을 담당했다고 할 수 있다.

제6차 전국대표대회는 중국공산당의 역사상 어느 전국대표대회보다 중요한 의미를 지닌다. 옌안延安의 정풍整風 운동 시기, 저우언라이는 다음을 언급한 적이 있다. "전체적으로 보자면, 혁명의 성격·동력·전망·정세·대응전략의 방침 등에서 기본적으로 '제6차 전국대표대회'의 결정이 옳았기 때문에, '제6차 전국대표대회'의 기본 노선은 옳다고 할 수 있다."[252] 그 결정

館 編, 『中國共産黨第六次全國代表大會檔案文獻選編』上, 北京: 中共黨史出版社, 2015: 376쪽.

[249] ㅣ「政治議決案」, 中共中央文獻研究室·中央檔案館 編, 『建黨以來重要文獻選編1921-1949』5, 北京: 中央文獻出版社, 2011: 390쪽.

[250] ㅣ명령주의는 군중의 이해 정도와 실제 상황을 무시한 채, 하달된 명령만을 이행하려는 관료주의적 태도를 가리킨다. 그것은 처음에 국민당 내부에 만연한 반군중적 사업 작풍을 비판하는 데서 유래되었다. 다시 말해서, 공산당은 국민당과 차별화된, 군중의 지지에 기초한 사업 태도를 견지해야 한다는 취지의 발언이다.

[251] 中共六大「政治決議案」, 1928年7月9日. ㅣ「政治議決案」, 中共中央文獻研究室·中央檔案館 編, 『建黨以來重要文獻選編1921-1949』5, 北京: 中央文獻出版社, 2011: 391쪽.

[252] 周恩來,「關於黨的'六大'的研究」, 中共中央文獻編輯委員會 編, 『周恩來選集』上, 北京: 人

들은 중국공산당 전국대표대회의 결의 사안으로서 단순히 어느 한 사람의 주장이 아니었다. 그것의 거대한 파급력은 일련의 근본적 문제들을 둘러싼 당 내부의 오래된 인식적 오류들을 명확하게 드러냈으며, 당 전체의 사상 통일과 중국 혁명 과정에서 긍정적인 역할을 담당했다. 그것이 바로 제6차 전국대표대회의 커다란 역사적 성과다.

물론 제6차 전국대표대회에도 부족한 점들이 있었는데, 대체로 다음과 같다. 첫째, 도시 활동이 여전히 중심적인 위치를 차지했다. 그것은 농촌으로부터 도시를 포위한다는 중국 혁명의 특징을 이해하지 못했기 때문이다. 둘째, 민족자본가계급이 여전히 혁명의 적으로 간주되었다. 그로 인해 중간계급의 역할, 반동세력의 내부 모순을 정확하게 파악하거나 정책화하지 못했다. 그 모든 것들이 부정적인 결과로 이어졌다.

그런데 여기서 그 문제들에 대한 분석적 태도가 요구된다. 첫째, 그 문제들은 오래 전부터 존재하던 것으로, 제6차 전국대표대회에서 처음 제기된 것이 아니었다. 단지 제6차 전국대표대회에서 그것을 해결하지 못했을 뿐이다. 저우언라이는 다음을 지적했다. "당시의 실제 상황과 이론적 수준을 고려할 때, '제6차 전국대표대회'에서 무산無産계급을 핵심 세력을 간주한다거나 농촌 중심의 사상을 만드는 것은 불가능했다. 당시에 농민들의 유격전이 있기는 했지만 그것은 경험적으로 많이 부족한 편이었다. 그래서 여전히 모색 중에 있었다고 할 수 있다."[253] "중국과 외국을 막론하고, 농촌으로 도시를 포위했다는 역사적 경험은 없었다. 당시 중국의 실제 상황에서 농촌 혁명을 위한 유격전은 전반적으로 매우 어려운 처지에 놓여 있었다. 장계 전쟁蔣桂戰爭[254]이 아직 벌어지지 않은 상황에서 농촌을 중심으로

民出版社, 1980: 186쪽. | 저자는 편찬자를 『周恩來選集』編委會로 밝혔는데, 中共中央文獻編輯委員會로 바로잡았다.

253 | 周恩來, 「關於黨的'六大'的研究」, 中共中央文獻編輯委員會 編, 『周恩來選集』上, 北京: 人民出版社, 1980: 177쪽.

254 | '장계 전쟁'은 1929년 3월부터 6월까지, 국민정부 내부의 장제스의 세력과 신계新桂 계파 사이에 벌어진 내전을 가리킨다. '장蔣'은 장제스의 세력이고, '계桂'는

한다는 구상은 불가능한 것이었다."²⁵⁵

그는 또 다음을 언급했다. "내가 보기에, 당시 마오쩌둥 동지도 활동의 중심을 농촌에 두고, 공산당이 무산계급을 대표해 농민들의 유격전을 지도한다는 생각을 하지 못했다. 그 역시 도시 활동을 중심에 놓아야 한다고 보았다."²⁵⁶ 그것들은 어느 누구의 주관적인 바람에 의해 해결될 수 있는 것이 아니라, 오랜 실천 과정의 반복된 정正과 반反의 경험, 그리고 그 양자의 비교를 거쳐야만 점진적으로 해결될 수 있었던 것이다.

둘째, 제6차 전국대표대회에서 그 문제들이 해결되지는 못했지만, 인식적으로는 과거에 비해 일정한 발전을 이루었다. 예를 들어, 홍군과 농촌의 혁명근거지가 존재할 수 있고, 또한 확장될 수 있는가라는 문제는 제6차 전국대표대회에서 분명하게 확인되었다. 마오쩌둥은 1936년에 다음과 같이 언급했다. "중국의 혁명근거지와 중국의 홍군이 존재할 수 있고 확장될 수 있는가라는 문제에 답하지 않는다면, 우리는 한걸음도 앞으로 나아가지 못할 것이다. 하지만 1928년 중국공산당 제6차 전국대표대회에서 그 문제의 답을 구할 수 있었다. 그로부터 중국 혁명 운동은 정확한 이론적 기초를 갖추었다."²⁵⁷ 이러한 측면에서 제6차 전국대표대회의 인식은 진일보한 것이지, 퇴보한 것이 아니라는 점을 알 수 있다.

반면, 저우언라이는 제6차 전국대표대회의 부족한 점을 다음과 같이 평가했다. "'제6차 전국대표대회'에도 결함과 오류들이 있다. 하지만 그 오류들이 노선의 오류나 종파주의를 만들어내지는 않았다. 비록 그러한 경향들

리쭝런과 바이충시[白崇禧, 1893-1966]를 중심으로 한 광서군벌이다. 북벌 전쟁이 끝나자 장제스는 국민혁명군 내부의 군벌 세력들을 약화시키기 위해, 재정상의 이유를 들어 군대 편제를 정비한다. 그 과정에서 갈등이 격화되어 내전으로 이어진 것이다. 리쭝런 세력은 그 전쟁에서 패배한다.

255 | 周恩來, 「關於黨의 '六大'의 硏究」, 中共中央文獻編輯委員會 編, 『周恩來選集』上, 北京: 人民出版社, 1980: 178쪽.

256 周恩來, 「關於黨의 '六大'의 硏究」, 中共中央文獻編輯委員會 編, 『周恩來選集』上, 北京: 人民出版社, 1980: 179쪽.

257 毛澤東, 「中國革命戰爭의 戰略問題」, 『毛澤東選集』1, 北京: 人民出版社, 1991: 188쪽.

이 있었다고 할지라도 말이다. 그래서 그러한 것들이 훗날 리싼 노선立三路線[258]과 종파주의의 형성 과정에 영향을 주었다고 할지라도, 제6차 전국대표대회에 직접적인 책임을 물을 수는 없다."[259] 이와 같은 평가는 매우 타당한 것이라고 할 만하다.

5) 간략한 맺음말

개척자의 모색 과정은 얼마나 힘겨운 것인가! 그들은 역사적 대격변의 시대에 있었고, 주위 여건은 너무나도 빠르게 변했으며, 생소하고 복잡한 많은 문제들이 급작스럽게 제기되었다. 그리고 그 모든 것들에 그들이 답하길 기다리고 있었다. 그 문제들이 처음 제기되었을 때, 그것들은 뚜렷한 형태로 드러나 있지 않았다. 또한 그것의 변화 과정에는 파악하기 어려운 수많은 변수들이 내재해 있었으며, 그것들을 곰곰이 따져볼 시간도 그리 많지 않았다. 그러한 상황에서 즉각적으로 확실한 판단과 선택을 한다는 것은 실로 쉽지 않은 일이다. 후세 사람들에게 아주 명백해 보이는 이치라고 할지라도, 개척자들은 언제나 큰 대가를 지불하고 나서야 그것들을 분명하게 파악할 수 있었다.

대혁명이 실패로 돌아갔을 때, 중국공산당은 만들어진 지 겨우 6년밖에 되지 않았다. 취추바이·저우언라이·차이허썬·덩중샤·리리싼·왕뤄페이 등 제6차 전국대표대회에 참석했던 주요 인물들은 당시 30세 전후의 청년에 불과했으며, 혁명적 이론의 학습 정도나 실제적 경험의 측면에서도 그 한

---

[258] '리싼 노선'은 1930년에 리리싼을 중심으로 제기된 중국공산당의 투쟁 노선이다. 그것의 핵심은 하나 또는 몇 개의 성省에서, 주로 도시에서 폭동을 일으켜 전국적 정권을 획득한다는 데 있다. 중국공산당 역사에서 대표적인 좌편향의 모험주의적 오류로 거론된다. 리리싼은 1928년 모스크바에서 개최된 중국공산당 제6차 전국대표대회에도 참석한 인물이었다. 저우언라이의 언급은 바로 이 점을 지적한 것이다.

[259] 周恩來,「關於黨的'六大'的研究」, 中共中央文獻編輯委員會 編,『周恩來選集』上, 北京: 人民出版社, 1980: 187쪽.

계가 분명했다. 혁명 운동의 실패라는 심각하고도 엄중한 시기에, 그들은 스스로 몸을 일으켜 역사적 중책을 기꺼이 떠맡았다. 나아가 시대적 흐름의 선두에 서서 혁명 운동을 추동했을 뿐만 아니라 극한의 상황에서도 혁명 운동의 활로를 모색함으로써 지워지지 않는 위대한 성과를 남겼다.

  60년이 지난 오늘날, 그와 같은 감동적인 장면들을 돌아보면서 그 개척자들에게 경의를 표하지 않을 수 없다. 물론 그들에게도 단점과 부족함이 없지 않았다. 따라서 그 부족한 부분들을 합당하게 분석하고, 거기서 후세 사람들이 생각해볼 만한 교훈들을 도출해내는 작업이 요구된다. 그와 다르게, 그들이 어째서 이러저러한 문제들을 해결하지 못했는가에만 주의를 기울인다면, 그것은 공평하다고 말할 수 없을 것이다. 이전 세대에 지나친 요구를 하기보다는 역사적 조건으로부터 사람들이 이해할 수 있도록 그것을 설명하는 작업이 필요하다.

5
중국공산당이 혁명적 시기에 보여준 3차례의 '좌편향'적 오류에 대한 비교 연구[260]

중국공산당이 혁명적 시기에 3차례의 '좌편향'적 오류를 범했다는 것은 중국 공산주의 운동사를 어느 정도 이해하고 있는 사람들에게는 거의 상식에 속한다. 3차례의 '좌편향'적 오류에는 그와 관련된 핵심 책임자들이 있을 뿐만 아니라 모두 코민테른과도 관련되어 있다. 문제는 다음에 있다. 왜 '좌편향'적 오류를 극복한 다음 연이어 또 다른 '좌편향'적 오류가 발생했으며, 또한 후자가 전자보다 더 심각했는가? 왜 그러한 오류들이 등장했을 때, 적지 않은 지도자들과 당내 많은 인사들이 그것을 인정하고 지지했는가? 3차례의 '좌편향'적 오류에는 어떤 공통점이 있으며, 어떤 차별화된 특징들이 존재하는가? 여기에 답하기 위해서는 그 오류들의 변화 과정을 하나로 묶고, 그것을 전체적으로 살펴보면서 비교하는 과정이 필요하다. 이 글에서는 그러한 측면들을 검토하고자 한다.

1) 대혁명의 실패와 첫 번째 '좌편향'적 오류

제1차 '좌편향'적 오류는 맹목주의를 특징으로 하는데, 그것은 대혁명(1924-1927)의 참혹한 실패라는 역사적 상황에서 출현했다. 그런데 그것은 이후의 두 가지 '좌편향'적 오류와 다른 분명한 차이점을 보인다. 당시 많은 공산당원들은 정신적으로 대혁명의 실패를 대비하지 못했다. 국공합작이라는 여건으로부터 그 이전까지는 북벌군이 주강珠江 유역에서 양쯔강

260　원문은 일본 교토대학의 『東方學報』제71冊, 1999년 3월에 실려 있다.

유역으로 빠르게 밀고 올라갔을 뿐만 아니라, 노동자와 농민 운동도 그와 함께 맹렬히 성장하고 있었다. 그래서 공산당 내부에서는 미래를 낙관하는 정서가 팽배했다. 물론 사람들이 국민혁명 진영의 분열 조짐을 느끼지 못했던 것은 아니지만, 머지않아 발생하게 될 극단적이고 잔혹한 사태에 대해서는 전혀 예상하지 못했다. 그러했기 때문에 돌발 사태에 대한 대책이나 조치라는 것도 생각조차 할 수 없었다.

장제스와 왕징웨이의 반공 쿠데타가 일어나자 극도로 잔인한 수단들이 동원되었는데, 곳곳에서 물샐틈없는 체포 작전과 피비린내 나는 학살이 벌어졌다. 중국공산당 제6차 전국대표대회의 개략적인 통계 수치에 따르면, 1927년 3월부터 1928년 상반기까지 '숙청'이라는 이름으로 살해된 사람이 31만 명에 넘었고, 그 중 공산당원은 2만 6천여 명에 달했다. 거의 6만 명에 가깝던 당원 수가 짧은 시간 안에 1만여 명으로 빠르게 줄어들었다. 노동조합과 농민협회는 폐쇄되거나 해산되었고, 많은 지방의 당 조직들도 해체되었다. 당 내부의 입장은 한순간에 극심한 혼란에 빠져 많은 사람들이 당장 무엇을 해야 할지 몰랐다.

중국 혁명은 퇴조 국면에 접어들었으며, 중국공산당은 와해되거나 사라질 위험에 봉착했다. 그와 같은 엄중한 상황은 공산당 내부에 극심한 분화를 가져왔다. 일부 사람들은 적들의 무력에 크게 놀라 동요하거나 퇴각했으며, 심지어 배반하는 경우도 있었다. 하지만 중국공산당과 당의 핵심 역량은 극단적인 위기 상황에서도 다시금 대오를 정비해 새로운 투쟁에 나섰다. 8·1 난창 봉기, 8·7 긴급회의, 후난과 장시 경계 지역의 추수 봉기는 공산당과 중국 혁명이 되살아나는 데 큰 도움이 되었다.

그런데 당시 또 다른 위험이 빠르게 확산되기 시작했는데, 그것이 바로 '좌편향'적 맹목주의였다. 그것은 두 가지 점에서 두드러졌다. 첫째, 실제적인 여건을 제대로 살피지 않았다. 그래서 열악한 환경에서는 혁명근거지를 지키고, 혁명 역량을 모아야 한다는 사실에 주목하지 못했다. 또한 여기저기서 폭동의 조직화를 요구했으며, 주요 도시의 장악을 통해 하나의 큰 국면을 타개하는 데만 급급했다. 둘째, 혁명군의 역할을 경시했다. 노동자와 농민 스스로의 폭동에 기대야지 군사적 역량을 중시해서는 안 되었기 때문이다. 만약 군사적 역량만을 중시한다면, 그것은 '군사적 도박'일 뿐이라고 강조했다.

당시 중국공산당 중앙은 대혁명 시기에 노동자·농민 운동의 기반이 상당히 양호했던 후난·후베이·광둥의 3개 성省을 폭동의 중심 거점으로 삼았다. 그것은 3개의 성에서 각각 신속하게 성 전체 규모의 폭동을 일으켜 성의 주요 도시를 장악하려 했기 때문이다. 그러한 요구로부터 중국공산당 중앙은 일련의 명령들을 연이어 발표했다.

1927년 8월 29일, 중국공산당 중앙상임위의 「후난과 후베이의 폭동 계획 결의안」에서는 다음이 언급되어 있다. "후난과 후베이 지역의 사회·경제·정치 상황은 그야말로 폭동 국면에 접어들었다."[261] 그들은 후난과 후베이 지역에서 9월 10일부터 성 전체를 포괄하는 폭동을 조직해야 한다고 결정했다. 후난 폭동은 크게 3개 지역으로 나뉜다. 폭동에 성공하면 신속하게 대부분의 역량을 창사長沙 공격에 투입하고, 창사에서도 9월 12일이나 13일에 폭동을 일으켜 정권을 수립한다. 후베이 폭동은 7개의 구역으로 나뉜다. 후베이의 남쪽 지역에서부터 폭동을 일으키며, 폭동의 시작과 동시에 곧바로 우한을 공격한다. 그때 우한에서도 반드시 폭동이 일어나야만 한다.[262]

나아가 다음의 내용을 강조했다. "토지혁명은 진정한 농민 군중의 힘에 의존해야 한다. 군대나 무장 세력土匪은 농민 혁명에서 보조적인 역할만 할 수 있을 뿐이다. 따라서 군대나 무장 세력이 행동에 나서기만을 앉아서 기다린다면, 그 또한 기회주의의 형식적 표현이 된다. 폭동을 그러한 방향으로 이끈다면, 그것은 분명 실패할 것이다. 다시 말해서, 그것은 폭동이 아

---

261 | 中央秘書處 編, 『中央政治通訊』2, 湘潭: 湘潭大學出版社, 2014: 137쪽. 참고로, 『中央政治通訊』는 『紅藏: 進步期刊總彙1915-1949』編輯出版委員會, 『紅藏: 進步期刊總彙 1915-1949』, 湘潭: 湘潭大學出版社, 2014의 스물여덟 번째 시리즈로 제작되었다.

262 | 「兩湖暴動計劃決議案」, 中共中央文獻研究室·中央檔案館 編, 『建黨以來重要文獻選編 1921-1949』4, 北京: 中央文獻出版社, 2011: 488-490쪽을 참조하라.

니라 군사적 모험 또는 군사적 도박에 다름 아니다."²⁶³

또한 1927년 9월 23일, 중국공산당 중앙은 광둥성 전체가 난창 봉기군이 도착하기만을 기다려서는 안 되며, "본격적인 폭동으로 즉각 확장시킬"²⁶⁴ 것을 주문했다. "만약 우리가 농민 군중을 폭동의 주요 역량으로 삼고, 공농군工農軍의 군사적 행동에만 의존하지 않는다면, 우리의 총기 수가 비록 적더라도 그 몇 배의 총기를 지닌 적군을 어렵지 않게 물리칠 수 있을 것이다.(그것은 후베이와 후난에서 얻은 경험이다.) 여기에는 우리 지도자와 군중들의 단호한 용기가 필요하다. 우리가 어찌 스스로 두려워하는 마음을 미리 가질 필요가 있겠는가?"²⁶⁵

도시의 경우에도 "대부분의 노동자들이 총기를 가지고 있지는 않"²⁶⁶지만, 그렇다고 군대를 기다려서는 안 된다. 만약 기다린다면 그것은 "너무나도 서생書生적인"²⁶⁷ 모습일 뿐이다. "가령 농촌의 농민 폭동이 매우 격렬한 상황이고, 공황 상태에 빠져 있는 도시에서도 노동자 군중들의 혁명적 분위기가 고조되어 있다면, 우리는 총기를 얼마나 가지고 있는지와 상관없이 즉각적으로 폭동을 일으켜야만 한다. '강한 농민군의 도움'만을 기다려서는 안 된다.' 바꿔 말해서, 군사적 역량에 직접적으로 의존해서는 안 된다는 말이다. 기다린다면 그것은 군사적 도박이다."²⁶⁸

---

263 中共中央常委,「兩湖暴動計劃決議案」, 1927年8月29日. | 中央秘書處 編, 「兩湖暴動計劃決議案」, 『中央政治通訊』2, 湘潭: 湘潭大學出版社, 2014: 137쪽.

264 | 中央秘書處 編, 「致廣東省委函」, 『中央政治通訊』2, 湘潭: 湘潭大學出版社, 2014: 238쪽.

265 | 中央秘書處 編, 「致廣東省委函」, 『中央政治通訊』2, 湘潭: 湘潭大學出版社, 2014: 237-238쪽.

266 | 中央秘書處 編, 「致廣東省委函」, 『中央政治通訊』2, 湘潭: 湘潭大學出版社, 2014: 238쪽.

267 | 中央秘書處 編, 「致廣東省委函」, 『中央政治通訊』2, 湘潭: 湘潭大學出版社, 2014: 238쪽.

268 中共中央致南方局幷轉廣東省委信, 1927年9月23日. | 中央秘書處 編, 「致廣東省委函」, 『中央政治通訊』2, 湘潭: 湘潭大學出版社, 2014: 238쪽.

중국공산당 중앙은 오래지 않아 국민당의 영향력이 가장 강한 장쑤江蘇와 저장浙江 지역에도 다음을 요구했다. "장쑤와 저장의 농민과 노동자들도 난징南京 정부의 전복을 목적으로 폭동을 주도해야 한다. 그것을 위해 최소한 토지혁명의 분위기를 농민 군중에게 확산시키거나 난징 정부의 정치권력을 동요시켜야 한다."[269]

물론 모든 폭동이 잘못되었다고 막연하게 말할 수는 없다. 피비린내 나는 국민당 당국의 대규모 학살이 일어나던 상황에서 주객관적 조건을 갖춘 지역, 특히 국민당의 영향력이 비교적 취약했던 농촌은 공산당에게 무엇보다 필요한 지역이었다. 가만히 앉아서 죽음을 맞이할 것이 아니라면, 군중에 의지해 저항하면서 노동자와 농민의 무장투쟁으로 일부 지역 점령工農武裝割據이라는 과제를 실행해야 했기 때문이다. 중국공산당 제6차 전국대표대회에 참석한 한 대표는 다음과 같이 발언했다. "추수 폭동秋收暴動은 정당하다. 왜 그런가? 당시의 노동자와 농민 군중은 큰 타격을 입었다. 농민 협회와 노동 협회가 폐쇄되어 노동자와 농민 군중의 원망이 뼈에 사무쳐 있었기 때문이다."[270]

후난湖南과 장시江西의 주변 지역은 무장봉기가 가능한 주객관적 조건을 갖추고 있었는데, 그것을 하지 않은 것이 잘못된 것이었다. 하지만 당시의 공산당은 엄격한 훈련이나 조직적 경험을 쌓지 못한 거의 맨손의 노동자와 농민 군중들에게 빈번하게 요구했다. 즉, '지도자와 군중들의 단호한 용기'만을 가지고, '총기를 얼마나 가지고 있는지와 상관없이 즉각적으로 폭동을 일으켜야만 한다'고 말이다.

나아가 그들은 훈련도 잘 되어 있고 무장도 제대로 갖춘, 수적으로도 절대적 우위를 점한 국민당 정규군과 싸워 주요 도시를 점령해야만 하며, '그

---

269 「中央通告第十五号」, 1927年11月1日. | 中共中央文獻研究室·中央檔案館 編, 『建黨以來重要文獻選編1921-1949』4, 北京: 中央文獻出版社, 2011: 607쪽.

270 余茂懷在中共六大上的發言記錄, 1928年6月24日. | 「第九十七號余茂懷在政治報告討論時的發言」, 中共中央黨史研究室·中央檔案館 編, 『中國共産黨第六次全國代表大會檔案文獻選編』下, 北京: 中共黨史出版社, 2015: 532쪽.

몇 배의 총기를 지닌 적군을 어렵지 않게 물리칠 수 있을' 것이라고 보았다. 그것은 현실에서 완전히 벗어난 공상일 뿐이다. 수적으로 열세인 상황에서 맹목주의는 결과적으로, 대혁명에서 실패하고 가까스로 유지되어 오던 역량에 다시금 심각한 피해를 안겨주었다. 또한 공산당 내부적으로, 그리고 노동자와 농민들이 지닌 혁명에 대한 자신감과 적극성을 크게 손상시켰다.

이처럼 어리숙해 보이는 맹목적 행위가 어떻게 해서 생겨났을까? 여기에는 당시 공산당 내부의 보편적인 정서가 상당 부분 반영되어 있었다. 첫째, 당시 중국공산당은 출범한 지 6년밖에 되지 않은 신생 정당이었다. 많은 당원들이 극도로 어려운 조건에서도 굴복하지 않고 완강하게 지속적인 투쟁을 전개했지만 복잡한 국면에 대처하는 경험은 매우 일천했다. 국민당이 저지른 학살에 대한 분노와 그에 대한 복수의 갈망, 그리고 일부 인사들의 동요와 배신에 대한 강한 증오심 등이 그들에게 당장이라도 자신의 목숨을 던지겠다는 조급하고 충동적인 심리를 가져다주었다. 그로 인해 그들은 유리한 상황만 바라볼(나아가 과장하는) 뿐, 불리한 상황은 등한시하게(또는 무시하는) 되면서 자주 상황을 잘못 판단했다.

둘째, 얼마 전까지 기세가 대단했던 대혁명의 장면들에 대한 강렬한 기억과 그리움 때문에 그 가운데 많은 사람들이 크게 변해버린 냉혹한 현실을 인정하지도 못했고, 그러한 현실을 기초로 한 장기적 계획을 세우지도 못했다. 그들은 지치지 않는 열정만 있다면, 새로운 국면이 바로 어렵지 않게 열릴 것이기 때문에 "지금의 이 국면은 그리 오래가지 않을 것"[271]이라고 생각했다.

리웨이한은 그것을 한마디로 정리했다. "당시에 그러한 '좌편향의 분위기'는 혁명가들 사이에서 보편적인 현상이었다."[272] 중국공산당 중앙의 많

271　管文蔚, 『管文蔚回憶錄』, 北京: 人民出版社, 1985: 61쪽. | 참고로, 이것은 샤린[夏霖, 1895-1927]이 농촌 지역의 봉기를 준비하며 관원웨이[管文蔚, 1904-1993]에게 한 말이다.

272　李維漢, 「對瞿秋白'左'傾盲動主義的回憶與研究」, 『回憶與研究』上, 北京: 中共黨史資料出

은 지도자들도 그러했다. 리리싼은 중국공산당 제6차 전국대표대회에서 다음과 같이 발언했다. "혁명이 실패하면서 많은 노동자들이 학살당하거나 일자리를 잃었다. 대다수의 군중들은 피로감에 휴식이 필요했지만, 일부 급진적인 이들은 참지 못하고 군중들의 전면에 나섰다. 이것이 바로 맹목주의와 강박적인 파업 등을 빚어낸 근원이다."[273] 이와 같은 분석은 실제에 부합한다고 할 수 있다.

연이은 좌절이 곧바로 중국공산당 중앙을 올바른 결론으로 이끈 것은 아니다. 그와 다르게, 일부 지역에서는 주객관적 요인들이 적절히 맞물리면서 폭동에 성공했다. 그것을 포함해 당시 세차게 터져 나온 여러 지역의 폭동들은 공산당 중앙이 정세 전체에 대한 판단을 제대로 하지 못하게끔 만들었다. 8·7 긴급회의의「전 당원에게 고하는 서한」에서는 처음부터 다음과 같이 시작한다. "중앙위원회의 긴급회의가 모든 동지들에게 서한을 보내는 지금이 바로 매우 어려운 위기의 시간이다. — 위대한 중국 혁명은 가장 힘든 고난의 순간에 봉착했다."[274]

8월 21일, 중앙 상임위의 결의에서도 다음을 밝혔다. "노동자와 농민 운동이 승리하기 위해서는 민권 혁명民權革命의 급격한 진전이나 그것의 상승 국면이 있어야만 한다. 하지만 현재는 자산계급과 군벌이라는 반동 세력이 실질적인 승리를 거두었기 때문에 당연하게도 중국 혁명은 가장 심각한 실패의 국면에 이르렀다."[275] 그런데 얼마 되지 않아 일부 지도부는 전반적

版社, 1986: 231쪽.

[273] 李立三在中共六大政治報告討論時的發言記錄, 1928年6月23日. |「第二十三號李立三在政治報告討論時的發言」, 中共中央黨史研究室·中央檔案館 編, 『中國共産黨第六次全國代表大會檔案文獻選編』下, 北京: 中共黨史出版社, 2015: 513쪽.

[274] 「中國共産黨中央執行委員會告全黨黨員書」, 1927年8月7日. | 中共中央文獻研究室·中央檔案館 編, 『建黨以來重要文獻選編1921-1949』4, 北京: 中央文獻出版社, 2011: 408쪽.

[275] 「中國共産黨的政治任務與策略的議決案」, 1927年8月21日. | 中共中央文獻研究室·中央檔案館 編, 『建黨以來重要文獻選編1921-1949』4, 北京: 中央文獻出版社, 2011: 470쪽.

인 혁명의 정세가 '더욱 고조되어 가고 있다'고 단언했다.[276]

1927년 10월말, 국민당 지배집단의 내부 모순이 격화되면서 무장 충돌이 발생했다. 이에 난징 정부에서는 별도로 후베이성·후난성·안후이安徽성 등을 장악하고 있던 탕성즈[唐生智, 1890-1970]를 토벌하라는 명령을 내렸다. 그로 인해 탕성즈 부대가 빠르게 붕괴되었고, 후베이와 후난의 상황은 혼란에 빠져들었다.

이와 같은 정세 변화로부터 중국공산당 중앙은 다음의 사실을 더욱 믿게 되었다. 즉, 반동 세력의 지배 상태가 안정적으로 유지될 수 없는 상황에서 노동자와 농민 군중이라는 혁명 역량에는 객관적으로 일촉즉발의 경향성이 갖춰진다는 점이었다. "중앙 특위가 후베이에 도착해 성위원회의 업무를 중단시킨 지 하루 만에, 특위는 제2호 통고문에서 즉각적인 폭동을 주장했다. 하지만 그때까지 특위는 어떠한 것도 보지 못했다. 군중의 분위기가 어떠한지, [······] 당의 주체적 역량이 어떠한지, 군중의 투쟁과 조직 역량은 어떠한지 어떠한 것도 알지 못했다. 그런데도 통고에서는 폭동, 폭동만을 외칠 뿐이다."[277]

10월 24일, 중국공산당 중앙의 기관 간행물인 『볼셰비키布爾塞維克』가 창간되었다. 그때는 이미 난창 봉기군이 실패했으며, 후난과 후베이의 폭동 또한 기대에 미치지 못했던 시기였다. 그런데 그 간행물의 글 한 편에서는 다음과 같이 언급되었다. "비록 우리의 혁명군이 차오산潮汕에서 실패했지만, 여러 지역의 농민 폭동들은 수그러들기는커녕 오히려 더 늘어나고 있

---

[276] 앞의 「중국공산당의 제6차 전국대표대회에 대한 역사적 고찰」 '2) 모색과 진전의 과정에서 보여준 방황'을 참조하라. 이 시점에 촉발된 혁명적 흐름의 '퇴조'와 '고조' 논쟁은 1928년 6월 모스크바에서 개최된 중국공산당 제6차 전국대표대회까지 이어진다.

[277] 任旭在中共六大上的發言記錄, 1928年6月25日. | 「第九十六號任旭在政治報告討論時的發言」, 中共中央黨史研究室·中央檔案館 編, 『中國共產黨第六次全國代表大會檔案文獻選編』 下, 北京: 中共黨史出版社, 2015: 586쪽.

다. 그것은 맹렬한 기세로 확산되고 있다."[278] 이 말은 바로 혁명의 흐름이 고조되고 있다는 것을 뜻한다. 그렇다면 연이어 실패했다는 사실은 어떻게 받아들여야 하는가?

하지만 그 글은 여전히 자신감에 넘쳐났다. "혁명의 역사에서 노동하는 민중의 폭동은 절대적 승리가 사전에 보장된 적이 없었다. 혁명 정당은 폭동이 실패할 수도 있다는 이유 때문에 객관적 상황의 요구를 파악하지 않고, 폭동을 멈춰서는 안 된다. 만약 어떤 정당이 그렇게 결정했다면 그것은 분명 공산주의의 정당도, 무산계급의 정당도, 혁명적인 정당도 아닐 것이다."[279]

공산당의 하부 조직이나 그 당원과 간부들이 폭동을 조직할 때 맞닥뜨린 어려움을 객관적으로 고려해야 했다. 특히, 국민당의 잔혹한 진압 상황에서는 폭동에 대한 노동자들의 요구와 결심이 저하될 수밖에 없었는데 오히려 그것 때문에 그들은 신랄하게 비판당했다. 나아가 그것은 혁명적 신념이 투철하지 못한 것이자, 기회주의적 태도로까지 여겨졌다.

1927년 11월 7일, 취추바이는 중국공산당 중앙의 주요 책임자로서 『볼셰비키』에 더욱 강한 어조의 글을 발표했다. "중국 사회의 거대한 파국이 시작되었다. 군벌 간의 다툼이 심해지고 국민당의 내분이 격화되는 시점에서, 반혁명적 토호와 자산계급은 스스로의 지배 체제를 유지하지도 못할 뿐만 아니라 그것을 안정시키지도, 통일시키지도 못하고 있다. 반면, 노동자와 농민, 그리고 빈민의 혁명적 투쟁은 급격히 늘어나고 있으며, 그 기세

---

[278] | 毛達, 「八一革命之意義與葉賀軍隊之失敗」, 瞿秋白 等 主編, 『布爾塞維克』1, 湘潭: 湘潭大學出版社, 2014: 11쪽. 참고로, 『布爾塞維克』는 『紅藏: 進步期刊總彙1915-1949』編輯出版委員會, 『紅藏: 進步期刊總彙1915-1949』, 湘潭: 湘潭大學出版社, 2014의 스물아홉 번째 시리즈로 제작되었다.

[279] 毛達, 「八一革命之意義與葉賀軍隊之失敗」, 『布爾塞維克』1927年第1卷第1期. | 瞿秋白 等 主編, 『布爾塞維克』1, 湘潭: 湘潭大學出版社, 2014: 11쪽. 참고로, 저자는 이 글의 출처를 제시하면서 출판 연도를 표기하지 않았는데, 옮긴이가 별도로 기입했음을 밝혀둔다. 다음에서도 동일하게 표기했다.

가 더욱 고조되고 있다. 비록 6개월 동안 여러 차례의 실패와 잔혹한 탄압을 겪었지만, 노동자·농민·빈민의 혁명적 역량은 시종일관 비약적으로 발전하고 있으며, 지금 이 순간에도 전국적으로 퍼져 나가고 있다."[280] 이 글은 분명 11월에 개최 예정인 중앙 회의를 대비하기 위해, 사전에 당내 여론을 조성하려 했던 것이다.

11월 9일에서부터 10일까지 개최된 중국공산당 중앙 임시정치국 확대회의에서는 그와 같은 '좌편향'적 맹목주의 오류가 최고조에 달하며, 당 전체의 주류적 관점이 되었다. 그 회의에서 통과된 「현 중국의 상황과 당의 임무를 위한 결의안」은 우선 당면 정세와 공산당의 대응 전략을 재고해야 한다고 주장했다. "최근까지도 각 지역의 노동자와 농민을 중심으로 민중들의 새로운 투쟁이 맹렬하게 번져나가고 있다. 그로 인해 전반적인 정치 상황과 계급 간의 관계에도 커다란 변화가 나타났다. 따라서 중국공산당의 임무는 지금의 새로운 기회를 살펴서 객관적으로 주어진 그 기회에 적합한 대응 전략을 결정하는 데 있다."[281]

그리고 결의안은 중국 사회의 심각한 위기를 다양한 표현으로 열거한 다음, 중요한 하나의 결론을 제기했다. 즉, "중국의 노동 민중이라는 혁명 운동의 역량은 아무리 사용해도 사라지지 않을 만큼 풍부하다. 그뿐만 아니라 지금 막 혁명 투쟁이 폭발적으로 고조되는 상태로 다시금 접어들었다."[282] "지금 중국 전체의 상황은 직접적으로 혁명이 가능한 정세다."[283]

280　秋白, 「中國社會的大破裂」, 『布爾塞維克』1927年第1卷第3期. | 瞿秋白 等 主編, 『布爾塞維克』1, 湘潭: 湘潭大學出版社, 2014: 72-73쪽.

281　| 中共中央文獻研究室·中央檔案館 編, 『建黨以來重要文獻選編1921-1949』4, 北京: 中央文獻出版社, 2011: 616-617쪽.

282　| 中共中央文獻研究室·中央檔案館 編, 『建黨以來重要文獻選編1921-1949』4, 北京: 中央文獻出版社, 2011: 622쪽.

283　| 中共中央文獻研究室·中央檔案館 編, 『建黨以來重要文獻選編1921-1949』4, 北京: 中央文獻出版社, 2011: 622쪽.

"중국 혁명은 장기적 속성을 띠면서도 영구적이다."[284]

나아가 결의안은 당 전체에 본격적인 폭동 국면의 창출이라는 과제를 제시했다. "현재, 아직까지 본격적 폭동의 시기가 다가오지는 않았지만, 그럼에도 불구하고 당의 임무는 도시와 농촌 각 지역의 고조된 혁명을 지속적으로 추동해 본격적인 폭동 국면을 창출하는 데 있다."[285] 따라서 지금의 혁명 투쟁은 반드시 민권주의의 범위를 넘어서야 하며, 그것을 더욱 급진전시켜야 할 필요가 있다고 보았다.[286] 마지막으로, 결의안은 여러 차례 실패했던 이전의 폭동에서 교훈을 찾지 않았다. "여러 차례의 농민 폭동이 모두 실패하게 된 것은 지도부가 머뭇거렸거나 흔들렸고, 또한 결연한 혁명 의지도 없었다는 점에 그 주된 원인이 있었다."[287]

결의안은 코민테른의 대표인 로미나츠의 주도로 만들어진 것인데, 거기서 '좌편향'적 맹목주의라는 잘못된 지도 내용이 더욱 체계화·이론화되었다. 중국 혁명의 성격과 속도를 '영구 혁명'으로 개괄한 것도 로미나츠의 발명품이었다. 그런데 그러한 '좌경화'된 사상과 분위기는 당시 중국공산당에서도 상당히 광범위하게 존재하고 있었다.

중국공산당의 지도부가 그의 주장을 받아들였던 것은 맹목적으로 코민테른을 추종했기 때문이 아니다. 오히려 그들 스스로의 엄격한 사유 과정에서 그것을 이론적으로 분석하고 설명하려고 했던 노력의 산물이었다. 11월 회의가 끝나고 며칠 뒤, 취추바이는 『볼셰비키』 5호에 「중국 혁명은 어떠한 혁명인가?」라는 글을 발표했다. 이 글이 그러한 노력을 상징한다.

---

284 | 中共中央文獻研究室·中央檔案館 編, 『建黨以來重要文獻選編1921-1949』4, 北京: 中央文獻出版社, 2011: 622쪽.

285 | 中共中央文獻研究室·中央檔案館 編, 『建黨以來重要文獻選編1921-1949』4, 北京: 中央文獻出版社, 2011: 626쪽.

286 | 中共中央文獻研究室·中央檔案館 編, 『建黨以來重要文獻選編1921-1949』4, 北京: 中央文獻出版社, 2011: 623쪽을 참조하라.

287 「中國現狀與黨的任務決議案」, 1927年11月9-10日. | 中共中央文獻研究室·中央檔案館 編, 『建黨以來重要文獻選編1921-1949』4, 北京: 中央文獻出版社, 2011: 633쪽. 참고로, 이 글은 1927년 11월 30일에 출판된 『中央通訊』第13期에 처음 게재되었다.

취추바이는 우선 "혁명은 퇴조하고 있는가?"라는 문제를 던지고 나서, 다음과 같이 답했다. "혁명적 흐름이 퇴조하고 있다거나 침체되어 있다고 들 한다. 만약 그렇다면 지금 이 순간에 중국은 다음의 3가지 조건을 갖추고 있어야만 한다. 첫째, 중국의 반혁명적 지배 세력은 사회적 관계의 심각한 문제들(예를 들어, 토지 문제나 자본과 노동 문제 등)을 대부분 해결했다. 둘째, 반혁명적 지배 체제가 빠르게 안정되었다. 셋째, 혁명적 군중이 모두 흩어졌거나 그 기세가 침체되어 있다. 그런데 현재 중국에는 그와 같은 조건들이 전혀 갖춰져 있지 않다."[288]

그는 이 3가지 조건을 검토한 다음, 다음의 결론에 도달했다. "중국 혁명의 흐름은 고조되어 가고 있다. 퇴조하고 있는 것이 아니다. 중국 혁명이 고조되어 간다는 것은 그것의 영구적 속성이기도 하다. 다시 말해서, 각 지역의 농민 폭동은 계속 확산되고 있을 뿐만 아니라 도시의 노동자들의 투쟁도 갈수록 격렬해지고 있다. 그러한 흐름들이 합쳐져서 본격적인 폭동으로 나아간다는 점은 분명해 보인다."[289]

『볼셰비키』의 다음 호인 6호는 '중국공산당 중앙 임시정치국 확대회의의 특집호'였다. 그 호의 논평은 다음을 지적한다. "역사의 교훈은 우리들에게 알려준다. …… 민중들은 예팅[葉挺, 1896-1946]과 허룽[賀龍, 1896-1969]의 군대가 광둥 지역 노동자와 농민의 혁명을 대신할 때까지 기다리지 않았는데, 그것은 그 어떤 군사 세력(심지어 그것이 무슨 노동자와 농민의 토벌군이나 무슨 농민군일지라도)이 지배계급을 타도해줄 때까지 기다릴 수 없었기 때문이다. 앞으로의 혁명에서는 명확하게 노동자와 농민의 힘만으로 무장폭동을 전개해야 한다. 자신의 손으로 토호와 노동자계급의 반역자 등 반혁명파를 척살하고, 자기 손으로 토지를 몰수·재분배하면서 예전의 모든 사회적 관계를 타파해야 한다. '민중의 반군벌 전쟁은 시작되었다.' 최근 중

---

288 | 瞿秋白 等 主編, 『布爾塞維克』1, 湘潭: 湘潭大學出版社, 2014: 136쪽.
289 瞿秋白, 「中國革命是什麼樣的革命?」, 『布爾塞維克』1927年第1卷第5期. | 瞿秋白 等 主編, 『布爾塞維克』1, 湘潭: 湘潭大學出版社, 2014: 137쪽.

국공산당의 이와 같은 대응 전략은 사실상 중국 혁명사에서 새로운 기원을 연 것이라고 할 수 있다."[290]

그리고 "현재 중국에서 요구되는 혁명은 철저한 토지 혁명, 즉 봉건적인 종법 제도를 가장 철저하게 폐지하는 민권주의 혁명인 것이다. 나아가 사회주의적 혁명, 즉 마르크스가 영구적인 혁명이라고 했던 것을 급진전시켜야만 한다. 더군다나 중국 혁명이 3차례의 실패를 겪었음에도 여전히 고조되고 있고, 군중들의 투쟁과 폭동은 전국적으로 확산되고 있지 않은가? 그것이 바로 중국 혁명의 영구적 속성을 표현한다."[291]

그런데 실상은 대단히 복잡했다. 국민당은 '국민 혁명'의 기치를 계속해서 내걸었음에도 그렇게 첨예하고 근본적인 중국 사회의 내부 문제들을 하나도 해결하지 못했다. 반동 세력은 안정적이고 장기적인 지배 체제를 확립하지 못했고, 인민 또한 자신의 투쟁을 포기하지 않았다. 그와 같은 상황에서 혁명 운동은 당연히 지속될 수밖에 없다. 여기서 만약 그 지점을 보지 못한다면, 결국 해산주의取消主義[292]라는 비관적이고 절망적인 방향으로 흐르게 된다.

하지만 그 실상에는 또 다른 측면도 있다. 대혁명이 실패하고 국민당은 일시적이었지만 상대적으로 안정된 지배 체제를 확립했고, 적지 않은 사람들이 그것에 기대를 걸었다. 그들의 군사적 역량은 대단한 우위를 차지했고, 그와 다르게 혁명 세력의 역량은 심각할 정도로 약화되어 있었다. 혁명의 흐름은 전국적 범위에서 '지속적으로 고조되는' 과정이 아니라, 저조한

---

290 | 瞿秋白 等 主編, 『布爾塞維克』1, 湘潭: 湘潭大學出版社, 2014: 148쪽.

291 「布爾塞維克主義萬歲」, 『布爾塞維克』1927年第1卷第6期. | 瞿秋白 等 主編, 『布爾塞維克』1, 湘潭: 湘潭大學出版社, 2014: 149쪽. 참고로, 저자는 「布爾塞維克主義萬歲」를 「布爾塞維克萬歲」로 소개했는데, 이를 바로잡았다.

292 | 해산주의는 중국 공산주의 청년단(공청단)의 해산을 주장한다. 다시 말해서, 혁명의 흐름이 퇴조하고 있고, 백색 테러의 공포가 커진 상황에서 16세 이상의 공청단원과 공청단 간부들을 공산당에 합류시켜 당 조직을 우선적으로 강화하자는 것이 주요 내용이다.

상태였다. 이 또한 부인하기 어려운 사실이었다.

왕뤄페이는 중국공산당 제6차 전국대표대회에서 다음과 같이 발언했다. "적의 지배 체제가 동요하는 것을 부분적으로 보았다고 해서, 민중에게 혁명적 요구가 있다는 것을 보았다고 해서, 농촌 투쟁이 활발하다는 것을 보았다고 해서, 급진적인 양상을 한 지역에서 보았다고 해서, 그것만으로 전국적인 혁명의 흐름이 줄곧 고조되어 간다거나 즉각적인 폭동이 가능한 것이라고 판단했다면 그것은 틀렸다."[293]

샹잉도 그 회의석상에서 다음을 언급했다. "국민당의 배신 이후 노동자 계급의 역량은 약화되었다."[294] "우리는 노동자의 말을 예로 알 수 있다. 바로 '우리에게 힘이 없다'는 말이다. 이것은 노동자들이 불만이 있다는 점, 그리고 그것을 극복할 대안을 찾지 못했다는 점을 알려준다."[295]

대부분의 사람들은 하나의 사실을 반복적으로 학습해야만 그 상황들이 제대로 보이고, 또한 그것의 오류도 실질적으로 극복할 수 있다. 11월의 회의 이후, 중국공산당 중앙은 요란하게 각 지역의 폭동을 계속해서 배치했는데, 주되게 광둥과 후베이·후난의 폭동에 희망을 걸고 있었다. "광둥과 관련해, 중앙은 결연한 의지로 다음과 같은 훈령을 광둥성 위원회에 내렸다. 즉, 가장 이른 시간 안에 장파쿠이와 리지선 간의 군벌 다툼을 노동자와 농민이 정권을 장악하기 위한 전쟁으로 바꿔야 한다. 또한 후난과 후베

---

293 王若飛在中共六大上的發言記錄, 1928年6月25日. | 中共中央文獻研究室·中央檔案館 編, 『建黨以來重要文獻選編1921-1949』5, 北京: 中央文獻出版社, 2011: 311쪽.; 中共中央黨史研究室·中央檔案館 編, 『中國共産黨第六次全國代表大會檔案文獻選編』下, 北京: 中共黨史出版社, 2015: 574쪽. 참고로, '王若飛在中共六大上的發言記錄'의 공식 명칭은 '第十號王若飛在政治報告討論時的發言'이다.

294 | 中共中央黨史研究室·中央檔案館 編, 『中國共産黨第六次全國代表大會檔案文獻選編』下, 北京: 中共黨史出版社, 2015: 546쪽.

295 項英在中共六大上的發言記錄, 1928年6月24日. | 中共中央黨史研究室·中央檔案館 編, 『中國共産黨第六次全國代表大會檔案文獻選編』下, 北京: 中共黨史出版社, 2015: 546쪽. 참고로, '項英在中共六大上的發言記錄'의 공식 명칭은 '第三十一號項英在政治報告討論時的發言'이다.

이에 관해서, 중앙은 가장 이른 시간 안에 전면적인 폭동 국면을 조성하라는 훈령을 두 성위원회에 내렸다."²⁹⁶

1927년 12월 11일, 광둥성 위원회는 중국공산당 중앙의 지시에 따라 광저우 봉기를 일으켰다. 그들은 10시간이 넘는 격전을 통해 광저우시의 대부분 지역을 점령한 뒤, 소비에트 정부를 수립했다. 여기서 '소비에트'라는 어휘는 소련에서 전해진 것으로, 대표회의라는 뜻이다. 사실 그 봉기는 비밀 공산당원인 예젠잉[葉劍英, 1897-1986]의 혁명군, 즉 제4군의 교도단敎導團과 경위단警衛團 등이 주축을 이루고, 노동자 적위대赤衛隊²⁹⁷의 7개 연대와 교외의 일부 무장 농민들이 함께 일으켰던 것이다.

그럼에도 불구하고 당시 중국공산당 중앙에서는 그것을 "광범위한 군중 스스로의 역량으로부터 폭동이 진행되었으며, 조직화된 군사력은 그저 보조적인 역할만을 담당했을 뿐이"²⁹⁸라고 보았다. 나아가 그들은 다음과 같이 생각했다. "중국 혁명의 흐름은 분명 하루하루 고조되어 가고 있다. 중국 혁명이 심화·확산되고 있다는 것은 틀림없다. 따라서 그것은 실패하지도 중단되지도 않을 것이다."²⁹⁹

쑤난蘇南 지역³⁰⁰의 이싱宜興과 우시無錫에서는 11월 한 달 동안 수천 명에 이르는 농민들의 무장폭동이 계속 이어졌다. 이싱 폭동을 주도한 농민들은 허점을 노려 한 번에 현성縣城을 점령했는데, 그것이 중국공산당 중앙을 크게 흥분시켰다. 『볼셰비키』 4호의 논평에서 다음과 같이 언급했다. "장난

---

296 「中央通告第二十三號」, 1927年12月14日. | 中共江西省委黨史研究室 等編, 『中央革命根據地歷史資料文庫·黨的系統』1, 北京: 中央文獻出版社·南昌: 江西人民出版社, 2011: 130쪽.

297 | 중국공산당 토지혁명 시기(1927-1937)에 공장·광산 및 농촌에 조직되어 생업에 종사하며 홍군紅軍을 도와 전쟁을 한 민중 자위 무장 조직이다. 후에 '민병民兵'이라고 개칭되었다.

298 | 瞿秋白 等 主編, 『布爾塞維克』1, 湘潭: 湘潭大學出版社, 2014: 260쪽.

299 「偉大的廣州工農兵暴動!」, 『布爾塞維克』1927年第1卷第9期. | 瞿秋白 等 主編, 『布爾塞維克』1, 湘潭: 湘潭大學出版社, 2014: 259쪽.

300 | 蘇南은 장쑤江蘇성의 남부 지역을 가리킨다.

江南의 농민들이 이싱과 우시에서 위대한 폭동을 시작했다. 이싱과 우시에서 터져 나온 농민 폭동은 다음의 사실을 분명하게 알려준다. 토호와 자산계급의 정권이 아시아에서와 같은 가장 야만스러운 방식으로 중국 노동자·농민·빈민의 참된 혁명을 어떻게 탄압하느냐와 상관없이, 중국의 혁명 운동은 은연중에 앞으로 나아가고 있으며, 그것은 더 위대한 모습으로 터져 나올 것이다."[301]

또한 "이번 폭동은 장난의 여러 현으로 확산되고 있다. 이싱이 좌절되고, 다른 도시들도 실패로 돌아갔다. 하지만 폭동은 멈춰지기는커녕 더욱 폭동의 범위만 확대되고 있을 뿐이다. 쑤저우蘇州와 창저우常州에서 저장과 장베이江北에 이르기까지, 게다가 장난은 중국 최대의 공업 지구로서 상하이는 중국 무산계급에게 가장 든든한 근거지라고 할 수 있다. 따라서 장난 농촌 지역의 농민 폭동을 도시의 노동자 폭동과 더 긴밀히 연결시킴으로써 토호와 자산계급의 근거지를 완전히 전복하고, 정권을 빼앗아 소비에트 중국을 건설해야 한다."[302]

그런데 상황은 그들이 기대했던 것과 전혀 다른 양상으로 흘러갔다. 광저우 봉기는 도시 봉기를 중심으로 '진격하고 진격하며 또 진격해야만 한다'는 코민테른 대표 노이만[Heinz Neumann, 1902-1937] 때문에, 처음부터 봉기군의 주력을 전력상 우위에 있던 적의 공격을 피해 농촌으로 돌릴 수 있었던 시점을 놓쳐버렸다. 봉기군은 중과부족의 상태에서 3일 동안 버텼지만 결국 실패할 수밖에 없었고, 막대한 전력상의 손실을 입게 되었다.

그리고 후난의 '회일 폭동灰日暴動'은 시작되자마자 진압되었고, 또한 후베이 폭동은 아예 시도조차 해보지 못했다. 쑤난 지역은 국민당 통치의 중심지로, 병력이 집중되어 있었을 뿐만 아니라 교통도 편리했다. 그래서 폭동이 시작되자마자, 국민당의 군대가 바로 그곳으로 출동해 폭동을 빠르게

---

[301] | 瞿秋白 等 主編, 『布爾塞維克』1, 湘潭: 湘潭大學出版社, 2014: 107쪽.

[302] 「江南農民大暴動之開始」, 『布爾塞維克』1927年第1卷第4期. | 瞿秋白 等 主編, 『布爾塞維克』1, 湘潭: 湘潭大學出版社, 2014: 108쪽.

진압했다.

맹목주의적 성향의 지도부는 폭동이 일어날 때마다, 그것의 순조로운 진행만을 생각했다. 다시 말해서, 폭동이 일어나게 되면 첫 번째 단계에서는 어떠어떠한 것들이 이루어질 것이고, 두 번째 단계에서도 어떠어떠한 것들이 이루어질 것이라는 생각들이다. 하지만 폭동이 일어나고 어떤 어려움에 봉착했을 때, 예를 들어 적들의 잔혹한 탄압에 맞서 어떻게 대처할 것인가를 미리 생각했다거나 준비한 경우는 거의 없었다.

폭동을 일으킬 만한 조건이 전혀 갖춰지지 못한 지역에 대해서도, 질서 있는 퇴각을 조직하기는커녕 오히려 그들에게 승리의 가능성이 아예 없는 폭동을 강행하도록 했다. 샹잉은 중국공산당 제6차 전국대표대회에서 그것을 다음과 같이 비판했다. "예전에 당의 정치 분석에서는 적의 약점과 우리의 강점만을 언급했다. 반동 세력의 공격 상황이 어떠한지, 우리의 주체적 역량이 어떠한지는 전혀 거론되지 않았다."[303]

이렇듯 처음부터 예상하지 못했던 상황이 벌어지자 지도부는 어찌해야 할지를 몰랐고, 폭동은 실패로 끝났다. 결과적으로 지도부와 함께 혁명에 적극 가담한 많은 이들이 폭동 지역에서 죽임을 당했다. 그 가운데 중국공산당 광둥성 위원회 서기인 장타이레이, 후난성 위원회 서기인 왕이페이와 같은 주요 간부들의 희생도 있었다. 그로 인해 중국공산당의 군중적 기반이 가장 양호했던 일부 지역에서는 그간 어렵게 남겨둔 조금의 역량까지도 막대한 피해를 입었을 뿐만 아니라 군중들의 분위기도 연이은 실패로 인해 뚜렷하게 약화되었다.

뤄장롱은 제6차 전국대표대회에서 후난의 상황을 다음과 같이 설명했다. "이때 중앙에서는 왕이페이를 창사에 보냈는데, 남아 있는 정책은 폭동을 지속하는 것뿐이었다. 반혁명 세력의 강압과 동지들 대다수의 희생을 겪은 후난의 동지들은 중앙의 무조건적인 폭동 정책으로부터 폭동이 앞으

---

[303] 項英在中共六大上的發言記錄, 1928年6月24日. | 中共中央黨史研究室·中央檔案館 編, 『中國共産黨第六次全國代表大會檔案文獻選編』下, 北京: 中共黨史出版社, 2015: 548쪽.

로 어떻게 전개될 것인지 아무도 알지 못했다. 사람들 모두 필사적인 자세로 상부의 명령에 복종하면서 폭동을 위한 폭동을 이어나갈 뿐이었다. 왕이페이는 창사에 도착하자마자 자신이 후난에 온 임무는 오로지 폭동을 위해서라고 발표했다. 즉, 얼마 남지 않은 역량이라도 최대한 그것으로 폭동을 일으킬 것이며, [……] 그것을 창사와 안위안安源, 그리고 주위의 모든 현縣으로 최대한 확장시킬 것이다. 하지만 그러한 독단적인 맹목적 폭동은 결과적으로 적들에 의해 산산이 파괴되었다. 소수의 인원으로 결집되었던 당의 역량은 완전히 궤멸되었는데, 폭동 이후에도 거의 모든 당 간부와 노조 간부들이 죽임을 당했다.(극소수의 사람들만이 목숨을 건졌을 뿐이다.)"[304]

만약 이와 같이 어떠한 것도 고려하지 않고 폭동을 지속해 나갔다면, 아마도 당 조직과 혁명 역량은 모두 소멸되었을 것이다. 비참하고 냉혹한 현실은 중국공산당 중앙 지도부를 경악하게 만들었고, 그들은 냉정하게 그 문제를 다시금 검토하기 시작했다. 그를 위해 얼마나 많은 피의 대가를 지불했어야 했는가? 당시 사람들이 가장 절박하게 해결하고자 했던 문제가 있었다. 그것은 바로 폭동을 하려면 그에 필요한 조건들이 갖춰져야만 한다는 점이다.

1928년 1월 14일, 중국공산당 중앙은 저우언라이가 집필한 서신을 후베이성 공산당 위원회에 보내면서 다음을 지적했다. "중앙은 여러분들에게 무정부주의와 맹목주의적 경향이 있다고 생각한다. 다시 말해서, 여러분들은 모든 투쟁을 폭동으로 본다. 그리고 어느 곳에서나 폭동을 일삼으며, 모든 것을 폭동으로 해결하려 한다."[305] 나아가 후베이성 위원회에 요구했다.

---

[304] 羅章龍在中共六大上的發言記錄, 1928年6月26日. | 中共中央黨史研究室·中央檔案館 編, 『中國共産黨第六次全國代表大會檔案文獻選編』下, 北京: 中共黨史出版社, 2015: 600-601쪽. 저자는 이 발언 날짜를 1928년6월24일로 표기했는데, 1928년6월26일로 바로잡았다. 참고로, '羅章龍在中共六大上的發言記錄'의 공식 명칭은 '第三十二號羅章龍在政治報告討論時的發言'이다.

[305] | 中央秘書處 編, 「[附]中央致湖北省委信」, 『中央政治通訊』6, 湘潭: 湘潭大學出版社, 2014: 139쪽.

"즉각 무정부주의적이고 맹목주의적인 행동들을 중단하고, 노동자와 농민 군중 속으로 깊숙이 들어가 고통을 감내하는 활동을 벌여야 한다. 노동자와 농민 군중의 일상적 투쟁을 지도하면서 군중 혁명의 큰 흐름을 불러일으켜야 한다."[306] 또한 중국공산당 중앙은 원래 계획되었던 후베이와 후난의 '본격적인 연말 폭동'을 중단시키는 등[307] 업무 배치 전반을 크게 조정했다. 그로 인해 실제 활동 과정에서 뚜렷한 변화가 나타나기 시작했다.

그렇지만 체계화된 오류를 양산하던 지도 사상이 한 번에 철저히 바뀐다는 것은 사실 쉽지 않은 일이다. 지도 사상에 어느 정도의 변화가 있기는 했지만, 중국 혁명의 흐름이 고조되어 간다는 중국공산당 중앙의 기본 전망에는 큰 변화가 없었다. 2월 10일, 취추바이가 코민테른에 보낸 보고서에서 노동자와 농민, 그리고 각 지역 간 혁명운동의 불균등한 발전을 언급했을지라도, 그는 여전히 당시의 정세를 다음과 같이 인식했다. "혁명의 흐름이 퇴조하고 있지 않다는 것은 분명하다."[308] "일반 민중이 나아갈 길은 오직 무장폭동과 정권 장악뿐이다."[309] "계급투쟁은 이미 가장 격렬하고 잔혹한 형태에 이르렀다."[310]

당시 공산당 내부에서는 이 문제를 둘러싸고 상이한 견해가 대립하고 있었다. 일선에서 활동 중이던 장쑤성 위원회의 책임자인 왕뤄페이와 샹잉 등은 실제 활동 과중에서 얻은 체험을 근거로, 중국 혁명의 흐름이 퇴조하고 있기 때문에 혁명의 흐름이 고조되고 있다고 간단히 말해서는 안 된다고 주장했다. 그와 다르게 중국공산당 중앙의 일부 지도자들은 혁명의 흐름이 전반적으로 고조되고 있다는 주장을 계속했다. 그들이 크게 우려했던

---

306 中共中央給湖北省委的信, 1928年1月14日. | 中央秘書處 編, 「[附]中央致湖北省委信」, 『中央政治通訊』6, 湘潭: 湘潭大學出版社, 2014: 140쪽.

307 | 李維漢, 「對瞿秋白'左'傾盲動主義的回憶與硏究」, 『回憶與硏究』上, 北京: 中共黨史資料出版社, 1986: 233쪽을 참조하라.

308 | 瞿秋白, 『瞿秋白文集·政治理論編』5, 北京: 人民出版社, 1995: 314쪽.

309 | 瞿秋白, 『瞿秋白文集·政治理論編』5, 北京: 人民出版社, 1995: 315쪽.

310 瞿秋白, 『瞿秋白文集·政治理論編』5, 北京: 人民出版社, 1995: 315쪽.

것은 바로 그들 스스로 혁명적 흐름이 퇴조하고 있다고 말하는 순간, 낙담하고 실망하는 분위기가 공산당 내부에 만연할 것이라는 점, 그리고 사람들이 심적으로 많은 어려움을 겪고 있는 상황에서 그것을 더욱 힘들게 만들 수도 있다는 점이었다. 그들은 혁명 운동을 전개하는 데 그것들이 부정적인 영향을 끼칠까봐 몹시 두려워했다.

여러 차례 맹목주의를 연이어 반대했던 저우언라이와 뤄이농의 입장도 그와 같았다. 저우언라이는 중국공산당 중앙의 담화 회의에서 다음과 같이 천명했다. 혁명의 흐름이 퇴조하고 있는 언급 자체가 "실패에서 나온 관념으로서 그것은 퇴조뿐만이 아니라 비관마저도 야기한다."[311] 그들은 그 점을 매우 염려하고 있었다. 이처럼 '좌편향'적 맹목주의를 단호하면서도 철저하게 바로잡는 일은 매우 어려웠다.

같은 해인 1928년 2월, 코민테른 집행위원회의 제9차 확대회의에서는 중국 문제에 관한 결의안이 통과되었다. 그 결의안이 긍정적인 이유는 맹목주의와 함께 코민테른 대표인 로미나즈의 오류를 비판했기 때문이다. 결의안은 다음을 지적했다. "현재 중국 혁명은 자본가계급의 민주혁명 시기에 처해 있다."[312] "중국 혁명의 현 단계가 사회주의 혁명으로 전환되었다는 관점은 정확하지 못하다. 마찬가지로 현 단계의 혁명을 '영구 혁명'으로 판단하는 관점(이것은 코민테른 집행위원회 중국 주재 대표의 관점이다.) 역시 정확하지 못하다."[313] 그리고 결의안은 중국 혁명의 정세에 관해 명확한 결론을 제시했다. "혁명 운동의 첫 번째 파고는 이미 지나갔다. 혁명 운동의 주요

---

311 周恩來在政治談話會上的發言記錄, 1928年2月12日. | 中共中央文獻研究室 編, 『周恩來年譜: 1898-1949(修訂本)』, 北京: 中央文獻出版社, 1998: 139쪽을 참조하라.

312 | 「共產國際執行委員會第九次全會關於中國問題的決議」, 中國社會科學院近代史研究所翻譯室 編譯, 『共產國際有關中國革命的文獻資料1919-1928』1, 北京: 中國社會科學出版社, 1981: 350쪽.

313 | 「共產國際執行委員會第九次全會關於中國問題的決議」, 中國社會科學院近代史研究所翻譯室 編譯, 『共產國際有關中國革命的文獻資料1919-1928』1, 北京: 中國社會科學出版社, 1981: 350쪽.

지역 대부분에서 그 흐름은 멈추었고, 노동자와 농민은 참패했다. …… 지금까지도 전국적 범위의 군중혁명 운동은 새롭게 고조되어 가고 있지 않다."³¹⁴

당의 대응 전략이라는 기본 노선을 결정하는 데 정세 판단은 그 근거가 된다. 이 결의안에서 코민테른이 강조한 지점은 다음과 같다. "현 정세에서 가장 큰 위험은 노동자와 농민 운동의 전위대가 당면 정세를 잘못 예측하거나 적들의 역량을 잘못 예상함으로써 군중들로부터 멀어지는 상황이다. 또한 지나치게 무모한 행동으로 스스로의 역량을 분산시켜 결국 각개격파 당하는 상황이다."³¹⁵ "일상적으로 거의 매일같이 계급적으로 군중을 각성시키는 활동을 전개해야 하며, 군중의 일상투쟁을 이끌면서 군중을 조직해야 한다. 예전의 그 어떤 시기보다 바로 지금, 그 모든 것들이 더욱더 중국공산당에 필요하다."³¹⁶ 그리고 "일부 노동자계급이 보여준 맹목주의, 도시와 농촌에서 어떠한 준비나 조직도 없이 취하는 행동들, 봉기를 어린아이 장난 정도로 여기는 태도 등을 단호하게 반대해야 한다."³¹⁷

그 결의안이 비밀리에 활동 중이던 중국공산당 중앙에 전달된 것은 4월 말이 다 되어서였다. 중국공산당 중앙에서는 관련 논의를 위해 4월 28일에 정치국 회의를 소집했는데, 그 회의에는 취추바이, 저우언라이, 리웨이한,

---

314　中國社會科學院近代史硏究所飜譯室 編譯, 『共産國際有關中國革命的文獻資料1919-1928』1, 北京: 中國社會科學出版社, 1981: 350-351쪽. | 이 결의안의 또 다른 번역본으로는 中共江西省委黨史硏究室 等編, 『中央革命根據地歷史資料文庫·黨的系統』1, 北京: 中央文獻出版社·南昌: 江西人民出版社, 2011: 216-221쪽을 참조할 수 있다.

315　|「共産國際執行委員會第九次全會關於中國問題的決議」, 中國社會科學院近代史硏究所飜譯室 編譯, 『共産國際有關中國革命的文獻資料1919-1928』1, 北京: 中國社會科學出版社, 1981: 352쪽.

316　|「共産國際執行委員會第九次全會關於中國問題的決議」, 中國社會科學院近代史硏究所飜譯室 編譯, 『共産國際有關中國革命的文獻資料1919-1928』1, 北京: 中國社會科學出版社, 1981: 352쪽.

317　中國社會科學院近代史硏究所飜譯室 編譯, 『共産國際有關中國革命的文獻資料1919-1928』1, 北京: 中國社會科學出版社, 1981: 352쪽.

덩중샤, 샹잉이 참가했다. 이틀 후, 중앙은 코민테른 집행위원회의 2월 결의안을 수용한 제44호 통고문을 발표했다. 그것에는 중국 혁명의 성격, 그리고 맹목주의 반대에 관한 명확한 입장이 담겨 있다.[318] 이로부터 혁명적 시기에 나타났던 중국공산당의 첫 번째 '좌편향'적 오류는 전국적으로 일단락되었다.

2) 다시 고조된 혁명과 두 번째 '좌편향'적 오류

혁명적 시기에 범한 중국공산당의 두 번째 '좌편향'적 오류는 1930년 여름에 발생했다. 그것은 첫 번째 '좌편향'적 오류와 시간적으로 2년밖에 차이가 나지 않는다. 그렇지만 둘 사이에는 분명한 차이점이 존재한다. 첫 번째 오류는 대혁명의 처참한 실패가 가져온, 목숨을 내던질 정도로 맹목적이었고 무모했던 행동에 있었다. 반면, 두 번째 오류는 국민당 군사 세력 간의 다툼이 대규모로 일어났을 뿐만 아니라 혁명 운동이 다시금 분명한 형태로 고조되기 시작했을 때 등장했다. 다시 말해서, 그것은 혁명에 유리한 정세 변화만을 지나치게 부풀리면서 나타난 조급한 모험주의였다.

중국공산당 제6차 전국대표대회는 1928년 6월 18일부터 7월 11일까지 모스크바에서 거행되었다. 당시 많은 대표들이 회의석상에서 맹목주의의 오류를 비판했다. 예를 들어, 왕뤄페이는 다음과 같이 지적했다. "그 [중앙의] 결정들은 모두 당시의 투쟁 양상을 제대로 보지 못했고, 군중의 역량을 고려하지 못했으며, 주관적인 방법에만 의존했다. 당연하게도 여러 차례의 실패가 반복될 수밖에 없었다."[319] "지금까지도 전국적으로 고조된 혁명적 흐름은 나타나지 않고 있다. 따라서 우리는 새롭게 고조될 흐름을 적극적으로 준비해 나가야 한다."[320]

---

318 | 中共江西省委黨史研究室 等編, 『中央革命根據地歷史資料文庫·黨的系統』1, 北京: 中央文獻出版社·南昌: 江西人民出版社, 2011: 293-295쪽을 참조하라.

319 | 中共中央黨史研究室·中央檔案館 編, 『中國共産黨第六次全國代表大會檔案文獻選編』下, 北京: 中共黨史出版社, 2015: 578쪽.

320 王若飛在中共六大上的發言記錄, 1928年6月25日. | 中共中央黨史研究室·中央檔案館 編,

'좌편향'적 맹목주의의 광풍과 연속된 실패의 당혹감을 겪은 상황에서, 당시 제6차 전국대표대회가 제시한 기본 내용은 결연하고 분명했다. 그것은 중국 혁명의 현 단계를 여전히 자산계급의 민주혁명이라는 성격으로 규정했으며, 현 정세에서 고조된 군중 혁명의 흐름은 존재하지 않는다고 명확하게 지적했다. 나아가 계급 간 역량의 실제적 비교에 기초해 당 활동의 변화를 단호히 요구했다.

제6차 전국대표대회의 정치결의안은 다음을 언급했다. "[1. ······] 노동자와 농민 운동의 첫 번째 파고는 대부분 중국공산당이 지도했으며, 그 파고는 이미 지나갔다. 노동자와 농민들이 막대한 피해를 입었고, 그들의 혁명 조직(노동조합, 농민협회, 공산당의 당 기관)이 완전히 파괴되었으며, 가장 우수한 간부들이 학살당했고, 노동자와 농민의 선봉대가 큰 타격을 입었다. [2.] 일반적으로 현 정세에서 광범위하고 고조된 군중 혁명은 존재하지 않는다. 중국 혁명 운동의 속도는 불균등한데, 그 역시 현 정세의 특징이다."[321]

그로부터 결의안은 활동의 방향 전환이 그 무엇보다 중요하다고 밝혔다. "혁명이 처참한 실패로 끝났기 때문에, 광범위한 범위에서 진행되던 직접적 무장 행동을 조직 강화와 군중 동원이라는 일상적인 활동 방향으로 단호히 전환시켜야만 한다."[322] 아울러 명확하게 규정했다. "지금의 첫 번째 혁명적 파고는 계속된 실패로 인해 이미 사라졌으며, 새로운 흐름은 아직 형성되지 않았다. 반혁명의 세력들이 여전히 노동자와 농민을 압도하고 있기 때문에 공산당의 기본 노선은 군중의 지지를 확보하는 데 있다."[323]

어떻게 하면 군중의 지지를 효과적으로 얻을 수 있을까? 결의안은 다

『中國共産黨第六次全國代表大會檔案文獻選編』下, 北京: 中共黨史出版社, 2015: 580쪽.

[321] │「政治議決案」, 中共中央文獻研究室·中央檔案館 編, 『建黨以來重要文獻選編1921-1949』5, 北京: 中央文獻出版社, 2011: 386쪽.

[322] │「政治議決案」, 中共中央文獻研究室·中央檔案館 編, 『建黨以來重要文獻選編1921-1949』5, 北京: 中央文獻出版社, 2011: 385-386쪽.

[323] │「政治議決案」, 中共中央文獻研究室·中央檔案館 編, 『建黨以來重要文獻選編1921-1949』5, 北京: 中央文獻出版社, 2011: 390쪽.

음을 강조했다. "가장 위험한 경향은 주로 맹목주의와 명령주의다. 그것이 공산당을 군중으로부터 멀어지게 만든다."[324] 따라서 "지금은 기회주의에 반대하는 투쟁을 지속해야 하며, 특히 좌편향이라는 병폐를 반대해야 한다."[325] 코민테른의 집행위 의장이었던 부하린도 장문의 보고서에서 맹목주의를 비판했다. "실패한 이후, 우리의 몸에는 아직도 수십 수백 군데의 상처가 남아 있다. 그런데도 여전히 폭동이 필요하다고 한다면, 그것이야 말로 혁명을 아이들 장난 정도로 여기는 것이다. 그것은 결코 올바른 입장이 아니다."[326]

저우언라이는 옌안延安의 정풍整風 운동 시기에, 제6차 전국대표대회를 역사적으로 평가한 바 있다. "전체적으로 보자면, 혁명의 성격·동력·전망·정세·대응 전략의 방침 등에서 기본적으로 '제6차 전국대표대회'의 결정이 옳았기 때문에, '제6차 전국대표대회'의 기본 노선은 옳다고 할 수 있다."[327] 제6차 전국대표대회가 끝나고 2년 동안, 중국공산당 중앙은 대단히 복잡하고 힘든 조건에서도 각 지역의 당 조직을 이끌며 어려웠지만 착실하게 활동해 나갔다. 활동 과정에서 과오가 없지도 않았지만, 전체적으로 적지 않은 성과들을 거두었다. 그것은 대체로 두 가지 측면에서 나타났다.

---

[324] 「政治議決案」, 中共中央文獻研究室·中央檔案館 編, 『建黨以來重要文獻選編1921-1949』5, 北京: 中央文獻出版社, 2011: 391쪽.

[325] 「中國共産黨第六次全國代表大會政治決議案」, 1928年7月9日. | 「政治議決案」, 中共中央文獻研究室·中央檔案館 編, 『建黨以來重要文獻選編1921-1949』5, 北京: 中央文獻出版社, 2011: 394쪽. 저자는 '政治決議案'으로 표기했는데, '政治議決案'으로 바로잡는다.

[326] 布哈林在中共六大上關於政治報告的討論結論, 「黨的生活」第3期. | 「國際代表在中國共産黨第六次全國代表大會上關於政治報告的結論(節錄)」, 中共中央黨史研究室第一研究部 編譯, 『共産國際·聯共(布)與中國革命檔案資料叢書11-共産國際·聯共(布)與中國革命文獻資料選輯(1927-1931)』上, 北京: 中央文獻出版社, 2002: 152쪽.; 中共中央黨史研究室·中央檔案館 編, 『中國共産黨第六次全國代表大會檔案文獻選編』上, 北京: 中共黨史出版社, 2015: 376쪽.

[327] 周恩來, 「關於黨的'六大'的研究」, 中共中央文獻編輯委員會 編, 『周恩來選集』上, 北京: 人民出版社, 1980: 186쪽. | 저자는 편찬자를 『周恩來選集』編委會로 밝혔는데, 中共中央文獻編輯委員會로 바로잡았다.

첫째, 뿔뿔이 흩어졌던 당 조직 대부분을 정비했으며, 국민당 통치 지역의 비밀 활동을 복구했거나 강화시켰다. 국민당의 빈틈없는 수색망과 공산당의 '좌편향'적 맹목주의 때문에, 전국의 공산당 성위원회 기관들 가운데 온전한 곳이 하나도 없었다. 처음부터 기반이 상당히 양호했던 후베이湖北의 경우, 1928년 한 해 동안만 3차례의 궤멸적인 타격을 입었다. 그로 인해 후베이성 도시에 분포되어 있던 당 조직의 90%가 사라졌고, 노동자 당원이 50명도 채 되지 않았다.

그와 같은 상황에서 중국공산당 중앙은 각 성 조직의 복구 사업을 빠짐없이 지원했을 뿐만 아니라, 당시 조직 사업의 핵심으로 '군중에 더 가까이 다가가자'라는 구호도 내세웠다. 결과적으로 공산당 전체의 사업 작풍에 뚜렷한 변화가 나타났다. 즉, 군중에 더 가까이 다가가는 문제에 주목하게 되었고, 군중의 절박한 이해관계와 요구를 이해했으며, 더 많은 군중을 하나로 모아내기 위해서 노력했다. 공산당은 정치적 영향력과 투쟁의 지도력이라는 측면에서 새롭게 자신의 면모를 군중들에게 드러내었다. 도시에서는 노동자 운동이 다시 고조되는 흐름이 만들어졌다. 그것들이 초보적인 형태에 불과했을지라도, 쉽게 얻어진 것은 아니었다.

둘째, 공농홍군工農紅軍[328]과 농촌의 혁명근거지 활동에 커다란 성과가 있었다. 제6차 전국대표대회를 전후로, 중국 농촌에서 진행된 혁명 유격전은 매우 어려운 여건에 처해 있었다. 당시 국민당은 여러 군사 세력들의 내부 다툼이 격화되지 않은 상황이었기 때문에, 공농홍군을 '소탕淸剿'하는 데 상당히 많은 병력을 집중할 수 있었다. 그래서 농촌 유격전 초기에는 홍군의 역량 부족과 경험 부족으로 패배 소식이 잇달았다.

그렇지만 1년여 간에 걸친 스스로의 노력이 있었고, 국민당의 군사 세력

---

[328] 공농홍군은 홍군으로도 불리는데, 정식 명칭은 중국 공농홍군이다. 그것은 1927년 8월 1일에 창설되었으며, 한 때 그 규모가 30여 만 명에 이른 적도 있었다. 항일 전쟁의 본격화와, 그에 따른 제2차 국공합작에 의해 중앙 홍군은 국민혁명군 제8로군(八路軍)으로, 기타 지역의 홍군은 국민혁명군 육군 신설 제4군(新四軍)으로 편제되었다. 따라서 공농홍군은 현 '중국 인민해방군'의 전신에 해당한다.

5. 중국공산당이 혁명적 시기에 보여준 3차례의 '좌편향'적 오류에 대한 비교 연구

들이 대규모 내전을 일으키면서 공농홍군 '섬멸進剿'이라는 문제가 국민당의 관심으로부터 멀어졌기 때문에 홍군의 역량은 크게 강화될 수 있었다. 1930년 초까지 홍군은 제1군에서 제13군에 이르는 총 13개의 군, 62,700여 명의 병사, 28,900여 정의 총기를 가지고 있었다.(그 가운데 주더와 마오쩌둥이 이끈 홍4군이 가장 강했는데, 10,000명의 병사와 7,000정의 총기가 있었다. 그 다음으로는 펑더화이[彭德懷, 1898-1974]와 텅다이위안[滕代遠, 1904-1974]이 이끈 홍3군으로, 9,400여 명의 병사와 6,500여 정의 총기가 있었다.) 그리고 홍군은 중국 남부의 127개 현縣에 분포되어 있었다.[329]

국민당의 지배력이 취약했던 일부 성들 간의 경계 지역, 즉 장시성의 남부 지역贛南, 푸젠성 서부 지역閩西, 후난성과 장시성의 경계 지역湘贛, 후난성·후베이성·장시성의 경계 지역湘鄂贛, 푸젠성·저장성·장시성의 경계 지역閩浙贛, 후베이성의 홍후 지역洪湖과 후난성의 서부 지역湘西, 후베이성·허난성, 안후이성의 경계 지역鄂豫皖, 광시廣西의 서부 지역左右江 등에서 크고 작은 15개의 농촌 혁명근거지가 잇따라 세워졌다. 그곳에서는 몇 만 또는 몇 십만의 농민들이 공산당을 중심으로 토지혁명을 일으켜 지주의 토지를 몰수하고, 스스로의 무장을 통해 자신들의 정권을 수립했다.

제6차 전국대표대회가 끝났을 때와 비교해보면, 2년 동안의 노력으로 중국 혁명운동의 양상은 크게 달라졌으며, 여러 측면에서 그것의 발전가능성을 드러냈다. 그럼에도 불구하고 제6차 전국대표대회에서 진행했던 정세 예측은 처음부터 하나의 문제점을 남겼다. 그것은 바로 "지금의 첫 번째 혁명적 파고는 계속된 실패로 인해 이미 사라졌으며, 새로운 흐름은 아직 형성되지 않았다."[330]는 언급이다. 다시 말해서, 혁명의 새로운 흐름이 언제쯤 다시 다가올 것인가의 문제였는데, 결의안에서는 구체적인 답을 하지

---

329 周恩來,「紅軍的數目與區域」, 1930年3月. | 中共中央文獻研究室 編,『周恩來年譜: 1898-1949(修訂本)』, 北京: 中央文獻出版社, 1998: 184쪽에 관련 내용의 일부가 언급되어 있다.

330 |「政治議決案」, 中共中央文獻研究室·中央檔案館 編,『建黨以來重要文獻選編1921-1949』5, 北京: 中央文獻出版社, 2011: 390쪽.

않았다. 물론 당시에 그에 답한다는 것도 분명 어려운 일일 것이다.

「제6차 전국대표대회 정치결의안」에서는 다음과 같이 주장했다. "새롭고 광범위한 혁명의 고조된 흐름은 불가피한 것이다."[331] "반동적 지배 체제는 각 지역마다 그 견고함의 정도가 모두 불균등하다. 따라서 전체적으로 새로운 흐름이 고조되고 있다면, 혁명은 하나 또는 몇몇 성의 중요 지역에서 승리할 수 있다. 하지만 지금은 혁명이 고조되어 가는 상황이 아니기 때문에 그와 같은 승리도 가능하지 않다. 그럼에도 불구하고 그러한 전망은 앞으로 가능한 것이다."[332]

그러했기 때문에 새로운 혁명이 언제 다시 고조될 것인가는 많은 중국공산당 중앙 사람들의 머릿속에 계속해서 맴돌던 문제였다. 그들은 주관적으로 새로운 혁명이 하루라도 빨리 고조되기만을 간절히 바라고 있었다. 또한 여러 측면에서 혁명적 정세의 발전 가능성이 나타나고 있었기 때문에, 그들의 감정은 더욱 동요되었다. 그것이 바로 중국공산당 내부에서 '좌경화'라는 조급증이 다시금 쉽게 등장할 수 있었던 주요 원인이었다.

그런데 중국공산당 중앙은 제6차 전국대표대회가 끝나고 처음 1년 정도는 비교적 차분한 태도를 유지하고 있었다. 1928년 11월, 중앙 군부가 남로군南路軍에 보낸 지시문에는 다음과 같이 나와 있다. 즉, 반동적 지배계급은 자신이 직면하고 있는 기본 모순들을 하나도 해결하지 못했고, 그로 인해 새로운 혁명은 고조되어 갈 수밖에 없다.[333]

그리고 나서 다음을 언급했다. "하지만 그것이 과도한 예측까지 허용해 주지는 않는다. 왜냐하면 지배계급이 혁명의 위기를 근본적으로 해결할 수

---

331 |「政治議決案」, 中共中央文獻硏究室·中央檔案館 編,『建黨以來重要文獻選編1921-1949』5, 北京: 中央文獻出版社, 2011: 388쪽.

332 「中國共産黨第六次全國代表大會政治決議案」, 1928年7月9日. |「政治議決案」, 中共中央文獻硏究室·中央檔案館 編,『建黨以來重要文獻選編1921-1949』5, 北京: 中央文獻出版社, 2011: 389쪽.

333 | 中共江西省委黨史硏究室 等編,『中央革命根據地歷史資料文庫·黨的系統』1, 北京: 中央文獻出版社·南昌: 江西人民出版社, 2011: 495쪽을 참조하라.

는 없지만, 그 혁명의 위기를 완화시킬 수 있기 때문이다. 게다가 현재 우리 당은 스스로의 정치적 영향력으로 수천수만의 노동자·농민·빈민·병사라는 군중들을 이끌어 나갈 수도 없다. 그것이 노동자·농민·빈민·병사의 자발적인 투쟁들을 의미 없는 실패로 만들고 있으며, 더욱 격렬한 형태의 계급투쟁을 만들어내지 못하고 있다. 또한 그것이 고조되어 가는 혁명을 늦출 수도 있다. 반혁명 세력이 현재 노동자와 농민의 투쟁 역량을 압도하고 있다면, 당의 총노선은 군중의 지지 확보가 되어야 한다. 전국적 범위의 무장폭동은 행동을 위한 구호가 아니라, 선전 구호인 것이다."[334] 이와 같은 분석은 당시 중국공산당 중앙의 문헌 여러 곳에서 발견된다.

정치국 상임위원이자 선전부장이었던 리리싼은 머지않아 광적으로 변하는 태도와 다르게, 당시에는 침착함을 유지하고 있었다. 그는 1929년 3월에 발표한 글에서 다음과 같이 지적했다. "우리가 다양한 군중의 상황을 분석해 보면, 군중의 광범위한 투쟁은 이미 회복되기 시작했다. 비록 그 회복의 상태가 매우 완만해 보이지만, 차분히 앞으로 나아가고 있다는 점은 분명하다."[335]

나아가 "이제 군중 투쟁이 회복되어 혁명도 빠르게 고조되어 갈 것이라고 판단했다면, 그것은 매우 잘못된 관점이자 우리의 올바른 노선에 유해한 것이다. 우리는 그 지루한 낙관주의 때문에 적의 책략이 무엇인지 파악하지도 못할 뿐만 아니라, 특히나 혁명 과정에서 스스로의 약점이 무엇인지도 깨닫지 못한다."[336] "따라서 우리는 그와 같은 회복의 시작 단계에서

---

[334] 中央軍部給南路軍的指示信, 1928年11月13日. | 中共江西省委黨史研究室 等編, 『中央革命根據地歷史資料文庫·黨的系統』1, 北京: 中央文獻出版社·南昌: 江西人民出版社, 2011: 495쪽. 참고로, 『黨的系統』에서는 이 글을 「中央軍部關於工作指示及兵士組織給南路軍的信(中央405號)」로 명명하고 있다.

[335] | 立三, 「目前政治形勢的分析與我們的中心任務」, 瞿秋白 等 主編, 『布爾塞維克』3, 湘潭: 湘潭大學出版社, 2014: 505쪽.

[336] | 立三, 「目前政治形勢的分析與我們的中心任務」, 瞿秋白 等主編, 『布爾塞維克』3, 湘潭: 湘潭大學出版社, 2014: 506쪽.

과장된 예측을 가지고 혁명이 필연적으로 빠르게 고조될 것이라고 판단해서는 안 된다."³³⁷

그 해 7월초에도, 그는 또 다른 글에서 국민당 지배 체제의 위기가 최근 두 달 간 심화되었으며, 그와 함께 혁명 투쟁도 활발해졌다는 사실을 거론했다. 이어 상당히 냉정한 태도를 유지하면서 다음과 같이 밝혔다. "우리는 그 현상들의 수준을 과장해서는 안 되며, 또한 혁명이 빠르게 고조되어 간다고 말해서도 안 된다. 그럼에도 불구하고 그러한 현상에는 혁명이 고조되어 간다는 의미가 분명히 포함되어 있다."³³⁸

그런데 정세의 변화와 함께, '좌경화'라는 조급증이 공산당 내부에 다시금 고개를 들기 시작했다. 1929년 말부터 1930년 초까지, 그와 같은 '좌경화' 흐름이 급속도로 확산된 것이다. 여기서 당시의 두 가지 요인을 간과해서는 안 된다. 하나는 코민테른이고, 다른 하나는 중국의 정치적 정세 변화와 관련된다.

코민테른과 관련된 것에는 크게 두 가지가 있는데, 바로 코민테른 제10차 전체회의에서 벌어진 대대적인 반우경화 투쟁과 코민테른이 중국공산당 중앙에 보낸 4통의 지시문이다. 당시 코민테른의 위상은 각국의 공산당에 매우 컸을 뿐만 아니라, 코민테른은 조직적으로도 중국공산당을 통제하고 있었다. 이로 인해 그 두 가지 사안은 중국공산당 내부에서 큰 반향을 불러일으켰고, 그 영향력도 적지 않았다.

코민테른 집행위원회 제10차 전체회의는 1929년 7월 3일부터 19일까지 개최되었다. 그 회의에서는 코민테른의 주요 지도자였던 부하린의 '우경화'를 집중적으로 비판했으며, 코민테른에서 맡았던 그의 직무를 해제시켰다. 그 회의의 정치결의안에서는 부하린이 코민테른 제6차 대표대회에

337　立三, 「目前政治形勢的分析與我們的中心任務」, 『布爾塞維克』1929年第2卷第5期. | 瞿秋白 等 主編, 『布爾塞維克』3, 湘潭: 湘潭大學出版社, 2014: 507쪽.

338　立三, 「反動統治的動搖與革命鬪爭的開展」, 『布爾塞維克』1929年第2卷第7期. | 瞿秋白 等 主編, 『布爾塞維克』4, 湘潭: 湘潭大學出版社, 2014: 34쪽.

서 제기했던 제1차 세계대전 이후의 '제3시기'라는 주장[339]을 다시금 평가했다. "현재는 제1차 세계대전 이후의 제3시기로서 자본주의적 위기가 전반적으로 증대되고, 제국주의의 내적·외적 모순이 날로 격화되고 있다. 이 시기는 모순으로 인해 제국주의 전쟁이 새롭게 야기될 것이고, 위대한 계급적 충돌이 일어날 것이며, 대부분의 자본주의 국가들에서 혁명의 흐름이 새롭게 고조될 것이고, 식민지에서 거대한 반제국주의적 혁명이 전개될 것이다."[340]

---

[339] 코민테른 제6차 대표대회는 중국공산당 제6차 전국대표대회가 끝난 다음, 1928년 7월 17일부터 9월 1일까지 모스크바에서 개최되었다. 여기서 '제3시기'라는 주장이 다루어졌는데, 그것은 제1차 세계대전 이후의 세계정세를 세 시기로 구분한 것을 가리킨다. 제1시기는 자본주의적 제도의 위기 상태로, 이 시기에 프롤레타리아는 직접 혁명적 행동을 취한다. 제2시기는 자본주의 제도가 점차 안정되면서, 자본주의 경제가 회복되는 시기이다. 이 시기에 프롤레타리아는 심각한 실패를 거듭하면서 크게 약화되지만, 스스로 자위적인 투쟁을 이어나간다. 제3시기는 세계자본주의가 급속히 발전하면서 자본주의적 내부 모순이 격화되는 시기다. 부하린은 그러한 시기 구분으로부터 당시를 제3시기로 규정했다. 홍성곤은 제3시기를 다음과 같이 설명한다. "코민테른의 정통적 인식에 따르면 1시기는 러시아혁명에서 시작하여 1923년 독일의 10월 봉기의 실패로 끝난 혁명적 시기이다. 2시기는 1929년 10월 세계경제공황이 발생할 때까지의 시기로, 이 시기는 자본주의의 '부분적' 또는 '상대적' 안정기로 파악되고 있다. 3시기는 대공황의 발생으로 자본주의가 위기에 빠져들어 '붕괴'의 시기로 나아가기 시작하는 시기를 상정한 시기이다. 이 시기가 얼마만큼 지속될지는 혁명의 주체역량에 따라 결정되는 '주체적 시기'라고 할 수 있다." 홍성곤, 「부하린과 코민테른의 '제3시기'」, 『역사와경계』36, 1999: 100쪽 주5).

[340] 「國際狀況與共產國際的目前任務——一九二九年七月共產國際執行委員會第十次全體會議的政治決議案」, 瞿秋白 等 主編, 『布爾塞維克』5, 湘潭: 湘潭大學出版社, 2014: 47쪽. 홍성곤은 이러한 코민테른 다수파의 인식이 부하린의 그것과 다르다고 지적한다. 다시 말해서, 스탈린과 부하린 모두 '제3시기'라는 개념을 채택하고 있지만, 그것은 개념적으로 상이하다는 주장이다. "[스탈린을 비롯한] 다수파의 3시기 개념은 러시아혁명으로 야기된 1차 대전 이후의 자본주의 발전 과정을 세 시기로 구분하여, 자본주의의 부분적 안정화가 무너져 가는 20년대 말 이후의 상황을 묘사하기 위해 사용된 분석적 개념이다. 반면 부하린이 사용한 3시기 개념은 그 내용상 전

이와 같은 결론은 훗날 중국공산당의 두 번째 '좌편향'적 오류의 핵심적인 이론적 근거가 되었다. 전체회의의 결의안은 세계 자본주의 경제의 위기 심화와 소련의 제1차 5개년 계획경제의 성공으로부터 다음과 같이 판단했다. 즉, "주된 위험은 제국주의의 소련 침공이다."[341] 또한, 코민테른은 자신의 주장을 각국 공산당이 일률적으로 엄격하게 수행해야만 하는 임무로 무분별하게 규정했다. 그로 인해 그 국가들의 서로 다른 상황과 실제적인 정세가 고려되지 못했다. 따라서 그 회의의 주제가 반우경화였기 때문에, 각국 공산당들에 대해 다음을 요구했다. "반우경화 투쟁의 강화는 식민지 국가의 공산당에게도 필요한 것이다."[342]

몰로토프[Vyacheslav Mikhaylovich Molotov, 1890-1986]는 전체회의에서 다음과 같이 연설했다. "우파와 타협파에 대한 반대 투쟁은 국제적 성격을 띠고 있다. 중국에서 벌어지고 있는 투쟁의 첨예한 정도, 그리고 그 엄격함과 단호함의 정도는 각국 공산당이 많은 부분에서 발전의 척도로 삼을 만하다."[343] 또한 "그와 같은 '제3시기'와 혁명적 정세는 만리장성과 같은 것에 의해 직접적으로 가로막혀 있지 않다."[344]

그로부터 '반우경화'라는 구호가 곧바로 중국공산당에서 지배적인 위치를 차지하게 되었고, 당내 정치적 분위기도 순식간에 급변했다. '좌경화'라

후 자본주의의 위기가 종식된 후 나타난 자본주의의 안정화를 강조하기 위해 사용된 용어"다. 홍성곤, 「부하린과 코민테른의 '제3시기'」, 『역사와경계』36, 1999: 101-102쪽.

341 | 「國際狀況與共産國際的目前任務──九二九年七月共産國際執行委員會第十次全體會議的政治決議案」, 瞿秋白 等 主編, 『布爾塞維克』5, 湘潭: 湘潭大學出版社, 2014: 49쪽.

342 「國際狀況與共産國際的目前任務──九二九年七月共産國際執行委員會第十次全體會議的政治決議案」, 『布爾塞維克』1930年第3卷第1期. | 瞿秋白 等 主編, 『布爾塞維克』5, 湘潭: 湘潭大學出版社, 2014: 63쪽.

343 | 「共産國際與新的革命浪潮」, 瞿秋白 等 主編, 『布爾塞維克』5, 湘潭: 湘潭大學出版社, 2014: 69쪽.

344 Molotov, 「共産國際與新的革命浪潮」, 『布爾塞維克』1930年第3卷第1期. | 瞿秋白 等 主編, 『布爾塞維克』5, 湘潭: 湘潭大學出版社, 2014: 80쪽.

는 조급증이 급속도로 확산된 것이다. 『볼셰비키』는 그 코민테른 회의에 맞춰 '특별호'를 제작했고, 거기서 다음과 같이 언급했다. "제3시기는 제국주의가 몰락하는 시기이자, 전 세계의 혁명이 전면적으로 터져 나오는 시기다."[345] "제국주의의 전쟁 위험이 나날이 가까워지고 있으며, 특히 소련을 향한 침공의 위기가 다가오고 있다. 제국주의 전쟁을 반대하고, 소련을 보호하자는 구호는 공산주의자들에게 점차 일상적인 구호가 되고 있다."[346]

1929년 12월 20일, 중국공산당 중앙정치국은 「코민테른 제10차 전체회의의 결의를 수용한 중국공산당의 결의」를 별도로 통과시켰다. 그 결의안에서는 코민테른 제10차 전체회의에서 분석한 1차 세계대전 이후의 제3시기라는 견해에 전적으로 동의했을 뿐만 아니라, 중국 혁명이 회복 단계에 있기 때문에 고조되어 가는 혁명적 분위기를 전국적으로 신속하게 확산시켜야 한다고 판단했다. "중국 혁명의 현 정세에서는 도시 노동자들의 동맹 파업과 시위운동을 조직해 그것을 본격적인 정치적 동맹파업으로 확장시키는 것, 유격전을 확대하고 지방의 폭동을 조직하는 것, 또한 홍군을 최대한 확대하고 국민당 군 내부의 반란을 조직하는 것 등이 요구된다. 그것들은 다양한 혁명 투쟁들을 하나로 모아 국민당 군벌 정권을 무너뜨리고, 소비에트 정권 수립을 위한 직접적 투쟁의 핵심적인 대응 전략이 된다."[347] 아울러 반우경화 투쟁을 단호히 전개하겠다고 밝혔다.

코민테른은 1929년 한 해 동안 중국공산당 중앙에 4통의 서한을 보냈다. 그 내용들은 모두 반우경화에 중점이 놓여 있었다. 그 가운데 10월 26

---

345 │「共産國際第十次全體會議的總結」, 瞿秋白 等 主編, 『布爾塞維克』5, 湘潭: 湘潭大學出版社, 2014: 16쪽.

346 陸定一, 「共産國際第十次全體會議的總結」, 『布爾塞維克』1930年第3卷第1期. │ 瞿秋白 等 主編, 『布爾塞維克』5, 湘潭: 湘潭大學出版社, 2014: 22쪽.

347 「中國共産黨接受共産國際第十次全體會議決議的決議」, 1929年12月20日. │ 中共中央文獻研究室·中央檔案館 編, 『建黨以來重要文獻選編1921-1949』6, 北京: 中央文獻出版社, 2011: 709-710쪽.

일자 서한의 영향력이 가장 컸다. 그것은 도입부부터 과격한 어투로 시작했다. "우리는 현 상황에 입각한 중국공산당의 행동과 노선, 즉 그대들의 소식을 듣지 못했다. 그런데도 우리는 어쩔 수 없이 중국의 시국을 예측하고, 사전에 그대들에게 중국공산당에 가장 중요한 임무가 무엇인지를 알려줘야 한다고 생각한다. 그것은 최근 중국의 상황 때문이다."[348]

서한의 결론은 사뭇 비장하기까지 하다. "이제 중국은 전국적으로 심각한 위기 상황에 들어섰다."[349] 그와 같은 전체적 판단으로부터 다음을 제기했다. "지금은 군중이 혁명적 방법으로 지주와 자산계급이 맺은 동맹 정권을 전복하고, 소비에트 형식의 노동자와 농민 독재를 실시하기 위한 준비를 시작할 수 있고 시작해야만 한다. 또한 혁명적 방식의 계급투쟁(군중의 정치파업, 혁명적인 시위운동, 유격전 등)을 적극적으로 추동하고 확대시켜야 한다."[350]

그들은 더 이상 맹목주의를 반대하지 않았으며, 오히려 정반대로 주장했다. "맹목주의의 오류는 전체적으로 시정되었다. 이제 당신들은 그러한 오류들을 절대 반복하지 말고, 계급 간 충돌을 최대한 격려·강화하면서 군중의 분노를 이끌어 나가야 한다. 또한 계급 간 충돌의 향후 전개 과정에 맞춰 요구치를 높여가면서 혁명 투쟁을 점점 더 높은 단계로 끌어 올려야 한

---

[348] |「共産國際執委致中共中央委員會的信-論國民黨改組波和中國共産黨的任務」, 中共中央黨史研究室第一研究部 編譯, 『共産國際·聯共(布)與中國革命檔案資料叢書11-共産國際·聯共(布)與中國革命文獻資料選輯(1927-1931)』上, 北京: 中央文獻出版社, 2002: 578쪽. 이 글은 러시아어를 중국어로 번역한 것인데, 옮긴이가 제시한 문헌의 중문 번역본은 저자의 그것과 다른 판본임을 밝혀둔다. 여기서 한국어 번역은 저자의 인용문을 따랐다.

[349] |「共産國際執委致中共中央委員會的信-論國民黨改組波和中國共産黨的任務」, 中共中央黨史研究室第一研究部 編譯, 『共産國際·聯共(布)與中國革命檔案資料叢書11-共産國際·聯共(布)與中國革命文獻資料選輯(1927-1931)』上, 北京: 中央文獻出版社, 2002: 578쪽.

[350] |「共産國際執委致中共中央委員會的信-論國民黨改組波和中國共産黨的任務」, 中共中央黨史研究室第一研究部 編譯, 『共産國際·聯共(布)與中國革命檔案資料叢書11-共産國際·聯共(布)與中國革命文獻資料選輯(1927-1931)』上, 北京: 中央文獻出版社, 2002: 579쪽.

다."[351]

1930년 1월 11일, 중국공산당 중앙정치국은 코민테른의 지시문을 수용한다는 결의안을 통과시키면서 다음과 같이 밝혔다. "코민테른의 편지가 지적한 것처럼, 지금의 전국적 상황은 분명 심각한 위기 상태로 들어섰다."[352] "지금으로서는 본격화된 혁명적 정세로 바뀌는 속도, 다시 말해서 무장폭동을 통해 반동적 통치를 직접 무너뜨리는 속도를 예단할 수는 없다. 하지만 코민테른의 지시에 따라 지금이라도 군중들이 그 임무를 달성할 수 있도록 준비하고, 계급투쟁이라는 혁명적 방식을 전개하고 확대시켜야 한다."[353]

그 당시 중국의 정치적 정세도 혁명에 유리한 방향으로 전개되고 있었다. 북벌군이 베이핑北平과 톈진天津을 점령했고, 북양군벌北洋軍閥의 통치가 종식되면서 난징南京 정부는 비교적 안정적인 시기에 접어들었다. 또한 중국에서의 전쟁들이 대부분 멈추었을 뿐만 아니라 교통도 본격적으로 복구되면서 민족 상공업이 활성화되었다.

그런데 1929년 3월에 발발한 장계蔣桂 전쟁으로 인해 군사 세력들 간의 다툼이 다시금 끊이지 않게 되었다. 그로 인해 원래 공농홍군을 '소탕'하던 부대들이 잇달아 군벌 간의 다툼의 장으로 옮겨가면서 후방이 비게 되었다. 그것이 여러 지역의 공농홍군에게 도약의 기회가 되었다. 국민당 정부의 지배로부터 중국의 민족적 위기는 심화되었고, 중국 사회의 내부 모순은 그 어떠한 것도 해결되지 못한 채 더욱 격화되어갔다. 국민당에 기대를

---

[351] 「共產國際執委給中共中央關於國民黨改組派和中共任務問題的信」, 1929年10月26日. │ 「共產國際執委致中共中央委員會的信-論國民黨改組波和中國共產黨的任務」, 中共中央黨史研究室第一研究部 編譯, 『共產國際·聯共(布)與中國革命檔案資料叢書11-共產國際·聯共(布)與中國革命文獻資料選輯(1927-1931)』上, 北京: 中央文獻出版社, 2002: 585쪽.

[352] │「中共中央接受共產國際一九二九年十月二十六日指示信的決議」, 中共中央文獻研究室·中央檔案館 編, 『建黨以來重要文獻選編1921-1949』7, 北京: 中央文獻出版社, 2011: 14쪽.

[353] 中共中央, 「接受國際一九二九年十月二十六日指示信的決議」, 1930年1月11日. │「中共中央接受共產國際一九二九年十月二十六日指示信的決議」, 中共中央文獻研究室·中央檔案館 編, 『建黨以來重要文獻選編1921-1949』7, 北京: 中央文獻出版社, 2011: 16쪽.

걸었던 사람들조차 점차 그들에 대한 불만이 늘어났다.

1930년 2월 9일, 화베이華北 지역의 실력자였던 옌시산[閻錫山, 1883-1960]은 전보를 보내 장제스의 하야를 요구했다. 옌시산·펑위샹·리쭝런, 그리고 개조파改組派[354]와 서산회의파西山會議派[355] 등 반장제스 연합이라는 새로운 세력이 가시적으로 결집하면서, 유례 없는 대규모의 중원대전[356]이 코앞으로 다가왔다. 이처럼 국민당 통치 지역의 상황은 혼란이 거듭되고 있었다.

그런데 불행히도 당시 공산당의 상황은 이러했다. 1928년 혁명의 물결이 가라앉고 혁명이 크게 좌절되면서 당 내부에 '좌경화'의 오류가 한 차례 나타났지만, 모두가 그 사실 자체로부터 교훈을 얻었기 때문에 결국 맹목주의의 오류도 바로잡을 수 있었다. 하지만 1년여 만에 국민당의 군사 세력들 간에 대규모의 다툼이 일어나고 혁명 운동이 뚜렷한 형태로 회복되자, 많은 당내 인사들이 다시금 흥분하기 시작했다. 예전의 일은 모두 잊어버리고 또다시 실제적인 것에서 벗어나, 과도하게 혁명 정세의 변화를 예측했다. 그것이 두 번째 '좌편향'적 오류가 등장하게 된 원인이었다.

'좌경화'라는 조급증이 다시 등장하자, 그것은 빠르게 끓어올랐다. 1930년 2월 17일, 중국공산당 중앙정치국은 회의를 개최해 전국적 차원의 '정치적 정세와 전략적 대응 방침'을 논의했다. 리리싼은 그 회의에서 보고 업무를 맡았다. 그는 거기서 이제 대규모의 다툼이 다시 전국적으로 벌어질

---

354 | 개조파는 1928년 상하이에서 구성된 중화민국 난징 국민정부의 내부 반대파다. 주요 인물로는 천궁보, 구멍위[顧孟余, 1888-1972] 등이 있다. 남경 국민정부 초기에는 상당한 영향력을 행사했으며, 장제스의 지배 체제를 약화시키는 데 일정한 역할을 담당했다.

355 | 국민당의 우익 진영 파벌이다. 처음에는 국공합작 반대 활동을 전개했으며, 나중에는 장제스 반대 투쟁을 벌였다. 주요 인물로는 셰츠[謝持, 1876-1939], 쩌우루[鄒魯, 1885-1954], 린썬[林森, 1868-1943], 장지[張繼, 1882-1947], 쥐정[居正, 1876-1951] 등이 있다.

356 | 중원대전은 1930년 5월부터 10월까지 장제스와 옌시산·펑위샹·리쭝런 등이 허난, 산둥, 안후이 등의 지역에서 벌인 신군벌 간의 다툼을 가리킨다. 주로 중원 지역에서 진행되어 '중원대전'으로 불린다.

것이며, 장제스와 옌시산의 전쟁도 그 범위가 당연히 더욱 크게 확대될 것이라고 발언했다.

나아가 다음과 같이 판단했다. "오늘날 전국적 범위의 본격화된 혁명적 정세는 조성되지 않았지만 그것은 조만간 나타날 것이다. 왜냐하면 군벌전쟁이 그들의 지배 역량을 약화시키고, 군중의 고통도 늘어나고 있기 때문이다. 따라서 그들의 다툼으로 본격화된 혁명적 정세가 한순간에 만들어질 수도 있다."[357]

이로부터 그는 제안했다. "현재 우리의 전체적인 대응 노선은 '군벌들의 전쟁에서 군벌 자체를 없애는 혁명전쟁으로 바꾸어내자', '군벌들의 전쟁을 군중의 무장폭동으로 없애버리자'라는 전망으로부터 설정되어야 한다. 그것들은 선전 구호일 뿐만 아니라 군중 동원의 직접적인 구호이기도 하다. 따라서 군벌들의 전쟁을 없애기 위해서 군중들의 행동을 조직하는 것이 전반적인 전략적 방침이 된다."[358] "성 몇 군데의 상황을 볼 때, 하나 또는 몇몇의 성에서 폭동을 조직하려면 지금 단호한 결정을 해야만 한다. 우선적으로 후베이를 거론할 수 있다."[359]

처음부터 어느 정도 신중했던 저우언라이까지도 코민테른 지시문의 영향으로 다음을 제기했다. "정치적 파업을 조직하고, 지방의 폭동을 조직하며, 국민당 군 내부의 반란을 조직하고, 홍군은 적들에게 공격을 집중한다."[360] 나아가 "이 4가지 구호는 현재 우리의 주요 대응 전략이다."[361] 물론 다음에도 주의를 기울일 필요가 있다. 당시 중국공산당 중앙의 문헌들을 보면, 어떻게 '전국적인 폭동을 준비'할 것인가, 그리고 어떻게 '본격화된 혁명적 정세를 더욱 빠르게 조성'할 것인가에만 그들의 시야가 머물러 있었다. 다시 말해서, 여전히 전국적 범위에서 폭동을 어떻게 조직할 것인지

---

[357] | 李立三在中共中央政治局會議上的發言記錄, 1930年2月17日.
[358] | 李立三在中共中央政治局會議上的發言記錄, 1930年2月17日.
[359] 李立三在中共中央政治局會議上的發言記錄, 1930年2月17日.
[360] | 周恩來在中共中央政治局會議上的發言記錄, 1930年2月17日.
[361] 周恩來在中共中央政治局會議上的發言記錄, 1930年2月17日.

에 대한 구체적인 계획은 없었다.

1930년 5월, 일찌감치 예정되었던 장제스, 그리고 옌시산·펑위샹·리쭝런 등의 중원대전이 벌어졌다. 그것은 예전에 없던 규모의 새로운 군벌 간 전쟁이었다. 양측이 동원한 병력만 1백 60만 명이 넘었다. 룽하이隴海 철도[362], 진푸津浦 철도[363], 핑한平漢 철도[364] 일대에서 치열한 접전을 반복했는데, 전쟁은 4개월 정도 지속되었다.

당시 코민테른 보고 업무를 위해 저우언라이가 소련으로 갔기 때문에, 중국공산당 중앙의 실제 업무는 리리싼이 주관하고 있었다. 그는 위기의 조짐들이 전국적 차원의 혁명으로 나아가고 있다고 판단하고, 5월 15일자로 발간된 『볼셰비키』에 「새롭게 고조되고 있는 혁명 앞에 놓인 문제들」라는 긴 글을 발표했다. 그것은 강령적 성격을 지닌 문건이라고 할 수 있는데, 중국 내부 상황의 평가에서나 모든 활동상의 배치에서나 모두 중대한 전환점을 담당했다.

그는 거기서 당시의 정세를 다음과 같이 판단했다. "농촌 폭동은 광범위하게 늘어났고, 공농홍군은 빠르게 확장되었으며, 국민당 병사들의 동요와 자발적인 쿠데타가 실제로 빈번해졌다. 그로 인해 지배 계급도 심각한 위기에 봉착했다. 따라서 산업 지역과 정치적 중심에서 위대한 노동자 투쟁이 전개되기만 한다면 고조된 혁명, 즉 본격화된 혁명적 정세가 조성될 수 있을 것이다."[365] "혁명의 객관적 조건들이 나날이 성숙되어 간다면, …… 그렇다면 어떤 문제이든 간에 그것들은 혁명을 폭발적으로 고조시킬 가능성을 갖추고 있다. 또한 고조된 혁명적 정세에서는 규모가 작은 군중 조직도 빠르게 몇 십만이나 몇 백만 명의 거대한 조직으로 확장될 수 있다. 마

---

362 | 간쑤甘肅 란저우蘭州와 장쑤江蘇 롄윈강連雲港을 연결한 것이다.
363 | 톈진天津에서 난징南京 푸커우浦口로 통한다.
364 | 원래 루한盧漢 철도로 불렸다. 루거우차오盧溝橋·정저우鄭州와 한커우漢口를 잇는다.
365 | 立三, 「新的革命高潮前面的諸問題」, 瞿秋白 等 主編, 『布爾塞維克』 5, 湘潭: 湘潭大學出版社, 2014: 383-384쪽.

찬가지로, 당 조직도 몇 주 또는 며칠 만에 광범위한 군중의 당으로 바뀔 수 있다."[366]

중국은 거대하 때문에 각 지역별로 국민당 지배의 견고한 수준과 혁명 세력의 발전 정도가 모두 일정하지 않다는 점을 리리싼도 알고 있었다. "혁명이 전국적으로 고조되었음에도 전국적인 혁명 정권이 동시적으로 수립될 수 없다면, 하나 또는 몇몇의 성省에서 우선적으로 혁명 정권을 세워야 한다."[367] 그러나 뒤에서는 다시 다음과 같이 언급했다. "하나 또는 몇몇 성에 수립된 정권은 전국적 혁명의 승리로 이어져야 한다. 무슨 '일부 지역의 점령'이나 '일부 지역에서 안주'한다는 상황을 만들어서는 결코 안 된다. 하나 또는 몇몇 성의 정권을 장악해야 한다고 하면서, 단지 몇몇 성이라는 협소한 지역적 범위에만 매몰되어 거의 동시적으로 균형을 맞춰야 하는 전국적 활동을 놓쳤다면 그것은 완전히 잘못된 생각이다."[368]

어떻게 하면 하나 또는 몇몇의 성에서 우선적으로 승리할 수 있을까? 리리싼은 여전히 도시를 중시하는 관점을 견지했는데, 주로 도시의 산업 노동자들을 통해 정치적 파업에서 전면적 동맹파업으로, 다시 무장폭동으로 나아가야 한다고 보았다. "중심 도시와 산업 지역, 특히 철도와 해운 노동자, 무기 공장 노동자들의 파업이 고조되지 않는다면, 하나 또는 몇몇 성의 정권을 장악하지 못할 것이다. '농촌으로 도시를 포위하자', '홍군으로만 중심 도시를 점령하자'는 것은 그저 환상에 불과하며, 완전히 잘못된 생각이다. 따라서 하나 또는 몇몇 성에서 정권을 장악하려면, 특히 주요 도시에서 나아가 주요 산업 노동자들의 활동을 강화시켜야만 한다. 이처럼 정치파업을 조직해 그것을 전면적인 동맹파업으로 확대시킬 뿐만 아니라 노동자들

---

366 李立三,「新的革命高潮前面的諸問題」,『布爾塞維克』1930年第3卷第4·5期合刊. ｜ 瞿秋白 等 主編,『布爾塞維克』5, 湘潭: 湘潭大學出版社, 2014: 385-386쪽.

367 ｜立三,「新的革命高潮前面的諸問題」, 瞿秋白 等 主編,『布爾塞維克』5, 湘潭: 湘潭大學出版社, 2014: 387쪽.

368 李立三,「新的革命高潮前面的諸問題」,『布爾塞維克』1930年第3卷第4·5期合刊. ｜ 瞿秋白 等 主編,『布爾塞維克』5, 湘潭: 湘潭大學出版社, 2014: 390쪽.

의 무장을 조직하고 그들의 훈련을 강화함으로써 무장폭동에 의한 승리의 여건을 조성한다. 그것이 바로 하나 또는 몇몇의 성에서 정권을 장악할 수 있는 가장 주요한 대응 전략이 된다."[369]

그런데 당시의 공농홍군은 예전과 달리 큰 힘을 갖추고 있었는데, 그것이 첫 번째 '좌편향'적 오류가 발생했던 시기와 달랐다. 리리싼은 그것을 더 이상 '군사적 모험주의'와 같은 것으로 비판하지 않았고, 오히려 그의 계획에서는 홍군의 도시 공격이 보조 역량으로 중시되었다. "중국의 객관적인 경제적·정치적 여건에서 농민의 폭동과 [국민당 내부의] 군사 쿠데타, 그리고 홍군의 강력한 공격 등 다른 혁명 세력들의 투쟁이 결합되지 않은 채, 오직 무산계급의 투쟁만 고조되어 있다면, 마찬가지로 그 혁명은 결코 승리할 수 없다. 만약 이 4가지 혁명 세력 가운데 어느 한 세력이라도 빠져 있다면, 그 혁명은 불가능하다."[370]

여기서 왕밍[王明/陳紹禹, 1904-1974]의 글이 『볼셰비키』의 같은 호에 발표되었다는 점에 주목해야 한다. 그의 관점은 기본적으로 리리싼과 크게 다르지 않았다. 그는 그 글에서 다음을 언급했다. "이번 군벌 전쟁은 중국 전체의 정치적·경제적 위기가 첨예화된 것의 구체적 반영이다."[371]

나아가 "혁명을 위해서는 우선적으로 우한武漢과 그 인근의 성들에서 승리의 전망을 빠르게 달성해야만 한다. 다시 말해서, 노동자와 농민 병사들이 무장폭동을 통해 군벌 전쟁을 군벌 지배 전복의 전쟁으로 전환시킨다. 그것이 우한과 인근 성들의 노동자와 농민 군중들에게 긴박한 임무일 뿐만 아니라 중국 전체의 노동자와 농민 군중들에게도 절박한 임무이다. 우한의 점령은 의심할 바 없이 중국 전체에서 소비에트 정부를 세우는 출발

---

369 | 立三, 「新的革命高潮前面的諸問題」, 瞿秋白 等 主編, 『布爾塞維克』5, 湘潭: 湘潭大學出版社, 2014: 390-391쪽.

370 | 李立三, 「新的革命高潮前面的諸問題」, 『布爾塞維克』1930年第3卷第4·5期合刊. | 瞿秋白 等 主編, 『布爾塞維克』5, 湘潭: 湘潭大學出版社, 2014: 391쪽.

371 | 韶玉, 「目前軍閥戰爭與黨的任務」, 瞿秋白 等 主編, 『布爾塞維克』5, 湘潭: 湘潭大學出版社, 2014: 447쪽.

점이다. 그것은 우한과 그 인근 성들이 군벌 전쟁의 참화에서 벗어날 수 있도록 도와줄 뿐 아니라 전국적인 군벌의 다툼을 전국적인 혁명전쟁으로 바꿀 수 있는 계기가 된다. 공산당이 전국의 노동자와 농민 군중을 이끌어 우한 점령을 가속화한다는 것을 이번 투쟁의 핵심 임무로 삼는다. 따라서 모든 활동과 투쟁들을 그것에 맞춰야 한다는 점은 의심할 바 없이 분명하다."[372] 이처럼 왕밍과 리리싼의 생각은 처음부터 서로 통하는 부분이 많았다.

1930년 6월 9일, 리리싼은 중앙정치국 회의에서 그가 작성한 현재의 정치적 임무에 관한 결의안의 내용을 발표했다. 그는 발표와 동시에 다음과 같이 천명했다. "지금의 혁명적 정세는 이미 혁명이 고조된 상태라고 할 수 있다. 이제 정권 장악이라는 임무가 우리 앞에 놓여 있다."[373] "현재 중국공산당의 본격적 노선은 폭동을 조직하는 것이다."[374]

그리고 "전국적으로 혁명의 흐름이 고조되어가고 있는 상황에서, 우선적으로 이쪽의 성이나 저쪽의 성에서 고조된 혁명이 터져 나와 그것이 곧바로 전국적인 확산 가능성을 지닌다는 주장은 옳다고 할 수 있다. 하지만 그 확산 속도가 빠를 수 있는 이유는 전국의 어느 지역이나 [혁명에 필요한] 객관적 여건이 모두 무르익었기 때문이다. 혁명이 가장 먼저 터져 나오는 곳은 지배 계급의 힘이 가장 취약하면서도 혁명 투쟁이 더 강력한 지역이

---

[372] 韶玉,「目前軍閥戰爭與黨的任務」,『布爾塞維克』1930年第3卷第4·5期合刊. | 瞿秋白 等 主編,『布爾塞維克』5, 湘潭: 湘潭大學出版社, 2014: 452-453쪽.

[373] |「柏山在中央政治局會議上關於目前政治任務決議案草案內容的報告」, 中共江西省委黨史研究室 等編,『中央革命根據地歷史資料文庫·黨的系統』2, 北京: 中央文獻出版社·南昌: 江西人民出版社, 2011: 821쪽. 여기서 柏山은 리리싼을 가리킨다. 참고로, 여기서 제시한『黨的系統』의 해당 언급은 표현상 저자의 인용문과 약간의 차이를 보인다. 번역은 저자의 인용문을 따랐다.

[374] |「柏山在中央政治局會議上關於目前政治任務決議案草案內容的報告」, 中共江西省委黨史研究室 等編,『中央革命根據地歷史資料文庫·黨的系統』2, 北京: 中央文獻出版社·南昌: 江西人民出版社, 2011: 822쪽.

다."³⁷⁵ "따라서, 중앙의 제70호 통고에서 지적했던 것처럼 우한의 승리 가능성은 단순한 주관적 판단이 아니라 그 객관적 조건을 살펴본 것이다."³⁷⁶

그는 발표 과정에서 마오쩌둥의 주장, 즉 장기적으로 농촌 근거지 건설에 중점을 두고, 유격전을 확대시켜 농촌으로 도시를 포위하면서 전국적인 혁명 상황을 추동해야 한다는 것을 신랄하게 비판했다. "전국 군사회의를 하면서 홍군의 발전을 가로막는 두 가지 장애물을 발견했다. 하나는 소비에트 지역에 대한 보수적 관념이고, 다른 하나는 홍군이 지닌 편협한 유격전 전술이다. 그것은 제4군의 마오쩌둥에게서 가장 분명하게 드러난다. 그는 유격전에 대해 일관된 생각을 가지고 있는데, 그와 같은 노선은 중앙의 그것과 완전히 다르다."³⁷⁷ "그와 같은 문제는 반드시 근본적으로 해결해야만 한다. 유격전 전술은 현 정세에 적합하지도 않으며, 지금 홍군에게 필요한 것은 규모의 확대와 그 내실을 기하는 것이지, 작고 날렵한 유격대와 같은 조직을 만드는 것이 아니다."³⁷⁸

6월 11일, 정치국은 리리싼의 보고를 기초로,「현 정치적 임무에 관한 결의―새로운 혁명의 고조, 그리고 하나 또는 몇몇 성에서의 우선적 승리」를 통과시켰다. 그 결의안에서는 제6차 전국대표대회에서 결정된 '군중의 지

---

375 |「柏山在中央政治局會議上關於目前政治任務決議案草案內容的報告」, 中共江西省委黨史研究室 等編,『中央革命根據地歷史資料文庫·黨的系統』2, 北京: 中央文獻出版社·南昌: 江西人民出版社, 2011: 824쪽.

376 |「柏山在中央政治局會議上關於目前政治任務決議案草案內容的報告」, 中共江西省委黨史研究室 等編,『中央革命根據地歷史資料文庫·黨的系統』2, 北京: 中央文獻出版社·南昌: 江西人民出版社, 2011: 825쪽.

377 |「柏山在中央政治局會議上關於目前政治任務決議案草案內容的報告」, 中共江西省委黨史研究室 等編,『中央革命根據地歷史資料文庫·黨的系統』2, 北京: 中央文獻出版社·南昌: 江西人民出版社, 2011: 828쪽.

378 李立三在中共中央政治局會議上的報告記錄, 1930年6月9日. |「柏山在中央政治局會議上關於目前政治任務決議案草案內容的報告」, 中共江西省委黨史研究室 等編,『中央革命根據地歷史資料文庫·黨的系統』2, 北京: 中央文獻出版社·南昌: 江西人民出版社, 2011: 828-829쪽.

지를 확보하라'는 당의 전체 노선을 변경했다. "혁명적 흐름의 급격한 변화와 함께 혁명이라는 위대하고 거대한 흐름이 더욱 가까워진 지금, 공산당은 광범위한 군중을 모아 군중의 광범위한 투쟁들을 조직함으로써 거대한 혁명의 흐름을 더욱 빠르게 전개시키는 데만 머물러서는 안 된다. 오히려 거대한 혁명의 흐름이 터져 나왔을 때, 전국적인 무장폭동을 조직하고 정권을 장악하는 데 더 많은 주의를 기울여야 한다. 따라서 군중의 정치투쟁을 빠르게 조직하고, 무장폭동과 정권 장악의 필요성을 빠르게 선전해야 한다. 전국적인 혁명의 흐름을 강화하고, 무장폭동을 조직적이고 기술적으로 준비하며, 우한을 중심으로 한 인근 성들이 먼저 승리할 수 있도록 배치하는 데 더 많은 주의를 기울여야 한다. 그것이 당의 전체적인 대응 노선이다."[379] 또한 "중국은 제국주의가 세계를 지배하는 사슬 가운데 가장 약한 고리이기 때문에 세계 혁명의 불꽃이 가장 쉽게 옮겨 붙을 수 있는 곳이다. 따라서 전 세계의 혁명적 위기가 심화되고 있는 지금, 중국 혁명은 [……] 전 세계의 계급 간 최후 결전을 가장 먼저 촉발시킬 가능성을 지니고 있다."[380]

그 결의안이 통과되면서 두 번째 '좌편향'적 모험주의의 오류는 중국공산당 중앙에서 지배적 위치를 차지했다. 그 뒤를 이어 중국공산당 중앙위는 우한폭동, 난징폭동, 상하이의 본격적 동맹파업을 위한 준비에 들어갔고, 그것을 전체 계획의 핵심 사안으로 간주했다. 7월 13일, 리리싼은 임시정치국 회의에서 다음의 내용을 제기했다.

---

379 |「新的革命高潮與一省或幾省的首先勝利(1930年6月11日政治局會議通過目前政治任務的決議)」, 中共江西省委黨史研究室 等編, 『中央革命根據地歷史資料文庫·黨的系統』2, 北京: 中央文獻出版社·南昌: 江西人民出版社, 2011: 839쪽.

380 中共中央, 「目前政治的決議—新的革命高潮與一省或幾省的首先勝利」, 1930年6月11日. |「新的革命高潮與一省或幾省的首先勝利(1930年6月11日政治局會議通過目前政治任務的決議)」, 中共江西省委黨史研究室 等編, 『中央革命根據地歷史資料文庫·黨的系統』2, 北京: 中央文獻出版社·南昌: 江西人民出版社, 2011: 831쪽. 여기서 저자는 결의안의 내용을 일부 수정해 인용하고 있다.

그는 장쑤성 위원회와 관련 논의를 거쳤다고 밝히면서, 난징南京의 군사적 폭동은 전국적 혁명을 고조시키는 출발점으로, 난징의 군사적 폭동을 조직하는 것과 상하이의 본격적 동맹파업을 조직하는 것은 동시적으로 진행되어야 한다. 그리고 우한폭동은 난징폭동을 이어 즉각적으로 전개되어야만 한다고 주장했다. 그것은 우한이 먼저 승리해야 난징폭동도 승리할 수 있다고 보았기 때문이다. 중앙 소비에트 정부는 반드시 우한에 세워져야 하고, 전국의 각 성에서는 주요 도시들의 총파업을 빠르게 조직해야 하며, 각 성의 모든 활동은 총파업을 전제로 한다는 점을 분명히 했다.[381] 7월 16일, 중국공산당 중앙은 정치국 주석인 샹중파 명의의 서한을 코민테른 주석단에 보냈다. "난징의 군사적 폭동을 조직하는 것과 동시에 상하이에서 본격적 동맹파업을 조직한다. 또한 우한폭동의 우선적 승리를 통한 전국적 소비에트 정권의 수립이 결정되었다."[382]

그 계획은 대단해 보였지만, 실상 그것을 실행시킬 힘과 여건이 전혀 갖춰지지 못한 주관적 상상에 불과했다. '우선적인 승리'를 다짐하던 우한은 당시 당원이 150여 명 정도였고[383] 적색노동조합 회원도 200명이 채 되지 않았다. 그렇지만 국민당 정부는 우한 근처에 대군을 주둔시키고 있었다. 난징도 적은 수의 병사만이 혁명을 지향했을 뿐, 폭동을 일으킬만한 세력이 전혀 없었다. 대도시인 상하이조차 당원은 1,000여 명에 불과했고, 적색노동조합 회원은 2,100명 정도였다.

그런데도 리리싼은 주체적 역량의 부족을 크게 개의치 않았다. 그에게

---

381 │「柏山在中央臨時政治局會議上關於南京問題與全國工作布置的報告」, 中共江西省委黨史硏究室 等編, 『中央革命根據地歷史資料文庫·黨的系統』2, 北京: 中央文獻出版社·南昌: 江西人民出版社, 2011: 905-912쪽을 참조하라.

382 向忠發致共産國際主席團的信, 1930年7月16日. │「中共中央政治局給共産國際主席團的報告─關於全國革命形勢的發展及黨的行動路線(1930年8月5日)」, 中共江西省委黨史研究室 等編, 『中央革命根據地歷史資料文庫·黨的系統』2, 北京: 中央文獻出版社·南昌: 江西人民出版社, 2011: 992쪽을 참조하라.

383 中共長江局向中央的報告, 1930年9月25日.

중국 사회의 위기가 그렇게 격화되었고, 지배 집단의 내부 상황이 그렇게 혼란스러우며, 현 상황에 대한 군중의 불만이 그렇게 높기 때문에 주체적 역량을 충분히 갖추었는가는 중요치 않았다. 그저 높은 곳에 올라가 소리만 지르면 어렵지 않게 모든 산들의 메아리를 얻을 수 있듯이, 곧 놀랄 만한 정세 변화가 나타날 것으로 생각했다.

같은 해인 1930년 12월, 리리싼은 코민테른 집행위원회 주석단이 소집한 회의에서 스스로의 과오를 비판하며 다음과 같이 밝혔다. "당시 지도자 동지들은 혁명 투쟁이 터져 나오는 시기야말로 짧은 시간 안에 광범위한 노동자 군중과 혁명적 군중을 조직할 수 있을 것이라고 보았다. 전체적인 방침은 이와 같았다. 즉, 혁명 투쟁은 흐르는 물과 같기 때문에 객관적인 혁명적 여건만 갖춰진다면, 그리고 공산당의 정치적 영향력만 존재한다면 주체적 역량의 부족함은 그리 중요한 것이 아니라고 판단했다."[384]

이듬해인 1931년, 중국공산당 중앙정치국이 리리싼에게 보낸 서한에서도 다음을 지적했다. "과거에 당신은 노동자 조직과 당의 발전을 논할 때마다 늘 5·30 운동과 우한 시기를 사례로, 그것들이 [이른바] 객관적 정세만 조성되어 있다면 한 번의 호소로 파업이 가능하고, 수만 수십만의 군중들이 단번에 조직될 수 있다는 점을 증명해준다고 언급했다. 하지만 사실 그것은 과거 역사에 대한 당신의 인식적 오류이다. 5·30 운동 시기의 상하이와 홍콩의 대파업, 그리고 1927년의 상하이폭동은 대단히 힘겨운 활동들과 조직적 힘으로 전개된 것이 아니었던가?"[385] 이처럼 리리싼은 한 번의 기습 타격으로 극적인 기적이 일어나길 바랐던 것이다.

국민당 군사 세력들의 내전이 본격화하던 1930년 7월 27일, 홍군의 제3군단은 적들의 허점을 노려 후난 지역의 성도인 창사長沙를 점령했다. 그러자 리리싼은 더욱 의기양양해져 자신의 주장이 올바른 것이었으며, 자신이

---

384 「共産國際執委主席團對於立三路線的討論」, 『布爾塞維克』1931年第4卷第3期. | 「共産國際執委主席團關於立三路線的討論」, 瞿秋白 等 主編, 『布爾塞維克』6, 湘潭: 湘潭大學出版社, 2014: 242-243쪽.

385 中共中央政治局關於李立三聲明書的復信, 1931年10月12日.

고대하던 놀랄 만한 격변의 시기가 시작되었다고 보았다. 그때 코민테른은 중국공산당 중앙에 전보를 보냈는데, 거기에 담긴 내용은 다음과 같았다. 즉, 여전히 노동자 계급의 대다수를 장악하지 못했기 때문에 중국공산당의 주체적 역량은 크게 부족한 형편이다. 따라서 우리는 우한폭동과 난징폭동, 그리고 상하이의 본격적 동맹파업이라는 계획에 동의하지 않는다."[386]

1930년 8월 1일, 중국공산당 중앙정치국은 회의를 통해 코민테른의 전보 내용을 논의했다. 리리싼이 가장 먼저 발언했다. "어제 저녁 전보를 보고 나서, 코민테른이 중국 혁명의 정세 변화를 확실히 모르고 있다고 느꼈다."[387] "솔직히 말해서, 코민테른은 현재 혁명적 정세의 변화뿐만 아니라 중국 혁명의 전반적인 추세도 이해하지 못하고 있다."[388] 그러고 나서 다음을 강조했다. "우리가 만약 코민테른의 지시를 그대로 따르기만 한다면, 그것은 표면적으로 코민테른의 전보에 충실한 것이 되지만 실제로는 지금의 혁명이 요구하는 긴급하고도 중요한 시기를 놓쳐버리는 것이다. 그것은 혁명에 충실하지 않은 것으로, 혁명에 충실하지 않다는 것은 곧 코민테른에도 충실하지 않은 것이 된다."[389]

8월 3일, 정치국에서는 회의를 계속 이어나갔다. 리리싼은 거기서 오랜 시간 발언을 했는데, 그 가운데 전국적인 활동 계획과 군사 전략에 관한 것도 포함되어 있었다. "또한 우리는 전략적으로 세계 무산계급과 제국주의의 결전을 촉진시켜야만 한다."[390] "나는 현 세계정세에서 적극적이고 공세적인 노선만이 [가장 효과적인] 방법이라고 생각한다. 가장 먼저 소련을 예로

---

[386] 「共産國際執行委員會給中共中央的電報」, 中共中央黨史硏究室第一硏究部 編譯, 『共産國際·聯共(布)與中國革命檔案資料叢書9-聯共(布)·共産國際與中國蘇維埃運動(1927-1931)』, 北京: 中央文獻出版社, 2002: 225쪽을 참조하라. 이 전보는 1930년 7월 23일자로 발송되었다.

[387] 李立三在中共中央政治局會議上的發言記錄, 1930年8月1日.

[388] 李立三在中共中央政治局會議上的發言記錄, 1930年8月1日.

[389] 李立三在中共中央政治局會議上的發言記錄, 1930年8月1日.

[390] 李立三在中共中央政治局會議上的發言記錄, 1930年8月3日.

들 수 있다. 소련은 적극적으로 전쟁에 대비해야만 한다."[391]

그 회의에서는 다음과 같은 사안들이 결정되었다. 우한폭동과 난징폭동, 그리고 상하이에서 본격적 동맹파업을 전개함과 동시에 홍군 제1군·2군·3군·4군·5군·6군·8군 등의 군대를 집결시켜 각각 우한으로 진격하게 했다. 그리고 난팡국南方局에 광저우廣州의 폭동 조직을 요구했을 뿐만 아니라 몽골에 대해서도 파병 협조를 요청했다.

8월 6일, 중국공산당 중앙은 전국 총행동위원회를 발족시켰다. 그것은 무장폭동과 본격적 동맹파업을 이끌어가는 최고 지휘기관으로, 공산당·청년단 그리고 노동조합의 각급 지도기관을 통합해 무장봉기를 준비하는 각급 행동위원회로 전환시켰다. 그로 인해 공산당·청년단·노동조합의 정상적인 활동, 즉 모든 일상 활동이 중단되었다.

리리싼은 중앙행동위원회에서 「현 정치 정세와 무장폭동 준비에 관한 당의 임무」를 발표했다. 그는 거기서 당시 고조되어 가던 중국의 혁명적 정세를 매우 과장되게 표현했는데, 중국의 혁명적 흐름이 고조되면 곧바로 전국적인 무장폭동의 정세가 조성될 수밖에 없다고 판단했다. "지금 군벌 전쟁을 단호히 반대하고, 그 반대를 용감하게 이끌어 나가거나 조직할 수 있는 위대한 세력이 존재한다면, 많은 군중들이 거세게 들고 일어나 틀림없이 그들을 지지할 것이다. 따라서 우리가 먼저 진정성 있게 군벌 전쟁에 대한 반대를 결심해야 한다. 그리고 과감하면서도 용감하게, 더욱 용맹하게 앞으로 나아간다면, 전국의 광범위한 군중들이 우리를 지지하게 될 것이다."[392]

여기서 그가 사용한 논리는 공산당 스스로의 결심이 있고, 그것을 '과감하면서도 용감하게, 더욱 용맹하게' 추진한다면, 군중은 반드시 '거세게 들고 일어나 그들을 지지한다'는 것이다. "홍군이 우한에 더 가까이 근접할

391　李立三在中共中央政治局會議上的發言記錄, 1930年 8月 3日.

392　|「目前政治形勢與黨在準備武裝暴動中的任務」, 中共江西省委黨史研究室 等編, 『中央革命根據地歷史資料文庫·黨的系統』2, 北京: 中央文獻出版社·南昌: 江西人民出版社, 2011: 1002쪽.

수록, 지배계급의 실패와 동요가 더욱 빈번할수록 한층 더 격화된 우한폭동의 여건이 마련된다. 그때 의심의 여지없이, 우리는 우한의 노동자들과 함께 폭동을 일으켜 완벽하게 승리할 것이다."[393]

같은 날인 8월 6일, 중앙정치국 위원인 샹잉은 명령에 따라서 계획상의 주요 지역인 우한에 도착했다. 그는 창장국長江局을 개편해 총행동위원회를 설립하고 우한의 본격적 폭동을 준비했다. 그가 임지에 도착해서 중앙에 보낸 8월 8일자 보고서는 자신감에 차 있었다. "일반 노동자들은 몹시 흥분한 상태인데, 이구동성으로 우리도 크게 한번 해보자라고 한다."[394] "현재 경제투쟁에 대한 우한 노동자들이 요구는 크게 한번 해보자는 요구보다 확실히 그 절박함이 덜하다. 일반 노동자들은 현재 무슨 임금인상을 논할 것이 아니라 할 거라면 크게 한번 해보자고 주장한다. 그것은 변화된 혁명적 정세에 대한 중앙의 예측, 그리고 중앙이 지적했던 중국 혁명의 특징이 매우 정확했다는 점을 완벽하게 증명한다."[395] "지금 우한에서 무장폭동을 조직하기로 한 중앙의 단호한 결정은 절대적으로 옳다. 그와 같이 단호한 노선이 있어야만 모든 기회를 잡을 수 있고, 많은 노동자와 고통 받는 군중들의 지지를 받으며 무장폭동도 승리할 수 있다."[396]

하지만 불과 이틀 뒤, 그가 실제 상황을 어느 정도 파악하면서부터 보고서의 어투는 달라졌다. "요 며칠 동안 백색 테러가 더욱 심해져 매일 살인이 자행되고 있으며, 사망자 수는 날이 갈수록 늘고 있다."[397] "최근 적들은 쓰촨 부대川軍를 계속 우한으로 이동시키고 있으며, 현재 우한에는 7개 연

---

[393] 李立三在中央行動委員會上的報告記錄, 1930年8月6日. |「目前政治形勢與黨在準備武裝暴動中的任務」, 中共江西省委黨史研究室 等編,『中央革命根據地歷史資料文庫·黨的系統』2, 北京: 中央文獻出版社·南昌: 江西人民出版社, 2011: 1005쪽.

[394] |項英·關向應給中共中央的報告, 1930年8月8日.

[395] |項英·關向應給中共中央的報告, 1930年8月8日.

[396] 項英·關向應給中共中央的報告, 1930年8月8日.

[397] |項英向中央的報告, 1930年8月10日.

대와 1개 여단, 그리고 무장보안대 17개 부대가 주둔 중이다."[398] "내가 이곳에 도착하고 며칠이 지났지만, 군중들의 더 자세한 상황을 제대로 파악하지 못하고 있다. 왜냐하면 성위원회 동지들이 그 상황을 제대로 알지 못하기 때문이다. 하부 조직의 활동 상황은 더욱 모른다. 이것은 대단히 심각한 문제다. 나는 며칠 동안 이와 같은 사실에 정말 화가 치밀어 오른다!"[399]

8월 20일, 창장국이 중앙에 보낸 보고서에는 다음과 같이 언급되어 있다. "최근 들어 우한의 공황 상태가 조금도 나아지지 않고 있다. 요 며칠 간 적들은 일부러 공산당이 14·15·16일 3일 동안 우한을 점령할 것이라는 유언비어를 퍼뜨렸고, 그것을 빌미로 비상계엄령을 선포했다. 그래서 오후에는 군대와 경찰의 보초들이 물샐틈없이 배치되어 큰길이나 골목, 그리고 주요 도로에서 행인들을 대상으로 한 대대적인 수색을 진행하고, 8시가 되면 통행이 금지된다. 또한 16개의 사형 조항도 공포되었다. 우한경비사령부는 회의를 통해 '잘못 체포해서 석방하는 일이 있더라도, 공산당이라는 범죄자들이 운 좋게 도망가는 일은 없어야 한다.'고 결정했다. 우한에서는 매일같이 사방이 트인 거리에서 사람들의 목을 베며 우리에게 경고를 보낸다."[400]

그런데 그들을 더욱 곤란하게 만든 것은 다음과 같은 사실이었다. "여러 차례 제출했던 보고서에서 가장 큰 문제는 바로 우한 노동자들의 상황을 상세히 다루지 못했다는 점이다. 이번 보고서에서도 그 내용을 담지 못했다."[401] "심지어 투쟁할 때가 되었는데도, 당의 활동 내용은 지부나 노동조합과 같은 하층 조직에까지 전달되지 못하고 있다. 그렇기 때문에 당연히 군중과도 거리가 생겨 모든 상황이 파악되지 않고 있다. 이것이 현재 가장

---

398 | 項英向中央的報告, 1930年8月10日.
399 | 項英向中央的報告, 1930年8月10日.
400 | 長江局關於目前武漢形勢與工作狀況向中央的報告, 1930年8月20日.
401 | 長江局關於目前武漢形勢與工作狀況向中央的報告, 1930年8月20日.

심각한 당의 문제다. 이 문제를 신속하게 해결하지 못한다면, 우한의 활동은 이른 시간 안에 빠른 속도로 확장되지 못할 것이다."[402]

9월 5일이 되자, 샹잉은 중국공산당 중앙에 서한을 보내 자신의 입장을 직설적으로 드러냈다. "나는 이제 공식적으로 중앙에 이곳의 기반이 취약하다는 것을 밝힌다. 그것은 우리가 상하이에서 상상했던 것과 크게 다르다. 내가 이곳에 도착한 이후, 가장 결연한 정신으로 투쟁에 임했지만 전체 활동은 크게 바뀌지 않았다."[403]

여기서 '우리가 상하이에서 상상했던 것과 크게 다르다.'는 말은 당시 상하이의 중국공산당 중앙이 처음에 지녔던 우한폭동 구상과 우한의 실제 상황이 완전히 달랐다는 점을 잘 보여준다. 따라서 '우한폭동'이라는 것은 기본적으로 불가능했다. 리리싼과 같은 이들이 가장 기대했던 우한조차 상황이 그러했는데, 다른 지역의 상황들은 굳이 말하지 않아도 미루어 짐작할 수 있을 것이다.

두 번째 '좌편향'적 오류가 공산당에서 지배적 위치를 차지한 것은 불과 석 달 남짓밖에 되지 않았지만, 그로 인해 공산당은 막대한 대가를 치러야 했다. 국민당 통치 지역에서 활동하던 많은 공산당 지방 조직들은 폭동 조직에 급급해 처음부터 얼마 되지 않던 역량을 노출하는 상황이 벌어졌다. 그로부터 11개의 성위원회 기관들이 잇달아 파괴되었고, 우한과 난징 등 도시에 있던 당 조직들도 거의 모두 와해되었다.

창장국이 중앙에 보낸 보고서에는 다음과 같이 기록되어 있다. 우한의 당 조직이 크게 파괴된 이후, "[우한에 위치한] 한커우漢口와 한양漢陽 지역의 하부 조직마저 완전히 붕괴된 것은 이후 우한의 당 활동에 참으로 큰 재앙이 되었다."[404] 또한, 홍군도 대도시를 공격하는 과정에서 큰 피해를 입었다.

---

402 長江局關於目前武漢形勢與工作狀況向中央的報告, 1930年8月20日.
403 項英向中央的信, 1930年9月5日.
404 長江局向中共中央的報告, 1930年10月21日.

당시 '좌편향'적 모험주의의 주요 특징은 여전히 객관적 실제와 동떨어져 단지 주관적 소망이나 상상만으로 조급하게 성공하기를 바랐다는 데 있다. 그 때문에 추진 과정에서 실제로 상황을 잘 알고 있던 당내 간부들의 반발은 첫 번째 '좌편향'적 오류가 등장했을 때의 그것보다 훨씬 더 뚜렷하게 나타났다. 중국공산당 장쑤성 위원회의 상임위원인 허멍슝은 9월 1일에 열린 담화 회의에서 '리싼立三주의'의 3가지 문제점을 날카롭게 비판했다. 첫째, 불균등한 발전 양상을 무시했다. 둘째, 주체적 역량의 측면을 무시했다. 셋째, 계급 간 역량 차이를 무시했다.[405]

그리고 마오쩌둥과 주더는 홍군 제1군단을 이끌고 난창을 공격하라는 명령을 받았는데, 그것의 이행 과정에서는 실제 상황을 고려해 그 계획을 변경했다. 따라서 결과적으로는 난창을 공격하지 않았다. 이처럼 당시의 '좌편향'적 오류는 실제적인 활동 과정에서, 특히 홍군과 각 근거지에서 본격적으로 시행된 것은 아니었다.

또한 리리싼의 '좌편향'적 모험주의는 코민테른의 허용 범위를 벗어난 것이었다. 1930년 7월 23일, 코민테른 집행위원회는「중국 문제에 관한 결의」를 통과시켰다. "현 투쟁 단계를 분석할 때, 우리는 앞으로 당분간 전국적 범위의 혁명적 정세가 객관적으로 갖춰질 수 없다는 점을 고려해야만 한다."[406] 그리고 "고조되는 혁명의 초기 단계에서 운동은 일정한 한계를 지닌다. 왜냐하면 그 시기에 투쟁을 시작한 군중들은 곧바로 산업의 중심지를 점령할 수 없기 때문이다. 여러 투쟁 세력들과 전체적으로 비교해보면, [예전의 혁명 경험 없이] 처음 투쟁을 시작한 노동자와 농민들이 가장 불리

---

405 | 何孟雄,「政治意見書」,『何孟雄文集』, 北京: 人民出版社, 1986: 175-186쪽을 참조하라.

406 | 中國社會科學院近代史硏究所飜譯室 編譯,『共産國際有關中國革命的文獻資料1929-1936』2, 北京: 中國社會科學出版社, 1982: 93쪽.;「共産國際執委政治秘書處關於中國問題的議決案(1930年7月23日通過)」, 中共江西省委黨史硏究室 等編,『中央革命根據地歷史資料文庫·黨的系統』2, 北京: 中央文獻出版社·南昌: 江西人民出版社, 2011: 955쪽. 참고로, 여기서 제시한 두 가지 출처에는 각기 다른 번역본이 실려 있다.

하다."⁴⁰⁷

따라서 "현재 중국의 특수한 조건에서 공산당은 강한 전투력과 정치적 입장이 확고한 홍군을 건설하는 것이 최우선의 임무임을 알아야 한다. 그 임무를 달성해야만 혁명의 중요한 발전을 확실히 보장할 수 있다."⁴⁰⁸ 이를 위해 코민테른에서는 저우언라이와 취추바이를 중국으로 귀국시켜 그 문제를 바로잡고자 했다.

저우언라이와 취추바이는 8월 중하순경에 연이어 상하이로 돌아왔다. 중국공산당 중앙정치국은 여러 차례에 걸친 회의를 계속했다. 그 과정에서 혁명에 끼친 '좌편향'적 모험주의 오류의 심각한 피해들이 명백하게 드러났다. 9월 8일, 중국공산당 중앙정치국은 코민테른에 전보를 보내 코민테른의 「중국 문제에 관한 결의」와 우한폭동·난징폭동·상하이의 본격적 동맹파업에 대한 중단 지시를 수용한다고 밝혔다.⁴⁰⁹

그리고 중국공산당 중앙은 9월 24일부터 28일까지 제6기 중앙위원회 3차 전체회의를 확대회의로 소집했다. 저우언라이는 그 회의에서 「코민테른 결의안을 전달하는 보고」를 진행했다. "지금까지도 중국 전체에 객관적인 혁명적 정세는 존재하지 않는다. 따라서 지금은 직접적으로 전국적인 무장폭동을 전개할 정세도 아닌 것이다."⁴¹⁰

---

407 | 中國社會科學院近代史研究所飜譯室 編譯, 『共産國際有關中國革命的文獻資料1929-1936』2, 北京: 中國社會科學出版社, 1982: 93쪽.; 「共産國際執委政治秘書處關於中國問題的議決案(1930年7月23日通過)」, 中共江西省委黨史研究室 等編, 『中央革命根據地歷史資料文庫·黨的系統』2, 北京: 中央文獻出版社·南昌: 江西人民出版社, 2011: 955쪽.

408 中國社會科學院近代史研究所飜譯室 編譯, 『共産國際有關中國革命的文獻資料1929-1936』2, 北京: 中國社會科學出版社, 1982: 94쪽. | 中共江西省委黨史研究室 等編, 『中央革命根據地歷史資料文庫·黨的系統』2, 北京: 中央文獻出版社·南昌: 江西人民出版社, 2011: 956쪽.

409 | 「中央政治局接受國際關於停止武漢南京暴動的指示致國際電」, 中共江西省委黨史研究室 等編, 『中央革命根據地歷史資料文庫·黨的系統』2, 北京: 中央文獻出版社·南昌: 江西人民出版社, 2011: 1088쪽을 참조하라.

410 周恩來, 「關於傳達國際決議的報告」, 1930年9月24日. | 中共江西省委黨史研究室 等編,

회의가 끝난 후, 리리싼은 지도자의 자리에서 물러났으며, 도시 폭동이라는 계획도 취소되었다. 중앙과 지방에 설치되었던 행동위원회는 더 이상 운영되지 않았고, 대신 공산당·청년단·노동조합이라는 기존의 조직 형태를 복구했다. 3차 전체회의에 부족한 점이 없지 않았지만, '리싼立三노선'의 주요 특징을 가리켰던 그 오류들은 실제적인 활동 과정에서 전체적으로 극복되었다. 기본적으로 문제들이 해결되면서, 전체 활동은 점차 정상적인 궤도로 옮겨 가기 시작했다.

3) '코민테른 노선'과 세 번째 '좌편향'적 오류

세 번째 '좌편향'적 오류는 두 번째 '좌편향'적 오류를 극복하자마자 거의 곧바로 나타났는데, 1931년 1월의 제6기 중앙위원회 4차 전체회의로부터 1935년 1월의 쭌이遵義회의[411]까지 4년 동안 계속되었다. 그것은 왕밍으로 대표되며, 교조주의敎條主義라는 특징과 함께 '코민테른 노선'을 내세웠다. 세 번째 '좌편향'적 오류와 두 번째 '좌편향'적 오류의 차이를 다룰 때, 2가지 문제에서 별도의 주의가 필요하다.

첫째, 세 번째 '좌편향'적 오류는 코민테른의 직접적인 주도로 만들어졌는데, 앞선 두 차례 오류보다 코민테른의 주장을 더욱 온전하게 담아내고 있다. 왕밍으로 대표되는 세 번째 '좌편향'적 오류는 왜 느닷없이 '코민테른 노선'을 제기했을까? 여기서 먼저 하나의 문제를 살펴봐야 한다.

리리싼으로 대표되는 두 번째 '좌편향'적 오류는 처음부터 코민테른 집행위원회 제10차 전체회의[412]와 4차례에 걸친 서한이 직접적인 영향을 끼

『中央革命根據地歷史資料文庫·黨的系統』2, 北京: 中央文獻出版社·南昌: 江西人民出版社, 2011: 1107쪽.

411 | 쭌이회의는 대장정이 진행되던 1935년 1월 15일부터 17일까지 구이저우貴州 쭌이에서 개최되었던 중국공산당 중앙정치국 확대회의를 지칭한다.

412 |「國際狀況與共産國際的目前任務——一九二九年七月共産國際執行委員會第十次全體會議的政治決議案」, 瞿秋白 等 主編, 『布爾塞維克』5, 湘潭: 湘潭大學出版社, 2014: 47-68쪽을 참조하라.

쳤던 것이다. 그런데 코민테른은 이후에 왜 그것을 반反코민테른 노선으로 명명했을까? 만약 그것이 중국의 혁명 정세에 대한 과도한 예측으로부터 제출된 모험주의적 행동 계획이었고, 그래서 그것이 활동상의 오류로 간주되었다면, 그것은 충분히 극복 가능한 문제였다. 그러했다면 이렇게 심각한 수준에서 제기될 필요도 없었을 것이다.

그러한 상황이 조성된 문제 원인은 과연 어디에 있을까? 당시 코민테른의 정치 노선은 대부분 소련의 대외정책에 따라 결정되었다. 1929년, 서구에서 가장 경제가 발달한 미국으로부터 전 세계를 향해 빠르게 확산된 세계 대공황은 전대미문의 심각한 경제 위기를 초래했다. 대공황이 4년이나 지속되면서 자본주의 국가의 내부 상황은 각종 모순들에 의해 더욱 격렬해졌다.

소련은 마침 제1차 5개년 계획에 역량을 집중해야 했기에 전쟁에 대한 위기감을 더 크게 느끼고 있었다. 코민테른 제10차 전체회의 결의안의 결론, 즉 "주된 위험은 제국주의의 소련 침공이다."[413]는 그러한 배경에서 나왔다. 그들은 식민지와 반半식민지 국가들의 혁명 운동을 포함한, 각 나라별 혁명 운동을 고양시키는 것이 제국주의 국가의 힘을 견제하는 데 도움이 된다고 판단했다. 그래서 "제국주의 전쟁을 반대하고, 소련을 보호하자."[414]는 목표가 제기된 것이었다.

리리싼의 주장들을 살펴보면, 그의 주장이 코민테른의 구상과 배치된다는 점을 쉽게 알 수 있다. 그는 「새롭게 고조되고 있는 혁명 앞에 놓인 문제들」에서 다음과 같이 언급했다. "세계를 속박하는 제국주의의 사슬 가운데 중국이 가장 약한 고리다. 다시 말해서, 중국은 혁명이 가장 쉽게 터져 나올 수 있는 지역이기 때문에 세계 혁명은 중국에서 우선적으로 폭발할 가능성이 상존한다. 그리고 만약 중국에서 먼저 터졌다면 그것으로 세계

---

[413] | 「國際狀況與共產國際的目前任務——一九二九年七月共產國際執行委員會第十次全體會議的政治決議案」, 瞿秋白 等 主編, 『布爾塞維克』5, 湘潭: 湘潭大學出版社, 2014: 49쪽.

[414] | 陸定一, 「共產國際第十次全體會議的總結」, 瞿秋白 等 主編, 『布爾塞維克』5, 湘潭: 湘潭大學出版社, 2014: 22쪽.

혁명 전체의 폭발을 견인해야만 한다."[415]

또한 "중국 혁명은 제국주의에 대한 결사투쟁, 전 세계 무산계급의 강력한 지원, 그리고 공동의 투쟁 여건이 갖춰져야만 최후의 승리가 보장된다. 따라서 전 세계 무산계급과 함께 투쟁을 위한 연대를 더욱 공고히 해야 한다. 이를 위해서는 특히 중국 무산계급에 대한 세계 무산계급의 신뢰를 더욱 두텁게 하고, 중국 혁명에 대한 그들의 이해를 더 심화시켜 나가야 한다. 그로부터 중국 혁명에 대한 그들의 강력한 지원을 끌어내고, 적절한 시기에 공동의 행동을 취할 수 있도록 한다. 그것은 중국 혁명이 승리하는 데 필요한 핵심 조건이다. 또한 그것은 혁명을 주도하는 중국 무산계급 정당의 임무이자, 코민테른과 각국의 무산계급 정당에 부여된 막중한 임무이기도 하다."[416] "중국 혁명이 그 최후의 결전에서 승리해야만, 또한 세계 무산계급이 그 최후의 결전에서 최종적으로 승리해야만 사회주의 세계는 실현될 것이다."[417] 이와 같은 그의 발언들은 차라리 코민테른에 내리는 명령과도 같다고 할 수 있다.

1930년 6월 11일, 중국공산당 중앙정치국을 통과한 「결의안」에도 다음과 같이 기록되어 있다. "전 세계의 혁명적 위기가 심화되고 있는 지금, 중국 혁명에는 그것이 가장 먼저 폭발할 가능성, 전 세계의 대혁명을 불러일으킬 가능성, 그리고 전 세계의 계급 간 최후 결전을 촉발시킬 가능성이 모두 갖춰져 있다."[418] "중국에서 혁명이 터진다면 전 세계의 대혁명을 일으킬 수 있는 객관적 조건이 충족된다. 따라서 우리는 그 참혹한 전쟁이 다가

---

415 | 立三, 「新的革命高潮前面的諸問題」, 瞿秋白 等 主編, 『布爾塞維克』5, 湘潭: 湘潭大學出版社, 2014: 379쪽.

416 | 立三, 「新的革命高潮前面的諸問題」, 瞿秋白 等 主編, 『布爾塞維克』5, 湘潭: 湘潭大學出版社, 2014: 378-379쪽.

417 李立三, 「新的革命高潮前面的諸問題」, 『布爾塞維克』1930年第3卷第4·5期合刊. | 瞿秋白 等 主編, 『布爾塞維克』5, 湘潭: 湘潭大學出版社, 2014: 378쪽.

418 | 「新的革命高潮與一省或幾省的首先勝利(1930年6月11日政治局會議通過目前政治任務的決議)」, 中共江西省委黨史研究室 等編, 『中央革命根據地歷史資料文庫·黨的系統』2, 北京: 中央文獻出版社·南昌: 江西人民出版社, 2011: 831쪽.

왔을 때 제국주의와 벌이는 격렬한 투쟁에 몇 천만 또는 몇 억의 중국 군중들을 동원하는 데만 머무는 것이 아니라, 전 세계 무산계급과 고통 받는 식민지 군중들에게 제국주의에 대한 최후의 결전을 호소할 수도 있다. 우리가 그러한 최후의 결전에서 완벽하게 승리할 수 있다는 것 또한 의심의 여지가 없다."[419]

코민테른은 중국 혁명의 고조가 '제국주의의 소련 침공'을 견제할 것이라고 기대했지만, 리리싼은 오히려 중국 혁명을 기점으로 소련과 각국의 무산계급을 '세계의 대혁명과 전 세계의 계급 간 최후 결전' 속으로 끌고 들어가려 했다. 물론, 이 두 가지 구상은 기본적으로 서로 대립된다.

리리싼은 1930년 8월 1일과 3일에 소집된 정치국 회의에서 공개적으로 '중국 혁명의 전반적인 추세도 이해하지 못하고 있다'고 코민테른을 비판하면서 다음을 언급했다. '표면적으로는 코민테른의 전보에 충실한 것이 되지만, 실제로는 혁명이 요구하는 긴급하고도 중요한 시기를 놓쳐버리는 것이므로 혁명에 충실하지 않은 것이다.' 게다가 몽골에 중국 혁명을 위한 파병 협조를 요청했을 뿐만 아니라 '소련은 적극적으로 전쟁에 대비해야만 한다.'라고까지 주장하자, 코민테른은 더더욱 그를 용인하기 어려웠을 것이다.

그해 12월, 코민테른은 리리싼을 모스크바로 소환했으며, '리싼 노선'을 다룰 집행위원회 주석단 회의를 소집했다. 그 회의에서는 코민테른의 주요 책임자인 마누일스키[Dmitri Zakharoviich Manuilsky, 1883-1959]도 발언을 했는데, 그는 거기서 그의 속내가 담긴 '근본적 문제'를 제기했다. "지금의 문제는 당신들이 개별적인 오류를 저질렀다는 데 있지 않다."[420] "우리는 그

---

419 中共中央, 「目前政治任務的決議―新的革命高潮與一省或幾省的首先勝利」, 1930年6月11日. | 「新的革命高潮與一省或幾省的首先勝利(1930年6月11日政治局會議通過目前政治任務的決議)」, 中共江西省委黨史研究室 等編, 『中央革命根據地歷史資料文庫·黨的系統』2, 北京: 中央文獻出版社·南昌: 江西人民出版社, 2011: 831쪽.

420 「共產國際執委主席團關於立三路線的討論」, 瞿秋白 等 主編, 『布爾塞維克』6, 湘潭: 湘潭大學出版社, 2014: 276쪽.

오류들에만 [초점을 맞춰] 비판하려는 것이 아니다. 그 모든 오류들은 하나의 근본적인 오류에서 비롯되었다. 다시 말해서, 그 근본적 오류는 리리싼이 중국 혁명의 변화를 전망하면서 전 세계의 상황을 예측했다는 점에 있다."[421]

그로부터 "그대들이 소련에 의지하든 자신들의 홍군에 의지하든 간에 스스로의 힘으로 [세계 제국주의 질서라는] 그 제도를 타파할 수 있겠는가? 그것이 바로 근본적인 문제다. …… 리싼 동지! 문제는 오늘 우리가 그대에 대한 반대 결의안을 통과시켰다는 데 있지 않다. 그대들이 지독한 지역주의를 표방했다는 점을 스스로 깨달아야만 한다. 거기서 여타의 문제들이 생겨났다. 소련이 편협한 민족적 편견에 사로잡혀 있다고 한다거나, 러시아 사람들은 중국의 실정을 알지 못한다는 것들이다. 또한 그것은 그 밖의 모든 관점이나 개념들에서도 나타난다. 물론, 여기서 경계해야 할 것은 우리와 중국공산당의 관계다."[422]

코민테른에서 '우리와 중국공산당의 관계'라고 언급할 정도로 그들이 '경계심'을 표출한 이상, 그 문제를 해결하기 위해서는 당연히 이러저러한 '개별적 오류'의 차원이 아니라 코민테른과 '중국공산당의 관계'를 근본적으로 바꿀 필요가 있었다. 코민테른은 중국공산당 중앙이 그들의 의견을 온전히 따르고, 그들의 의도가 가감 없이 관철되기를 희망했다. 그래서 제6기 중앙위원회 4차 전체회의에서 중국공산당 중앙이 개편되었다.

결과적으로, 여러 해 소련에 거주하면서 코민테른의 신임을 얻었던 왕밍과 같은 이들이 중앙의 지도부를 차지했다. 그런데 그들은 실제적인 활동 경험도 없이 말만을 앞세웠을 뿐만 아니라 오만했으며, 독선적이었다. 또한 중국의 실정도 제대로 모른 채, 그저 책 속의 문구만을 가지고 코민테른의 지시를 기계적으로 따랐다. 그로부터 중국공산당의 세 번째 '좌편향'적

---

421 「共產國際執委主席團關於立三路線的討論」, 瞿秋白 等 主編, 『布爾塞維克』6, 湘潭: 湘潭大學出版社, 2014: 276쪽.

422 「共產國際執委主席團對於立三路線的討論」, 『布爾塞維克』1931年第4卷第3期. | 瞿秋白 等 主編, 『布爾塞維克』6, 湘潭: 湘潭大學出版社, 2014: 278-279쪽.

오류가 시작되었다.

둘째, 세 번째 '좌편향'적 오류는 전반적인 활동의 배치 과정에서 두 번째의 그것과 뚜렷한 차이를 보인다. 두 번째 '좌편향'적 오류는 비교적 짧은 시간 안에 전국적 폭동을 일으키려는 데 있었다. 리리싼 등에게 '하나 또는 몇몇 성에서 우선적인 승리'를 하기 위해서는 주로 도시 산업 노동자들의 폭동, 그리고 거의 동시적인 전국적 폭동이 그것과 결합해야만 했다. 그렇지 않으면 폭동의 동력이 유지될 수 없다고 보았다.

그런데 그들은 그러한 목표를 실현하는 데 중국 혁명을 위한 자체적 힘이 부족하다고 판단했다. 그래서 중국 혁명으로 '세계 혁명 전체의 폭발을 견인'하기를 바랐고, '소련은 적극적으로 전쟁에 대비해야만 한다.'라고 요구했던 것이다. 코민테른이 중국공산당에 '스스로의 힘으로' 승리해야 한다고 주문한 이상, 중국 혁명의 주요 역량은 점점 더 공농홍군과 농촌의 혁명근거지로 뚜렷하게 맞춰졌다. 그러했기 때문에 그들은 더더욱 자체 역량에 기초해 전국적인 승리를 얻고자 했다.

여기서 왕밍이 『두 가지 노선의 투쟁兩條路線底鬪爭』[423]이라는 소책자에서 언급한 내용을 인용해보자. "우리에게는 지금까지도 혁명적 정세가 직접적으로 존재하지 않는다. 그럼에도 불구하고 전국적인 혁명 운동이 새롭게 고조되고 있다는 점, 그리고 그 흐름이 불균등하다는 점으로부터 당분간은 하나 또는 몇몇의 주요 성省에 대해서만 직접적인 혁명적 정세를 논할 수 있다."[424]

그가 제기한 몇몇 성은 홍군과 혁명근거지 가운데 상대적으로 강한 역량을 갖춘 후난·후베이·장시와 같은 성을 가리킨다. 그러면서 그는 그 지

---

[423] 왕밍은 '재판再版 서문'에서 원래 이 소책자의 제목이 『兩條路線―擁護國際路線, 反對立三路線』였다고 설명한다. 陳紹禹, 「爲中共更加布爾塞維克化而鬪爭」, 中共中央文獻硏究室·中央檔案館 編, 『建黨以來重要文獻選編1921-1949』8, 北京: 中央文獻出版社, 2011: 102쪽을 참조하라.

[424] 「爲中共更加布爾塞維克化而鬪爭」, 中共中央文獻硏究室·中央檔案館 編, 『建黨以來重要文獻選編1921-1949』8, 北京: 中央文獻出版社, 2011: 124쪽.

역들의 혁명적 정세를 지나치게 부풀린다. "우리는 혁명적 정세가 고조된 지역들로부터 정권을 장악해 홍군과 임시중앙혁명정부, 그리고 혁명근거지를 공고히 세워야만 한다. 그를 통해 하나 또는 몇몇 성의 우선적 승리를 전국적인 승리로 확장시킨다."[425]

공농홍군과 농촌의 혁명근거지를 중시했다는 점은 사실 긍정적으로 평가할 만하다. 그런데 문제는 다음에 있었다. 즉, 당시 중국공산당 중앙의 헤게모니는 교조주의자들에 의해 장악되어 있었다. 그들은 그들의 주관적 소망과 추론으로부터 중국의 실제와 완전히 동떨어진 방법을 공농홍군과 농촌의 혁명근거지에 강요했는데, 그로 인해 긍정적인 것들이 모두 부정되었다.

중국공산당 중앙은 그 이전까지 줄곧 도시 노동자 운동에만 주의를 기울이고 있었다. 물론 도시 공격에 함께 할 필요하다는 여러 차례의 요구 때문에 홍군도 어느 정도의 피해가 발생하기는 했지만, 당시의 중앙은 홍군과 농촌 혁명근거지의 내부 업무에 크게 관여하지 않았다. 그러한 상황은 마오쩌둥과 같은 이들에게 상당한 활동의 여지를 주었다. 다시 말해서, 그들은 실제 상황에 근거해 융통성 있는 방법을 사용할 수 있었고, 독자적인 모색을 통해 혁명 역량을 조금씩 향상시킬 수 있었다.

하지만 이와 다르게 당시 세 번째 '좌편향'적 오류의 지도부는 홍군과 농촌 혁명근거지의 업무에 사사건건 간섭하기 시작했으며, 점차 모든 것을 통제하는 수준에까지 이르렀다. 결국 그것은 매우 심각한 피해를 가져왔다. 즉, 어렵게 만들어진 홍군과 농촌의 혁명근거지 대부분이 무너져버렸던 것이다.

세 번째 '좌편향'적 오류는 4년 동안 지속되었는데, 크게 3단계로 그 시기의 변화 양상을 구분해볼 수 있다. 첫 번째 단계는 1931년 1월 제6기 중

---

[425] 王明, 「兩條路線底鬪爭」, 1931年2月. | 「爲中共更加布爾塞維克化而鬪爭」, 中共中央文獻硏究室·中央檔案館 編, 『建黨以來重要文獻選編1921-1949』8, 北京: 中央文獻出版社, 2011: 129쪽.

앙위원회 4차 전체회의에서 같은 해 9월 임시중앙[426]이 구성될 때까지다. '코민테른 노선의 이행을 관철시키자'는 명목으로 중국공산당 중앙을 개편한 것이 주요 내용이다.

제6기 중앙위원회 3차 전체회의에서는 원래 두 번째 '좌편향'적 오류의 주요 특징들을 실제 활동 과정에서 극복하자고 결정했다. 그런데 코민테른은 리리싼의 8월 1일과 3일에 있었던 두 차례의 발언 내용을 알게 되면서, 10월에 다시 중국공산당 중앙에 서신을 보냈다. 코민테른은 거기서 리리싼이의 주장은 "반反마르크스주의이자 반反레닌주의적 지침"[427]이며, 이미 "코민테른 집행위원회의 정치노선과 상반된 노선"[428]이 되었다고 밝혔다.

그런데 소련에서 돌아온 왕밍 등의 유학생들은 중국공산당 중앙보다 먼저 코민테른의 서신 내용을 알고 있었기 때문에, 바로『두 가지 노선의 투쟁』이라는 소책자(이후 수정과 보완을 거쳐,『중국공산당의 볼셰비키화를 위한 투쟁爲中共更加布爾塞維克化而鬪爭』으로 제목을 바꾸었다.)를 제작했다. 그들은 거기서 새로운 형태의 '좌편향'적 정치 강령을 제시했다.

그들은 3차 전체회의가 '리싼 노선'의 실체를 밝히지 못했다고 통렬히 비판하면서 문제의 초점을 다음에 맞추었다. 즉, "현 책임자인 웨이타維它(즉, 취추바이) 동지 등이 당을 계속 끌고 나가게 할 수는 없다."[429] 나아가 다음을 요구했다. "당의 지도부를 근본적으로 바꿔야 한다"[430], "정치국에서

---

426 중국공산당 임시중앙정치국을 가리킨다.

427 |「共産國際執行委員會關於李立三路線問題給中國共産黨中央委員會的信」, 中國社會科學院近代史硏究所飜譯室 編譯,『共産國際有關中國革命的文獻資料1929-1936』2, 北京: 中國社會科學出版社, 1982: 104쪽.

428 「共産國際執行委員會關於李立三路線問題給中國共産黨中央委員會的信」, 中國社會科學院近代史硏究所飜譯室 編譯,『共産國際有關中國革命的文獻資料1929-1936』2, 北京: 中國社會科學出版社, 1982: 103-104쪽.

429 |「爲中共更加布爾塞維克化而鬪爭」, 中共中央文獻硏究室·中央檔案館 編,『建黨以來重要文獻選編1921-1949』8, 北京: 中央文獻出版社, 2011: 172쪽.

430 |「爲中共更加布爾塞維克化而鬪爭」, 中共中央文獻硏究室·中央檔案館 編,『建黨以來重要文獻選編1921-1949』8, 北京: 中央文獻出版社, 2011: 176쪽.

많은 이들을 교체해야만 한다",⁴³¹ "코민테른의 노선을 적극적으로 지지하고 실행할 수 있는 투쟁적 간부들"⁴³²을 통해 "각급 지도기관을 바꾸고 보충해야 한다."⁴³³

또한 그들은 『볼셰비키』에 다수의 글을 발표했다. "당은 자체적인 활동 방법, 간부의 추천과 육성, 그리고 전반적인 지도에 이르기까지 중대하면서도 빠른 변화가 있어야만 한다."⁴³⁴ "리싼 노선을 쉽게 포기하지 못하는 간부들을 물러나게 하고, 대신 코민테른 노선을 이해하고 실행할 수 있는 간부들로 채워야 한다."⁴³⁵ 여기서 '당의 지도부를 근본적으로 바꿔야 한다'거나 '코민테른 노선을 이해하고 실행할 수 있는 간부들로 채워야 한다'라는 요구에서 알 수 있듯이, 그들의 주장은 잘못된 길로 나아가기 시작했다. 게다가 그러한 주장들은 코민테른의 직접적인 관여가 없었다면, 가능할 수 없는 일이었다.

1931년 1월 10일, 제6기 중앙위원회 4차 전체회의가 상하이에서 열렸다. 그것은 특별히 중국을 방문한 코민테른 동방부東方部 부부장副部長 미프의 요청으로 소집되었는데, 역사적으로 긍정적이라고 할 만한 어떠한 의의도 없는 회의였다. 대체로 두 가지 일이 있었다.

하나는 '공격 노선'이라는 것이 지나치게 강조되었다. 전체회의의 결의

---

431 |「爲中共更加布爾塞維克化而鬪爭」, 中共中央文獻研究室·中央檔案館 編,『建黨以來重要文獻選編1921-1949』8, 北京: 中央文獻出版社, 2011: 176쪽.

432 |「爲中共更加布爾塞維克化而鬪爭」, 中共中央文獻研究室·中央檔案館 編,『建黨以來重要文獻選編1921-1949』8, 北京: 中央文獻出版社, 2011: 177쪽.

433 |「爲中共更加布爾塞維克化而鬪爭」, 中共中央文獻研究室·中央檔案館 編,『建黨以來重要文獻選編1921-1949』8, 北京: 中央文獻出版社, 2011: 177쪽.

434 澤民,「中國革命的當前任務與反對李立三路線」,『布爾塞維克』1931年第4卷第1期. | 瞿秋白 等 主編,『布爾塞維克』6, 湘潭: 湘潭大學出版社, 2014: 6쪽. 참고로, 여기서 澤民은 선쩌민[沈澤民, 1900-1933]이다. 그는 마오둔[茅盾, 1896-1981]의 동생으로 알려져 있다.

435 澤民,「三中全會的錯誤與國際路線」,『布爾塞維克』1931年第4卷第1期. | 瞿秋白 等 主編,『布爾塞維克』6, 湘潭: 湘潭大學出版社, 2014: 36쪽.

안에서는 코민테른이 중국공산당에 요구했던 "확대된 공격의 임무"[436]를 처음부터 제기하고 있을 뿐만 아니라, "현재 당내 우경화도 여전히 주된 위험이"[437]라고 단정했다. 그리고 전체회의가 끝나고 발간된 중앙의 제1호 통고에서는 다음과 같이 표명되어 있다. "우리는 공격 노선을 단호히 실행해야만 한다."[438] 이로부터 두 번째 '좌편향' 오류보다 훨씬 더 좌경화된 오류가 시작되었다.

다른 하나는 중국공산당 중앙을 개편했다. 전체회의 결의안에서 첫 번째로 규정된 임무는 바로 다음과 같았다. "중앙위원회 3차 전체회의 보궐선거에서 리리싼 동지를 지지했던 중앙위원들의 자격을 박탈하고, 반反리싼주의 투쟁 과정에서 코민테른 노선을 옹호한 동지들로 중앙위원회를 구성해야 한다. 그리고 정치국 성원들도 재정비해 공산당의 올바른 지도력을 확보해야 한다."[439]

그 회의를 통해 취추바이, 리리싼, 리웨이한이 정치국의 직무에서 배제되었으며, 원래 중앙위원이 아니었던 왕밍이 보궐선거를 거쳐 중앙위원이 되었다. 그리고 보구[博古/秦邦憲, 1907-1946] 등 소련에서 돌아온 지 얼마 되지 않은 학생들이 당의 주요 업무를 맡았다. 그들은 미프의 직접적인 지원 아래, 중국공산당 중앙에서 빠르게 주류로 성장했다.

그들은 중앙위원회 4차 전체회의가 끝나자마자, 그들이 말하던 '공격 노선'과 '반우경화 투쟁'을 관철시키기 위해 중앙에서 대표나 대표기관, 또는 새로운 지도급 간부들을 전국 각지에 조직적으로 파견했다. 1931년 2월

---

436 | 「四中全會決議案」, 中央檔案館 編: 『中共中央文件選集』7, 北京: 中共中央黨校出版社, 1991: 17쪽.

437 | 「四中全會決議案」, 中央檔案館 編: 『中共中央文件選集』7, 北京: 中共中央黨校出版社, 1991: 24쪽.

438 | 「中央通告第 號(四中全會後第一號)—目前政治形勢及黨的中心任務」, 中共江西省委黨史硏究室 等編, 『中央革命根據地歷史資料文庫·黨的系統』2, 北京: 中央文獻出版社·南昌: 江西人民出版社, 2011: 1358쪽.

439 | 「四中全會決議案」, 中央檔案館 編: 『中共中央文件選集』7, 北京: 中共中央黨校出版社, 1991: 25쪽.

하순, 중국공산당 중앙의 주요 책임자인 샹중파는 자신의 명의로 전체회의 이후 한 달 반 동안의 활동 내용을 코민테른 집행위원회에 보고했다. 그 보고서의 맨 앞을 차지한 세 가지 내용이 모두 공격 노선과 반우경화 투쟁에 관한 것이었다. "과거 중앙의 전국적인 활동 지도는 형식적인 문건들, 즉 통고나 지도 서한 등에 집중되어 있었지만, 지금은 현장 지도에 초점을 맞추고 있다. 사람을 보내 성위원회와 지방의 활동을 직접 살피면서 그 활동력을 배가시키는 것이다."[440] 그들은 중앙의 대표나 대표기관, 또는 새로운 지도급 간부들을 중점적으로 혁명근거지에 파견했다.

또한 샹중파의 보고서에는 다음의 내용도 언급되어 있었다. "건설된 소비에트 지역의 지도력을 강화하고 더욱 공고히 하기 위해 중앙정치국의 간부 60%를 그곳으로 보낸다."[441] 그리고 이미 건설되어 있던 소비에트 중앙국 이외에도, 후베이·허난河南·안후이安徽의 접경 지역, 그리고 후난·후베이 접경 지역의 서쪽에 중앙 분국을 잇달아 설치하고, 모스크바에서 돌아온 지 얼마 되지 않은 장궈타오와 샤시에게 그곳을 담당하게 했다. 그러한 조직적 개편으로부터 세 번째 '좌편향'적 오류는 혁명근거지에서 이전의 두 차례 오류보다 더욱 심각한 결과를 남겼다.

1931년 3월 26일부터 4월 11일까지, 코민테른 집행위원회 제11차 전체회의가 개최되었다. 그 회의의 기조는 혁명의 흐름이 세계적으로 빠르게 고조되고 있다는 점을 다시 한번 강조하는 데 맞춰져 있었다. 마누일스키는 회의석상에서 그러한 정세 변화가 지금의 경제 위기를 혁명의 위기로 바꾸는 전제 조건이 될 것이라고 보고했다. "현 단계에서 중국공산당은 다음의 3가지 임무를 동시에 해결하고 있다. 첫째, 견고한 근거지를 갖춘 홍군이라는 정규 군대를 만드는 것이다. 둘째, 소비에트 정부를 구성하고, 소

---

440 | 「中共中央總書記向忠發給共產國際的報告」, 中共中央文獻研究室·中央檔案館 編, 『建黨以來重要文獻選編1921-1949』8, 北京: 中央文獻出版社, 2011: 82쪽.

441 向忠發給共產國際執委會的報告, 1931年2月22日. | 「中共中央總書記向忠發給共產國際的報告」, 中共中央文獻研究室·中央檔案館 編, 『建黨以來重要文獻選編1921-1949』8, 北京: 中央文獻出版社, 2011: 83쪽.

비에트 지역에서 반제국주의 혁명과 토지 혁명의 강령을 실현하는 것이다. 셋째, 소비에트가 아닌 지역에서는 노동자계급과 농민들의 경제투쟁이나 정치투쟁을 전개하고, 아울러 그러한 투쟁 과정에서 군중을 조직해 [……] 군벌 부대에 대항하는 것이다."[442]

중국공산당 중앙은 그에 호응해 8월에「코민테른 집행위 제11차 전체회의의 최종 입장을 수용하는 결의」를 통과시켰다. 그리고 거기서 "3가지가 동시에 진행三位一體"[443]되는 임무를 "중국공산당의 절박한 핵심적 임무"[444]로 설정했다. 두 번째 '좌편향'적 오류의 시기와 비교해 본다면, 그들은 더 이상 주요 도시에서 봉기를 조직해야 한다고, 그리고 그와 동시에 홍군이 주요 도시를 집중적으로 공격해야 한다고 주장하지 않았다.

대신 그들의 관심은 홍군과 혁명근거지에 맞춰졌다. 그들은 홍군을 육성하고 작전을 지도한다는 명분 아래 '정규'전의 원칙만을 일방적으로 강조했으며, 국민당을 계속해서 공격했다. 또한 국민당 통치 지역의 군중 투쟁에서도 승리에 대한 조급함을 드러냈을 뿐만 아니라 곳곳에서 '반우경화' 투쟁이 대대적으로 벌어졌다. 결과적으로, '좌경화'라는 오류가 하나의 온전한 정책적 형태가 되어 실제 활동 과정에서 빠르게 뿌리를 내렸다.

중앙위원회 4차 전체회의 이후, 농촌 혁명근거지에 대한 중앙의 내부 정책에서도 '좌경화'된 오류들이 나타났다. 그 가운데 '지주에게는 땅을 분배하지 않고, 부농에게는 버려진 땅을 분배한다."는 것이 가장 두드러졌다. 그들의 지시문에는 다음과 같이 규정되어 있다. "지주라는 잔존 세력에게

---

442 中國社會科學院近代史研究所翻譯室 編譯,『共産國際有關中國革命的文獻資料1929-1936』2, 北京: 中國社會科學出版社, 1982: 120쪽. | 여기서 저자는 인용 내용의 일부를 누락시켰는데, 그것을 말줄임표로 표기했다.

443 |「中共中央接受共産國際執委第十一次全會總結的決議」, 中共江西省委黨史研究室 等編,『中央革命根據地歷史資料文庫·黨的系統』3, 北京: 中央文獻出版社·南昌: 江西人民出版社, 2011: 1744쪽.

444 |「中共中央接受共産國際執委第十一次全會總結的決議」, 中共江西省委黨史研究室 等編,『中央革命根據地歷史資料文庫·黨的系統』3, 北京: 中央文獻出版社·南昌: 江西人民出版社, 2011: 1744쪽.

뚜렷한 반동적 증거가 보이지 않더라도, 그의 가족이나 자식들은 중노동을 시켜야만 한다. 절대로 그들에게 토지를 배분해서는 안 된다. 모든 토지를 평등하게 다시 분배할 때, 자신의 노동력으로 직접 경작하려는 부농이 있다면 그들에게 일부 토지를 나눠줄 수 있을 것이다. 하지만 그들에게는 쓸모없는 토지를 분배해야만 한다. 왜냐하면 그들이 빈농·소작농雇農·중농中農과 동등한 권리를 가져서는 안 되기 때문이다."[445]

그런데 이와 같은 주장은 지주가 살아갈 수 있는 길을 닫아버린 것이자, 부농의 경제적 활동도 막아버린 것이었다. 또한 일부 중농들은 그들의 계급적 경계가 불분명하다는 이유에서 손해를 감수해야만 했다. 그로 인해 혁명근거지에는 이후 매우 해로운 결과들이 야기되었다.

두 번째 단계는 1931년 9월, 보구가 임시중앙의 총책임을 맡은 시기부터 임시중앙이 중앙 혁명근거지로 옮겨가기 전까지를 말한다. 세 번째 '좌편향'적 오류는 이 시기에 보다 본격적으로 표출된다. 임시중앙이 구성되고 나서 한 달 동안 중국의 정치적 국면은 두 가지 지점에서 중요한 변화가 나타났다.

하나는 일본 군국주의 세력이 일으킨 9·18 사변[446]으로, 중국 둥베이東北 지역이 무력 점령당하면서 민족민주운동이 중국 전역에서 새롭게 고조되고 있었다. 이에 중간 세력들이 '민주 정치'와 '항일을 위한 일치단결'이라는 구호를 제기하면서, 민족 모순이 모든 것을 압도하게 되었다. 다른 하나는 마오쩌둥과 주더가 이끄는 홍군 제1방면군[447]은 국민당 군대의 제3차 '포위 공격圍剿'을 분쇄했는데, 그 과정에서 3만이 넘는 적군을 섬멸하고,

---

[445] 「中共中央給贛東北特委的指示信」, 1931年2月19日. | 中共中央文獻研究室·中央檔案館 編, 『建黨以來重要文獻選編1921-1949』8, 北京: 中央文獻出版社, 2011: 62-63쪽. 여기서 저자는 이 지시문의 날짜를 1931년2월12일로 표기했는데, 이를 바로잡았다.

[446] | 9·18 사변은 만주 사변으로도 알려져 있다. 1931년 9월 18일, 일본 관동군은 류탸오후柳條湖에서 조작극을 벌여 만주 침략을 위한 전쟁을 본격화했다.

[447] | 홍군 제1방면군은 중국 공농홍군 제1방면군 또는 중앙홍군으로도 불린다. 그것은 제2차 국공합작 이후에 국민혁명군 제8로군으로 개편된다.

장시의 남쪽 지역贛南과 푸젠의 서쪽 지역閩西에 있던 근거지를 하나로 연결시켰다.

당시 중국공산당 중앙은 새로운 객관적 정세에서 즉각적인 결단, 그리고 그에 상응하는 정책 조정과 활동 배치를 통해 항일 민족통일전선을 적극적으로 확대할 필요가 있었다. 하지만 보구가 총책임자인 임시중앙은 9·18사변 이후에 조성된 민족 모순의 심화와 중간계급의 항일과 민주라는 요구를 간과했다. 오히려 당시 국민당의 통치 위기와 혁명 역량의 발전 과정을 과대평가하면서, 그 모든 것을 타도하자는 주장만을 반복했다.

또한 중간세력을 가장 위험한 적으로 간주하기까지 했다. 훗날 보구는 다음과 같이 회고했다. 그것은 "객관적 상황의 급격한 변화로부터"[448] "현실에도 온전히 부합하지 않았을 뿐만 아니라 시대적 흐름에도 역행한"[449] 결과를 낳았다. 그로 인해 유리했던 역사적 기회가 사라졌으며, 혁명 과정에서 또 다시 겪어서는 안 될 심각한 좌절을 마주하게 되었다.

그러한 잘못된 주장들이 가장 먼저 집중적으로 표현되기 시작한 것은 9월 20일에 정치국을 통과했던 「공농홍군의 제3차 '포위 공격' 돌파와 혁명으로 나아가는 위기의 점진적 고조가 공산당에 요구하는 긴급 임무」에서였다. 이 문서는 왕밍이 작성한 것으로, "지금 중국의 정치적 정세에서 핵심 중의 핵심은 반혁명세력과 혁명세력 간의 결사투쟁이다."[450]라는 점을 강조했다. 세 번째 '좌편향'적 오류의 시기에 '결전론決戰論'이 반복해서 외쳐졌던 이유를 바로 여기서 찾아볼 수 있다.

---

448 | 「博古在七大上的大會發言(節錄)—對敎條主義機會主義路線所負責任的問題」, 中共中央黨史研究室·中央檔案館 編, 『中國共産黨第七次全國代表大會檔案文獻選編』, 北京: 中共黨史出版社, 2015: 371쪽.

449 | 「博古在中共七大上的發言記錄」, 1945年5月3日. | 「博古在七大上的大會發言(節錄)—對敎條主義機會主義路線所負責任的問題」, 中共中央黨史研究室·中央檔案館 編, 『中國共産黨第七次全國代表大會檔案文獻選編』, 北京: 中共黨史出版社, 2015: 371쪽.

450 | 「由於工農紅軍衝破第三次'圍剿'及革命危機逐漸成熟而產生的黨的緊急任務」, 中共江西省委黨史研究室 等編, 『中央革命根據地歷史資料文庫·黨的系統』3, 北京: 中央文獻出版社·南昌: 江西人民出版社, 2011: 1781쪽.

그것은 9·18 사변 이후의 중국 정세 변화를 고려하지 않았고, 매우 과장된 언어로 혁명 역량의 급속한 확대를 묘사했으며, 국민당의 지배 체제가 붕괴되고 있다고 단언했다. 또한 그 모든 것이 "중국 전체에서 혁명적 위기의 고조라는 그림을 완성시켰으며, 그 그림은 혁명이 하나 또는 몇몇의 성에서 우선적으로 승리할 것이라는 전망을 매우 밝게 드러내준다."[451] 그러다가 갑자기 어떠한 실현 가능성도 없는 '긴급한 임무'들을 제기했는데, 그 내용은 다음과 같다.

소비에트 지역의 당은 제3차 '포위 공격'을 분쇄한 다음, "물러나는 적군을 추격하는 데 역량을 집중함으로써 그들을 섬멸시키는 한편, 원활한 정치·군사적 여건으로부터 주요 도시나 그 다음으로 중요한 도시의 한두 곳을 점령한다. 승리한 이후 휴식을 취하던 습관이 더 이상 반복되어서는 안 된다. 쉬게 되면 적군이 여유 있게 퇴각하거나 그들의 진용을 빠르게 재정비할 수 있기 때문에 소비에트 지역에 또 다른 문젯거리가 된다."[452]

그리고 가능한 한 여기저기 흩어져 있는 소비에트 지역들을 하나로 합쳐 10월 혁명 기념일에 공식적으로 소비에트 전국 임시중앙정부를 수립해야만 한다.[453] 지금 바로 홍군을 확대하고 견고하게 만들기 위해서는 "군대별로 시가전과 진지전 훈련을 시작해야만 한다."[454] 소비에트 지역이 아닌

---

[451] |「由於工農紅軍衝破第三次'圍剿'及革命危機逐漸成熟而產生的黨的緊急任務」, 中共江西省委黨史研究室 等編, 『中央革命根據地歷史資料文庫·黨的系統』3, 北京: 中央文獻出版社·南昌: 江西人民出版社, 2011: 1781쪽.

[452] |「由於工農紅軍衝破第三次'圍剿'及革命危機逐漸成熟而產生的黨的緊急任務」, 中共江西省委黨史研究室 等編, 『中央革命根據地歷史資料文庫·黨的系統』3, 北京: 中央文獻出版社·南昌: 江西人民出版社, 2011: 1784쪽.

[453] |「由於工農紅軍衝破第三次'圍剿'及革命危機逐漸成熟而產生的黨的緊急任務」, 中共江西省委黨史研究室 等編, 『中央革命根據地歷史資料文庫·黨的系統』3, 北京: 中央文獻出版社·南昌: 江西人民出版社, 2011: 1784쪽을 참조하라.

[454] |「由於工農紅軍衝破第三次'圍剿'及革命危機逐漸成熟而產生的黨的緊急任務」, 中共江西省委黨史研究室 等編, 『中央革命根據地歷史資料文庫·黨的系統』3, 北京: 中央文獻出版社·南昌: 江西人民出版社, 2011: 1784쪽.

경우, 군중들에게 홍군을 알리는 선전선동 활동을 진행하고 그것을 임시중앙정부의 수립 기념일의 군중운동으로 연결시켜야만 한다.[455]

또한 이재민들의 소요를 유격전으로 끌고 나가야 한다.[456] 상하이 등에서 '파업·군 훈련 거부·수업 거부로 일본제국주의에 반대하자'는 등의 구호를 제기해야 한다. "그 구호들이 선전 과정에서 '국민당을 타도하자', '소련을 옹호하자', '공농군의 소비에트와 홍군을 옹호하자'라는 구호와 결코 분리되어서는 안 된다."[457] 가능한 한 도시(상하이·탕산唐山·톈진天津과 같은)에서 산업별 동맹 파업을 조직한다.[458] 그 글의 마지막 문장은 다음과 같다. "공산당의 각급 부문들은 최단 시일 안에 이와 같은 긴급 임무를 100% 완수해내야만 한다."[459]

그것은 기본적으로 세상 물정을 모르는 교조주의자가 권력을 잡고, 나아가 스스로의 자리가 확고하다고 믿으면서, 주객관적 조건을 살피지 않은 채 제멋대로 명령을 내릴 수 있다는 것을 보여주는 하나의 표본인 셈이다. 당시 국민당 통치 지역에는 전체적으로 몇 천 명에 불과한 당원이 있었을 뿐이고, 홍군의 주력도 몇 만 명에 지나지 않았으며, 무기와 장비 면에서도

---

455 | 「由於工農紅軍衝破第三次'圍剿'及革命危機逐漸成熟而產生的黨的緊急任務」, 中共江西省委黨史研究室 等編, 『中央革命根據地歷史資料文庫·黨的系統』3, 北京: 中央文獻出版社·南昌: 江西人民出版社, 2011: 1785쪽을 참조하라.

456 | 「由於工農紅軍衝破第三次'圍剿'及革命危機逐漸成熟而產生的黨的緊急任務」, 中共江西省委黨史研究室 等編, 『中央革命根據地歷史資料文庫·黨的系統』3, 北京: 中央文獻出版社·南昌: 江西人民出版社, 2011: 1785쪽을 참조하라.

457 | 「由於工農紅軍衝破第三次'圍剿'及革命危機逐漸成熟而產生的黨的緊急任務」, 中共江西省委黨史研究室 等編, 『中央革命根據地歷史資料文庫·黨的系統』3, 北京: 中央文獻出版社·南昌: 江西人民出版社, 2011: 1786쪽.

458 | 「由於工農紅軍衝破第三次'圍剿'及革命危機逐漸成熟而產生的黨的緊急任務」, 中共江西省委黨史研究室 等編, 『中央革命根據地歷史資料文庫·黨的系統』3, 北京: 中央文獻出版社·南昌: 江西人民出版社, 2011: 1786쪽을 참조하라.

459 「由於工農紅軍衝破第三次'圍剿'及革命危機逐漸成熟而產生的黨的緊急任務」, 1931年9月20日. | 中共江西省委黨史研究室 等編, 『中央革命根據地歷史資料文庫·黨的系統』3, 北京: 中央文獻出版社·南昌: 江西人民出版社, 2011: 1787쪽.

국민당의 군대와 비교가 불가능한 상황이었다. 그런데도 그들은 그와 같은 임무들을 확정했을 뿐만 아니라 공산당의 각급 부문에 '최단 시일 안에 이와 같은 긴급 임무를 100% 완수해내야만 한다.'고 요구했던 것이다. 그 모든 것이 그야말로 잠꼬대와 같은 헛소리였다.

그 후 석 달 동안 소비에트 전국임시중앙정부가 정해진 시간에 수립된 것 말고는 그 어떠한 임무도 완성된 것이 없었으니 '100%' 달성은 더 이상 논할 필요조차 없는 것이었다. 1932년 1월 9일에 임시중앙은 「하나 또는 몇몇의 성에서 혁명의 우선적 승리를 위한 결의」를 다시금 제기했다. 이전 문건이 '최단 시일 안에'라는 기한을 정해 놓은 것이었다면, 이 문건은 지금 당장 집행해야 할 '결의'였다. 또한 그것에 규정되어 있던 목표도 매우 구체적이었다.

중국의 계급 간 역량에 변화가 발생했기 때문에, "대도시를 장악하지 않던 것이 이전의 올바른 대응 전략이었다면, 지금은 달라졌다. 지금은 소비에트를 확대해야 하고, 흩어져 있는 소비에트를 하나의 소비에트로 연결해야 하며, 현재의 원활한 정치와 군사적 여건으로부터 중요한 주요 도시 한두 개를 장악해야만 한다. 따라서 하나 또는 몇몇 성에서 혁명의 우선적인 승리라는 것은 이제 모든 당 활동과 소비에트 운동의 의사일정이 되었다."[460]

그리고 "중앙이 최근에 내린 군사적 지침에 따라 중앙 지역, 푸젠·광동·장시의 접경 지역閩粵贛, 장시의 동북 지역贛東北, 후난·후베이·장시의 접경 지역湘鄂贛, 후난·장시의 접경 지역湘贛邊에 분포된 소비에트들을 하나의 소비에트 지역으로 연결시켜야만 한다. 또한 난창南昌·푸저우撫州·지안吉安 등의 주요 도시를 장악함으로써 현재 분산되어 있는 소비에트 근거지들을 하나로 결합시키고, 후난성·후베이성·장시성에서 우선적으로 승리해야만

---

460 | 「中共中央關於爭取革命在一省與數省首先勝利的決議」, 中共中央文獻研究室·中央檔案館 編, 『建黨以來重要文獻選編1921-1949』9, 北京: 中央文獻出版社, 2011: 40쪽.

한다."⁴⁶¹

그와 같은 목표 달성을 위해 반反우경화라는 임무가 거듭 제안되고 있다. "우경화라는 기회주의는 지금도 혁명을 위협하는 주요 요인이다. 그 경향은 혁명으로 나아가는 현재의 위기가 더욱 격화될 것이라고 예측하지 못하면서 나타났다. 그로부터 홍군의 움직임이 소극적이라고 비관하거나 실망하면서 홍군의 기강이 해이해졌다는 허튼소리만 하고 있으며, 유리한 정세임에도 공격적인 투쟁을 바라지 않는다. 어제의 대응 전략만이 올바른 것이자, 영원히 변치 않는 교리로 간주되었다.

그것은 노동조합 활동에 대해서도 소극적인 태도를 보였는데, 다시 말해서 노동자들의 경제투쟁을 무시하고, 경제적 공황 상태에서 노동자 투쟁은 불가능하다고 주장했다. 그리고 반제국주의 운동 과정에서 국민당의 각 파벌들과 다른 정치세력들의 포로와 같은 존재로 전락했다. 따라서 우경화 반대 투쟁에 화력을 집중시켜만 한다."⁴⁶²

그러한 임시중앙의 문건들은 너무나도 객관적 실제와 동떨어져 있었다. 그것은 공산당 내부적으로도 배척을 받았는데, 첫 번째와 두 번째 '좌편향'적 오류 때보다도 그 정도가 더욱 광범위하고 강력했다. 그와 같은 배척이 단지 홍군과 혁명근거지에서만 이루어진 것은 아니었다. 국민당 통치 지역에서 활동하고 있던 이들도 상이한 견해를 제출했다.

당시 중국공산당 중앙의 직공職工부장이었던 류사오치는 적지 않은 노동자들의 분위기를 솔직하게 표현했다. "노동자 군중들은 장난으로 파업하길 원치 않으며, 경솔하게 파업을 강행하고자 하지 않는다. 우리 선동가들은 노동자들로부터 다음과 같은 말을 많이 들었다. '너희들의 말은 맞다. 하지

---

461 | 「中共中央關於爭取革命在一省與數省首先勝利的決議」, 中共中央文獻研究室·中央檔案館 編, 『建黨以來重要文獻選編1921-1949』9, 北京: 中央文獻出版社, 2011: 41쪽.

462 「中央關於爭取革命在一省與數省首先勝利的決議」, 1932年1月9日. | 中共中央文獻研究室·中央檔案館 編, 『建黨以來重要文獻選編1921-1949』9, 北京: 中央文獻出版社, 2011: 44쪽.

만 우리는 당분간 너희들의 말대로 행동하지 않겠다.'"[463]

나아가 류사오치는 비판했다. "우리 조직은 여전히 철저하게 기업 내부의 상황을 제대로 이해하지 못하고 있으며, 군중들의 가장 절박한 요구를 제기하지 못하고 있다."[464] 우리는 기본적으로 "투쟁을 위한 준비를 하지 않는다."[465] 이처럼 솔직한 언술들은 실제 활동에 경험이 전혀 없던 임시중앙 책임자들을 격노하게 만들었다. 이에 그들은 그러한 비판 모두를 '기회주의적 동요'로 간주해버렸다.

당시 임시중앙 책임자였던 캉성[康生, 1898-1975]은 1932년 3월 25일자 당내 간행물에 「직공 운동 내부의 기회주의를 반대함」이라는 글을 발표해 류사오치의 관점을 겨냥했다. "직공 운동에 등장한 많은 기회주의적 관점들에 대해 무자비한 투쟁과 철저한 숙청이 이루어져야만 한다."[466] 그리고 그것을 다음의 경우로 구체화시켰다. 노동자들의 무장에 대해, 제국주의와 국민당 반대 활동에 대해 소극적인 기회주의적 태도를 보이고, 일하는 노동자들에 대한 파업의 조직을 단념하며, 적색노조의 조직을 포기하는 것이다.[467] 그로부터 다음과 같은 결론을 내렸다. "이러한 기회주의의 발생 원인을 살펴보면, 대체로 현재에 대한 불완전한 정치적 예측으로부터 군중의 힘을 신뢰하지 못한 데 있다. 또한 무산계급의 단결과 무장을 통해서만 제

---

463 |「一九三一年職工運動的總結」, 張聞天 等 主編, 『紅旗週報』4, 湘潭: 湘潭大學出版社, 2014: 22-23쪽. 참고로, 『紅旗週報』는 『紅藏: 進步期刊總彙1915-1949』編輯出版委員會, 『紅藏: 進步期刊總彙1915-1949』, 湘潭: 湘潭大學出版社, 2014의 마흔두 번째 시리즈로 제작되었다.

464 |「一九三一年職工運動的總結」, 張聞天 等 主編, 『紅旗週報』4, 湘潭: 湘潭大學出版社, 2014: 30쪽.

465 |「一九三一年職工運動的總結」, 『紅旗週報』1932年第31期. | 張聞天 等 主編, 『紅旗週報』4, 湘潭: 湘潭大學出版社, 2014: 29쪽.

466 |「反對職工運動中的機會主義」, 張聞天 等 主編, 『紅旗週報』4, 湘潭: 湘潭大學出版社, 2014: 114쪽.

467 |「反對職工運動中的機會主義」, 張聞天 等 主編, 『紅旗週報』4, 湘潭: 湘潭大學出版社, 2014: 114·117·119쪽을 참조하라.

국주의와 국민당에 반대하는 혁명전쟁에서 완벽하게 승리할 수 있다는 것을 믿지 못하기 때문이다."[468]

이어서 임시중앙의 또 다른 책임자였던 장원톈洛甫도 「중국 혁명을 달성하기 위한, 하나 또는 몇몇 성의 우선적 승리 과정에서 발생한 중국공산당 내부의 기회주의적 동요」라는 글을 발표했다. 그 글에서는 더욱 날카로운 어조로 지적했다. "제국주의와 국민당, 그리고 모든 반反혁명세력들이 혁명을 공격하고 있는 데 우리는 더욱 혁명적인 공격으로 맞서야 한다. 그것이 현재 중국 혁명의 위기라는 상황으로부터, 혁명과 반혁명이 결사투쟁을 벌이는 과정에서 제기된 핵심적 특징이다. 하지만 중국공산당의 모든 동지들이 그 특징을 제대로 이해하지 못하고 있다. 반혁명 세력의 백색공포와 그들의 일방적인 선전선동이 우리 내부의 나약한 일부 동지들에게 영향을 끼쳤다. 그로부터 일부 동지들은 지금의 혁명을 제대로 예측하지 못했으며, 당에서 제안한 많은 주요 임무들에 대해서도 기회주의적으로 동요하는 태도를 보였다. [……] 이것은 실로 중국공산당이 직면한 가장 큰 위기라고 할 수 있다."[469]

그 글은 여러 혁명근거지들의 당 조직과 직공부와 같은 중앙 부문에 대해서도 도발적이고 날카로운 비판을 이어나갔다. "중앙 소비에트 지역의 동지들은 여기서 심각한 대기주의等待主義를 드러냈는데, 즉 적군이 공격하기만을 기다리거나 새로운 승리가 찾아오기만을 기다리고 있다. 그들은 객관적으로 유리한 여건을 활용해 적극적으로 공격한다는 대응 전략을 채택해본 적이 없다. 그들은 '소비에트 지역근거지의 공고화'를 마치 주문과도 같이 되뇌며, '반동 세력의 공격용 진지土圍子'를 없애는 것이 곧 스스로의 근거지를 공고히 하는 주된 활동이라고 생각한다. 그로부터 적군의 새로운

---

[468] 謝康, 「反對職工運動中的機會主義」, 『紅旗週報』1932年第33期. | 張聞天 等 主編, 『紅旗週報』4, 湘潭: 湘潭大學出版社, 2014: 122쪽.

[469] | 「在爭取中國革命在一省與數省的首先勝利中中國共産黨內機會主義的動搖」, 中共中央文獻研究室·中央檔案館 編, 『建黨以來重要文獻選編1921-1949』9, 北京: 中央文獻出版社, 2011: 208-209쪽.

공격, 새로운 '견벽청야堅壁淸野',[470] 새로운 '유인 작전', 새로운 승리만을 그저 기다리고 있을 뿐이다. 그와 같은 주장은 사실 반동 통치에 대한 과대평가에서 비롯되었다."[471]

그리고 그는 거듭 지적했다. "중앙 직공부의 류사오치 동지는 현 노동자운동의 정세를 예측하는 과정에서 우경화된 기회주의적 오류를 저질렀다. 그것은 그가 현재의 노동자 투쟁을 방어적인 역습으로 이해한다는 점이다."[472] 그로부터 다음과 같은 결론을 내린다. "현재의 주된 위험은 국민당 통치를 과대평가하고, 우리의 혁명 역량을 과소평가하는 우경화된 기회주의다."[473] "우리 동지들이 아직 이해를 못했거나 제대로 알고 있지 못한 것은 국민당 정부가 빠르게 붕괴되거나 소멸될 수 있다는 점, 이와 다르게 소비에트 정부는 빠르게 공고해지면서 확장되고 있다는 점이다."[474]

임시중앙이 스스로의 혁명 역량을 과대평가했고, 국민당의 통치 역량을 과소평가했다는 점은 분명하다. 그럼에도 불구하고 그들은 다른 이들이 '국민당 통치를 과대평가하고 우리의 혁명 역량을 과소평가'한다고 보았다. 따라서 '적극적인 공격'만을 끊임없이 요구했고, 적절한 기회를 살피는

---

470 | 堅壁淸野는 성벽을 튼튼히 보수하고, 들판의 곡식과 가옥들을 모두 거둬들이거나 철거한다는 뜻이다. 그것은 적군에게 도움이 될 수 있는 식량이나 거주지를 사전에 제거하는 전술의 일종이다.

471 | 「在爭取中國革命在一省與數省的首先勝利中中國共產黨內機會主義的動搖」, 中共中央文獻研究室·中央檔案館 編, 『建黨以來重要文獻選編1921-1949』9, 北京: 中央文獻出版社, 2011: 216쪽.

472 | 「在爭取中國革命在一省與數省的首先勝利中中國共產黨內機會主義的動搖」, 中共中央文獻研究室·中央檔案館 編, 『建黨以來重要文獻選編1921-1949』9, 北京: 中央文獻出版社, 2011: 223쪽.

473 | 「在爭取中國革命在一省與數省的首先勝利中中國共產黨內機會主義的動搖」, 中共中央文獻研究室·中央檔案館 編, 『建黨以來重要文獻選編1921-1949』9, 北京: 中央文獻出版社, 2011: 218쪽.

474 洛甫, 「在爭取中國革命在一省與數省的首先勝利中中國共產黨內機會主義的動搖」, 1932年 4月4日. | 中共中央文獻研究室·中央檔案館 編, 『建黨以來重要文獻選編1921-1949』9, 北京: 中央文獻出版社, 2011: 211쪽.

'기다림'은 용납되지 않았다. 그래서 양측의 역량에 현격한 차이가 나는 경우에도, 방어와 후퇴라는 '유인 작전'을 펼쳐 유리한 기회를 잡고, 그를 통해 작전 과정에서 적군을 섬멸한다는 시도조차 용납되지 않았다.

누군가 실제 상황에 근거해 사실 그대로를 말한다든가, 존재하는 어려움들을 언급한다든가, 또는 실제에 맞는 융통성 있는 방법을 선택한다든가 하면, 그것은 혁명에 '결연하지 못한' 태도로 지적받았다. 왜냐하면 그것들은 반혁명적인 백색테러와 일방적인 선전선동의 결과이고, '비관적인 실망과 소극적인 태업'으로 인해 나타난 '기회주의적 동요'이기 때문이다.[475] 그와 같은 공세로부터 결국 당 내부의 이견들은 모두 억눌렸으며, 이는 세 번째 '좌편향'적 오류가 공산당에 전반적으로 관철되는 계기가 되었다.

세 번째 단계는 1933년 초 임시중앙이 중앙 혁명근거지로 옮겨지면서부터 1935년 1월 쭌이遵義회의가 개최되기 전까지다. 그들은 그 시기에 홍군과 혁명근거지를 직접 통제했으며, '좌경화'된 모험주의적 지침들이 추진되었다. 결과적으로 공산당은 중앙 혁명근거지를 잃게 되었고, 홍군은 어쩔 수 없이 대장정으로 내몰렸다. 이로부터 중국공산당은 다시 한번 최악의 실패라는 지경에 이르렀다.

1933년 1월 17일, 임시중앙은 원래 있던 상하이에서 장시성 남쪽 지역과 푸젠성 서쪽 지역에 위치한 중앙 혁명근거지로 이전할 것을 결정했다. 당시 중국공산당은 국민당 통치 지역의 활동이 불가능할 정도로 심각한 타격을 입었기 때문에 임시중앙의 입지는 상하이에서 날이 갈수록 줄어들었다. 그해 2월과 3월에 걸쳐 보구 등 임시중앙 지도자들이 잇달아 중앙 혁명근거지로 향했다.

보구는 중앙 혁명근거지에 도착하자마자 당·정·군의 대권 전체를 장악했을 뿐만 아니라 이전의 '반우경화' 투쟁을 더욱 체계적으로 전개했다. 당

---

475 | 「在爭取中國革命在一省與數省的首先勝利中中國共產黨內機會主義的動搖」, 中共中央文獻研究室·中央檔案館 編, 『建黨以來重要文獻選編1921-1949』9, 北京: 中央文獻出版社, 2011: 208-209쪽을 참조하라.

시 중앙 혁명근거지 주변 지역의 일부 지도자들은 여러 차례 국민당 군대의 '포위 공격'을 분쇄했던 성공 경험을 가지고 있었다. 그래서 그들은 양측의 역량이 현격한 차이를 보일 때, 적군의 주력을 피하고 약점을 공격하는 전술을 구사했다. 다시 말해서, 일정 기간 동안 적군과의 결전은 피하면서 비교적 유리한 조건의 주변 산악지대로 아군의 역량을 옮겨 유격전을 전개했던 것이다. 하지만 그것들은 임시중앙에 의해 '혁명에 대한 비관과 실망의 우경화된 기회주의로 달아나고 물러선 노선'으로 간주되었다. 임시중앙은 그러한 장애물을 치우기 위해 종파주의라는 조직적 수단을 사용했는데, 의견이 다른 간부들에게 '잔혹한 투쟁'과 '무자비한 공격'을 일삼았다.

임시중앙이 중앙 혁명근거지에 도착한 지 얼마 안 된 1933년 2월 16일, 보구는 공농홍군 학교工農紅軍學校의 제4기 졸업생들을 대상으로 한 공산당원·공청단원 회의 보고에서 푸젠·광둥·장시 성위원회의 서기 대리인 뤄밍[羅明, 1901-1987]을 강하게 비판했다. "우리는 지금 [스스로에게] 물어봐야 한다. 현 정치적 정세에서 공산당의 대응 노선은 공격적이어야 하는가, 아니면 방어적이어야 하는가? 그런데 그것은 문제가 되지 않는다. 현재 우리 당의 대응 전략과 총노선이 바로 공격 노선이어야 하기 때문이다."[476]

또한, "하지만 현재 우리 당 내부에는(매우 안타깝지만 당의 지도자 동지들까지도) 동요할 뿐만 아니라 나약하면서도 지조 없는 일부 소小자산계급들이 존재한다. 그들은 계급적 적들의 영향을 받아 비관적인 실망감, 그리고 뒷걸음치며 도망가는 모습을 그대로 연출했다. 그로 인해 그들 스스로가 기회주의적이고 해산取消주의적이며, 도망가려고 뒷걸음치는 노선을 만들어냈다. 그들은 공산당의 공격 노선에 저항하며, 당의 볼셰비키적인 군중의 동원을 방해하고 있다. 그러한 기회주의적 후퇴 노선을 가장 분명하게 드러

---

476 |「擁護黨的布爾雪維克的進攻路線」, 張聞天 等 主編, 『鬪爭(蘇區版)』1, 湘潭: 湘潭大學出版社, 2014: 32쪽. 참고로, 『鬪爭』은 『紅藏: 進步期刊總彙1915-1949』編輯出版委員會, 『紅藏: 進步期刊總彙1915-1949』, 湘潭: 湘潭大學出版社, 2014의 마흔아홉 번째 시리즈로 제작되었다. 그리고 『鬪爭』은 蘇區版 이외에도 上海版과 西北版이 있다.

낸 이들이 바로 전前 푸젠성 위원회의 서기 대리인 뤄밍 동지, 푸젠성 신취안현新泉縣 위원회의 서기 양원중楊文仲 동지다."[477]

보구는 모든 역량을 동원해 눈앞의 어려움을 극복하고, 적군의 공격을 분쇄하기 위한 방법으로 볼셰비키처럼 모든 측면에서의 공격만이 있을 뿐이라고 호소했다.[478] "무엇보다 우리 대오 안에 존재하는 기회주의자들의 동요를 분쇄해야 한다. 그들을 고립시켜야 하는 이유는 그들이 우리의 공격을 방해하기 때문이다."[479]

뤄밍은 당시의 상황을 다음과 같이 회고했다. "푸젠의 '뤄밍 노선' 반대투쟁은 성급省級 기관에서 먼저 시작되었는데, 그로부터 위에서 아래로, 안에서 밖으로 본격화되었다. [……] 그들은 적을 대하는 방식으로 동지를 대하고, 당내 투쟁이라는 문제를 처리했다. 그와 함께 '볼셰비키의 쇠주먹으로 그들을 분쇄하자' 또는 '무자비하게 공격하자' 등의 구호를 내세웠다."[480]

푸젠성 위원회 서기 대리라는 직무를 담당하던 뤄밍은 해임되었다. 그리고 푸젠성 군구軍區 사령관인 탄전린[譚震林, 1902-1983]과 푸젠성 소비에트 정부의 주석인 장딩청[張鼎丞, 1898-1981]도 차례로 면직되었다. 그것은 그들이 임시중앙을 중앙 혁명근거지로 옮긴 다음, 처음으로 보여준 근거지 간부들의 기강잡기였다.

이어 3월 31일, 보구 등이 주도한 당 활동가 회의가 장시의 후이창會昌현·쉰우尋烏현·안푸安福현에서 개최되었는데, 거기서는 장원톈洛甫의 보고로부터 다음의 내용이 결의되었다. 즉, "회의에서는 후이창현·쉰우현·안푸현이

---

477 |「擁護黨的布爾雪維克的進攻路線」, 張聞天 等 主編, 『鬪爭(蘇區版)』1, 湘潭: 湘潭大學出版社, 2014: 34-35쪽.

478 |「擁護黨的布爾雪維克的進攻路線」, 張聞天 等 主編, 『鬪爭(蘇區版)』1, 湘潭: 湘潭大學出版社, 2014: 37쪽을 참조하라.

479 博古,「擁護黨的布爾塞維克的進攻路線」,『鬪爭』1933年第3期. |「擁護黨的布爾雪維克的進攻路線」, 張聞天 等 主編, 『鬪爭(蘇區版)』1, 湘潭: 湘潭大學出版社, 2014: 37쪽.

480 羅明,『羅明回憶錄』, 福州: 福建人民出版社, 1991: 135쪽.

덩샤오핑 동지를 비롯한 주요 현위원회의 지도를 받아 단순한 방어 노선에만 집중해왔다고 판단했다. 그 노선은 적의 대규모 공격이 있기 이전부터 비관적인 실망감을 표출했을 뿐만 아니라 군중과 당원 동지들의 힘을 조금도 신뢰하지 않았다. 결과적으로 적군이 소비에트를 공격한다는 소식을 듣자마자 당황해하면서 어찌할 바를 모른 채, 모두 뒷걸음치며 도망가버렸다. 심지어 쉰우현 전체를 포기함으로써 그곳을 광둥 군벌에게 내주기까지 했다. 그와 같은 노선이 당의 공격 노선과 어떠한 유사점도 없다는 점은 분명하다. 그것을 바로 후이창·쉰우·안푸의 뤄밍 노선이라고 한다."[481]

1933년 4월 16일에서 22일까지 진행된, 장시성의 당 활동 3개월에 대한 평가 회의에서는 덩샤오핑·마오쩌탄[毛澤覃, 1905-1935]·셰웨이쥔[謝唯俊, 1908-1935]·구바이[古柏, 1906-1935]를 비판하면서, 그들이 "장시의 뤄밍 노선(즉, '단순한 방어노선')"[482]을 대표한다고 지적했다. 덩샤오핑도 그 자리에서 장시성 위원회 선전부장이라는 직무에서 해임되었다. 이처럼 임시중앙은 덩샤오핑과 같은 이들을 직접적으로 비판했지만, 사실 그 칼끝은 마오쩌둥에 의해 제기된 여러 주장들을 겨냥하고 있었다. 그래서 그 이후에도 정부와 군대 내부에서 '뤄밍 노선'에 대한 비판이 이루어졌다. 자신과 다른 의견을 억압하고 공격하는 행위로 인해 사람들은 불안감을 느꼈을 뿐만 아니라 중앙 혁명근거지의 정치적 분위기가 대단히 비정상적인 형태로 바뀌었다.

1933년 하반기에 들어, 장제스는 스스로 총사령관이 되어 중앙 혁명근거지에 대한 대규모의 제5차 '포위 공격'을 단행했다. 경제적으로는 치밀한 봉쇄 정책을 진행하고, 군사적으로는 '보루주의堡壘主義'[483]라는 새로운 전략을 통해 중앙 혁명근거지를 점진적으로 압박했다. 그 '포위 공격'의 규

---

[481] 「會尋安三縣黨積極份子會議決議」, 『鬪爭』1933年第8期. | 張聞天 等 主編, 『鬪爭(蘇區版)』1, 湘潭: 湘潭大學出版社, 2014: 118-119쪽.

[482] 羅邁, 「爲黨的路線而鬪爭」, 『鬪爭』1933年第12期. | 張聞天 等 主編, 『鬪爭(蘇區版)』1, 湘潭: 湘潭大學出版社, 2014: 188쪽.

[483] | '보루주의'는 점령지를 즉각적으로 요새화한다는 전략이다.

모와 동원된 병력은 앞선 4차례보다 훨씬 더 컸는데, 중앙 혁명근거지를 직접 공격한 병력만 50만 명에 달했다. 결국 매우 격렬한 전투가 벌어졌으며, 중앙 혁명근거지의 군대와 인민들은 극도로 혹독한 시련에 직면하게 되었다. 그 당시 임시중앙은 소비에트 중앙국과 합병되어 중국공산당 중앙국으로 불리고 있었다. 그렇다면 '좌편향'적 교조주의자들은 그처럼 엄중한 국면에서 어떻게 대처했을까?

그들의 정세 예측은 여전히 스스로의 역량을 과대평가했고, 국민당의 통치 위기를 과장했다. 그로 인해 객관적 실제와는 거리가 먼 상황 판단을 일삼았다. 그들은 그것을 '계급 간의 결전'으로 이해했으며, '중국 혁명이 하나 또는 몇몇 성에서 우선적으로 승리한다.'는 것이 가능하다고 보았다. 7월 24일, 중국공산당 중앙은 「제국주의·국민당의 제5차 '포위 공격'과 우리 당의 임무에 관한 결의」를 발표했다. "제5차 '포위 공격'은 더욱 격렬하고 잔혹한 계급 간의 결전이다. …… 제5차 '포위 공격'을 분쇄한다는 것은 우리에게 중국 혁명이 하나 또는 몇몇 성에서 우선적으로 승리할 수 있다는 확신을 갖도록 한다."[484]

9월 하순부터 국민당 군대는 중앙 혁명근거지에 대한 공격을 본격화했는데, 그 시기에 보구가 발표한 글을 보면 다음과 같은 내용이 담겨 있다. "이것은 잔혹하고도 격렬한 결전이다. 당황한 기회주의자들은 어찌할 바를 모른 채 부르짖고만 있다. …… 그리고 그들은 과장된 언사들로 국민당의 자금·무기·군대 등을 표현하면서도, 스스로의 역량은 무엇이든 과소평가한다. 다시 말해서, 적군의 모든 것을 좋게 보지만 우리 자신은 보잘 것 없다고 여긴다."[485]

11~12월 사이에 모스크바에서는 코민테른 집행위원회의 제13차 전체

---

[484] 「中共中央關於帝國主義國民黨五次'圍剿'與我們黨的任務的決議」, 『鬪爭』1933年第21期. | 張聞天 等 主編, 『鬪爭(蘇區版)』1, 湘潭: 湘潭大學出版社, 2014: 336쪽.

[485] 博古, 「獻給江西省第二次黨代表大會」, 『鬪爭』1933年第27期. | 張聞天 等 主編, 『鬪爭(蘇區版)』1, 湘潭: 湘潭大學出版社, 2014: 453쪽.

회의가 개최되었다.[486] 11월 30일 회의[487]에서는 왕밍의 연설이 있었다. 그는 거기서 사람들의 주목을 끌기 위해 과도한 허풍을 남발했는데, 즉 영토 면에서 현재 중화 소비에트 공화국은 그 어떤 서구나 아시아의 자본주의 열강보다 더 크다거나, 소비에트 지역과 유격대 활동 지역의 전체 면적이 중국 18개 성省의 1/4에 달한다거나, 그것은 현대 국가가 갖춰야 할 모든 조건과 구성 요소들을 이미 갖추었다는 것 등이다.[488]

나아가 "중국 소비에트 공화국과 중국공산당은 현대 중국의 정치 생활 전반을 구성하는 주된 요인일 뿐만 아니라 세계 정치를 규정하는 요인 가운데 하나가 되었다. 이것이 바로 작년 세계의 정치 정세로부터 조성된 가장 새롭고도 중요한 요인이다."[489] 그는 다시금 제6기 중앙위원회 4차 전체회의 이후의 중국공산당 중앙을 "코민테른의 레닌주의적 총노선에 100% 절대적으로 충실한"[490] 조직이라고 강조하면서, 다음과 같은 결론을 제시했다. "중국 소비에트 혁명의 결정적 승리를 통해 극동의 전쟁 위기를 제거하는 것이야말로 중국공산당의 현재 목표이다. 그것은 기본 임무이자 위대한 임무라고 할 수 있다."[491]

당시 임시중앙은 그것이 중국에 존재하는 두 정치권력 사이의 군사적 결전인 만큼, 결전의 정규전적 성격을 강조하면서 정정당당한 자세로 "성

---

[486] | 코민테른 집행위원회 제13차 전체회의는 1933년 11월 28일부터 12월 2일까지 진행되었다.

[487] | 전체회의의 여섯 번째 회의를 가리킨다.

[488] | 中國社會科學院近代史硏究所飜譯室 編譯, 『共産國際有關中國革命的文獻資料1929-1936』2, 北京: 中國社會科學出版社, 1982: 194-200쪽을 참조하라.

[489] | 中國社會科學院近代史硏究所飜譯室 編譯, 『共産國際有關中國革命的文獻資料1929-1936』2, 北京: 中國社會科學出版社, 1982: 202-203쪽.

[490] | 中國社會科學院近代史硏究所飜譯室 編譯, 『共産國際有關中國革命的文獻資料1929-1936』2, 北京: 中國社會科學出版社, 1982: 214쪽.

[491] | 中國社會科學院近代史硏究所飜譯室 編譯, 『共産國際有關中國革命的文獻資料1929-1936』2, 北京: 中國社會科學出版社, 1982: 212쪽.

문 밖에서 적을 막아야 한다"[492]고 생각했다. 그와 같이 유격전을 반대하는 생각은 중국공산당 중앙의 7월 24일 결의안에서도 "강철 같은 100만 홍군을 건설하자"[493] 또는 "적군이 소비에트 지역을 조금이라도 유린하지 못하게 하자"[494]와 같은 잘못된 구호들로 제출되었다.

1933년 9월, 코민테른에서 파견된 군사고문 리더[李德/Otto Braun, 1900-1974](독일인)가 상하이를 출발해 중앙 혁명근거지에 도착했다. 보구는 군사적 업무를 잘 몰랐기 때문에 리더에게 홍군의 지휘권을 넘겨주었는데, 리더도 중국의 상황을 전혀 알지 못해 4차례의 '포위 공격'을 분쇄했던 홍군의 효과적인 성공 경험을 조금도 참고하지 않았다. 대신 그는 제1차 세계대전 당시, 유럽 전쟁터에서 대규모로 실시되었던 진지전의 경험을 중앙 혁명근거지에 무리하게 적용했다.

그의 일처리 방식은 독단적이었으며, 성격도 난폭하고 거칠었다. 그는 단계적 방어를 위해 곳곳에 진지를 만들어야 한다고 홍군에게 요구했을 뿐만 아니라, '토치카[495]는 토치카로 대응' 또는 '짧은 시간 안에 이루어지는 기습 공격'이라는 잘못된 지침을 밀고 나갔다. 적의 후방을 공격하지도 않았고, 적에 대한 유인 작전도 대담하게 사용하지 못했다. 거지가 용왕과 그 우월함을 다투는 꼴이라며 비웃은 마오쩌둥처럼, 결과적으로 양측의 현격한 병력과 무기 차이는 홍군을 완전히 수동적인 상태로 몰아넣었다. 보구와 리더가 지휘했던 많은 전투들이 모두 실패했고, 군사력 또한 크나큰 피해를 입었다.

그들은 동맹 관계에서도 다른 의견을 수용하지도 않고, 교류 자체도 거부하는 심각한 폐쇄주의關門主義를 드러냈다. 다시 말해서, 그들은 국민당

---

492 │ 이 표현은 『孟子』「萬章下」: 今有禦人於國門之外者에서 유래된 것이다.

493 │ 「中共中央關於帝國主義國民黨五次'圍剿'與我們黨的任務的決議」, 張聞天 等 主編, 『鬪爭 (蘇區版)』1, 湘潭: 湘潭大學出版社, 2014: 337쪽.

494 │ 「中共中央關於帝國主義國民黨五次'圍剿'與我們黨的任務的決議」, 張聞天 等 主編, 『鬪爭 (蘇區版)』1, 湘潭: 湘潭大學出版社, 2014: 337쪽.

495 │ 견고한 방어용 진지를 가리킨다.

지배세력과 갈등 관계에 있으면서도 적극적으로 활동해 나가던 중도파를 '가장 위험한 적'으로 여겨 배척했다. 한때, 홍군은 제5차 '포위 공격'을 분쇄할 수 있는 유리한 기회가 한 차례 있었다. 그것은 바로 상하이에서 항일 활동을 하다가 '포위 공격'에 참여하라는 이동 명령 때문에 남하하던 국민당 19로군의 장교들이 푸젠에서 정부 수립을 선언하고, 항일·반장제스를 주장했던 사건이다.[496]

그들은 대표를 파견해 홍군과 협력을 논의했으며, 양측은 항일·반장제스 활동을 위한 협정 초안도 작성했다. 그런데 보구 등은 19로군의 행동을 기만전술로 보고, 그들과의 군사적 협력을 거부했다. 결과적으로 고립무원의 푸젠 인민정부는 급속히 무너졌고, 장제스는 중앙 혁명근거지를 완전하게 포위할 수 있었다.

그럼에도 불구하고 카이펑[凱豊/何克全, 1906-1955]은 당 간행물에 발표한 글에서 자신의 기쁜 마음을 표현하고 있다. "푸젠 '인민' 정부에는 인민이 없으며, 공산당의 참여가 보장된 '인민' 정부도 없다. 있는 것이라고는 비슷비슷한 정객이나 관료들로, 그들은 지주와 자본가계급의 또 다른 일부분을 대변할 뿐이다. 나아가 그들은 개량주의적 속임수로 군중의 투쟁을 저지하거나 소비에트 노선을 향한 군중들의 전진을 가로막고자 할 뿐이다."[497] '푸젠 '인민' 정부의 파산, 소비에트 홍군의 승리, 중화 소비에트 공화국 제2차 전국 소비에트 대표대회'[498]의 개막은 민족적 위기와 경제적 재난으로부터 벗어날 수 있는 유일한 혁명적 경로가 소비에트라는 사실을

---

[496] | 이 사건은 푸젠 사변으로 불린다. 국민당 제19로군을 이끌던 차이팅카이[蔡廷鍇, 1892-1968]와 장광나이[蔣光鼐, 1888-1967] 등은 1933년 11월 20일 푸젠성 푸저우福州에서 중화공화국 인민혁명정부 수립하고, 대외적으로 외국의 치외법권 철폐와 불평등 조약의 폐기, 대내적으로는 공산당과 연대, 그리고 반장제스 활동을 천명했다. 하지만 1934년 1월 15일에 장제스 군대에 의해 푸저우가 함락되고, 연이어 1월 21일에 취안저우泉州와 장저우漳州가 함락되면서 결국 실패했다.

[497] |「二次全蘇大會的開幕與福建'人民'政府的破産」, 張聞天 等 主編, 『鬪爭(蘇區版)』2, 湘潭: 湘潭大學出版社, 2014: 70쪽.

[498] | 이 대회는 1934년 1월 22일부터 2월 1일까지 루이진瑞金에서 개최되었다.

온전히 증명해준다."⁴⁹⁹

1934년 1월, 중국공산당은 중앙 혁명근거지의 인민정부 소재지인 장시성 루이진瑞金에서 제6기 중앙위원회 5차 전체회의를 개최했다. 세 번째 '좌편향'적 오류는 그 회의에서 다시금 절정으로 치달았다. 회의를 통과한 정치결의안에서는 다음과 같이 언급되어 있었다. "지금의 정세는 중국이라는 영토에서 절대적으로 상반된 두 개의 정치권력과 절대적으로 상반된 두 개의 세계가 자신의 생존을 걸고 투쟁하고 있는 것이다."⁵⁰⁰ "제5차 '포위 공격'을 분쇄하는 투쟁은 바로 중국이 식민지로 전락하는 것을 저지하는 투쟁이자, 소비에트 중국의 완벽한 승리를 획득하는 투쟁이다."⁵⁰¹

그로부터 결의안은 다음의 결론을 제시했다. "지금 중국은 혁명과 전쟁의 소용돌이에 빠져 있다. 제5차 '포위 공격'을 분쇄하는 결전을 앞둔 상황에서 소비에트의 길과 식민지의 길을 놓고, 누가 누구를 이길 것인가는 첨예한 문제로 공식화되었다."⁵⁰² 그것은 중앙 전체회의의 결의라는 형식으로 다시금 '결전론'을 인정했을 뿐만 아니라 '소비에트의 길과 식민지의 길을 놓고, 누가 누구를 이길 것인가'라는 수준으로까지 나아간 것이다. 마오쩌둥은 몇 년 뒤에 탄식하며 말했다. "결전론이 흥기하자 홍군은 위기에 빠졌다."

결국, "중앙위원회 5차 전체회의 이후, 그 노선의 폐해가 드러났다. 국민당 통치 지역白區의 모든 활동은 모험주의와 맹목주의적 노선으로부터 피해가 발생했다. 홍군과 소비에트 지역 역시 제5차 '포위 공격' 과정에서 지

---

499 凱豊, 「二次全蘇大會的開幕與福建'人民'政府的破産」, 『鬪爭』1934年第45期. | 張聞天 等 主編, 『鬪爭(蘇區版)』2, 湘潭: 湘潭大學出版社, 2014: 73쪽.

500 | 「目前的形勢與黨的任務決議」, 中共中央文獻硏究室·中央檔案館 編, 『建黨以來重要文獻選編1921-1949』11, 北京: 中央文獻出版社, 2011: 37쪽.

501 | 「目前的形勢與黨的任務決議」, 中共中央文獻硏究室·中央檔案館 編, 『建黨以來重要文獻選編1921-1949』11, 北京: 中央文獻出版社, 2011: 42쪽.

502 中共五中全會政治決議案, 1934年1月18日. | 「目前的形勢與黨的任務決議」, 中共中央文獻硏究室·中央檔案館 編, 『建黨以來重要文獻選編1921-1949』11, 北京: 中央文獻出版社, 2011: 50쪽.

속적인 실패를 경험해야만 했다."[503]

    1934년 4월 중순, 국민당 군대의 월등히 우세한 병력은 중앙 혁명근거지 북대문의 광창廣昌을 집중적으로 공격했다. 보구와 리더는 강한 적과 약한 아군이라는 실제 상황을 조금도 고려하지 않고, 홍군의 주력을 모아 허술한 진지를 보수하면서 광창을 사수하고자 했다. 그들은 이를 위해 직접 전선을 지휘하기까지 했다. 홍군은 18일 동안 적군의 맹렬한 포격을 받으며 혈전을 거듭했다. 홍군이 이처럼 완강히 저항했음에도 사상자들은 속출했으며, 결국 광창은 함락되고 말았다. 10월 초에 이르러 국민당의 군대가 중앙 혁명근거지의 중심부에 근접하자, 홍군의 주력은 어쩔 수 없이 혁명근거지의 전략적 이전을 결정했다. 그것이 바로 대장정의 시작이다.

    '좌편향'적 오류의 지도 방침이 직접적으로 홍군과 혁명근거지를 통제하지 못한 채 멀리 떨어져 있는 국민당 통치 지역의 대도시에만 적용되던 시기에도, 비록 홍군의 역량이 적군의 그것에 비해 현격하게 떨어졌을지라도 홍군은 실천적 과정을 통해 나름의 극복 방안을 독자적으로 모색하고 있었다. 다시 말해서, '이길 수 있다면 공격하고, 이기지 못할 같으면 달아나라', '유인 작전', "적군의 약점을 골라 상대적 우위에 있는 병력을 집중 배치하고, 기동전의 과정에서 적군의 일부 또는 대다수를 무찌를 수 있는 기회를 포착해 적군을 각개 격파한다."[504]와 같이 실제적인 전략과 전술이 운용되었으며, 그로부터 국민당 군대의 '포위 공격'을 잇달아 분쇄했던 여러 경험들이 오랫동안 축적되어 있었다.

    9·18 사변 이후, 민족모순이 격화되면서 중국의 계급관계에 큰 변화가 나타났다. 그것은 중국공산당과 공농홍군에게 전국의 절대 다수를 조직하

---

[503] 博古在中共七大上的發言記錄, 1945年5月3日. | 「博古在七大上的大會發言(節錄)—對敎條主義機會主義路線所負責任的問題」, 中共中央黨史研究室·中央檔案館 編, 『中國共産黨第七次全國代表大會檔案文獻選編』, 北京: 中共黨史出版社, 2015: 372쪽.

[504] | 「中央關於反對敵人五次'圍剿'的總結的決議(遵義會議)」, 中共江西省委黨史研究室 等編, 『中央革命根據地歷史資料文庫·黨的系統』5, 北京: 中央文獻出版社·南昌: 江西人民出版社, 2011: 3523쪽.

고, 중국의 민족민주혁명을 전개하는 데 더욱 유리한 상황을 제공해 주었다. 하지만 당시 중국공산당 중앙의 권력은 중국의 실정을 전혀 알지 못한 채 코민테른의 신임만을 받는 '좌편향'적 교조주의자들에게 있었다. 그들은 멋대로 명령을 내리고, 연이어 중앙 혁명근거지로 들어와 스스로 모든 것을 독차지했다. 결국, 중국 혁명의 성과를 모두 상실하는 결과가 초래되었다.

현실은 가장 설득력 있는 선생이라고 할 수 있다. 참담한 실패는 공산당과 홍군의 거의 모든 사람들에게 무엇이 올바른 실천이고, 무엇이 잘못된 실천인지를 하나씩 명확하게 알려주었다. 대장정이 이어지던 1935년 1월, 구이저우貴州 쭌이遵義에서 개최된 정치국 확대회의는 그러한 세 번째 '좌편향'적 오류를 바로잡는 계기가 되었다. 다시 말해서, 그것이 중국공산당에서 차지했던 지배적 위치를 종식시킴으로써 극도로 긴박한 상황에 처해 있던 공산당과 홍군을 구해낸 것이다. 그로부터 중국 혁명은 새로운 장을 열 수 있었다.

4) 오류 형성의 근본 원인

중국공산당이 혁명적 시기에 저지른 3차례의 '좌편향'적 오류는 혁명에 심각한 피해를 안겨주었다. 그렇다면 그 오류들은 어떻게 만들어진 것인가? 당시 중국공산당은 정치적으로 매우 미숙한 상태였다. 당 지도자들도 대부분 30세 안팎의 젊은이들이었다. 그들은 혁명적 열정이 가득했으며, 희생을 두려워하지 않는 헌신성도 지니고 있었다. 또한 제국주의의 노예로 전락했을 뿐만 아니라 봉건 세력에 의해 억압받고 있던 중국의 비참한 운명이 하루라도 빨리 바뀌기를 바랐고, 사회 변혁이라는 이상이 하루라도 빨리 현실에서 실현되기를 고대했다.

그렇지만 그들은 중국 내부의 복잡한 상황, 그리고 그로 인한 혁명의 장기화, 힘겨움, 불균등함을 거의 이해하지 못했다. 언제나 성공이라는 결과에만 집착했으며, 한바탕 크게 일을 벌이면 짧은 시간 안에 혁명이 성공할 것이라고 보았다. 사물 자체의 객관적 법칙에 따른 일처리가 무엇인지 알지 못했기 때문에 결과적으로 막대한 피해들이 계속되었다.

3차례의 '좌편향'적 오류에는 각각 그것들만의 특징이 존재한다. 첫 번째 오류는 큰 규모의 격렬했던 대혁명이 갑작스레 참담한 실패로 돌아간 상황에서 나타난 것이다. 사람들은 혁명이 왜 실패했는지를 제대로 파악하지 못한 채, 현상 변경에만 급급했다. 그래서 목숨을 내던지는 것과 같이 맹목적이었고 무모했다. 그들은 주·객관적 여건을 살피지 않았고, 어디든 혁명적 역량이 조금이라도 남아 있다면 그곳에서 폭동의 조직을 요구했다. 또한 노동자·농민 민중의 폭동에 전적으로 의존해야만 한다고 하면서 혁명적 군대의 힘을 간과했다.

두 번째 '좌편향'적 오류는 혁명의 흐름이 회복되어 가는 상황에서 출현했다. 그러한 회복 추세는 가까스로 냉정을 되찾은 그들의 가슴을 또다시 뜨겁게 만드는 계기가 되었다. 즉, 예전부터 바라마지 않던 혁명을 직접적으로 일으킬 수 있는 정세가 되었다고 보았다. 게다가 그들은 국민당 군사 세력들 간에 그 유례를 찾아볼 수 없는 대규모의 전쟁으로, 지배계급이 더 이상 지배 체제를 유지하기 어려워졌기 때문에 전국적인 승리를 가져올 수 있는 절호의 기회가 되었다고 판단했다.

그들은 대체로 우한·난징·상하이와 같은 대도시를 주목하고 있었는데, 그 이유는 전국적으로 그 도시들의 호소력과 영향력이 가장 크다고 여겼기 때문이다. 나아가 그들은 기습적인 행동만이 국민당의 강압을 일거에 무너뜨리고 승리를 거머쥘 수 있는 방법이라고 확신했다. 또한 당시의 공농홍군은 이미 무시할 수 없는 역량을 갖추고 있었으며, 그로 인해 홍군이 직접 그 대도시들을 공격해야 한다는 요구들이 있었다. 하지만 홍군이 여전히 보조적인 역할에 머물러 있었던 것은 그들이 홍군의 역량만으로는 전국적인 승리가 어렵다고 우려했기 때문이다. 그리고 '소련은 적극적으로 전쟁을 대비해야만 한다.'는 요구는 그들이 중국 혁명을 세계적인 대혁명의 출발점으로 가정했기 때문이다.

세 번째 '좌편향'적 오류는 '코민테른 노선'이라는 기치 아래 추진되었으며, 그것이 끼친 영향도 시간적으로 가장 길다. 그들은 더욱 완성도 높은 이론적 형태를 취하면서, 중국은 전 세계의 혁명적 폭동을 기다릴 필요도 없이 독자적인 승리가 가능한 조건을 갖추었다고 주장했다. 그렇다면 어떻게 승리할 수 있다는 것인가?

당시 도시 노동자의 운동은 침체되어 있었고, 반대로 공농홍군의 상황은 점점 더 분명한 형태로 나아지고 있었기 때문에, 그들은 홍군과 혁명근거지를 더욱 중시했다. 그리고 그들은 당시 중국에 서로 다른 두 개의 정치권력이 존재한다고 주장하면서 홍군과 소비에트 정권의 '공식성正規性', 그리고 적극적인 공격 노선의 실행을 강조했다. 또한 결전의 시간이 눈앞에 다가왔기 때문에 하나 또는 몇몇 성의 우선적 승리를 통한 전국적인 승리가 가능하다고 보았다. 결국 이와 같은 3차례의 '좌편향'적 오류는 모두 실패로 끝을 맺었다.

'좌편향'적 오류들은 그러한 형태상의 구체적인 차이에도 불구하고 왜 잇달아 발생했던 것일까? 당시에 그들은 지금 보면 너무나도 황당하고 우스운 것들을 왜 그토록 진지하게 대했으며, 자신감에 가득 찬 듯한 모습을 보였을까? 그 오류들을 관통하는 지점에는 어떠한 것들이 있을까?

가장 근본적인 점은 그들의 지도 원리가 주관주의적이라는 데 있었다. 그들은 실사구시라는 태도를 결여했을 뿐만 아니라 그 지도 원리는 객관적으로 존재하는 실제와도 일치하지 않았다. 실사구시를 실천하고, 주관을 객관에 일치시키는 것은 기본적으로 간단한 일이 아니다. 그럼에도 불구하고 그들은 늘 열정에만 의지했다.

주관적 희망으로부터, 또는 책에 있는 개별적 어휘들이나 외국의 경험으로부터 호언장담과 독선적인 태도를 일삼았다. 객관적인 실제를 중시하지도 않았고, 복잡하면서도 사실적인 주변의 상황을 면밀하게 조사하거나 냉정하게 분석하려는 노력조차 기울이지 않았다. 따라서 결국 문제 해결을 위한 적절하고 효과적인 방법을 찾아내지 못했다.

물론 그들 또한 정세 분석을 매번 하기는 했지만, 그것은 처음부터 주관적으로 설정된 틀에서 진행된 것이었다. 그래서 늘 유리한 부분은 한없이 과장되었는데, 개별적 사실을 보편적 현상이라고 하거나 적극적인 소수의 생각과 분위기를 광범위한 군중의 요구라고 주장했다. 이와 다르게, 불리한 부분은 모른 채 하거나 대강 넘어가는 방식으로 진지하게 다루지 않았다.

그들은 우회로가 아닌 곧은 길만을 걷고자 했기 때문에 몇 발자국만 걸어 목적지에 도착할 수 있기를 바랐다. 다시 말해서, 그들은 오랜 시간 동안 힘든 일을 하고자 하는 마음의 준비가 결여되어 있었다. 그들이 즐거워하고 있을 무렵, 처음부터 도외시하고 진지하게 다루지 않았던 불리한 부분들이 모습을 드러냈다. 그러자 그들은 당황한 나머지 어찌할 바를 몰라 하면서 전적으로 소극적인 자세만을 취했다. 바로 그러한 모습이 3차례의 '좌편향'적 오류가 나타났던 시기에 거의 판에 박힌 듯 반복적으로 출현했다. 그래서 옌안의 정풍운동 시기에 '주관주의에 대한 반대'가 우선순위에 놓였던 것이다. 왜냐하면 그렇게 해야만 사상적 방법론의 측면에서 예전 오류들의 원인을 근본적으로 고칠 수 있었기 때문이다.

중국 혁명이라는 문제에서 그러한 주관과 객관의 괴리 현상이 두드러지게 나타날 수 있었던 이유는 그들이 중국의 근대 상황이라는 객관적 실제를 제대로 파악하지 못했다는 점, 중국 혁명의 장기성·복잡성·참혹성을 거의 이해하지 못했다는 점, 그리고 그것을 매우 단순한 일로 간주했다는 점에 있다. 근대 중국은 반₩식민지와 반₩봉건의 나라였다. 비록 당시 여러 사회적 모순들이 상당히 첨예한 수준으로까지 나아갔다고 해서, 그것이 곧 그 문제들을 손쉽게 해결할 수 있다는 의미는 아니다.

여기에는 우선 역량 차이라는 문제가 있다. 제국주의와 봉건 세력의 역량은 대단히 강했을 뿐만 아니라 오랜 기간 동안 국가를 지배해왔다. 특히, 주요 도시들은 그들의 치밀한 통제 아래 놓여 있었다. 반면, 혁명 역량은 매우 저조했는데, 군중을 각성시키고 조직화 수준을 향상시키는 일은 하루 아침에 이루어지는 것이 아니었다. 계급적으로 중간 상태에 위치한 사람들 대부분이 한동안 관망하면서 배회하고 있었다.

혁명적 흐름이 회복되고 지배계급의 내부 위기가 심화되었다고 하더라도, 혁명적 흐름의 회복은 여전히 지배계급 전체를 전복시킬 정도로 강하지 못했고, 지배계급의 내부 위기도 그것이 스스로 붕괴될 만큼 빠르게 진행되지 않았다. 게다가 중국은 광활한 농업 대국으로서 도시와 농촌, 그리고 지역과 지역 사이에 경제적 또는 정치적인 불균형성과 불일치성이 매우 컸다. 그 모든 것들이 오랜 시간 동안 힘든 과정을 거쳐야만 한다는, 중국 혁명의 성격을 규정했다. 다시 말해서, 처음부터 단계적으로 차츰차츰 역량을 모아 나아가는 것처럼 우선 농촌으로 도시를 포위한 다음, 모든 여건이 무르익을 때까지 기다려야만 최후의 승리를 거둘 수 있다는 것이다.

그것은 좋다고 해서 모두가 할 수 있는 일이 아니라 중국 사회라는 구체적 조건에서 반드시 거쳐야만 하는 경로였다. 마치 등산과도 같다고 할 수 있다. 즉, 당신은 마음속으로 정상에 오르겠다는 원대한 목표를 얼마든지 품을 수 있다. 하지만 등산은 한 걸음씩 위를 향해 나아가는 것으로, 심지어 산세를 따라서 돌아가야만 할 때도 있고 나아가는 과정에서 기복이 심할 때도 있다. 큰 걸음만으로 곧장 당신의 예상 목표에 도달할 수는 결코 없을 것이었다.

장원톈洛甫은 중국공산당 제7차 전국대표대회에서 분명하게 밝혔다. "혁명은 쉬운 일이 아니다. 오히려 복잡하고 번거로운 일이다. 엄숙하고 신중한 태도를 취하지 않는다면 결코 성공할 수 없는 것이다."[505] "우리가 조금이라도 일처리를 대충대충 하면, 우리의 소홀함 때문에 수많은 사람들의 피가 헛될 것이다. 그래서 엄숙하고 신중한 태도는 인민에 대한 책임 있는 태도이기도 하다."[506] 만약 이처럼 "깊은 연못에 다다른 듯, 살얼음을 밟은 듯"[507]한 극도의 엄숙하고 신중한 태도를 취하지 않는다면, 또는 객관적 여

---

505 |「張聞天在七大上的發言記錄―聽政治報告後的自我反省」, 中共中央黨史研究室·中央檔案館 編, 『中國共産黨第七次全國代表大會檔案文獻選編』, 北京: 中共黨史出版社, 2015: 354쪽.

506 洛甫在中共七大上的發言記錄, 1945年5月2日. |「張聞天在七大上的發言記錄―聽政治報告後的自我反省」, 中共中央黨史研究室·中央檔案館 編, 『中國共産黨第七次全國代表大會檔案文獻選編』, 北京: 中共黨史出版社, 2015: 354쪽.

507 |『詩經』「小雅·小旻」: 如臨深淵, 如履薄冰.

건을 충분히 고려하지 않은 채 주관주의적으로 경솔하게 실제적 가능성에서 벗어난 여러 방법들만 제기한다면, 그것은 일처리에 어떤 도움도 되지 않을 뿐만 아니라 실패만을 초래할 것이고, 나아가 값비싼 피의 대가를 치르게 될 것이다.

그와 같은 주관주의는 세 번째 '좌편향'적 오류가 등장했던 시기에 가장 심각했다. 그것이 '이론'의 외양을 하고 있었기 때문에 그 폐해가 더욱 컸다. 보구는 옌안 정풍운동 시기에 자기비판을 수행한 바 있다. "나는 1932년에서 1935년까지 주요 책임자 가운데 한 명으로서 오류를 범했다. …… 우리는 당시 실제적인 경험이 전혀 없었으며, 소련에서 배운 것이라곤 데보린주의[508]라는 철학적 교리뿐이었다. 우리는 소련 사회주의 건설에 관한 교리와 서구 정당의 경험들도 중국으로 들여왔다. 또한 예전 공산당의 많은 결의안들은 코민테른의 것을 그대로 모방했을 뿐이다."[509]

그는 중국공산당 제7차 전국대표대회에서 교조주의적 오류에 대해 더욱 심화된 사상적 검토를 진행했다. "우리는 정밀함과 방대함을 갖춘 마르크스·레닌주의의 저작들이 있으면, 어떠한 문제라도 해결 가능하다고 보았다. 또한 소련 공산당의 혁명투쟁 경험은 혁명이 성공했다는 경험으로부터 증명되었기 때문에, 어떠한 것도 바뀌지 않는 영원의 진리라고 보았다. 마르크스주의의 정의와 결론만을 숙독하고 공식화된 소련 공산당의 대응전략만 기억한다면, 중국 혁명을 성공시킬 수 있다고 생각했다. 결과적으

---

508 | 데보린(Abram Moiseevich Deborin, 1881-1963)은 소련의 마르크스주의 철학자로, 『마르크스주의 기치 아래』라는 잡지의 책임 편집자였다. 그의 『변증적 유물주의 철학 입문』이라는 책은 당시 큰 반향을 일으켰으며, 1920년대 기계론을 비판하는 데 큰 역할을 담당하기도 했다. 하지만 1931년 소련 공산당 중앙은 그가 마르크스 철학의 발전 과정에서 레닌의 단계를 간과했고, 유물변증법과 헤겔 유심변증법의 차이를 무시했으며, 이론과 실천의 관계를 무시했다는 점을 들어 그의 『마르크스주의 기치 아래』를 '멘셰비키(Mensheviki)적 또는 유심주의적 입장'이라고 비판했다. 여기서 언급된 '데보린주의'는 그러한 멘셰비키적 또는 유심주의적 입장을 가리킨다.

509 「胡喬木回憶延安整風」上, 『黨的文獻』1994年第1期: 40-41쪽.

로 마르크스-레닌주의의 개별적 결론들과 미사여구만을 외우고, 틀에 박힌 대응 전략과 추상적 공식을 기계적으로 적용하는 교조주의적 사고방식이 만들어졌다."[510]

그리고 "실제적인 문제에 부딪치면 그 실제적인 상황을 고려하지 않고, 우선 마르크스[Karl Heinrich Marx, 1818-1883], 엥겔스[Friedrich Engels, 1820-1895], 레닌, 스탈린이 어떻게 말했는지부터 따졌다. 또는 서구나 러시아 혁명사에서 비슷한 상황이 있었는지, 어떤 구호와 대응 전략을 사용하였는지를 우선적으로 검토했다. 그것들을 원래 모양 그대로 중국에 가져오기만 했다."[511]

보구의 자기비판은 진술할 뿐만 아니라 실제에도 부합한다. 물론 '좌편향'적 오류를 저지른 책임자들의 모습은 모두 똑같지 않다. 왕밍의 『중국공산당의 볼셰비키화를 위한 투쟁』이라는 소책자와 코민테른 집행위원회 제10차 전체회의에서 발표했던 긴 연설문을 읽어본다면, 군중심리에 영합하려는 자기표현, 그리고 그 이면에 감춰진 강한 개인적 야망을 느낄 수 있다. 오직 왕밍만이 '좌편향'적 오류의 관련자들 가운데 어떠한 자기비판도 수행하지 않았다.

객관적 실제를 벗어난 중국 혁명의 이해, 그리고 그로부터 야기된 몇 차례의 '좌경화'된 오류는 당시 경험이 부족했던 중국공산당으로서 피하기 어려웠던 문제였다. 그들이 걸었던 길은 앞서 어느 누구도 가본 적이 없던 길이었다. 너무나도 빠르게 변하는 주위 환경이 갑작스레 던져준 낯선 질문들은 당장의 구체적인 해답을 요구하고 있었다. 어느 누구라도 이처럼 복잡했던 중국 상황에서 그 질문들을 한 번에 명확하게 이해하거나, 적절

---

510 | 博古在中共七大上的發言記錄, 1945年5月3日. ;「博古在七大上的大會發言(節錄)—對敎條主義機會主義路線所負責任的問題」, 中共中央黨史研究室·中央檔案館 編, 『中國共産黨第七次全國代表大會檔案文獻選編』, 北京: 中共黨史出版社, 2015: 369-373쪽을 참조하라.

511 博古在中共七大上的發言記錄, 1945年5月3日. |「博古在七大上的大會發言(節錄)—對敎條主義機會主義路線所負責任的問題」, 中共中央黨史研究室·中央檔案館 編, 『中國共産黨第七次全國代表大會檔案文獻選編』, 北京: 中共黨史出版社, 2015: 369-373쪽.

하고 빈틈없이 처리할 수는 없었다.

주관적인 인식은 객관적인 현실과 일치하는 것이 아니기 때문에 언제나 실천 과정에서 정도의 차이는 있지만 실제와 다른 지점들이 발견된다. 첫 번째 '좌편향'적 오류가 마지막으로 치닫던 시기, 장쑤성 위원회의 왕뤄페이와 샹잉 등은 혁명이 퇴조하고 있다는 관점을 밝혔다. 그리고 그 오류가 극복된 다음, 류사오치는 당의 간행물에 매우 탁월한 견해를 제시했다. "우리는 실제 상황을 살필 때, 항상 사실이라는 자료를 많이 참조해야 한다. 군중에게 성실하게 다가가 각 부문에서 군중의 생활과 분위기를 이해해야 한다. 그와 다르게, 일부 군중들의 일시적이고 특수한 언동 또는 몇몇 지도자들의 일시적 분노나 비판 상태에 기초한 보고 때문에, 군중 전체의 요구와 분위기가 그러하다고 판단하거나 우리의 구호를 규정하거나 바꿔서는 안 된다. 과거에 범한 오류의 대부분이 실제 상황을 살피고 예측하는 데 철저하고 정확하지 못했기 때문에 발생했던 것이다."[512]

두 번째 '좌편향'적 오류의 시기에도 허멍슝이 제기한 의견은 날카로웠다. 그에게 리싼 노선을 행하는 것은 불균등한 발전 양상의 무시였고, 주체적 역량의 무시였으며, 계급 간 역량 차이의 무시였다.[513] 또한 세 번째 '좌편향'적 오류 시기에도 훨씬 더 많은 지역과 부문에서 반대 의견을 제시하거나, 오류를 저지하는 방법들이 사용되었다. 그렇다면 왜 그 오류들은 제때 극복되지 못하고, 그렇게까지 오랫동안 지속되었을까?

여기에는 집단지도 체제와 군중 노선이 공산당 내부에서 정상적으로 보장될 수 있는가라는 당내 민주의 문제가 존재한다. 군중 노선이 중요한 이유는 당 전체가 실천 과정에서 획득한 올바른 이해를 끊임없이 한데 모아야만 소수의 인식이 지닌 한계와 편향을 보완할 수 있다는 점 때문이다. '좌편향'적 오류의 책임자들, 특히 세 번째 '좌편향'적 오류의 책임자들은

---

[512] 劉少奇, 「口號的轉變」, 『布爾塞維克』1928年第2卷第1期. | 瞿秋白 等 主編, 『布爾塞維克』 3, 湘潭: 湘潭大學出版社, 2014: 38쪽.

[513] | 何孟雄, 「政治意見書」, 『何孟雄文集』, 北京: 人民出版社, 1986: 175-186쪽을 참조하라.

항상 독선적이고 독단적이었다.

오랜 기간 동안 자신의 관점만이 100% 정확하다고 믿으면서 자기비판을 꺼렸고, 다른 이들의 비판을 들으려고 하지 않았다. 만약 어떤 이들이 그들과 다른 의견을 제출했다면, 그들은 그것을 듣기보다는 억압하거나 공격하는 등 과도한 투쟁을 일삼았다. 나아가 그들을 취약한 정치적 입장, 심각한 우경화, 기회주의적 동요 등으로 몰아붙였을 뿐만 아니라 가혹한 조직적 조치를 통해 자신들의 주장을 계속 관철시켰다.

장원톈洛甫은 옌안의 정풍운동 시기에 그와 관련된 교훈을 언급했다. "조직적으로는 종파주의였다. 원로 간부를 신뢰하지 않았고, 과거의 모든 경험을 부정했으며, 옛 지도 방침을 무너뜨렸다. 그 과정에서 의기투합한 자들이 모였는데, 그것이 간부들을 함부로 공격하는 현상으로 나갔다."[514]

그는 중국공산당 제7차 전국대표대회에서도 자기비판을 성실히 수행했다. "우리는 잘못된 우리의 노선을 관철시키기 위해 자기 고집만 내세웠다. 또한 이른바 '우경화된 기회주의'를 반대하고, '편협한 경험주의'를 반대한다는 등의 구호 아래, 중국의 실정을 잘 알고 있고 중국 혁명의 경험도 풍부한 당내 지도자 동지들을 잘못 공격했다. 그로 인해 종파주의가 크게 만연했는데, 그것은 정말 대단히 잘못된 일이었다."[515] 물론 이것은 한 사람만의 책임이 아니다. 그리고 장원톈은 그 책임자들 가운데 비교적 일찍 자신의 잘못을 인정한 편이었다. 당내 민주와 군중 노선에서 완전히 벗어난 그와 같은 방식 때문에, 문제들을 제때 극복할 수 없었고, 결과적으로 세 번째 '좌편향'적 오류가 4년 동안이나 지속되었던 것이다.

또한, 당시의 역사에서 간과하면 안 되는 것이 있다. 그것은 바로 민주혁명 시기에 중국공산당이 범한 3차례의 '좌편향'적 오류들이 모두 코민테른과 긴밀히 관련되어 있다는 점이다. 첫 번째 '좌편향'적 오류는 코민테른

---

514 『張聞天選集』編輯組 編, 『張聞天選集』, 北京: 人民出版社, 1985: 314쪽.

515 洛甫在中共七大上的發言記錄, 1945年5月2日. | 「張聞天在七大上的發言記錄—聽政治報告後的自我反省」, 中共中央黨史研究室·中央檔案館 編, 『中國共產黨第七次全國代表大會檔案文獻選編』, 北京: 中共黨史出版社, 2015: 351쪽.

대표 로미나츠의 직접적인 지도로 이루어졌는데, 적지 않은 문건들이 그에 의해 작성되었다.

두 번째 '좌편향'적 오류는 분명히 코민테른 집행위원회 제10차 전체회의와 4차례에 걸친 서한이 영향을 끼쳤다. 물론 이후 리리싼이 그것을 다시 확장시켜 새로운 내용을 보충했기 때문에 그 자신에게도 책임이 있다고 할 수 있다. 세 번째 '좌편향'적 오류는 중국공산당 내부에서 코민테른이 지닌 거대한 권위와 조직적 구속력 때문에 지배적인 위치에 오를 수 있었을 뿐만 아니라 그렇게 오랫동안 유지될 수 있었다. 그리고 당연하겠지만, 코민테른이 중국 혁명에 긍정적인 역할들을 담당한 적이 있기 때문에 그 모든 것을 한번에 부정할 수는 없다.

하지만 기본적으로 한 나라에서 다양한 활동을 지도하려면, 그 내부의 구체적 상황으로부터 상황을 체계적이고 세밀하게 이해해야 한다. 또한 그 나라에 존재하는 여러 사회 계층들의 요구와 분위기도 정확하게 파악해야 한다. 그래야만 끊임없이 변화하는 정세를 확실하게 예측할 수 있을 뿐만 아니라 적절한 대안도 세울 수 있다. 따라서 지리적으로 멀리 떨어져 있고 중국 상황도 제대로 알지 못했던 코민테른으로서는 그와 같은 일들이 불가능했다. 그들의 많은 판단과 결정들이 실제와 동떨어진 터무니없는 지시였다는 점이 사실로 증명되었음에도 불구하고, 억지로 그것을 중국에 가져와 강제로 실행시켰기 때문에 실패할 수밖에 없었다.

중국공산당이 짧지 않은 시간 동안 거의 무조건적으로 코민테른의 지시를 수용하면서도 그것을 함부로 의심할 수 없었던 것은 당시의 공산당이 정치적으로 미숙했다는 점을 알려준다. 마오쩌둥은 1930년에 작성한 「조사 활동調查工作」(이 글은 1960년대 공개적으로 발표되면서 제목이 「교과서주의 반대反對本本主義」[516]로 바뀌었다.)에서 입만 열면 "교과서를 가져와 보라"[517]는 당 내

---

516 | 이 글은 마오쩌둥이 당시 홍군 내부의 교조주의를 반대하기 위해 작성한 것이다. 하지만 당시에는 '교조주의'라는 표현이 없어서 '교과서주의'가 사용되었다. 毛澤東,『毛澤東選集』1, 北京: 人民出版社, 1991: 109쪽 주*를 참조하라.
517 | 毛澤東,『毛澤東選集』1, 北京: 人民出版社, 1991: 111쪽.

부 사람들을 예리하게 비판했다. "실제 상황에 맞게 토론하고 검증하지도 않고 그저 맹목적으로 밀어붙이는, 이처럼 '상부'라는 관념에 단순하게 세워진 형식주의적 태도는 옳지 않은 것이다."[518]

그의 다음과 같은 지적은 의미심장하다. "중국 혁명 투쟁의 승리는 중국 동지들이 중국의 상황을 얼마만큼 이해했느냐에 달려 있다."[519] "공산당의 올바르고 흔들리지 않는 투쟁 전략은 소수의 사람들이 건물 안에 앉아서 생각해낼 수 있는 것이 아니다. 그것은 군중들의 투쟁 과정에서만 만들어질 수 있는 것이다. 다시 말해서, 실제적인 경험으로부터만 만들어질 수 있다. 그래서 우리는 사회적 상황을 항상 이해하고 있어야 하며, 실제적인 조사 작업을 수시로 진행해야만 한다."[520] 물론 이것은 코민테른의 지시를 기계적으로 수행하거나 러시아의 혁명 경험을 맹목적으로 베끼는 사람들을 겨냥한 것으로, 여기서 독립적인 자주 정신을 찾아볼 수 있다.

실사구시, 군중 노선, 독자성은 반드시 지켜나가야만 할 것이다. 왜냐하면 그것은 오랜 혁명적 실천 과정에서 중국공산당이 힘겹게 얻어낸 3가지의 기본 결론이기 때문이다. 또한 그것은 3차례의 '좌편향'적 오류가 발생하게 된 원인을 총괄하는 과정에서 나온 3가지의 기본 인식이라고도 할 수 있다.

---

518 | 毛澤東, 『毛澤東選集』1, 北京: 人民出版社, 1991: 111쪽.
519 | 毛澤東, 『毛澤東選集』1, 北京: 人民出版社, 1991: 115쪽.
520 毛澤東, 『毛澤東選集』1, 北京: 人民出版社, 1991: 115쪽.

6
쭌이회의遵義會議: 중국공산당의 역사적 전환점 [521]

2015년은 쭌이회의가 열린 지 80주년이 된다. 1945년, 중국공산당 중앙은 역사 문제에 관한 결의[522]를 통해 쭌이회의의 역사적 위치를 명확하게 평가했다. 그것은 "중국의 당 내부에서 역사적 의의가 가장 큰 전환에 해당한다."[523] 또한 1981년의 역사 문제에 관한 결의에서도 "그것은 중국공산당의 역사에서 당의 생사가 걸린 전환점이었다."[524]라고 언급했다.

어떤 중요한 역사적 사건이든 역사의 진행 과정 전체에서 살펴봐야만 그것의 의미를 제대로 이해할 수 있다. 따라서 쭌이회의가 중국공산당 역사의 전환점이라고 한다면, 긴 안목에서 중국공산당 역사의 진행 과정 전체를 고찰해야만 한다. 쭌이회의를 기점으로 그 이전과 이후의 당 상황을 비교해 가면서 어떤 근본적 변화가 발생했는지를 따져봐야만 그 회의의 역사적 위치를 더욱 명확하고 깊이 있게 파악할 수 있다.

---

521 이 글은 쭌이회의 80주년 기념 논문이다. 원문은 『인민일보(人民日報)』 2015년 1월 15일 제7판에 실려 있다.
522 | 1945년 4월 20일에 중국공산당 제6기 중앙위원회 7차 전체회의를 통과한 「關於若干歷史問題的決議」를 가리킨다. 그 결의안에서는 중국공산당 제6기 중앙위원회 4차 전체회의로부터 쭌이회의에 이르기까지 제기되었던 당 중앙의 지도 노선들을 평가하면서 마오쩌둥 사상의 올바름을 논하고 있다.
523 | 中共中央文獻硏究室·中央檔案館 編, 『建黨以來重要文獻選編1921-1949』22, 北京: 中央文獻出版社, 2011: 87쪽.
524 |「關於建國以來黨的若干歷史問題的決議」(1981年6月27日中國共産黨第11屆中央委員會第6次全體會議一致通過), 『人民日報』1981年7月1日.

1) 차이의 본질

그 거대한 변화를 몸소 겪은 루딩이[陸定一, 1906-1996]는 쭌이회의가 열린 지 9년 뒤, 당시에는 아무도 주목하지 않았던 발언을 했다. "그것은 당 역사에서 매우 중요한 핵심적 사안이다. 내전 시기에 당 내부에는 두 가지 노선이 있었다. 하나는 '좌경화'된 기회주의 노선이었고, 다른 하나는 마오 주석으로 대변되는 올바른 노선이었다. 쭌이회의는 잘못된 노선을 올바른 노선으로 바꾼 전환점이었다."[525] 그는 직접 겪은 사람으로서 "당시의 상황을 제대로 알지 못하면 그 결의를 이해하기 어렵다."[526]고 지적했다.

그 말은 정곡을 찔렀다. 당시는 코민테른이 막 해체된 상황으로, 그는 더 이상 분명하게 말하지 못했다. 사실 그가 말한 '두 노선'은 두 가지 지도 사상을 가리킨다. 전자는 마르크스주의의 교조화라고 할 수 있다. 코민테른의 지시와 결정을 신성시하며, 모든 사안을 그 지휘에 따라 결정하는 태도로, 10년 내전 시기에 드러난 '좌경화'된 기회주의적 오류가 그것이다. 왕밍과 초기의 보구가 그러한 주장을 한 대표적 인물들이다.

후자는 마르크스주의의 기본 원리를 중국 혁명의 실제 상황과 결합시키면서 모든 사안을 중국의 실제 상황에 입각해 독자적으로 처리하고, 중국 사람들 자신의 역량에 의존해 승리를 쟁취한다는 태도다. 마오쩌둥이 그 주장의 대표적 인물이다.

그 두 가지 지도 사상은 확연히 구분된다. 쭌이회의 이전에는 전자가 중국공산당 중앙에서 우세했지만, 쭌이회의 이후에는 후자가 중국공산당 중앙에서 우위를 차지했다. 그래서 그러한 변화를 중국공산당의 역사적 전환점이라고 하는 것인데, 그것이 당과 국가의 운명에 끼친 영향은 매우 막대했다. 그와 같은 변화가 실제로 일어날 수 있다는 것은 쉽지 않은 일이었다.

---

525 | 中共中央文獻硏究室·中央檔案館 編, 『建黨以來重要文獻選編1921-1949』12, 北京: 中央文獻出版社, 2011: 67쪽.

526 | 中共中央文獻硏究室·中央檔案館 編, 『建黨以來重要文獻選編1921-1949』12, 北京: 中央文獻出版社, 2011: 67쪽.

마르크스주의를 교조화하고 코민테른의 지시를 신성시하는 현상이 왜 생겨났으며, 그것은 어떻게 오랫동안 중국공산당 중앙에서 지배적인 위치를 차지할 수 있었을까? 그것은 중국공산당이 당시 유년기와도 같은 미성숙한 시절을 보내고 있었다는 점, 그리고 중국 혁명이 지닌 극단적인 형태의 복잡성이나 수많은 우여곡절과 관련되어 있다.

중국공산당은 창당 시기부터 마르크스주의라는 과학적 진리를 지도 사상으로 삼아 중국 혁명의 모습을 새롭게 만들었다. 하지만 그것은 레닌이 1919년 11월에 아시아의 공산주의자들에게 제시했던 것과 같이 다음을 주목해야 했다. "여러분은 전 세계 공산당원들이 겪어보지 못한 임무에 직면해 있다. 그것은 바로 공산주의적 일반 원리와 실천에 근거해 유럽의 어느 나라에도 없는 특수한 조건에 적응해야만 한다는 점이다. 그리고 그 이론과 실천은 다음과 같은 조건에서 능숙하게 적용할 수 있어야만 한다. 농민이 군중의 대부분을 차지한다는 점, 그리고 자본에 대한 반대가 아니라 중세의 잔재에 대한 반대가 투쟁 목표라는 점이다. 그것은 힘들면서도 쉽지 않은 임무이기도 하지만 탁월한 성과를 낼 수 있는 임무이기도 하다."[527]

그와 같은 임무는 실천 과정에서 반복적인 탐색을 거쳐야만 완성될 수 있는 것이었다. 그래서 많은 사람들이 처음에는 자국의 특징을 쉽게 무시했고, 책에 있는 것들을 교조적으로 해석하면서 쉽게 절대화시켰다.

나아가 코민테른과 중국 혁명의 관계를 다뤄야 한다. 그것은 매우 중요하면서도 상당히 복잡한 문제로 구체적인 분석이 요구된다. 저우언라이는 "마오쩌둥 동지가 그것의 양 끝은 좋고, 중간은 나쁘다고 했다.[528] 물론 양

---

[527] | 中央編譯局 編, 『列寧全集』37, 北京: 人民出版社, 1986: 323쪽.

[528] | 毛澤東, 「吸取歷史教訓, 反對大國沙文主義」, 『毛澤東文集』7, 北京: 人民出版社, 1999: 120쪽. 참고로, 이 글은 1956년 9월 24일, 마오쩌둥이 당시 중국공산당 제8차 전국대표대회에 참석한 유고슬라비아 공산주의자연맹 대표단에게 발언한 내용이다. 여기서 '양 끝'은 레닌과 디미트로프의 시기, '중간'은 스탈린의 시기를 가리킨다. 이처럼 그는 스탈린 시기의 코민테른을 비판하기 위해, 이 표현을 사용한 것이다.

끝이 좋다고 하더라도 여러 문제가 있었고, 중간이 나쁘다고 하더라도 제대로 된 것이 전혀 없었던 것은 아니다."529라고 언급했다. 그것은 실사구시 實事求是적 태도이자 매우 적절한 판단이었다.

'양 끝이 좋다'에는 코민테른의 앞 시기가 포함된다. 코민테른은 중국공산당의 창당과 제1차 국공합작에 간과할 수 없는 적극적 역할을 담당했다. 유년기의 중국공산당에 그러한 코민테른의 도움은 매우 중요했지만 확실히 일부 문제점도 있었다. 코민테른은 중국의 실제 상황을 제대로 이해하지 못했고, 활동 지도를 위해 중국에 파견된 대표들도 그렇게 뛰어나지 못했다. 대혁명의 실패는 그들의 지도 오류와 깊은 관계를 맺고 있다.

'중간이 나쁘다'는 대체로 토지혁명 시기 중국공산당 내부에 나타났던 3차례의 '좌경화'된 오류가 모두 코민테른과 관련되었다는 것을 뜻한다. 첫 번째 '좌경화'된 오류는 1927년 11월 중국공산당 중앙 임시정치국 회의에서 통과된 「중국의 현황과 당 임무를 위한 결의안中國現狀與黨的任務決議案」에서 집중적으로 드러났다. "중국의 현 상황은 즉각적인 혁명적 정세"530라고 판단하고, 당 전체에 "본격적인 폭동 국면의 조성"531이라는 임무를 제출한다. 그 결의안은 코민테른의 대표로 파견된 로미나츠의 지도 아래 작성되었다.

두 번째 '좌경화'된 오류(바로 '리싼立三 노선'이다)도 코민테른 집행위원회 10차 전체회의에서 진행된 반우경화 투쟁, 그리고 코민테른이 중국공산당 중앙에 보낸 지시문 4통이 그것에 직접적인 영향을 끼쳤다. 지시문에는

---

529 | 周恩來,「共産國際和中國共産黨」, 中共中央文獻編輯委員會 編, 『周恩來選集』下, 北京: 人民出版社, 1984: 300쪽. 여기서 저우언라이는 마오쩌둥과 마찬가지로, 코민테른 24년(1919-1943)의 역사를 중국공산당과 연관시켜 3개의 8년으로 구분한다. '양 끝'은 1919-1927년과 1935-1943년, '중간'은 1927-1935년의 시기를 가리킨다.
530 | 中共中央文獻研究室·中央檔案館 編, 『建黨以來重要文獻選編1921-1949』4, 北京: 中央文獻出版社, 2011: 622쪽.
531 | 中共中央文獻研究室·中央檔案館 編, 『建黨以來重要文獻選編1921-1949』4, 北京: 中央文獻出版社, 2011: 626쪽.

다음과 같이 언급되어 있다. "중국은 전국이 심각한 위기 상황에 접어들었다."[532] "현재 군중은 혁명적 방법을 통해 지주와 자산계급의 동맹을 전복하려는 준비를 시작할 수 있고 시작해야만 한다. 그리고 소비에트 형식의 노동자·농민 독재정치를 실현해야 한다."[533]

물론 그 시기에 코민테른의 모든 것이 잘못되었던 것은 아니었다. 예를 들어, 코민테른의 지도 아래 개최된 중국공산당 제6차 전국대표대회에서 제출된 중국 혁명의 성격, 정세, 전략적 방침은 기본적으로 올발랐다. 중국공산당은 당시 코민테른의 한 지부였기 때문에 코민테른으로부터의 사상적 영향이 컸을 뿐만 아니라 엄격한 조직적 제약도 받았다. 중차대한 문제는 반드시 코민테른의 지시와 비준을 거쳐야만 집행될 수 있었고, 그러한 국면을 바꾸고 넘어서는 일은 쉽지 않았다.

'좌경화'된 오류가 중국공산당 중앙에서 지배적 위치를 차지하고 있음에도 불구하고 어떻게 중국 내부로부터 중국 실제에 근거한, 농촌 혁명근거지라는 성공 사례가 나타나고 확장될 수 있었을까? 그것은 일선에서 실제 활동하는 많은 지도자들이 실천적 모색 과정을 통해 얻은 새로운 경험과 인식을 축적하면서 중국의 실제 상황이 무엇인지를 분명하게 깨달았기 때문이다. 그렇게 해야만 생존과 확장을 도모할 수 있었고, 그렇게 하지 않으면 멸망의 길밖에 없었다.

당시 중국공산당 중앙은 줄곧 상하이라는 주요 도시에 머물면서 도시 활동에 초점을 맞추고 있었다. 그래서 근거지와의 통신 연락이 원활하게 이루어지지 않아 근거지에 관여할 수 있는 부분도 상대적으로 적었다. 그로부터 중국공산당 내부에서 형성된 두 가지 지도 사상은 점차 근본적인

---

[532] | 中共中央文獻硏究室·中央檔案館 編, 『建黨以來重要文獻選編1921-1949』7, 北京: 中央文獻出版社, 2011: 24쪽.

[533] | 中共中央文獻硏究室·中央檔案館 編, 『建黨以來重要文獻選編1921-1949』7, 北京: 中央文獻出版社, 2011: 26쪽. 참고로, 이 부분에서 러시아어의 중국어 번역은 원서와 『建黨以來重要文獻選編1921-1949』가 다르게 나타난다. 다시 말해서, 동일한 의미의 번역이기는 하지만 표현상의 차이를 보인다.

차이를 드러내기 시작했다.

2) 모순의 격화

1931년 1월, '좌경화'된 교조주의는 중국공산당 제6기 중앙위원회 4차 전체회의를 거치면서 중앙에서 지배적 위치를 차지하게 되었다. 그 '좌경화'된 교조주의 오류는 앞선 두 차례의 그것보다 훨씬 심각했고, 그로 인해 피해도 너무나 컸다. 시간적으로도 4년 이상이 소요되었다.

왕밍 등은 소련으로부터 돌아온 지 얼마 되지 않았고, 실제 혁명 경험도 부족했다. 책 몇 권의 내용을 기계적으로 인용하면서 사람들을 겁박했고, 주관주의적 차원의 명령만을 내렸다. 그럼에도 불구하고 그들은 코민테른 대표와 코민테른 극동국遠東局[534]의 큰 지지를 받아 중국공산당 중앙의 주요 지도자가 되었다.

그들은 스스로를 "100% 볼셰비키"[535]라고 하면서, "중국공산당을 더욱 볼셰비키화하기 위해 투쟁"[536]해야 한다고 주장했다. 나아가 적군과 아군 역량의 실제 상황을 고려하지 않은 '공격 노선'을 '국제노선'이라고까지 했다. 그것은 아군의 혁명 역량을 극단적으로 과장해 한 차례의 공격만으로 반동지배 세력이 무너질 것으로 판단하거나 혁명과 반혁명 사이에 결전의 시기가 도래했다고 보는 태도 등을 가리킨다.

그들은 중국의 실제 상황으로부터 불리한 것을 피하고 유리한 것을 이용하면서, 유연하게 움직여 반反[국민당의] 포위 공격' 전투에서 승리하자는 올바른 주장도 소극적이거나 도망만 가려는 '우경화 기회주의'로 몰아붙였

---

[534] 코민테른은 당시 한국·중국·일본 등의 혁명운동을 지도하기 위해 1929년 코민테른 집행위원회 상하이 극동국(Komintern Dal'buro)을 설치한다. 코민테른 극동국의 활동 범위는 한국·중국·일본·인도차이나 반도·필리핀·인도네시아 등으로, 주로 무산계급정당 간의 연락과 지도를 담당했다.

[535] 毛澤東, 『毛澤東選集』3, 北京: 人民出版社, 1991: 968쪽.

[536] 毛澤東, 『毛澤東選集』3, 北京: 人民出版社, 1991: 968쪽.

을 뿐만 아니라 그러한 주장에 대해 "잔혹한 투쟁과 냉정한 타격"[537]을 전개했다. 그들은 '반우경화' 투쟁을 위해 전국 각지에 중앙 대표, 중앙 대표 기관, 새로운 지도 간부들을 체계적으로 파견했다.

1933년 초, 보구를 중심으로 한 임시중앙은 도시 활동 과정에서 큰 실패를 겪게 되면서, 어쩔 수 없이 거점을 중앙소비에트 지역으로 옮겼다. 그로부터 혁명근거지와 홍군의 모든 권력이 그들의 통제 밑으로 들어갔는데, 그것은 예전에 없던 일이었다. 그들은 '뤄밍羅明 노선'[538]을 반대한다는 구호 아래, 실제 상황에 근거한 입장과 근거지에서 줄곧 올바른 주장을 견지하던 각 분야의 지도자들을 가혹하게 공격하고 배척하거나 처벌했다. 마오쩌둥은 당·정·군의 주도권을 박탈당하고 '뒤로 물러선' 상황에 처했다.

임시중앙이 소집한 제6기 중앙위원회 5차 전체회의는 세 번째 '좌경화' 된 오류의 정점이었다. 회의에서는 맹목적으로 "중국의 혁명적 위기 상황은 새롭고 첨예한 단계에 접어들었다. 다시 말해서, 즉각적인 혁명적 정세가 중국에 형성되고 있다."[539], 제5차 반'포위 공격' 투쟁은 "바로 중국 혁명의 완전한 승리를 쟁취하기 위한 투쟁"[540]이라고 밝혔다. 그리고 그 투쟁은 중국이 "혁명으로 가는 길과 식민지로 전락하는 길 사이에서 누가 누구를 이길 것인가의 문제"[541]라고 주장했다.

---

537 | 毛澤東, 『毛澤東選集』3, 北京: 人民出版社, 1991: 835쪽을 참조하라.

538 | 羅明路線은 1933년 초 중국공산당 푸젠福建성 위원회의 서기 대행인 뤄밍이 주창한 것이다. 푸젠성 서부閩西 근거지의 주변 여건이 좋지 않기 때문에 당 정책도 지역에 따라 다르게 접근해야 한다는 것이 기본 내용이다. 하지만 당시의 지도부는 그것을 기회주의적이고 도망치듯 퇴각하는 노선이라고 비판한다.

539 | 中共中央文獻研究室·中央檔案館 編, 『建黨以來重要文獻選編1921-1949』11, 北京: 中央文獻出版社, 2011: 36쪽.

540 | 中共中央文獻研究室·中央檔案館 編, 『建黨以來重要文獻選編1921-1949』11, 北京: 中央文獻出版社, 2011: 42쪽. 제6기 중앙위원회 5차 전체회의의 「目前的形勢與黨的任務決議」에서는 '중국 혁명' 앞에 '소비에트蘇維埃'라는 표현이 들어있지만, 여기서는 생략되어 있다.

541 | 中共中央文獻研究室·中央檔案館 編, 『建黨以來重要文獻選編1921-1949』11, 北京: 中

또한, 코민테른 극동국에서 파견된 군사 고문 리더는 1차 세계대전 시기의 경험과 소련 군사학교에서 배운 내용을 중국에 억지로 적용했다. 그는 군사적 측면에서 게릴라전을 반대했고, 대신 진지전陣地戰을 통해 강한 적들과 필사적으로 싸우고자 했다.

'좌경화'된 오류의 기세등등함, 그리고 수단과 방법을 가리지 않고 반대 세력을 공격하는 모습은 과거 중국공산당의 역사에서는 찾아볼 수 없던 일이었다. 중국공산당과 홍군의 일부 지도자들이 그에 대한 이견을 제출했지만 상황이 시정되거나 바뀌지 않았다. 결국 제5차 반'포위 공격'에 실패하게 되자 홍군은 어쩔 수 없이 대장정을 떠나게 되었다.

그것은 대혁명의 실패 이후, 중국공산당에 안겨준 가장 심각한 실패에 해당한다. 그로부터 중국공산당과 홍군은 극단적인 위기 상황에 봉착하게 되었지만, 대장정이 시작되었을 때조차도 중국공산당과 홍군의 주도권은 여전히 '좌경화'된 교조주의자들에게 있었다.

그들은 주변의 실제 상황을 고려하지 않았고, 직선으로 가는 행군 방식만을 고집했다. 그로 인해 샹강湘江을 급하게 건너면서 또 다시 막대한 손실을 입고 말았다. 홍군이 구이저우貴州에 들어섰을 때는 이미 절체절명의 위기 상황에 빠져 있었다. 만약 그 길로 계속 따라갔다면, 중국공산당과 홍군은 분명 모든 것을 잃었을 것이다.

사실事實이 가장 좋은 교사다. 모순의 격화는 오래된 문제가 해결되어야 하는 시점에 이르렀다는 것을 알려준다. 중국공산당과 홍군의 대부분은 고통스러운 사실을 목도하면서 더 이상 그 오류를 따라갈 수 없다는 것을 깨달았다. 그리고 그때는 코민테른과 연락을 취하던 무선 통신기도 샹강을 건널 때 적의 비행기에 의해 폭파된 후였다. 쭌이회의는 그와 같은 상황에서 소집되었다. 따라서 쭌이회의는 중국공산당이 실제 상황에 근거해 역사적 결단을 온전하게 독자적으로 내린 최초의 회의였다.

央文獻出版社, 2011: 50쪽. 제6기 중앙위원회 5차 전체회의의 「目前的形勢與黨的任務決議」에서는 '혁명' 대신 '소비에트'로 표기되어 있다.

3) 역사적 전환

쭌이회의를 통해 직접적으로 해결된 부분은 군사 문제와 조직 문제였다. 그것은 당시에 결정적인 의미를 지닌 문제였지만 다른 한편으로는 해결이 가능한 것이기도 했다. 또한 쭌이회의의 의의는 단지 그 두 가지 문제에 국한되지 않았는데, 그것에는 두 가지 지도 사상과 두 가지 방법론이라는 근본적 대립이 반영되어 있었다.

1944년 루딩이는 쭌이회의의 결의를 설명하면서 다음과 같이 지적했다. "군사 문제의 토론이 첫 번째였다. 하지만 회의의 본질은 반反기회주의 투쟁의 시작이었다."[542] 그는 예를 들었다. "과거 적군과 아군의 역량을 추정할 때 실제로부터 출발하지 않았다. 예를 들어, 국민당은 이미 붕괴되었고, 제국주의는 곧 와해된다고 말하곤 했다."[543] "우리는 마오 주석이 실제에 근거해 활동한 것을 배워야 한다."[544]

마오쩌둥은 1963년 외빈과 나눈 대화에서 그것을 더욱 분명하게 언급했다. "독립과 자주를 진정으로 이해하려면 쭌이회의로부터 시작해야 한다. 그 회의는 교조주의를 비판했다. 교조주의자는 소련의 모든 것이 옳다고 말하면서 소련의 경험을 중국의 실제와 결합시키지 않았다."[545]

쭌이회의는 중국공산당이 직면한 근본 문제를 해결했다. 그것은 결국 코민테른과 '좌경화'된 교조주의가 모든 것을 지휘하게 할 것인가, 아니면 독자적으로 중국의 실정에 맞게 자신의 길을 갈 것인가라는 문제였다.

회의가 끝나고 나서 중국공산당과 홍군은 생기와 활력을 보였고, 완전히 새로운 면모를 드러냈다. 츠수이강赤水河을 네 번 건너는 전투를 거쳐 바로

---

542 | 中共中央文獻硏究室·中央檔案館 編, 『建黨以來重要文獻選編1921-1949』12, 北京: 中央文獻出版社, 2011: 67쪽.

543 | 中共中央文獻硏究室·中央檔案館 編, 『建黨以來重要文獻選編1921-1949』12, 北京: 中央文獻出版社, 2011: 72쪽.

544 | 中共中央文獻硏究室·中央檔案館 編, 『建黨以來重要文獻選編1921-1949』12, 北京: 中央文獻出版社, 2011: 72쪽.

545 | 毛澤東, 「革命和建設都要靠自己」, 『毛澤東全集』46, 香港: 潤東出版社, 2013: 5쪽.

윈난云南으로 들어갔고, 진사강金沙江과 다두허大渡河을 빠르게 건너 홍군 제4방면군과 합류했다. 그리고 내부적 위기에서도 벗어나 군대를 이끌고 북상했으며, 결국 산베이陝北에 도착해 대장정을 완료했다.

당시 홍군의 총참모장을 맡았던 류보청[劉伯承, 1892-1986]은 그 시기를 다음과 같이 회상했다. "쭌이 회의 이후, 우리 홍군은 예전과 완전히 다르게 갑자기 새로운 생명을 얻은 것만 같았다. 행군의 방향에 변화가 잦아졌으며, 적들의 사이를 헤집고 다녔다. 또한 동쪽으로 가는 줄 알았지만 오히려 서쪽으로 갔고, 강을 건너 북상하는 줄 알았지만 먼 길을 돌아 적들을 공격했다. 이처럼 늘 능동적이고 활기차게 적들을 흔들어댔다. 우리 홍군이 한 차례 움직이면 적들은 병력을 재배치해야 되기 때문에 그동안 우리는 여유 있게 쉬면서 홍군의 충원에 필요한 군중을 동원할 수 있었다. 그리고 적들의 병력 배치가 끝나면 우리는 또 다른 곳으로 이동해 공격했기 때문에 적들은 혼란에 빠졌다. 그들은 곳곳에서 공격을 받아 녹초가 되어 있었다. 그와 같은 상황들은 '좌경화'된 노선이 지배하던 때와 대비를 이루었다. 전군 지휘관과 병사들은 명확하게 다음과 같은 사실을 깨닫게 되었다. 즉, 마오 주석의 올바른 노선, 그리고 뛰어난 마르크스주의적 군사 예술만이 우리 군대가 패배하지 않는 유일한 보증이다."[546]

같은 중앙 홍군인데도 왜 대장정 초기에는 곳곳에서 적의 공격에 소극적으로 대응해 막대한 손실을 입었고, 쭌이회의 이후에는 갑자기 활발해져 그와 같은 엄청난 승리를 얻게 되었을까? 그렇게 새로운 변화를 만들어낸 이유는 바로 교조주의적 경직성에서 벗어나 독자적으로 실제에 근거한 태도를 견지하고, 실천적 효과가 검증된 결단과 행동을 대담하고 융통성 있게 채택했다는 점에 있었다. 그를 통해 마침내 수많은 어려움을 극복하고 새로운 길을 개척한 것이다.

---

546 | 中國人民解放軍軍事學院 編, 『劉伯承軍事文選』, 北京: 戰士出版社, 1982: 725-726쪽.

4) 새로운 전통의 형성

물론 한 차례의 회의에서 모든 문제가 해결될 수는 없다. 특히, 당 전체적으로 사상적 뿌리라는 측면에서 이전의 오류들이 야기한 교훈을 모두 정리하지 못했다. 그것은 하나의 과정을 필요로 했다. 하지만 쭌이회의 이전과 이후를 비교해보면 다음과 같은 사실을 분명히 알 수 있었다. 즉, 지도 사상으로부터 실제 활동에 이르기까지 무엇이 주도적 위치를 차지하느냐에 따라 중국공산당에 근본적인 변화가 확실한 형태로 나타났으며, 새로운 단계로 접어들었다는 점이다.

그 이후 와야오부瓦窯堡 회의[547], 항일전쟁 발발, 중국공산당 제6기 중앙위원회 6차 전체회의를 거쳐 중국공산당 제7차 전국대표대회에 이르기까지 중국공산당 전체의 기풍을 바로잡는 과정이 이어졌다. 지금까지도 많은 사람들이 그 정풍운동의 실상과 의미를 제대로 이해하지 못하고 있는데, 일부는 그 운동의 지류들을 주류라고 오해하거나 곡해한다.

사실 당시 정풍운동이 가장 집중했던 내용은 다른 것이 아니다. 그것은 바로 주관주의, 특히 교조주의를 반대했으며, 객관적인 실제를 중시해 실사구시를 가장 돋보이게 만들었다. 그 방법은 각급 간부들이 자신과 당의 실제적 활동 경험에서 얻은 성공이나 실패를 전체적으로 정리하는 과정을 통해 주관이 객관에 부합해야만 성공할 수 있다는 점을 분명하게 인식하도록 하는 것이다. 만약 주관적인 행위에만 의지해 객관적 실제에서 벗어난다면 난관에 부닥치거나 실패할 수밖에 없기 때문이다. 그것은 당연히 일반적이고 공허한 논의보다 훨씬 효과적이라고 할 수 있다.

1943년, 천윈[陳雲, 1905-1995]은 마오쩌둥이 작성한 모든 문서와 전보 등을 체계적으로 읽고 난 후 다음과 같이 말했다. "전체 내용을 관통하고 있

---

[547] 瓦窯堡 회의는 1935년 12월 17일부터 12월 25일까지 산시陝西성 안딩安定현(지금의 쯔장子長현) 瓦窯堡에서 개최된 중국공산당 중앙정치국 확대회의를 가리킨다. 이 회의에서는 '항일민족통일전선'이라는 정책 방향이 확정되고, '노농공農 공화국'을 '인민공화국'으로 대체하는 문제가 논의되었다.

는 지도 사상은 기본적으로 실사구시다."⁵⁴⁸ 정풍운동의 가장 큰 성과는 무엇일까? 그것은 바로 실사구시라는 관념을 중국공산당 내부에 깊숙이 자리 잡게 만들었다는 점이다. 그것이 정풍운동의 가장 중요한 의미다. 따라서 정풍운동은 또 한 차례의 사상해방이라고 할 수 있다. 그 점을 파악하지 못한다면 정풍운동을 제대로 이해하는 것은 불가능하다.

이어서 중국공산당 제6기 중앙위원회 7차 전체회의(확대회의)에서는「약간의 역사 문제에 대한 결의關於若干歷史問題的決議」가 통과되었으며, 중국공산당 제7차 전국대표대회에서 통과된「중국공산당 장정中國共產黨章程」에서는 다음을 명확하게 규정했다. "중국공산당은 마르크스-레닌주의의 이론과 중국 혁명의 실천을 결합시킨 마오쩌둥 사상을 자신의 모든 활동의 지침으로 삼는다."⁵⁴⁹

류사오치는 중국공산당 제7차 전국대표대회에서 당헌黨章 수정과 관련된 보고를 하면서 다음과 같이 언급했다. "그 이론과 정책들은 온전한 마르크스주의이자 온전히 중국적인 것이다."⁵⁵⁰ 이처럼 대단히 중요한 결론은 쉽게 얻어진 것이 아니었다. 그것은 중국공산당이 성장했다는 표현이자 쭌이회의로부터 자연스럽게 이어진 결과였다.

실사구시, 군중노선, 독립적·자주적 관념은 그렇게 한 걸음 한 걸음 당원들의 마음속에 새겨져 중국공산당 내부의 공인된 원칙이 되었다. 당 전체적으로 새로운 전통이 만들어진 것이다. 이후 그것은 중국의 혁명·건설·개혁의 매 시기마다 시시비비를 가리는 무형의 행위 준칙이 되었다.

사람들은 경우에 따라 서로 다른 시각을 드러낸 적도 있지만, 궁극적으로 그 준칙들을 통해 무엇이 올바르고 무엇이 틀렸는지를 판단할 수 있었다. 그것은 매우 소중한 정신적 유산이다. 이후에도 역사의 진행 과정에서

---

548 | 陳雲,『陳雲文選』3, 北京: 人民出版社, 1995: 371쪽.
549 | 中共中央文獻研究室·中央檔案館 編,『建黨以來重要文獻選編1921-1949』22, 北京: 中央文獻出版社, 2011: 533쪽.
550 | 中共中央文獻研究室·中央檔案館 編,『建黨以來重要文獻選編1921-1949』22, 北京: 中央文獻出版社, 2011: 391쪽.

많은 어려움과 우여곡절이 있었지만, 쭌이회의에서 시작된 근본적 변화와 그것이 야기한 거대한 영향이 없었다면 지난 몇 십 년 동안 중국공산당과 중국 인민들이 지금과 같은 큰 성과를 만들 수 있었다는 것은 상상조차 하기 어렵다.

그렇기 때문에 쭌이회의는 첫 번째 역사적 결의에서 밝힌 것처럼, "중국의 당 내부에서 역사적 의의가 가장 큰 전환에 해당한다."[551]고 할 수 있다. 또한 두 번째 역사적 결의에서 언급한 것처럼, "중국공산당의 역사에서 당의 생사가 걸린 전환점이었다."[552]라고도 할 수 있다.

덩샤오핑은 중국공산당 제12차 전국대표대회 개막사에서 다음과 같이 언급했다. "중국의 실정은 중국의 상황에 따라 처리해야 하고, 중국 사람들 자신의 역량에 의지해 처리해야 한다."[553] "혁명이든 건설이든 외국 경험을 학습하고 참조하는 것이 필요하다. 하지만 다른 나라의 경험과 다른 나라의 양식을 기계적으로 모방하거나 그대로 옮겨서 성공한 경우는 없다. 이 부분에서 우리는 적지 않은 교훈을 갖고 있다. 마르크스주의라는 보편적 진리와 구체적인 중국 현실을 결합시키고, 자신만의 길을 가면서 중국적 특색을 갖춘 사회주의를 확립해야 한다. 그것이 바로 우리가 오랜 역사적 경험으로부터 얻어낸 기본 결론이다."[554] 그와 같은 평가 역시 쭌이회의가 있었던 역사적 시기를 평가하는 데 가장 적절한 결론이 된다.

---

[551] | 中共中央文獻硏究室·中央檔案館 編, 『建黨以來重要文獻選編1921-1949』22, 北京: 中央文獻出版社, 2011: 87쪽.

[552] | 「關於建國以來黨的若干歷史問題的決議」(1981年6月27日中國共産黨第11屆中央委員會第6次全體會議一致通過), 『人民日報』1981年7月1日.

[553] | 鄧小平, 『鄧小平文選』3, 北京: 人民出版社, 1993: 3쪽.

[554] | 鄧小平, 『鄧小平文選』3, 北京: 人民出版社, 1993: 2-3쪽.

7
구이저우 시기 중앙 홍군에 나타난
몇 가지의 중차대한 문제들[555]

중앙 홍군中央紅軍의 대장정 과정에서 구이저우貴州 지역에 머물렀던 넉 달 남짓의 시간이 매우 중요하다. 당시 홍군의 앞길은 두 가지의 가능성만이 남아 있었다. 그것은 겹겹이 쌓인 포위를 성공적으로 돌파하거나, 아니면 잘못된 대응으로 군 전체가 전멸할 수도 있다는 위험성이 존재해 있었다.

그래서 쭌이遵義 회의는 중요한 전환점이 된다. 홍군은 구이저우에서 죽을 고비를 넘겼지만, 그때부터 수동적 태도에서 벗어나 주동적으로 대응함으로써 대장정의 마지막 승리를 위한 기반을 확립했다. 그것은 마치 거칠고 사나운 파도가 몰아닥친 시기와 같았다. 대단히 복잡하고 위험한 상황에서 중앙 홍군은 많은 불확실한 요소들과 부딪치면서 앞으로 나아갔다. 우여곡절을 거쳐 과감하게 여러 차례 진행 방향을 대폭 변경한 결과, 마침내 겹겹이 쌓인 포위를 돌파했으며, 새로운 길을 개척했다.

많은 이들의 특별한 관심을 끌었던 그 역사에 관한 연구 성과들은 매우 풍부하다. 따라서 여기서는 구이저우에서 있었던 중앙 홍군의 모든 경과를 있는 그대로 다시 서술할 필요가 없으며, 많은 분량을 할애해 논의되었던 중요 사건들을 반복하지도 않겠다. 단지 그 가운데 중차대한 몇 가지 문제만을 골라 논의함으로써, 이미 큰 성과를 낸 대장정의 역사 연구에 조금이나마 보탬이 되고자 한다.

---

[555] 원문은 『歷史硏究』 2014年 第1期에 게재되어 있다.

1) 중앙 홍군이 구이저우로 들어간 이유

1934년 10월, 중앙 홍군의 주력은 중앙 혁명근거지를 떠나 대장정에 올랐는데, 그것은 어쩔 수 없이 벌어진 부득이한 일이었다. 오래지 않아 천윈[陳雲, 1905-1995]은 코민테른 서기처書記處에 다음과 같이 보고했다. "당시에 적들은 예전의 우리 소비에트 지역[556]을 포위해 우리를 협소한 지역으로 몰아넣었다. 그때, 우리 공산당은 홍군의 전력을 보존하기 위해 주력을 소비에트 지역으로부터 철수시켰다. 중국 서부의 광활한 지역에서 새로운 근거지를 세우려는 데 그 목적이 있었다."[557]

당시 중국공산당 중앙은 보구博古(친방셴秦邦憲)에게 총책임을 맡겨 군 전체의 주력이 포위를 뚫는 데 집중했다. 그 돌파 작전은 "전력을 철수시켜 적의 공격을 피하는"[558] 데 역점을 두었다. 그 결정은 이미 3-4개월 동안의 검토를 거친 것이었다. 하지만 서부의 어느 지방에 자리를 잡고, 새로운 근거지를 만들 것인가에 대한 초기 구상은 개략적이었을 뿐, 명확하다거나 확신이 있던 것은 아니었다. 왜냐하면 서부의 환경에 익숙하지도 않았을 뿐만 아니라 직면할 문제들도 분명하게 예측할 수 없었기 때문이다.

1934년 9월 17일, 보구는 코민테른 집행위원회에 비밀 전보를 보냈다. "(중국공산당) 중앙과 혁명군사 위원회는 우리의 전체 계획에 따라, 10월 초 주요 역량을 집중해 장시江西 남부에서 광둥廣東 지역의 국민당 군대에 대한 진격 작전을 벌이기로 결정했다. 그것의 최종 목적은 후난湖南 남부, 그리고 후난과 광시廣西의 변경 지역으로 철수하는 데 있다."[559] 코민테른 정치서기처 정치위원회는 9월 30일에 중국공산당 중앙 앞으로 공식 답변을 보내왔

---

[556] 국공 내전 시기의 공산당 관할 지역을 가리킨다. 해방구라고도 한다.

[557] 陳雲, 「在共産國際執行委員會書記處會議上關於紅軍長征和遵義會議情況的報告」, 『黨的文獻』2001年第4期: 12쪽.

[558] 中共中央黨史研究室第一研究部 譯, 『共産國際·聯共(布)與中國革命檔案資料叢書14－聯共(布)·共産國際與中國蘇維埃運動(1931-1937)』, 北京: 中央黨史出版社, 2007: 114쪽.

[559] 中共中央黨史研究室第一研究部 譯, 『共産國際·聯共(布)與中國革命檔案資料叢書14－聯共(布)·共産國際與中國蘇維埃運動(1931-1937)』, 北京: 中央黨史出版社, 2007: 251쪽.

다. "그와 같은 상황, 즉 앞으로 전개될 장시의 방어전만으로는 난징南京 군대에 대한 결정적 승리가 불가능하다는 점을 고려할 때, 주력을 후난으로 옮기는 중국공산당의 계획에 동의한다."[560]

포위 돌파와 서쪽으로의 진격을 조직하고 지휘하기 위해, 중국공산당 중앙은 보구, 리더(코민테른에서 파견한 군사 고문), 저우언라이로 구성된 '3인단三人團'을 조직했다. 그 '3인단'의 업무 상황은 어떠했는가? 『저우언라이전周恩來傳』을 보면, 매우 중요한데도 연구자들의 주목을 거의 받지 못한 대목이 있다. 그것은 "두 차례의 회의만이 열렸을 뿐이다. 한 번은 리더의 방에서, 또 한 번은 중앙국에서였다."[561]

이 말은 1943년 11월 15일 중국공산당 중앙 정치국회의에서 있었던 저우언라이의 발언을 요약한 원고를 인용한 것이다. 그 요약 원고에는 다음과 같은 내용도 언급되어 있다. 3인단의 업무는 "대체로 군사적 측면이었지만 형식적이었다."[562] 그래서 기존의 공식문서檔案에서는 '3인단'의 활동 기록을 찾아볼 수 없다. 실제적으로 정치적 측면은 보구, 군사적 측면은 리더가 담당했으며, 저우언라이는 군사적 준비와 그 계획의 실행을 감독했다.

샹잉, 천이[陳毅, 1901-1972] 등이 홍군 일부와 지방의 무장 세력을 이끌고 중앙 혁명근거지에 남아 투쟁을 계속 전개한 것을 제외하면, 중앙 홍군에는 제1·3·5·8·9군단軍團, 그리고 중앙 기관과 직속 부대로 편성된 두 개의 종대縱隊[563]가 포위 돌파와 서쪽으로의 진격에 참여했다. 그 가운데 주력은

---

560 中共中央黨史研究室第一研究部 譯, 『共產國際·聯共(布)與中國革命檔案資料叢書14-聯共(布)·共產國際與中國蘇維埃運動(1931-1937)』, 北京: 中央黨史出版社, 2007: 256쪽.

561 中共中央文獻研究室 編, 金冲及 主編, 『周恩來傳』1, 北京: 中央文獻出版社, 1998: 342쪽.

562 | 中共中央文獻研究室 編, 金冲及 主編, 『周恩來傳』1, 北京: 中央文獻出版社, 1998: 342쪽을 참조하라.

563 | 종대는 정규군과 구별된, 게릴라 부대의 성격을 띤 군 편제를 가리킨다. 국공내전 시기, 홍군에서는 정규군 성격의 국민당 군대와 구분하기 위한 목적으로 종대라는 편제를 많이 활용했다. 하지만 그것은 1948년 이후에 모두 정규군 편제로 전환된다.

제1군단(군단장 린뱌오[林彪, 1907-1971], 정치위원 녜룽전[聶榮臻, 1899-1992]), 제3군단(군단장 펑더화이, 정치위원 양상쿤[楊尙昆, 1907-1998]), 제5군단(군단장 둥전탕[董振堂, 1895-1937], 정치위원 리줘란[李卓然, 1899-1989])이 맡았다.

    홍군의 포위 돌파는 1934년 10월 10일에 시작되었으며, 군 전체가 중앙소비에트지역 동남쪽의 위더우허雩都河 북쪽 지역에 집결한 16일이 되어서야 마무리되었다. 그리고 그 이튿날부터 신속하게 강을 건너 서쪽으로 진격했다. 철저한 보안 덕분에 장제스에게는 발각되지 않았다. 10월 23일, 국민당 남로군南路軍(광둥군粵軍) 제1군의 군장軍長인 위한머우[余漢謀, 1896-1981]가 북로군北路軍(장제스의 직속 부대)의 최전방 총지휘관인 천청[陳誠, 1898-1965]에게 보낸 전보에는 다음과 같이 적혀 있다. "공산당 군대의 주력은 이미 서쪽으로 달아났다. 소수의 공산당 군대만이 장시성 남쪽贛南 지역에 남아 엄호를 맡고 있을 뿐이다."[564] 당시 장제스는 상황을 제대로 알아차리지 못하고, 그날 일기에 다음과 같은 의문을 표했다. "공비들이 과연 서쪽으로 달아났을까?"[565] 10월 30일이 돼서야 그는 "공비들이 서쪽으로 달아났다."[566]고 판단했다.

    장제스도 중앙 홍군의 포위 돌파 방향을 사전에 예측한 바 있었다. "그들이 포위를 뚫고 달아나면 반드시 서쪽의 쓰촨 북쪽川北에 있는 쉬샹첸의 공비들이나 샹시湘西의 샤오커[蕭克, 1907-2008]·허룽의 공비 일당들과 합류할 것이다."[567] "'설령 동쪽으로 달아나더라도, 결코 서쪽으로 달아나게 해서는 안 된다'는 원칙을 제시하고, 봉쇄 계획을 구체적으로 세웠다."[568] 훗날 장

---

564 蔣緯國, 『歷史見證人的實錄-蔣中正先生傳』2, 臺北: 靑年日報社, 1997: 139쪽.

565 蔣介石日記(手稿本), 1934年10月23日. 이 자료는 미국 스탠퍼드 대학 후버연구소에 소장되어 있다.

566 蔣介石日記(手稿本), 1934年10月30日. 이 자료는 미국 스탠퍼드 대학 후버연구소에 소장되어 있다. | 周美華 編註, 『蔣中正總統檔案·事略稿本』28, 臺北: 國史館, 2007: 378쪽.

567 | 賀國光, 『參謀團大事記』上, 北京: 軍事科學院軍事圖書館, 1986(影印本): 326쪽.

568 賀國光, 『參謀團大事記』上, 北京: 軍事科學院軍事圖書館, 1986(影印本): 326쪽.

제스가 의도적으로 중앙 홍군을 서쪽으로 진격하게 만든 다음, 군대를 파견해 서남西南 지역을 장악하려 했다는 국민당 쪽의 주장도 있지만, 그것은 당시의 사실 관계에 부합하지 않는다.

그에 따라 국민당 군대는 서쪽과 남쪽 방향에 미리 4개의 봉쇄선을 구축했다. 홍군은 앞의 봉쇄선 3개를 비교적 무난하게 돌파했지만, 광시 북쪽의 취안현全縣과 싱안興安에 위치한 제서우界首 등지에서는 샹강湘江을 급하게 건너면서 국민당의 후난군湘軍과 광시군桂軍의 협공을 받았다. 또한 대량의 물자를 휴대한 '대규모 이동'이었기 때문에 움직임이 느려 큰 피해를 입었다. 12월 1일, 홍군의 주력은 마침내 샹강을 건넜다. 11일에는 대규모의 군대가 광시 북쪽 룽성龍勝 지역을 거쳐 광시를 벗어나, 후난성 서남쪽 끝에 있는 퉁다오현通道縣에 이르렀다. 중국공산당 중앙은 12일에 퉁다오에서 임시회의를 열고, 서쪽에 있는 구이저우貴州로의 신속한 진격을 결정했다.

서쪽에 있는 구이저우로의 진격은 퉁다오 회의에서 처음 제기된 것이었을까? 연구자들은 그 문제에 관해 서로 다른 견해를 가지고 있다. 하나는 퉁다오 회의에서 진격 방향이 전략적으로 수정되었으며, 그것을 '퉁다오의 병력 이동通道轉兵'이라고 부른다. 다른 하나는 '퉁다오의 병력 이동'이 이치에 맞지 않는다는 주장이다. 저자는 후자의 주장이 비교적 실제 상황에 부합한다고 본다.

퉁다오 회의에서 논쟁이 벌어진 것은 틀림없다. 하지만 중앙 홍군은 당시 상황에서 서쪽의 구이저우로 들어갈 수밖에 없었다. 당시 심각한 피해를 입은 홍군은 샹강을 건넌 다음, 대열을 정비할 시간도 가지지 못했다. 왜냐하면 국민당의 광시군桂軍이 뒤에서 바짝 뒤쫓고 있었기 때문이다. 또한, 쉐웨[薛岳, 1896-1998]가 이끄는 국민당 중앙군은 8개 사단 규모의 대부대로, 퉁다오 북쪽에서 멀지 않은 즈강芷江과 첸양黔陽 일대에 주둔하고 있었다.

당시 홍군의 2군단과 6군단은 후난성 서북쪽에 위치한 쌍즈桑植, 융순永順, 다융大庸 일대(지금의 장자제張家界 지역)에 있었다. 그곳은 퉁다오와 300km 가량 떨어진 곳으로, 그 중간에 묘족苗族이 모여 사는 지역이 있었으며, 산의 기복도 심하고 지세도 험준했다. 그 지역은 청나라의 가경嘉慶 시기

[1796-1820]에 여러 해 동안 묘족에 대한 진압 작전이 반복적으로 이루어지면서 1,000여 개의 보루와 장벽들이 만들어졌다. 따라서 그곳은 방어가 쉽고 공격이 어려운, 즉 군대가 행군하기에 매우 어려운 지역이었다.

반면, 구이저우 동남쪽에 위치한 리핑黎平은 퉁다오에서 50km도 안 되는 거리에 있었는데, 그곳에는 전투력이 매우 취약한 적은 수의 구이저우군黔軍이 주둔하고 있었다. 그 부대는 국민당 군대의 방어선 가운데 가장 취약한 부분이었다. 그와 같은 상황에서 홍군이 어떻게 움직여야 했는지는 어렵지 않게 판단할 수 있다. 천원의 말을 빌리자면, "적의 주력을 피하고 약한 곳을 공격한다"[569]는 것이다.

불과 3개월 전, 런비스·샤오커·왕전[王震, 1908-1993]이 이끄는 홍군 6군단은 후난성과 장시성의 접경 지역에서 서쪽으로 이동해 취안현全縣과 싱안興安에서 샹강湘江을 건넌 다음, 거기서 샹시湘西 지역을 따라 곧장 북쪽으로 올라가지 않고 마찬가지로 서쪽의 구이저우로 가는 길을 선택했다. 홍군 6군단은 먼저 광시의 룽성 지역을 경유해 9월 16일에 퉁다오를 기습 점령한 다음, 곧바로 22일에 리핑 지역으로 진입했다. 그러고 나서 다시 방향을 바꾸어 북쪽으로 올라가 구이저우 동북 지역에서 허룽·관샹잉[關向應, 1902-1946]이 이끄는 홍군 3군(얼마 후, 홍군 2군단으로 명칭이 바뀐다)과 합류했다.

따라서 홍군 6군단이 서쪽으로 나아간 것은 중앙 홍군을 위한 '사전답사探路'라고 할 수 있다. 두 홍군이 처음 나아갔던 길은 거의 같았다. 중앙 홍군이 홍군 2·6군단과 합류하고자 한다면, 퉁다오에 도착한 이후에 우선 서쪽의 구이저우로 간 다음 구이저우 동쪽에서 북상北上할 수밖에 없었다. 다시 말해서, 퉁다오에서 샹시를 따라 북상하는 방안은 적절한 것이 아니었다.

홍군이 퉁다오로 가는 그 며칠 사이, 홍군 사령부가 각 군단이나 종대縱隊와 주고받은 전보를 자세히 살펴보면, 다음의 사실을 더욱 분명히 알 수

569　陳雲, 『陳雲文選』1, 北京: 人民出版社, 1984;1995: 55쪽.

있다. 즉, 홍군이 퉁다오에 도착하기 이전에 정해진 후속 행동의 방향은 퉁다오에서 샹시를 따라 북상하는 것이 아니라 서쪽의 구이저우로 들어가는 것이었다. 특히, 구이저우 동남쪽에 있는 리핑 지역을 지목했다.

12월 8일과 10일, 중앙 혁명군사위원회의 주석인 주더가 각 군단과 종대縱隊의 지휘관들에게 보낸 전보는 다음과 같다. "우리 야전군은 내일 9일에도 계속해서 서쪽으로 진격한다."[570] 그리고 "아군은 내일 11일에도 계속해서 서쪽으로 진격한다."[571] 11일, 퉁다오에 진입했던 그날, 주더는 린뱌오와 녜룽전에게 전보를 보내 홍군 1군단의 정찰 부대에게 우선적으로 "구이저우로 들어가는 길에 대한 정찰"[572]을 주문했다. 12일 새벽 6시, 주더는 린뱌오와 녜룽전에게 전보를 보내 홍군 1군단과 홍군 3군단이 각기 '구이저우로 들어가는' 경계선을 나누어 확정하고, "그 분계선에 따라 스스로 진입 계획을 정하길 바란다"[573]고도 밝혔다. 이 모든 것들이 모두 퉁다오 회의 전에 결정된 계획이었다.

같은 날인 12일 저녁 7시 반에 퉁다오 회의가 열리자, 중앙 혁명군사위원회에서는 각 군단과 종대縱隊 지휘관들에게 '매우 긴급한' 전보를 보냈는데, 거기서는 홍군 1군단의 제1사단에 "기회를 노려 리핑을 점령할 것"[574]을 공식적으로 요구했다. 13일 저녁 9시 반, 주더는 다시금 각 군단과 종대縱隊 지휘관들에게 '매우 긴급한' 전보를 보내 다음과 같이 말했다. "아군은 광시의 적군으로부터 신속하게 벗어나 서쪽의 구이저우로 진격한다. 그리

---

570 | 中共湖南省委黨史資料徵集研究委員會研究處 編, 『崢嶸歲月·紅軍長征在湖南專號』7, 長沙: 湖南人民出版社, 1987: 176쪽.

571 | 中共湖南省委黨史資料徵集研究委員會研究處 編, 『崢嶸歲月·紅軍長征在湖南專號』7, 長沙: 湖南人民出版社, 1987: 179쪽.

572 | 中共湖南省委黨史資料徵集研究委員會研究處 編, 『崢嶸歲月·紅軍長征在湖南專號』7, 長沙: 湖南人民出版社, 1987: 181쪽.

573 | 中共湖南省委黨史資料徵集研究委員會研究處 編, 『崢嶸歲月·紅軍長征在湖南專號』7, 長沙: 湖南人民出版社, 1987: 184쪽.

574 | 中共湖南省委黨史資料徵集研究委員會研究處 編, 『崢嶸歲月·紅軍長征在湖南專號』7, 長沙: 湖南人民出版社, 1987: 185쪽.

고 기민하게 움직여 북상이라는 목표로 넘어갈 수 있도록 한다."[575] 당시의 그 전보들을 날짜별로 정리해 본다면, 분명 독자들이 그 사실을 더 정확하고 명확하게 이해할 수 있을 것이다.

당시 장제스의 군사적 배치 상황을 다시 살펴보면, 그의 주안점은 홍군이 서쪽으로 이동해 구이저우로 들어가는 것을 막는 데 있었지, 샹시에 진을 치고 결전을 준비했던 것이 아니었다. 샹강湘江 전투가 벌어지기 하루 전날인 1934년 11월 17일, 장제스는「후난·광시·구이저우 지역의 합동 토벌을 위한 계획 요강湘桂黔會剿計劃大綱」[576]이라는 작전 명령을 내렸다. 우선 "샹강 동쪽 지역에서 공비 진압을 기대한다"[577]라고 주문했다. 그런데 그는 "만일 공비들이 포위망을 빠져나가 샹강이나 리강漓江의 서쪽으로 달아났다면"[578], 다음과 같은 '방침'이 필요하다고 보았다. 즉, "공비들이 신속하게 구이저우로 들어가 쓰촨 지역의 공비 집단과 합류한다거나 샹시에서 흩어져 샤오커·허룽의 집단과 합치는 것을 막아야만 한다."[579]

홍군이 샹강을 서둘러 건너기 시작하자, 장제스는 26일에 쉐웨에게 다시 전보를 띄웠다. "만약 공비들을 후난과 광시 접경 지역에서 없애지 못한다면, 추격 중인 중앙의 두 개 종대縱隊는 계속 그 뒤를 따라가야 하며, 구이저우와 쓰촨 지역 안으로 들어가는 것도 마다하지 않아야 한다. 아울러 구

---

575 | 中共湖南省委黨史資料徵集研究委員會研究處 編,『崢嶸歲月·紅軍長征在湖南專號』7, 長沙: 湖南人民出版社, 1987: 186쪽.

576 | 「蔣介石關於湘水以西地區湘桂黔'會剿'中央紅軍的計劃大綱」으로도 불린다.

577 | 貴州省檔案館 編,『紅軍轉戰貴州-舊政權檔案史料選編』, 貴陽: 貴州人民出版社, 1984: 77쪽.;『中國工農紅軍長征史料叢書』編審委員會,『中國工農紅軍長征史料叢書·參考資料』1, 北京: 解放軍出版社, 2016: 125쪽.

578 | 貴州省檔案館 編,『紅軍轉戰貴州-舊政權檔案史料選編』, 貴陽: 貴州人民出版社, 1984: 77쪽.;『中國工農紅軍長征史料叢書』編審委員會,『中國工農紅軍長征史料叢書·參考資料』1, 北京: 解放軍出版社, 2016: 125쪽.

579 | 貴州省檔案館 編,『紅軍轉戰貴州-舊政權檔案史料選編』, 貴陽: 貴州人民出版社, 1984: 78쪽.;『中國工農紅軍長征史料叢書』編審委員會,『中國工農紅軍長征史料叢書·參考資料』1, 北京: 解放軍出版社, 2016: 125쪽.

이저우 진입을 위한 준비가 필요하다."⁵⁸⁰ 또한 홍군이 샹강을 뚫고 후난 남쪽으로 다시 들어가자, 장제스는 12월 9일자 일기의 '전망豫定'이라는 항목에 별도로 '구이저우 지형'에 대한 주의를 언급했다.⁵⁸¹ 12일, 퉁다오 회의가 개최된 그날, 그는 「후난·광시·구이저우 지역의 합동 토벌을 위한 계획 요강」을 거듭 강조하면서, "장시의 공비들이 구이저우에 들어가는 것을 철저히 막아야 한다."⁵⁸² 나아가 다음을 요구했다. "후난군은 본래의 자기 방어선을 공고히 하는 것 말고도 토벌 부대의 일부분으로서, 공비들을 퉁런銅仁까지 추격해 구이저우군의 좌측 방어선을 공고히 해야 한다."⁵⁸³

국민당의 최전방 지휘관인 쉐웨도 다음과 같이 판단했다. "적군이 후난 서북쪽에서 샹시로 진입해 허룽과 합칠 가능성은 크지 않다. 그들은 광둥 변경의 롄현連縣, 광시 변경의 허푸賀富 지역을 떠돌면서 움직이지 않는다. 남쪽에 있는 광둥과 광시로 들어가더라도 살아남기가 쉽지 않기 때문에 그렇게 할 가능성도 적다. 따라서 전체적으로 보면, 서쪽으로 나아가 샹강을 건너 광시에 들어선 다음 구이저우로 선회하는, 이른바 샤오커의 상투적 수법을 사용할 가능성이 크다."⁵⁸⁴ 이처럼 앞서의 자료들을 분석해보면, 당시 중앙 홍군이 퉁다오에서 서쪽의 구이저우로 들어간 것은 적군과 아군의 군사 지휘관들 모두에게 매우 자연스러웠다는 점을 알 수 있다.

---

580 『蔣介石檔案·事略稿本』28, 臺北: '國史館', 2007: 491쪽. | 周美華 編註, 『蔣中正總統檔案·事略稿本』28, 臺北: 國史館, 2007: 491쪽.

581 蔣介石日記(手稿本), 1934年12月9日. 이 자료는 미국 스탠퍼드 대학 후버연구소에 소장되어 있다. | 周美華 編註, 『蔣中正總統檔案·事略稿本』28, 臺北: 國史館, 2007: 533쪽.

582 | 貴州省檔案館 編, 『紅軍轉戰貴州-舊政權檔案史料選編』, 貴陽: 貴州人民出版社, 1984: 80쪽.

583 貴州省檔案館 編, 『紅軍轉戰貴州-舊政權檔案史料選編』, 貴陽: 貴州人民出版社, 1984: 81쪽.

584 李以劻, 「薛岳率軍追堵紅軍的經過」, 中國人民政治協商會議全國委員會文史資料委員會『圍追堵截紅軍長征親歷記』編審組 編, 『圍追堵截紅軍長征親歷記-原國民黨將領的回憶』上, 北京: 中國文史出版社, 1991: 44쪽.

2) 정치적 세력들에 대한 분석

중앙 홍군이 구이저우에 진입한 이후 나타난 여러 불안정한 행동들 때문에, 때로는 그것을 판단하기 어렵다는 느낌이 든다. 따라서 그 모든 것들이 사전에 완벽하게 설계되고, 원래 정해진 계획대로 이루진 것으로만 볼 수는 없다. 오히려 그것은 여러 힘들이 부딪히는 과정에서 서로가 서로를 제약하고 영향을 끼친 결과라고 보는 편이 더 적절하다.

올바른 결정이라는 것은 복잡하게 얽힌 객관적 현실을 합리적으로 분석하고, 제때 정확한 판단을 내려야만 행동을 지도할 수 있다는 점에 기초한다. 엥겔스의 분석은 심오하다. "역사는 다음과 같이 만들어진다. 궁극적인 결과는 많은 개별적 의지들의 상호 충돌 과정에서 형성된다. 또한 하나 하나의 의지는 많은 특수한 생활 여건에 의해 지금의 모습을 갖춘다. 그로부터 무수한 교차적 힘들과 많은 힘의 평행사변형이 형성되는데, 그로 인해 합력合力인 역사적 결과가 만들어진다. 그 결과는 총체적이고 무의식적이며 비자율적인 작용을 하는 힘의 산물로 간주된다. 다시 말해서, 어떤 사람의 희구에는 다른 사람의 방해가 뒤따르기 때문에 그 마지막 결과는 누구도 바라지 않던 것으로 나타난다."[585] 엥겔스는 그것을 '전체적 합력'이라고 하면서, 또 다음을 언급했다. "하지만 그러한 사실로부터 그 의지들이 영零과 같다는 결론을 이끌어내서는 안 된다. 반대로, 각각의 의지들은 모두 합력에 기여했기 때문에 그 합력으로 수렴된다."[586]

홍군이 구이저우에서 머문 4개월여 동안, 여러 정치세력들이 서로 다른 희구와 의지를 가지고 상대방을 방해하기 위해 노력했던 것은 분명한 사실이다. 결과적으로 홍군은 겹겹이 쌓인 포위를 뚫는 데 성공했지만, 그 구체적 전개 과정은 애초 어느 누구도 예상하지 못했던 것이다. 따라서 구이저우에서 진행된 중앙 홍군의 활동을 살펴보려면 다음에 주목해야 한다.

우선 당시 중앙 홍군의 상황, 중앙 홍군의 포위 돌파와 대장정에 대한 국

---

[585] 『馬克思恩格斯選集』4, 北京: 人民出版社, 2012: 605쪽.

[586] 『馬克思恩格斯選集』4, 北京: 人民出版社, 2012: 605-606쪽.

민당 당국 및 장제스의 대응, 서남西南 지방 세력의 상황과 그것이 구이저우에 진입한 중앙 홍군의 이후 전개 과정에 끼친 영향 등으로 나누어 분석해야 한다. 당시 양측 진영의 갈등과 충돌을 야기한, 복잡하게 얽힌 그 배경을 알아야만 구이저우 이후의 홍군 활동이 왜 그와 같은 길로 한걸음씩 나아가게 되었는지를 제대로 이해할 수 있다.

첫 번째는 중앙 홍군의 상황이다. 샹강湘江 전투에서 홍군이 막대한 피해를 입었다는 것은 이론의 여지가 없다. 군 내부적으로도 그 때문에 보구와 리더에 대한 지휘 불만이 높여져 조직 개편의 요구가 비등했다. 하지만 일부 연구자들은 그와 같은 이유에서 샹강 전투의 홍군 피해를 실제보다 지나치게 부풀리는 경향이 있었다. 다시 말해서, 그 전투로 인해 중앙 홍군의 규모實力와 전투력이 50% 이상 손실되었다거나, 심지어는 11만 6천여 명이었던 중앙 홍군의 병력이 한순간에 3만여 명으로 격감했다고 여기는 잘못이 만들어졌다.

그것은 잘못된 생각이다. 만약 그렇다고 한다면 구이저우 진입 이후, 중앙 홍군의 위력적인 전투력을 설명하기 어렵다. 구체적인 사실 분석만이 적절한 추정을 가능케 한다. 스중취안은 구이린桂林 시위원회 당사연구실의 자료를 기초로 다음과 같이 언급했다. "1차 포위를 돌파한 시기에 3,700여 명이 감소했고, 2차 포위를 돌파한 시기에 9,700여 명이 줄어들었다. 그리고 3차 포위를 돌파한 시기에는 8,600여 명이 감소했다. 이것을 모두 합하면 22,000여 명이다."[587] "그것은 다음을 의미한다. 4차 방어선의 돌파 당시, 홍군의 실제 병력은 출발 시점의 8만여 명이 아니라 단지 6만 4천여 명 정도였다는 점이다."[588]

4차 방어선을 돌파하기 전까지 격렬한 전투는 없지 않았던가? 그렇다면 그 사이에 전체 병력의 4분의 1이 줄어든 것은 어찌된 일인가? 당시 5군단 사단장(이후 군단 참모장)인 천보쥔[陳伯鈞, 1910-1974]의 일기를 살펴보면, 그

---

587 | 石仲泉, 『長征行』, 北京: 中央黨史出版社, 2006: 34쪽.
588 石仲泉, 『長征行』, 北京: 中央黨史出版社, 2006: 34쪽.

전체적인 양상을 찾아볼 수 있다. 천보쥔의 일기는 비교적 상세하게 기록되어 있는데, 그 후미 부대가 후난 다오현道縣 동쪽에 있는 샤오수이瀟水강을 건너기 전까지 격렬한 전투를 벌였다는 내용은 보이지 않는다.

오히려 다음과 같은 표현이 반복적으로 언급된다. "요 며칠 장거리 행군으로 인해 병에 걸려 죽은 이들이 10명도 넘는다."[589] "최근에 낙오한 인원들이 아주 많은데, 실제로 연락이 끊긴 이들도 있고 핑계를 대고 일부러 낙오한 이들도 있다. 이것이 우리의 행군 계획에 막대한 지장을 주고 있다."[590] "어제 각 부대마다 탈영 현상이 매우 심각했다."[591] "도로 상태가 모두 안 좋았다. 높은 산을 오를 때 길이 미끄럽거나 가팔랐으며, 진흙에 너무 깊이 빠져 낙오한 이들이 상당히 많았다."[592] "낙오한 인원이 대략 100명이 넘었는데, 이것은 역사상 가장 힘든 행군이었다."[593] 이와 같은 예들로부터 샹강에 도착하기 전까지 발생한 많은 인적 손실의 원인을 어렵지 않게 이해할 수 있다. 즉, 어떤 이들은 병 또는 여타의 객관적 원인으로 낙오되었고, 또 어떤 이들은 새롭게 충원되어 고향에서 멀어지는 것을 원하지 않았기 때문이다. 이처럼 대부분의 경우, 홍군의 주력이 낙오한 것은 아니었다.

물론 그 과정에서 전투가 전혀 없었던 것도 아니다. 홍군 3군단 4사단의 사단장 훙차오[洪超, 1909-1934]는 첫 번째 봉쇄선을 돌파할 때 희생되었다. 홍군 3군단의 정치위원인 양상쿤은 다음과 같이 회고했다. "우리가 포위를 뚫기 전에 군사위원회는 광둥군 지휘부에 우리의 진격 방향을 통지했다는 것을 나중에서야 알았다. 하지만 당시 전방의 광둥군 진지에서는 '길을 열라'는 명령을 받지 못했기 때문에 첫 번째 봉쇄선에서 그와 같은 피해를 입

---

[589] | 陳伯鈞, 『陳伯鈞日記(1933-1937年)』, 上海: 上海人民出版社, 1987: 324쪽.

[590] | 陳伯鈞, 『陳伯鈞日記(1933-1937年)』, 上海: 上海人民出版社, 1987: 325쪽.

[591] | 陳伯鈞, 『陳伯鈞日記(1933-1937年)』, 上海: 上海人民出版社, 1987: 325쪽.

[592] | 陳伯鈞, 『陳伯鈞日記(1933-1937年)』, 上海: 上海人民出版社, 1987: 328쪽.

[593] 陳伯鈞, 『陳伯鈞日記(1933-1937年)』, 上海: 上海人民出版社, 1987: 329쪽.

게 된 것이었다. 안타까운 마음을 금할 수가 없다."[594]

샹강 전투는 매우 격렬했는데 홍군의 손실이 매우 컸다. 당시 사단 정치위원이었던 황커청[黃克誠, 1902-1986]은 다음과 같이 밝혔다. "중앙 홍군은 제서우界首 전투에서 그 전례를 찾아볼 수 없는 사상자가 발생했다. 대장정이 시작된 이후, 중앙 홍군은 길목마다 적군의 포위와 추격으로 진로가 차단당하면서 많은 피해를 입었다. 그 가운데 광시廣西 지역을 통과할 때 손실이 가장 컸는데, 사상자 수가 무려 2만 명이 넘었다. 그래서 광시 지역에서 벌인 작전들 가운데 제서우 전투의 피해가 가장 컸다고 할 수 있다."[595] 여기서 그가 '사상자의 수가 무려 2만 명이 넘었다'고 한 것은 상당히 정확한 평가다.

당시의 막대한 피해에 대해서도 약간의 추가적인 분석이 요구된다. 스중취안은 『장정행長征行』에서 다음과 같이 언급했다. "특히, 주력 부대大軍가 샹강을 건널 수 있도록 후방에서 엄호 임무를 맡은 홍군 8군단, 홍군 9군단, 홍군 5군단은 참혹한 대가를 치렀다. 대장정 초기에 10,922명이었던 홍군 8군단은 샹강을 건넌 다음 1,000여 명만이 남았을 뿐이고, 홍군 9군단은 11,538명에서 3,000여 명으로 줄어들었으며, 홍군 5군단의 34사단은 모두 전사했다."[596]

홍군 8군단과 홍군 9군단의 병력 손실은 합쳐서 약 18,000명 정도인데, 이 두 군단은 모두 중앙 홍군 중에서 새롭게 창설된 군단이었다. 9군단은 1933년 10월 하순에, 8군단은 1934년 9월 하순에 만들어졌는데 대장정에 오르기 불과 10여 일 전이었다. 천윈은 홍군의 대장정이 시작되기 전, "3만여 명의 지원자들을 받아들였다"[597]고 술회했고, 녜룽전은 "당시 교조주의

---

594 楊尙昆, 『楊尙昆回憶錄』, 北京: 中央文獻出版社, 2001: 107쪽.
595 黃克誠, 『黃克誠自述』, 北京: 人民出版社, 1994: 126쪽. | 黃克誠, 『黃克誠自述』, 北京: 人民出版社, 1994:2004: 141쪽.
596 石仲泉, 『長征行』, 北京: 中央黨史出版社, 2006: 43쪽.
597 陳雲, 「在共産國際執行委員會書記處會議上關於紅軍長征和遵義會議情況的報告」, 『黨的文獻』2001年第4期: 12쪽.

적 종파 집단이 주력 부대의 내실화에 주목하지 않고, 오히려 기반이 취약한 새 부대들을 만들었다."[598]고 지적했다.

또한 양샹쿤도 다음을 언급했다. "당시는 참으로 어리석었다. 새로운 사단을 만들려고만 했지 그 신병들을 기존 부대에 편입시키지는 않았다. 결과적으로 새로 만든 사단은 훈련과 실전 경험이 부족했을 뿐만 아니라 전투력도 약했기 때문에, 일부는 대장정 이후의 전투 과정에서 궤멸되고 말았다."[599] 이처럼 홍군 8군단과 홍군 9군단은 신병이 차지하는 비중이 매우 컸고, 정치사상 교육과 작전 훈련을 받은 기간이 짧았기 때문에 전투 과정에서 막대한 손실을 입었던 것이다.(9군단은 그 이후에도 여러 차례 군단장인 뤄빙후이[羅炳輝, 1897-1946]와 정치위원인 허창궁[何長工, 1900-1987][600]의 주도로 어려운 작전 임무들을 독립적으로 전개했다. 주로 적군을 견제하고 교란시키는 중요한 역할을 담당했다.)

그밖에도 홍군 5군단의 34사단은 전투력이 상당히 강해 줄곧 군 전체의 후방을 엄호하는 역할을 담당했다. 하지만 마지막에 적군 비행기의 폭격으로 부교가 파괴되면서 결국 강을 건너지 못하고 모두 전사하고 말았다. 그리고 3군단 6사단의 두 개 연대團도 적군에 의해 길이 막혀 전부 희생되었으며, 다른 부대들에서도 사상자가 나오기는 했지만 기본 대열은 대체로 샹강을 건넜다고 볼 수 있다.

샹강을 건넌 당일(12월 1일) 오후 5시, 주더는 각 군단 책임자들에게 전보를 보냈다. "우리 8군단의 일부는 적의 공격으로 와해되었으며, 6사단의 한 개 연대 정도(저자 주: 나중에 밝혀졌지만, 홍군 3군단 6사단의 17·18 연대가 '샹강의

598　聶榮臻, 『聶榮臻回憶錄』上, 北京: 解放軍出版社, 1984: 231쪽. | 聶榮臻, 『聶榮臻回憶錄』 上, 北京: 戰士出版社, 1983: 231쪽.

599　楊尙昆, 『楊尙昆回憶錄』, 北京: 中央文獻出版社, 2001: 103쪽.

600　| 허창궁의 본명은 何坤으로, 長工은 머슴이라는 뜻이다. 1927년 5월, 마오쩌둥이 그에게 '한평생 민중을 위해 머슴살이를 하라'는 의미에서 長工이라는 이름을 지어주었다고 한다.

동쪽에서 길이 막혀 대부분 전사했다.' 그 사단은 곧바로 독립 연대로 축소되었다.[601])와 34사단이 길이 막혀 강을 건너지 못했지만 나머지 부대들은 샹강을 건넜다."[602] 이것은 당일 오후에 집계된 통계로 미비한 점이 있기는 하지만, 앞서 다룬 상황들이 전체적으로 입증된다.

이로부터 샹강 전투에서 중앙 홍군의 피해가 매우 컸을 뿐만 아니라 인원수도 크게 줄어들었지만, 군 전체의 주력, 즉 핵심 부분은 기본적으로 유지되고 있었다는 점을 알 수 있다. 중앙 홍군은 공통의 이상과 신념, 엄격한 기율, 그리고 왕성한 전투 의지와 작전 경험까지 고루 갖춘, 큰 고난과 고통을 감내할 수 있는 정예군이었다. 특히, 가장 먼저 샹강을 건넌 홍군 1군단의 피해가 적었고, 전체 중앙 홍군의 편제도 흐트러지지 않았다.

중앙 홍군이 샹강을 건넌 이후의 전력을 정확히 평가하는 것은 매우 중요하다. 왜냐하면 구이저우로 들어간 중앙 홍군은 기존의 '좌경화'된 오류가 극복되고 올바른 군사적 지휘가 이루어지자마자 활력이 넘쳐났으며, 매우 강한 전투력을 보여주었기 때문이다. 그것은 국민당과 그 고위 장성들의 예측에서 크게 벗어난 것으로, 그들도 그것을 전혀 예상하지 못했다.

윈난군滇軍의 장성이자 10로군 총지휘부의 참모장인 쑨두[孫渡, 1895-1967]는 다음을 언급했다. 처음에 "대부분 사람들의 생각은 이와 같았다. 즉, 홍군에게는 소수의 병력만이 남아 있었는데, 국민당의 대군大軍이 그 뒤를 바짝 추격하고 있을 뿐만 아니라 군대들이 각 성省의 곳곳에서 길을 막고 있기 때문에 홍군은 '사실 살아남을 방법이 없다'는 것이었다."[603] 하지만 "얼마 되지 않아, 우치웨이[吳奇偉, 1891-1953]의 1종대縱隊가 쭌이遵義를 공격했는데, 홍군의 격렬한 반격을 받아 대부분의 병력이 전멸했다는 소식을 들었다. 그래서 나는 홍군이 장거리 행군 과정에서 전투를 벌였음에도 불구하고 그 기

---

601 軍事科學院軍事圖書館 編著, 『中國人民解放軍組織沿革和各級領導成員名錄』, 北京: 軍事科學出版社, 1990: 90쪽.

602 中央檔案館 編, 『紅軍長征檔案史料選編』, 北京: 學習出版社, 1996: 46쪽.

603 | 孫渡, 『滇軍入黔防堵紅軍長征親歷記』, 『貴州社會科學』編輯部·貴州省博物館 編, 『紅軍長征在貴州史料選輯』, 內部資料, 1983: 466-467쪽.

세가 결코 약화되지 않았다고 판단했다."[604] 홍군 역량에 대한 잘못된 예측은 그들의 군사적 배치에 실패를 가져온 주된 원인이 되었다.

두 번째는 중앙 홍군의 포위 돌파와 대장정에 대한 국민당과 장제스의 대응 전략이다. 1934년 10월 3일, 장제스는 행정원장인 왕징웨이에게 전보를 보내 "지금은 생사의 갈림길에 서 있는데, 그것은 바로 공비를 토벌하는 문제다."[605] 또한 "공비 토벌 작업을 마무리할 때"[606]가 되었다고도 했다. 그는 왕징웨이에게 전보를 보낸 다음날, 루산廬山에서 내려와 북상하기 시작했는데 40일에 걸쳐 허난豫, 산시陝, 간쑤甘, 닝샤寧, 산둥魯, 펑위안平, 허베이冀, 차하얼察, 쑤이위안綏, 산시晉 등의 성들을 시찰했다.

그리고 11월 12일이 되서야 그의 수십 만 대군이 중앙 소비에트 지역의 '포위 공격'을 위해 집결한 장시江西 난창南昌으로 돌아왔다. 당시 중앙 홍군은 국민당 군대의 3차 방어선을 뚫고, 샹강으로 이동 중이었다. 그것은 분명 사람들이 보기에 매우 이상한 행동이었다.

이와 함께 주목해야 할 것이 있다. 그것은 장제스가 중앙 소비에트 지역에 대한 제5차 '포위 공격' 과정에서 대부분의 주력군을 북쪽에서 남쪽으로 이동시켰으며, 당시 북로군北路軍의 총사령관이 구주퉁[顧祝同, 1893-1987], 최전방의 총지휘관은 천청이었다는 점이다. 주력군의 동쪽 부분은 천청이 직접 지휘한 3로군이 맡았는데, 그 휘하에 3·5·10종대縱隊(즉, 판쑹푸[樊崧甫, 1894-1979], 뤄줘잉[羅卓英, 1896-1961], 탕언보[湯恩伯, 1898-1954]가 지휘하는 종대縱隊)가 있었다. 이 부대는 광창廣昌 전투 이후, 스청石城과 닝두寧都 방향으로 나뉘어 진격하면서 중앙 소비에트 지역의 중심부인 루이진瑞金을 직접 겨냥했다. 그리고 주력군의 서쪽 부분은 쉐웨가 지휘한 6로군으로, 7·8종대縱隊(즉, 우치웨이, 저우훈위안[周渾元, 1895-1938]이 지휘하는 종대縱隊)가 예속되어 있

---

604 孫渡, 『滇軍入黔防堵紅軍長征親歷記』, 『貴州社會科學』編輯部·貴州省博物館 編, 『紅軍長征在貴州史料選輯』, 內部資料, 1983: 471쪽.

605 | 周美華 編註, 『蔣中正總統檔案·事略稿本』28, 臺北: 國史館, 2007: 202쪽.

606 『蔣介石檔案·事略稿本』28, 臺北: '國史館', 2007: 202쪽. | 周美華 編註, 『蔣中正總統檔案·事略稿本』28, 臺北: 國史館, 2007: 202쪽.

었다. 그 부대는 각각 싱궈興國와 구룽강古龍崗 방향으로 나뉘어 진격했다.

중앙 홍군의 주력이 서남쪽으로 포위를 뚫었다는 사실을 알고, "장제스는 처음에 '추격 토벌'군의 최전방 지휘권을 천청에게 맡기고자 했다. 하지만 천청이 쉐웨를 추천했고, 장제스가 그것에 동의하면서 쉐웨는 9개 사단(저자 주: 8개 사단과 1개 지대支隊607였다.608)에서 차출된 병력을 맡게 되었다. 대신, 천청은 예비 부대의 전체 지휘를 맡아 직계부대의 정비에 집중했는데, 그것은 기동성을 갖춘 병력으로 다양한 상황에 대응하고자 했기 때문이다."609

쉐웨가 지휘하던 부대들은 원래 북쪽 지역北路의 서쪽에서 남쪽 방향으로 진격한 우치웨이와 저우훈위안의 종대縱隊였다. 전체적으로 보면, 우치웨이의 군은 원래 장파쿠이 부대인 광둥군粤軍과 천청 계열의 량화성[梁華盛, 1904-1999] 사단으로 구성되었고, 저우훈위안 군은 장시군贛軍과 후베이군鄂軍의 완야오황[萬耀煌, 1891-1977] 사단으로 이루어져 있었다.

그렇다면 왜 장제스는 중앙 홍군이 포위를 뚫는, 그와 같은 긴박한 시기에 40일 동안이나 북쪽의 여러 성들을 시찰했던 것일까? 그리고 왜 홍군이 이미 서남쪽에서 포위를 뚫었다는 사실을 알고도 중앙 소비에트 지역을 공격했던 주력 부대 전체를 움직이지 않고, 쉐웨가 이끄는 우치웨이와 저우훈위안의 두 개 종대만을 보내 추격하게 했을까? 그 원인으로는 다음과 같은 것들이 있다.

첫째, 장제스가 처음부터 중앙 홍군의 역량을 지나치게 낮게 평가했기 때문이다. 그는 10월 3일 왕징웨이에게 보낸 전보에서 다음을 언급했다. "3개월 동안 시국에 별 문제가 없다면, 장시의 공비들을 섬멸할 충분한 자신

---

607 | 지대는 연대團 또는 사단師에 상응하는 군대 조직을 가리킨다.

608 蔣緯國,『歷史見證人的實錄-蔣中正先生傳』2, 臺北: 靑年日報社, 1997: 145쪽.

609 晏道剛,「追堵長征紅軍的部署及其失敗」, 中國人民政治協商會議全國委員會文史資料委員會『圍追堵截紅軍長征親歷記』編審組 編,『圍追堵截紅軍長征親歷記-原國民黨將領的回憶』上, 北京: 中國文史出版社, 1991: 5쪽.

이 있다."⁶¹⁰ 그는 중앙 홍군이 포위를 돌파한 후에도, 중앙 혁명근거지를 잃은 홍군은 '떠도는 도적떼'가 되었기 때문에 망할 날이 얼마 남지 않았다고 보았다.

또한 11월 9일에는 천지탕[陳濟棠, 1890-1954]에게 전보를 보냈다. "현재 달아난 공비들은 자신의 소굴도 버렸을 뿐만 아니라 거듭 큰 타격을 입었기 때문에 점점 더 혼란에 빠져들 수밖에 없을 것이다. 그 뒤를 바짝 쫓으면서 길을 막아 공격하라는 명령을 내려, 반드시 루청汝城과 천저우郴州의 방어선에서 공비들을 섬멸해야만 할 것이다. 공비들이 포위망을 빠져나가지 못하도록 하길 바란다."⁶¹¹

11월 12일, 북쪽 지역에서 난창南昌으로 돌아온 장제스는 바로 회의를 소집했는데, 거기에는 양융타이[楊永泰, 1880-1936], 슝스후이[熊式輝, 1893-1974], 린웨이[林蔚, 1889-1955], 허귀광[賀國光, 1885-1969], 옌다우강[晏道剛, 1889-1973] 등 측근 참모들이 참석했다. "모두에게 말했다. '공산군이 남쪽으로 내려가든, 혹은 서쪽으로 가든, 북쪽으로 진격하든 간에, 그들이 장시江西를 벗어나기만 한다면 우리의 고질적인 우환은 없어지는 것이다.' 또한 다음도 언급했다. '홍군이 어느 길로 가든지 간에 오랫동안 포위당한 군대이기 때문에 장거리 행군의 피로감을 견디지 못할 것이다. 따라서 우리는 제때 뒤를 쫓고 길을 막으면서 장병 모두가 목숨을 걸고 싸워야 하며, 서로가 정치적인 조화를 잘 이루어야만 한다. 공산군을 소멸시킬 때가 되었기 때문에 모두가 이에 대한 계획을 잘 준비해야 한다.'"⁶¹²

610　秦孝儀 總編纂,『蔣介石大事長編初稿』3, 臺北: 國民黨中央黨史委員會, 1978: 105쪽. | 참고로, 이 자료의 정식 명칭은『總統蔣公大事長編初稿』이며, 여기서 제시된 인용문의 전체 쪽수는 751쪽이다.

611　『蔣介石檔案·事略稿本』28, 臺北: '國史館', 2007: 424쪽. | 周美華 編註,『蔣中正總統檔案·事略稿本』28, 臺北: 國史館, 2007: 424쪽.

612　| 晏道剛,「追堵長征紅軍的部署及其失敗」, 中國人民政治協商會議全國委員會文史資料委員會『圍追堵截紅軍長征親歷記』編審組 編,『圍追堵截紅軍長征親歷記-原國民黨將領的回憶』上, 北京: 中國文史出版社, 1991: 5쪽.

그리고 "양융타이는 홍군이 이후 양쯔강長江 상류에 있는 진사강金沙江를 건너 쓰촨 서쪽으로 들어갈 가능성을 대비하자고 주장했다. 하지만 장제스는 다음과 같이 말했다. '그것은 석달개[石達開, 1831-1863][613]가 갔던 죽음의 길이다. 그들이 왜 죽을 길로 가겠는가? 만약 그 길로 간다면 그들을 섬멸하기 더 쉬울 것이다.'"[614] 나아가 그는 "이미 홍군은 '천리千里를 떠돌아다니다 사방에서 공격받고 하산下山한 호랑이(홍군이 자신의 근거지를 버린 것을 뜻한다.)에 불과하다. 그래서 그들을 사로잡는 것이 어렵지 않다.'고 보았다."[615]

장제스는 12월 9일 일기에 다음과 같이 적었다. "오늘은 공비 토벌의 승리를 축하하는 차원에서 글을 쓰고자 한다."[616] 이처럼 그는 샹강 전투가 끝나자마자 곧바로 '공비 토벌의 승리 축하'를 준비했다. 그로부터 그가 그 전투를 전쟁의 막바지 단계로 인식했다는 점을 알 수 있다.

장제스는 그러한 의기양양한 태도와 함께 중앙 홍군에 대한 승리를 이미 확정지었다고 보았다. 나아가 그는 다음의 사안들을 검토했다. 그것은 어떻게 더 많은 역량을 투입해 북쪽 지역 전반을 장악할 수 있을지, 그리고 특히 자신의 세력을 서남 지역으로까지 확장시켜 어떻게 서남 지역의 세력 통제를 강화할 것인지에 대한 것이었다. 그것은 그의 오래된 숙원이기도 했다.

---

613 | 석달개는 태평천국의 초기 지도자이다. 좌군주장익왕左軍主將翼王, 익왕翼王으로 알려져 있다.

614 | 晏道剛, 「追堵長征紅軍的部署及其失敗」, 中國人民政治協商會議全國委員會文史資料委員會『圍追堵截紅軍長征親歷記』編審組 編, 『圍追堵截紅軍長征親歷記-原國民黨將領的回憶』上, 北京: 中國文史出版社, 1991: 5쪽.

615 | 晏道剛, 「追堵長征紅軍的部署及其失敗」, 中國人民政治協商會議全國委員會文史資料委員會『圍追堵截紅軍長征親歷記』編審組 編, 『圍追堵截紅軍長征親歷記-原國民黨將領的回憶』上, 北京: 中國文史出版社, 1991: 7쪽.

616 | 蔣介石日記(手稿本), 1934年12月9日. 이 자료는 미국 스탠퍼드 대학 후버연구소에 소장되어 있다. | 周美華 編註, 『蔣中正總統檔案·事略稿本』28, 臺北: 國史館, 2007: 533쪽을 참조하라.

둘째, 비록 홍군의 주력은 중앙 소비에트 지역을 떠났지만, 샹잉과 천이 등이 이끄는 1만 6천여 병력이 그곳에 남아 계속 버티고 있었기 때문이다. 홍군의 주력이 철수할 당시, 스청石城, 구룽강古龍崗, 싱궈興國, 닝두寧都, 창팅長汀, 루이진瑞金, 위더우雩都, 후이창會昌, 닝화寧化 등은 홍군이 관할하던 지역이었다. 장제스는 당시 그 지역들에 중앙 홍군의 병력이 얼마나 남아 있는지 분명하게 파악하지 못하고 있었다.

국민당 군대가 점령한 지역일지라도, 지역별로 남은 세력을 '소탕淸剿'하는 것과 예전의 사회적 질서를 다시 복구하는 것은 쉬운 일이 아니었다. 그 때문에 장제스도 마음을 쉽게 놓지 못했다. 그래서 그는 장시와 푸젠의 치안 책임자로 구주통과 장딩원[蔣鼎文, 1895-1974]을 각각 임명했다. 그들에게 20여 개의 사단 병력을 맡겨, 그들이 장시와 푸젠에 위치한 중앙 소비에트 지역을 지속적으로 파괴하는 데 집중하도록 했다. 그것이 바로 그가 말했던 '고질적인 우환'을 없애기 위함이었다.

그렇다면 그는 왜 처음에 '추격 토벌'군의 지휘 책임자로 천청을 고려했다가 나중에 그것을 쉐웨로 바꾸었던 것일까? 국민당 군대의 4군단軍 부군단장副軍長이었던 천즈신[陳芝馨, 1895-1938]에 의하면, 그 원인 가운데 하나는 "장제스가 장시쪽의 가중된 어려움 때문에 그쪽을 천청에게 맡겨야만 했다."[617]는 점이다. 장제스는 난창南昌으로 돌아온 바로 그날 천청에게 전보를 보냈다. "지금 우리에게 가장 시급한 사안은 후난 주변 지역에서의 추격과 장시 남쪽 지역의 소탕이다. 반드시 전력을 다해 그 임무들부터 완수해야만 한다."[618] 이 두 가지가 함께 언급된 것은 그가 그만큼 '장시 남쪽 지역의 소탕'을 매우 중시했음을 알려준다.

---

617 魏鑒賢,「隨薛岳所部追堵紅軍長征的見聞」, 中國人民政治協商會議全國委員會文史資料硏究委員會 編,『文史資料選輯』62, 內部資料, 北京: 中華書局, 1979: 48쪽. | 참고로, 옮긴이가 확인한 1979년도판『文史資料選輯』62의 출판사는 中華書局가 아니라 文史資料出版社이다.

618 『蔣介石檔案·事略稿本』28, 臺北: '國史館', 2007: 442쪽. | 周美華 編註,『蔣中正總統檔案·事略稿本』28, 臺北: 國史館, 2007: 442쪽.

셋째, 중앙 홍군이 포위를 돌파한 다음 서남쪽 지역으로 들어갔기 때문이다. 이 지역의 지방 세력들은 장제스와 사이가 좋아 보였지만, 속으로는 서로에 대한 불신이 매우 컸다. 장제스 역시 홍군을 '추격 토벌'하는 기회를 이용해 그의 중앙군을 서남 지역의 여러 성省들에 진입시켜 그 지역을 장악할 심산이었다. 하지만 성급하게 중앙군을 대거 진입시킨다면, 분명 지방 세력들과 관계가 급속도로 악화되었을 것이다.

그래서 장제스는 그 문제에 매우 조심스러웠다. 쉐웨의 부대가 후난에 들어갔을 때, 그는 11월 12일자로 후난 성정부省政府의 주석인 허젠[何鍵, 1887-1956]을 '추격 토벌군' 총사령관에, 그리고 쉐웨와 저우훈위안을 각각 '추격 토벌군'의 2로군과 3로군의 사령관에 임명했다. 당시의 전보에는 다음과 같은 명령이 담겨 있다. "허젠을 추격 토벌군의 총사령관으로 임명한다. 북쪽 지역北路에서 후난으로 들어간 6로군 총지휘관 쉐웨의 부대, 그리고 저우훈위안의 부대는 모두 허젠의 지휘를 받는다. 그리고 후난에 있는 각 부대들과 연대團隊들을 이끌고 서쪽으로 도망치는 공비 일당들을 추격 토벌한다. 반드시 그들을 샹강과 리강漓水의 동쪽 지역에서 섬멸해야만 한다."[619]

이와 다르게, 구이저우 성정부 주석인 왕자례[王家烈, 1893-1966]의 병력은 매우 무기력했기 때문에, 쉐웨의 부대가 구이저우로 들어간 이후에도 장제스는 그들을 신경 쓰지 않았다. 그래서 장제스는 윈난 성정부 주석인 룽윈[龍雲, 1884-1962]을 2로군 총사령관에, 쉐웨는 최전방 총지휘관, 우치웨이와 저우훈위안은 1종대와 2종대 사령관, 윈난군滇軍의 장성 쑨두는 3종대 사령관, 왕자례는 4종대 사령관에 임명했다. 그는 쉐웨에게 전보를 보내 다음을 지시했다. "속히 윈난의 룽 주석과 긴밀한 연락을 취하길 바란다. 매사에 그에게 경의를 표하고, 그의 지휘를 따라야만 한다."[620] 그런데 사실

---

619 貴州省檔案館 編,『紅軍轉戰貴州-舊政權檔案史料選編』, 貴陽: 貴州人民出版社, 1984: 77쪽. |『中國工農紅軍長征史料叢書』編審委員會,『中國工農紅軍長征史料叢書·參考資料』 1, 北京: 解放軍出版社, 2016: 111쪽.

620 『蔣介石檔案·事略稿本』29, 臺北: '國史館', 2007: 190-191쪽. | 高明芳 編註,『蔣中正總

은 허젠이든 룽윈이든 쉐웨의 부대를 지휘할 수는 없었다. 그럼에도 불구하고 장제스는 단지 그들의 의심을 완화시키기 위해 그렇게 했던 것이다.

여기서는 다음에 더욱 주목해야 한다. 즉, 중앙 홍군이 포위를 뚫고 서쪽으로 진격하는 과정에서 쉐웨가 이끄는 두 종대도 줄곧 홍군의 뒤를 따라 서남 지역으로 들어갔는데, 그들과 홍군의 전투는 오랜 시간 동안 일어나지 않았다는 점이다. 홍군이 겪은 전투는 주로 광둥군, 후난군, 광시군에 의한 것이었는데, 장제스에게 가장 이상적인 계획은 그 부대들과 홍군이 전투를 벌여 서로의 힘이 약화되거나 양쪽 모두 피해를 입게 되는 상황이었다.

그래서 쉐웨가 이끈 우치웨이와 저우훈위안의 "두 종대는 홍군의 우측 뒤에서 홍군과 상당한 거리를 유지한 채, 구이저우의 경계선에 이르기까지 홍군과 부딪친 적이 없었다."[621] "장제스의 군대는 커다란 포위 형태를 취하면서 홍군과 이틀 동안 함께 움직였지만, 거리를 유지한 채 간격을 좁히지 않았다."[622] 그것은 참으로 보기 힘든 이상한 일이었지만, 한편으로는 그 안에 감춰진 속내를 이해할 수도 있다.

복잡하게 얽힌 배경의 세 번째는 서남 지역 세력의 상황, 그리고 구이저우에 들어선 중앙 홍군의 이후 활동 과정에 그 상황이 끼친 영향이다. 마오쩌둥은 1928년에 「중국에서 홍색紅色 정권이 존재할 수 있는 이유」에서 다음과 같이 언급했다. "백색白色 정권들의 분열과 전쟁이 장기간에 걸쳐 진행되면서 하나의 여건이 조성되었는데, 그것은 공산당이 이끄는 하나 또는 몇몇 소규모의 홍색 지역들이 백색 정권의 포위망 속에서도 생겨나고 유지될 수 있었다는 점이다."[623]

統檔案·事略稿本』29, 臺北: 國史館, 2007: 190-191쪽.

621 魏鑒賢, 「隨薛岳所部追堵紅軍長征的見聞」, 中國人民政治協商會議全國委員會文史資料研究委員會 編, 『文史資料選輯』62, 內部資料, 北京: 中華書局, 1979: 50쪽.

622 湯垚, 「紅軍長征中白崇禧'開放'湘桂邊境的內幕」, 中央桂林地委『紅軍長征過廣西』編寫組 編著, 『紅軍長征過廣西』, 南寧: 廣西人民出版社, 1986: 446-447쪽.

623 毛澤東, 『毛澤東選集』1, 北京: 人民出版社, 1991: 49쪽.

그런데 1934년의 상황은 마오쩌둥의 6년 전 언급과는 차이를 보인다. 명목상으로는 난징 정부가 각 성에 명령을 내리고 있었는데, 그럼에도 불구하고 사실상 그들 사이에는 오래된 분열과 충돌이 계속되고 있었다. 서남 지역(광둥을 포함해서)의 경우에는 후한민[胡漢民, 1879-1936]으로 대표되는 국민당의 서남 집행부와 서남 정무위원회도 있었다. 광둥의 천지탕이든 광시의 리쭝런과 바이충시든 그들은 모두 장제스에 적개심을 보이며, 서로 일촉즉발의 충돌 상태에 놓여 있었다. 그리고 난징 정부는 세력의 확장이라는 측면에서 쓰촨, 시캉西康[624], 윈난, 구이저우를 장악하지 못했기 때문에, 그 지역들은 여전히 일정한 독립 상태를 유지하고 있었다. 장제스는 그 상황을 하루라도 빨리 바꾸고 싶어 했다.

당시 그 지방 세력들의 속내는 복잡하고 미묘했다. 이해득실을 따지는 그들의 기준은 자신의 역량과 권리가 침해받지 않도록 보호하는 데 있었다. 그래서 그들은 자신의 주요 지역에 홍군이 들어오는 것을 두려워하면서도 홍군에 대한 자신들의 대응을 난징 정부에 보여줄 필요가 있었다. 또한 그들은 장제스의 중앙군이 공비 토벌을 구실로, 자신들의 지역에 들어와 자신들의 역할을 대체하는 것도 두려워했다. 만약 홍군이 그들의 주요 지배 지역에 깊숙이 들어간다면, 그들은 목숨을 걸고 싸울 것이다. 그렇지만 홍군이 단지 지역의 경계선만을 지나가는 것이라면, 그들은 차라리 '자신의 지역을 지키'기 위해 홍군을 '쫓아내는' 데 집중할 것이다.

그러한 역사적 사실들을 검토할 때, 다음과 같은 중요한 배경을 간과해서는 안 된다. 즉, 중앙 홍군의 주력이 처음부터 비교적 순조롭게 몇 개의 봉쇄선을 돌파할 수 있었던 주된 이유는 1934년 10월 초에 광둥의 천지탕과 맺었던 5개 항의 비밀 협상안 때문이었다. 그 협상안에는 다음의 내용이 포함되어 있다. "필요할 때 서로에게 길을 내어준다. 우리가 움직이기 전에 미리 천지탕에게 알리면, 천지탕의 부대는 40화리華里[625] 밖으로 철수

---

[624] 시짱西藏 자치구의 동쪽과 쓰촨四川의 서쪽 지역을 가리킨다.
[625] 1華里는 500m에 해당한다.

한다."[626] 그래서 중앙 소비에트 지역에서 홍군의 포위 돌파가 시작되었을 때, 격렬한 전투가 없었던 것이다.

장제스도 그것을 어느 정도 눈치 채고 있었다. 그는 10월 20일자 일기에서 "광둥의 천지탕은 공비들과 내통하는가?"[627]라고 하면서, 30일자 일기에서도 다음과 같이 적었다. "공비들이 서쪽으로 도망친다. 장보청[蔣伯誠, 1889-1952]에게 전보를 보내 광둥의 천지탕에 대해 경고했다. '공비들을 방치해 나라에 화를 입혔으니, 어찌 후세와 세상을 볼 수 있겠는가?'"[628] 그렇지만 장제스도 어찌해 볼 도리는 없었다.

당시 홍군은 후난의 남쪽 지역으로 들어간 다음, 서쪽에 있는 광시 북쪽으로 이동하려는 상황이었다. 리쭝런의 회고록에는 다음과 같이 언급되어 있다. 장제스는 "후난의 북쪽에 병력을 주둔시켜 공산당 군대가 서쪽으로 움직이도록 했다. 그 다음 중앙군을 천천히 남쪽으로 이동시켜 공산당 군대가 광시로 들어갈 수밖에 없게 만들었다. …… 그는 우리가 공산당 군대와 서로 싸워 양쪽 모두 피해를 입게 되면, 그 때 중앙군이 광시에 들어와 광시를 차지하고자 했던 것이다. 그 저의가 대단히 음흉했다."[629]

리쭝런의 고위 참모였던 류페이[劉斐, 1898-1983]는 당시를 다음과 같이 회고했다. "홍군의 뒤에는 장제스의 추격 부대가 있었다. 장제스는 여러 차례 4집단군集團軍(저자 주: 광시계桂系[630]의 군대를 가리킨다)에 전보를 보내, 홍군을 차단하는 데 전력을 기울이라고 지시했다. 또한 후난의 허젠에게 광시

---

626 何長工, 『何長工回憶錄』, 北京: 解放軍出版社, 1987: 327쪽.

627 | 蔣介石日記(手稿本), 1934年10月20日. 이 자료는 미국 스탠퍼드 대학 후버연구소에 소장되어 있다.

628 蔣介石日記(手稿本), 1934年10月30日. 이 자료는 미국 스탠퍼드 대학 후버연구소에 소장되어 있다.

629 李宗仁, 『李宗仁回憶錄』, 香港: 南粵出版社, 1987: 427쪽. | 李宗仁 口述·唐德剛 撰寫, 『李宗仁回憶錄』, 南寧: 廣西人民出版社, 1988: 457쪽.

630 | 광시계는 신구 집단으로 구분된다. 구 집단은 루룽팅[陸榮廷, 1859-1928]·탄하오밍[譚浩明, 1871-1925]이 이끈 광시군(1912-1924), 신 집단은 리쭝런·바이충시 등이 이끈 광시군(1925-1949)을 가리킨다.

의 북쪽으로 군대를 보내 홍군의 차단 작전에 협조하라고도 했다. 우리는 장제스의 음모를 다음과 같이 판단했다. 즉, 그는 광시군과 홍군이 서로 싸워 모두에게 피해가 발생하면 무탈하게 광시로 들어갈 수 있다는, 이른바 '일거양득'을 노렸다. 또한 우리는 허젠이 매우 교활한 사람이기 때문에 겉으로 홍군의 차단 작전에 협조하는 모양새를 취하겠지만, 실제로는 그 작전을 외면할 것으로 판단했다. [……] 이와 같은 판단으로부터 우리는 홍군에 대처할 전체적인 방안을 검토했는데, 그것은 홍군이 광시 지역 안으로 들어오지 못하게 하는 것이었다. 만약 홍군이 광시 지역 안으로 들어오게 되면, 장제스가 그들을 뒤따라 들어올 수밖에 없기 때문이다. 그래서 우리는 차라리 홍군에게 길을 열어주어 그들이 광시의 북쪽 길을 거쳐 후난이나 구이저우로 가도록 했다. 우리는 그 방안을 간략히 개괄했는데, 그것이 바로 '찾아온 손님 보내기'다."[631]

바이충시의 진술은 더욱 직설적이다. 그는 광시군 공급부供給部 참모장 탕야오[湯垚/湯堯, 1897-1962]에게 다음과 같이 언급했다. "장제스는 주더와 마오쩌둥보다 우리를 훨씬 더 적대시하기 때문에 그것이 그에게는 가장 이상적인 계획이다. 신경 쓸 필요 없다. 공비들이 있어야 우리가 있고, 공비들이 없으면 우리도 없는 것이다. 우리가 왜 위험을 무릅쓰고 그에게 기회를 만들어주겠는가? 오히려 주더와 마오쩌둥이 살아있는 편이 우리에게도 발전의 기회가 된다."[632]

허젠은 중앙 홍군이 샹시의 북쪽 지역에서 매우 활발하게 움직이고 있는 홍군 2·6군단과 합류해 대규모 근거지를 샹시에 구축하는 것을 우려했다. 그래서 그는 광시군보다 '추격 토벌'에 더 적극적이었다. 하지만 그도 기본적으로는 광시계와 마찬가지로 '찾아온 손님 보내기', 즉 밖으로 몰아

---

[631] 「劉斐談話記錄」, 中央桂林地委 『紅軍長征過廣西』 編寫組 編著, 『紅軍長征過廣西』, 南寧: 廣西人民出版社, 1986: 429-430쪽. | 참고로, 『紅軍長征過廣西』에서는 「劉斐談話紀錄」와 「劉斐談話記錄」라는 표현이 함께 혼용되고 있다.

[632] 湯垚, 「紅軍長征中白崇禧'開放'湘桂邊境의 內幕」, 中央桂林地委 『紅軍長征過廣西』 編寫組 編著, 『紅軍長征過廣西』, 南寧: 廣西人民出版社, 1986: 447쪽.

내는 것을 최상의 방책으로 여겼다.

당시 구이저우에는 서남 지역 가운데 가장 약한 세력이 위치해 있었다. "구이저우군黔軍의 부대는 5개의 사단師과 3개의 독립 여단旅으로 구성되어 있는데, 구이저우성 주석인 왕자례가 25군의 군단장을 겸직한다고 알려져 있었다. 각 고위 장성들은 표면적으로 왕자례를 지지하는 것 같았지만, 실제로는 각자 자신의 지역에서 제멋대로 움직이며 서로를 인정하지도 않았다. 부대를 훈련시키거나 민중을 조직적으로 훈련시킬 여력조차 없었을 뿐만 아니라 인력도 부족하고 장비도 열악했다. 또한 아편에 중독된 병사들까지 있어서 부대 전력이 대단히 취약한 상태였다."[633] 이처럼 구이저우군의 역량은 광둥, 광시, 쓰촨, 윈난의 그것과 비교가 안 될 정도로 뒤떨어져 있었다. 그렇지만 구이저우는 서남 지역의 여러 성들 가운데 그 중심부에 위치해 있어서 전략적으로는 매우 중요한 곳이었다.

당시 장제스는 그 지역에 대한 영향력이 없었기 때문에 일시적으로 왕자례에게 지지를 보냈던 것이다. 그런데 왕자례는 그런 장제스가 언젠가 자신을 공격할 것이라고 보고, 주위의 성省들과 공생적 관계를 유지했다. 예를 들어, 구이저우와 광시의 접경선은 수 백리에 걸쳐 있는데, 윈난성과 구이저우성에서 생산되는 상당량의 아편들이 광시를 거쳐 밖으로 팔려나갔다. "당시 광시의 재정 수입에서 아편의 통행세가 1년 수입의 거의 절반을 차지했다. 다시 말해서, 그것은 신 광시계 집단의 경제적 명줄이었다."[634]

광시군에서 주력을 맡던 7군단의 군단장 랴오레이[廖磊, 1890-1939]도 그것을 지적했다. "윈난성과 구이저우성의 아편 통행세는 우리의 재정 수입

---

[633] 陳壽恒·蔣榮森 等 編著, 『薛岳將軍與國民革命』, 臺北: '中研院'近代史研究所, 1988: 186쪽. | 참고로, 이 책은 中央研究院 近代史研究所에서 기획한 史料叢刊의 8번째 작품이다.

[634] | 虞世熙, 「桂軍遠追紅軍肯克部深入貴州的內幕」, 周朝擧 主編, 『紅軍黔滇馳騁史料總彙』 上, 北京: 軍事科學出版社, 1988: 537쪽. 참고로, 원문에는 肯克로 기재되어 있지만, 저자는 蕭克로 고쳐 표기했다. 여기서는 원문을 따른다.

에서 가장 큰 비중을 차지했다. 만약 구이저우가 공산당에 의해 점령당한 다거나, 장제스가 이른바 길을 빌려 괵나라를 멸망시킨다假道滅虢는 책략으로 왕자례를 쫓아낸다면, 그러한 재정적 수입도 끊길 뿐만 아니라 우리의 안위도 직접적으로 위협받게 된다."[635]

그래서 "왕자례는 정권을 잡고 나서 난징 정부에 '절대 복종'했지만, 스스로를 보호하고 일부 지역을 차지하려는 의도에서 광둥·광시와 매우 돈독한 관계를 유지했다. 처음에는 사절단 왕래에 국한된 관계였지만, 이후 무기를 구입하게 되면서 천지탕·리쭝런과 함께 '3성 간 상호 동맹三省互助同盟'으로 발전했다. 이로부터 광시와 함께 공공연히 장제스에 대항했다."[636] 장제스와 서남 지역 세력들 사이의 복잡한 암투와 갈등은 중앙 홍군이 포위를 돌파하고 구이저우에 들어간 이후의 국면에서도 간과할 수 없는 중대한 영향을 끼쳤다.

3) 리핑黎平에서 쭌이遵義까지

퉁다오通道 회의 다음날인 1934년 12월 13일, 중앙 혁명군사위원회는 서쪽의 구이저우로 진입하라는 공식 명령을 하달했다. 이에 따라 홍군은 신속하게 구이저우로 들어갔지만, 그곳은 홍군이 그동안 겪어왔던 환경과 확연히 달랐다. 중국에서 옛 구이저우는 흔히 다음과 같이 표현된다. 하늘은 사흘 이상 맑은 날씨가 지속되지 않고, 땅은 삼리三里 이상 평평한 곳이 없으며, 사람들은 은銀을 서 푼 이상 지니고 있지 않다. 다시 말해서, 백성은 궁핍하고, 지세는 험준하며, 교통은 불편하고, 기후는 변화가 심하다는 말이다.

네룽전은 그것을 다음과 같이 회고했다. "우리는 산 정상에 서서 광시와 구이저우의 경계선을 바라보았다. 아! 산 넘어 산으로, 마치 바다의 파도가

635　虞世熙, 「桂軍遠追紅軍肯克部深入貴州的內幕」, 周朝擧 主編, 『紅軍黔滇馳騁史料總彙』上, 北京: 軍事科學出版社, 1988: 538쪽.

636　謝本書·馮祖貽 主編, 『西南軍閥史』3, 貴陽: 貴州人民出版社, 1994: 302쪽.

끝없이 펼쳐져 하늘에 닿는 듯 했다. 쓰촨에서 태어났고, 장시와 푸젠에서 몇 년 동안 산악전을 치룬 나도 이렇게 많은 산을 본 적이 없었다."[637] 당시 대부분의 구이저우 지역에는 큰 길이 없고, 구불구불 이어진 험준하고 좁은 산길만 있었기 때문에 대부대가 움직이는 데 매우 불편했다. 국민당의 중앙군과 같이 상당히 무거운 장비를 갖춘 부대의 경우 더더욱 그러했다.

구이저우의 동남쪽 요충지인 리핑은 퉁다오에서 겨우 50km 떨어진 곳에 위치한다. "칭수이강淸水江 동쪽 기슭에 자리 잡은 리핑성黎平城은 동쪽과 서쪽으로 높은 산들에 둘러싸여 있었다. 그래서 적들은 거기에 별다른 방어 공사를 하지 않았다. 12월 14일 오후 6시, 홍군이 리핑성을 공격한다는 소식이 리핑에 주둔 중인 왕자례의 한 연대團에 전해지자, 그 부대는 일찌감치 철수를 결정했다."[638] 그래서 홍군 1군단은 다음날인 15일에 리핑을 순조롭게 점령했다. 한편, 중앙 혁명군사위원회는 그 전날인 13일에, 홍군 8군단을 홍군 3군단에 편입시켰을 뿐만 아니라 군사위원회 산하의 두 종대를 하나로 합치면서 그것을 군사위원회 종대軍委縱隊로 명명했다.

이처럼 홍군은 리핑을 점령해 구이저우로 들어가는 통로를 개척했다. 12월 18일, 리핑에서 중국공산당 중앙의 정치국회의가 개최되었다. 그것은 홍군의 대장정 이후 거행된 첫 번째 정치국회의이자, 홍군의 향후 전략 방향을 다룬 회의였다. 격렬한 논쟁 끝에, 회의를 주재한 저우언라이는 마오쩌둥의 의견을 채택했다.

그는 훗날 당시를 다음과 같이 언급했다. "후난, 광시, 구이저우의 경계 지점에서 마오쩌둥 주석, 왕자샹[王稼祥, 1906-1974][639], 장원톈洛甫이 기존의 군사 노선을 비판했는데, 그와 같은 논쟁은 라오산제老山界에서 리핑에 이

---

637   聶榮臻, 『聶榮臻回憶錄』上, 北京: 解放軍出版社, 1984: 235쪽. | 聶榮臻, 『聶榮臻回憶錄』上, 北京: 戰士出版社, 1983: 235쪽.

638   肖鋒, 「長征過貴州的日日夜夜」, 周朝擧 主編, 『紅軍黔滇馳騁風雲錄』, 北京: 軍事科學出版社, 1987: 174쪽.

639 | 참고로, 왕자샹은 1943년에 쓴 「中國共産黨與中國民族解放的道路」에서 '마오쩌둥 사상'이라는 표현을 처음 사용했다.

르기까지 회의가 열릴 때마다 계속되었다. 특히, 리핑에서 매우 격렬한 논쟁이 벌어졌다. 이때 리더는 구이저우의 동쪽으로 들어가자고 주장했다. 하지만 그것은 자칫 장제스의 포위망에 걸려들 수 있는 매우 잘못된 판단이었다. 이와 다르게, 마오 주석은 쓰촨과 구이저우의 접경 지역에 쓰촨·구이저우 근거지를 건설하자고 주장했다. 나는 마오 주석의 의견을 채택하기로 결정했다. 그것은 2방면군方面軍(저자 주: 홍군 6군단을 가리킨다)이 왔던 길을 따라 우강烏江을 건너 북상하는 방안이었다. 결국 논쟁에서 진 리더는 크게 화를 냈다."[640] 또한, "군사적 지휘 방식도 이전과 달라졌다. 즉, 전방에서 융통성 있는 판단이 가능하도록 큰 방향만 제시하자는 마오 주석의 의견이 수용되었다."[641]

회의에서 「전략적 방침에 관한 중앙정치국의 결정」(이하 「결정」)이 통과되었다. 「결정」에서는 다음과 같이 제시되어 있다. "작금의 상황에서 보면, 정치국에서 예전에 제기했던 샹시湘西에 새로운 소비에트 근거지를 건설하겠다는 결정은 이제 불가능해졌으며, 또한 부적절하다고 판단한다."[642] 따라서 "정치국에서는 새로운 근거지를 쓰촨과 구이저우의 접경 지역에 건설하려고 한다. 처음에는 쭌이遵義를 중심 지역으로 하고, 여건이 안 좋아지면 쭌이의 서북 지역으로 옮기려고 한다. 이와 함께 정치국은 구이저우 서쪽, 구이저우 남서쪽, 윈난 지역 안으로 깊숙이 들어가는 것이 우리에게 불리하다고 보았다."[643]

---

640 | 周恩來, 「在延安中央政治局會議上的發言(節錄)」, 中共中央黨史資料徵集委員會·中央檔案館 編, 『遵義會議文獻』, 北京: 人民出版社, 1985: 64쪽.

641 | 周恩來, 「在延安中央政治局會議上的發言(節錄)」, 中共中央黨史資料徵集委員會·中央檔案館 編, 『遵義會議文獻』, 北京: 人民出版社, 1985: 64쪽. | 여기서 저자는 中共中央黨史資料徵集委員會를 中共中央黨校資料徵集委員會로 표기했는데, 이를 바로잡았다.

642 | 「中央政治局關於戰略方針之決定」, 中央檔案館 編, 『中共中央文件選集(1934-1935)』10, 北京: 中共中央黨校出版社, 1991: 441쪽.

643 | 「中央政治局關於戰略方針之決定」, 中央檔案館 編, 『中共中央文件選集(1934-1935)』10, 北京: 中共中央黨校出版社, 1991: 442쪽. | 저자는 출처 내용을 『中共中央文件選集』8의 436쪽으로 소개했는데, 이를 바로잡았다.

그 회의는 매우 중요했다. 근거지를 새로운 장소로 바꾼 것도 큰 결정이었지만, 홍군은 그 회의를 통해 대장정의 전략적 전환을 이루어냈다. 6개월 이후, 천원은 코민테른 서기처에 다음과 같이 보고했다. 리핑 회의가 있기 이전의 "우리는 종이 위에 연필로 잘 그린 길을 따라가듯, 언제나 하나의 방향으로만 직진했다. 그런데 그것은 아주 잘못된 방식이었다. 결과적으로는 우리가 어디를 가든 적군의 추격이 뒤따랐다. 왜냐하면 그들은 지도를 통해 이미 우리가 어디에서 나타날지, 어디로 나아갈지를 예측하고 있었기 때문이다. 그래서 우리는 적에 대한 어떠한 공격 주도권도 갖지 못했으며, 그저 적의 공격 대상으로 전락했을 뿐이다."[644] 또한, "군사용 지도에 잘못 표기된 위치가 많아 우리는 자주 사지死路로 들어갔고, 어쩔 수 없이 왔던 길로 돌아나오곤 했다. 어떤 곳에서는 사흘 내내 싸워 4km밖에 나아가지 못한 적도 있었다."[645]

그런데 "리핑에서 지도자들의 논쟁이 벌어지면서 우리의 오류는 결과적으로 극복되었다. 우리는 그동안 '연필로만 지휘하던' 지도자들을 더 이상 믿을 수 없었다."[646] "홍군 장병들 모두 다음을 주장했다. 적의 방어가 약한 곳을 돌파해, 적군의 세력이 비교적 약하면서도 새로운 홍군 병력을 충원할 수 있는 곳으로 나아가야 한다는 것이었다. 그 논쟁은 결국 기존 방침을 철회하는 것으로 끝을 맺었다."[647] 이로부터 "홍군은 더 이상 적들의 공격 앞에 도망만 다니던 부대가 아니라, 전투와 공격에 능한 군대로 바뀌었

---

[644] | 陳雲, 「在共産國際執行委員會書記處會議上關於紅軍長征和遵義會議情況的報告」, 『黨的文獻』2001年第4期: 14쪽.

[645] | 陳雲, 「在共産國際執行委員會書記處會議上關於紅軍長征和遵義會議情況的報告」, 『黨的文獻』2001年第4期: 14쪽.

[646] | 陳雲, 「在共産國際執行委員會書記處會議上關於紅軍長征和遵義會議情況的報告」, 『黨的文獻』2001年第4期: 14쪽.

[647] | 陳雲, 「在共産國際執行委員會書記處會議上關於紅軍長征和遵義會議情況的報告」, 『黨的文獻』2001年第4期: 15쪽.

다."⁶⁴⁸

리웨이한도 「결정」을 다음과 같이 평가했다. "그 결정은 매우 중요했다. 그것은 홍군이 강한 적군의 치명적인 위험에서 벗어날 수 있게 했으며, 자유롭고 능동적인 기동전을 펼쳐 적들을 섬멸시킬 수 있도록 했다. 특히, 홍군 1군단과 홍군 3군단이 '제약에서 풀려나'면서 기민하고 융통성 있게 적의 병력을 섬멸할 수 있었다. 그리고 홍군 5군단도 후미 부대라는 역할의 어려움을 더 이상 겪지 않게 되었다."⁶⁴⁹

이처럼 리핑 회의는 피동적 존재였던 중앙 홍군을 능동적 존재로 변화시켰을 뿐만 아니라, 앞으로의 승리와 쭌이 회의 개최를 위한 토대가 되었다. 리핑 회의를 마친 홍군은 곧바로 묘족苗族의 거주지인 칭수이강清水江의 남쪽을 따라 서쪽으로 진격해, 3일 동안 구이저우 동쪽의 상업 요충지인 전위안鎭遠, 스빙施秉, 황핑黃平을 잇달아 점령했다. 그런데 그 길은 몇 달 전 홍군 6군단이 '갔던 길'이었다.

하지만 그 이후에는 각기 다른 길을 선택했다. 홍군 6군단은 동북쪽으로 방향을 바꿔 구이저우의 동북쪽에 위치해 있으면서 샹시와도 가까운 셴타오仙桃에서 허룽의 홍군 3군(이후 홍군 2군단으로 바뀌었다)과 합류했다. 이와 다르게, 중앙 홍군은 서북쪽으로 방향을 잡고 위칭余慶과 웡안瓮安을 거쳐 31일에 우강烏江 남쪽에 도착한 다음, 구이저우 북쪽으로 나아갔다. 왜냐하면 홍군 2·6군단과의 합류가 아니라, 쓰촨과 구이저우의 접경 지역에 근거지를 세우는 데 목적이 있었기 때문이다.

중앙 홍군이 중요한 전략적 배치를 진행하고 있을 때, 장제스도 자신의 병력을 재배치하고 있었다. 쉐웨가 이끄는 우치웨이와 저우훈위안의 8개 사단은 줄곧 샹시의 즈강芷江과 쳰양黔陽 일대에 주둔해 있었는데, 홍군이 우강 쪽으로 방향으로 바꾸자 그제서야 서쪽의 전위안, 스빙, 황핑 지역으

648　陳雲,「在共產國際執行委員會書記處會議上關於紅軍長征和遵義會議情況的報告」,『黨的文獻』2001年第4期: 15쪽.

649　李維漢,『回憶與研究』上, 北京: 中共黨史資料出版社, 1986: 351쪽.

로 부대를 움직였다. 그런데 그들은 북쪽으로 가는 홍군을 추격하는 대신, 서쪽의 구이양貴陽으로 곧장 달려갔다.

물론 그것은 조금도 이상한 일이 아니었다. 장제스가 대단히 중시했던 것은 구이저우에 들어간 홍군을 추격한다는 빌미로, 가능한 한 빨리 구이저우성의 도읍인 구이양을 장악하는 문제였다. 어느 정도 그의 의도를 간파한 쉐웨는 12월 31일에 장제스에게 전보를 보냈다. "이번에 본 부대가 구이저우에 들어온 것은 공비 토벌이 주요 임무지만, 간접적으로는 서남의 정치 세력에 대한 중앙의 감시이기도 하다."[650] 그러자 장제스는 바로 답신을 보냈다. "정확하게 보았다. 상응하는 준비를 하라."[651]

당시 장제스와 함께 있던 옌다우깡은 훗날 다음과 같이 회고했다. "12월, 홍군이 구이저우 접경 지역에 들어섰을 때, 장제스는 난창에서 천부레이[陳布雷, 1890-1948]에게 말했다. '쓰촨성, 구이저우성, 윈난성은 각기 개별적으로 통치되고 있기 때문에, 공산당 군대가 구이저우에 들어가면 우리도 따라 들어갈 수 있다. 그것이 구이저우를 도모하기 위해 우리의 병력을 별도로 동원하는 방법보다 더 낫다. 쓰촨과 윈난은 스스로의 생존을 위해 우리가 들어가는 것을 받아들일 수밖에 없으며, 우리의 진입을 막을 핑계조차 없다. 이것은 정치적으로 아주 좋은 기회다. 따라서 앞으로 우리의 군사, 정치, 인사, 경제적 조달이 적절히 이루어진다면, 반드시 통일이라는 국면이 조성될 것이다.' 쉐웨의 구이양 점령은 바로 그러한 음모의 구체적 행동이었다."[652]

그리고 큰 비중을 차지했던 또 다른 요인은 바로 장제스가 광시계桂系를 매우 많이 의심했다는 점이다. 홍군이 구이저우에 들어가자, 리쭝런과 바

---

650 | 周美華 編註, 『蔣中正總統檔案·事略稿本』28, 臺北: 國史館, 2007: 684쪽.

651 『蔣介石檔案·事略稿本』28, 臺北: '國史館', 2007: 684쪽. | 周美華 編註, 『蔣中正總統檔案·事略稿本』28, 臺北: 國史館, 2007: 684쪽.

652 晏道剛, 「追堵長征紅軍的部署及其失敗」, 中國人民政治協商會議全國委員會文史資料委員會『圍追堵截紅軍長征親歷記』編審組 編, 『圍追堵截紅軍長征親歷記-原國民黨將領的回憶』上, 北京: 中國文史出版社, 1991: 11쪽.

이충시는 추격 토벌군 총사령관인 허젠에게 전보를 보내 작전 경계선을 구분했다. "그 경계선의 동쪽은 허젠 총사령관의 부대가 맡고, 서쪽은 구이저우군, 광둥군, 광시군이 맡는다."[653]

여기서 그들의 목적이 광시군의 구이양 장악에 있다는 점이 명확하게 드러난다. 그때는 이미 랴오레이의 광시군 두 개 사단이 구이저우 남쪽의 두윈都匀에 도착한 상태였다. "그 경로는 홍군의 대장정 길이 아니었기 때문에 홍군과 겹치지 않았다."[654] 랴오레이 부대는 "방어 진지 공사를 진행했다. 그것을 '공산당을 방어하는 것'이라고 했지만, 실제로는 '장제스를 방어하는 것'이었다."[655]

장제스는 광시군의 구이저우 장악을 우려해, 광시군이 도착하기 전에 서둘러 구이양에 들어가고자 했다. 그것이 그에게 가장 큰 근심거리였다. 그래서 그는 쉐웨 부대가 구이저우에 들어가고 나서야 어느 정도 마음을 놓았는데, 12월 29일의 일기에서 그것을 표현했다. "우리 군이 구이저우로 들어갔기 때문에 광시군을 제지할 수 없다는 걱정이 사라졌다."[656]

쉐웨는 자신이 진술하고, 그 내용을 스스로 감수한『쉐웨 장군과 국민혁명』에서도 왕자례와 광시계의 관계를 다음과 같이 묘사했다. "그[왕자례]는 공비들의 구이양 점령을 두려워했지만, 또한 중앙군의 구이양 진입도 두려워했다. 그에게는 구이양을 지켜낼 방도가 없었다. 그래서 마치 독약을 마셔 갈증을 푸는 것처럼, 광시계의 리쭝런과 바이충시에게 구이양을 함께 지켜달라는 도움을 청했다. 야심만만한 리쭝런은 두말없이 적극 돕겠다고

653　中國第二歷史檔案館 編,『國民黨軍追堵紅軍長征檔案史料選編(中央部分)』上, 北京: 檔案出版社, 1987: 304쪽.

654　| 黃炳鈿,「阻擊紅軍北上親歷記」, 周朝擧 主編,『紅軍黔滇馳騁史料總彙』上, 北京: 軍事科學出版社, 1988: 529쪽.

655　黃炳鈿,「阻擊紅軍北上親歷記」, 周朝擧 主編,『紅軍黔滇馳騁史料總彙』上, 北京: 軍事科學出版社, 1988: 529쪽.

656　蔣介石日記(手稿本), 1934年12月29日. 이 자료는 미국 스탠퍼드 대학 후버연구소에 소장되어 있다.

하면서, 바로 7군단 군단장 랴오레이에게 광시군의 3개 사단三師을 거느리고 기세등등하게 두산獨山으로 향하도록 했다."[657]

이어서 다음도 언급되어 있다. 12월 30일, 즉 홍군의 선봉 부대인 홍군 4연대가 우강 남쪽에 도착한 바로 그날, 쉐웨는 "자신의 부대만을 이끌고 구이양을 향해 신속히 이동하기로 결정했다."[658] 1935년 1월 4일, 쉐웨가 구이양에 도착했다. "1월 8일, 쉐웨 장군은 99사단에 구이양 진입을 지시했다. 2종대의 우치웨이 부대도 구이양 부근에 도착했으며, 3종대의 저우훈위안 부대는 마창핑馬場坪과 구이딩貴定의 경계선에 도착했다."[659] 그리고 "1월 13일, 광시군의 랴오레이 3개 사단이 두산에 도착했다. 하지만 그들은 중앙군이 먼저 도착했다는 소식을 듣고는, 구이양을 바라보며 그저 탄식만 하고 있을 뿐이었다. 만약 당시 광시군이 대담하게 먼저 구이양으로 들어갔다면, 정말로 상상조차 하기 싫은 일들이 일어났을 것이다."[660]

저우훈위안 부대의 사단장이었던 완야요황은 다음과 같이 밝혔다. "정월 3일, 우리 부대가 황핑黃平에 도착하자, 쉐웨는 우리에게 빨리 구이양으로 가라는 전보를 보냈다. 그런데 그때는 공비들이 북쪽으로 달아난 후였다."[661] "소식을 들은 바이충시는 광시군의 저우쭈황[周祖晃, 1891-1959] 부대에 급히 명령을 내렸으며, 그들은 한밤중에 구이양을 향해 서둘러 떠났다. 하지만 저우쭈황의 부대가 두원에 도착했을 때는 이미 중앙군이 구이양을

---

657 | 陳壽恒·蔣榮森 等 編著, 『薛岳將軍與國民革命』, 臺北: 中央研究院近代史研究所, 1988: 187쪽.

658 | 陳壽恒·蔣榮森 等 編著, 『薛岳將軍與國民革命』, 臺北: 中央研究院近代史研究所, 1988: 188쪽.

659 | 陳壽恒·蔣榮森 等 編著, 『薛岳將軍與國民革命』, 臺北: 中央研究院近代史研究所, 1988: 190쪽.

660 陳壽恒·蔣榮森 等 編著, 『薛岳將軍與國民革命』, 臺北: '中研院'近代史研究所, 1988: 190쪽.

661 | 萬耀煌 口述·沈雲龍 訪問·賈廷詩 等 紀錄, 『萬耀煌先生訪問紀錄』, 臺北: 中央研究院近代史研究所, 1993: 345쪽. 참고로, 이 책은 中央研究院 近代史研究所에서 기획한 口述歷史叢刊의 46번째 작품이다.

점령한 후였다. 그래서 저우쭈황은 그것을 긴급 전보로 보고했는데, 바이충시는 그 소식을 듣자마자 안색이 변했다. 여기서 구이양이 지닌 전략적·정치적 중요성을 알 수 있다."[662] 이로부터 다음의 사실을 어렵지 않게 알 수 있는데, 그것은 장제스와 쉐웨가 광시군보다 앞서 구이양에 도착하려고 했고, 또한 그것을 대단히 절박한 임무라고 여겼다는 점이다. 그래서 그들은 우강으로 가는 중앙 홍군에 신경을 쓸 겨를이 없었다.

왕자례는 처음부터 장제스가 구이저우의 통제권을 빼앗기 위해 그에게 호의적이지 않다는 것을 알고 있었다. 그는 쉐웨가 북상하는 홍군에 대응하지 않고 곧장 구이양으로 달려가는 것을 보고, 그 역시 서둘러 부대를 이끌고 도읍인 구이양으로 돌아왔다. 그는 당시를 다음과 같이 회고했다. "그때 그의 중앙군이 홍군을 추격한다는 빌미로 구이저우에 들어오려 했다. 그를 거부하고 싶었지만 그것은 불가능한 일이었다. 이런저런 생각을 하면서 머릿속이 매우 복잡해졌다. 그 당시 상황에서 나는 장제스의 명령에 따라 홍군을 저지해 하루라도 빨리 구이저우에서 그들을 떠나게 하는 방법밖에 없었다. 그리고 다른 한편으로는 기회를 틈타 광둥·광시와 연대해 역량을 보존함으로써 스스로의 생존을 도모하고자 했다. 내가 처음 세운 계획은 다음과 같았다. 즉, 구이저우 북쪽(우강의 북쪽)의 방어 임무는 허우즈단[侯之擔, 1894-1950]이 맡고, 우강 남쪽의 방어 임무는 나와 여우궈차이[猶國才, 1897-1950]가 맡는 것이었다. 또한 나는 구이저우 동남쪽의 작전 지휘도 맡았는데, 그것은 부득이한 경우 광시 쪽으로 물러나기 위해서였다."[663]

당시 장제스, 쉐웨, 왕자례의 관심은 모두 구이양에 쏠려 있었다. 그런데 구이양은 우강의 중요 나루터인 장제허江界河와 100km가 넘을 정도로 멀

---

662 萬耀煌 口述·沈雲龍 訪問·賈廷詩 等 紀錄, 『萬耀煌先生訪問紀錄』, 臺北: '中硏院' 近代史硏究所, 1993: 345쪽. | 참고로, 저자는 여기서 원문의 '紀錄'을 모두 '記錄'으로 바꿔 표기했다. 이를 바로잡았다.

663 王家烈, 「黔軍阻擊中央紅軍經過」, 中國人民政治協商會議全國委員會文史資料委員會 『圍追堵截紅軍長征親歷記』編審組 編, 『圍追堵截紅軍長征親歷記−原國民黨將領的回憶』上, 北京: 中國文史出版社, 1991: 181쪽.

리 떨어진 곳에 있었다. 중앙 홍군이 우강을 건너 쭌이를 점령할 때, 그들은 원래 쉐웨와 왕자례의 부대가 그들의 뒤를 바짝 쫓으며, 양쪽에서 협공하는 위험한 상황을 예상했다. 하지만 결과적으로 홍군은 전투력이 매우 떨어지는 구이저우 북쪽 지역의 군벌, 즉 허우즈단 부대만을 마주했을 뿐이다. 또한 그 뒤에는 어떠한 추격군도 없었는데, 그와 같은 여건은 당연히 홍군에게 매우 유리하게 작용했다.

1935년 1월 1일, 중국공산당 중앙은 우강 남쪽 웡안현瓮安縣의 허우창猴場 부근에서 정치국회의를 소집했다. 저우언라이가 사회를 맡은 그 회의에서는 「도강 이후 새로운 행동 방침에 관한 중앙정치국의 결정」이 통과되었다. 하지만 중앙은 그때까지도 쉐웨의 부대가 전위안, 스빙, 황핑에 도착한 다음, 홍군을 바짝 추격해 남북에서 협공하는 줄만 알았다. 그들이 그대로 서쪽의 구이양으로 갈 줄은 예상하지 못했기 때문에, 홍군은 쉐웨 부대에 대한 전투 준비를 가장 중요한 임무로 간주하고 있었다.

「결정」에는 다음과 같은 내용이 담겨 있다. "즉각적으로 쓰촨과 구이저우 접경의 광대한 지역에서 반격 준비에 들어간다. 장제스의 주력 부대(예를 들어, 쉐웨의 2병단兵團[664]이나 기타 부대들)와 벌일 전투가 가장 중요한 부분이다. 우선 쉐웨 부대의 일부를 섬멸시켜 5차 '포위 공격'을 철저히 분쇄하고, 쓰촨과 구이저우 접경 지역에 새로운 소비에트 근거지를 건설한다. 따라서 쭌이를 중심으로 한 구이저우 북쪽 지역에 근거지를 만든 다음, 그것을 쓰촨 남쪽으로 확장시켜 나가는 것이 지금의 가장 핵심적 과제가 된다."[665]

이처럼 새로운 근거지를 세우겠다는 허우창 회의의 구체화된 목표는 리핑 회의의 그것과 기본적으로 동일하다. 여기서는 '이후 쓰촨 남쪽으로의 확장'만이 언급되었지, 북쪽의 양쯔강까지 건너겠다는 언급은 없다. 따라서 당시의 목표는 여전히 '구이저우 북쪽을 중심으로 한 소비에트 지역의

---

664 | 兵團은 하나 또는 여러 군군을 재편성한 대규모 부대를 가리킨다.

665 「中央政治局關於渡江後新的行動方針的決定」, 中央檔案館 編, 『中共中央文件選集(1934-1935)』10, 北京: 中共中央黨校出版社, 1991: 445쪽. | 저자는 출처 내용을 『中共中央文件選集』8의 441쪽으로 소개했는데, 이를 바로잡았다.

건설'에 있었다는 점을 알 수 있다.

쉐웨의 부대가 뒤를 쫓지도 않았고, 왕자례의 부대도 쉐웨 부대를 따라 서쪽의 구이양으로 갔기 때문에, 서둘러 우강을 건너려는 중앙 홍군을 막아선 상대는 단지 구이저우 북쪽 지역의 군벌인 허우즈단 부대뿐이었다. 허우즈단은 당시 25군단의 부군단장副軍長이자 산하 교도사단敎導師의 사단장을 맡고 있었는데, 스스로 무장한 지방 세력을 자처했다.

그는 25군단 군단장인 왕자례의 지휘를 조금도 따르지 않았으며, 25군 교도사단의 부사단장인 허우한여우[侯漢佑, ?-?]를 하천방어江防 사령관에 임명했다. 허우한여우는 다음과 같이 밝혔다. "허우즈단의 부대가 8개 연대라고 알려져 있지만 대부분은 허세에 불과했다. 각 연대마다 두 개 내지 세 개의 대대로 이루어져 있으며, 전체 병사 수는 약 10,000명 정도였다. 무기는 일부 한양총漢陽槍[666]을 제외하면, 대부분은 쓰촨이나 츠수이현赤水縣에서 만든 성능이 떨어진 총들과 일부 소형 박격포, 경기관총, 소형 유탄발사기 등이 있었다."[667]

이처럼 그들은 전투력도 매우 약했고, 전투 준비도 부족했다. 그래서 실제로 홍군에게 일격을 당했을 때 감당하지 못하고 무너졌던 것이다. 그럼에도 불구하고 그들은 다음과 같이 생각했다. "우강은 천연의 요새로 알려져 있고, 홍군은 오랜 원정으로 부대 전체가 지쳐 있기 때문에 신속하게 강을 건너기 어려울 것이다. 아마 홍군은 위험을 무릅쓰고 우강을 건너기보다는 다른 길을 선택할 가능성이 있다."[668]

---

666 | 중국 한양병기공장에서 제조된 총기류를 말한다.

667 | 侯漢佑, 「烏江戰役和侯之擔部的改編」, 中國人民政治協商會議全國委員會文史資料委員會 『圍追堵截紅軍長征親歷記』編審組 編, 『圍追堵截紅軍長征親歷記－原國民黨將領的回憶』 上, 北京: 中國文史出版社, 1991: 239쪽. 저자는 「烏江戰備和侯之擔部的改編」로 표기했는데, 이를 바로잡았다.

668 | 侯漢佑, 「烏江戰役和侯之擔部的改編」, 中國人民政治協商會議全國委員會文史資料委員會 『圍追堵截紅軍長征親歷記』編審組 編, 『圍追堵截紅軍長征親歷記－原國民黨將領的回憶』 上, 北京: 中國文史出版社, 1991: 239쪽.

우강이 천연의 요새라는 점은 틀림없지만, 그래도 중앙 홍군은 장제허, 후이롱창回龍場, 차산메이茶山美와 같은 몇 개의 나루터에서 우강을 신속히 건너기로 했다. 1935년 1월 3일, 홍군은 장제허에서 몇 개 조가 대나무 뗏목을 나누어 타고 우강을 건너는 데 성공하면서 부교까지 설치했다. 여세를 몰아 거세게 공격하기 시작하자, 허우한여우의 부대는 크게 동요하면서 모든 전선에서 퇴각하고 말았다.

하천방어 사령관인 허우한여우는 쭌이에 주둔하고 있던 허우즈단에게 전화를 걸어 대응 방안을 문의했다. 허우즈단은 자체 병력도 부족하고 당분간 원군을 기대하기도 어렵기 때문에, 계속해서 버틴다면 참패할 수밖에 없다고 보았다.[669] "그래서 허우즈단은 왕자례에게 보고할 겨를도 없이, 바로 전화로 허우한여우에게 하천방어 부대의 철수를 지시했다."[670]

쭌이로 퇴각한 허우한여우는 허우즈단에게 일단 "홍군의 예봉을 피하자"[671]고 제안했다. "허우즈단은 이미 허둥대며 어찌할 바를 모른 채 도망치기에 급급했다. 그는 허우한여우의 제안을 받아들여, 그에게 퇴각한 부대를 이끌고 철수하라고 명령했다. 그리고 허우즈단 자신은 소수의 경호 부대 병력과 함께 차를 타고 퉁쯔桐梓와 치강綦江을 거쳐 충칭重慶까지 물러났다."[672] 사실, "허우즈단의 의도는 역량을 보전하다가 홍군이 떠난 다음,

---

[669] | 李祖明,「侯之擔部防守烏江潰敗經過」, 中國人民政治協商會議全國委員會文史資料委員會『圍追堵截紅軍長征親歷記』編審組 編, 『圍追堵截紅軍長征親歷記-原國民黨將領的回憶』上, 北京: 中國文史出版社, 1991: 249쪽을 참조하라.

[670] | 李祖明,「侯之擔部防守烏江潰敗經過」, 中國人民政治協商會議全國委員會文史資料委員會『圍追堵截紅軍長征親歷記』編審組 編, 『圍追堵截紅軍長征親歷記-原國民黨將領的回憶』上, 北京: 中國文史出版社, 1991: 249쪽.

[671] | 李祖明,「侯之擔部防守烏江潰敗經過」, 中國人民政治協商會議全國委員會文史資料委員會『圍追堵截紅軍長征親歷記』編審組 編, 『圍追堵截紅軍長征親歷記-原國民黨將領的回憶』上, 北京: 中國文史出版社, 1991: 249쪽.

[672] | 李祖明,「侯之擔部防守烏江潰敗經過」, 中國人民政治協商會議全國委員會文史資料委員會『圍追堵截紅軍長征親歷記』編審組 編, 『圍追堵截紅軍長征親歷記-原國民黨將領的回憶』上, 北京: 中國文史出版社, 1991: 249쪽.

구이저우 북쪽에 있던 각 현의 관할 지역을 다시 차지하는 것이었다."[673] 그렇지만 장제스는 그 일을 빌미로 허우즈단을 구금하고, 그의 부대를 자신의 부대로 편입시켰다.

중앙 홍군이 우강을 건너자 곧바로 군사위원회 총참모장인 류보청은 조금의 망설임도 없이 홍군 2사단 6연대를 지휘해 쭌이를 기습했다. 1월 6일 오후, 홍군은 쭌이와 8km 정도 떨어진 퇀시전團溪鎭에서 구이저우군의 이른바 '구향단九響團'[674]을 궤멸시켰다. 그날은 큰 비가 내리고 있었다. 이처럼 "그들은 천연 요새인 우강의 이점을 너무 맹신했으며, 또한 비가 많이 내리는 날은 더욱 안전할 것이라고 생각했다. 그래서 그들이 총소리를 듣고 황급히 대응에 나섰을 때는 이미 독 안에 든 쥐의 꼴이었다."[675]

거기서 일부 홍군들은 곧바로 노획한 국민당 군대의 군복으로 갈아입은 다음, 포로가 된 '구향단'의 대대장을 데리고 비를 맞으며 쭌이성遵義城으로 달려갔다. 그들은 스스로를 외곽에서 패전한 허우한여우의 부대라고 소개하는 계략을 사용했다. 적들은 속임수에 넘어가 성문을 열었고, 그때 홍군의 주력 부대가 성 안으로 들어갔다. 결국 허우즈단의 3개 연대가 성을 포기하고 달아났기 때문에 쭌이성은 별다른 전투 없이 해방될 수 있었다.

쭌이는 구이저우에서 두 번째로 큰 도시이자 구이저우 북쪽 지역에서 가장 큰 도시였다. 그리고 구이저우 북쪽 지역의 각종 특산품들이 모이는 곳이라서 교통도 편리했다. 구이저우에서 쓰촨과 충칭으로 가려면 반드시 거쳐야 할 지역이었기 때문에 쓰촨과도 관계가 깊다. 성城 내부의 상업은

---

673 李祖明,「侯之擔部防守烏江潰敗經過」, 中國人民政治協商會議全國委員會文史資料委員會『圍追堵截紅軍長征親歷記』編審組 編,『圍追堵截紅軍長征親歷記-原國民黨將領的回憶』上, 北京: 中國文史出版社, 1991: 251쪽.

674 | '九響'은 아홉 번의 총소리로, 츠수이 병기공장에서 생산된 한 번에 9발을 쏠 수 있는 연발총을 뜻한다. 당시 구이저우에서 사용된 총기들은 질적으로 그다지 좋은 편이 아니었기 때문에 상대적으로 구향이 많은 주목을 받았다. 따라서 구향단은 구이저우에서 어느 누구도 이길 수 없는 부대로 과장되어 있었다.

675 王集成,「智取遵義」, 周朝擧 主編,『紅軍黔滇馳騁風雲錄』, 北京: 軍事科學出版社, 1987: 298쪽.

활성화되어 있었고, 거리는 번화했다. 또한 남녀 중고교는 대여섯 곳, 서점은 3곳이나 있었다. 홍군이 쭌이에 주둔해 있는 동안, 모든 상점들은 평소와 다름없이 정상적으로 운영되고 있었다. 한편, 홍군에 새롭게 참가한 4~5천 명은 모두 구이저우와 윈난 출신의 빈민이나 퇴역 군인들이었는데, 그 지역 상황에 밝아 홍군에 큰 도움이 되었다. 이처럼 홍군은 그곳에서 적지 않은 병력과 물자 등을 제공받을 수 있었다.

쭌이를 점령하자마자, 류보청과 녜룽전은 그 즉시 겅뱌오[耿飈, 1909-2000]와 양청우[楊成武, 1914-2004]에게 홍군 4연대를 이끌고 북상해 러우산관婁山關과 퉁쯔를 신속히 점령하라고 명령했다. 러우산관은 구이저우 북쪽 러우산 산맥의 최고봉으로, 쓰촨·구이저우 도로川黔公路가 구불구불 돌면서 여기를 지나간다. 양청우는 다음과 같이 회고했다. "쭌이에서 러우산관까지의 거리는 24km 정도였고, 러우산관에서 퉁쯔까지의 거리는 12km 정도였다. 우리는 거의 대부분을 뛰면서 행군했다."[676]

또한 "러우산관은 쭌이에서 퉁쯔로 향하는 관문으로, 구이저우 북쪽의 요충지다. 동서로는 산에 둘러싸여 있고, 남북으로는 작은 길이 산을 감싸고 있다. 만약 쓰촨 남쪽과 구이저우 북쪽의 중간에 위치한 러우산관을 점령하기만 한다면, 쭌이성을 지킬 만한 별도의 요충지가 없기 때문에 쭌이성을 쉽게 차지할 수 있다. 그래서 러우산관은 쭌이를 지키는 데 반드시 차지해야만 하는 전략적 요충지였다."[677] 홍군 4연대는 한밤중에 러우산관을 기습 점령하고, 곧바로 퉁쯔도 점령하면서 쭌이 북쪽의 안전을 확보했다.

당시 쉐웨와 왕자례의 부대는 멀리 떨어진 구이양에 있었고, 류샹[劉湘, 1888-1938]의 쓰촨군은 한동안 남하할 움직임이 없었기 때문에, 중앙 홍군은 쭌이에서 12일 동안 쉴 수 있었다. 그와 같은 휴식은 대장정을 시작된 이후 처음 있는 일이었다. 실제로 그것은 매우 중요했다. 천윈은 다음과 같이 밝혔다. "그 12일 동안의 휴식은 홍군赤軍 병사들에게 후난 남쪽에

---

676 | 楊成武, 『楊成武回憶錄』, 北京: 解放軍出版社, 1987: 104쪽.

677 楊成武, 『楊成武回憶錄』, 北京: 解放軍出版社, 1987: 104쪽.

서의 전투와 연이은 행군으로 쌓여 있던 피로를 완전히 풀어낼 수 있는, 그리고 정신도 다시 가다듬을 수 있는 계기가 되었다. 또한 그것은 이후의 전투에서도 전투력이 저하되기는커녕 오히려 활기가 넘쳐 보이도록 만들었다."[678]

그는 나아가 다음을 강조했다. "당시 홍군이 12일 동안 쉴 수 있었던 것은 난징 토벌군인 쉐웨와 저우훈위안의 부대들이 모두 구이양에 들어가, 구이양의 세력 다툼에 급급했기 때문이다. 그래서 그들은 홍군과의 전투를 원하지 않았는데, 그것은 전투로 인해 자신들의 역량이 크게 약화될 것을 우려했기 때문이다. 반면, 허우즈단·왕자례와 같은 소규모 군벌들의 운명은 모두 막다른 길에 이르게 되었다."[679]

이처럼 장제스와 서남 지역 세력들 간의 첨예한 쟁탈전에는 서로의 핵심적인 이익이 결부되어 있었다. 그들의 관심은 한동안 어떻게 하면 구이양을 장악할 수 있는가에만 집중되어 있었기 때문에 구이저우 북쪽에 관해서는 신경을 쓰지 못했다. 그것이 바로 중앙 홍군에게는 순조롭게 우강을 건너고, 쭌이를 점령하며, 나아가 쭌이에서 비교적 평온하게 휴식을 취할 수 있게 만든 긍정적 여건이 되었다는 점이다.

그런데 더욱 중요했던 것은 상대적으로 안정된 12일이라는 기간 동안, 중국공산당 중앙이 1935년 1월 15일부터 17일까지 쭌이에서 정치국 확대회의, 즉 쭌이 회의를 상당히 여유 있게 개최할 수 있었다는 점이다. 그 회의는 리핑에서 열린 정치국회의의 결정에 따라 소집된 것이다. 거기서는 보구와 리더가 범한 군사 지휘상의 심각한 오류들이 비교적 체계적으로 비판되었다.

회의의 원칙에 따라 통과된 「적들의 5차 '포위 공격'에 반대하는 중앙의 총괄적 결의」에서는 다음의 내용이 제기되었다. "우리의 전략적 노선은 결전決戰과도 같은 방어(공세적 방어)여야만 한다. 즉, 기동전 과정에서 적들의

---

[678] | 陳雲, 『陳雲文選』1, 北京: 人民出版社, 1984;1995: 59쪽.

[679] 陳雲, 『陳雲文選』1, 北京: 人民出版社, 1984;1995: 59-60쪽.

약한 부분을 골라 우리의 뛰어난 병력을 집중시켜 자신 있게 일부 또는 대부분의 적 부대를 섬멸한다. 그렇게 적들을 각개 격파함으로써 적의 '포위공격'을 철저히 분쇄한다."⁶⁸⁰

또한 회의에서는 중앙의 지도부를 개편했다. 우선 "마오쩌둥 동지를 상임위원으로 선출한다."⁶⁸¹ "3인단三人團을 해체하고, 최고 군사 책임자인 군사지휘관은 주더와 저우언라이가 계속 맡는다. 또한 당은 저우언라이 동지에게 군사적 지휘에 관한 최종적 결정의 책임을 위임한다."⁶⁸² 나아가 "군사적 지휘 업무에서 마오쩌둥 동지를 저우언라이 동지의 조력자로 한다."⁶⁸³

쭌이 회의는 당시 관건적 사안이었던 군사와 조직 문제를 집중적으로 해결했다. 그를 통해 중국공산당 역사에서 절체절명의 순간을 극복한 하나의 전환점이 되었으며, 극단적 위기 상황이라는 역사적 고비에서 공산당과 홍군, 그리고 중국 혁명을 구해냈다. 또한 그것은 중앙 홍군의 이후 행동 방향에 대해서도 북쪽의 양쯔강을 건넌다는 새로운 결정을 제시했다.

천원이 쭌이 회의 내용을 전달하기 위해 작성한 전체 개요에서, 그는 그것을 다음과 같이 설명했다. "확대회의에서는 구이저우 북쪽에 소비에트 근거지를 건설하기로 한 리핑 회의의 결정을 바꾸는 데 합의했으며, 홍군이 양쯔강을 건너 청두成都의 서남쪽이나 서북쪽에 소비에트 근거지를 건설하는 데 합의했다. 그와 같이 결정한 이유는 다음에 있다. 즉, 쓰촨이 정치적으로나 군사적으로(그곳은 4방면군四方面軍과 효율적인 협력이 가능하고, 어떠한 적도 없는 시캉西康 지역을 등지고 있다.) 그리고 경제적으로도 구이저우 북쪽보

---

680 「中央關於反對敵人五次'圍剿'的總結的決議」, 中央檔案館 編, 『中共中央文件選集(1934-1935)』10, 北京: 中共中央黨校出版社, 1991: 454쪽. | 저자는 출처 내용을 『中共中央文件選集』8의 445쪽으로 소개했는데, 이를 바로잡았다.

681 | 陳雲, 『陳雲文選』1, 北京: 人民出版社, 1984;1995: 43쪽.

682 | 陳雲, 『陳雲文選』1, 北京: 人民出版社, 1984;1995: 43쪽.

683 陳雲, 『陳雲文選』1, 北京: 人民出版社, 1984;1995: 43쪽.

다 낫기 때문이다."[684]

그것은 홍군이 어느 곳에 새로운 근거지를 건설할 것인가라는 목표를 놓고 보여준 또 한 번의 중요한 변화이자, 구이저우 북쪽에 도착한 이후 진행되었던 현지 조사에 따른 결단이었다. 강을 건너 북상하자는 주장은 류보청과 녜룽전에 의해 제시된 것이었다. 그들은 쓰촨 출신으로, 쓰촨의 상황에 대해 비교적 잘 알고 있었다.

녜룽전은 다음과 같이 회고했다. "류보청 동지와 나는 회의에서 양쯔강을 건너 쓰촨 서북쪽에 근거지를 건설하자고 제안했다. 왜냐하면 쓰촨의 조건이 구이저우의 그것보다 훨씬 더 좋았기 때문이다. 내가 구이저우에 와서 직접 확인한 상황은 다음과 같았다. 즉, 인가가 드물고 소수민족도 많았을 뿐만 아니라 우리가 구이저우에서 해놓은 어떠한 것도 없었다. 그래서 이곳에 근거지를 건설하려는 것은 현실적으로 매우 어려운 일이다. 그렇지만 쓰촨에서는 첫째, 홍군 4방면군의 쓰촨·산시川陝 근거지가 있어 우리에게 도움이 된다. 둘째, 쓰촨은 서남 지역에서 가장 부유하고 인가도 조밀하기 때문에 우리가 그곳에서 자리를 잡기만 하면 대사를 도모할 수 있다. 셋째, 쓰촨은 외부와의 교통이 불편할 뿐만 아니라 현지 군벌들도 오랫동안 외부를 배척해왔다. 따라서 장제스가 대규모 병력을 쓰촨으로 이동시키려 해도 쉽지 않을 것이다. 마침내 회의에서는 우리의 제안을 받아들였다."[685]

리핑 회의가 개최되었을 때, 구이저우에 들어간 지 얼마 되지 않은 중앙 홍군은 구이저우의 상황을 제대로 파악하지 못했음에도 불구하고 다음 단계의 행동 방향을 결정하기 위한 빠른 판단이 필요했다. 그래서 후난 서북쪽에서 홍군 2·6군단과 합류하기보다는, 쭌이 중심의 쓰촨·구이저우 근거지를 제기했던 것이다. 그것은 대담하면서도 중요한 결정이었다.

684　陳雲,『陳雲文選』1, 北京: 人民出版社, 1984;1995: 36-37쪽.
685　聶榮臻,『聶榮臻回憶錄』上, 北京: 解放軍出版社, 1984: 248쪽. | 聶榮臻,『聶榮臻回憶錄』上, 北京: 戰士出版社, 1983: 248쪽.

중국공산당 중앙은 구이저우 북쪽에 도착해 쭌이에서 10여 일 가량 머물고 나서, 현지 조사를 진행했다. '직접 확인한 상황'은 그곳의 지세가 험준했고, 경제 상황은 열악했으며, 식량이 부족했고, 인가가 매우 적었을 뿐만 아니라 민족 관계도 복잡해 한족과 묘족 간의 다툼이 매우 빈번했다는 점이다. 또한 공산당의 업무 기반이 취약했고, 군사적 행동도 비교적 여유롭게 움직일 만한 여지가 없었다. 따라서 구이저우 북쪽에 막강하고 견고한 근거지를 건설한다는 것은 '현실적으로 매우 어려운 일이었다.' 이러한 차원에서 중국공산당 중앙은 실제 상황에 근거해 기존의 결정을 과감하게 바꿨던 것이다.

국민당 측의 군사적 배치도 그 시기에 큰 변화가 있었다. 구이양을 확실하게 장악한 장제스는 1935년 1월 13일에 쉐웨에게 전보를 보냈다. "요즘 공비들의 상황이 어떠한지 매우 신경이 쓰인다. 쭌이는 반드시 되찾아야만 하는데, 더 늦어지면 훨씬 더 어려울 것이다. 쭌이를 탈환해야만 공비들의 다음 동향을 파악할 수 있을 뿐만 아니라 그것에 근거해 전체적인 계획도 확정할 수 있다."[686] 그 다음날, 그는 쓰촨 남쪽으로도 시선을 돌려 류샹에게 전보를 보냈다. "공비들이 틀림없이 루저우瀘州와 쉬푸敍府를 점령하고자 할 것이니, 조속히 대비하기 바란다. 우선 정예군을 보내 그곳에 있는 성 방어를 공고히 하고, 한 달 이상 성을 지킬 수 있는 방안을 미리 세워두어야 한다."[687]

그 당시 쉬푸는 류샹과 사이가 좋지 않은 류원후이[劉文輝, 1895-1976]가 장악하고 있었는데, 장제스는 류샹에게 전보를 보내 다시 한번 당부했다. "만일 더 이상 보낼 병력이 없다면, 공비들에게 그곳을 점령당하기보다는 주동적으로 형(저자 주: 류원후이를 가리키는데, 류원후이는 류샹의 숙부이다.)과 우호적인 관계를 맺는 편이 더 낫다. 류원후이에게 쉬푸의 방어를 공고히 하

---

[686] | 高明芳 編註, 『蔣中正總統檔案·事略稿本』29, 臺北: 國史館, 2007: 77쪽.
[687] | 高明芳 編註, 『蔣中正總統檔案·事略稿本』29, 臺北: 國史館, 2007: 84쪽.

도록 책임을 일임함으로써 루저우와 쉬푸를 고수하지 않으면 안 된다."[688]

그래서 쉐웨가 이끄는 '추격 토벌군'과 왕자례의 구이저우군이 신속히 구이저우 북쪽으로 이동했으며, 쓰촨군, 후난군, 윈난군도 그 지역으로 집결했다. 쓰촨군은 홍군이 강을 건너 북상해 쓰촨으로 들어오는 것을 막기 위해 쓰촨 남쪽에 주력 부대를 보내기로 결정했다. 그리고 1월 중순, 후난군의 주력은 샹시湘西에서 쓰촨·구이저우 접경 지역으로 이동해, 중앙 홍군이 후난 서북쪽에서 홍군 2·6군단과 합류하는 것을 저지하고자 했다. 후난군의 15사단 사단장인 왕둥위안[王東原, 1898-1995]은 2월 26일자 일기에 다음과 같이 적었다. "우리 사단은 여우양酉陽과 슈산秀山에 계속 주둔하면서, 샤오커와 허룽 두 공비들이 서쪽으로 달아나 주더·마오쩌둥과 합류하는 것을 막으라는 명령을 받았다. 그래서 우강烏江과 여우수이酉水로 부대를 나눠 정찰하고 있다."[689]

그리고 윈난의 "룽윈 주석은 잘 훈련되어 있고 전투력도 비교적 강한 2여단의 안언푸[安恩溥, 1894-1965] 부대, 5여단의 루다오위안[魯道源, 1898-1985] 부대, 7여단의 궁순비[龔順璧, 1898-?] 부대에게 3개 성의 접경 지역인 웨이신威信, 전슝鎭雄 일대의 방어 진지 공사를 지시하는 등 빈틈없는 경계를 했다."[690] 룽윈이 이와 같이 한 목적은 홍군을 윈난 지역 밖에서 막아 윈난으로 들어오지 못하게 하는 데 있었다. 그 지역에 집결한 몇몇 국민당 군대의 총 병력은 약 40만 명이었지만, 중앙 홍군의 그것은 3만 7천여 명에 불과했다. 그러한 매우 긴박한 상황에서 중앙 홍군은 새로운 결단을 조속히 내리지 않을 수 없었다.

1935년 1월 19일, 쭌이에서 철수한 중앙 홍군은 북쪽의 양쯔강을 건너고자 북상하기 시작했다. 20일에는 중앙 혁명군사위원회가「도강에 관한

---

688 『蔣介石擋案·事略稿本』29, 臺北: '國史館', 2007: 84쪽. | 高明芳 編註, 『蔣中正總統擋案·事略稿本』29, 臺北: 國史館, 2007: 84쪽.

689 何鍵·王東原, 『何鍵·王東原日記』, 北京: 中國文史出版社, 1993: 200쪽.

690 陳壽恒·蔣榮森 等 編著, 『薛岳將軍與國民革命』, 臺北: '中研院'近代史研究所, 1988: 192쪽.

작전계획」을 발표했다. "현재 우리 야전군의 기본 방침은 구이저우 북쪽 지역에서 쓰촨 남쪽 지역으로 이동한 다음, 강을 건너 새로운 지역으로 들어간다. 그리고 4방면군과 협력해 쓰촨의 서북 지역에서부터 본격적인 반격에 나선다."[691] 그런데 홍군은 또 다시 엄중한 상황에 직면하게 되었다. 왜냐하면 그곳에서 강을 건넌다는 작전 계획이 성공하기 어려웠기 때문이다. 그로부터 중앙 홍군의 행동 방향은 츠수이를 4차례 건너四渡赤水, 서쪽의 윈난으로 들어간다西進雲南는 국면으로 새롭게 전환되었다.

4) 츠수이를 4차례 건너 서쪽의 윈난으로 들어가다

쭌이 회의 이후, 중앙 홍군의 행동 양상은 이전과 현저히 다른 모습으로 새롭게 나타났다. 그 특징은 주로 다음에서 찾아볼 수 있다. 즉, 실제적인 것에 근거한다는 원칙으로부터 기민하게 움직여 적의 주력은 피하고 취약한 곳을 공격했다는 점이다. 다시 말해서, 더 이상 수동적으로 당하기만 하거나 계획을 곧이곧대로 받아들여 맹목적으로 밀어붙이는 대신, 실제적인 것에 근거해 전투의 주도권을 장악하고자 애썼다.

중국공산당 중앙과 중앙 혁명군사위원회가 1935년 2월 16일에 발표한 「공산당중앙위원회와 중앙군사위원회가 전체 홍군 장병들에게 보내는 통지문」에 그러한 변화가 담겨 있다. 거기서는 다음을 명확하게 지적했다. "우리가 확실하게 승리하기 위해서는, 반드시 유리한 시점과 지역을 찾아서 적을 섬멸해야만 한다. 반면, 불리한 조건에서 승리를 자신할 수 없다면, 우리는 모험식의 전투를 벌여서는 안 된다. 그렇기 때문에 홍군은 작전 지역을 자주 바꿔야만 하는데, 때로는 동쪽으로 때로는 서쪽으로, 때로는 큰 길로 때로는 작은 길로, 때로는 예전에 갔던 길로 때로는 새로운 길로 가야만 한다. 그 모든 것들의 유일한 목적은 유리한 조건에서 승리할 수

---

[691] 「中革軍委關於渡江的作戰計劃」, 中央檔案館 編, 『中共中央文件選集(1934-1935)』10, 北京: 中共中央黨校出版社, 1991: 477쪽.

있는 작전을 펼친다는 점에 있다."⁶⁹² 이와 같은 언급은 쭌이 회의 이후 크게 달라진 홍군의 작전 지휘 방식을 단적으로 보여줄 뿐만 아니라 중앙 홍군이 그 시기에 보여준 핵심적인 행동 양식을 개괄한 것이라고 할 수 있다.

물론 실제라는 원칙으로부터 전투의 '유리한 시점과 지역'을 정확하게 판단한다는 것은 매우 어려운 일이다. 전쟁은 예측불가능성과 변수로 가득한, 적대적인 양측 간의 목숨을 건 대결이기 때문이다. 당시 중앙 홍군은 국민당 군대가 겹겹이 설치한 포위를 돌파해 낯선 지역에 도착한 지 얼마 되지 않았기 때문에 정보 수집에도 제한이 많았다. 그래서 주변의 객관적 상황을 정확하게 판단한다는 것은 더더욱 쉽지 않았다. 이처럼 중앙 홍군은 대장정 초기에 많은 어려움을 겪을 수밖에 없었으며, 심지어 실패로 끝난 경우도 있었다.

쭌이를 떠난 중앙 홍군의 주력은 우선 북쪽의 퉁쯔桐梓와 쑹칸松坎을 거친 다음, 서쪽으로 방향을 틀어 투청土城과 츠수이赤水를 2월 24일과 26일에 연이어 점령했다. 투청과 츠수이는 구이저우 지역에 속해 있기는 했지만, 다른 지역보다 서쪽으로 더 치우쳐 있어서 그것의 북쪽과 서쪽, 그리고 남쪽 지역이 모두 쓰촨 지역에 속했다. 따라서 그곳에서 북쪽의 양쯔강을 건너는 방법에는 두 가지 길이 있었다. 하나는 동쪽에 있는 충칭重慶의 맞은편 방향으로 강을 건너는 것이었지만, 그쪽에는 류샹의 근거지가 버티고 있었다. 근거지에는 많은 수비군 병력이 있었기 때문에 그쪽으로 강을 건너는 것은 적절치 않았다. 홍군 또한 그렇게 움직이려고 하지 않았다.

홍군의 계획은 서쪽 방향에 집중되었는데, 바로 루저우와 나시納溪의 상류 지역에서 양쯔강을 건너는 것이었다. 주더는 10여 년 전에 정국군靖國軍⁶⁹³ 여단장을 역임하면서 2년 동안 루저우를 방어한 경험이 있었다. 또한

---

692 「共產黨中央委員會與中央軍事委員會告全體紅色指戰員書」, 中央檔案館 編, 『紅軍長征檔案史料選編』, 北京: 學習出版社, 1996: 97쪽.

693 | 정국군은 호법護法 전쟁(또는 운동) 시기, 윈난군의 수장 탕지야오[唐繼堯, 1883-1927]가 호법을 명분으로 쓰촨, 후베이, 산시陝西, 산둥, 푸젠 등의 지역 수장들과 함께 조직한 군대를 가리킨다. 여기서 호법은 돤치루이의 베이양北洋 정부를 반대

류보청도 국공 분열 이후 루저우와 순이順義에서 무장 봉기를 주도한 적이 있었다. 그래서 두 사람 모두 그곳에서의 영향력이 상당히 컸다.

그리고 쓰촨 군벌 내부에서는 류샹과 류원후이가 1년여 전에 대규모 다툼을 벌였는데, 양측은 당시 20만 명이 넘는 병력을 동원했다. 다툼은 이미 끝난 상태였지만, 그래도 양측 간의 갈등은 깊게 남아 있었다. 루저우와 쉬푸는 바로 그러한 류샹과 류원후이 세력의 경계 지점에 위치해 있었다. 따라서 홍군에게는 그 모든 조건들이 유리했다.

반면, 중앙 홍군은 류샹이 이끄는 쓰촨군川軍의 병력과 장비가 구이저우군보다 훨씬 강하다는 점을 예상하지 못했다. 당시 류샹은 다음과 같이 언급했다. "구이저우 접경 지역에 집결한 각 성의 부대들과 본 부대의 병력을 전체적으로 계산하면 20만 명을 웃돈다."[694] 당시 쉬샹첸이 이끄는 홍군 4방면군은 쓰촨 북쪽 지역에서 활동하고 있었는데, 만약 중앙 홍군이 북쪽의 양쯔강을 건넌다면 그들의 세력이 쓰촨 중심부로 확장될 가능성이 있었다. 그것이 류샹에게는 큰 근심거리였다.

한편, 장제스는 군사위원회 위원장 산하의 야전사령부 참모단을 별도로 설치하고, 참모단 주임으로 허궈광을 임명했다. 그리고 그를 1935년 1월 12일에 전투 상황의 전체적 지휘를 위해 충칭으로 보냈다. 쓰촨에 도착한 허궈광은 서면 형식의 담화를 발표했다. "쉬샹첸의 공비들이 쓰촨 북쪽에 자리하고 있고, 주더와 마오쩌둥 공비 일당들이 쓰촨 남쪽으로 도망가려고 하기 때문에 쓰촨의 전반적 국면이 점차 심각해지고 있다. 따라서 국민당 중앙은 공비 토벌을 성공적으로 수행하기 위해 쓰촨 국면에 주의를 집중할 수밖에 없었다. 이것이 바로 야전사령부 참모단의 설치 이유다."[695]

그러한 상황에서 류샹은 쓰촨 남쪽에 대규모 병력을 투입해 중앙 홍군의 북상과 도강渡江을 저지하는 데 전력을 다했다. 1월 14일, 바로 장제스가

하고, 「中華民國臨時約法」을 보호한다는 뜻이다.

694 四川省檔案館 編, 『國民黨軍追堵紅軍長征檔案史料選編(四川部分)』, 北京: 檔案出版社, 1986: 91쪽.
695 賀國光, 『參謀團大事記』上, 北京: 軍事科學院軍事圖書館, 1986(影印本): 270쪽.

류샹에게 루저우와 쉬푸를 고수하라는 전보를 보낸 날, 류샹은 23군단 군단장 판원화[潘文華, 1886-1950]를 양쯔강 이남 쓰촨 지역의 공비 토벌군 총사령관에 임명했다. 이에 판원화는 12개 여단의 40여 개 연대 병력으로 강을 따라 진지 공사를 했고, 방어 계획을 수립했으며, 강에서는 화포를 장착한 군함의 순찰 활동을 강화했고, 루현瀘縣에 총사령부를 설치했다. '추격 토벌군'인 쉐웨의 부대, 후난군의 류젠쉬[劉建緒, 1890-1978] 부대, 윈난군의 쑨두 부대, 구이저우군의 왕자례 부대들도 각각 그 지역으로 몰려들고 있었다.

장제스는 이에 큰 결단을 내렸다. 그는 자신의 일기에 전반적 배치에 관한 계획을 기록했다. "토벌 방침: 우선 1차적으로는 그들의 활동 범위가 확대되지 않도록 그들을 포위해 나간다. 즉, 그것은 1. 봉쇄 2. 포위 3. 일부 지역에서 토벌 진행 4. 주요 거점의 고수다."[696] 당시 양측의 병력 차이는 매우 컸다. 홍군은 근거지도 없이, 척박하고 빈곤한 지역에서 연이은 행군과 전투를 벌이고 있었으며, 게다가 봄비까지 끊임없이 내렸다. 홍군 부대들은 적군의 공습으로 주로 야간에 행군해야 했는데, 제대로 먹지도 자지도 못하는 등 힘든 일들이 많았다. 상황은 확실히 위태로워 보였다.

첫 번째 격전은 1월 28일 투청土城 지역에서 벌어졌다. 투청은 구이저우 북쪽에서 쓰촨으로 가는 요충지였는데, 궈쉰치[郭勛祺, 1895-1959]의 쓰촨군 정예 부대가 홍군을 공격하기 시작했다. 이에 홍군은 그들의 공격에 강하게 저항하면서 일부 승리를 거두기도 했다. 하지만 쓰촨군의 계속된 증원으로 인해 상황은 점점 더 불리해졌다.

양상쿤은 그것을 다음과 같이 회고했다. "그때 펑더화이 총사령관은 적군의 병력이 예상했던 4개 연대가 아니라 3개 여단인 9개 연대에 육박할 뿐만 아니라 화력도 매우 강하다는 사실을 파악하고, 곧바로 군사위원회에 다음을 제기했다. '여기 적들을 피해 새로운 곳으로 가야 한다.' 그날 우

---

[696] 蔣介石日記(手稿本), 1935年 1月 19日, '이번 주의 반성 기록'. 이 자료는 미국 스탠퍼드 대학 후버연구소에 소장되어 있다.

리는 모두 한숨도 자지 못했다. 그날 밤, 마오쩌둥 주석과 주더 총사령관이 직접 최전방을 시찰했는데, 주위 산꼭대기에는 적군의 탐조등과 신호탄이 밤하늘을 환하게 비추고 있었다. 또한 무선 통신기의 전동기 소리도 요란하게 울리고 있어서 오히려 그들이 어디 있는지를 우리에게 알려줄 정도였다. 상황이 분명해지자, 군사위원회는 즉각적으로 양쯔강을 건너려는 계획을 바꿔 홍군에게 조속한 철수를 명령했다. 즉, 이튿날 새벽이 되기 전까지 이곳의 적들을 피해 서쪽의 츠수이를 건너 쓰촨 남쪽의 구린古藺 지역으로 우회한다는 것이었다. 이것이 바로 첫 번째로 츠수이赤水를 건넜던 일이다. 훗날, 마오쩌둥 주석은 투청 전투에서 얻은 교훈을 3가지로 정리했다. 첫째, 적의 상황을 정확히 파악하지 못했다. 둘째, 류샹이 이끄는 '모범 사단'(저자 주: 투청 전투 이후, 장제스는 궈쉰치를 모범 사단의 사단장으로 승진시켰다.)의 전투력을 제대로 예측하지 못했다. 셋째, 병력을 분산시켜 1군단을 북상시키지 말았어야 했다."[697]

21년이 지난 이후, 마오쩌둥은 중국공산당 제8차 전국대표대회의 준비 회의석상에서도 그 일을 다시금 거론한 바 있다. "나는 오류를 범한 적이 있었다. 전투의 경우, 가오싱쉬高興圩 전투[698]에서 패했는데, 내가 그 전투를 지휘했다. …… 대장정 시기의 투청 전투도 내가 지휘했던 것이다."[699] 그는 이처럼 오류에서 교훈을 이끌어냈으며, 실제 상황에 근거한다는 원칙으로부터 작전 계획을 과감히 변경해 첫 번째 츠수이 건너기 작전에 돌입했다.

츠수이와 양쯔강 사이에는 좁고 긴 지대가 있는데, 그것은 동쪽으로 구이저우 북부, 중간 부분은 쓰촨 남부, 서쪽으로는 윈난 동북쪽에 걸쳐져 있었다. 1월 29일 3시, 주더는 각 군단에게 전보로 명령을 내렸다. 즉, 새벽이

---

697 楊尙昆, 『楊尙昆回憶錄』, 北京: 中央文獻出版社, 2001: 123-124쪽.

698 | 1931년 9월 7일, 장시성 싱궈興國현 가오싱쉬 지역에서 있었던 국민당과의 전투를 가리킨다.

699 毛澤東, 「關於第八屆中央委員會的選擧問題」, 『毛澤東文選』7, 北京: 人民出版社, 1999: 106쪽. | 여기서 마오쩌둥은 자신이 4차례의 전투에서 패배했다고 술회한다.

되기 전에 적과 전투 중인 지역을 벗어나, 서쪽의 츠수이강赤水河를 건너(즉, 첫 번째 츠수이 건너기를 말한다.) 쓰촨 남쪽의 구린 지역으로 진격하라는 것이었다. (그 과정에서 중국공산당 중앙은 보구에서 장원톈으로 총책임자를 교체했다.)

츠수이를 건넌 홍군은 구린, 쉬융敍永, 창닝長寧을 거쳐 이빈宜賓(즉, 쉬저우 敍州) 근처에 도착한 다음, 거기서 다시 북쪽의 양쯔강을 건너려고 했다. 그런데 홍군은 쓰촨군의 각 정예 부대들이 곧 쓰촨 남쪽으로 집결할 것이며, 또한 40여 개의 연대 병력이 양쯔강 북쪽의 요충지를 지키고 있다는 사실을 간파했다. 중앙 혁명군사위원회는 적군의 상황 변화를 기초로, 2월 3일에 전투에서 철수한다는 결정을 내렸다. 대신, 서쪽의 윈난 동북쪽에 있는 자시扎西(현재의 웨이신威信) 지역으로 들어간 다음, 그곳에서 기회를 틈타 강을 건너기로 했다.

장제스는 서쪽으로 움직이는 중앙 홍군을 보면서, 그들을 섬멸할 수 있는 좋은 기회라고 판단했다. 1월 31일, 그는 허궈광에게 전보를 보냈다. "현재의 상황에서 공비들이 남쪽의 윈난 북쪽으로 달아나지 않는다면, 틀림없이 북쪽의 쉬푸敍府, 핑산屛山, 레이보雷波 쪽으로 달아날 것이다. 따라서 5로路 주력 부대를, 적어도 20개 연대 이상의 병력을 신속하게 쉬저우敍州와 레이보의 중간 지점에 신속하게 투입하길 바란다. 그래야만 적의 길을 막고 포위해 섬멸할 수 있다. 푸청甫澄형(저자 주: 류샹을 가리킨다)과 속히 상의해서 결정하고 바로 답장함이 어떠한가."[700] 또한 2월 1일자 일기에서는 "공비들이 서쪽으로 달아나고 있지만, 투청에서 쓰촨군의 공격을 받아 큰 피해를 입었기 때문에 깊숙이 들어갈수록 그들에게는 사지의 길이 될 것이다."[701] 2월 3일자에서도 "공비들의 상황을 볼 때, 그들을 쓰촨 서쪽의 산악 지대로 밀어붙이면 궁지에 빠트릴 수 있을 것이다."[702]

---

700 『蔣介石擋案·事略稿本』29, 臺北: '國史館', 2007: 189-190쪽. | 高明芳 編註, 『蔣中正總統擋案·事略稿本』29, 臺北: 國史館, 2007: 189-190쪽.

701 | 蔣介石日記(手稿本), 1935年2月1日. 이 자료는 미국 스탠퍼드 대학 후버연구소에 소장되어 있다.

702 蔣介石日記(手稿本), 1935年2月3日. 이 자료는 미국 스탠퍼드 대학 후버연구소에

중앙 홍군은 장제스가 예측한 대로 움직이지 않았는데, 선두 부대가 2월 6일에 윈난 북쪽의 자시에 당도했다. 장제스는 홍군이 윈난 지역 안으로 들어가자, 그들이 거기서 양쯔강을 건널 것으로 보고, 구이저우 서쪽에 있던 쑨두의 윈난군 부대를 급히 자시 지역으로 보냈다. 당시 홍군은 주위에 있는 적들의 상황을 온전히 파악하지 못했기 때문에 효과적인 판단을 할 수 없는 상태였다.

주더는 그날 1·3군단에 내린 명령은 좀 더 융통성이 있었다. "현재 적들의 상황과 진사강金沙江과 다두허大渡河를 건너기 어렵다는 점 때문에, 군사위원회는 강을 건널 수 있는지의 문제를 검토하고 있다. 만약 불가능하다고 한다면, 우리 야전군은 그 즉시 다음을 결의해야만 한다. 즉, 쓰촨과 윈난의 접경 지역에 계속 머물면서 적들과 싸우는 것, 그리고 이곳에 새로운 소비에트 근거지를 건설하는 것이다."[703]

이튿날, 중국공산당 중앙은 자시의 다허탄大河灘에서 정치국회의를 개최했다. 거기서는 당면한 위태로운 상황에 근거해 또 한 차례 과감한 중대 결단이 내려졌는데, 바로 강을 건너기로 했던 처음 계획을 철회한 것이었다. 그것은 그날 오후 7시에 군사위원회의 명의로 각 군단에 하달되었다. "현재의 상황에서 강을 건너려던 우리 야전군의 기존 계획은 이미 그 실현가능성이 사라졌다. 당 중앙과 군사위원회에서는 다음을 결정했다. 우리 야전군은 쓰촨, 윈난, 구이저우 접경 지역을 활동 공간으로 삼아 전투에서 승리함으로써 활동 범위를 확장시켜야할 뿐만 아니라 구이저우 서쪽에서 동쪽으로 나아가는 데 유리한 조건을 확보해야만 한다."[704] 여기서 주목할 것은 '구이저우 서쪽에서 동쪽으로 나아가는 데 유리한 조건의 확보'라는 언급으로부터, 두 번째 츠수이 건너기라는 문제가 이미 검토되었다는 점이다.

1935년 2월 10일, 중국공산당 중앙은 국민당 군대의 대부분이 쓰촨과

소장되어 있다.

[703] 中共雲南省委黨史資料徵集委員會 編, 『紅軍長征過雲南』, 昆明: 雲南民族出版社, 1986: 15쪽.

[704] 中央檔案館 編, 『紅軍長征檔案史料選編』, 北京: 學習出版社, 1996: 93쪽.

윈난의 접경 지역에 몰려 있어 구이저우 북쪽의 방어 역량이 취약하다고 판단했다. 그래서 두 번째로 동쪽의 츠수이강赤水河을 건너 다시금 구이저우 북쪽으로 이동한다는 결정을 내렸다. 2월 11일, 주더는 전보로 각 군단에 다음을 하달했다. "우리 야전군은 적군인 구이저우의 왕자례 부대 그리고 저우훈위안 부대와 싸울 준비를 하고, 츠수이강의 동쪽 지역을 활동 공간으로 확보하기 위해 구린과 그 이남 지역으로 행군 방향을 바꾸고 강을 건너는 데 필요한 최적의 시기를 확정하기로 했다."[705] 2월 15일에는 더욱 명확한 지시가 내려졌다. "우리 야전군은 동쪽의 츠수이강을 건너 적군인 구이저우 왕자례 부대의 섬멸을 주된 작전 목표로 삼았다."[706] 이것은 국민당 군대가 전혀 예상하지 못했던 일이다.

당시 쓰촨, 윈난, 구이저우의 접경 지역에 모인 국민당 군대는 그곳에서 중앙 홍군과 결전을 벌일 생각만 하고 있었다. "주 총지휘관 대행(저자 주: 저우훈위안을 말한다)의 부대는 [구린 지역의] 마티탄馬蹄灘 칭수이탕淸水塘을 지키고 있었고, 완야오황 사단은 [쭌이에서 가까운] 우자두鄔家渡와 런화이仁懷를 지키고 있었다. 그리고 쓰촨군은 구린과 쉬융, 윈난군은 웨이신과 츠수이, 구이저우군은 얼랑탄二郎灘과 투청을 각각 지키고 있었다. 이처럼 국민당의 우군들 모두 자신의 주력을 동원해 공비들에 대한 공격 준비를 하고 있었다."[707]

2월 13일, 장제스는 쉐웨에게 보낸 전보에서 흥분된 어투로 말했다. "주더와 마오쩌둥의 공비 일당이 투청과 쉬융으로 달아나다가 큰 피해를 입었다. 그래서 그 잔여 세력은 수천 명에 불과하며, 그것도 뿔뿔이 흩어져 군대로 재편하기 힘들 정도다. 지금 푸청의 3개 여단과 중앙의 여러 부대들이 함께 홍군을 바짝 추격하고 있는데, 헝강橫江의 동쪽 지역에서 그들을

---

705 | 朱德,『朱德選集』, 北京: 人民出版社, 1983: 22쪽.

706 朱德,『朱德選集』, 北京: 人民出版社, 1983: 23쪽.

707 中國第二歷史檔案館 編,『國民黨軍追堵紅軍長征檔案史料選編(中央部分)』上, 北京: 檔案出版社, 1987: 294쪽.

섬멸할 수 있을 것이다."[708]

홍군은 2월 18일부터 21일에 걸쳐 국민당의 군대들, 특히 쓰촨군과 윈난군의 협공에서 벗어나 츠수이강을 두 번째로 건너며 구이저우 북쪽으로 회군했다. 당시 국민당 군대는 쓰촨 남쪽에서 큰 전투가 있을 것이라고만 생각했기 때문에 구이저우 북쪽에는 병력이 매우 적었다. 그래서 츠수이강을 건넌 홍군이 다시금 마주한 상대는 변변찮은 왕자례 부대였다. 2월 25일, 홍군은 다시 러우산관을 점령했고, 28일 새벽에는 쭌이성도 점령했다.

그것은 장제스에게 분명 청천벽력과도 같은 일이었는데, 홍군이 갑자기 동쪽에 있는 구이저우 북쪽으로 움직일 줄은 전혀 예상하지 못했기 때문이다. 그로부터 그의 모든 계획은 온통 혼란에 빠져들었다. 그의 2월 21일자 일기에서는 여전히 그것을 의심하고 있었다. "공비들이 동쪽으로 달아났을까?"[709] 23일자에서는 "윈난군의 공격으로 주더의 공비들이 동쪽으로 달아났는데, 그것이 자못 우려스럽다."[710] 그리고 27일자에서는 "주더의 공비들이 쭌이를 염탐했는데, 쉐웨가 그것을 잘못 처리했다. 너무 화가 났지만 그것이 몸을 해칠까봐 스스로 조심하려 한다."[711]

홍군이 쭌이를 다시 차지하고자 준비 중일 때, 장제스는 2월 21일에 쉐웨를 구이저우 지역의 안정화 책임자로 임명했다. 또한 쭌이를 지원하기 위해 구이양과 구이저우 서쪽 지역에 있던 우치웨이의 중앙군 종대 2개 사단을 급파했다. 그 '추격 토벌군'은 홍군을 추격한 지 4개월이나 지났음에도 아직 홍군과 제대로 된 교전이 없었다. 그래서 홍군도 처음에는 그들이

708　『蔣介石檔案·事略稿本』29, 臺北: '國史館', 2007: 353-354쪽. | 高明芳 編註, 『蔣中正總統檔案·事略稿本』29, 臺北: 國史館, 2007: 353-354쪽.

709　| 蔣介石日記(手稿本), 1935年2月21日. 이 자료는 미국 스탠퍼드 대학 후버연구소에 소장되어 있다.; 高明芳 編註, 『蔣中正總統檔案·事略稿本』29, 臺北: 國史館, 2007: 500쪽.

710　| 蔣介石日記(手稿本), 1935年2月23日, '이번 주의 반성 기록'. 이 자료는 미국 스탠퍼드 대학 후버연구소에 소장되어 있다.

711　蔣介石日記(手稿本), 1935年2月27日. 이 자료는 미국 스탠퍼드 대학 후버연구소에 소장되어 있다.

어느 부대인지 정확히 알지 못했다.

교전이 시작되자마자 "적군의 기관총과 박격포 소리가 울려 퍼졌다."[712] "왕자례의 부대에는 기관총이 없었기 때문에, 총소리를 듣고 나서야 우치웨이의 부대가 이곳에 왔다는 것을 알게 되었다."[713] 격전을 거치면서 우치웨이의 2개 사단은 고립되었고, 결국 그들은 전체 전선에서 동요하면서 대부분 전사했다. 살아남은 소수만이 우강 쪽으로 흩어져 달아났다.

중앙 홍군은 5일 동안 퉁쯔에서 러우산관을 거쳐 쭌이까지, 그리고 다시 우강에 이르기까지 계속된 전투를 벌였다. 그 과정에서 우치웨이 부대의 2개 사단과 구이저우군 왕자례 부대의 8개 연대를 섬멸시켰고, 적군의 총기 2천여 정을 노획했으며, 포로로 3천여 명을 사로잡았다. 그 전투는 대장정이 시작된 이후 중앙 홍군이 처음으로 거둔 대승이자, '추격 토벌'을 벌인 국민당 중앙군에 대한 대승이었다. 또한 무기나 탄약과 같은 물자를 대량으로 확보할 수 있었고, 그로 인해 홍군의 사기도 크게 고무되었다.

장제스는 전투가 격렬하게 전개되자 매우 긴장한 모습을 보였다. 그는 2월 23일에 쉐웨와 완야오황에게 전보를 보냈다. "만약 공비들이 쭌이의 동쪽 지역으로 들어가게 된다면, 구이저우에 있는 우리 중앙 부대의 명성은 땅에 떨어질 뿐만 아니라 우리 모두 사면초가에 빠질 것이다. 사안이 이처럼 막중하니 착오가 없길 바란다."[714]

패전의 소식이 전해지자 더욱 초조해진 장제스는 3월 2일, 우한武漢에서 충칭으로 날아와 직접 작전을 지휘했다. 그는 당시 쉐웨의 부대가 큰 타격을 받은 것을 틈타, 또 다시 광시군이 구이저우에서 세력을 확장할까봐 우려했다. 그는 일기에 그것을 다음과 같이 남겼다. "광시군의 반역자인 랴오레이의 부대가 구이양을 노리고 있다는 보고를 받고 마음이 매우 아팠

---

712 | 王平, 『王平回憶錄』, 北京: 解放軍出版社, 1992: 85쪽.
713 王平, 『王平回憶錄』, 北京: 解放軍出版社, 1992: 85쪽.
714 『蔣介石檔案·事略稿本』29, 臺北: '國史館', 2007: 509쪽. | 高明芳 編註, 『蔣中正總統檔案·事略稿本』29, 臺北: 國史館, 2007: 509쪽.

다."⁷¹⁵ 또한 그가 충칭에 도착한 날에 작성된 '이번 주의 반성 기록'에도 다음과 같이 기록되어 있다. "주더의 공비들이 쭌이를 점령하고, 광시군의 반역자들이 구이저우를 노리고 있어서 상황이 심각하다. 그래서 이러한 상황을 진정시키기 위해 곧바로 충칭으로 달려왔다."⁷¹⁶

장제스가 직접 전방을 찾은 이유는 자신이 충칭에서 몸소 지휘하면 중앙 홍군을 전멸시킬 정도로 쉽게 이길 수 있다고 생각했기 때문이다. 그는 도착한 그날 바로 허젠에게 전보를 보냈다. "홍군이 다시 쭌이를 점령했다는 것은 그들을 포위 공격할 수 있는 좋은 기회이기도 하다."⁷¹⁷ 또한 쉐웨에게도 전보를 보냈다. "앞서 보낸 전보에서 성문을 닫고 굳게 지키는 방법으로 광시군에 대응하라고 했는데, 절대 미리 서두르지 말고 침착하게 대처하기를 바란다. 특히, 구이양성貴陽城에 있는 다른 부대들이 알아채지 못하도록 은밀하게 준비해야만 하며, 조금이라도 그 기미를 보여서는 안 된다. 지금은 공비들을 깨부수는 것이 가장 중요하다."⁷¹⁸

이튿날 공식 명령이 전보로 하달되었다. "본 위원장은 이미 충칭에 들어와 있으며, 쓰촨과 구이저우에 주둔해 있는 모든 군대는 본 위원장이 그 지휘를 맡는다. 본 위원장의 명령이 없이 함부로 움직여서는 안 된다. 모두 함께 주어진 임무를 한마음으로 완수하기를 고대한다."⁷¹⁹

그가 충칭에 도착해 가장 먼저 내린 명령들을 보면, 그의 관심사가 어디에 있었는지 알 수 있다. 첫째, 허궈광에게 '명령을 하달하라'는 것이었다.

---

715 | 蔣介石日記(手稿本), 1935年3月6日. 이 자료는 미국 스탠퍼드 대학 후버연구소에 소장되어 있다.; 高素蘭 編註, 『蔣中正總統檔案·事略稿本』30, 臺北: 國史館, 2008: 61-62쪽을 참조하라.

716 蔣介石日記(手稿本), 1935年3月2日. 이 자료는 미국 스탠퍼드 대학 후버연구소에 소장되어 있다.

717 | 高素蘭 編註, 『蔣中正總統檔案·事略稿本』30, 臺北: 國史館, 2008: 20쪽.

718 『蔣介石檔案·事略稿本』30, 臺北: '國史館', 2008: 22쪽. | 高素蘭 編註, 『蔣中正總統檔案·事略稿本』30, 臺北: 國史館, 2008: 22쪽.

719 『貴州社會科學』編輯部·貴州省博物館 編, 『紅軍長征在貴州史料選輯』, 內部資料, 1983: 600쪽.

그것은 저우훈위안 부대와 쓰촨군인 궈쉰치 부대에게 즉시 쭌이의 동북쪽과 서남쪽 지역을 공략해[720], 하루라도 빨리 쭌이를 재탈환하라는 명령이었다. 둘째, 후난군인 허젠 부대의 3개 사단에게는 "주력군으로 우강 연안을 수비하라"[721], 그리고 우치웨이의 부대 일부와 구이저우군 부대 일부에게는 "우강의 상류를 수비하라"[722]는 명령을 내렸다. 그런데 그것은 "쓰촨과 구이저우를 잇는 도로가 위치한 우강 서쪽 지역에서 공비들을 섬멸하려는 데 목적이 있었다."[723] 또한 그것은 사실상 중앙 홍군이 동쪽의 샹시로 이동해, 홍군 2·6군단과 합류하는 것을 막으려는 조치이기도 했다.

그렇지만 실제적인 중앙 홍군의 동향에 관해서는 장제스도 제대로 파악하지 못했기 때문에, 그것을 전혀 예상할 수 없었다. 그는 3월 9일자 일기에서 "적들의 상황: 쭌이성에 머물면서 우리와 결전을 벌이려고 한다."[724]고 적었을 뿐만 아니라, 같은 날짜에 기록한 '이번 주의 반성 기록'에서도 다음과 같은 내용이 남아 있다. "주더의 공비들이 쭌이에 들어앉아 우리와 결전을 벌일 생각인가? 그것이 아니면, 먼저 런화이에 있는 저우훈위안 부대를 포위 공격해 서쪽으로 달아날 여지를 남겨놓고 있는 것인가?"[725]

홍군은 13일 쭌이에서 철수했다. 장제스는 3월 14일자 일기에 그것을 다음과 같이 언급했다. "주더의 공비들이 츠수이강 동쪽으로 미처 달아나

---

720 賀國光, 『參謀團大事記』上, 北京: 軍事科學院軍事圖書館, 1986(影印本): 2-4쪽.

721 | 『貴州社會科學』編輯部·貴州省博物館 編, 『紅軍長征在貴州史料選輯』, 內部資料, 1983: 601쪽.

722 | 『貴州社會科學』編輯部·貴州省博物館 編, 『紅軍長征在貴州史料選輯』, 內部資料, 1983: 601쪽.

723 『貴州社會科學』編輯部·貴州省博物館 編, 『紅軍長征在貴州史料選輯』, 內部資料, 1983: 601쪽.

724 | 蔣介石日記(手稿本), 1935年3月9日. 이 자료는 미국 스탠퍼드 대학 후버연구소에 소장되어 있다. ; 高素蘭 編註, 『蔣中正總統檔案·事略稿本』30, 臺北: 國史館, 2008: 70쪽.

725 蔣介石日記(手稿本), 1935年3月9日, '이번 주의 반성 기록'. 이 자료는 미국 스탠퍼드 대학 후버연구소에 소장되어 있다.

지 못하고, 오늘도 여전히 우리의 포위 공격 지역에 머물러 있다. 그것은 마치 하늘이 우리 중국에 해방을 안겨주시려는 듯, 우리는 아직도 그들 모두를 잡을 수 있다."⁷²⁶

그때 장제스의 중앙군, 쓰촨군, 후난군, 구이저우군은 츠수이강과 우강의 중간 지역에 다시 집결해 중앙 홍군과 벌일 결전을 준비하고 있었다. 윈난군인 쑨두의 부대도 구이저우 서쪽으로 이동해 홍군이 서쪽의 윈난으로 들어가는 것을 막았다. 이로부터 홍군은 또 다시 위태로운 상황에 빠지게 되었다.

하지만 홍군은 장제스의 예상을 뛰어넘는 기발한 방법으로, 그의 포위 공격에 대응했다. 중앙 혁명군사위원회는 3월 4일에 전방 사령부를 설치하고 주더를 사령원司令員에, 그리고 마오쩌둥을 정치위원에 각각 임명했다. 또한 저우언라이, 마오쩌둥, 왕자샹으로 구성된 새로운 '3인단'이 결성되었는데, 저우언라이가 단장인 그 3인단에서 군사적 행동을 총괄 지휘했기 때문에 홍군의 행동은 더욱 변화무쌍해졌다.

3월 15일, 홍군의 주력은 루반창魯班場에 있던 저우훈위안 종대를 공격했다. 하지만 그 공격에 3개 사단 병력이 집결된 저우훈위안의 종대는 별다른 타격을 입지 않았다. 오히려 여러 곳에 흩어져 있던 국민당 군대들만 모여 들어 홍군에 대한 협공이 시작되었다. 16일, 중앙 홍군은 즉각적인 결단을 내렸고, 주더는 각 군단에 세 번째로 츠수이를 건너기 위한 계획을 제시했다. "우리 야전군은 오늘 16일 밤부터 내일 17일 12시까지 모두 마오타이茅台 근처에서 츠수이강을 건너 츠수이 서쪽 지역에서 새로운 기회를 모색하기로 결정했다."⁷²⁷

이처럼 국민당 군대가 부대 배치를 거의 마무리했다고 여겼을 때, 홍군은 츠수이를 세 번째로 건너 홀연히 쓰촨 남쪽의 구린과 쉬융 지역으로 되

---

726 蔣介石日記(手稿本), 1935年3月14日. 이 자료는 미국 스탠퍼드 대학 후버연구소에 소장되어 있다. | 高素蘭 編註, 『蔣中正總統檔案·事略稿本』30, 臺北: 國史館, 2008: 121쪽.

727 朱德, 『朱德選集』, 北京: 人民出版社, 1983: 25쪽.

돌아갔던 것이다. 그것은 장제스에게 확실히 예상 밖의 행동이었다. 사실, 그는 뛰어난 군사 지휘관이 아니었기 때문에 갈팡질팡하며 홍군의 전략적 의도를 제대로 판단하지 못했다.

그는 3월 16일자 일기에 다음과 같이 적었다. "공비들이 마오타이에서 서쪽으로 도망쳤다. 그 다음은 남쪽으로 향할까? 아니면 북쪽으로? 동쪽 지역에 부대 일부를 남기는 것은 아닐까?"[728] 17일자에서는 "공비들이 과연 서쪽의 구린으로 달아났을까?"[729] 그리고 18일자에서도 다음을 남겼다. "공비들이 구린의 동남쪽으로 달아났는데, 츠수이강 남쪽 지역을 지나 서쪽 방향으로 달아나려는 것일까?"[730]

또한 그에게는 홍군이 다시 쓰촨 남쪽으로 가서 북쪽의 양쯔강을 건너지 않을까 하는 걱정도 있었다. 그래서 급히 부대를 재배치해 츠수이강 서쪽 지역에 대군을 다시 집결시켰으며, 밤새도록 많은 보루들을 쌓았다. 그것은 긴밀히 연결된 보루 봉쇄선으로 홍군을 다시 한번 츠수이강 서쪽 지역에 가둔 다음, 홍군과 구린 지역에서 결전을 치르고자 했기 때문이다.

장아이핑[張愛萍, 1910-2003]은 다음과 같이 회고했다. "세 번째로 츠수이강을 건너 쓰촨 남쪽 지역에 들어갔다. 장제스는 홍군이 다시 북쪽의 양쯔강을 건너는 줄 알고, 급하게 쓰촨, 윈난, 구이저우의 군벌들과 쉐웨 부대를 양쯔강 연안으로 이동시켜 방어선을 구축했다. 그리고 윈난과 구이저우 접경 지역에 쌓은 보루들로 봉쇄선을 만들어 양쯔강 남쪽에서 홍군을 포

---

[728] | 蔣介石日記(手稿本), 1935年3月16日. 이 자료는 미국 스탠퍼드 대학 후버연구소에 소장되어 있다. ; 高素蘭 編註, 『蔣中正總統檔案·事略稿本』30, 臺北: 國史館, 2008: 128쪽.

[729] | 蔣介石日記(手稿本), 1935年3月17日. 이 자료는 미국 스탠퍼드 대학 후버연구소에 소장되어 있다. ; 高素蘭 編註, 『蔣中正總統檔案·事略稿本』30, 臺北: 國史館, 2008: 136쪽.

[730] 蔣介石日記(手稿本), 1935年3月18日. 이 자료는 미국 스탠퍼드 대학 후버연구소에 소장되어 있다. | 高素蘭 編註, 『蔣中正總統檔案·事略稿本』30, 臺北: 國史館, 2008: 144쪽.

위 섬멸하고자 했다."⁷³¹

대규모의 부대 배치는 명령과 동시에 곧바로 이루어지는 것이 아니다. 그리고 그것은 자칫 기존의 부대 배치에 혼란을 야기해 전쟁의 판도에 큰 영향을 끼칠 수도 있기 때문에 전쟁에서는 매우 꺼리는 조치다. 또한 국민당의 군대는 그것을 수행할 수 있는 유연성도 크게 결여되어 있었기 때문에 결과적으로 내부에 큰 혼란을 초래했다.

홍군이 세 번째로 츠수이를 건넌 것은 기본적으로 그곳에서 강을 건너기 위한 것도, 그곳에서 결전을 치르려고 한 것도 아니었다. 그저 장제스를 속이기 위한 기만전술이었다. 그것의 목적은 국민당의 군대들을 다시금 츠수이강 서쪽으로 이동시키고, 홍군은 그 틈을 노려 동쪽으로 나아가려는 데 있었다. 그와 같은 작전은 장제스가 도저히 생각해낼 수 없는 것이었다.

중앙 홍군이 츠수이강 서쪽에 머문 시간은 단 5일 뿐이었다. 3월 20일 오후, 주더는 네 번째로 츠수이강을 건너기 위한 행동 계획을 하달했다. "우리 야전군은 다음을 결정했다. 즉, 적들이 진용을 정비하기 전에 은밀·신속·과감하게 방향을 바꿔 동쪽으로 향한다. 21일 밤 안에 얼랑탄二郎灘에서 린탄林灘에 이르는 지역에서 츠수이를 건넌다. 그리고 강의 동쪽 지역에서 또 다른 기회를 모색하기로 한다."⁷³² 21일 밤, 중앙 홍군은 겹겹이 쌓인 포위망을 뚫고, 서둘러 보루를 만들던 국민당 대군을 츠수이강 서쪽에 버려둔 채 신속하게 츠수이를 네 번째로 건넜다.

양상쿤은 그 상황을 다음과 같이 회고했다. "네 번째로 츠수이를 건넌 이후, 군사위원회에서는 전쟁의 판도를 바꾸려면 서남쪽으로 이동해 활동 범위를 확장시켜야 한다는 안건이 검토되었다. 그래서 펑더화이와 내가 전투 지역 전반의 여건을 분석했다. '현재 서남쪽에서 새로운 기회를 도모한다는 것은 매우 어려운 일이다. 무엇보다 저우훈위안, 왕자례, 쑨두의 종대들

731　張愛萍, 「從遵義到大渡河」, 羅永賦·費侃如 主編, 『四渡赤水戰役親歷記』, 北京: 中央文獻出版社, 2010: 87쪽.

732　朱德, 『朱德選集』, 北京: 人民出版社, 1983: 26쪽.

을 뚫고 나가야만 하기 때문에 구이저우 서쪽의 다딩大定 지역[733]에 도달한다는 전략적 임무를 이루기 어렵다.' 반면, 동남쪽 방향은 우리 홍군의 유인책으로, 저우훈위안·우치웨이 종대와 구이저우군이 원래 주둔하던 우강 연안에서 북상했기 때문에 현재는 적의 병력이 남아 있지 않은 상태다. 따라서 우리는 다음과 같이 제안했다. 현재 '동남쪽의 우강 지역으로 이동하는 것이 비교적 유리한' 방안이다."[734]

이에 "주더 총사령관은 우리의 제안을 받아들여 그 즉시 주력을 모아 남쪽으로 이동시켰고, 또 다시 펑더화이와 양상쿤에게 1·3군단을 지휘해 신속하게 우강으로 향하라고 명령했다. 곧 청명淸明이라서 그런지 그 며칠 동안은 매일같이 비가 내렸고, 하늘에는 먹구름이 짙게 깔려 있어서 가시거리가 매우 짧았다. 그래서 적의 정찰기들도 한동안 홍군의 행방을 파악할 수 없었다. 국민당 군대는 홍군이 쓰촨에 들어가거나 후난으로 되돌아가는 것만을 우려했지, 이처럼 신속하게 남쪽으로 이동할 것이라고는 전혀 예상하지 못했다. 홍군이 30일에 우강에 도착했을 때, 우강 남쪽을 수비하던 적군은 1개 대대 뿐이었다. 우리 홍군의 선두 부대가 비바람이 몰아치는 가운데 뗏목을 타고 우강을 건넜으며, 그 이튿날 대규모 군대가 3군데에 부교를 설치하고 우강을 건넜다."[735]

장제스는 구이저우의 전쟁 상황이 날로 위태로워지던 3월 24일, 천청·옌다오강과 함께 비행기를 타고 직접 충칭에서 구이양으로 달려갔다. 그는 그날의 일기에 자신의 심정을 남겼다. "옌다오강은 일처리가 더디고, 상관 윈샹[上官雲相, 1895-1969]은 퉁쯔桐梓까지 빼앗겼다. 답답함과 분노가 차올라 견딜 수 없을 정도였다."[736] 이처럼 당시 장제스는 구이저우의 최전선까지

---

733 | 지금의 大方縣과 그 주변 지역을 가리킨다.
734 | 楊尙昆, 『楊尙昆回憶錄』, 北京: 中央文獻出版社, 2001: 127쪽.
735 | 楊尙昆, 『楊尙昆回憶錄』, 北京: 中央文獻出版社, 2001: 127쪽.
736 | 蔣介石日記(手稿本), 1935年3月24日. 이 자료는 미국 스탠퍼드 대학 후버연구소에 소장되어 있다. | 高素蘭 編註, 『蔣中正總統檔案·事略稿本』30, 臺北: 國史館, 2008: 195쪽.

와서 직접 작전을 지휘했다.

그렇다면 작전을 지휘했던 그의 능력은 어느 정도의 수준이었을까? 엄밀히 말해서, 그는 홍군의 동향조차 전혀 알지 못했다. 5일 후인 29일자 일기에 그는 다음과 같이 적었다. "공비들이 과연 사투沙土 지역을 거쳐 서쪽으로 달아날까? 아니면 은근슬쩍 우강을 건너 동쪽으로 달아날까?"[737] 그는 31일이 돼서야 상황의 전모를 파악했다. "모든 공비가 이미 우강을 건넜으며, 오늘 시펑息烽의 보루를 포위 공격했다."[738] 그와 같은 상황들이 그에게 연이은 오판을 하게끔 만들었다.

시펑은 구이양에서 북쪽 방향으로 약 60km 떨어져 있기 때문에, 홍군의 공격은 장제스가 있던 구이양에도 심각한 위협이 되었다. 4월 1일, 윈난군의 장교 쑨두는 다음과 같이 보고했다. "공비들 대부분은 이미 우강을 건넜으며, 구이양을 기습 공격할 가능성이 높다."[739] 당시 구이양과 그 부근에 주둔한 국민당 군대는 궈쓰옌[郭思演, 1899-1965]의 99사단 4개 연대밖에 없었기 때문에 병력이 크게 부족했다.

이처럼 중앙 홍군의 움직임은 구이양에 도착한 지 열흘 남짓 된 장제스를 대단히 긴장시켰다. 4월 3일, 장제스는 허잉친[何應欽, 1890-1987]과 구주퉁에게 전보를 보내 병력을 구이저우로 이동시키라는 명령을 내렸다. "이곳의 병력이 매우 부족하다. 30일에 공비들의 주력이 허점을 노려 은밀하게 우강 남쪽으로 건너와 바로 시펑을 공격했다. 당시 시펑에는 1개의 대대와 1개 중대 병력이 보루를 지키고 있기 때문에, 구이양의 수비 병력 가

---

[737] 蔣介石日記(手稿本), 1935年3月29日. 이 자료는 미국 스탠퍼드 대학 후버연구소에 소장되어 있다. | 高素蘭 編註,『蔣中正總統檔案·事略稿本』30, 臺北: 國史館, 2008: 249쪽.

[738] 蔣介石日記(手稿本), 1935年3月31日. 이 자료는 미국 스탠퍼드 대학 후버연구소에 소장되어 있다. | 高素蘭 編註,『蔣中正總統檔案·事略稿本』30, 臺北: 國史館, 2008: 265쪽.

[739] 『貴州社會科學』編輯部·貴州省博物館 編,『紅軍長征在貴州史料選輯』, 內部資料, 1983: 656쪽.

운데 1개 대대를 차출해 보냈다."⁷⁴⁰ 얼마 후, "자쭤扎佐를 방어하기 위해 다시 구이양의 수비 부대 가운데 1개 대대를 보냈다. 이제 구이양의 수비 부대는 5개 대대 병력밖에 남지 않았다. 나흘 동안 이동 가능한 병력이 하나도 없었다."⁷⁴¹

그것은 당시 장제스의 처지가 얼마나 곤란했는지를 보여준다. 옌다오강은 다음과 같이 회고했다. "대략 4월 2일쯤, 장제스는 천청, 쉐웨, 허청쥔[何成濬/何成浚, 1882-1961], 그리고 나와 함께 회의를 가졌다. 그는 모두에게 홍군의 이후 행동을 판단해 보라고 했다. 즉, 하나는 홍군이 허점을 노려 구이양을 공격하는 것이었고, 다른 하나는 홍군이 예전에 시도했던 것처럼 동쪽으로 진격해 샹시湘西에 있는 홍군과 합류하는 것이었다. 그 두 가지 사안 가운데 후자의 확률이 상대적으로 컸지만, 두 가지 모두 구이양의 안전을 위협하는 움직임이었다. 따라서 당시에는 구이양의 안전을 확보하는 것이 무엇보다 시급했다."⁷⁴²

장제스는 그 즉시 다음과 같은 엄명을 내렸다. 즉, 전선에 있는 각 부대는 홍군의 뒤를 바싹 쫓아가고, 구이저우에 들어온 후난군은 구이저우 동쪽에서 홍군을 막을 준비에 들어간다. 또한 "다딩 지역에 있는 쑨두의 종대는 정해진 기일 안에 동쪽으로 진격해 구이양에 집결한다."⁷⁴³ 그래서 "4월 6일이나 7일쯤, 사나흘 동안 157km 이상의 강행군을 거친 윈난군의 쑨두 종대는 마침내 장제스의 명령대로 구이양에 서둘러 도착했을 뿐만 아니라

---

740 | 高素蘭 編註, 『蔣中正總統檔案·事略稿本』30, 臺北: 國史館, 2008: 321쪽. 여기서 저자는 인용문의 일부 표현을 누락했는데, 이를 바로잡아 번역했다.

741 『蔣介石檔案·事略稿本』30, 臺北: '國史館', 2008: 322쪽. | 高素蘭 編註, 『蔣中正總統檔案·事略稿本』30, 臺北: 國史館, 2008: 322쪽.

742 | 晏道剛, 「追堵長征紅軍的部署及其失敗」, 中國人民政治協商會議全國委員會文史資料委員會『圍追堵截紅軍長征親歷記』編審組 編, 『圍追堵截紅軍長征親歷記-原國民黨將領的回憶』上, 北京: 中國文史出版社, 1991: 15쪽.

743 | 晏道剛, 「追堵長征紅軍的部署及其失敗」, 中國人民政治協商會議全國委員會文史資料委員會『圍追堵截紅軍長征親歷記』編審組 編, 『圍追堵截紅軍長征親歷記-原國民黨將領的回憶』上, 北京: 中國文史出版社, 1991: 15-16쪽.

그곳의 비행장을 빈틈없이 지켰다."⁷⁴⁴

장제스는 원난군의 쑨두 종대가 동쪽의 구이양으로 이동한 사실을 매우 중시했다. 3월 31일, 그는 홍군이 우강을 건넜다는 소식을 듣자마자 쑨두에게 전보를 보냈다. "형님께서 속히 부대 전체를 이끌고 오기를 바란다."⁷⁴⁵ "이틀 길을 하루에 가듯 와야 한다."⁷⁴⁶ "절대로 시간을 지체해서는 안 된다."⁷⁴⁷ 그는 4월 6일자 일기에서도 다음을 거론했다. "윈난군 장교를 만났다."⁷⁴⁸ 7일자에서는 "윈난군의 보조금을 지급했다."⁷⁴⁹ 8일자에서는 "다행스럽게도 쑨두 사령관이 무사히 그곳을 통과해 룽리龍里에 도착했다.(저자 주: 룽리는 구이양에서 동남쪽 방향으로 약 20km 정도 떨어져 있다.)"⁷⁵⁰

그리고 9일자에서는 "룽리와 황니사오黃泥哨에서 윈난군과 국민당 군대가 동서로 협공했지만, 공비들을 모두 포위 섬멸하지 못했다."⁷⁵¹ 11일자에

---

744 晏道剛,「追堵長征紅軍的部署及其失敗」, 中國人民政治協商會議全國委員會文史資料委員會『圍追堵截紅軍長征親歷記』編審組 編,『圍追堵截紅軍長征親歷記-原國民黨將領的回憶』上, 北京: 中國文史出版社, 1991: 16-17쪽.

745 | 高素蘭 編註,『蔣中正總統檔案·事略稿本』30, 臺北: 國史館, 2008: 272쪽.

746 | 高素蘭 編註,『蔣中正總統檔案·事略稿本』30, 臺北: 國史館, 2008: 272쪽.

747 『蔣介石檔案·事略稿本』30, 臺北: '國史館', 2008: 272쪽. | 高素蘭 編註,『蔣中正總統檔案·事略稿本』30, 臺北: 國史館, 2008: 272쪽.

748 | 蔣介石日記(手稿本), 1935年4月6日. 이 자료는 미국 스탠퍼드 대학 후버연구소에 소장되어 있다. ; 高素蘭 編註,『蔣中正總統檔案·事略稿本』30, 臺北: 國史館, 2008: 351쪽.

749 | 蔣介石日記(手稿本), 1935年4月7日. 이 자료는 미국 스탠퍼드 대학 후버연구소에 소장되어 있다. ; 高素蘭 編註,『蔣中正總統檔案·事略稿本』30, 臺北: 國史館, 2008: 354쪽.

750 | 蔣介石日記(手稿本), 1935年4月8日. 이 자료는 미국 스탠퍼드 대학 후버연구소에 소장되어 있다. ; 高素蘭 編註,『蔣中正總統檔案·事略稿本』30, 臺北: 國史館, 2008: 360쪽.

751 | 蔣介石日記(手稿本), 1935年4月9日. 이 자료는 미국 스탠퍼드 대학 후버연구소에 소장되어 있다. ; 高素蘭 編註,『蔣中正總統檔案·事略稿本』30, 臺北: 國史館, 2008: 371쪽. 참고로, 저자의 인용문에서는 '我軍'이라는 국민당 군대가 생략되어 있는데, 이를 바로잡았다.

서는 "공비들이 교활한 계략으로 윈난군의 추격 범위에서 벗어나기 위해 이리저리 빙빙 돌면서 움직일 것이다."[752] 13일자에서는 "초조함이 심해져 하루 종일 지도만 바라보았다. 서쪽으로 토벌에 나선 이후, 오늘이 가장 근심스러운 날이다."[753] 이로부터 장제스가 구이양의 안전 문제에 대해 얼마나 초조하고 다급해 했는지를 알 수 있다.

중앙 홍군의 실제 목적은 '계속 동진하려는' 것도, '빈틈을 노려 구이양을 공격하려는' 것도 아니었다. 그것은 바로 구이양을 공격할 듯 소란을 떨어 장제스로 하여금 구이저우 서쪽에서 홍군의 윈난 진입을 막고 있던 윈난군의 쑨두 부대를 급히 동쪽의 구이양으로 이동시키는 데 목적이 있었다. 그래야만 홍군에게 서쪽의 윈난으로 들어갈 수 있는 문이 활짝 열리기 때문이다.

류보청은 그것을 다음과 같이 언급했다. "그 작전을 계획할 때, 마오쩌둥 주석은 '윈난군을 다른 곳으로 이동시킬 수만 있다면 우리가 승리한 것이다.'라고 했다. 과연 적들은 마오쩌둥 주석의 계획 그대로 움직였다."[754] 이렇듯 양측의 수준 차이는 굳이 말하지 않아도 분명하게 드러난다.

그럼에도 불구하고 장제스는 여전히 제대로 된 반성의 기미를 보이지 않았다. 그는 4월 4일자 일기에 남긴 '이번 달의 반성 기록'에서 다음과 같이 밝혔다. "공비들의 상황을 판단하고 대처한 것은 모두 예상한 바대로 이루어졌다. 하지만 애석하게도 장병들이 어리석고 나약해 내 뜻대로 움직이지 못했다. 그래서 공비들은 마음대로 여기저기를 돌아다녔으며, 원래의

---

752 | 蔣介石日記(手稿本), 1935年4月11日. 이 자료는 미국 스탠퍼드 대학 후버연구소에 소장되어 있다. ; 高素蘭 編註, 『蔣中正總統檔案·事略稿本』30, 臺北: 國史館, 2008: 441쪽.

753 蔣介石日記(手稿本), 1935年4月13日. 이 자료는 미국 스탠퍼드 대학 후버연구소에 소장되어 있다. | 高素蘭 編註, 『蔣中正總統檔案·事略稿本』30, 臺北: 國史館, 2008: 457쪽.

754 中國人民解放軍軍事學院 編, 『劉伯承軍事文選』, 北京: 解放軍出版社, 1982: 726쪽. | 中國人民解放軍軍事學院 編, 『劉伯承軍事文選』, 北京: 戰士出版社, 1982: 726쪽.

계획대로 그들을 섬멸하지 못했다. 그들이 3번이나 달아나도록 방치해 좋은 기회를 모두 놓쳐버렸다. 매우 통탄스럽다."[755] 이러한 언급들을 보면, 실소를 금할 길이 없다.

장제스가 상황을 잘못 '판단하고 대처한 것'은 여기서 끝나지 않는다. 당시 홍군은 1개 연대로 구이양을 공격할 듯 움직이면서도, 다른 한편으로는 구이양성 밖에서 '구이양성을 점령하라, 장제스를 생포하자.'라는 전단을 붙여 장제스를 당황하게 만들었다. 반면, 홍군의 주력 부대는 그 기회를 틈타 구이양과 룽리 사이에 있는 후난·구이저우 도로를 지나 서쪽으로 행군하고 있었다.

그런데 4월 4일, 장제스는 바이충시와 랴오레이에게 보낸 전보에서 다음과 같은 명령을 내렸다. "이 지점에서 각 부대는 원래의 계획 그대로 동쪽을 향해 맹추격한다."[756] 그로 인해 전장戰場에서는 한동안 매우 이상한 상황이 연출되었다. 즉, 국민당 군대는 동쪽으로 홍군을 맹추격했지만, 홍군의 주력은 오히려 은밀하게 서쪽의 윈난으로 빠르게 이동하고 있었다. 양측이 서로 정반대의 방향으로 가고 있었던 것이다.

당시 홍군은 매일같이 60km의 속도로 신속하게 진격하고 있었다. 양상쿤은 그것을 다음과 같이 회고했다. "3군단은 18일에 베이판강北盤江을 건너, 더욱 빠른 속도로 진격해 전펑貞豊, 싱런興仁, 푸안普安을 점령했다. 거의 매일같이 현縣城을 하나씩 함락시켰다. 22일에는 1군단·5군단·중앙 종대와 합류했고, 그 이튿날에 구이저우와 윈난의 접경 지역에 있는 판현盤縣에 도착했다. 홍군은 24일에 구이저우에서 윈난성으로 들어갔다."[757]

중앙 홍군은 마침내 국민당 군대의 대규모 병력이 집결한 구이저우를 벗

---

[755] 蔣介石日記(手稿本), 1935年4月4日, '이번 달의 반성 기록'. 이 자료는 미국 스탠퍼드 대학 후버연구소에 소장되어 있다. | 高素蘭 編註, 『蔣中正總統檔案·事略稿本』30, 臺北: 國史館, 2008: 327쪽. 장제스는 4월 4일자 일기에 3월의 반성 기록을 남겼다.

[756] 『蔣介石檔案·事略稿本』30, 臺北: '國史館', 2008: 331-332쪽. | 高素蘭 編註, 『蔣中正總統檔案·事略稿本』30, 臺北: 國史館, 2008: 331-332쪽.

[757] 楊尙昆, 『楊尙昆回憶錄』, 北京: 中央文獻出版社, 2001: 129쪽.

어났는데, 그 순간을 매우 중요하게 여겼다. 그래서 중국공산당 중앙은 두 가지 상황이 있을 수 있다고 보았는데, 하나의 상황을 위해 이튿날인 25일에 '대단히 다급함'이라는 표현이 담긴 전보를 홍군 1·3·5군단에 보냈다. 거기서는 지금을 '전쟁 승리를 위한 국면 전환이 이루어지는 긴박한 시기'로 규정하고, 홍군이 윈난에 들어왔을 때부터 국민당 군대와의 '결전'을 대비해야 한다고 제기했다.[758] 하지만 그 결전은 동쪽으로 이동한 윈난군의 주력이 제때 오지 못했기 때문에 이루어질 수 없는 상황이 되었다.

그런데도 장제스는 여전히 홍군의 이동 방향을 파악하지 못하고 있었다. 그는 16일자 일기에 다음과 같이 적었다. "오늘도 작전을 검토했지만, 공비들의 행방이 묘연하다."[759] 17일자에서는 "공비들이 이미 바이청허百層河를 건너 서쪽의 전평으로 달아났는가?"[760] 그는 18일이 되서야 상황을 파악했다. "공비들이 정말 전평을 거쳐 서쪽으로 달아나려고 한다."[761] 19일자에서는 다음을 남겼다. "오늘 공비들의 선두 부대가 싱런의 류관바오六官堡까지 달아났다. 그 신속함이 참으로 부럽다."[762]

당시 장제스는 군대를 보내 홍군의 윈난 진입을 막으려 했지만 이미 때를 놓친 상황이었다. 게다가 룽윈이 다른 지역 군대의 윈난 진입을 크게 우

---

[758] 「關於消滅沾益曲靖白水之敵的指示」, 中共雲南省委黨史資料徵集委員會 編, 『紅軍長征過雲南』, 昆明: 雲南民族出版社, 1986: 25쪽을 참조하라.

[759] | 蔣介石日記(手稿本), 1935年4月16日. 이 자료는 미국 스탠퍼드 대학 후버연구소에 소장되어 있다.; 高素蘭 編註, 『蔣中正總統檔案·事略稿本』30, 臺北: 國史館, 2008: 495쪽.

[760] | 蔣介石日記(手稿本), 1935年4月17日. 이 자료는 미국 스탠퍼드 대학 후버연구소에 소장되어 있다.; 高素蘭 編註, 『蔣中正總統檔案·事略稿本』30, 臺北: 國史館, 2008: 500쪽.

[761] | 蔣介石日記(手稿本), 1935年4月18日. 이 자료는 미국 스탠퍼드 대학 후버연구소에 소장되어 있다.; 高素蘭 編註, 『蔣中正總統檔案·事略稿本』30, 臺北: 國史館, 2008: 514쪽.

[762] 蔣介石日記(手稿本), 1935年4月19日. 이 자료는 미국 스탠퍼드 대학 후버연구소에 소장되어 있다. | 高素蘭 編註, 『蔣中正總統檔案·事略稿本』30, 臺北: 國史館, 2008: 522쪽.

려했다는 점도 장제스가 군대 이동을 어느 정도 주저할 수밖에 없었던 이유였다. 국민당 군대의 대응은 그렇게 지연되었다.

그럼에도 불구하고 장제스는 다음의 생각에 집착했다. "공비들은 [지형의 험준함으로] 서쪽의 진사강을 건너지 못할 것이다. 그래서 그들은 그야말로 '사지死地'에 빠진, '막다른 길에 다다른 적'일 뿐이다."⁷⁶³ 4월 25일에 이르러, 그는 쉐웨와 각 종대의 사령관, 그리고 각 사단장과 여단장들에게 전보를 보냈다. "이번에 공비들이 윈난으로 들어갔는데, 윈난에는 산이 많고 산길도 험하다. 게다가 곳곳에 묘족들이 거주하고 있기 때문에 보급품給養이 원활하게 전달되기 어려울 뿐만 아니라 안개가 걷히지 않을 정도로 날씨도 안 좋다. 따라서 공비들은 궁지에 몰리거나 사지에 빠질 가능성이 더욱 커졌다."⁷⁶⁴

여기서 장제스가 말한 '궁지와 사지'는 중앙 홍군에게 전혀 문제가 되지 않았다. 윈난에 들어간 홍군은 앞서 구이양을 공격하려 했던 것처럼, 쿤밍昆明을 공격하려는 태도를 취했다. 주더는 그것을 회고했다. "홍군이 쿤밍을 15km 정도 남겨놓았을 때, 구이양에 주둔해 있던 장제스의 부대 전체는 구이양의 동쪽 지역에 집결해 있었다. 따라서 거리상으로는 5일 정도의 차이가 벌어졌다. 윈난의 5개 여단은 여전히 구이저우에 있었으며, 쿤밍에는 1개의 교도사단만 있었다. 그렇지만 우리 홍군의 목적은 쿤밍을 점령하는 데 있지 않고, 국민당 군대를 유인해 쿤밍으로 오도록 하는 데 있었다. 이와 함께 일부러 쿤밍의 서쪽에 있는 위안머우元謀와 루취안祿勸을 점령해 룽제龍街 방향으로 진사강金沙江을 건너는 척했다. 그러자 적군 대부분이 위안머우로 향했고, 우리 홍군은 방향을 바꿔 자오핑두皎平渡에서 진사강을 건넜다."⁷⁶⁵

---

763 | 高素蘭 編註,『蔣中正總統檔案·事略稿本』30, 臺北: 國史館, 2008: 425쪽.

764 『蔣介石檔案·事略稿本』30, 臺北: '國史館', 2008: 574쪽. | 高素蘭 編註,『蔣中正總統檔案·事略稿本』30, 臺北: 國史館, 2008: 574쪽.

765 『朱總司令自傳(1886-1937)』, 孫泱이 기록한 초고. | 中共中央文獻研究室 編,『朱德傳』, 北京: 人民出版社·中央文獻出版社, 1993: 342-343쪽을 참조하라.『朱德傳』후기에서

저우훈위안 부대의 사단장인 완야오황은 다음과 같이 술회했다. "공비들이 아직 진사강을 건너지 않을 때, 쉐웨는 우치웨이·저우훈위안에게 그 때를 놓치지 말고 그들을 포위 공격하라는 전보를 보냈다. 또한 나에게는 위안머우의 마제馬街로 가서 길을 막고 공비들을 공격하라고 했다. 그래서 나는 원래부터 수행하던 추격 계획을 포기하고, 이틀 동안 왔던 길로 다시 돌아갔다. 그런데 아직 우딩武定에 도착하지 않았을 때, 쉐웨에게서 전보가 왔다. 공비들이 위안머우로 가지 않았다는 것이다. 정보가 어찌 이렇게까지 정확하지 않은 것인가? 첩보 활동에 심각한 문제가 있다는 것을 알았다."[766]

게다가 "우리가 진사강 강변에 도착했을 때는 이미 공비들이 강을 건넌 뒤였고, 배들은 공비들이 구멍을 내 침몰시켰다. 저우훈위안도 진사강의 한 나루터까지 쫓아갔지만, 그곳 역시 공비들은 없었고 배는 침몰되어 있었다."[767] 이처럼 홍군은 민첩하고 유연하게 움직여 천연 요새라는 진사강을 무사히 건넜을 뿐만 아니라 국민당 중앙군의 추격에서도 벗어났다.

홍군이 구이저우를 떠나기 전, 장제스는 왕자례를 구이저우성 정부 주석직과 25군 군단장직에서 공식 해임하고, 4월 16일에 그를 유명무실한 군사 참의원軍事參議院의 중장 참의中將參議에 임명해 난징으로 보냈다. 이로부터 구이저우는 장제스의 직접적인 통제를 받게 되었다. 그리고 홍군이 진사강을 건너 쓰촨의 서쪽으로 들어간 이후, 룽윈은 5월 9일에 장제스에게 전보를 보냈다. "실제로 본인은 병력 배치에 서툴렀고, 각 부대들은 추격

는 『朱德傳』을 편찬하면서 1937년에 주더가 구술하고, 주더의 비서인 쑨양[孫泱, 1914-1967]이 기록한 『朱德自傳』 초고를 참조했다고 밝힌다. 中共中央文獻研究室 編, 『朱德傳』, 北京: 人民出版社·中央文獻出版社, 1993: 811쪽. 여기서 언급된 『朱德自傳』은 『朱總司令自傳(1886-1937)』을 가리킨다.

766 | 萬耀煌 口述·沈雲龍 訪問·賈廷詩 等 紀錄, 『萬耀煌先生訪問紀錄』, 臺北: 中央研究院近代史研究所, 1993: 349-350쪽.

767 萬耀煌 口述·沈雲龍 訪問·賈廷詩 等 紀錄, 『萬耀煌先生訪問紀錄』, 臺北: '中研院' 近代史研究所, 1993: 350쪽.

토벌에 무력했다. 어찌 다른 사람을 탓하겠는가? 당과 국가에 사죄할 수 있도록 본인을 엄히 처벌해 주시기를 바랄 뿐이다."[768]

5월 13일, 쑨두도 룽윈에게 전보를 보냈는데, 홍군이 강을 건너 북진한 것에 대해 스스로 책임을 지고 물러나겠다고 밝혔다.[769] 하지만 그때는 장제스가 왕자례의 경우와 같이, 룽윈과 윈난군을 처리할 수는 없었기 때문에 그 일은 결국 흐지부지되고 말았다. 반면, 홍군은 계속해서 다두허大渡河를 빠르게 건너고, 자진산夾金山을 넘어 앞서 홍군을 마중 나온 홍군 4방면군의 리셴넨[李先念, 1909-1992] 부대와 합류했다. 이로써 중앙 홍군의 대장정은 새로운 역사적 단계로 접어들었다.

5) 결론

대장정의 전체 과정에서 중앙 홍군이 구이저우에 머물던 4개월 동안, 특히 쭌이 회의 이후에 전개된 4차례의 츠수이 건너기는 중국 전쟁사에서 기적과도 같은 일이었다. 중앙 홍군이 성공할 수 있었던 가장 중요한 원인은 실제적인 것에 근거한다는 원칙으로부터 구체적인 상황에 맞는 행동 방침을 선택했기 때문이다. 하지만 근거지를 벗어난 홍군이 매우 낯선 환경의 구이저우에서 그 원칙을 지킨다는 것은 쉬운 일이 아니었다.

유일한 방법은 실제 활동 과정에서 하나하나 알아가면서 동향을 세밀하게 관찰하고, 침착하게 판단하며, 유연하게 대처하는 것뿐이었다. 그래서 그들은 4개월이 넘는 기간 동안 실제 상황에 근거해 행동 방침을 바꾸는 중대한 결단을 몇 차례나 내렸던 것이다. 리핑 회의에서는 샹시湘西에 새로운 근거지를 건설한다는 기존의 계획을 철회하고, 쓰촨과 구이저우의 접경 지역에 새로운 근거지를 건설하기로 결정했다. 그것은 바로 천윈이 언급했던 '구이저우 북쪽에 소비에트 근거지를 건설한다는 결정'이었다.

---

768 | 中共雲南省委黨史資料徵集委員會 編, 『紅軍長征過雲南』, 昆明: 雲南民族出版社, 1986: 381쪽.

769 | 中共雲南省委黨史資料徵集委員會 編, 『紅軍長征過雲南』, 昆明: 雲南民族出版社, 1986: 381-382쪽을 참조하라.

쭌이 회의에서는 구이저우 북쪽에 근거지를 건설한다는 계획을 다시 철회하고, 양쯔강을 건너서 청두成都의 서남쪽이나 서북쪽에 그것을 건설하기로 결정했다. 그리고 자시扎西 회의에서는 강을 건너려던 기존의 계획도 실현 불가능하다는 점을 지적하면서, 쓰촨, 윈난, 구이저우 접경 지역을 활동 공간으로 삼아 전투에서 승리함으로써 활동 범위를 확장시킨다고 결정했다.

이후에는 구이저우 북쪽으로 돌아와 서둘러 우강을 빠르게 건넌 다음, 구이양을 공격하는 척하면서 한걸음에 서쪽의 윈난으로 들어갔다. 이처럼 제때 이루어진 몇 차례의 중대한 노선 조정은 국민당 군대의 총지휘부가 예상할 수 없었던 것이며, 그와 같은 노선 조정은 모두 홍군의 행동 방침을 끊임없이 변화하던 당시의 실제 상황에 맞추려는 데 목적이 있었다.

당시 중앙 홍군의 총참모장인 류보청은 그것을 다음과 같이 평가했다. "쭌이 회의 이후, 우리 홍군은 예전과 완전히 다르게 갑자기 새로운 생명을 얻은 것만 같았다. 행군의 방향에 변화가 잦아졌으며, 적들의 사이를 헤집고 다녔다. 또한 동쪽으로 가는 줄 알았지만 오히려 서쪽으로 갔고, 강을 건너 북상하는 줄 알았지만 먼 길을 돌아 적들을 공격했다. 이처럼 늘 능동적이고 활기차게 적들을 흔들어댔다. 우리 홍군이 한 차례 움직이면 적들은 병력을 재배치해야 되기 때문에 그동안 우리는 여유 있게 쉬면서 홍군의 충원에 필요한 군중을 동원할 수 있었다. 그리고 적들의 병력 배치가 끝나면 우리는 또 다른 곳으로 이동해 공격했기 때문에 적들은 혼란에 빠졌다. 그들은 곳곳에서 공격을 받아 녹초가 되어 있었다."[770] 구이저우에서 중앙 홍군의 전 과정을 직접 경험한 류보청의 이와 같은 언급은 충분히 정곡을 찌르는 평가라고 할 만하다.

그리고 또 하나의 중요한 문제가 있었는데, 그것은 행동 방침이라는 것이 사람에 의해 실행된다는 점이다. 홍군과 같은 부대가 없었더라면 아무

---

[770] 中國人民解放軍軍事學院 編, 『劉伯承軍事文選』, 北京: 解放軍出版社, 1982: 726쪽. | 中國人民解放軍軍事學院 編, 『劉伯承軍事文選』, 北京: 戰士出版社, 1982: 725-726쪽. 참고로, 이 인용문에서 저자가 누락한 부분이 있는데, 여기서는 원문 내용을 포함시켰다.

리 훌륭한 전략 전술도 이행되기 어려웠을 것이다. 홍군의 전략 전술은 홍군이 오랫동안 안팎의 적들과 싸우면서 만들어온 것이자, 또한 홍군의 상황에도 완벽히 어울리는 것이다.

물론 장제스와 그의 고위 장성들도 홍군이 펼치는 작전상의 특징을 잘 알고 있었다. 하지만 그들의 군대는 그것을 할 역량이 안 되었고, 그것에 대처할 방법도 찾지 못했다. 예를 들어, 험준한 산들이 끊임없이 이어진 구이저우에서 중앙 홍군이 보여준 강행군의 속도는 국민당 군대가 도저히 따라올 수 없는 것이었다. 영국의 군사학자인 리델 하트[Basil Henry Liddell Hart, 1895-1970]는 다음과 같이 지적했다. "정신력과 사기가 전쟁을 지배한다."[771] 그리고 "나폴레옹의 격언에 대한 새로운 해석은 사기가 3대 1로 실력보다 중요하다는 점이다."[772] 실제로, 사기의 비중은 3대 1을 넘어설 때도 있다.

당시 홍군 3군단의 대대장이자 참모를 맡았던 장전[張震, 1914-2015]은 다음과 같이 밝혔다. "매우 힘들고 어려웠던 대장정에서, 홍군이 패배하지 않았던 가장 근본적 원인은 바로 모두가 함께 추구한 이상理想과 필승이라는 신념이 있었기 때문이다. 홍군이라는 전사들은 그들이 함께 추구할 수 있는 이상이 있었기에 강한 정신력을 갖출 수 있었고, 명확한 행동 지침이 있었기에 어떠한 어려움도 두려워하지 않았다. 나아가 피를 흘리며 쓰러져도 당에 대한 애정을 드러낼 뿐이었다. 그들은 항상 인민의 이익을 모든 것보다 우선시했다. 또한 굳세게 싸웠고, 용감하게 앞으로 나아갔으며, 어떠한 것도 깨뜨릴 수 있었다."[773] 이 또한 그것을 직접 경험한 이의 진술이다. 그의 언급은 구이저우에서 홍군이 겹겹이 쌓인 국민당 군대의 포위망을 돌파할 수 있었던 주된 이유를 알려주고 있다.

---

771 | Basil Henry Liddell Hart/林光余 譯,『第一次世界大戰戰史』, 上海: 上海人民出版社, 2010: 391쪽.

772 | Basil Henry Liddell Hart/林光余 譯,『第一次世界大戰戰史』, 上海: 上海人民出版社, 2010: 406쪽.

773 |『偉大轉折的起點-黎平會議』編輯組 編著,『偉大轉折的起點-黎平會議』, 貴陽: 貴州人民出版社, 2009: '序言'의 4-5쪽.

8
항일 전쟁을 앞두고 이루어진 중국공산당 중앙의 전략적 결정 [1]

중앙 홍군이 산베이陝北에 도착한 다음 항일 전쟁이 발발하기까지, 불과 1년여 만에 중국공산당은 전략상의 대전환을 이루어냈다. 다시 말해서, 국내 토지혁명 전쟁을 2차 국공합작國共合作으로 전환시켜 항일 민족통일전선을 구축했으며, 그것은 전 민족이 참여하는 항일 전쟁의 기반이 되었다.

10년 동안의 내전을 거쳤음에도 그와 같은 대전환을 이루어냈다는 것은 쉬운 일이 아니었다. 10년 동안, 국민당이 저지른 대학살이 중국공산당에 가져다준 고통과 원한은 쉽게 사라질 수 없는 것이기 때문이다. 그리고 당시 국민당은 한동안 항일抗日에 대해서도 불분명한 태도를 취했을 뿐만 아니라 오랜 시간 동안 공산당을 섬멸하는 데만 몰두해왔다. 그러한 적대적인 두 당이 화해와 협력을 전제로 항일 민족통일전선을 형성한다는 것은 그 자체로 매우 어렵고 복잡한 여정일 수밖에 없었다.

이처럼 상상조차 하기 어려웠던 일이 마침내 실현되었다. 이에 관해서는 이미 많은 학자들이 다양한 차원에서 상세히 검토한 바 있다.[2] 따라서 여기서는 중국공산당 중앙 고위층의 결정 과정에만 초점을 맞춰 논의하도록

---

1 원문은 『歷史硏究』2005 제4期에 게재되어 있다.
2 항일 전쟁과 관련되어 국민당과 공산당의 관계를 다룬 연구 저술로는 다음을 참고할 수 있다. 胡繩 主編, 『中國共産黨的七十年』, 北京: 中共黨史出版社, 1991.; 黃修榮, 『國共官階七十年』, 廣州: 廣東敎育出版社, 1998.; 程中原, 『張聞天傳』, 北京: 當代中國出版社, 2000.; 楊奎松, 『西安事變新探-張學良與中共關係之硏究』, 臺北: 東大圖書公司, 1995.

한다.

1) 산베이에 도착한 중앙 홍군

역사는 단절되어 있는 것이 아니기 때문에 이 문제를 전체적으로 다루려면, 더 이른 시기부터 시작해야 할 것이다. 하지만 여기서는 지면상의 한계로 1935년 10월 중앙 홍군이 산베이에 도착한 시점부터 살펴보고자 한다. 그렇다면 왜 1935년에서 몇 달밖에 안 남은 그 시점부터 살펴보아야 할까? 당시 일본 군국주의자들은 중국 침략을 서두르고 있었는데, 특히 화베이華北[3]를 자신들의 직접적인 통제 지역으로 삼고자 했다. "중화민족이 가장 위험한 시기에 처했다."[4]라는 침통한 외침은 바로 그 시기에 등장한 것이었다.

그와 같이 전례를 찾아볼 수 없던 심각한 민족적 위기 상황에서 12·9 운동[5]은 하나의 계기가 되었다. 항일 구국이라는 흐름이 중국 사회의 각 계층으로 확산되었고, 각성된 민중들이 광범위하게 출현했으며, 중국 사람들은 '내전을 멈추고, 항일을 위해 일치단결하자.'고 강하게 주장했다. 국민당 당국은 그러한 움직임이 자신들의 통치 기반에 심각한 위협이 되었기 때문에 대일 정책의 변화를 모색하기 시작했다.

또한 코민테른 제7차 대표대회가 끝난 직후, 반反파시스트 통일전선 구축이라는 전략적 방침이 제기되었고, 코민테른 주재 중국공산당 대표단은 「8·1 선언」[6]을 발표했다. 그와 같은 일련의 사건들이 거대하고 웅장한 한

---

3 | 중국의 북쪽 지역을 가리킨다. 일반적으로 베이징北京·톈진天津·허베이河北·산시山西·네이멍구內蒙古 지역을 포함한다.

4 | 이것은 중국의 국가國歌인 의용군 진행곡義勇軍進行曲에 나오는 표현이다.

5 | 1935년 12월 9일 베이징에서 일어난 항일 학생 구국운동이다. 일본은 1935년 허베이성河北省에 지둥 방공자치정부冀東防共自治政府라는 괴뢰 정부를 세운다. 그와 같은 상황에서 국민당은 그것에 대응하기보다는 공산당 토벌에만 집중했다. 이에 학생들은 항일 전쟁 민족통일전선의 결성을 주장하는 공산당을 지지하면서 12월 9일 대규모 시위에 돌입했다. 참고로, 冀東은 허베이 동쪽 지역을 가리킨다.

6 | 1935년 8월 1일자로 발표된 「8·1 선언」은 「항일 구국을 위해 중국 소비에트 정

폭의 역사적 장면을 구성하고 있다. 따라서 그러한 역사적 배경을 고려하지 않는다면, 그 어떠한 문제도 명확하게 설명할 수는 없을 것이다.

여기서 중점적으로 살펴보고자 하는 것은 중국공산당 중앙의 전략적 결정이 변화해가는 과정이기 때문에 우선적으로 당시 중국공산당 중앙이 처했던 구체적인 상황을 살펴보고자 한다. 중국공산당이 대장정을 마치고 산베이에 도착한 다음, 그곳에서 새로운 근거지를 만들었다는 것을 예삿일로 치부해서는 안 된다.

중앙 홍군은 대장정이 시작되고 나서 줄곧 월등한 국민당 군대의 봉쇄와 추격에 시달려 왔으며, 절체절명의 위기 상황을 여러 차례 모면하기도 했다. 그들이 마주했던 것은 무엇보다도 스스로의 생존 문제였다. 만약 생존 자체가 불가능했다면, 그 밖의 다른 것을 논한다는 것도 불가능한 일일 것이다. 대장정 과정에서는 외부와의 연결이 대부분 끊겨 얻을 수 있는 국내외의 소식이 매우 적었다. 그러한 상황에서 중국공산당 중앙이 항일 민족통일전선의 결성을 주요 안건으로 추진했을 가능성은 없다.

중앙 홍군은 홍군 4방면군과 합류한 이후, 쓰촨 지역에서 량허커우兩河口 회의·사워沙窩 회의·마오얼가이毛兒蓋 회의를 잇달아 개최했다. 거기서는 홍군이 계속 북상해 쓰촨·산시·간쑤川陝甘 접경 지역에 소비에트 근거지를 건설한다는 전략적 방침을 확정했다. 그것은 올바른 방침이었지만 장궈타오의 분열 책동으로 상황은 급속도로 반전되었다.[7]

1935년 9월 9일, 중국공산당 중앙은 어쩔 수 없이 우로군右路軍에서 홍

부·중국공산당 중앙이 모든 동포들에게 보내는 편지」를 가리킨다. 거기서는 전체 인민의 대동단결, 내전 종식, 항일 구국, 그리고 항일 연합군의 조직을 호소하고 있다.

[7] 중앙 홍군이 홍군 4방면군과 합류했을 때, 장궈타오의 홍군 4방면군은 10만여 병력을 유지하고 있었다. 반면, 중앙 홍군은 오랜 대장정의 여파로 상당히 약화된 상태였다. 중국공산당 중앙은 북상을 결정하고 전체 홍군을 좌로군과 우로군으로 재편했는데, 장궈타오의 홍군 4방면군이 좌로군의 주축을 담당하고 있었다. 장궈타오는 중앙의 북상 결정을 비판하면서 쓰촨 남쪽 지역으로 남하할 것을 주장했다. 결국 그는 전체 대오를 이탈해 좌로군을 남하시켰다.

군 1군, 홍군 3군, 군사위원회 종대로 임시 편성된 산시·간쑤 지대支隊를 이끌고 먼저 북상했다. 하지만 그 병력은 겨우 7,000여 명 정도밖에 되지 않았다. 그리고 나서 어디로 가야 제대로 된 입지를 확보할 수 있을지 한동안 확신이 서지 않았다.

9월 12일 중앙정치국은 간쑤甘肅의 남쪽 지역에 있는 어제俄界에서 확대 회의를 열었다. 마오쩌둥은 그 회의석상에서 다음과 같이 발언했다. "우리는 우선 소련 접경 지역에 근거지를 만든 다음, 그것을 동쪽으로 확장시킬 수 있다."[8] "현재의 전략 방침인 쓰촨·산시·간쑤川陝甘의 계획에 변화가 필요하다. 왜냐하면 4방면군이 1방면군을 이탈해 장궈타오와 함께 남하함으로써 중국 혁명에 상당히 심각한 피해가 발생했기 때문이다."[9] 또한 "따라서 이 문제를 명확히 제기해야 한다. 유격전을 펼쳐나가면서 코민테른과 연락을 복구해 코민테른의 지시와 도움을 받아야 한다. 그리고 병력의 휴식과 정비, 그리고 충원에 집중해야만 한다."[10]

당시 공산당의 총책임을 지고 있던 장원톈도 회의석상에서 쓰촨·산시·간쑤에 근거지를 만들어 전국 혁명의 중심을 마련하는 일은 현재로서는 그 가능성 비교적 희박하다고 지적했다. "1방면군과 4방면군이 이탈했기 때문에 우리의 역량은 약화되었다. 따라서 우리의 전략적 방침을 바꾸지 않으면 안 된다."[11]

그와 같은 어제俄界 회의의 결정은 주목할 만하다. 쓰촨·산시·간쑤 접경 지역에 근거지를 만들겠다는 기존의 전략적 방침을 바꿔, '우선 소련 접경

---

8 | 「毛澤東在俄界會議上的報告和結論」, 『中國工農紅軍第四方面軍戰史資料選編·長征時期』, 北京: 解放軍出版社, 1992: 152쪽.

9 | 「毛澤東在俄界會議上的報告和結論」, 『中國工農紅軍第四方面軍戰史資料選編·長征時期』, 北京: 解放軍出版社, 1992: 151쪽.

10 「毛澤東在俄界會議上的報告和結論」, 『中國工農紅軍第四方面軍戰史資料選編·長征時期』, 北京: 解放軍出版社, 1992: 151쪽.

11 張聞天, 『張聞天文集』1, 北京: 中共黨史資料出版社, 1990: 566쪽. | 張聞天, 「關於張國燾的錯誤」, 『張聞天文集1919-1935』1, 北京: 中共黨史出版社, 1995:2012: 388쪽.

지역에 근거지를 만든 다음, 그것을 동쪽으로 확장시킬' 준비를 하겠다는 것은 물론 부득이한 일이었다. 또한 그것은 당시의 상황이 얼마나 위태로웠는지를 알려준다. 하지만 뜻밖에도 상황은 급변했다.

9월 17일, 산시·간쑤 지대의 선두 부대가 틈을 노려 천연 요새인 라쯔커우臘子口를 점령하면서 간쑤 남쪽의 광활한 지역으로 들어갔다. 이어 18일에는 홍군이 탄창현宕昌縣에 도착했는데, 그곳에서 톈진天津의 『대공보大公報』와 『산시일보山西日報』를 한 무더기 확보했다. 그 내용들 가운데 산베이에 있는 쉬하이둥[徐海東, 1900-1970]·류즈단[劉志丹, 1903-1936] 등의 홍군이 상당한 전투력을 갖추고 있다는 점과 함께 비교적 크고 견고한 그들의 근거지가 있다는 사실을 알게 되었다.

그것은 중앙 홍군이 대장정을 시작한 이후 한 번도 일어나지 않았던 일이었다. 그래서 상황을 전체적으로 다시 검토할 필요가 있었다. 9월 27일, 계속 전진하던 산시·간쑤 지대는 퉁웨이현通渭縣의 방뤄진榜羅鎭에 도착했다. 그 다음날, 중국공산당 중앙정치국은 그곳에서 상임위원회 회의를 개최하고, 어제俄界 회의에서 결정된 사안을 변경했다. 즉, 홍군의 목표 지점을 산베이로 확정한 것이다.

마오쩌둥은 20여 일 후에 열린 정치국회의에서 다음과 같이 밝혔다. "방뤄진 회의(상임위원 동지들이 참여한)에서는 어제俄界 회의의 결정 사안을 변경했다. 변경의 이유는 그곳에서 얻은 새로운 자료들을 통해 산베이에 그처럼 큰 소비에트 지역과 홍군이 존재한다는 사실을 알았기 때문이다. 그래서 결정을 바꿔 산베이에서 소비에트 지역을 지키면서 그것을 더욱 확장시키기로 한 것이다. 어제俄界 회의에서는 합류 이후의 홍군을 이끌고 소련과 가까운 지역으로 이동하려고 했다. 당시에는 산베이의 소비에트 지역을 지키고, 그것을 더욱 확장시킨다는 생각이 없었기 때문이다. 따라서 이제 우리는 방뤄진 회의의 변경된 결정 사안을 승인함으로써 산베이 소비에트 지역에서 전국적 혁명을 이끌어야만 한다."[12]

12　毛澤東在中共中央政治局會議上的報告記錄, 1935年 10月 22日. | 中共中央文獻研究室

마오쩌둥은 쉬하이둥을 "중국 혁명에 큰 공을 세운 사람"[13]이라고 칭찬했는데, 그것은 쉬하이둥 개인에 대한 찬사일 뿐만 아니라 산베이의 홍군과 근거지 전체에 대한 찬사이기도 했다. 이처럼 그들이 역사적으로 중요한 시기에서 '큰 공'을 세웠다는 점은 분명해 보인다.

1935년 10월 19일, 북상하던 산시·간쑤 지대는 바오안현保安縣의 우치진吳起鎭에 도착했고, 산베이 홍군과 합류했다. 그 두 홍군이 합쳐지면서 1방면군이라는 부대 명칭이 회복되었다. 10월 22일, 중국공산당 중앙은 그곳에서 정치국회의를 소집했다. 그 회의에서 가장 중요한 내용은 두 가지였다. 하나는 중앙 홍군의 주력이 대장정을 성공적으로 마쳤음을 선언한 것이고, 다른 하나는 항일 민족전쟁이라는 새로운 구호를 제시한 것이다.

장원톈은 회의석상에서 다음과 같이 언급했다. "긴 행군 과정에서 결정된 임무를 마침내 이루었다. 소비에트 지역에 도착하면서 그 긴 행군도 끝이 났다. 이제 새로운 임무는 이 소비에트 지역을 지키면서 더욱 확장시키는 것이다."[14] "동지들을 이해시켜야 할 부분은 지금 소비에트 지역을 지키는 임무가 보다 직접적인 형태의 민족혁명 전쟁으로 바뀌어야 한다는 점, 그리고 토지혁명과 반제국주의를 직접적으로 결합시켜야 한다는 점이다."[15]

마오쩌둥은 그 회의에서 다음을 보고했다. "현재의 정세와 환경 모든 것이 바뀌었기 때문에 우리는 새로운 정세에 따라 활동해야만 한다."[16] "우리

編,『毛澤東年譜1893-1949 修訂本』上, 北京: 中央文獻出版社, 2013: 480-481쪽을 참조하라.

13 『憶徐海東』編輯組 編,『憶徐海東』, 鄭州: 河南人民出版社, 1981: 2쪽.

14 | 張聞天,『張聞天文集』2, 北京: 中共黨史出版社, 1993: 1쪽.; 張聞天,「長途行軍結束後的新任務」,『張聞天文集1935-1938』2, 北京: 中共黨史出版社, 1993;2012: 1쪽.

15 張聞天,『張聞天文集』2, 北京: 中共黨史出版社, 1993: 1쪽. | 張聞天,「長途行軍結束後的新任務」,『張聞天文集1935-1938』2, 北京: 中共黨史出版社, 1993;2012: 1쪽.

16 | 中共中央文獻研究室 編,『毛澤東年譜1893-1949 修訂本)』上, 北京: 中央文獻出版社, 2013: 480-481쪽을 참조하라.

가 이 지역에 도착했기 때문에 적들은 더 이상 우리를 추격하거나 봉쇄할 수 없게 되었다. 하지만 지금도 포위 공격의 위험성은 남아있기 때문에 우리의 임무는 산베이 소비에트 지역을 지키고, 그것을 더욱 확장시키는 것이다."[17]

또한 그는 다음도 언급했다. "일본 제국주의가 화베이華北를 차지하면서 반제국주의 운동이 고양되고 있다. 어제 잡아온 국민당의 둥베이군東北軍 포로들에게 2위안元을 주면서 집으로 돌아가라고 하자, 그들은 둥베이 지역의 3성省과 러허熱河[18]를 빼앗겼는데 돌아갈 집이 어디 있냐고 반문했다. 위쉐중[於學忠, 1890-1964]도 상부의 명령으로 둥베이 지역의 3성에서 철수했다는 성명을 발표했다. 이처럼 반제국주의 혁명은 전국적으로 고조되고 있으며, 산베이 군중들도 조속한 혁명을 요구하고 있다. 그러한 것들이 포위 공격을 분쇄할 수 있는 객관적 여건이 된다."[19]

중앙 홍군의 주력이 산베이에 도착한 다음, 가장 두드러진 변화는 거점으로서의 근거지를 다시금 갖게 되었다는 점이다. 그러한 근거지가 있는 것과 없는 것에는 큰 차이가 있다. 생존조차 보장되지 않는 여건이라면, 당연히 다른 어떤 것도 생각할 수 있는 여지가 없기 때문이다. 또한 그들이 그 시기에 항일 민족전쟁이라는 새로운 구호를 제기할 수 있었던 것도 항일 전쟁의 최전선에서 가까운 북쪽 지역에 머물러 있었다는 점, 그로부터 더 많은 관련 정보들을 얻을 수 있었던 점과 직접적으로 연관된다. 그로 인해 "하나의 역사적 시대가 저물고, 새로운 역사적 시대가 시작되었다."[20]

---

17 | 中共中央文獻研究室 編, 『毛澤東年譜1893-1949 修訂本)』上, 北京: 中央文獻出版社, 2013: 480-481쪽을 참조하라.

18 | 중국의 옛 행정 구역으로, 지금의 허베이성, 네이멍구 자치구, 랴오닝성에 걸쳐 있었다.

19 毛澤東在中共中央政治局會議上的報告記錄, 1935年10月22日. | 中共中央文獻研究室 編, 『毛澤東年譜1893-1949 修訂本』上, 北京: 中央文獻出版社, 2013: 480-481쪽을 참조하라.

20 | 張聞天, 『張聞天文集』2, 北京: 中共黨史出版社, 1993: 1쪽.; 張聞天, 「長途行軍結束後的新任務」, 『張聞天文集1935-1938』2, 北京: 中共黨史出版社, 1993:2012: 1쪽.

2) 와야오부瓦窯堡 회의

1935년의 마지막 두 달 동안에 제기되었던 두 가지 사안이, 중국공산당 중앙의 전략적 결정에 커다란 영향을 끼쳤다. 하나는 일본 군국주의자들의 본격화된 화베이 침략으로 심각한 상황이 전개되면서 국난이 더욱 심화되었다는 점이다. 다른 하나는 코민테른 제7차 대표대회에 참가했던 장하오[張浩, 1897-1942]가 중국으로 돌아와, 중국공산당 중앙에 대회의 기본 취지를 구두 형식으로 알렸다는 점이다.

일본 군국주의자들의 화베이 장악 시도는 오래 전부터 준비된 것이었다. 그들은 일찍부터 실제적인 일련의 행동들을 취해왔는데, 그것이 중국 사람들의 가슴에 큰 상처를 남겨주었다. 1935년 11월 중순에는 더욱 충격적인 소식이 전해졌다. 일본군이 조종하는 이른바 '화베이 자치 운동'이 공개적으로 시작된 것이다. 주지하다시피, 여기서 '자치'라는 것은 화베이 지역의 5개 성과 2개 도시를 중앙 정부로부터 분리시켜[21], 사실상 일본이 직접적으로 통제하는 친일 정부를 뜻한다.

일본 관동군關東軍의 사령관인 미나미 지로[南次郎, 1874-1955]는 도이하라 겐지[土肥原賢二, 1883-1948] 특무기관장을 베이핑으로 보내, 베이핑·톈진 지역의 위수衛戍사령관과 29군의 군단장을 겸직하고 있는 쑹저위안[宋哲元, 1885-1940]에게 최후통첩과도 같은 경고를 남겼다. 그것은 11월 20일 이전까지 '자치'를 선포하지 않는다면, 일본군이 무력으로 허베이와 산둥을 무력으로 점령한다는 내용이었다. 쑹저위안 등은 11월 19일에 장제스에게 비밀 전보를 보냈다. "북쪽 지역의 정세가 매우 분명해지고 있는데, 그것은 소수 일본 군인들만의 임의적인 행동이 아닌 듯싶다. 날이 갈수록 대처하는데 큰 어려움을 느끼고 있다. 저들은 화베이를 중앙에서 분리시키는, 기존과 다른 국면을 만들고자 한다. 거듭 거절했지만 그럴수록 더욱 강하게

---

21 | 여기서 언급된 5개 성은 허베이河北·산둥山東·산시山西·차하얼察哈爾·쑤이위안綏遠이고, 2개 시는 베이핑北平과 톈진天津이다. 그리고 중앙 정부는 장제스의 난징 국민정부를 가리킨다.

압박했다."[22]

11월 24일, 도이하라 겐지는 '지둥 방공자치위원회冀東防共自治委員會'(이틀 후에 '지둥 방공자치정부'로 명칭이 바뀌었다)를 결성하면서 공개적으로 다음과 같이 밝혔다. "오늘부터 중앙을 벗어나 자치를 선포한다."[23] 화베이 지역 하늘에 먹구름이 짙게 드리우며, 9·18 사변 직전과도 같은 전쟁의 분위기가 깊게 재현되었다.

민족의 생존이 무엇보다 중요한 문제였다. 국민당 당국이 일본에 대해 거듭 굴종적인 태도를 보이자, 중국 사람들은 극도의 불만을 갖게 되었다. 베이핑 학생들의 12·9 애국 운동은 그와 같은 배경에서 터져 나왔다. 그것은 마치 들판의 불길이 맹렬히 번져나가는 것처럼, 여러 사회적 계층의 보편적 공감과 지지를 받았을 뿐만 아니라 전국 각지로 빠르게 확산되는 양상을 보였다. 그와 같은 민중의 각성과 행동은 중국공산당 중앙의 큰 주목을 받았으며, 나아가 자연스럽게 항일 구국이라는 과제가 더욱 중요한 위치를 차지하게 되었다.

한편, 장하오는 중화전국총공회中華全國總工會를 대표해 소련의 적색노동조합 인터내셔널[24]에서 활동했을 뿐만 아니라 코민테른 주재 중국공산당 대표단의 일원이기도 했다. 코민테른 제7차 대표대회는 1935년 7월 25일부터 8월 20일까지 모스크바에서 개최되었는데, 장하오와 함께 다른 중국공산당 대표단원들이 참석했다. 날이 갈수록 기세를 떨치며 세계의 평화와 안전을 심각하게 위협하는 독일·이탈리아·일본이라는 파시스트 세력들에 맞서, 대회에서는 반파시스트 통일전선이라는 방침을 제시했다.

거기서는 유럽 문제가 중점적으로 다루어졌지만, 코민테른의 총서기 게

---

22 『中華民國 重要史料初編-對日抗戰時期6·傀儡組織2』, 臺北: 中國國民黨中央委員會黨史委員會, 1981: 81쪽.

23 『中華民國 重要史料初編-對日抗戰時期6·傀儡組織2』, 臺北: 中國國民黨中央委員會黨史委員會, 1981: 186쪽.

24 | 적색노동조합 인터내셔널(1921-1937)은 코민테른의 산하 조직으로, 프로핀테른 Profintern이라고도 불린다.

오르기 디미트로프[Georgi Dimitrov, 1882-1949]는 보고 과정에서 다음을 언급했다. 중국공산당은 "진정으로 나라와 인민을 구하고자 결의한 중국 내 모든 조직적 역량들과 함께 일본 제국주의, 그리고 그 앞잡이들을 반대하기 위한 반제국주의 통일전선을 광범위하게 결성한다."[25]

코민테른과 중국공산당 대표단은 홍군의 대장정으로 인해 단절되었던 코민테른과 중국공산당 중앙의 연락망을 조속히 복구시키기 위해, 7차 대회가 끝나기 전에 장하오를 귀국시켰다. 장하오는 멀고도 험난한 여정을 거쳐 11월 18일이나 19일쯤 와야오부에 도착했고, 자신이 기억하는 코민테른 제7차 대표대회의 주요 내용들을 중국공산당 중앙에 전달했다. 코민테른의 입장은 중국공산당 중앙에 큰 영향을 끼쳤다. 그것은 중국공산당 중앙이 현실적으로 절감하던, 즉 항일과 민족의 생존을 위해서는 반드시 모두가 단결해야 한다는 인식에 정확히 부합하는 것이었다.

중국공산당의 중앙 기구들은 11월 7일 우치진에서 와야오부로 옮겨왔다. 그리고 11월 13일, 중국공산당 중앙은 「일본 제국주의의 화베이 병탄과 장제스의 매국 행위에 대한 선언」을 발표했는데, 그 시점은 장하오가 아직 와야오부에 도착하지 않았을 때였다. 중국공산당 중앙은 「선언」에서 다음과 같이 밝혔다. "모든 중국 인민들과 무장 부대들은 항일과 반反장제스를 위해 그들의 당파·신앙·성별·직업·연령이 서로 다르더라도 모두 연합해야 한다. 그리고 일본 제국주의와 장제스의 국민당의 타도를 위해 목숨을 걸고 싸워야만 한다."[26]

또한 「선언」은 다음을 지적했다. "우리가 일본 제국주의를 반대하지 않는다면 장제스의 국민당을 타도할 수 없으며, 장제스의 국민당을 타도하지 않는다면 일본 제국주의의 침략을 중단시키고 중국에서 벌어지고 있는 일본의 지배를 무너뜨릴 수 없다! 따라서 항일과 반장제스는 모든 중국 민

25　中國社會科學院近代史硏究所飜譯室 編譯, 『共産國際有關中國革命的文獻資料(1929-1936)』2, 北京: 中國社會科學出版社, 1982: 392쪽.

26　「中國共産黨中央委員會爲日本帝國主義倂呑華北及蔣介石出賣華北出賣中國宣言」, 中央檔案館 編, 『中共中央文件選集(1934-1935)』10, 北京: 中共中央黨校出版社, 1991: 575쪽.

중들이 나라를 구하고 스스로의 생존을 도모할 수 있는 유일한 방법이 된다!"[27] 이처럼 「선언」에서는 항일 민족통일전선의 구축을 명확하게 주장하지는 않았지만, 여러 세력들의 연합을 요구하고 있다는 점에서 그러한 의미가 포함되어 있다고 봐야 할 것이다. 왜냐하면 당시 중국의 실제 상황이 그것을 요구하고 있었기 때문이다.

1935년 11월 29일, 중국공산당 중앙의 정치국회의가 개최되었다. 마오쩌둥과 저우언라이는 최전선의 즈뤄진直羅鎭 전투가 막 끝났기 때문에 시간적으로 그 회의에 참가하지 못했지만, 장하오는 와야오부에 이미 도착해 있었다. 장원톈은 회의석상에서 코민테른 제7차 대회의 기본 입장과 중국이 직면한 현실로부터 항일 민족통일전선의 문제를 중점적으로 보고했다.

그는 다음과 같이 발언했다. "일본의 중국 침략이 더욱 강화되고 있다."[28] 또한 "현 상황에서 일본 침략자를 반대하는 이들은 노동자와 농민 군중, 대학 교수, 그리고 일부 자본가 세력만이 아니라 일부 군벌들도 일본의 침략에 불만을 가지고 있다. 따라서 여러 계층이 민족 전선에 폭넓게 참여하는 과정에서 많은 사람들이 공감적 태도나 선의의 중립적 입장을 보인다면, 그것은 반일 투쟁의 기본 역량을 확장시키는 계기가 될 것이다."[29] 그리고 그는 "나아가 상층의 통일전선도 확보해야 한다."[30]고 강조했다. 중국공산당은 예전부터 '하층의 통일전선'만을 중시해왔기 때문에, 그 시기에 '상층의 통일전선'도 확보해야 한다는 주장은 하나의 중요한 변화라고 할 수 있다.

---

27 「中國共產黨中央委員會爲日本帝國主義倂呑華北及蔣介石出賣華北出賣中國宣言」, 中央擋案館 編, 『中共中央文件選集(1934-1935)』10, 北京: 中共中央黨校出版社, 1991: 574쪽.

28 | 張聞天, 『張聞天文集』2, 北京: 中共黨史出版社, 1993: 16쪽.; 張聞天, 「反對日本帝國主義侵略的策略」, 『張聞天文集1935-1938』2, 北京: 中共黨史出版社, 1993;2012: 12쪽.

29 | 張聞天, 『張聞天文集』2, 北京: 中共黨史出版社, 1993: 18쪽.; 張聞天, 「反對日本帝國主義侵略的策略」, 『張聞天文集1935-1938』2, 北京: 中共黨史出版社, 1993;2012: 13쪽.

30 | 張聞天, 『張聞天文集』2, 北京: 中共黨史出版社, 1993: 18쪽.; 張聞天, 「反對日本帝國主義侵略的策略」, 『張聞天文集1935-1938』2, 北京: 中共黨史出版社, 1993;2012: 13쪽.

장원톈은 보고의 결론 부분에서 상층 통일전선의 형성 문제를 더욱 상세히 다루었다. "오늘날 통일전선을 제기하는 것은 과거의 상황과 크게 다르다. 1927년 대혁명이 실패하고 나서 반혁명 진영은 역량을 결집해 혁명 진영을 공격했는데, 그때 소시민小資産 계급은 혁명 진영에 소극적인 태도를 취하거나 반혁명 진영을 지지했다. 그로 인해 우리의 역량이 다소 약화되었다. 그와 같은 조건들에서는 하층의 통일전선을 전개할 수밖에 없었다. 왜냐하면 우리의 활동이 노동자·농민 군중과 함께 하면서 우리 자신의 역량을 강화하거나 공고히 하는 데 집중되었기 때문이다. 하지만 지금의 상황은 다르다. 모든 소시민 계급이 동요하면서 우리를 지지하고 있을 뿐만 아니라 군벌들도 분열하기 시작했다. 다시 말해서, 동요하거나 중립적인 태도를 보이는 군벌, 또는 우리를 지지하는 군벌도 있다. 그리고 우리에게는 굳건한 소비에트와 홍군, 그리고 광범위한 군중의 지지가 있다. 공산당의 역량도 예전보다 더욱 강화되었다. 전국적으로 제기된 항일과 반장제스라는 노선의 문제가 더욱 명확한 형태로 군중들 앞에 펼쳐졌다. 그로부터 통일전선 전술을 실행해야만 하는 과제도 더욱더 절박하게 제기되고 있다. 그 전술은 실현 가능한 것이며, 항일과 반장제스를 하려면 그 전술을 제대로 운용할 필요가 있다."[31]

류사오치도 회의석상에서 다음과 같이 지적했다. "통일전선의 문제에서, 우리가 광범위한 군중 운동을 활성화시키지 못했던 이유는 심각한 폐쇄주의에 빠져 있었기 때문이다. 상층의 지도부 동지들도 그러했다."[32] "일본 제국주의의 중국 침략으로 중국 군중들의 반일 운동이 고조되어가고 있는데, 우리 당의 임무는 그 운동을 이끌고 나가야만 하는 것이다. 따라서 폐

---

[31] 張聞天, 『張聞天文集』2, 北京: 中共黨史出版社, 1993: 20쪽. | 張聞天, 「反對日本帝國主義侵略的策略」, 『張聞天文集1935-1938』2, 北京: 中共黨史出版社, 1993;2012: 14-15쪽.

[32] | 中共中央黨史和文獻研究員 編, 『劉少奇年譜 修訂本』1, 北京: 中央文獻出版社, 2018: 163-164쪽을 참조하라.

쇄주의를 반대할 수밖에 없다."³³

1935년 12월 13일, 마오쩌둥과 저우언라이가 와야오부로 돌아왔다. 그리고 12월 17일부터 25일까지 중국공산당 중앙은 오랜 시간에 걸쳐 정치국회의를 개최했다. 그것은 중국공산당의 전략과 정책을 논의한 매우 중요한 회의로, 이후 와야오부 회의로 불렸다. 회의가 시작되자, 장원톈이 정치적 정세와 전략 문제를 보고하고, 장하오는 코민테른 제7차 대표대회의 기본 취지를 보고 형식으로 전달했다.

회의에서는 장원톈이 작성한 「현재의 정치적 정세와 당의 임무에 관한 중앙의 결의」가 통과되었다. 결의에서는 다음과 같이 밝혔다. "현재의 정치적 정세에 근본적인 변화가 나타났다."³⁴ 따라서 "당의 전략적 노선은 모든 중국 민족의 혁명 역량 전체를 이끌어내 현재의 주된 적들, 즉 일본 제국주의와 매국노의 우두머리 장제스를 반대하는 데 있다."³⁵

12월 23일, 정치국회의에서는 군사 문제를 중점적으로 다뤘는데, 군사 업무를 담당한 마오쩌둥이 보고를 맡았다. 그가 보고 내용으로 제시한 전략적 방침은 다음과 같다. "결연한 민족적 전쟁으로 일본 제국주의의 공격에 대항한다는 전반적인 목표로부터, 정치·군사적으로 호소하거나 실제적인 행동에 옮기는 등 모든 경우에서 '내전을 민족 전쟁과 결합시킨다'는 방침을 우선적으로 확정해야만 한다."³⁶ 또한 "민족 전쟁이라는 구호와 전략적 입장에 입각해 토지혁명을 진행한다."³⁷

나아가 그는 3단계에 걸친 군사 행동을 주장했다. 첫 번째 단계는 산시

---

33 劉少奇在中共中央政治局會議上的發言記錄, 1935年11月29日. | 中共中央黨史和文獻研究員 編, 『劉少奇年譜 修訂本』1, 北京: 中央文獻出版社, 2018: 163-164쪽을 참조하라.

34 | 「中央關於目前政治形勢與黨的任務決議(瓦窯堡會議)」, 中央檔案館 編, 『中共中央文件選集(1934-1935)』10, 北京: 中共中央黨校出版社, 1991: 598쪽.

35 「中央關於目前政治形勢與黨的任務決議(瓦窯堡會議)」, 中央檔案館 編, 『中共中央文件選集(1934-1935)』10, 北京: 中共中央黨校出版社, 1991: 604쪽.

36 毛澤東, 『毛澤東軍事文集』1, 北京: 軍事科學出版社·中央文獻出版社, 1993: 413쪽.

37 毛澤東, 『毛澤東軍事文集』1, 北京: 軍事科學出版社·中央文獻出版社, 1993: 415쪽.

陝西에서 진행되는데, 여기에는 홍군의 규모 확대와 황허黃河를 건너는 준비 작업 등이 포함된다. 두 번째 단계는 동쪽의 산시山西에서 6개월(2월에서 7월까지) 정도 진행될 예정이다. 하지만 그 기간은 상황에 따라 연장 또는 단축될 수도 있다. 세 번째 단계는 북쪽의 쑤이위안綏遠[38]에서 진행된다. 구체적인 시기는 전쟁이 진행되는 전체적 상황, 또는 쑤이위안에 대한 일본군의 공격 상황을 보고 결정한다.[39]

그런데 항일 민족통일전선이 시급한 당면 과제로 부각되었을 때, 중국공산당은 왜 동쪽으로의 진격이라는 군사적 행동을 논의했을까? 그것은 현실적 필요성의 문제였다. 첫 번째 필요성은 근거지를 공고히 하고 그것을 확장시켜야 한다는 점이다. 중국공산당 중앙은 즈뤄진 전투에서 승리하면서 산베이 지역에 전국 혁명의 거점을 마련할 수 있는 초석을 닦았다.

그렇지만 산베이는 그 면적이 작고, 인구도 적었으며, 토지도 척박했다. 또한 낙후한 경제 때문에 식량과 공산품이 부족했을 뿐만 아니라 국민당의 대규모 병력에 의해 쉽게 봉쇄와 포위를 당할 수 있는 곳이었다. 따라서 근거지를 적극적으로 확장시키지 않는다면, 다시 말해서 국민당 군대의 포위 공격에 소극적으로 대응하기만 한다면, 중국공산당은 그곳에서 오래 버티기 어려운 매우 불리한 상황에 놓여 있었다.

그래서 근거지를 외부로 확장시키는 것이 필요했다. 우선, 동쪽의 산시山西 지역에 주둔한 옌시산 부대의 전투력은 산베이陝北 남쪽 지역에 주둔한 장쉐량[張學良, 1901-2001]의 둥베이군東北軍보다 약했기 때문에 그들과는 싸워볼 만했다. 그리고 산시山西 지역은 인구가 조밀하고 생산물도 풍부해서 산베이의 서쪽이나 북쪽 지역보다 경제적 사정이 좋은 편이었다. 그러한 조건은 홍군의 확장에 도움이 되었다.

또한 진쑤이晉綏 부대[40]의 일부가 산베이의 우부吳堡·자현葭縣·쑤이더綏德·

---

38 | 지금의 네이멍구 자치구 중남부 지역을 가리킨다.

39 | 毛澤東, 『毛澤東軍事文集』1, 北京: 軍事科學出版社·中央文獻出版社, 1993: 418-421쪽을 참조하라.

40 | 옌시산 부대를 가리킨다. 晉綏軍, 晉軍, 閻軍으로도 불렸으며, 주로 山西·綏遠·華北

칭젠清澗 일대에 주둔하고 있었는데, 홍군이 산시山西를 공격하게 되면 옌시산이 그 부대들을 산시로 불러들이는 효과를 기대할 수 있었다. 그것은 곧 산베이의 소비에트 지역을 확장하고 공고히 하는 것을 뜻했다.

두 번째 필요성은 동쪽으로의 진격이 항일을 위한 홍군의 실제적 움직임에 도움을 준다는 점이다. 당시 일본은 허베이河北에 병력을 늘리고 있었고, 괴뢰僞 몽골군[41]을 동원해 쑤이위안의 습격을 획책하고 있었다. 따라서 동쪽의 산시山西를 공격하면, 동쪽 방향의 허베이로 나아가거나 북쪽의 쑤이위안으로 진격 방향을 바꿀 수 있었기 때문에 '일본에 대한 직접적인 전투'가 가능했다.

장원톈은 논의 과정에서 다음과 같이 언급했다. "나는 우선 산시 방향으로 나아가는 것에 동의한다."[42] 그리고 "우리가 산시로 간다면 우리와 함께 하는 더 많은 군중들을 조직함으로써 항일이라는 민족전쟁에 대비할 수 있을 것이다. 산시와 산베이의 여건이 다르기 때문에 더욱 광범위한 군중들의 공감을 얻을 수 있을 것이다. 우리가 항일의 기치를 높이 든다면, 군중들은 분명 그것을 공감하고 지지할 것이며, 우리와 함께 할 것이다."[43]

12월 27일, 마오쩌둥은 당의 핵심 활동가 회의에서 「일본 제국주의를 반대하기 위한 전략을 논함」으로 보고를 진행했다. 그는 보고를 시작하자마자, 당시 정세의 근본적 특징은 일본 제국주의가 중국을 그들의 식민지로 만드는 데 있으며, 그로 인해 전국 인민들의 생존이 위협받고 있다고 지적

지역에서 활동했던 군사 세력이다. 옌시산은 한때 독립적인 군벌을 이루기도 했지만, 이후 그의 부대는 국민당 군대의 일부로 편입된다.

41 | 이 몽골군은 뎀츄크돈롭[Demchukedonrov, 1902-1966]이 조직한 군대이다. 그의 중국어 이름은 德穆楚克棟普魯이고, 덕왕德王이라고도 불린다. 그는 '내몽골의 독립'을 주장하면서 일본 관동군과 밀접한 관계를 유지했다.

42 | 張聞天, 「關於軍事行動方針的發言」, 中共山西省石樓縣委宣傳部 編, 『紅軍東征-影響中國革命進程的戰略行動』上, 北京: 中共黨史出版社, 1997: 44쪽.

43 | 張聞天, 「關於軍事行動方針的發言」, 中共山西省石樓縣委宣傳部 編, 『紅軍東征-影響中國革命進程的戰略行動』上, 北京: 中共黨史出版社, 1997: 44-45쪽.

했다.[44] "그 상황은 중국의 모든 계급과 정치적 당파들에게 '어떻게 할 것인가'라는 문제를 제기하고 있다. 저항할 것인가? 아니면 항복할 것인가? 그것도 아니면 두 가지를 놓고 망설일 것인가?"[45] 또한 그와 같은 시기에는 적 진영이 분열하면서 민족자본가 계급과 새로운 통일전선을 추구할 수 있는 가능성이 열려 있다고 언급했다.[46]

나아가 그는 다음과 같이 분석했다. "시국의 특징은 새롭게 고조되는 민족혁명으로 인해 중국에서 곧 새로운 전국적 대혁명이 발생할 것이라는 점에 있다. 우리는 그것이 현재 혁명적 정세의 특징을 규정한다고 제기한 바 있다. 그것은 사실이다. 하지만 그것은 일면적인 사실이다. 이제 우리는 또 다른 측면을 제시하고자 한다. 제국주의는 여전히 위협적인 세력으로 남아 있지만, 그들과 세력 균형을 맞추지 못하는 상태가 지속되고 있는 것은 혁명 세력에게 심각한 결함이다. 따라서 적들을 타도하려면 반드시 지구전持久戰을 준비해야만 한다. 그것이 현재 혁명적 정세의 또 다른 특징이다. 그 또한 사실이다. 하지만 그것은 또 다른 측면의 사실이다. 그러한 두 가지 특징 또는 사실은 우리에게 교훈을 준다. 즉, 상황에 따라 전술을 바꾸거나, 부대의 배치전환을 통해 전투 전개의 방식을 바꿔야 한다는 점이다. 현재의 시국에서는 과감하게 폐쇄주의를 벗어나 광범위한 통일전선을 채택해야 하며, 그를 통해 모험주의를 방지해야만 한다."[47]

마오쩌둥은 그 연설문에서 와야오부 회의의 핵심 요지를 치밀하게 규명했을 뿐만 아니라 공산당의 전략 과제가 기본적으로 광범위한 항일 민족혁명 통일전선에 있다는 점을 분명히 했다. 또한 중국 혁명의 장기적인 속성을 제시하고, 일본 제국주의 반대 투쟁은 '반드시 지구전으로 준비해야 한다'는 점을 예견했다.

---

44 | 毛澤東, 『毛澤東選集』1, 북경: 人民出版社, 1991: 142-143쪽을 참조하라.
45 | 毛澤東, 『毛澤東選集』1, 북경: 人民出版社, 1991: 143쪽.
46 | 毛澤東, 『毛澤東選集』1, 북경: 人民出版社, 1991: 144-148쪽을 참조하라.
47 毛澤東, 『毛澤東選集』1, 북경: 人民出版社, 1991: 153쪽.

그리고 와야오부 회의가 쭌이遵義 회의의 연장선상에 놓여 있다는 점도 지적해야만 한다. 쭌이 회의는 홍군의 대장정 과정에서 개최된 것이었기 때문에, 그 당시의 가장 시급했던 군사적 문제와 중앙의 지도 체계 문제를 결정하는 데에만 국한되어 있었다. 이와 다르게, 와야오부 회의에서는 공산당의 정치적 전략을 보다 체계적으로 설명할 수 있었다.

그때는 중국공산당 중앙이 산베이에 도착한 지 두 달여밖에 되지 않은 시점이었다. 그렇게 짧은 기간 동안 중국공산당 중앙은 산베이에 대한 국민당 군대의 3차 '포위 공격'을 물리쳤을 뿐만 아니라 산베이의 혁명근거지를 공고히 하면서도 동쪽의 산시山西로 진격하기 위한 계획과 준비에 착수했다. 또한 전국적 정치 정세에 대한 전반적 분석을 통해 광범위한 항일 민족통일전선을 제안했으며, 특히 상층 통일전선의 필요성과 가능성을 강조했다. 나아가 폐쇄주의를 반대함으로써 정치적 전략의 거대한 전환을 이루어냈다. 그것은 하나의 중요한 진전으로, 결코 쉬운 일이 아니었다.

물론 당시 중국공산당 중앙의 항일 민족통일전선에서, 심지어 상층 통일전선에서도 장제스는 포함되지 않았다. 당시의 주된 구호가 '항일과 반장제스'라는 점, 그리고 장제스를 '매국노의 우두머리'라고 불렀다는 점에서 그러하다. 그렇지만 그것은 전혀 이상한 일이 아니었다. 10년 동안 벌어진 국민당과 공산당의 격렬한 전투는 깊은 상처를 남겼고, 그것이 짧은 시간 안에 치유될 수 없다는 점도 굳이 언급할 필요가 없을 것이다.

9·18 사변에서부터 러허熱河의 포기, 탕구塘沽 협정[48]의 체결, 그리고 '허

---

48 | '탕구 정전停戰 협정'이라고도 한다. 1933년 3월 27일 국제연맹을 탈퇴한 일본은 그해 4월 화베이를 침공한다. 이에 국민당 정부는 별다른 대응을 하지 않고 있었는데, 허잉친이 나서 1933년 5월 31일 일본과 탕구 협정을 체결한다. 이 협정으로 인해 일본이 점령한 둥베이 지역의 3성과 러허 지역에 대한 암묵적 승인이 이루어졌고, 지둥을 비무장 지대로 인정하게 되었다. 탕구는 지금의 톈진시 동쪽 지역을 가리킨다.

잉친·우메즈何梅 협정'[49]과 '친더춘·도이하라秦土 협정'[50]이라고 하는 것들까지, 국민당 정부는 매번 일본 침략자들에게 굴욕적인 태도로 일관했다. 또한 그들은 항일을 위해 나서고자 결심하기 보다는 '외세를 물리치려면 반드시 내부의 상황부터 안정화시켜야 한다'[51]는 방침만을 고수했다.

장제스 자신도 중국공산당과 공농홍군工農紅軍을 산베이의 한 구석에서 일거에 섬멸할 생각으로 계속 대규모 병력을 끌어 모으는 데만 집중했다. 그와 같은 상황에서 '장제스와 연합聯蔣'이라는 구호를 제기한다는 것 자체가 오히려 더 이상한 일이었을 것이다. 그 문제는 양측 모두에게 어렵고 복잡한 일련의 과정을 거쳐야만 해결될 수 있는 것들이었다.

3) 동쪽으로의 진격과 진시晉西 회의

1936년 2월 20일, 홍군 1방면군의 주력은 와야오부 회의의 결정에 따라 기습적으로 황허黃河를 건너 산시山西로 들어갔다. 중국공산당 중앙의 주요 책임자인 장원톈과 마오쩌둥, 그리고 펑더화이·카이펑·장하오 등이 모두 동쪽으로의 진격에 참여했고, 저우언라이·보구·덩파[鄧發, 1906-1946]·왕자샹 등은 산베이에 머물면서 후방 업무를 책임졌다.

동쪽으로 진격한 홍군은 산시로 들어가 옌시산 부대로부터 중요한 승리를 거두었다. 그리고 그들은 중국 인민 항일선봉군中國人民抗日先鋒軍이라는 명의의 포고문을 발표했다. "우리 군대는 항일을 위해 동쪽을 향해 진격한

---

49 | '허잉친·우메즈 협정'은 1935년 7월 6일 일본이 화베이를 국민정부와 분리시킬 목적으로 체결한 것이다. 그것은 중화민국과 일본 간의 비공식적 합의라는 성격을 띠며, 여기에는 일본군이 지정한 국민정부의 인사 해임 또는 그 기구의 해산, 허베이 지역에 주둔하고 있는 국민당 중앙군과 둥베이군의 철수, 국민정부의 항일 활동 금지 등의 내용이 담겨 있다. 우메즈는 우메즈 요시지로[梅津美治郎, 1882-1949], 당시 관동군의 톈진 주둔군 사령관을 가리킨다.

50 | '친더춘·도이하라 협정'은 1935년 6월 27일 베이핑에서 체결되었다. 친더춘(秦德純, 1893-1963)은 당시 차하얼성의 주석 대행이었으며, 도이하라는 도이하라 겐지를 가리킨다. 이 협정으로 국민정부는 차하얼성의 권한 대부분을 상실하게 된다.

51 | 9·18 사변 이후, 국민당 정부의 기본 정책이었다.

다. 우리는 일본 제국주의에 대항하고자 하는 애국지사와 혁명정신이 투철한 사람들, 그리고 신민주주의자나 구민주주의자, 어떠한 당파와 출신이든 간에 모든 이들이 민족혁명이라는 위대한 사업에 동참하기를 바란다."[52] 이처럼 여기서도 항일 민족통일전선의 주장이 드러나 있다.

하지만 그 과정에서 정세 전체에 큰 변화가 생겼고, 민족적 위기도 더욱 심화되었다. 또한 중국 내 여러 정치 세력들 간에도 미묘하면서도 중요한 변화가 나타났다. 게다가 일본 군국주의자들은 중국 침략을 본격화하면서 화베이를 중국으로부터 분리시키려는 시도를 계속했다.

1936년 1월 13일, 일본은 중국 주둔군 사령관에게 「제1차 북지北支(화베이)의 처리 원칙」을 제시했다. "자치 구역은 화베이의 5개 성省을 대상으로 한다."[53] "우선 허베이와 차하얼 2개 성, 베이핑과 톈진 2개 도시의 자치를 점진적으로 추구하며, 나아가 그 밖의 3개 성도 자연스럽게 자치를 이룰 수 있도록 만들어간다."[54]

또한 2월 26일, 일본 도쿄에서 일부의 젊은 군인들의 군사 쿠데타가 일어났다.[55] 그 직후 수상이 된 히로다 고키[廣田弘毅, 1878-1948]와 더욱 난폭하고 오만해진 군부가 일본 중앙 정부를 통제하면서 전쟁 분위기는 한층 더 짙어졌다.

전국적 규모의 애국과 구국 운동이 급격히 확산되었고, 군중들의 감정

---

52 「中國人民紅軍抗日先鋒軍布告」, 中共山西省石樓縣委宣傳部 編, 『紅軍東征-影響中國革命進程的戰略行動』上, 北京: 中共黨史出版社, 1997: 123쪽.

53 | 「處理華北綱要」, 復旦大學歷史係日本史組 編譯, 『日本帝國主義對外侵略史料選編 1931-1945』, 上海: 上海人民出版社, 1975: 191쪽.

54 「處理華北綱要」, 復旦大學歷史係日本史組 編譯, 『日本帝國主義對外侵略史料選編 1931-1945』, 上海: 上海人民出版社, 1975: 191쪽.

55 | 1936년 2월 26일에 일본 황도파 청년 장교들이 일으킨 쿠데타를 가리킨다. 당시 군 세력은 신관료 집단과 결탁해 고도의 국방 국가 실현을 목표로 하는 통제파, 그리고 일왕의 친정親政을 목표로 하는 황도파로 분열되어 있었다. 하지만 그들의 쿠데타가 실패로 돌아가자, 군부는 철저히 통제파 중심으로 재편된다. 이 사건은 일본 사회에서 일왕 숭배와 군국주의적 팽창 정책이 강화되는 계기가 되었다.

은 하루가 다르게 격앙되었으며, 상하이와 많은 도시들에서는 각계의 구국연합회가 연이어 결성되기 시작되었다. 그로 인해 국민당 지도부의 정치적 태도가 달라지면서, 중국공산당이 추구하던 '상층 통일전선'의 실현 가능성도 더욱 커지는 상황이 연출되었다.

산시陝西의 관중關中 지역에 주둔하던 장쉐량의 부대, 즉 둥베이군의 중하급 장교와 병사들은 자신들의 고향이 일본에 의해 점령된 상황을 제기하며, 내전을 중지하고 홍군과 함께 항일에 나설 것을 강력하게 요구했다. 당시 영국 기자인 제임스 버트럼[James Bertram, 1910-1993]이 둥베이군을 방문했을 때 그들에게 받았던 인상은 다음과 같다. "그들은 자신의 동포를 공격하라는 강요조의 명령에 불만이 쌓여 있었으며, 대신 일본군이 점령한 고향을 되찾겠다는 결심은 날로 강해지고 있었다. 적어도 자신의 신념을 위해서는 죽을 때까지 싸울 듯 보였다."[56]

또한 어떤 40대 나이의 연대장이 버트럼에게 물었다. "우리는 모두 일본에 대한 공격을 바라고 있는데, 왜 지금도 홍군을 공격해야 하는가?"[57] 그와 같은 분위기가 장쉐량과 둥베이군의 고위 장성들에게도 영향을 주었다. 중국공산당 중앙은 실제로 그들과 접촉하는 과정에서 그러한 분위기를 파악했고, 우선적으로 장쉐량과 둥베이군에 '상층 통일전선'의 초점을 맞추었다.

중국공산당 중앙은 포로로 잡혔던 둥베이군의 연대장 가오푸위안[高福源, 1901-1937]을 돌려보내 장쉐량에게 중국공산당의 정치적 입장을 설명하도록 했다. 그리고 중국공산당 연락국聯絡局 국장인 리커눙[李克農, 1899-1962]은 비밀리에 장쉐량과 만나 두 차례에 걸쳐 협력을 논의했는데, 매우 좋은 성과가 있었다. 아울러 중국공산당은 관중關中 지역에 주둔한 양후청[楊虎城, 1893-1949] 부대와도 일찍부터 연락 관계를 맺고 있었다.

---

56 | James Bertram/林淡秋 譯, 『外國人看中國抗戰 中國的新生』, 北京: 新華出版社, 1986: 219쪽.

57 | James Bertram/林淡秋 譯, 『外國人看中國抗戰 中國的新生』, 北京: 新華出版社, 1986: 220쪽.

그때부터 장제스도 조금씩 태도의 변화를 보이기 시작했다. 당시 일본 침략자들의 탐욕은 난징 국민당 정부가 용인할 수 있는 수준을 넘어섰을 뿐만 아니라 그들의 생존을 직접적으로 위협할 정도였기 때문이다. 얼마 후 장제스는 그와 같은 상황을 다음과 같이 표현했다. 화베이가 제2의 둥베이가 된다면, 난징도 결국 베이핑처럼 되지 않겠는가?[58] 또한 사회 각 계층의 거세진 항일 요구도 장제스에게 커다란 압력이 되었다. 그러한 상황들로부터 난징 정부는 어쩔 수 없이 일본에 관한 정책을 재검토하기 시작했다.

훗날 장제스는 다음과 같은 말로, 당시 자신의 변화된 속내를 솔직하게 드러냈다. "히로다 내각이 들어서고, 그들은 자신들의 중국 침략 계획을 '선린 우호善隣友好·공동 방공共同防共·경제 협력經濟合作'이라는 3대 원칙으로 정리해 국민정부에 교섭을 제기했다. 당시의 정세는 매우 분명했다. 우리가 그 원칙을 거부한다면 전쟁이었고, 우리가 그들의 요구를 수용한다면 멸망이었다."[59]

그리고 "중일전쟁은 이미 피할 수 없는 문제가 되었다. 따라서 국민정부는 소련과 교섭에 나서야 했으며, 다른 한편으로는 중국공산당이라는 문제를 해결해야만 했다. 중국공산당에 대한 나의 원칙은 그들이 우선적으로 무장을 해제해야만 공산당의 문제를 정치적 문제로 간주할 수 있으며, 그것을 정치적인 방법으로 해결할 수 있다는 것이었다."[60]

그렇게 생각한 장제스는 '공산당 토벌'을 계속 진행시키면서도 정치적인

---

[58] 이 발언은 장제스가 1937년 7월 17일에 발표한 「對於盧溝橋事件之嚴正表示」에 나온다. 秦孝儀 總編纂, 『總統蔣公大事長編初稿』4上, 臺北: 國民黨中央黨史委員會, 1978: 81-82쪽(전체 쪽수: 1129-1130쪽)을 참조하라. 그리고 「對於盧溝橋事件之嚴正表示」는 「蔣介石廬山抗戰聲明」, 「對盧溝橋事件之嚴正聲明」, 「廬山談話」, 「廬山講話」로도 불린다.

[59] 蔣中正, 『蘇俄在中國』, 臺北: '中央'文物供應社, 1992: 59쪽.; 蔣介石, 『蘇俄在中國』, 臺北: 國防部總政治作戰部, 1966: 66쪽.

[60] 蔣中正, 『蘇俄在中國』, 臺北: '中央'文物供應社, 1992: 62쪽.| 蔣介石, 『蘇俄在中國』, 臺北: 國防部總政治作戰部, 1966: 70쪽.

모색에 촉각을 곤두세웠다. 그래서 그는 소련과 접촉을 늘리고, 중국 내부의 다양한 경로를 통해 중국공산당의 접촉을 시도했다. 천리푸[陳立夫, 1900-2001]의 측근인 쩡양푸[曾養甫, 1898-1969]는 중국공산당 북방국北方局과 연계된 뤼전위[呂振羽, 1900-1980]와 상하이의 지하당에서 파견된 장쯔화[張子華, 1914-1942]를 차례로 만났지만, 그들은 모두 중국공산당 중앙을 대표한 협상권을 지니고 있지 않았다.

그러한 이유에서 국민당 당국은 중국공산당 중앙과 직접 연락할 수 있는 창구를 원했다. 그와 같은 소식을 가장 먼저 중국공산당 중앙에 전달한 이는 쑹칭링이었다. 1936년 1월, 쑹칭링은 목사 신분으로 상하이에 있는 비밀 공산당원 둥젠우[董健吾, 1891-1970]를 찾아가, 그에게 편지 한 통을 산베이의 마오쩌둥과 저우언라이에게 전하도록 했다. 또한 둥젠우에게 쿵샹시[孔祥熙, 1880-1967]의 서명이 들어간 위임장, 즉 둥젠우를 '서북西北 경제 전문위원'으로 위촉한다는 내용을 건넸는데, 그것은 곧 난징 정부의 승인을 의미했다. 장쯔화와 둥젠우는 2월 27일에 와야오부에 도착해 보구를 만났다.

당시 산시山西 지역의 최전선에 있던 장원톈·마오쩌둥·펑더화이는 3월 4일자로 보구에게 회신 전보를 보내 다음의 내용을 둥젠우에게 전달했다. "우리는 난징 당국의 각오와 현명한 의사 표명을 크게 반긴다. 또한 전국적인 역량을 규합해 항일 구국 운동에 나서기 위해, 우리와 난징 당국의 구체적이고 실질적인 협상을 희망한다."[61]

전보에서는 난징 정부에 5가지를 요구했다. "① 모든 내전을 중지한다. 그리고 전국의 무장 세력을 공산당과 국민당紅白 편으로 나누지 않고, 함께 항일 투쟁에 나선다. ② 국방 정부와 항일 연합군을 조직한다. ③ 전국에 있는 홍군의 주력을 신속히 허베이에 집결할 수 있도록 허용한다. 이를 통해 우선적으로 일본 침략자들의 진격을 저지한다. ④ 정치범을 석방하고,

---

61 | 中共中央文獻研究室 編, 『毛澤東年譜1893-1949 修訂本』上, 北京: 中央文獻出版社, 2013: 518쪽.

인민의 정치적 자유를 허용한다. ⑤ 내정內政과 경제 분야에서 기본적이고 필수적인 개혁을 단행한다."[62]

그 다음날, 둥젠우는 그 비밀문서를 가지고 와야오부를 떠났으며, 쑹칭링에게 돌아가 관련 내용들을 보고했다. 이로써 8년여 동안 단절되었던 국민당과 공산당의 고위층 연락은 쑹칭링의 노력으로 다시 복구되었다. 물론 그와 같은 연락은 그저 초보적인 형태였을 뿐이다. 즉, 양측 모두 서로를 탐색하는 과정이었기 때문에 상대방의 심중은 제대로 파악하지 못했다.

1936년 3월에는 류창성[劉長勝, 1903-1967]이 중국으로 돌아와 코민테른 제7차 대표대회의 공식 문서를 중국공산당 중앙에 전달했다. 그리고 장쯔화는 둥젠우가 난징으로 돌아간 다음, 보구와 함께 산시山西 지역의 최전선으로 가서 그곳의 중국공산당 중앙에 그간 난징 당국과 접촉하는 과정에서 있었던 주요 상황들을 보고했다. 이 두 가지는 향후의 전략적 방침 전반에 영향을 준 중대한 사안이었다. 따라서 그것에 대한 중국공산당 중앙 지도부의 진지한 검토와 신속한 결단이 요구되었다.

중국공산당 중앙은 3월 20일부터 27일까지 6차례에 걸쳐 정치국회의를 연이어 개최했는데, 그것은 진시晉西 회의로 불린다. 회의에서는 다음의 두 가지를 의사일정으로 상정했다. 하나는 코민테른 제7차 대회의 결의 사안을 중국의 실제 상황에 결부시켜 논의하는 것이었고, 다른 하나는 당시의 전략적 방침에 대한 검토였다.

여기서 주목해야 할 부분은 다음에 있다. 첫째, 빠듯한 행군 과정에서 개최된 회의로, 거의 매번 회의 장소가 바뀌었다는 점이다. 다시 말해서, 20일에는 자오커우현交口縣 다짜오교大棗郊 상셴촌上賢村, 23일은 시현隰縣 스커우石口, 24일과 25일은 뤄촌羅村, 26일은 쓰장촌四江村, 27일은 스러우石樓 부근에서 개최되었다. 둘째, 장원톈·마오쩌둥과 같이 산시山西 지역의 최전선에 있던 중국공산당 중앙 지도자들 말고도, 처음부터 산베이에서 후방 업

62　洛甫·毛澤東·彭德懷值博古轉周繼吾(董健吾)的電報, 1936年3月4日. | 中共中央文獻研究室 編, 『毛澤東年譜1893-1949 修訂本』上, 北京: 中央文獻出版社, 2013: 518쪽.

무를 담당하던 저우언라이와 보구 등도 급히 회의에 참석했다는 점이다. 이 두 가지 사실로부터 그 회의가 얼마나 중요했는지를 알 수 있다.

6차례의 회의 가운데 처음 3차례의 회의는 코민테른 제7차 대표대회의 결의 사안들을 논의했다. 장원톈의 보고가 가장 먼저 진행되었다. 그는 코민테른 제7차 대표대회의 기본 취지에 입각해 보고했다. "중국공산당의 임무는 대규모의 민족혁명 전쟁을 전개하면서 일본 제국주의의 침략을 반대하려는 데 있다. 현재 최대의 관건은 통일전선, 즉 항일을 위한 인민 통일전선을 구축하는 것이다."[63] 여기서 그 정치국회의들의 주제가 분명히 드러난다.

당시 참석자 모두는 논의 과정에서 그 보고 내용에 동의했다. 마오쩌둥은 와야오부 회의의 결의가 코민테른 제7차 대표대회의 결의에 부합된다고 발언했다.[64] 그는 다음을 지적했다. "내전 중단을 제기해야 한다."[65] 그리고 "'일본을 상대로 한 작전 시기時機의 확정' 문제를 '일본에 대한 작전의 직접적 실행' 문제로 바꿔야만 한다."[66]

또한 혁명 전략에서 "우리의 임무는 최대 다수를 쟁취하기 위해 매 순간을 활용해야 한다."[67] "우리가 들어오려는 도둑을 조심해야겠지만 처음에는 대문을 열어 놓아야만 한다."[68] "정치권력의 문제에서 소비에트를 주장

---

63 張聞天, 『張聞天文集』2, 北京: 中共黨史出版社, 1993: 83쪽. | 張聞天, 「共產國際'七大'與我黨抗日統一戰線的方針」, 『張聞天文集1935-1938』2, 北京: 中共黨史出版社, 1993:2012: 57쪽.

64 | 中共中央文獻研究室 編, 『毛澤東年譜1893-1949 修訂本』上, 北京: 中央文獻出版社, 2013: 524쪽을 참조하라.

65 | 中共中央文獻研究室 編, 『毛澤東年譜1893-1949 修訂本』上, 北京: 中央文獻出版社, 2013: 524쪽을 참조하라.

66 | 中共中央文獻研究室 編, 『毛澤東年譜1893-1949 修訂本』上, 北京: 中央文獻出版社, 2013: 524쪽을 참조하라.

67 | 中共中央文獻研究室 編, 『毛澤東年譜1893-1949 修訂本』上, 北京: 中央文獻出版社, 2013: 524쪽.

68 | 毛澤東在中共中央政治局會議上的發言記錄, 1936年3月23日.

하는 것은 당연히 옳다. 하지만 전국적으로 (어떤 방안이) 더 효과적이라면, 그것을 채택해야 한다. 화베이에서는 일반적으로 항일 정부가 비교적 적절하다."[69]

그리고 '소련과 연합하는 문제'에서는 다음을 언급했다. "중국 사람들의 일은 중국 사람들 스스로 해결해야 하기 때문에 스스로를 믿어야 한다. 따라서 첫째, 자기 자신을 믿어야 한다. 둘째, 친구가 필요 없다는 생각은 잘못된 것이다."[70]

장하오는 다음과 같이 밝혔다. 와야오부 회의가 열렸을 때 그 자신이 관련 내용을 제대로 전달하지 못해, 정치국에서 코민테른 제7차 대표대회의 기본 취지를 이해하지 못했던 것이 아니다. 오히려 정치국에서는 문제를 구체적으로 논의하는 과정에서 코민테른의 주요 결정 사안과 동일한 결론을 이끌어냈다.

나아가 장하오는 통일전선 문제를 언급하면서, "주적을 반대하는 데 모든 역량을 집중해야 한다. '모든 제국주의와 군벌을 타도하자'는 예전의 구호가 듣기에는 좋았지만, 그 실현 가능성은 없었다. 오히려 하나를 집중 공격해야만 주적을 고립시킬 수 있다."[71]

한편, 펑더화이는 다음과 같이 언급했다. "12월 결의의 올바름은 현재 사실로 판명되었다. 황허를 건너기 이전, 산베이에서 산시山西 군중을 판단한 것은 지금만큼 정확하지 못했다. 이곳은 (장시江西의 중앙 소비에트 지역인) 광창廣昌과 스청石城 지역보다 혁명적 분위기가 더 고양되어 있다. 이곳의 격렬한 학생운동과 좌경화된 간행물들은 크게 확산된 중국의 혁명적 정세를 보여준다."[72]

또한 "어떻게 항일과 매국노 반대를 위한 통일전선을 실현시킬 것인가?

---

69 | 毛澤東在中共中央政治局會議上的發言記錄, 1936年3月23日.
70 毛澤東在中共中央政治局會議上的發言記錄, 1936年3月23日. | 中共中央文獻硏究室 編, 『毛澤東年譜1893-1949 修訂本』上, 北京: 中央文獻出版社, 2013: 524쪽을 참조하라.
71 張浩在中共中央政治局會議上的發言記錄, 1936年3月23日.
72 | 彭德懷在中共中央政治局會議上的發言記錄, 1936年3月24日.

우리가 구체화된 구호를 제기함으로써 지도적인 위치를 차지해야만 한다. 통일전선이 성공하려면 무엇보다 지배계급의 역량을 분산시키는 데 있다. 지배세력의 일부는 우리에 대해 공감하지만, 일부는 우리를 반대하고 있다. 그들을 분열시켜야만 통일전선은 실현될 수 있다."[73]

이로부터 다음의 내용들을 알 수 있다. 중국의 내외 정세 변화로 중국공산당의 항일 민족통일전선이라는 주장이 더욱 분명해지고 구체화되었으며, '내전을 중단하라'는 구호도 제기되었다. 그리고 난징 국민당 정부 내부의 다양한 세력들은 항일의 찬성 여부로, 그들에 대한 평가가 달라졌을 뿐만 아니라 소비에트 정권이라는 명칭을 항일 정부로 바꾸는 것도 고려되었다.

진시晉西 회의에서는 두 가지 문제가 제대로 해결되지 못했는데, 그것은 공산당의 전략적 결정이 성숙되어 가는 과도기적 단계에 있었기 때문이다. 첫 번째는 항일 민족통일전선에 장제스를 포함시킬 것인가의 문제였다. 장제스는 다양한 경로로 중국공산당에 정치적인 탐색을 했고, 둥젠우·장쯔화에게 난징 정부의 증명서를 가지고 와야오부를 찾게 했다. 그럼에도 불구하고 그것은 어디까지나 접촉이 시작되었다는 것이지, 난징 정부의 진의가 무엇인지는 분명하게 드러나지 않았다.

더욱이 3월 24일에 장제스는 천청을 타이위안 평정 부서太原綏靖公署[74]의 1로군 총사령관에 임명했는데, 천청에게 관린정·탕언보 부대와 같은 대규모 부대를 이끌고 산시山西로 들어가 옌시산의 작전에 협조하게 했다. 그 목적이 황허 동쪽에서 홍군 1방면군의 주력을 포위 섬멸하는 데 있었기 때문에 진시 회의에서 장제스를 연대 대상으로 간주한다는 것은 당연히 불가능했다.

회의석상에서 제기된 '항일을 위한 인민통일전선'이라는 표현, 특히 인

73　彭德懷在中共中央政治局會議上的發言記錄, 1936年3月24日.
74　｜綏靖公署는 국민당 국민혁명군의 지휘 기관으로, 타이위안 평정 부서 이외에도 시안西安 평정 부서, 바오딩保定 평정 부서, 장위안張垣 평정 부서가 있었다.

민이라는 두 글자가 포함된 것도 그와 같은 유보적 태도를 보여준다. 그리고 항일과 반장제스가 아니라 항일과 매국노 반대를 거론한 것도 별도의 의미가 포함되어 있는데, 그것은 장제스가 항일을 결심하면 더 이상 매국노가 아니기 때문에 반대의 대상으로 볼 수 없다는 것이다. 이와 다르게, 그가 항일을 결심하지 않는다면 자연스럽게 매국노와 장제스는 동의어가 된다.

장하오도 '주적을 반대하는 데 모든 역량을 집중해야 한다'고 언급하면서 "타도 장제스는 이제 '타도 매국노'로 바뀌었다"라는 말을 덧붙였다. 여기에는 어떤 의식적 여지, 즉 둥젠우와 장쯔화를 만난 다음에 반영된 구호의 조율이라는 측면이 존재한다.

장원톈은 결론적으로 다음과 같이 지적했다. "우리는 반동파와 협상을 할 때, 당신들이 일본에 대항하면 소련이 당신들을 도울 것이라고 말해야 한다. 그래야만 중국의 모든 군중들이 소련을 좋게 평가할 것이다. 따라서 저우언라이가 그 문제를 언급할 때, 그들에게 진심으로 항일에 나설 것을 요구해야만 한다. 그것은 타당한 요구다."[75] 이로부터 당시 중국공산당 중앙이 장제스에 대해 어떤 태도를 취했는지를 알 수 있다. 핵심적 사안은 장제스가 항일에 대해 진정성을 가지고 있는지, 그리고 그 이후의 행동이 무엇인지에 있었다.

두 번째 문제는 항일 통일전선의 추진을 위해 토지혁명의 정책을 바꿀 것인가에 있었다. 10년의 내전 기간 동안 중국공산당의 주된 구호는 토지혁명이었는데, 그것은 광범위한 농민들과 관련된 문제였다. 따라서 중국공산당 중앙이 그 문제에 대해 쉽게 결단을 내리지 못했던 것은 어쩌면 당연한 일이었다. 특히, 전국적인 항일 민족통일전선이 아직 제대로 만들어지지 않은 상황에서 함부로 정책 변경을 논할 수는 없었다.

장원톈도 그것을 모호한 형태로 보고했다. "토지혁명을 항일 투쟁과 연계시키는 방식은 상황에 따라 달라져야 한다. 그러한 연계 방식은 정해진

---

[75] 張聞天在中共中央政治局會議上結論的記錄, 1936年3月24日.

공식이 아니라 상황에 의해 선택되는 것이다."[76] 당시 많은 사람들이 토론 과정에서 그 문제에 관한 의견들을 표명했는데, 대다수가 농민 군중과 멀어지지 않기 위해 토지혁명의 정책을 바꾸지 않으려는 경향이 강하게 나타났다.

보구는 다음과 같이 지적했다. "토지 문제를 해결하는 것은 민족통일전선에 어긋나지 않는다. 토지혁명은 민족혁명에 종속되는 것인가? 만약 토지혁명을 '보다 아래에 놓인 것'이라고 이해했다면, 그것은 옳지도 적절하지도 않다."[77] 그리고 "어떤 사람들은 '토지혁명을 중시하는 태도가 우리를 반제국주의적 군중들과 분리시킬 것이다.'라고 본다. 하지만 그것은 '군중'에 대한 그들의 고민이 부족하기 때문이다. 우리는 지금도 군중 속에서 민중의 수준과 역량에 맞춰 토지혁명을 지도하고 있다. 물론 토지혁명이 어디서나 단순하게 적용될 수는 없지만, 우리는 그 입장을 지켜나가야만 한다."[78]

저우언라이도 다음을 언급했다. "지금 토지혁명을 추진하는 것이 바로 통일전선의 역량을 강화하는 것이다. 농민은 결국 토지혁명의 방향으로 나아갈 수밖에 없는데, 그것을 늦춘다면 과연 민족혁명에 도움이 될까? 공산당이 그것을 억지로 조장해서도 안 되지만, 그렇다고 그것을 따라가는 꼬리가 되어서도 안 된다. 우리의 통일전선은 모든 지주와 자본가만 필요하고, 농민은 필요 없다는 것이 아니다. 물론 항일 지주들을 별도로 우대할 수는 있겠지만, 그것이 그들의 토지들을 건드리지 않겠다는 것은 아니다."[79] 왕자샹도 그러했다. "토지혁명을 주장하지 않으면, 인구의 대부분인

---

76 | 張聞天, 『張聞天文集』2, 北京: 中共黨史出版社, 1993: 86쪽. ; 張聞天, 「共産國際'七大'與我黨抗日統一戰線的方針」, 『張聞天文集1935-1938』2, 北京: 中共黨史出版社, 1993:2012: 59쪽.

77 | 博古在中共中央政治局會議上的發言記錄, 1936年3月23日.

78 | 博古在中共中央政治局會議上的發言記錄, 1936年3月23日.

79 | 周恩來在中共中央政治局會議上的發言記錄, 1936年3月23日.

농민들을 항일 전선으로 끌어들일 수 없다."[80] 그럼에도 불구하고 그 문제는 진시 회의에서 결론이 나지 않았다.

대혁명이 실패한 후 개최된 8·7 회의[81]의 주된 방침은 토지혁명과 국민당에 대한 무장 저항이었다. 10년의 내전 기간 동안 중국공산당은 줄곧 그 방침을 유지했는데, 그 모든 조치들이 토지혁명의 시행과 국민당 지배의 전복에 맞춰져 있었다. 사람들의 생각이 언제나 관성화되기 쉽다는 점을 감안한다면, 장제스와 토지혁명에 굳어진 생각들을 새로운 상황에서 바꾸려는 시도는 각별한 신중함이 요구되었다. 그것은 충분히 이해할 만하다.

진시 회의의 4번째와 5번째 회의에서는 당시의 전략적 방침이 논의되었는데, 마오쩌둥이 보고를 맡았다. "산시山西와 산시陝西의 운영에서 산시山西를 중심에 놓는다. 이것은 일본과의 작전에서 필수적이고 중요한 단계라고 할 수 있다."[82]

따라서 방침은 다음과 같아야 한다. "확장을 통한 견고함의 추구다. 견고함을 통한 확장 도모에 반대한다."[83] "지금은 공세적으로 나아가야 한다. 포위 공격을 받게 되면 방어를 하고, 포위 공격을 깨뜨렸다면 공세적으로 나아가야 한다. 그런데 리더는 공세적인 움직임에 반대했다."[84] 마오쩌둥이 리더를 비판한 이유는 그가 전에 작성한 「의견서」 때문이었다.

---

80   王稼祥在中共中央政治局會議上的發言記錄, 1936年3月24日.

81 | 1927년 8월 1일, 중국공산당은 장시성江西省 난창南昌에서 봉기를 일으켰는데, 국민당의 반격으로 5일 만에 실패로 돌아간다. 그로 인해 8월 7일 우한武漢에서 소집된 긴급회의가 바로 8·7 회의다. 그 회의에서 당시 총서기였던 천두슈는 해임되고, 그의 노선은 우경화된 기회주의로 비판되었다. 새롭게 구성된 임시중앙정치국은 토지혁명과 무장투쟁을 주요 투쟁 노선으로 제시했다.

82 | 中共中央文獻研究室 編, 『毛澤東年譜1893-1949 修訂本』上, 北京: 中央文獻出版社, 2013: 525쪽을 참조하라.

83 | 中共中央文獻研究室 編, 『毛澤東年譜1893-1949 修訂本』上, 北京: 中央文獻出版社, 2013: 525쪽을 참조하라.

84   毛澤東在中共中央政治局會議上的報告記錄, 1936年3月25日. | 中共中央文獻研究室 編, 『毛澤東年譜1893-1949 修訂本』上, 北京: 中央文獻出版社, 2013: 525쪽을 참조하라.

그 「의견서」에서는 다음과 같이 주장했다. "전략적 공세로 전환하기에 우리의 역량은 아직 대단히 미약하다. 다시 말해서, 우리가 공세로 전환하기에는 시기적으로 너무 이르다. 그리고 앞으로 활동할 지역에 대한 정치적 준비도 미흡하다. 이 두 가지를 주의해야만 한다."[85] 또한 "우리는 우리의 전략적 계획 가운데 수이위안綏遠 쪽에서 외몽골과 먼저 조우한다는 조항을 철회해야 한다."[86] 왜냐하면 리더는 다음을 우려했기 때문이다. 즉, "소련과 일본의 전쟁이 발발하기 전에 우리로 인해 소련과 일본이 충돌하는 것이다. 그와 같은 행동은 피해야만 한다."[87]

회의에 참석한 이들은 토론 과정에서 마오쩌둥의 보고 내용에 동의했다. 저우언라이는 다음과 같이 밝혔다. "확장의 문제에 관련해서는 신속하고 직접적인 작전 계획을 수립해야 한다. 화베이를 항일 거점으로 삼고, 지금은 산시山西에서 계획의 첫 번째 단계를 이행한다. 이후 계획은 변화하는 상황에 따라 결정한다. 현재는 산시山西 작전에 집중한다."[88]

그 또한 리더의 「의견서」를 비판했다. "그의 전체적인 평가는 우경화로 나아가는 출발점이다. 그는 예전 오류의 근본적 원인을 제대로 이해하지 못했으며, 홍군의 이번 작전이 지닌 정치적 임무와 군사적 공격의 의미도 파악하지 않았다. 그것은 보수주의다. 그의 주장은 단순히 방어하는 것에만 머물러 있지 않다. 그로 인해 결국 공격의 기회마저 놓쳐 실패로 귀결될 수 있기 때문에 그것은 비판받아야만 한다."[89]

---

85 | 中共山西省石樓縣委宣傳部 編, 『紅軍東征-影響中國革命進程的戰略行動』上, 北京: 中共黨史出版社, 1997: 69쪽.

86 | 中共山西省石樓縣委宣傳部 編, 『紅軍東征-影響中國革命進程的戰略行動』上, 北京: 中共黨史出版社, 1997: 70쪽.

87 李德, 「關於紅軍渡過黃河後的行動方針問題的意見書」, 1936年1月27日. | 中共山西省石樓縣委宣傳部 編, 『紅軍東征-影響中國革命進程的戰略行動』上, 北京: 中共黨史出版社, 1997: 70쪽.

88 | 周恩來在中共中央政治局會議上的發言記錄, 1936年3月26日.

89 周恩來在中共中央政治局會議上的發言記錄, 1936年3月26日.

외교(통일전선) 문제를 다룬 진시 회의의 마지막 날에도 마오쩌둥의 보고가 있었다. 그는 당시의 상황을 평가하면서 첫 번째로 국민당의 균열을 거론했다. 우선 장제스로 대변되는 민족 반혁명파는 "대혁명이 실패했던 시기의 반동적 노선에 입각해 있었는데, 그러한 노선은 지금도 그리고 앞으로도 당분간 바뀌지 않을 것이다."[90](여기서 당분간 바뀌지 않는다고 표현한 것은 얼마간의 여지를 남겨둔 것이라고 볼 수 있다.)

그리고 민족 혁명파는 좌익과 우익으로 나뉘는데, 우익은 "예전에는 민족 반혁명파였지만, 일본의 압박과 민중의 저항으로 인해 민족 개량주의로 바뀌기 시작한"[91] 이들이다. 좌익은 쑹칭링, 중소 상공업, 중소 시민계급, 『대중 생활』[92]과 같이, "진심으로 소련과 연합하거나 공산당과 연합하고자 하며, 일본을 타도할 수 있다고 스스로 믿고 있는, 그리고 우리와 함께 결연히 혁명의 길로 나아갈 수 있"[93]는 이들이다.

마오쩌둥은 별도로 둥베이군의 특징을 거론했다. "그들은 땅을 잃었기 때문에 항일의 분위기가 드높다. 우리와 협력하고자 하는데, 그 이유는 그들의 대응 전략이 우리와 소련의 힘을 빌려 둥베이 3성으로 돌아가는 것이기 때문이다. 이러한 상황은 앞으로 더욱 극단적인 형태로 나뉠 것이다."[94]

그리고 그가 보고 과정에서 제기한 방침은 다음과 같다. "'민족 개량주

---

90 | 中共中央文獻硏究室 編, 『毛澤東年譜1893-1949 修訂本』上, 北京: 中央文獻出版社, 2013: 526쪽을 참조하라.

91 | 中共中央文獻硏究室 編, 『毛澤東年譜1893-1949 修訂本』上, 北京: 中央文獻出版社, 2013: 526쪽을 참조하라.

92 | 1935년 11월 상하이에서 창간된 주간지다. 쩌우타오펀[鄒韜奮, 1895-1944]이 편집장을 맡았으며, 항일과 구국에 관한 내용들이 주로 실렸다. 1936년 2월 국민당 당국에 의해 폐간되었지만, 1941년 5월 홍콩에서 복간되었다. 하지만 같은 해인 1941년 12월에 태평양 전쟁이 발발하면서 정간되었다.

93 | 中共中央文獻硏究室 編, 『毛澤東年譜1893-1949 修訂本』上, 北京: 中央文獻出版社, 2013: 526쪽을 참조하라.

94 | 中共中央文獻硏究室 編, 『毛澤東年譜1893-1949 修訂本』上, 北京: 中央文獻出版社, 2013: 526쪽을 참조하라.

의'와 '민족 반혁명파'를 구분하고, 그들을 상대할 때도 각기 다른 방식으로 접근한다. 또한 '민족 개량주의'에서 좌파와 우파를 구분하는 것도 필요하다."[95] 여기서 몇 차례 언급된 '민족 개량주의'에 대해 중국공산당 중앙은 다음과 같이 설명한 적이 있다. "민족 개량주의는 제국주의와 타협이 가능한 입장이다."[96] "민족자본가 계급은 상당한 양보와 이익을 얻는 경우도 있지만, 투쟁이 격화되는 시기에는 동요하면서 타협하거나, 심지어 투항이나 배신을 하기도 한다. 그것이 민족 개량주의의 본질이다."[97]

진시 회의가 끝난 다음인 1936년 4월 9일에 마오쩌둥·펑더화이는 와야오부에 돌아간 장원톈에게 전보를 보내 다음을 제안했다. 지금은 장제스를 공격한다는 명령이 아니라 인민들을 대상으로 한 편지나 공개적인 전보를 발표해야만 한다.[98] 우리는 일본 정벌이라는 명령을 기치로, 다시 말해서 내전 종식의 기치를 들고 다 함께 항일에 나서야만 한다.[99] 그리고 4월 10일, 저우언라이는 옌안延安에서 장쉐량과 회담을 가졌으며, 유의미한 성과를 거두었다.

한편, 산시山西에서는 홍군에 대한 국민당 군대의 대대적인 공세가 이어지면서, 내전의 확전을 피하고자 홍군 1방면군의 주력은 5월 2일부터 서쪽

---

[95] | 中共中央文獻研究室 編, 『毛澤東年譜1893-1949 修訂本』上, 北京: 中央文獻出版社, 2013: 526-527쪽.

[96] | 「中共中央宣傳部關於目前形勢與黨的策略路線的問答-供各級黨部討論時的參考材料」, 中共中央文獻研究室·中央檔案館 編, 『建黨以來重要文獻選編1921-1949』13, 北京: 中央文獻出版社, 2011: 28쪽.

[97] 中央宣傳部關於目前形勢與黨的策略路線的問答, 1936年2月3日. | 「中共中央宣傳部關於目前形勢與黨的策略路線的問答-供各級黨部討論時的參考材料」, 中共中央文獻研究室·中央檔案館 編, 『建黨以來重要文獻選編1921-1949』13, 北京: 中央文獻出版社, 2011: 28쪽.

[98] | 中共中央文獻研究室 編, 『毛澤東年譜1893-1949 修訂本』上, 北京: 中央文獻出版社, 2013: 532쪽.

[99] | 中共中央文獻研究室 編, 『毛澤東年譜1893-1949 修訂本』上, 北京: 中央文獻出版社, 2013: 532쪽.

의 황허를 건너기 시작했다. 5월 5일, 모든 부대가 강을 건넘에 따라 75일 동안 진행되었던 동쪽으로의 진격은 일단락되었다.

4) 양광 사변兩廣事變과 국민당 제5기 중앙위원회 2차 전체회의가 가져온 반향

동쪽으로의 진격東征을 마무리하고 산베이로 돌아온 홍군은 다시금 서쪽으로의 진격西征에 나섰다. 그렇다면 왜 서쪽으로의 진격에 나선 것일까? 그것은 산시陝西·간쑤 지역의 혁명근거지를 둘러싼 당시의 주변 형세를 살펴보면 바로 알 수 있다. 그때 산시·간쑤 지역의 혁명근거지는 그것의 공고화와 확장이 요구되었다.

남쪽의 산시陝西와 관중關中 지역에는 장쉐량의 둥베이군과 양후청의 17로군이 주둔 중이었는데, 그들과 중국공산당의 관계가 급속도로 가까워져 비교적 긴밀한 연락이 비밀스럽게 이루어지고 있었다. 또한 두 부대의 장교와 병사들 모두 홍군과 싸우는 것을 원치 않았다. 동쪽에 있던 옌시산도 장제스와 갈등이 생겨 더 이상 '공산당 토벌'을 위한 대규모의 병력을 산베이에 투입하지 않았다. 그러한 이유에서 양쪽의 전선은 어느 정도 안정된 상황이었다.

한편, 서쪽과 북쪽은 국민당의 부대 병력이 비교적 취약한 곳이었다. 그래서 1936년 5월 18일, 중국공산당 서북西北군사위원회의 지도부인 마오쩌둥·저우언라이·펑더화이는 서쪽으로 진격하라는 전투 명령을 하달했다. 이에 펑더화이는 홍군 13,000여 명을 거느리고 서방야전군西方野戰軍이라는 이름으로 서북쪽에 있는 산시陝西·간쑤甘肅·닝샤寧夏의 접경 지역으로 향했다.

그 전투의 목적은 첫째, 산시陝西·간쑤 지역 항일 근거지의 공고화와 그것의 확장, 둘째, 북쪽에 있는 소련이나 몽골과의 연락망 개통, 셋째, 홍군 4방면군과 2·6군단의 북상에 따른 대응책 마련에 있었다. 그런데 앞서 동쪽으로의 진격과 다르게, 중국공산당 중앙은 서쪽으로 진격하는 군대와 함께 움직이지 않았다.

당시 중국의 정치적 상황에서 두 가지 사건이 사람들에게 큰 경악을 안겨주었다. 첫 번째 사건은 일본의 화베이 침략이 더욱 심각한 단계로 접어든 것이다. 특히, 병력 증가와 밀수라는 측면에서 그러했다. 그들은 "교민을 보호한다는 구실로 화베이에 병력을 증강했다. 5월 1일, 타시로 칸이치로[田代皖一郎, 1881-1937]를 새로운 일본 주둔군 사령관에 임명하고, 약 6,000명의 병력을 증원했다. 그로 인해 전체 병력 수는 앞서 주둔하던 병력을 포함해 8,000여 명이 되었다. 핑진平津 철도 주변의 양춘楊村이나 마창馬廠과 같은 지역들에 병영을 건설했으며, 베이핑北平에 여단 사령부도 설치했다. 그런데 그것은 주둔군의 인원을 제한한 '신축辛丑 조약'[100]의 규정 위반이자, 중국의 주권에 대한 심각한 침해였다."[101]

또한 일본군이 허베이 동쪽冀東 지역을 장악하면서 밀수 행위가 날로 빈번해졌다. 그로부터 1935년 8월부터 1936년 4월까지, 중국의 관세는 2,500만 위안 이상의 손실이 발생했다. 특히, 1936년 4월 한 달 동안의 손실은 800만 위안으로, 그것은 중국의 전체 관세 수입에서 1/3을 차지하는 금액이었다. 이처럼 화베이의 정세가 급변하면서 분위기가 한층 더 위태로워졌다. 난징 정부는 주일대사인 쉬스잉[許世英, 1873-1964]에게 일본과 교섭을 제기하라고 한 것, 외교부를 통해 항의를 제기한 것 외에는 어떠한 실질적인 조치도 취하지 않았다.

두 번째 사건은 난징 정부가 산시·간쑤 근거지에 대한 대규모 군사 공격을 다시금 준비한 것이었다. 그들은 홍군이 '심각한 타격을 입었'기 때문에 서쪽의 황허를 건넌 것이며, 따라서 여세를 몰아 '토벌을 위한 진격'을 해야 한다고 판단했다. 하지만 중앙 홍군의 주력은 이미 서쪽으로의 진격西征에 나선 상태였다.

---

100 | 신축 조약은 청나라 정부가 1901년 9월 7일에 의화단 사건을 처리하기 위해 영국·미국·러시아·독일·일본 등 11개국과 체결한 조약을 가리킨다. 그것은 '北京議定書' 또는 '辛丑各國和約'으로도 불린다.

101 秦孝儀 總編纂, 『蔣介石大事長編初稿』3, 臺北: 中國國民黨中央黨史委員會, 1978: 293쪽.
| 秦孝儀 總編纂, 『總統蔣公大事長編初稿』3, 臺北: 國民黨中央黨史委員會, 1978: 293쪽 (전체 쪽수: 939쪽).

1936년 5월 26일, 장제스는 천청을 산시山西·산시陝西·간쑤·닝샤 지역의 '공비 토벌' 총사령관으로 임명했다. 5월 28일, 관린정·탕언보 등의 중앙군 부대들이 산시山西에서 황허를 건너 산베이의 칭젠淸澗·수이더綏德로 들어갔다. 그리고 거기서 중국공산당 중앙이 위치한 산시·간쑤 근거지에 대한 대대적인 공세를 준비하는 등 한동안 위험한 국면이 이어졌다. 그것이 바로 장제스를 한동안 항일 민족통일전선에 포함시킬 수 없었던 중국공산당 중앙의 주된 이유이기도 했다.

이로부터 더욱 위급해진 민족적 위기에서 벗어나고, 중국공산당을 무력으로 섬멸하려는 난징 정부의 계략을 분쇄하는 것, 그 두 가지가 중국공산당 중앙 앞에 놓인 가장 긴박한 문제가 되었다. 바로 그 시점에 천지탕과 리쭝런이 항일의 기치를 내걸며 양광 사변兩廣事變[102]을 일으켰다.

6월 2일, 그들은 국민당 중앙집행위원회 서남집행부와 국민정부 서남정무위원회의 명의로 갑작스레 공개 전보를 발송했다. "시국이 위태롭고 정세가 급박하기 때문에 우리 부대가 즉각적으로 일본과의 항전에 나서지 않는다면, 나라의 생존을 도모할 수 없다고 본다."[103] 6월 4일, 천지탕과 리쭝런 등은 항일을 위해 북상北上한다는 공개 전보를 띄웠다. 그리고 광시군의 4개 사단이 후난 지역으로 들어갔는데, 그것은 실질적으로 장제스와 난징 정부를 겨냥하고 있었다.

양광 사변은 사실 갑작스레 발생한 일이었다. 그래서 멀리 산베이에 떨어져 있던 중국공산당 중앙은 그에 관한 정보가 매우 부족함에도 불구하고 그와 같은 정세에 신속하게 대처해야만 했다. 양광 사변은 항일을 위한 북상을 기치로 내세웠다. 당시 난징 정부는 산베이에 대한 대대적인 공격

---

102 | 양광 사변은 '6·1 사변'이라고도 불린다. 1936년 6월 1일, 광둥의 군벌 천지탕과 광시의 군벌 리쭝런·바이충시가 양광(광시·광둥)을 중앙 정부의 통제 아래 놓으려는 장제스의 시도에 맞서 대립한 사건이다. 그들은 당시의 항일 정서에 편승해 '항일 구국'을 반란의 명분으로 내세웠다.
103 「一週國內外大事述要」,『國聞週報』第13卷第23期, 1936年6月15日. | 「一週間國內外大事述要」,『國聞週報』第13卷第23期, 1936年6月15日: 2쪽.

을 준비하고 있었는데, 난징 정부는 남쪽의 양광 사변에 대응하기 위해 기존의 병력을 재배치할 수밖에 없었다. 그것은 산베이에 대한 압박이 어느 정도 경감되는 효과가 있었기 때문에, 중국공산당의 입장에서는 당연히 반가운 일이었다.

중국공산당은 처음부터 상당히 낙관적으로 양광 사변을 평가하면서 큰 기대를 보였다. 중국공산당 중앙의 정치국회의가 6월 12일에 열렸는데, 거기서 저우언라이는 서남西南 문제를 보고했다. "천지탕은 스스로 항일 혁명군이라고 부르고, 장제스에게 항일을 위해 북상하겠다는 전보를 보냈다. 전반적으로 그들의 구호는 항일과 혁명에 맞춰져 있는데, 그것은 우리가 마땅히 평가해야만 할 지점이다."[104] "그로부터 전국적인 항일 운동이 추동될 것이다. 따라서 이 사변을 활용해 그 운동이 광범위하고, 보다 철저한 방향으로 나아가도록 해야 한다."[105]

마오쩌둥도 다음과 같이 지적했다. "서북 지역은 항일의 주요 본거지로, 서남 지역에서 진행되는 움직임은 서북에도 큰 영향을 끼친다."[106] "앞으로의 일을 전망해볼 때, 장제스는 양광에서 승리할 수 있을까? 그는 정치·군사적 측면에서 광둥을 압도하지 못한다. 또한 이번 내전이 혁명적 성격의 일단을 갖추고는 있지만, 양광도 당분간은 장제스를 압도하지 못할 것이다."[107]

보구는 "광둥 사변은 더욱 심각해진 일본의 화베이 병탄으로 인민들이 항일에 나섰다는 하나의 상징이 된다. 또한 그것은 인민들의 항일 운동이

---

[104] | 中共中央文獻硏究室 編, 『周恩來年譜: 1898-1949(修訂本)』, 北京: 中央文獻出版社, 1998: 318쪽을 참조하라.

[105] 周恩來在中共中央政治局會議上的報告記錄, 1936年6月12日. | 中共中央文獻硏究室 編, 『周恩來年譜: 1898-1949(修訂本)』, 北京: 中央文獻出版社, 1998: 318쪽을 참조하라.

[106] | 毛澤東在中共中央政治局會議上的發言記錄, 1936年6月12日.; 中共中央文獻硏究室 編, 『毛澤東年譜1893-1949 修訂本』上, 北京: 中央文獻出版社, 2013: 551쪽.

[107] | 毛澤東在中共中央政治局會議上的發言記錄, 1936年6月12日.

고조되고 있음을 나타낸다."[108] 그리고 장원톈은 "양광은 인민들이 항일 무장투쟁에 나선 출발점으로, 또한 좌경 세력이 광둥과 광시 지역에까지 존재한다는 사실은 인민 전선의 출발점을 뜻한다."[109]라고 각각 밝혔다.

한편, 정치국회의에서는 양광 사변의 부정적 측면도 어느 정도 주목하고 있었다. 왕자샹은 다음을 지적했다. "서남 지역의 움직임에 관해, 우리가 그들의 정치적 강령을 제대로 모를지라도 그 내부에는 좌파적인 것과 우파적인 것이 존재한다. 따라서 양광 측과 연합하고자 한다면 선의의 비판과 함께 제안도 해야만 한다."[110] 장원톈도 언급했다. "양광 사건은 매우 커다란 취약점을 드러내고 있는데, 그것은 사건을 주도한 지도자들에게 있다."[111]

마지막으로 저우언라이는 다음과 같은 결론을 내렸다. "서남 사건은 가장 광범위한 항일 민족통일전선의 출발점이 되었지만, 그 운동을 지속적으로 확대시키지 않는다면 결국 타협이 모색되고 그 기세가 약화될 수 있다."[112] 그와 함께 6월 12일 당일에는 마오쩌둥과 주더 명의의 「항일 북상 출병에 관한 중화소비에트 인민공화국 중앙정부·중국 인민홍군혁명군사위원회의 선언」이 공개적으로 발표되었는데, 거기서도 양광 사변의 의의가 충분히 인정되고 있다.[113]

이틀 후에 열린 중국공산당 중앙의 정치국 상임위원회에서는 더욱 냉정

---

108 | 博古在中共中央政治局會議上的發言記錄, 1936年6月12日.

109 | 張聞天在中共中央政治局會議上的發言記錄, 1936年6月12日.

110 | 王稼祥在中共中央政治局會議上的發言記錄, 1936年6月12日.

111 毛澤東·博古·張聞天·王稼祥在中共中央政治局會議上的發言記錄, 1936年6月12日. | 中共中央黨史研究室張聞天選集傳記組 編, 『張聞天年譜1900-1941 修訂本』上, 北京: 中共黨史出版社, 2000;2010: 232쪽.

112 周恩來在中共中央政治局會議上的結論記錄, 1936年6月12日.

113 中央檔案館 編, 『中共中央文件選集』11, 北京: 中共中央黨校出版社, 1991: 25쪽. | 「中華蘇維埃人民共和國中央政府中國人民紅軍革命軍事委員會爲兩廣出師北上抗日宣言」, 中央檔案館 編, 『中共中央文件選集(1936-1938)』11, 北京: 中共中央黨校出版社, 1991: 23-27쪽을 참조하라.

한 분위기가 유지되었다. 마오쩌둥은 다음과 같이 보고했다. "서남 사변은 항일혁명군으로 시작되었기 때문에 진보적이다. 하지만 그들은 제국주의의 통제를 받으며 군중의 투쟁을 가로막아왔기 때문에 우리의 입장은 마땅히 그들이 진정한 항일 세력이 되도록 진보적·혁명적으로 제안하고 비판하는 것이어야 한다."[114] 다시 말해서, 이미 양광 사변을 지나치게 높게 평가할 수도, 그들을 진정한 항일 세력으로 볼 수도 없다는 점을 어느 정도 파악한 상태였다.

중국 내부의 정치 정세가 변화하면서, 그리고 코민테른이 양광 사변의 의의를 인정하지 않으면서 중국공산당 중앙은 기존의 입장을 교훈으로 남긴 채 그 문제를 새롭게 평가했다. 그러한 상황에서 9월 15일, 중국공산당 중앙의 정치국 확대회의가 열렸다.

장원톈은 그 자리에서 다음과 같이 보고했다. "우리가 장제스의 (산베이) 공격을 자위적 측면에서 반대한 것은 당연했다. 그리고 서남 문제에 대해서도 그들은 항일 선언을 했고, 우리가 그것을 옹호했던 것도 옳았다. 그런데 우리는 그들이 저지른 내전을 신랄하게 비판하지 않았으므로 옳지 못했다. 또한 우리는 그들이 광둥에서, 그리고 군대에서도 군중을 동원하지 않았는데, 그것을 신랄하게 비판하지 않았기 때문에 마찬가지로 옳지 못했다. 결국 우리는 우리의 입장을 견지하지 못한 채, 서남의 움직임을 비호하는 것과 같은 모습만을 보였다. 우리가 서북 지역에서 항일 전쟁을 수행하고자 한다면, 그 교훈을 받아들일 필요가 있다."[115]

여기서는 중국공산당 중앙의 태도 변화를 야기한 당시 중국 내부의 정치 정세를 다루고자 한다. 그 가운데 국민당 제5기 중앙위원회 2차 전체회의의 개최가 가장 중요한데, 왜냐하면 거기서 장제스의 일본 정책이 공개적이고 뚜렷한 전환을 보였기 때문이다. 양광 사변 발발 이후, 장제스는 국

114　毛澤東在中共中央政治局常委會上的報告記錄, 1936年6月14日.

115　張聞天, 『張聞天文集』2, 北京: 中共黨史出版社, 1993: 147-148쪽. | 張聞天, 「目前政治形勢與一年來民族統一戰線問題」, 『張聞天文集1935-1938』2, 北京: 中共黨史出版社, 1993:2012: 101쪽.

민당 중앙위원회 전체회의의 소집을 결정했다.

　전체회의를 개최해야만 했던 이유는 첫째, 일본이 화베이에서 병력을 대대적으로 증강시키는 것과 같은 일련의 상황이 장제스의 중국 통치에 직접적인 위협이 되었다는 점이다. 장제스는 그것을 더 이상 용납하기 어려웠기 때문에 그에 대한 대비를 서둘러야 한다고 보았다.

　둘째, 양광 사변에는 국민당 내부에서 중국 전체에 이르는, 장제스의 일본 정책에 대한 강한 불만이 반영되어 있다. 이처럼 항일에 대한 민중의 목소리가 지속적으로 고조되자, 국민당 내부에서도 그에 부합하는 인식이 요구되었다.

　장제스는 국민당 중앙의 기념 주간紀念週[116] 행사에서 다음과 같이 밝혔다. "어떠한 방법으로 당면한 형세에 대응해야 하는가?"[117]는 "국가의 근본적이고 원대한 계획을 결정"[118]하는 것이다. "우리들 가운데 그 누구도 생사존망이 달린 국가와 민족의 중대사를 마음대로 결정할 수 없다. 중앙상임위원회의 어떤 책임 있는 동지라고 할지라도 그것에 관한 결론을 마음대로 내릴 수는 없다."[119] 그렇기 때문에 중앙위원회 2차 전체회의의 소집이 필요했다. "이후의 방침을 결정하고 지시해야만 한다. 이처럼 엄중한 국난[120]의 시기에, 이번 회의는 국가의 미래를 위해 매우 중요하다."[121] 이로부터 장제스가 그 전체회의를 매우 중시했음을 알 수 있다.

　실제로, 1935년 11월에 발표된 국민당 제5차 전국대표대회의 선언 가운

---

116 | '기념 주간'은 '총리 기념 주간總理紀念週'이라고도 한다. 그것은 국민당 초대 총리이자 국부로 추앙되는 쑨원을 기념하는 의식을 가리킨다. 국민당은 쑨원이 세상을 떠나자, 매주 월요일에 행사를 개최해 그와 그의 유언을 기렸다.

117 | 「一週間國內外大事述要」, 『國聞週報』第13卷第23期, 1936年6月15日: 3쪽.

118 | 「一週間國內外大事述要」, 『國聞週報』第13卷第23期, 1936年6月15日: 3쪽.

119 | 「一週間國內外大事述要」, 『國聞週報』第13卷第23期, 1936年6月15日: 3쪽.

120 | 이 인용문에는 '困難'으로 표기되어 있지만, 원문에는 '國難'으로 나와 있다. 여기서는 원문에 따라 번역한다.

121 「一週國內外大事述要」, 『國聞週報』第13卷第23期, 1936年6月15日. | 「一週間國內外大事述要」, 『國聞週報』第13卷第23期, 1936年6月15日: 4쪽.

데 다음과 같은 내용이 제시되어 있다. "평화가 아직 완전한 절망에 이르지 않았다면, 결코 평화를 포기해서는 안 된다. 그런데 만약 나라가 희생될 수밖에 없는 상황에 이르렀다면, 우리는 스스로 결연하게 희생을 선택해야만 한다. 다시 말해서, 끝까지 남아 희생한다는 각오로 평화를 위해 최선의 노력을 다해야 한다."[122] 여기에는 난징 정부의 일본 정책에 관한 변화들이 나타나 있지만, 너무 모호하게 표현되어 있어 완전히 상반된 시각에서 해석될 수 있었다.

그로부터 반년 정도가 지난 1936년 7월, 국민당의 제5기 중앙위원회 2차 전체회의가 난징에서 개최되었다. 장제스의 태도는 더욱 분명해졌다. 그는 회의의 첫날 연설에서 다음과 같이 밝혔다. "이른바 최소한이라는 것의 설명이 명확히 드러나도록 하겠다."[123]

이어서 다음을 지적했다. "외교에서 중앙의 마지노선最低限度은 영토와 주권을 온전히 유지하는 것이다. 어떠한 국가라도 우리의 영토와 주권을 침해하려고 한다면, 우리는 그것을 결코 용납해서는 안 된다. 우리는 우리의 영토와 주권을 침해하는 어떠한 협정도 체결하지 않을 것이며, 우리의 영토와 주권을 침해하는 어떤 상황도 용납하지 않을 것이다. 더욱 명확하게 밝히자면, 어떤 사람이 우리에게 괴뢰 국가와 같은 것의 승인을 요구하면서 영토와 주권의 훼손을 강요한다면, 그것이 바로 우리가 용납하지 못할 때이며 우리가 희생해야 할 최후의 순간이다. 이것이 하나의 원칙이다. 또 다른 원칙으로는, 작년 11월에 있었던 전국대표대회 이후에 우리의 영토와 주권이 다시금 침해받았다면, 그리고 모든 정치·외교적 방법으로도 그와 같은 상황을 해결하지 못했다면, 그것이 바로 우리 국가와 민족의 생존이

---

122 中國第二歷史檔案館 編, 『中華民國史檔案資料彙編』第5輯第1編政治2, 南京: 江蘇古籍出版社, 2000: 490쪽. | 中國第二歷史檔案館 編, 『中華民國史檔案資料彙編』第5輯第1編政治2, 南京: 江蘇古籍出版社, 1994: 490쪽.

123 | 秦孝儀 總編纂, 『總統蔣公大事長編初稿』3, 臺北: 國民黨中央黨史委員會, 1978: 304쪽 (전체 쪽수: 905쪽). 참고로, 저자는 이 인용문에서 '解決'로 표기했지만, 원문에서는 '解釋'으로 되어 있다. 여기서는 원문에 따라 번역한다.

근본적으로 위태로워진 순간이자 우리가 그것을 용납할 수 없는 순간이다. 그때가 되면 우리는 최후의 희생을 감행해야만 하는데, 이른바 우리의 최소한이라는 것은 바로 그러한 것이다."[124]

사실 일본은 중국에 대단한 모멸감을 안겨주었다. 장제스의 이와 같은 강경 발언은 예전에도 없었고, 그러한 중요 장소에서 공개적으로 언급된 적은 더욱이 없었다. 따라서 그것은 사회 각 방면의 큰 주목을 받게 되었는데, 장제스가 항일 민족통일전선에 참가할 수 있다는 것을 의미했다. 당시의 정국에서 중요한 전환점이 된 국민당 제5기 중앙위원회 2차 전체회의는 중국공산당 중앙이 얼마 후 발표한 「장제스에게 항일을 압박하기 위한 지시」의 주요 원인이 되었다.

5) 장제스에게 항일을 압박하기 위한 중국공산당 중앙의 지시

그렇지만 줄곧 매국노의 우두머리로 간주되던 장제스를 항일 민족통일전선의 대상으로 삼는다는 것은 중국공산당의 입장에서 결심하기 어려운 일이었는데, 일부 사안들은 명확히 파악할 수 없었기 때문이다. 더군다나 당시 국민당 당국은 산시·간쑤陝甘 근거지에 대한 공격을 계획하고 있었고, 홍군 2·4방면군의 북상을 무력으로 막고 있었다. 또한 서남 문제를 해결하고 나서 다시금 산베이를 공격할 가능성이 매우 컸고, 군정軍政과 군령軍令의 통일을 줄곧 항일의 선결 조건으로 내걸었다.

나아가 장제스는 강경한 태도로 중국 내 모든 정치 세력과 사회 세력들에게 그의 지휘에 따를 것을 강요하면서, 자칫 잘못하면 그가 쳐놓은 함정에 빠질 수도 있었다. 하지만 전반적인 흐름은 확연히 달라져 있었고, 중국공산당 중앙은 그 문제를 해결하기 위한 논의를 여러 차례 진행했다. 국민당 제5기 중앙위원회 2차 전체회의가 끝난 지 한 달도 채 지나지 않은

---

124 秦孝儀 總編纂, 『蔣介石大事長編初稿』3, 臺北: 中國國民黨中央黨史委員會, 1978: 304-305쪽. | 秦孝儀 總編纂, 『總統蔣公大事長編初稿』3, 臺北: 國民黨中央黨史委員會, 1978: 304-305쪽(전체 쪽수: 950-951쪽).

1936년 8월 10일, 중국공산당 중앙의 정치국회의가 소집되었다. 여기서 중국공산당은 '항일 반장제스'로부터 '장제스에 대한 항일 압박'으로의 노선 전환을 확정했다.

마오쩌둥은 그 회의에서 군사와 외교 방면을 보고했다. 그는 우선 일본에 대한 장제스의 전략적 태도가 기본적으로 바뀐 것 같지는 않지만, 그 가운데 미세한 변화가 나타나고 있다고 언급했다. "항일에 대한 준비, 국방회의의 조직[125], 일본에 대한 일부 작전 등 전술적 측면에서 큰 변화를 보였다. 이처럼 전술적 측면이 크게 바뀌었기 때문에 앞으로 혁명 운동이 더욱 활성화된다면, 그것이 장제스의 전략적 동요를 야기할 가능성이 있다."[126]

또한 "난징과의 교류를 위해 우리는 5가지 조건을 제안했는데, 그들은 그에 대해 우리의 역량 분산을 첫 번째로 요구했다. 그리고 저우언라이 동지에게 보낸 서한에서는 우리가 행동할 것을, 즉 지도급이 난징으로 와서 국민정부에 참여할 것과 소련과의 연합 추진을 요구했다. 그것은 장제스 진영에서 동요가 발생할 수도 있다는 점을 알려준다. 또 다른 하나는 소련 대사관에서 이루어진 대담에서 장제스가 [공산당과의 교류에] 괜찮다는 의사를 밝혔다는 점이다."[127]

마오쩌둥이 밝힌 중점은 다음에 있었다. "장제스의 대응 전략이 분명하게 드러났다. 예전에는 둥베이 지역의 3성 등을 양도할지언정 혁명을 전국적 차원에서 최대한도로 진압하고자 했다. 하지만 현재의 전반적 방침은 자신의 통치 기반을 공고히 하는 방향으로 바뀌었다. 또한 예전에는 우리와 전혀 교류하지 않았지만, 지금은 그들도 통일전선을 이야기할 정도

---

125 | '국방회의'는 1936년 7월 13일에 국민당 제5기 중앙집행위원회 2차 전체회의에서 통과되었고, 이틀 뒤인 7월 15일에 국민정부 군사위원회 위원장인 장제스가 그 의장직을 겸임했다.

126 | 中共中央文獻研究室 編, 『毛澤東年譜1893-1949 修訂本』上, 北京: 中央文獻出版社, 2013: 567쪽을 참조하라.

127 | 中共中央文獻研究室 編, 『毛澤東年譜1893-1949 修訂本』上, 北京: 中央文獻出版社, 2013: 567쪽을 참조하라.

로 바뀌었다. 다시 말해서, 장제스는 [난징 정부를] 국방 정부國防政府로 바꿀 수도 있는데, 그는 통일된 지휘 체계와 함께 그를 대하는 군중들의 태도가 바뀌는 것, 그리고 일본이 물러나는 것을 원한다. 이처럼 그는 민족 운동을 이용하고자 할 뿐이지, 그것과 적대적인 관계에 있고자 하지 않는다. 이제 우리는 난징 정부가 민족 운동의 거대한 세력이라는 점을 인정해야만 한다. 우리가 항일을 제대로 전개하기 위해서는 이와 같은 중간 단계를 거칠 수밖에 없다. 우리는 장제스와 협상을 진행할 수도 있다. 그때 우리의 유일한 요구는 제대로 된 항일이라는 점이다."[128] 나아가 마오쩌둥은 새로운 정세로부터 규정된 공산당의 임무들 가운데 다음을 강조했다. "통일전선이 최우선적 임무가 되어야만 한다."[129]

마오쩌둥이 보고를 마치자, 옵서버로 회의에 참관했던 판한녠[潘漢年, 1906-1977](그는 당시 코민테른 주재 중국공산당 대표단에서 중국으로 귀국한 지 얼마 되지 않았다.)은 국민당 측 인사인 덩원이[鄧文儀, 1905-1998]를 소련에서, 그리고 귀국 후에는 쩡양푸와 장충[張沖, 1904-1941]을 접촉했던 상황을 보고했다.

저우언라이는 토론 과정에서 다음을 지적했다. "예전의 항일은 장제스 반대라는 구호를 앞에 내세워야만 했는데, 지금은 그것이 적절하지 않다. 대신 지금은 항일 연합전선을 중심으로, 항일을 위한 러시아와의 연합 또는 홍군과의 연합을 중심에 놓아야 한다."[130] 그리고 "난징과 협상을 벌일 때는 실제적 사안들을 제기해야만 하는데, 첫째는 내전의 중단이고, 둘째는 항일의 민주화. 항일 전쟁은 그것에 기초해 전개되어야 한다."[131]

---

128 | 中共中央文獻硏究室 編, 『毛澤東年譜1893-1949 修訂本』上, 北京: 中央文獻出版社, 2013: 567쪽을 참조하라.

129 毛澤東在中共中央政治局會議上的報告記錄, 1936年8月10日. | 中共中央文獻硏究室 編, 『毛澤東年譜1893-1949 修訂本』上, 北京: 中央文獻出版社, 2013: 567쪽을 참조하라.

130 | 中共中央文獻硏究室 編, 『周恩來年譜: 1898-1949(修訂本)』, 北京: 中央文獻出版社, 1998: 322-323쪽을 참조하라.

131 | 中共中央文獻硏究室 編, 『周恩來年譜: 1898-1949(修訂本)』, 北京: 中央文獻出版社,

장원톈도 다음과 같이 언급했다. "난징 측에서 제시한 4가지 조건을 우리가 만족하지 못한다고 하더라도 그들이 개별 정파들을 용인했다는 점에서, 공산당은 공개적인 활동이 가능해졌다. 또한 그들이 전국의 인재를 모으고 있다는 점에서, 우리가 난징에 가는 것이 가능해졌다고 할 수 있다. 그래서 우리는 난징과 협상이 가능하다고 말한다."[132]

또한 "우리의 주장은 앞서 항일을 하고 나중에 통일을 이루자는 것이 아니다. 그러한 방식으로는 대중의 지지를 얻을 수 없다. 우리는 항일을 전제로 한 통일을 이뤄야만 한다."[133] 나아가 그는 줄곧 논란이 되었던 토지혁명의 문제도 언급했다. "현재는 민족혁명이 최우선적 과제다. 토지혁명이라는 전략에 변화가 생긴 것은 주되게 민족혁명에 초점을 맞추기 위함이다."[134]

마오쩌둥은 결론 부분에서 다음과 같이 밝혔다. "난징의 문제에서, 현재의 민주적 항일은 장제스의 압박을 넘어서기는 했지만 장제스를 끝까지 밀어붙일 수 있는 수준은 아니다. 그가 우리와 교류하기 시작하면서, 우리는 공개적 활동이 어느 정도 가능해졌다. 우리가 왜 그들과 교류해야만 하는가라는 문제에서 그 중점은 군중의 획득에 있다. 장제스는 선先항일과 후後통일의 문제에서 항상 통일 이후의 항일만을 주장하지만, 우리는 그에게 항일의 민주화를 우선적으로 요구했다. 따라서 그가 그것을 어느 정도까지 이루어내기만 한다면, 우리는 그와 함께 통일 관련 논의를 시작해야 한다. 이제 항일을 반장제스와 연결시키려는 시도는 부적절한 것이다."[135]

또한 "소비에트의 형식과 홍군의 형식, 그리고 토지 정책 등에서 새로운

1998: 322-323쪽을 참조하라.

132 | 張聞天在中共中央政治局會議上的發言記錄, 1936年8月10日.
133 | 張聞天在中共中央政治局會議上的發言記錄, 1936年8月10日.
134 周恩來·張聞天在中共中央政治局會議上的發言記錄, 1936年8月10日. | 張聞天, 「要推動南京進一步向抗日方面動搖」, 『張聞天文集1935-1938』2, 北京: 中共黨史出版社, 1993:2012: 91쪽.
135 | 毛澤東在中共中央政治局會議上的結論記錄, 1936年8月10日.

변화가 있어야 한다. 그것은 군중의 지지를 얻기 위한 것으로, 이로운 것이다. 우리는 그것을 공개적으로 선언해야 하고, 난징에도 별도의 편지를 보내야만 한다."[136] 여기서 언급된 일련의 변화들은 모두 공산당의 전략 결정과 밀접한 관련을 맺고 있다. 그에 따라 정치국회의에서는 공개 선언문과 비밀 지시문을 함께 내기로 결정했다. 공개 선언문이 바로「중국국민당에게 보내는 중국공산당의 서한」이었고, 비밀 지시문은「장제스에게 항일을 압박하기 위한 중앙의 지시」였다.

정치국회의 이후 보름여 만에, 중국공산당 중앙 서기처書記處는 코민테른 집행위원회의 8월 15일자 전보를 받았다. 전보에는 다음의 내용이 담겨 있었다. "우리는 당신들의 1935년 12월 25일자 결의안과 전보 내용을 확인했으며, 당신들이 통과시킨 항일 민족통일전선의 수립 방침에 기본적으로 동의한다."[137]

그리고 "우리는 당신들의 견해에 동의한다. 즉, 항일 민족통일전선의 수립을 위해 공산당의 예전 경제 정책에 몇 가지 중요한 변화를 주어야 한다는 점이 그것이다. 예를 들어, 불필요한 토지의 몰수를 중단한다. 특히, 토지를 빌려주는 소규모 토지 소유자들의 토지를 더 이상 몰수하지 않는다. 그리고 항일에 적극 참가한 장병의 토지도 몰수하지 않으며, 그들의 자유무역을 허용한다."[138]

나아가 "우리는 장제스와 일본 침략자들을 한데 묶어 논하는 것은 옳지

---

136   毛澤東在中共中央政治局會議上的結論記錄, 1936年8月10日. | 中共中央文獻研究室 編, 『毛澤東年譜1893-1949 修訂本』上, 北京: 中央文獻出版社, 2013: 567-568쪽을 참조하라.

137 |「共產國際執行委員會書記處給中國共産黨中央委員會書記處的電報」, 中國社會科學院近代史研究所飜譯室 編譯, 『共產國際有關中國革命的文獻資料(1936-1943)(1921-1936補編)』 3, 北京: 中國社會科學出版社, 1990: 7쪽.

138 |「共產國際執行委員會書記處給中國共産黨中央委員會書記處的電報」, 中國社會科學院近代史研究所飜譯室 編譯, 『共產國際有關中國革命的文獻資料(1936-1943)(1921-1936補編)』 3, 北京: 中國社會科學出版社, 1990: 8쪽.

않다고 본다."¹³⁹ "현 단계의 모든 사안은 일본 제국주의와의 투쟁에 종속된다."¹⁴⁰ 이처럼 전보의 내용은 정치국회의의 시각과 기본적으로 일치했을 뿐만 아니라 중국공산당 중앙의 일부 언급들의 의미를 기존의 그것보다 더욱 명확하게 밝혀주었다.

「중국국민당에게 보내는 중국공산당의 서한」은 8월 25일 발송되었으며, 마오쩌둥에 의해 작성되었다. 거기서는 처음부터 "지금은 나라가 망하고 민족이 멸종되는 절박한 시기다."¹⁴¹라고 강하게 호소했다. 그리고 장제스를 언급할 때도 장 위원장이라고 표기했는데, 그것은 그때까지 중국공산당의 이전 문서에서는 나타나지 않던 일이었다.

또한, 장제스가 국민당 제5기 중앙위원회 2차 전체회의에서 마지노선을 언급한 것에 대해서도 설명했다. "우리는 그와 같은 장 위원장의 해석이 예전보다 어느 정도까지는 나아간 것으로 평가한다. 우리는 그러한 변화를 진심으로 환영한다."¹⁴² 하지만 장제스의 연이은 발언, 즉 "반년 동안의 외교적 상황에 대해, 모두들 평화가 사라진 절망의 시기는 아니라고 믿고 있다."¹⁴³에 대해서는 비판했다.

그 글에서는 장제스가 항일의 선결조건으로 거론한 내부적 통일의 집중을 본말전도라고 밝히면서 정중하게 선언했다. "우리는 중국 전체를 대표

---

139 | 「共産國際執行委員會書記處給中國共産黨中央委員會書記處的電報」, 中國社會科學院近代史研究所飜譯室 編譯, 『共産國際有關中國革命的文獻資料(1936-1943)(1921-1936補編)』 3, 北京: 中國社會科學出版社, 1990: 9쪽.

140 中國社會科學院近代史研究所飜譯室 編譯, 『共産國際有關中國革命的文獻資料』 3, 北京: 中國社會科學出版社, 1990: 7-9쪽. | 「共産國際執行委員會書記處給中國共産黨中央委員會書記處的電報」, 中國社會科學院近代史研究所飜譯室 編譯, 『共産國際有關中國革命的文獻資料(1936-1943)(1921-1936補編)』 3, 北京: 中國社會科學出版社, 1990: 9쪽.

141 | 毛澤東, 『毛澤東文集』 1, 北京: 人民出版社, 1993: 424쪽.

142 | 毛澤東, 『毛澤東文集』 1, 北京: 人民出版社, 1993: 425쪽.

143 | 毛澤東, 『毛澤東文集』 1, 北京: 人民出版社, 1993: 425쪽에서 재인용.; 秦孝儀 總編纂, 『總統蔣公大事長編初稿』 3, 臺北: 國民黨中央黨史委員會, 1978: 304쪽(전체 쪽수: 950쪽)을 참조하라.

하는 통일적 민주공화국의 수립과 보통 선거권에 의해 선출된 국회의 소집을 지지한다. 또한 전국의 인민과 항일군대로 조직된 항일구국 대표회의, 그리고 전국의 통일적 국방정부를 옹호한다. 따라서 우리는 다음과 같이 선언한다. 중국 전체를 대표하는 통일적 민주공화국이 수립된다면, 소비에트 지역은 중국 전체를 대표하는 통일적 민주공화국의 구성 부분이 될 것이다. 또한 소비에트 지역의 인민 대표들은 중국 전체를 대표하는 국회에 참여할 것이며, 소비에트 지역에서도 민주적인 제도들이 중국 전체에서와 마찬가지로 시행될 것이다."[144]

글의 마지막 부분에서는 다음을 호소했다. "국민당과 공산당이 다시금 협력 관계를 맺어야 할 뿐만 아니라 전국의 각 당파, 그리고 각계각층과도 전반적인 협력이 이루어져야만 나라를 멸망에서 온전히 구할 수 있을 것이다."[145] 여기서 국공합작이라는 주장이 공식적으로 제기되었는데, 공개적으로 그것을 발표된 것은 주목할 만한 진전이라고 할 수 있다.

1936년 9월 1일, 중국공산당 중앙은 장원톈이 작성한 비밀문서, 즉「장제스에게 항일을 압박하기 위한 중앙의 지시」를 발송하면서 다음을 명확하게 지적했다. "현재 중국의 주적은 일본 제국주의다. 따라서 일제와 장제스를 동등하게 취급하는 것은 잘못된 태도이며, '항일 반장제스'라는 구호도 부적절하다."[146] "일본 제국주의의 공격이 계속되고, 민족혁명운동이 전국적으로 계속 고조된다면 장제스 군대의 전체 또는 그 대부분이 항일에 나설 가능성이 있다. 따라서 우리의 전반적인 방침은 장제스를 항일로 압박하는 것이다."[147]

또한 "우리는 전국의 인민들이 보는 앞에서, 우리가 '내전의 중단과 항일

---

144 | 毛澤東,『毛澤東文集』1, 北京: 人民出版社, 1993: 429쪽.

145 毛澤東,『毛澤東文集』1, 北京: 人民出版社, 1993: 432쪽.

146 |「中央關於逼蔣抗日問題的指示」, 中央檔案館 編,『中共中央文件選集(1936-1938)』11, 北京: 中共中央黨校出版社, 1991: 89쪽.

147 |「中央關於逼蔣抗日問題的指示」, 中央檔案館 編,『中共中央文件選集(1936-1938)』11, 北京: 中共中央黨校出版社, 1991: 89쪽.

을 위한 일치단결'을 굳건히 주장하고 있다는 점, 그리고 전국의 각 당파들(장제스의 국민당도 포함된다)로 구성된 항일 통일전선을 조직·지도하고 있다는 점을 드러내야 한다."[148] 항일 반장제스에서 장제스에게 항일을 압박하는 것으로의 이행은 분명 항일 전쟁을 앞두고 중국공산당의 전략적 판단에 중대한 전환점이었으며, 그로부터 중국공산당의 항일 민족통일전선은 새로운 단계로 접어들었다. '장제스에게 항일을 압박하기'라는 방침의 실현을 위해, 중국공산당 중앙은 9월 15일과 16일에 걸쳐 정치국 확대회의를 개최했다. 그 회의는 34명이 참가할 정도로 규모가 컸는데, 그것은 예전에도 매우 드문 일이었다.

회의가 시작되자, 장원톈은 「현재의 정치적 정세와 1년 동안의 민족통일전선 문제」라는 제목으로 보고를 진행했다. "현재 전국에서 한뜻으로 항일을 요구하고 있기 때문에 내전의 중단은 전국 인민들의 공통된 요구 사안이다."[149] 또 "장제스는 동요하면서 항일 쪽으로 나아가고 있다."[150]

보고 내용에서 가장 주목할 만한 것은 "우리의 구호 가운데 일부를 바꾼다"[151]라는 세 번째 부분이다. 그때의 기본 구호는 민족 전체의 연합 통일전선으로, 그것은 1935년 12월 와야오부 회의에서 결의되었던 것이다. 하지만 그는 당시의 상황에서 구호를 부분적으로 수정해야 한다고 주장했다.[152]

148 　中央檔案館 編, 『中共中央文件選集』11, 北京: 中共中央黨校出版社, 1991: 90쪽.

149 　| 張聞天, 『張聞天文集』2, 北京: 中共黨史出版社, 1993: 145쪽. ; 張聞天, 「目前政治形勢與一年來民族統一戰線問題」, 『張聞天文集1935-1938』2, 北京: 中共黨史出版社, 1993:2012: 99쪽.

150 　| 張聞天, 『張聞天文集』2, 北京: 中共黨史出版社, 1993: 145-146쪽. ; 張聞天, 「目前政治形勢與一年來民族統一戰線問題」, 『張聞天文集1935-1938』2, 北京: 中共黨史出版社, 1993:2012: 99쪽.

151 　| 張聞天, 『張聞天文集』2, 北京: 中共黨史出版社, 1993: 147쪽. ; 張聞天, 「目前政治形勢與一年來民族統一戰線問題」, 『張聞天文集1935-1938』2, 北京: 中共黨史出版社, 1993:2012: 100쪽.

152 　| 張聞天, 『張聞天文集』2, 北京: 中共黨史出版社, 1993: 147쪽. ; 張聞天, 「目前政治

"첫째, 예전부터 항일과 반장제스를 함께 거론했는데, 그것은 잘못되었다. 그리고 우리가 이전에 난징 정부를 지차 정권冀察政權[153]과 동일한 것으로 평가했는데, 그것도 잘못되었다. 또한 장제스의 힘이 약화되었다고만 했지, 그가 여전히 항일의 거대 세력이라는 점은 평가하지 않았다. 그 또한 잘못되었다."[154]

"둘째, 우리의 주장은 '모든 내전의 중단과 항일을 위한 일치단결'이다. 우리는 반장제스 전쟁에 반대해야 하며, 예전에 상하이로 보낸 지시 서한에서 언급되었던 것처럼 반장제스 전쟁에 공감을 표해서도 안 된다."[155] 물론 여기에는 장제스의 공격으로 인해 어쩔 수 없이 벌어지는 방어 전쟁은 포함되지 않았다.

"셋째, 우리는 '평화적으로 통일된 국가'의 수립을 주장한다. 전국 인민의 요구는 전국적으로 통일된 민주공화국에 있기 때문이다. 하지만 그와 같은 공화국은 여전히 자본가계급의 민주공화국일 뿐이다. 예전에는 국방정부國防政府를 계급 간의 연맹이라고 보았지만, 지금 보면 그것은 부족한 점들이 있다. 우리는 민주공화국의 수립에 찬성해야 하고, 소비에트가 그것의 일부분이 되길 바란다고 선언해야 한다."[156]

形勢與一年來民族統一戰線問題」, 『張聞天文集1935-1938』2, 北京: 中共黨史出版社, 1993:2012: 100쪽을 참조하라.

153 | 지차 정권은 '지차 정무위원회冀察政務委員會'를 가리키는데, 그것은 일본의 '화베이 특수화'(화베이 지역을 중국에서 분리시키는) 전략에 이끌려 난징 정부가 1935년에 설치한 행정원의 직속 기관이다. 허베이성·차하얼성·베이핑시·톈진시의 모든 정무를 담당했으며, 인사·재정·세무 등에서 독립적인 자치권을 행사했다. 여기서 '冀'는 허베이성, '察'은 차하얼성을 뜻한다.

154 | 張聞天, 『張聞天文集』2, 北京: 中共黨史出版社, 1993: 147쪽.; 張聞天, 「目前政治形勢與一年來民族統一戰線問題」, 『張聞天文集1935-1938』2, 北京: 中共黨史出版社, 1993:2012: 100-101쪽.

155 | 張聞天, 『張聞天文集』2, 北京: 中共黨史出版社, 1993: 147쪽.; 張聞天, 「目前政治形勢與一年來民族統一戰線問題」, 『張聞天文集1935-1938』2, 北京: 中共黨史出版社, 1993:2012: 101쪽.

156 張聞天, 『張聞天文集』2, 北京: 中共黨史出版社, 1993: 148쪽. | 張聞天, 「目前政治形

회의의 토론은 매우 활기찼는데, 그 과정에서 보고 내용의 일부 문제들에 대한 이해가 더 깊어지고 확장되었다. 마오쩌둥은 다음을 언급했다. "민족자본가 계급의 동요성은 제국주의를 두려워하면서도 민중을 두려워하는 데 있다. 그것은 국민당 쪽에서 더욱 뚜렷하게 나타난다."[157] "공산당만이 지도의 역량을 갖추고 있는데, 그 지도는 쟁취하는 것이다."[158]

그리고 "지금의 문제는 국민당이 삼민주의와 공산주의를 한 궤도에 올려놓겠다고 하는 데 있다. 그것은 그들이 홍군을 없애겠다고 밝히지는 않았지만 홍군을 개편하겠다는 의도다. 우리가 독립적인 관계를 유지하려면 명목이 무엇이든 간에, 주되게 정치적으로 독립해야 한다."[159]

또한 "우리는 지금 다양한 방법으로 장제스에게 항일을 압박해야 한다. 항일 통일전선은 하나의 통일전선이지, 두 갈래의 통일전선이 아니다. 우리가 통일전선 사업을 9·18 사변 때부터 제기하기는 했지만, 실제로 그것을 추진하지 못했다는 점에서 잘못이 있다. 19로군과 어느 정도의 진척이 있기는 했지만 그것에도 잘못된 점이 있었다. 우리는 그러한 잘못들을 솔직하게 인정해야만 한다."[160]

저우언라이는 '장제스와 연합하는 항일'의 문제를 제기해 주목을 받았

勢與一年來民族統一戰線問題」, 『張聞天文集1935-1938』2, 北京: 中共黨史出版社, 1993:2012: 101쪽.

[157] | 毛澤東·周恩來在中共中央政治局擴大會議上的發言記錄, 1936年9月15日·16日.; 中共中央文獻研究室 編, 『毛澤東年譜1893-1949 修訂本』上, 北京: 中央文獻出版社, 2013: 580쪽을 참조하라.

[158] | 毛澤東·周恩來在中共中央政治局擴大會議上的發言記錄, 1936年9月15日·16日.; 中共中央文獻研究室 編, 『毛澤東年譜1893-1949 修訂本』上, 北京: 中央文獻出版社, 2013: 580쪽을 참조하라.

[159] | 毛澤東·周恩來在中共中央政治局擴大會議上的發言記錄, 1936年9月15日·16日.; 中共中央文獻研究室 編, 『毛澤東年譜1893-1949 修訂本』上, 北京: 中央文獻出版社, 2013: 580쪽을 참조하라.

[160] | 毛澤東·周恩來在中共中央政治局擴大會議上的發言記錄, 1936年9月15日·16日.; 中共中央文獻研究室 編, 『毛澤東年譜1893-1949 修訂本』上, 北京: 中央文獻出版社, 2013: 580쪽을 참조하라.

다. "장제스와 연합하는 항일은 중요한 의미를 갖는다."[161] "우리는 난징 측의 전체 또는 대다수가 항일 투쟁에 참가할 수 있을지를 정확히 평가해야 한다. 장제스로 대변되는 세력을 항일에서 배제시켰던 예전의 입장은 옳지 않다. 이제 우리는 그 입장을 바꾸어야만 한다."[162]

그리고 "장제스는 과거에 일본에 굴종적이었지만, 국민당 제5차 전국대표대회 이후부터 변하기 시작해 최근 6개월 동안 그 변화의 정도가 더욱 커졌다. 따라서 장제스와 제국주의의 관계에서 장제스를 일본과 완전히 하나로 보는 입장도 옳지 않다. 영국과 미국은 난징 정부를 지지하지만 일본과는 갈등을 겪고 있는데, 장제스는 사실 그 모순을 이용해 일본과 흥정하는 것이다."[163]

또한 "일본에 완전히 투항하는 것은 장제스 자신에게 불리하다. 실제로, 장제스가 일본에 완전히 투항하지 않았기 때문에 그는 자신의 지배 체제를 유지하고, 그 자신의 세력을 강화시킬 수 있었다. 다시 말해서, 그 때문에 그가 일본에 공개적으로 투항하지 않고, 내전 중단과 같은 예전에는 감히 사용하지 못했던 구호들을 활용하는 것이다. 여하간 그의 기만전술이 어떤 기능을 담당하든지 간에, 그것은 그가 동요하고 있다는 점을 보여준다. 어느 쪽으로 동요하는지를 살펴본다면, 항일 쪽으로 기울어져 있다. 따라서 그를 실제 항일로 나아가게 하려면 그가 그렇게 되도록 투쟁으로 견인해야 한다."[164] 이와 같이 저우언라이의 장제스 관련 분석들은 매우 사실

---

161 | 毛澤東·周恩來在中共中央政治局擴大會議上的發言記錄, 1936年9月15日·16日.; 中共中央文獻硏究室 編, 『周恩來年譜: 1898-1949(修訂本)』, 北京: 中央文獻出版社, 1998: 327쪽을 참조하라.

162 | 毛澤東·周恩來在中共中央政治局擴大會議上的發言記錄, 1936年9月15日·16日.; 中共中央文獻硏究室 編, 『周恩來年譜: 1898-1949(修訂本)』, 北京: 中央文獻出版社, 1998: 327쪽을 참조하라.

163 | 毛澤東·周恩來在中共中央政治局擴大會議上的發言記錄, 1936年9月15日·16日.; 中共中央文獻硏究室 編, 『周恩來年譜: 1898-1949(修訂本)』, 北京: 中央文獻出版社, 1998: 327쪽을 참조하라.

164 | 毛澤東·周恩來在中共中央政治局擴大會議上的發言記錄, 1936年9月15日·16日.; 中共

적이면서도 현실적이다. 또한 그는 검토가 필요한 문제도 언급했다. "광범위한 군중들이 항일로 떨쳐 일어났는데, 토지혁명은 받아들이지 않고 있다."[165]

마오쩌둥은 두 번째 발언에서 다음과 같이 지적했다. "장제스와 연합하는 문제에서, 우리가 연합하고자 하지만 지금까지도 연합은 이루어지지 못했다. 우리의 경계심이 느슨해져서는 안 된다. 장제스와 우리의 연합은 가능하지만 언제 그것이 실현될지는 단언하기 어렵다. 우리의 방침은 마땅히 이와 같아야 하며, 그와 관련된 일은 이제 그가 직접 결정해야 한다."[166]

그 회의를 마치고 나서 중국공산당 중앙은 국민당과 공산당 양당의 항일구국에 관한 초안을 작성했다. 장원톈과 마오쩌둥은 한 전보에서 다음과 같이 밝혔다. "이 초안은 우리 쪽에서 작성한 것으로, 협상 자리에 나갈 저우언라이를 위해 준비되었다. 그래서 상대측이 수용할 수 있는 마지노선을 제대로 파악하지 못한 채 작성되었다."[167]

중국공산당 중앙은 협상의 성과를 기대했기 때문에 예비 협상 대표인 판한녠을 먼저 상하이로 보내 천리푸·장충과 회담을 갖도록 했다. 하지만 국민당 측은 공산당을 완전히 흡수 통합한다는 조건을 제시했을 뿐만 아니라 그 시점에 후쫑난 등의 부대들이 산시陝西·간쑤 근거지 쪽에 전진 배치되었다. 군사적 압박을 통해 중국공산당이 어쩔 수 없이 그러한 굴욕적 조건을 받아들이게 하려는 의도였다.

마오쩌둥은 판한녠에게 보낸 전보에서 다음과 같이 언급했다. "국민당이

中央文獻研究室 編, 『周恩來年譜: 1898-1949(修訂本)』, 北京: 中央文獻出版社, 1998: 327쪽을 참조하라.

165 | 毛澤東·周恩來在中共中央政治局擴大會議上的發言記錄, 1936年9月15日·16日.

166 毛澤東·周恩來在中共中央政治局擴大會議上的發言記錄, 1936年9月15日·16日. | 中共中央文獻研究室 編, 『毛澤東年譜1893-1949 修訂本』上, 北京: 中央文獻出版社, 2013: 580쪽을 참조하라.

167 中央統戰部·中央檔案館 編, 『中共中央抗日民族統一戰線-文件選編』中, 北京: 檔案出版社, 1985: 287쪽.

제시한 조건은 홍군이 도저히 받아들일 수 없는 것이다. 저우언라이가 간다고 해도 별 의미가 없을 것이다. 요즘 장제스 선생이 우리를 맹렬히 공격하고 있는데, 그것은 홍군 장군들에게 그의 의도가 어디에 있는지 의심을 갖게 만든다."[168] 이로부터 저우언라이는 협상에 나서지 못했다. 천리푸는 만년에 회고록에서 당시 저우언라이가 난징으로 와서 함께 협상을 진행했다고 했는데[169], 그것은 사실이 아니다. 아마도 그의 나이가 많아 제대로 기억하지 못하는 것 같다.

'장제스에게 항일을 압박하기'에서 '장제스와 연합한 항일'로의 전환은 실로 매우 어려운 일이었다. 중국을 독식하려는 일본 군국주의자들의 사악한 저의와 단계적인 압력이라는 상황에서, 장제스는 1935년 하반기부터 일본의 침략에 대항해 나가기 위한 준비를 서두르고 있었다. 그것은 사실이었다.

따라서 중국의 민족 전체가 참여하는 항일 전쟁으로 만들기 위해서는 분명 전국적인 정치권력과 핵심 군사 세력을 갖춘, 그리고 국제적으로 인정받고 있는 장제스라는 최대 정치세력을 배제시킬 수는 없었다. 장제스와 연합한 항일은 필요했고, 또한 그것을 위해 중요한 양보들도 이루어져야만 했다.

하지만 다른 한편으로는 공산당에 대한 장제스의 의구심이 너무 컸다. 그래서 그가 공산당과의 연락이나 협상에 사람을 파견했을지라도, 그는 될 수만 있다면 여전히 중국공산당을 무력으로 제압한 다음 항일에 나서길 바랐다. 또한 그와 같은 준비와 계획 수립에 많은 역량을 지속적으로 투입하고자 했다.

한편, 장제스는 구국회救國會[170]를 비롯한 민중 운동에 대해서도 의심의

---

168 毛澤東致潘漢年電, 1936年11月12日.
169 陳立夫, 『成敗之鑑-陳立夫回憶錄』, 臺北: 正中書局, 1994: 194-195쪽.
170 | 구국회는 全國各界救國聯合會를 가리킨다. 이 단체는 1936년 5월 31일 상하이에서 마샹보[馬相伯, 1840-1939]·쑹칭링·허샹닝[何香凝, 1878-1972]·선쥔루[沈鈞儒, 1875-1963]·장나이치[章乃器, 1897-1977] 등의 애국주의 인사들이 결성을

눈초리를 거두지 않은 채 억압적인 태도로 일관했으며, 얼마 후 구국회의 '칠군자七君子'[171]를 체포하기까지 했다. 따라서 항일이라는 그의 결심에 조금의 동요도 없었다고는 할 수 없다. 그 또한 사실이었다.

이처럼 상황은 복잡했고, 결국 그 두 가지 측면이 함께 작동하고 있었다. 장제스와 국민당이 보여준 그와 같은 양면성은 중국공산당 중앙에 상당히 어려운 문제였다. 그들과의 연합에 노력하면서도 고도의 경계심을 유지해야만 했고, 연합의 실현가능성에 주목하면서도 예측하기 어려운 모든 사태에 대비해야만 했다. 다시 말해서, 상대방의 두 가지 가능성에 대한 두 가지 대응 방안을 모두 마련해야 했다. 하지만 거기에도 많은 변수들이 존재했다. 이렇듯 상황은 복잡하게 전개되고 있었을 뿐, 그렇게 명쾌하고 순조롭지 않았다.

1936년 10월 22일, 홍군의 3대 주력이 성공적으로 모이면서 대장정은 일단락되었다. 그것은 중국공산당의 입장에서 확실히 엄청난 일이었다. 스스로 충분한 힘을 갖추지 못하면서, 쉽게 무시를 당하거나 다양한 세력들을 단결시켜 그들을 이끌고 강한 항일 민족통일전선을 만들어 나가기도 어려웠다. 하지만 이제 그러한 힘을 갖추었기 때문에 중국 민족민주혁명의 강력한 버팀목으로 새로운 국면을 빠르게 열어나갈 수 있었다.

11월 9일, 마오쩌둥과 저우언라이는 국민당 측과 접촉하던 장쯔화에게 전보를 보냈다. "첫째, 천위원과 쩡시장市長(천리푸와 쩡양푸를 가리킨다 ― 저자 주)에게 다음의 내용을 전하라. 일본의 새로운 대규모 공격이 눈앞에 다가왔다. 우리 측은 난징 당국이 민족적 입장에서 즉각적으로 항전에 대비할

주도했다. 이들은 출범 당시에 「抗日救國初步政治綱領」을 발표했는데, 주로 내전 중단, 항일 민족통일전선의 건설, 공산당에 대한 토벌 중단 등을 요구했다. 이후 1945년 12월에 中國人民救國會로 명칭이 바뀌고, 중화인민공화국이 수립되면서 1949년 12월 18일자로 해산했다.

[171] 1936년 11월 23일, 국민당 정부에 의해 '민국 위해危害'죄로 체포된 구국회의 선 쥔루·장나이치·쩌우타오펀·스량[史良, 1900-1985]·리궁푸[李公朴, 1902-1946]·왕짜오스[王造時, 1902-1971]·사첸리[沙千里, 1901-1982]를 가리킨다.

354 생사의 기로에 선 중국공산당의 운명적 선택

것을 간절히 호소한다. 우리 측은 최선을 다해 돕고자 한다. 국민당 측은 장제스 선생이 7월에 전국의 인민에게 선포한 약속을 지킬 수 있도록 결단코 영토와 주권이 훼손되는 어떠한 양보도, 그리고 다시금 전국 인민들을 실망시키는 일을 해서는 안 된다. 둘째, 우리 측은 이처럼 심각한 국난의 시기에 공식적으로 선언한다. 국민당 측이 항일을 위한 홍군의 진격을 막지 않고, 또한 항일을 위한 홍군의 후방을 공격하지 않는다면, 홍군은 국민당 군대에 대한 공격을 먼저 중단할 것이다. 그것은 내전 중단과 항일을 위한 일치단결이라는 우리 측의 성의 표시로서, 그에 대한 난징 당국의 대답을 차분히 기다릴 것이다. 다만 국민당 군대가 우리 측을 공격하는 경우, 우리도 어쩔 수 없이 방어적 차원에서 필요한 반격을 취할 것이다."[172]

11월 13일, 중국공산당 중앙은 새로운 정세에서 당의 전략적 방침을 논의하기 위해 정치국회의를 개최했다. 여기서 마오쩌둥은 홍군의 활동 방향과 외교적 문제에 관한 보고를 진행했다. 그는 장쉐량과 장제스의 태도를 냉정하면서도 날카롭게 분석하고 나서 다음의 방침을 명확하게 제시했다. "장쉐량의 변화는 전적으로 겉으로만 드러난 것에 있지 않다. 그것은 근본적이고 내용적인 변화에 해당한다. 우리의 방침은 그가 근본적으로 바뀔 수 있도록 더욱 노력해야 한다는 점이다."[173] "장제스에 대해서는 아직 확신이 없다. 그는 서명해야만 책임을 질 것이다. 우리는 거대한 세력을 이용해야만 하며, 군중의 힘이 필요하다."[174]

또한 "장쉐량은 장제스에게 홍군과 연합할 것을 제안했고 양후청도 그것을 말했지만 모두 거절당했다. 옌시산도 시안西安으로 와서 장제스의 의중을 알아보려 했지만, 장제스는 그에게 말할 기회조차 주지 않았다. 하지

---

172 毛澤東·周恩來致張子華電, 1936年11月9日. | 中共中央文獻研究室 編, 『毛澤東年譜 1893-1949 修訂本』上, 北京: 中央文獻出版社, 2013: 608쪽을 참조하라.

173 | 中共中央文獻研究室 編, 『毛澤東年譜1893-1949 修訂本』上, 北京: 中央文獻出版社, 2013: 609쪽을 참조하라.

174 | 中共中央文獻研究室 編, 『毛澤東年譜1893-1949 修訂本』上, 北京: 中央文獻出版社, 2013: 609쪽을 참조하라.

만 장제스가 언제나 자신의 입장을 바꾸지 않을 것이라고 장담할 수는 없다. 변화된 상황에 따라 그가 우리와 연합할 때까지 그를 몰아붙이는 방법도 있다. 현재 난징 정부와 타협할 수 있는 범위는 홍군을 어떻게 처리할 것인가의 문제로 좁혀졌다. 즉, 여기에 초점이 맞춰져 있다. 최근 장제스는 광시廣西 세력에게 했던 것처럼[175], 우리에게도 난징 중앙의 뜻에 복종해 홍군을 홍군이 아니라 국민혁명군으로 부르라고 한다. 그러한 장제스의 태도는 국방정부와 항일연합군[을 같이 만들자고 한 장쉐량의 그것]과 외견상의 차이가 있다. 그렇지만 장제스로부터 외견상의 동의를 얻지 못했다고 할지라도, 우리는 실제적인 것을 중시할 필요가 있으며 장제스의 현실적 영향력을 인정해야만 한다. 그것이 정치적인 승리다. 우리가 백군白軍[176]의 군복을 입게 되면, 백군과의 접촉이 늘어나고 그들을 홍군으로 돌리는 데 더욱 수월해지기 때문이다."[177]

저우언라이는 매우 길게 발언했다. "우리의 전략적 기초는 통일전선을 성공적으로 진전시키는 데 있다. 부딪히는 어려움이 무엇이든 간에 각자의 행동은 모두 그것으로부터 시작된다."[178] "우리는 마땅히 다음을 염두에 두어야 한다. 즉, 장제스가 정세를 이용한다거나 자신이 장악한 항일 세력을 이용할 수 있다는 점, 그리고 우리와 타협하면서도 다른 한편으로는 그것을 이용해 우리를 공격할 수 있다는 점이다. 장제스는 자본가 계급을 대변하기 때문에 민족통일전선에 참여하더라도 언제나 동요할 것이다."[179]

---

175 | 양광 사변에서 장제스에 대항했던 리쭝런과 바이충시는 그들에 대한 신변 보호와 지위 보장을 전제로, 장제스의 중앙 정부로 복속된다.

176 | 홍군의 상대적 개념으로 국민당 군대를 가리킨다. 원래 백군은 소련의 건국 초기인 1918-1920년에 발발한 내전에서 유래되었다.

177 毛澤東在中共中央政治局會議上的報告記錄, 1936年11月13日. | 中共中央文獻研究室 編, 『毛澤東年譜1893-1949 修訂本』上, 北京: 中央文獻出版社, 2013: 609-610쪽을 참조하라.

178 | 中共中央文獻研究室 編, 『周恩來年譜: 1898-1949(修訂本)』, 北京: 中央文獻出版社, 1998: 335쪽을 참조하라.

179 | 中共中央文獻研究室 編, 『周恩來年譜: 1898-1949(修訂本)』, 北京: 中央文獻出版社,

그리고 "양광 사건이 타결되자, 그는 군대를 적극적으로 파병했다. 그것은 황허黃河를 봉쇄해 우리의 항일을 저지하고, 우리를 복종시켜 우리의 정치적 자본을 빼앗으려 하기 때문이다."[180] "현재 우리와 타협을 보려는 것은 주되게 군대 문제로, 그는 홍군을 자신의 지휘 아래 두고자 한다. 장제스에게 항일을 압박하려면 많은 힘이 요구되는데, 지금 우리의 힘은 그리 크지 않다. 이제 그는 우리를 장악하려고만 하겠지만, 우리는 장악되지 않도록 해야 한다."[181]

"내전 중단 운동의 효력이 나타나고 있기 때문에, 홍군의 승리는 전국적인 힘을 더욱 강화하는 방향으로 나아가야 한다. 만일 우리가 국민정부의 합법적 신분으로 전국에 나선다면, 우리의 영향력은 더욱 확대될 것이다. 따라서 홍군의 이름이 바뀌는 것은 문제라기보다 오히려 우리에게 더 유리한 점들이 있다. 여기에는 홍군의 주력뿐만 아니라 전국 각지에 흩어져 있는 홍군과 유격대들도 포함된다. 그리고 4가지 세력(영국과 미국, 중국 군중, 난징 지배 집단의 여타 정파들, 홍군 세력을 가리킨다. - 저자 주)의 범위는 장제스를 항일의 방향으로 나아가게 하는 핵심적 조건인데, 그와 같은 전망으로부터 우리의 전략적 계획을 달성해야 한다."[182]

그것은 중국공산당 중앙이 시안 사변의 발생 직전에 개최했던 중요 회의였다. 중국공산당 중앙은 여러 상황들이 점차 명확해져감에 따라 복잡한 정세 변화의 가능성을 상당 정도까지 예측할 수 있게 되었다. 특히, 장제스의 정치적 양면성인 '타협하면서도 우리를 공격할 수 있다는 점'도 염두에

    1998: 335쪽을 참조하라.

180 | 中共中央文獻研究室 編, 『周恩來年譜: 1898-1949(修訂本)』, 北京: 中央文獻出版社, 1998: 335쪽을 참조하라.

181 | 中共中央文獻研究室 編, 『周恩來年譜: 1898-1949(修訂本)』, 北京: 中央文獻出版社, 1998: 335쪽을 참조하라.

182 周恩來在中共中央政治局會議上的發言記錄, 1936年11月13日. | 中共中央文獻研究室 編, 『周恩來年譜: 1898-1949(修訂本)』, 北京: 中央文獻出版社, 1998: 335-336쪽을 참조하라.

두었다. 그와 함께 장제스는 다양한 압력에 의해 항일의 방향으로 나아갈 가능성이 여전하다고 판단했다.

그로부터 중국공산당 중앙은 홍군을 국민혁명군으로 개편하는 등 중대한 양보가 담긴 합의 방안을 검토하면서, 내전 중단과 항일을 위한 일치단결을 추구했다. 여기서 다음의 사실을 분명히 알 수 있다. 즉, 중국공산당이 시간적 차이를 두고 시안 사변의 평화적 해결을 주장했던 것은 결코 일시적 결단도 아니었고, 코민테른이라는 요인이 주된 영향을 끼친 것도 아니었다. 그것은 중국과 외국의 정치 정세를 냉정하게 분석한, 1년 이상의 심사숙고를 거친 전략적 결정이었을 뿐만 아니라 그 과정을 거쳐 꾸준히 형성되어온 필연적 결과라고 할 수 있다.

6) 시안 사변西安事變의 발발 전후

1936년 12월 12일, 중국의 안팎을 뒤흔든 시안 사변이 일어났다. 당시 장제스가 시안에 간 이유는 장쉐량과 양후청의 부대에게 산시陝西·간쑤 지역의 홍군을 적극적으로 '토벌進剿'하라고 요구하기 위해서였다. 그렇다면 왜 장제스는 중국공산당과 접촉하고 협상하면서도, '공산당 토벌'이라는 입장을 견지했던 것일까? 그러한 모순적 현상을 어떻게 설명해야 할까?

사실상 장제스는 처음부터 정치적인 방법으로 중국공산당의 문제를 해결하고자 했는데, 그것은 중국공산당을 투항시켜 그의 군대로 편제하는 것에 불과했다. 하지만 그것은 당연히 이루어질 수 없는 일이었다. 그래서 무력을 사용해 강제적인 형태로라도 해결할 수만 있다면, 그것도 장제스에게는 '최상의 수'였기 때문에 계속 시도했던 것이다.

그는 시안으로 떠나기 전인 12월 2일, 다음과 같은 내용을 일기에 남겼다. "이번 달의 상황을 보면, 차하얼察哈爾성 북부 지역의 공비와 괴뢰 몽골 군대를 물리치지 못했고, 왜구와의 교섭도 결렬될 듯하다. 그리고 산시陝西·간쑤 접경 지역의 공비 잔당들도 황허를 건너 서쪽으로 달아나려고 하는 등 정세가 매우 불안정하다. 게다가 차하얼·쑤이위안綏遠 지역에서 벌어진 전투 때문에 둥베이東北군의 사기가 크게 떨어져 있으며, 공산당 섬멸 작전도 성공하기 일보직전이었지만 무위로 돌아갈 듯하다. 실제로 이번 사안은 국가 안위의 마지막 보루關鍵라고 할 수 있다. 그래서 내가 직접 시안으로 가서 위력으로 위기 국면을 만회하고자 했다. 내 개인의 생사야, 오래전부터 도외시해왔다."[183]

장제스는 천청·웨이리황[衛立煌, 1897-1960]·장딩원[蔣鼎文, 1895-1974]·주사오량[朱紹良, 1891-1963]·천댜오위안[陳調元, 1886-1943]·완야오황 등의 고위 장성들을 대거 거느리고 시안으로 향했는데, 그것은 분명 장쉐량과 양후청을 교체하려던 의도였다. 장쉐량과 양후청은 내전 중단과 항일을 위한 일치단결을 호소했지만, 장제스는 그러한 고언을 받아들이지 않았다. 결국 그들은 어쩔 수 없이 장제스에게 무력을 사용할 수밖에 없었다.

시안 사변에 관한 연구 성과는 이미 매우 많기 때문에 불필요한 말들을 다시 보태지는 않겠다. 대신 여기서는 중국공산당 중앙 지도부의 정책 결정 과정, 특히 그 시기 동안 개최된 3차례의 중앙정치국회의에 초점을 맞춰 집중적으로 살펴보고자 한다.

중국공산당은 시안 사변의 발생을 사전에 전혀 알지 못했다. 장쉐량은 장제스를 감금한 당일 인시寅時[새벽 3-5시]에 마오쩌둥과 저우언라이에게 다음의 전보를 보냈다. 장쉐량 측은 다른 어떠한 것도 고려하지 않고 오직 중화민족과 항일만을 위해 장제스와 그의 측근들을 감금했으며, 그에게 애국자들의 석방과 연합정부의 구성을 압박하고 있다는 내용이었다. 또한 마오쩌둥과 저우언라이에게 이에 대한 그들의 고견을 속히 보내달라고도 했다.[184] 그래서 마오쩌둥과 저우언라이는 그날 해시亥時[밤 9시-11시]에 전보로 자신들의 입장을 전달했는데, 거기서는 군사적 배치에 관한 제안과 함께 저우언라이가 장쉐량이 있는 곳으로 직접 가서 그와 중요 계획을 상의

---

183 秦孝儀 總編纂, 『蔣介石大事長編初稿』3, 臺北: 中國國民黨中央黨史委員會, 1978: 360쪽.
| 秦孝儀 總編纂, 『總統蔣公大事長編初稿』3, 臺北: 國民黨中央黨史委員會, 1978: 360쪽 (전체 쪽수: 1006쪽).

184 | 畢萬聞 主編, 『張學良文集』2, 新華出版社, 1992: 1053쪽. 참고로, 저자는 여기서 '聯合政府'를 '聯合知府'로 잘못 기재했다. 이를 바로잡는다.

하겠다고 밝혔다.[185]

이튿날인 12월 13일, 중국공산당 중앙은 정치국회의를 소집했다. 매우 급작스럽게 시안 사변이 터졌을 뿐만 아니라 안팎의 여러 상황들도 그렇게 명확한 상태가 아니었기 때문에, 더 많은 조사와 관망이 요구되었다. 그래서 회의에서는 주요 문제를 둘러싼 의견들이 제시되었을 뿐이다. 왜냐하면 상황이 더욱 분명해져야만 그에 관해 결정이 내려질 수 있었기 때문이다.

마오쩌둥은 회의 초반에 당시 가장 급박하게 요구되었던 문제를 거론했다. "우리는 이 사건에 대해 어떤 태도를 취해야 하는가? 지지해야 하는가, 아니면 중립이나 반대? 망설임 없이 확실히 해야만 한다."[186] 소련이 장쉐량을 줄곧 의심해왔기 때문에, 중국공산당은 더더욱 자신의 입장을 밝힐 필요가 있었다.

마오쩌둥의 주장은 명확했다. "이번 사건은 혁명적 의의를 지닌 것으로, 항일과 매국노 반대를 위한 투쟁이다. 그것의 행동과 강령에는 모두 긍정적 의미가 들어있다. 설사 그것이 그들 자신의 입장으로부터 취한 행동이었을지라도 [그 자체로] 혁명적이다."[187] 또한 "최근 장제스가 중간적인 입장을 취했을지라도 공산당 토벌이라는 점에서는 여전히 일본 쪽에 서 있다. 그런데 그와 같은 입장은 부하들의 그것과 크게 대립되기 때문에, 그는 그러한 대립 관계 속에 갇혀버렸다."[188]

여기서 마오쩌둥은 시안 사변을 양광 사변과 비교했다. "이번 사변은 서

---

185 | 中共中央文獻硏究室 編, 『毛澤東年譜1893-1949 修訂本』上, 北京: 中央文獻出版社, 2013: 621쪽을 참조하라.

186 | 中共中央文獻硏究室 編, 『毛澤東年譜1893-1949 修訂本』上, 北京: 中央文獻出版社, 2013: 622쪽을 참조하라.

187 | 中共中央文獻硏究室 編, 『毛澤東年譜1893-1949 修訂本』上, 北京: 中央文獻出版社, 2013: 622쪽을 참조하라.

188 | 中共中央文獻硏究室 編, 『毛澤東年譜1893-1949 修訂本』上, 北京: 中央文獻出版社, 2013: 622쪽을 참조하라.

남 사변西南事變과 확연히 다르다. 왜냐하면 장쉐량은 어떠한 제국주의와도 관련되어 있지 않을 뿐만 아니라 공비 토벌에 반대한다는 입장을 명확하게 밝혔기 때문이다. 또한 그는 우리와 맺고 있는 우호 관계까지도 공개했다."[189]

그리고 "우리가 시안 사변을 혁명이라고 말하지만, 그것은 공산당이 도모한 것이 아니고 그들 자신의 용맹함에서 비롯된 것이다. 그 일은 장제스 내부의 세력과 자본가 계급을 항일 세력으로 끌어들이는 데 도움이 된다. 우리가 당분간 공식 성명을 발표하지는 않겠지만, 실제로는 적극적으로 움직여야만 한다. 우리는 시안을 중심으로 전국을 지도하고, 난징을 통제하며, 서북 지역을 항일전선으로 삼아 전국적인 영향력과 함께 항일전선의 중심을 만들어야 한다. 또한 그곳이 견고한 지역이라는 점도 하나의 고리로 삼아 단단히 움켜쥐고 나가야 한다."[190] "우리의 정치적 구호는 구국대회의 소집이다. 여타의 구호들은 모두 그 구호 아래 종속되며, 그것을 핵심 고리로 삼는다."[191]

이어서 저우언라이가 지적했다. "서북 지역의 연합 대상에는 3가지 세력(둥베이군, 17로군, 홍군이다 — 저자주)이 있는데, 그들을 더욱 견고하게 해야 할 뿐만 아니라 항일의 중심 세력으로 만들어야 한다. 이를 위해 우리는 마땅히 많은 노력을 기울여 그들에게 도움이 될 수 있어야 한다. 전국 세력을 단결시키는 데 무엇보다도 주목해야 하는 이는 옌시산이다. 따라서 우리의 정치적 선전은 쑤이위안綏遠을 응원하는 데 맞춰야 한다."[192]

---

189 | 中共中央文獻硏究室 編, 『毛澤東年譜1893-1949 修訂本』上, 北京: 中央文獻出版社, 2013: 622쪽을 참조하라.

190 | 中共中央文獻硏究室 編, 『毛澤東年譜1893-1949 修訂本』上, 北京: 中央文獻出版社, 2013: 622쪽을 참조하라.

191 毛澤東在中共中央政治局會議上的報告記錄, 1936年12月13日. | 中共中央文獻硏究室 編, 『毛澤東年譜1893-1949 修訂本』上, 北京: 中央文獻出版社, 2013: 622쪽을 참조하라.

192 周恩來在中共中央政治局會議上的發言記錄, 1936年12月13日. | 中共中央文獻硏究室 編, 『周恩來年譜: 1898-1949(修訂本)』, 北京: 中央文獻出版社, 1998: 338-339쪽을 참조하라.

여기서 쑤이위안을 응원해야 한다는 것은 다음을 말한다. 즉, 일본이 괴뢰 몽골군에게 쑤이위안의 동부 지역을 침략하라고 사주하자, 푸쭤이[傅作義, 1895-1974]의 진쑤이晉綏 부대가 바이링먀오百靈廟 일대를 기습 공격해 크게 승리했다. 그 일이 전국 민중들에게 커다란 반향을 불러일으켰기 때문에 마땅히 그것을 응원할 필요가 있었다.

당시 정치국회의의 많은 사람들은 여러 해 동안 '공산당 토벌'을 고집해 오던 장제스가 갑자기 억류되었다는 사실에 흥분했다. 가장 격앙된 표현은 장궈타오의 발언에서 찾아볼 수 있는데, 그의 주장을 구체적으로 살펴보면 다음과 같다. "우리가 시안을 항일의 중심에 놓는다는 것에는 시안이 정치권력의 중심이 된다는 의미를 포함한다."[193]

그리고 "반독재 문제를 난징정부의 존립 문제로도 연결시킬 필요가 있다."[194] "시안 사건의 첫 번째 의의는 항일이고, 두 번째 의의는 반장제스라는 점이다."[195] "내란이라는 문제를 피할 수 있을까? 피할 수 없을 것이다. 단지 그것은 정도가 심한지 아닌지의 문제일 뿐이다."[196] "항일 정부로 타협적 정부를 대체해야 하기 때문에 난징정부를 어떻게 타도하고, 항일 정부를 어떻게 만들 것인지를 논의해야만 한다."[197]

그 논의 과정에서 장궈타오의 주장에 동의한 사람은 없었다. 저우언라이는 다음을 언급했다. "정치적으로 난징과 대립해서는 안 된다. 그렇지만 실제적으로는 지도적 역할을 통해 항일 구국회 등과 같은, 단결의 명분을 쌓아야 한다. 따라서 그것을 명령으로 실행하는 방식은 안 된다. 나아가 각 부문의 대표들이 그것에 참여하는 것을 환영한다."[198]

---

193 | 張國燾在中共中央政治局會議上的發言記錄, 1936年12月13日.
194 | 張國燾在中共中央政治局會議上的發言記錄, 1936年12月13日.
195 | 張國燾在中共中央政治局會議上的發言記錄, 1936年12月13日.
196 | 張國燾在中共中央政治局會議上的發言記錄, 1936年12月13日.
197 | 張國燾在中共中央政治局會議上的發言記錄, 1936年12月13日.
198 | 中共中央文獻研究室 編, 『周恩來年譜: 1898-1949(修訂本)』, 北京: 中央文獻出版社, 1998: 339쪽을 참조하라.

장원톈도 발언했다. "우리는 난징에 대립적 방침을 취해서도, 난징에 대립하는 방식으로 조직되어서도 안 된다. 실제적인 것은 정치권력의 형식으로, 시안을 단단히 틀어쥐고 군중을 동원해 난징을 압박해야 한다. 난징정부를 바꾸자는 구호는 결코 나쁜 것이 아니다. 따라서 가능한 한 난징정부의 정통성은 얻고, 비非장제스 계열의 세력들과 연합해야 한다."[199] 보구 또한 주장했다. "우리는 시안 사건을 항일의 기치로 바라봐야지, 항일과 반장제스의 기치로 봐서는 안 된다."[200]

마오쩌둥은 결론을 지으면서 다음과 같이 천명했다. "군중을 얻고자 한다면, 우리는 [시안 사건에 대해] 경솔하게 발언해서는 안 된다. 우리는 장제스에 대한 직접적인 반대가 아니라 장제스의 개인적인 오류를 구체적으로 제기해야 한다. 우리가 이 사건을 지도하려면 장제스를 반대하면서도 다른 한편으로는 장제스를 반대하지 않음으로써, 반反장제스와 항일을 동일시하는 경향에 빠지지 않아야 한다."[201]

12월 14일, 마오쩌둥 등 10인은 장쉐량과 양후청에게 전보를 보내 쑤이위안을 지원하기 위한 서북항일연합군西北抗日援綏聯軍의 결성을 요구했다. 거기에는 장쉐량을 총사령관으로 하고, 그 아래 3개의 집단군集團軍을 편성해 장쉐량·양후청·주더가 각각 사령관을 맡는다는 내용이 담겨 있다. 또한 그 세 연합군이 사용할 10개의 구호가 제시되었는데, 거기에도 장제스 반대라는 표현은 없었다.

12월 15일, 마오쩌둥 등 15인은 다시 난징 국민당과 국민정부의 여러 책임자들에게 전보를 보냈는데, 거기서는 중국공산당이 줄곧 "국공합작國共合作을 통해 적을 친구로 만들어 나라의 원수와 싸우는 것을 함께 도모해왔

---

199 | 中共中央黨史硏究室張聞天選集傳記組 編, 『張聞天年譜1900-1941 修訂本』上, 北京: 中共黨史出版社, 2000;2010: 275쪽을 참조하라.
200 張國燾·周恩來·張聞天·博古在中共中央政治局會議上的發言記錄, 1936年12月13日. | 博古在中共中央政治局會議上的發言記錄, 1936年12月13日.
201 毛澤東在中共中央政治局會議上的結論記錄, 1936年12月13日. | 中共中央文獻硏究室 編, 『毛澤東年譜1893-1949 修訂本』上, 北京: 中央文獻出版社, 2013: 622쪽을 참조하라.

다."²⁰² 고 밝혔다. 그리고 그들에게 다음을 요구했다. "마땅히 다음의 결심이 필요하다. 장쉐량과 양후청의 주장을 받아들여 현재의 내전을 멈춰야한다. 그리고 장제스를 파면해 국민 재판에 회부하고, 당·파벌·군 등 각계의 세력들이 연합해 통일전선정부를 조직해야 한다. 나아가 장제스가 아끼는 권력의 집중·통일·기강 따위의 무의미한 관료적 허세를 걷어내야 한다. 언론의 자유와 애국적 출판물을 허용하고, 애국 인사들을 석방하는 등 민중과의 관계를 다시금 착실하게 맺어나가야 한다. 그리고 내전에 투입된 모든 군대를 즉시 산시山西와 쑤이위안 지역으로 보내 일본 침략자들을 막아야 한다. 그래야만 암흑이 광명으로 바뀌고, 불길함이 상서로움으로 변하게 된다."²⁰³

12월 17일, 시안에 도착해 장쉐량과 회담을 진행하던 저우언라이는 중국공산당 중앙에 전보를 보내, 그가 파악한 여러 상황들에 대해 보고했다. "장쉐량은 서북에서의 3각 연합²⁰⁴을 결성해 중국 전체를 이끄는 데 동의했다."²⁰⁵ 아울러 저우언라이는 다음과 같은 [중국공산당 중앙의] 입장을 표명했다. "장제스의 안전을 약속할 수 있다. 하지만 난징의 군대가 내전을 일으킨다면 장제스의 안전은 기대하지 못할 것이다."²⁰⁶ 그는 그 다음날에도 전보를 보냈다. "장제스의 태도가 처음에는 강경했지만, 지금은 타협하려는 자세로 바뀌었다."²⁰⁷

또한 12월 18일에는 중국공산당 중앙이 국민당 중앙집행위원회에 전보

---

202 | 毛澤東, 『毛澤東文集』1, 北京: 人民出版社, 1993: 469쪽.

203 毛澤東, 『毛澤東文集』1, 北京: 人民出版社, 1993: 469쪽.

204 | 장쉐량의 둥베이군, 양후청의 서북군, 홍군을 가리킨다.

205 | 中共中央文獻硏究室 編, 『周恩來年譜: 1898-1949(修訂本)』, 北京: 中央文獻出版社, 1998: 341쪽을 참조하라.

206 | 中共中央文獻硏究室 編, 『周恩來年譜: 1898-1949(修訂本)』, 北京: 中央文獻出版社, 1998: 341쪽을 참조하라.

207 周恩來致毛澤東幷中共中央電, 1936年12月17·18日. | 中共中央文獻硏究室 編, 『周恩來年譜: 1898-1949(修訂本)』, 北京: 中央文獻出版社, 1998: 342쪽을 참조하라.

를 보내, 모든 내전을 중단하고 항일을 위해 일치단결할 것, 당·파벌·군 등 전국 각계의 세력들로 이루어진 항일구국 대표자 대회를 소집해 대일對日 항전의 입장을 결의할 것, 국방 정부와 항일 연합군을 조직할 것 등을 요구했다.

나아가 다음을 명확하게 주장했다. "우리 당은 만약 귀당이 앞서 언급된 전국 인민의 절박한 요구들을 실현할 수만 있다면 국가와 민족은 그로부터 구제될 것이고, 장제스의 안전과 자유도 당연히 문제가 되지 않을 것이라고 확신한다."[208]

1936년 12월 19일, 시안 사변이 발생한 이후 중국공산당 중앙의 두 번째 정치국회의가 소집되었다. 그 정치국회의에서는 시안과 전국의 상황이 이전보다 훨씬 분명해졌기 때문에 시안 사변을 어떻게 처리할 것인지 보다 명확한 방침을 제시할 수 있었다. 그것은 바로 평화적 해결이었다.

마오쩌둥은 회의 보고를 통해 다음과 같이 지적했다. "시안 사변 이후, 난징의 모든 관심은 장제스의 체포에 집중되었고, 난징은 모든 역량을 시안 대응에 동원했다. 장쉐량과 양후청의 항일 주장은 모두 묵살되었고, 심지어 모든 부대가 장쉐량과 양후청을 토벌하는 데 동원되었다. 이것은 시안 사변 이후 조성된 어두운 측면을 보여준다. 그것은 항일에 불리할 뿐만 아니라 객관적으로 보면 일본 제국주의에 유리한 것이다. 우리는 반드시 그것이 일본 제국주의의 음모라는 점을 밝혀야 하고, 당면한 문제는 주로 항일이지 장제스 개인이 아니라는 점을 제기해야만 한다."[209] 그리고 "시안 사변 이후, 내전을 촉발하거나 확대시킬 수 있는 안 좋은 상황이 이어지고 있다. 우리는 내전을 방지해야 할 뿐만 아니라 촉발되더라도 그것이 확대

---

[208] 中國共產黨中央委員會致南京國民黨中央執行委員會電, 1936年12月18日. | 中共中央文獻研究室·中央檔案館 編, 「中共中央關於西安事變致國民黨中央電」, 『建黨以來重要文獻選編 1921-1949』13, 北京: 中央文獻出版社, 2011: 148쪽.

[209] | 中共中央文獻研究室 編, 『毛澤東年譜1893-1949 修訂本』上, 北京: 中央文獻出版社, 2013: 626쪽을 참조하라.

되지 않도록 노력해야 한다."²¹⁰

당시 소련의 신문에서는 어떠한 근거도 없이 시안 사변을 일본인들의 책동에 의한 것이라고 비난하면서 그것의 혁명적 의의를 인정하지 않았다. 마오쩌둥은 그와 같은 시각에 반대했다. "소련의 『프라우다』는 두 차례의 논평에서 시안 사변을 양광 사변과 동일한 것으로 간주했다. 일본에서는 소련이 야기한 것이라고 하고, 소련에서는 일본이 야기한 것이라고 한다. 양측 모두 사실의 본질을 외면하고 있다."²¹¹

보구는 다음과 같이 말했다. "이번 사태는 두 가지의 가능성이 있다. 하나는 장제스의 부하들이 일본 제국주의의 농간에 넘어가 내전을 확대하는 것이고, 다른 하나는 그것을 항일 전쟁의 출발점으로 만드는 것이다. 따라서 이번 사태를 내전으로 전락시키지 않으면서 항일 전쟁의 전망도 확보해야만 한다."²¹²

장원톈도 다음과 같이 언급했다. "첫째, 이번 사태를 전망해보면, 하나는 전국적인 항일이 전개된다는 것, 다른 하나는 내전이 확대된다는 것이다. 우리는 내전을 중단시키고 일치된 항일이라는 방침을 견지함으로써 전국적인 항일로 만드는 데 노력해야 하는데, 그 점을 명확히 할 필요가 있다. 그러한 입장으로 전국적 공감을 이룬다는 것은 전적으로 타당하다. 둘째, 우리는 장제스를 반대한다는 입장에 서면 안 된다. 다시 말해서, 반장제스라는 입장으로 회귀해서는 안 된다. 그와 같은 입장은 장제스의 부하들 간의 대립을 초래할 수 있기 때문에 좋지 않다. 우리는 항일을 중심에 놓아야 하기 때문에 장제스를 공개적인 인민재판에 회부하라는 구호는 적절하지 않다."²¹³

---

210 | 毛澤東在中共中央政治局會議上的報告記錄, 1936年12月19日.

211 | 毛澤東在中共中央政治局會議上的報告記錄, 1936年12月19日.

212 | 博古在中共中央政治局會議上的發言記錄, 1936年12月19日.

213 | 中共中央文獻研究室·中央檔案館 編, 「進行和平調解, 不站在恢復反蔣的立場」, 『建黨以來重要文獻選編1921-1949』13, 北京: 中央文獻出版社, 2011: 426쪽.; 中共中央黨史研究室張聞天選集傳記組 編, 『張聞天年譜1900-1941 修訂本』上, 北京: 中共黨史出版社,

결국 장궈타오도 주장을 바꾸었다. "요 며칠 동안의 사태와 그와 관련된 정보를 보면, 내전 중단과 일치된 항일이라는 우리의 입장은 올바른 것이었다."[214] 마오쩌둥은 이에 다음의 결론을 내렸다. "우리는 내전을 항일이라는 전쟁으로 바꾸어야만 한다."[215] "내전이라는 상황을 끝내야만 항일이 가능해진다. 이번에 내전을 끝낼 수 있을지 지금 따져보아야 한다."[216]

또한 마오쩌둥은 그 회의에서 다음을 언급했다. "우리는 이와 같은 입장으로 공개 전보를 발표하려고 한다. 코민테른의 지시가 아직 도착하지 않았기 때문에 며칠 뒤에 발표할 수도 있다."[217] 사실 시안 사변이 발생한 당일 정오에 중국공산당 중앙은 이미 사변의 상황을 코민테른 서기처書記處에 전보로 알렸고, 이후에도 며칠에 걸쳐 관련 사태의 추이를 여러 차례 코민테른에 보고했다.

그럼에도 불구하고 코민테른은 16일이 돼서야 중국공산당 중앙에 전보를 보내왔을 뿐만 아니라 암호에도 오류가 있어 그 내용을 해석할 수가 없었다. 중국공산당 중앙은 12월 18일에 관련 전보를 다시 보내 달라고 코민테른에 요구했다. 그래서 19일 회의에서 마오쩌둥은 '코민테른의 지시가 아직 도착하지 않았다.'고 했던 것이다.

그가 공개 전보에서 '며칠 뒤에 발표할 수도 있다'고 언급했음에도 정세의 급박성 때문에 중국공산당은 즉각적으로 자신의 태도를 밝힐 필요가 있었는데, 지도부의 의견은 내부적으로 이미 일치된 상태였다. 따라서 19일에 중화 소비에트 중앙정부와 중국공산당 중앙은 공개적으로 전보를 보냈을 뿐만 아니라 중국공산당 중앙은 내부적으로도 「시안 사변과 우리의

2000:2010: 277쪽을 참조하라.

214 博古·張聞天·張國燾在中共中央政治局會議上的發言記錄, 1936年12月19日.

215 | 中共中央文獻研究室 編, 『毛澤東年譜1893-1949 修訂本』上, 北京: 中央文獻出版社, 2013: 626쪽을 참조하라.

216 毛澤東在中共中央政治局會議上的結論記錄, 1936年12月19日. | 中共中央文獻研究室 編, 『毛澤東年譜1893-1949 修訂本』上, 北京: 中央文獻出版社, 2013: 626쪽을 참조하라.

217 | 毛澤東在中共中央政治局會議上的發言記錄, 1936年12月19日.

임무에 관한 지시」를 하달했다.

공개적으로 발표된 전보에서는, 난징 측에서 시안 측과 중국공산당 등이 참여하는 평화 회의를 개최할 것, 그리고 모든 내전의 반대와 일치된 항일을 위한 전국적 단결을 요구했다. 내부적인 지시에서도 그것이 더욱 명확하게 언급되었다. "새로운 내전에 반대하고, 난징과 시안이 항일을 위해 단결한다는 전제로부터 평화적 해결을 주장하는 것이다."[218]

또한 거기서는 사태의 추이를 두 가지 가능성으로 제시하고 있다. "어쩌면 이 사건의 발발이 내전을 폭발시켜 주관적이든 객관적이든 난징의 중도파(민족개량파) 일부 또는 대부분을 친일로 만듦으로써 전국적인 항일 세력을 약화시키고 전국적인 차원의 항전을 지연시킬 수도 있을 것이다. 그로 인해 일제의 침략 여건이 순조롭게 조성될 것이다."[219] 혹은, "어쩌면 이 사건의 발발이 '공산당 토벌'이라는 내전을 매듭지음으로써 내전 중단과 항일을 위한 일치단결이 조기에 실현될 수도 있을 것이다. 그렇다면 항일과 구국을 위한 전국적 통일전선은 오히려 보다 신속하게 실제화할 것이다."[220]

같은 날, 마오쩌둥은 판한녠에게 다음의 전보를 보냈다. "나라의 멸망이라는 재앙에서 벗어나기 위해 시안 사변의 평화적 해결가능성과 그 최소한의 조건을 난징 정부와 협상하라."[221] 이처럼 중국공산당 중앙은 시안 사변의 평화적 해결 방침을 19일에 이미 정식화했을 뿐만 아니라 그에 따라 난징 정부와의 협상을 시도하고 있었다.

---

218 |「中央關於西安事變及我們的任務的指示」, 中央檔案館 編, 『中共中央文件選集(1936-1938)』11, 北京: 中共中央黨校出版社, 1991: 128쪽.

219 |「中央關於西安事變及我們的任務的指示」, 中央檔案館 編, 『中共中央文件選集(1936-1938)』11, 北京: 中共中央黨校出版社, 1991: 127쪽.

220 中央檔案館 編, 『中共中央文件選集』11, 北京: 中共中央黨校出版社, 1991: 127-128쪽.
|「中央關於西安事變及我們的任務的指示」, 中央檔案館 編, 『中共中央文件選集(1936-1938)』11, 北京: 中共中央黨校出版社, 1991: 127-128쪽.

221 毛澤東致潘漢年電, 1936年12月19日. | 中共中央文獻研究室 編, 『毛澤東年譜1893-1949 修訂本』上, 北京: 中央文獻出版社, 2013: 627쪽.

이튿날인 20일에 도착한 코민테른의 전보에서도 "[중국공산당은] 평화적인 방법으로 그러한 충돌을 해결해야 한다."[222]는 내용이 담겨 있었다. 중국공산당 중앙은 바로 그날 코민테른의 전보 전문을 시안에 있는 저우언라이에게 전보로 통지했다. 그것의 입장은 중국공산당 중앙의 결정과 일치했다.

저우언라이는 시안에 도착한 후, 장쉐량·양후청·장제스 그리고 나중에 시안에 도착한 쑹메이링[宋美齡, 1897-2003]·쑹쯔원[宋子文, 1894-1971]과 협상을 진행했는데, 그 일정이 빡빡했을 뿐만 아니라 협상 과정에서 여러 차례의 합의 번복도 있었다. 최근 해외에서 공개된 쑹쯔원의 12월 22일 일기에는 그가 그날 저녁에 장제스와 나눈 대화가 담겨 있다. "위원장은 나에게 저우언라이가 반드시 다음과 같은 내용에 동의해야 한다고 말했다. 즉, (1) 중국 소비에트 정부를 폐지할 것, (2) 홍군이라는 명칭을 취소할 것, (3) 계급투쟁 [노선]을 폐기할 것, (4) 위원장의 지도를 기꺼이 받아들일 것이라는 요구였다. 또한 다음을 저우언라이에게 전해달라고도 했다. 자신은 국민당 개편의 필요성을 언제나 염두에 두고 있으며, 필요하다면 자신의 부인[쑹메이링]이 3개월 안에 국민 대회를 개최하겠다는 각서에 서명할 수도 있고, 그 전이라도 자신이 인민에 대한 권력 이양 문제를 국민당 대회에서 반드시 요구하겠다는 것이다. 또한 위원장은 다음을 약속했다. 국민당 개편 후, (1) 만약 공산당이 그에게 복종한다면, 국민당과 공산당의 연합에 찬성한다. 바로 그들 자신이 총리[쑨원]에게 복종했던 것처럼 말이다. (2) 항일, 공산당의 허용, 러시아와 연합을 추진한다. (3) 동시에 한경漢卿(즉, 장쉐량 — 저자 주)에게 공산당을 흡수해 재편성하라는 친필 명령을 내리고자 한다. 그

---

[222] | 中共中央文獻硏究室 編, 『毛澤東年譜1893-1949 修訂本』上, 北京: 中央文獻出版社, 2013: 627쪽. 구체적인 내용은 中國社會科學院近代史硏究所飜譯室 編譯, 「共産國際執行委員會書記處就和平解決西安衝突的必要性致中國共産黨中央委員會的電報」, 『共産國際有關中國革命的文獻資料1936-1943/1921-1936補編』3, 北京: 中國社會科學出版社, 1990: 11쪽을 참조하라. 참고로, 이 전보는 12월 16일자로 소개되어 있다.

렇게 편재된 부대원들은 모두 우수한 무기를 갖추게 될 것이다."[223]

쑹쯔원은 25일 일기에서도 다음을 기록해 두었는데, 그것은 저우언라이가 장제스를 만나 제기했던 내용이다. "공산당은 지난 1년 동안 국력 보존을 위해 전쟁을 피하고자 했다. 우리는 결코 시안 사변을 이용한 적이 없으며, [이번에] 제안한 내용 또한 몇 개월 전에 제기한 것과 동일한 주장이다."[224] 나아가 저우언라이는 장제스에게 다음의 약속을 요구했다. "(1) 공산당 토벌의 중단, (2) 공산당 허용과 항일, (3) 난징에 공산당 대표를 파견해 위원장에게 [그 주장을 직접] 설명할 수 있도록 한다."[225]

이에 "위원장은 다음과 같이 답했다. '나는 줄곧 공산당이 북쪽으로 진격해 일본에 대항하기를 바랐다. 과연 저우언라이가 말한 것처럼 공산당이 모든 공산주의적 선전 활동을 중단하고 나의 지도에 복종한다면, 나는 앞으로 내 직속 병사들을 대하는 듯 그들을 대할 것이다. 또한, 공산당 토벌은 늘 신경 쓰이던 일이었는데, 공산당의 지도자 대부분이 예전 내 부하들이었기 때문에 내가 광시廣西 세력을 넓은 마음으로 품었던 것처럼 마땅히 그들도 넓은 마음으로 품을 수 있을 것이다. 나는 이미 장쉐량에게 편제된 공산당 군대를 위임했다. 만약 그들이 나에게 충성을 다한다면, 내가 후쭝난의 군대를 대했던 것처럼 그들을 대할 것이다.' 위원장은 저우언라이에게 충분히 쉬면서 관련된 문제들을 상세히 논의한 다음, 직접 난징으로 가 [관련 논의를 이어가]라고 했다."[226] 나아가 쑹쯔원은 저우언라이에게 "그대도 예전에 위원장의 부하였는데, 위원장이 약속을 중시하는 사람이라는 것을 잘 알고 있을 것이다."[227]라고 했다.[228]

12월 25일 그날 오후, 장쉐량은 저우언라이와 상의도 없이 장제스를 난

---

[223] ㅣ宋子文/張俊義 譯,「宋子文『西安事變日記』」,『百年潮』2004年第7期: 19쪽을 참조하라.
[224] ㅣ宋子文/張俊義 譯,「宋子文『西安事變日記』」,『百年潮』2004年第7期: 21쪽을 참조하라.
[225] ㅣ宋子文/張俊義 譯,「宋子文『西安事變日記』」,『百年潮』2004年第7期: 21쪽을 참조하라.
[226] ㅣ宋子文/張俊義 譯,「宋子文『西安事變日記』」,『百年潮』2004年第7期: 21쪽을 참조하라.
[227] ㅣ宋子文/張俊義 譯,「宋子文『西安事變日記』」,『百年潮』2004年第7期: 21쪽을 참조하라.
[228] 「宋子文西安事變日記」,『近代中國』季刊第157期, 2004年6月30日.

징으로 돌려보냈을 뿐만 아니라 그 길에 함께 대동했다. 장제스는 비행장에서 장쉐량과 양후청에게 말했다. "오늘 이전에 발생한 내전은 너희들의 책임이었지만, 오늘부터 발생하는 내전은 나의 책임이다. 오늘부터 나는 단연코 공산당 토벌을 하지 않겠다. 나에게 잘못이 있다는 것을 인정한다. 너희들도 너희의 잘못을 인정해야만 한다."[229] 그러고 나서 장제스는 합의한 조건을 다시 한번 분명히 했다.

하지만 장제스는 시안을 벗어나자마자 태도를 바꿨다. 그는 장쉐량을 구금했을 뿐만 아니라 시안을 치기 위해 중앙군中央軍[230]을 집결시켰고, 둥베이군과 17로군도 분열시켰다. 그럼에도 공산당을 토벌하겠다는 내전은 결국 막을 내렸는데, 이처럼 그것은 쉬운 일이 아니었다. 국민당과 공산당은 이제 두 번째 합작을 위해 나아갔다.

12월 27일, 중국공산당 중앙은 정치국 확대회의를 개최했다. 마오쩌둥의 보고에서는 단호하면서도 명확한 언어로 시안 사변의 의의를 높게 평가했다. "시안 사변은 국민당을 바꾸는 결정적 계기가 되었다. 시안 사변이 없었다면 그러한 변화의 시기도 더 미루어졌을 것이다. 왜냐하면 그들은 반드시 힘으로 밀어붙여야만 바뀔 수 있기 때문이다. 시안 사변이라는 힘이 10년 간 지속된 국민당의 잘못된 정책에 종지부를 찍게 만들었는데, 그것은 객관적으로도 그와 같은 의미를 지닌다. 내전을 보자면, 무엇이 10년 동안의 내전을 종식시켰는가? 바로 시안 사변 때문이다. 또한 시안 사변의 내전 종식은 곧 항전이 시작되었다는 의미가 된다. 국공합작을 제기한 지 오래되었지만 아직까지도 이루어지지 못했으며, 러시아와 [국민당의] 연대 문제도 흔들리고 있었다. 하지만 시안 사변이 그러한 국공합작도 진전시켰을 뿐만 아니라 장제스의 동요도 진정시켰다. 다시 말해서, 시안 사변은 그

---

[229] 周恩來選集 編委會, 『周恩來選集』上, 北京: 人民出版社, 1980: 73쪽. | 周恩來, 「與宋子文·宋美齡談判結果」, 中共中央文獻編輯委員會 編, 『周恩來選集』上, 北京: 人民出版社, 1980: 73쪽.

[230] | 난징의 국민당 중앙정부에 예속된 군대로, 장제스의 명령을 직접적으로 받는다.

와 같은 과제들을 해결하기 위한 출발점이라고 할 수 있다."²³¹

장쉐량이 장제스와 함께 난징으로 돌아간 지 이틀밖에 되지 않았고, 정치적 정세가 그와 같이 복잡했던 시기에 시안 사변의 의미와 역사적 위상을 그렇게 명료하고 긍정적으로 언급했다는 점은 참으로 드문 일이라고 할 수 있다. 그렇다면 어떻게 시안 사변 이후 국공 내전이 중단될 수 있었고, 또한 그러한 변화가 가능할 수 있었는가?

마오쩌둥은 이어 다음을 지적했다. "시안 사변과 같은 성과는 우연히 생긴 것이 아니다. 왜냐하면 그 이전부터 국민당은 동요하고 있었고, 그것도 오랜 시간 누적되어왔기 때문이다. 그들의 내부 모순은 이미 절정에 달해 있었다. 그러했기 때문에 시안 사변은 그 모순을 해결할 수 있었고, 상황이 무르익어 가는 과정에서 나타난 시국 전환의 기점이었다. 따라서 시안 사변은 새로운 단계를 획기적으로 여는 출발점이라고도 할 수 있다."²³²

달리 말하자면, 일본 침략자들의 기세등등한 공격과 전국적으로 거세게 분출하는 민중의 항일 구국이라는 압력 때문에 장제스는 일본 침략에 대항하기 위한 전쟁을 준비할 수밖에 없었다. 당시에는 중국의 각계각층이 한데 뭉쳐 항일을 위해 단결해야 했고, 그러한 방향으로 정책을 전환해야 했다. 그렇지만 '그 이전부터 국민당은 동요하고 있었고, 그것도 오랜 시간 누적되어왔다.' 게다가 여전히 그러한 결심을 하지 못하고 있었기 때문에, '그들은 반드시 힘으로 밀어붙여야만 바뀔 수 있다.'고 지적했던 것이다.

푸젠 사변福建事變²³³과 양광 사변兩廣事變에 이어, 시안 사변 과정에서 '무

---

231 毛澤東在中共中央政治局擴大會議上的報告記錄, 1936年12月27日. | 中共中央文獻研究室 編, 『毛澤東年譜1893-1949 修訂本』上, 北京: 中央文獻出版社, 2013: 632쪽을 참조하라.

232 毛澤東在中共中央政治局擴大會議上的報告記錄, 1936年12月27日. | 中共中央文獻研究室 編, 『毛澤東年譜1893-1949 修訂本』上, 北京: 中央文獻出版社, 2013: 632쪽을 참조하라.

233 | 1933년 11월 20일, 리지선·천밍수[陳銘樞, 1889-1965]·장광나이·차이팅제[蔡廷鍇, 1892-1968] 등이 국민당 제19로군을 이끌고, 항일 반장제스의 '중화공화국인민혁명정부中華共和國人民革命政府'를 수립한 사건이다. 인민혁명정부와 19로군

력으로 권력자에게 간언한다兵諫'는 둥베이군과 17로군의 급진적 방식은 장제스를 크게 각성시켰을 뿐만 아니라 장제스 자신도 진영 내부의 항일 요구를 억누르기 어렵다는 점을 느끼고 있었다. 그것이 바로 '장제스의 동요도 진정시켰다.'는 말의 의미다.

저우언라이가 장제스와 직접 접촉했기 때문에, 장제스는 어느 정도 중국공산당의 진정성을 느낄 수 있었고, 그 과정에서 중국공산당을 짧은 기간 안에 없앨 수 없다는 점 또한 알게 되었다. 그 모든 것들이 결국 그로 하여금 결단을 내리게 만들었다. 이처럼 역사는 모순으로 가득 찬 운동을 거쳐 앞으로 나아가는 것이다.

중국공산당 중앙정치국에서 마오쩌둥의 보고를 논의할 당시, 린보취는 다음과 같은 발언을 남겼다. "이번 사변에 대한 공산당의 대응, 그리고 당이 선택한 대응 전략策略과 노선은 전적으로 옳았다."[234] "10년 동안 잘못되었던 국민당의 정책이 그들의 내부 모순으로 인해 바뀌었다는 마오쩌둥의 시각에 나는 동의한다."[235]

그리고 그는 다음을 지적했다. "시안 사건에 대한 코민테른의 전반적 분석은 옳다고 할 수 있지만, 중국의 실제 상황을 고려하지 못한 부분이 있기 때문에 그들에게 실제 상황에 관한 자료들 더 많이 제공할 필요가 있다."[236] 공산당의 정치국 확대회의에서 이렇게 말할 수 있다는 것, 특히 린보취와 같은 원로의 입에서 이와 같은 주장이 나왔다는 것은 당시 코민테른의 의견이 중시되기는 했지만 더 이상 금과옥조가 아니었다는 점을 알려준다.

장원톈은 다음과 같이 발언했다. "일반적으로 말해서, 지금은 내전 종식의 전망이 우세하다. 하지만 우리는 그 가운데서도 발생가능한 문제점들을

총사령부는 1934년 1월 15일부터 1월 21일까지 장제스의 군대와 전투를 벌였지만 결국 사변은 실패한다. 이후 지도부는 흩어지고 19로군도 해산된다.

234 | 林伯渠在中共中央政治局擴大會議上的發言記錄, 1936年12月27日.
235 | 林伯渠在中共中央政治局擴大會議上的發言記錄, 1936年12月27日.
236 | 林伯渠在中共中央政治局擴大會議上的發言記錄, 1936年12月27日.

고려할 필요가 있다. [예를 들어,] 중간파의 동요를 끝내기 위한 노력을 경주해야 한다."²³⁷ 그리고 마오쩌둥은 결론을 지으면서 다음을 지적했다. "내전의 종식 여부에 대해서는 거의 끝났다고 봐야 한다. 앞으로의 문제는 내전인가 항일인가가 아니라 항일이 빠르게 진행되는지 아니면 느리게 이루어지는지에 있다."²³⁸ 이처럼 3차례의 정치국회의는 시안 사변에 대한 중국공산당 중앙의 정책 결정 과정을 분명한 형태로 보여준다. 정세가 변화무쌍하게 요동치는 상황에서 그와 같이 시의적절하고 올바르게 판단하고 대응 전략을 수립한다는 것은 사실 대단히 어려운 일이었다.

국민당은 정책적 조정을 위해 1937년 2월에 제5기 중앙위원회 3차 전체회의의 개최를 결정했다. 그것은 시안 사변 이후 열린 첫 번째 국민당 중앙의 전체회의였다. 1월 24일, 중국공산당 중앙은 관할을 시작한 지 얼마 되지 않은 옌안延安에서 정치국 상임위원회 회의를 소집했다. 그 자리에서 마오쩌둥은 협상에 관한 문제를 보고했다. "장제스가 석방된 이후의 전반적인 방침은 평화에 있다."²³⁹ "지금의 전체적인 방향은 평화로 나아가고 있다."²⁴⁰ "그렇지만 여전히 그 평화를 보장할 수 없다는 점에서 어려움이 있다.²⁴¹

237　林伯渠·張聞天在中共中央政治局擴大會議上的發言記錄, 1936年12月27日. | 張聞天,「要推動'中派'結束其動搖」,『張聞天文集1935-1938』2, 北京: 中共黨史出版社, 1993:2012: 140쪽.; 中共中央黨史研究室張聞天選集傳記組 編,『張聞天年譜1900-1941 修訂本』上, 北京: 中共黨史出版社, 2000:2010: 280쪽을 참조하라.

238　毛澤東在中共中央政治局擴大會議上的結論記錄, 1936年12月27日. | 中共中央文獻研究室 編,『毛澤東年譜1893-1949 修訂本』上, 北京: 中央文獻出版社, 2013: 632쪽을 참조하라.

239　| 中共中央文獻研究室 編,『毛澤東年譜1893-1949 修訂本』上, 北京: 中央文獻出版社, 2013: 646쪽.

240　| 中共中央文獻研究室 編,『毛澤東年譜1893-1949 修訂本』上, 北京: 中央文獻出版社, 2013: 646쪽.

241　毛澤東在中共中央政治局常委會上的報告記錄, 1937年1月24日. | 中共中央文獻研究室 編,『毛澤東年譜1893-1949 修訂本』上, 北京: 中央文獻出版社, 2013: 646쪽.

장원톈은 다음과 같이 언급했다. "현재 전체적으로 보면, 장제스는 평화를 원하고 있으며 더 이상 동요하지 않고 있다."[242] 나아가 "국민당의 제5기 중앙위원회 3차 전체회의가 20일 뒤에 열리는데, 그것이 국민당을 바꿀 수 있는 관건적 지점이다. 우리의 방침은 국민당을 철저히 바꾸는 데 있다. 물론 일본에 대한 그들의 즉각적 전쟁 선포를 기대하기는 어렵지만, 내전의 종식[만큼]은 가능하리라 본다."[243]

따라서 "우리는 다음과 같이 선언하고자 한다. 첫째, 평화적으로 시안 사변을 해결하려는 우리의 결심을 밝힌다. 둘째, 확고하게 평화 통일을 지지하며, 또한 평화 통일을 이룰 수 있는 중앙정부를 옹호한다. 셋째, 우리는 홍군의 부대 번호와 소비에트라는 명칭 변경에 동의하며, 홍군의 명칭 변경도 충분히 검토할 수 있다. 이처럼 평화 통일에 대한 우리의 의지는 명확하다. 그리고 소비에트 지역에서는 보통선거 제도를 실시할 수 있다. 이를 위해 지방 유지나 지주들의 재산을 더 이상 몰수하지 않겠다고 밝힌다."[244]

주더는 다음과 같이 지적했다. "예전에는 [국민당에서 제시한] 열악한 조건을 받아들이면, 우리가 상대방에게 굴복하는 느낌이 들었다. 그렇지만 이제는 항일에 도움만 된다면, 그 조건들이 어떠하든 상관없다. 왜냐하면 실제로 항일 전쟁이 시작되면 군중과 우리의 힘은 틀림없이 더 강해질 것이기 때문이다."[245]

또한 장하오도 다음을 언급했다. "우리는 국내외적 정세로부터 어떤 부분은 양보하고, 다른 어떤 부분에서는 승리하려는 대응 전략이 요구된다. 홍군의 부대 번호를 바꾸고, 소비에트 지역을 특별 지역으로 변경하는 것

---

242 | 中共中央黨史研究室張聞天選集傳記組 編, 『張聞天年譜1900-1941 修訂本』上, 北京: 中共黨史出版社, 2000:2010: 289쪽을 참조하라.

243 | 中共中央黨史研究室張聞天選集傳記組 編, 『張聞天年譜1900-1941 修訂本』上, 北京: 中共黨史出版社, 2000:2010: 289-290쪽을 참조하라.

244 | 張聞天在中共中央政治局常委會議上的發言記錄, 1937年1月24日.

245 | 朱德在中共中央政治局常委會議上的發言記錄, 1937年1月24日.

에 동의함으로써 장제스의 체면을 더 많이 세워주어야 한다."²⁴⁶

나아가 "우리에게는 코민테른의 지시와 다른 지점이 하나 있는데, 그것이 바로 항일을 위해 장제스를 압박하는 것逼蔣抗日이다. 코민테른도 군중을 통한 장제스 압박을 주장하지만, 우리는 오히려 장쉐량·양후청·천지탕·바이충시·류샹을 통한 장제스 압박을 주장한다. 중국이라는 봉건 사회에서는 그와 같은 방법이 틀렸다고 할 수 없을 것이다."²⁴⁷ 코민테른에서 돌아온 장하오의 이러한 발언으로부터, 중국공산당 중앙이 코민테른의 지시를 맹목적으로 추종했던 것이 아니라 중국 실정에 맞는 일처리를 위해 노력했었다는 점을 다시금 알 수 있다.

마오쩌둥은 계속된 발언에서 다음을 지적했다. "마땅히 국민당 제5기 중앙위원회 3차 전체회의에 관한 의사 표명을 해야만 한다. 그 의사 표명은 새로운 문제에 관한 것이어야 한다."²⁴⁸ "우리는 사실 서북국방정부西北國防政府의 수립을 주장하지 않는다. 대신 장쉐량을 통해 장제스와 화해하기를 바랐다. 하지만 장제스는 장쉐량에게 그러한 기회를 주지 않았을 뿐만 아니라 군대를 보내 우리를 제거하고자 했다. 게다가 우리를 매국노로 칭했다. 당시 우리는 내부적으로 저항을 조직하면서도 외부적으로 적극적인 평화 의지를 표명했다. 장제스가 억류되었을 때도 우리는 평화를 주장했다. 그리고 장제스를 풀어주라는 것과 우리 군대가 움직인 것도 모두 평화를 위해서였다."²⁴⁹

그는 그 과정에서 느낀 교훈을 솔직하게 밝혔다. "시안 사변 이후, [장제스를] 인민재판에 회부해야 한다는 선언은 옳지 않았다."²⁵⁰ 마지막으로 장

---

246 | 張浩在中共中央政治局常委會議上的發言記錄, 1937年1月24日.

247 | 張浩在中共中央政治局常委會議上的發言記錄, 1937年1月24日.

248 | 中共中央文獻研究室 編, 『毛澤東年譜1893-1949 修訂本』上, 北京: 中央文獻出版社, 2013: 646쪽.

249 | 中共中央文獻研究室 編, 『毛澤東年譜1893-1949 修訂本』上, 北京: 中央文獻出版社, 2013: 647쪽에 관련 내용이 일부 언급되어 있다.

250 | 中共中央文獻研究室 編, 『毛澤東年譜1893-1949 修訂本』上, 北京: 中央文獻出版社,

원텐은 다음을 언급했다. "평화 협상은 양측의 양보를 의미한다. 실질적으로 언급된 것만 보자면, 우리의 큰 승리라고 할 수 있다."[251]

1937년 2월 9일, 중국공산당 중앙정치국 상임위원회는 국민당 제5기 중앙위원회 3차 전체회의에 공개 전보通電를 보내기로 결정했다. 공개 전보는 그 이튿날에 발송되었는데, 거기에는 유명한 '5가지 요구 사항'와 '4가지의 보증'이 담겨 있다.[252] 그리고 그것이 제2차 국공합작의 토대를 마련한다.

2월 11일, 마오쩌둥은 정치국회의에서 다음과 같이 발언했다. "우리의 공개 전보는 큰 양보다. 그것은 원칙적 문제에 대한 양보이자 노동자와 농민을 제외한 소자산계급에 대한 양보다. 여기에는 중요한 문제가 있는데, 그것이 현 단계의 혁명, 그리고 항일과 관련되었기 때문이다. 토지 문제의 경우, 장기적으로는 가볍게 처리할 수 없는 사안이지만 지금은 중단해야만 한다. 과거 10년 동안 소비에트에서의 [토지혁명] 투쟁은 옳았고, 지금의 정책 변화도 올바른 것이다. 이론적 측면에서 그 문제를 명확히 하는 것이 필

2013: 647쪽.

[251] 張聞天·朱德·張浩·毛澤東在中共中央政治局常委會議上的發言記錄, 1937年1月24日. | 中共中央黨史研究室張聞天選集傳記組 編, 『張聞天年譜1900-1941 修訂本』上, 北京: 中共黨史出版社, 2000;2010: 290쪽을 참조하라.

[252] 中央檔案館 編, 『中共中央文件選集』11, 北京: 中共中央黨校出版社, 1991: 157-158쪽. | 공개 전보는 「中共中央給中國國民黨三中全會電」(1937년 2월 10일)의 명의로 되어 있는데, 그 내용은 구체적으로 다음과 같다. '5가지 요구 사항'은 ① 모든 내전을 중단하고, 국력을 모아 외부 세력에 함께 대처한다. ② 언론·집회·결사의 자유를 보장하고, 모든 정치범을 석방한다. ③ 각 당파와 각계각층의 대표들이 참여하는 회의를 소집하고, 전국에 흩어진 인재들을 모아 나라를 구한다. ④ 항일 전쟁을 위한 모든 준비 작업을 조속히 완성한다. ⑤ 인민의 생활을 향상시킨다. 그리고 '4가지의 보증'은 ① 전국적 차원에서 진행하던 국민정부의 전복을 위한 무장폭동을 중단한다. ② 소비에트 정부와 홍군은 각각 중화민국 특별지역 정부中華民國特區政府와 국민혁명군으로 명칭을 변경한다. 그것들은 직접적으로 난징 중앙정부와 군사위원회의 통제를 받는다. ③ 특별지역 정부가 관할하는 지역 내에서는 보통선거라는 민주 제도를 철저히 시행한다. ④ 지주 토지의 몰수 정책을 중단하고, 항일민족통일전선이라는 공동 강령을 단호히 집행한다.

요하다."²⁵³

정확한 실상은 다음에 있었다. 즉, 중국의 토지가 일본에 속하는가 아니면 중국에 속하는가라는 문제는 그것이 지주에 속하는가 아니면 농민에 속하는가라는 것보다 훨씬 더 중요했다. 따라서 당시에는 [항일 지주를 포함한] 모든 애국적 중국 사람들을 단결시켜 항일에 나서야만 했다. 그런데 그렇게 되면 지주의 착취는 일부 제약되더라도 토지 문제의 완전한 해결은 불가능해진다. 이로부터 진시 회의에서는 해결하지 못했던 장제스와 토지혁명을 어떻게 처리할 것인가라는 문제가 해결되었다.

1937년 3월 23일, 마오쩌둥은 정치국 확대회의의 발언을 통해 매우 중요한 원칙을 제시했다. "중국과 일본의 모순이 근본 모순이기 때문에 중국 내부의 모순은 부차적인 위치에 놓인다. 일찍이 나는 그와 같은 주장을 제기했지만, 지난 12월 결의에서 명확하게 규정되지 못했다."²⁵⁴ 다시 말해서, 당시에는 중국과 일본의 민족 모순이 중국 사회의 주요 모순을 구성하고, 계급 모순은 부차적이고 종속적인 위치에 놓이게 되었다.

그것은 전략적 결정에 관한 공산당의 뚜렷한 입장 전환을 '이론적 측면에서 명확히 한' 것이라고 할 수 있다. 이로부터 중국공산당은 항일 전쟁 시기 동안 다양하고 복잡한 문제들을 명확하게 처리할 수 있는 지침을 갖추게 되었다. 또한 그로 인해 일시적이고 부분적인 현상들 때문에 큰 방향을 벗어나는 상황은 벌어지지 않았다.

올바른 전략적 결정은 주관적 인식이 끊임없이 변화하는 객관적 실제와 서로 일치할 수 있다는 점에서 출발한다. 1년이 넘는 실천 과정에서 힘겨운 탐색을 거쳤고, 또한 그 과정에서 어느 정도의 반복과 우여곡절도 있었

---

253 毛澤東在中共中央政治局會議上的發言記錄, 1937年2月11日. | 中共中央文獻研究室 編, 『毛澤東年譜1893-1949 修訂本』上, 北京: 中央文獻出版社, 2013: 654쪽을 참조하라.

254 毛澤東在中共中央政治局擴大會議上的發言記錄, 1937年3月23日. | 中共中央文獻研究室 編, 『毛澤東年譜1893-1949 修訂本』上, 北京: 中央文獻出版社, 2013: 666쪽을 참조하라. 여기서 '12월 결의'는 와야오부 회의(1935년 12월 17-25일)의 「현재의 정치적 정세와 당의 임무에 관한 중앙의 결의」를 가리킨다.

지만, 항일 전쟁 직전에 이르러 중국공산당 중앙의 전략적 결정과 중국의 항일 민족통일전선이 전체적으로 마련되었다. 그로부터 실질적인 항일 준비가 시작될 수 있었다. 앞으로 나아가는 과정에서 이러저러한 장애물들이 지속적으로 나타났지만, 전반적인 추세는 이미 되돌릴 수 없었다. 그 후 석 달여 만에, 중국 역사에서는 그 유례를 찾아볼 수 없던 규모의 전全민족 항일 전쟁이 시작되었고, 중화민족의 역사는 새로운 시대로 접어들었다.

9
12월 회의로부터 제6기 중앙위원회 6차 전체회의에 이르기까지 [255]

— 항일 전쟁 초기, 중국공산당 내부에서 발생한 한 차례의 풍파

중국공산당이 인민들을 이끌어 오늘날의 성과를 일군 것은 분명 쉬운 일이 아니었다. 혁명의 시기나 사회주의 건설의 시기나 모두 험난한 여정이 뒤따랐다. 그것은 예전 사람들이 가보지 못한 길이었기에 조금도 이상하다고 느껴지지 않는다. 물론 그 과정에서 과거에는 한 번도 겪어보지 못한 수많은 상황과 문제들을 새롭게 마주했고, 그로 인해 적지 않은 사람들이 혼란을 겪었으며, 심지어는 잘못된 판단을 내리기도 했다. 그 또한 충분히 이해할 수 있는 일들이다.

무엇보다 중국공산당은 줄곧 스스로의 역량과 인민들의 성원에 의지했고, 실천 과정에서 얻은 경험과 교훈을 정식화했으며, 올바른 노선을 끊임없이 모색하면서 승리를 향해 나아갔다. 그것은 소중한 정신적 유산이라고 할 수 있다.

항일 전쟁 초기, 당 내부적으로는 그렇게 크다고 할 수도 작다고 할 수도 없는 우여곡절이 많았는데, 그 가운데 왕밍의 우경화 오류가 대표적이다. 그것은 1937년 12월 회의로부터 이듬해 중국공산당 제6기 중앙위원회 6차 전체회의의 소집에 이르기까지, 6개월이 넘는 시간 동안 이어졌다.

저우언라이는 옌안延安의 정풍整風 운동 시기에 그것을 날카롭게 지적했다. "왕밍 [……] 노선의 본질은 당 외부의 국민당에 굴종적 태도를 무분별하게 취하면서도, 당 내부적으로는 계속 독단적인 행동을 일삼는다는 점

---

255 원문은 『黨的文獻』 2014 第4期에 실려 있다.

에 있다."²⁵⁶ 왕밍 노선은 적지 않은 당 내부 사람들에게 일정한 영향을 끼쳤다. 만약 모두가 그 잘못된 길을 따라간다면, 중국 혁명은 또다시 새로운 좌절에 빠져들었을 것이다.

하지만 당시 중국공산당은 이미 안정적인 단계에 들어섰기 때문에 왕밍의 우경화 오류는 결국 일부의 문제로만 남겨졌다. 또한 심각한 혁명적 손실을 피하기 위해 중국공산당 제6기 중앙위원회 6차 전체회의에서는 그 오류를 근본적으로 바로잡는 조치를 취했다.

공산당 역사의 관련 저서들에서도 그 투쟁을 많이 다루기는 했지만, 보다 심화된 논의를 필요로 한다. 여기서는 두 가지 문제를 비교적 중요하게 다루고자 한다. 첫째, 쭌이 회의 이후, 마오쩌둥은 이미 당 전체의 지도적 위치를 실질적으로 차지하고 있었다. 또한 당 내부의 적지 않은 지도자들은 처음부터 왕밍에 대해 잘 알고 있었다. 그럼에도 불구하고 어째서 왕밍의 주장이 12월 회의에서 상당한 영향력을 발휘했던 것일까?

둘째, 코민테른은 당시의 상황을 도대체 어떻게 바라본 것일까? 12월 회의에서 진행된 왕밍의 보고는 모두 코민테른의 의견이었을까? 코민테른은 어째서 중국공산당 제6기 중앙위원회 6차 전체회의에서 왕밍 대신 마오쩌둥을 지지했던 것일까? 그 문제들에 초점을 맞춰 다음의 논의를 진행하려 한다.

1) 항일 전쟁의 발발 초기, 중국공산당 중앙의 대응 전략

중국공산당 중앙은 모든 중국 민족의 항일 전쟁이라는 커다란 흐름을 일찍부터 예측하고 있었지만, 1937년 7월 7일에 발생한 루거우차오盧溝橋 사건²⁵⁷은 갑작스러웠다. 이튿날 중국공산당 중앙은 전국 동포들에게 고하

---

256 | 中國延安精神研究會 編, 「延安整風運動紀實」, 『延安整風五十周年: 紀念延安整風五十周年文集』, 北京: 黨建讀物出版社, 1995: 279쪽. 참고로, 저우언라이는 1943년 11월 말에 진행된 중국공산당 중앙정치국회의석상에서 이와 같은 발언을 했다.

257 | 당시 화베이 지역을 노리던 일본은 일본군 병사 한 명의 실종 사건을 구실로 베이핑 남서쪽 교외에 위치한 루거우차오를 점령했다. 이를 계기로 일본군은 총공

는 서신을 통해 전국의 모든 세력이 단결해 일본 침략자들에게 저항하자고 호소했다.

그런데 상황이 앞으로 어떻게 전개될 것인가가 분명하지 않았다. 다시 말해서, 예전에 여러 차례 있었던 국지적 사건과 같은 경우인지, 아니면 모든 민족이 참여하는 대규모 항전의 시작인지가 문제였다. 중국공산당의 입장에서는 신속하고 정확하게 판단해야만 그에 상응하는 대응 방침을 정할 수 있었다.

베이핑과 톈진이 함락된 후, 중국공산당 중앙은 8월 9일에 정치국회의를 소집했다. 여전히 상황의 전개에 불명확한 점과 변수들이 적지 않았기 때문에 논의 과정 내내 서로의 시각이 일치하지 않았다. 회의의 사회자는 상당히 신중하게 다음과 같이 발언했다. 즉, 전국적인 항전이 시작된 것처럼 말하는 것은 너무 이르다. 오히려 전국적인 항전에 가까워졌다고 하는 편이 상황의 복잡성을 고려하는 데 더 적절할 것이다.

이에 마오쩌둥은 단호하게 제기했다. "큰 싸움은 이미 벌어졌다고 봐야 한다. 7월 7일 저녁부터 이미 새로운 단계로 접어들었다. 항일 전쟁은 시작되었으며, 항전을 위한 준비 단계도 모두 끝이 났다."[258] 그렇다면 이와 같은 거대한 전환의 과정에서 중국공산당은 무엇을 해야 했는가?

마오쩌둥은 일부 원칙적인 문제들 가운데, 특히 국공합작 과정에서의 독자성과 군사 문제에 관해 자신의 의견을 명확하게 제시했다. 그는 우선 군사적 부분에 관해 언급했다. "홍군은 독자적인 지휘권을 갖추고 분산된 유격전을 전개해야만 한다. 독자적인 지휘권을 유지해야만 홍군의 장점이 두드러질 수 있다."[259] "국공합작은 [지금까지] 대체적으로 성공적이다. 하지만

격에 나섰는데, 1937년 7월 28일과 29일 연이어 베이핑과 톈진 지역을 함락했다.

258 | 中共中央文獻硏究室 編, 『毛澤東年譜1893-1949 修訂本』中, 北京: 中央文獻出版社, 2013: 12쪽을 참조하라.

259 | 中共中央文獻硏究室 編, 『毛澤東年譜1893-1949 修訂本』中, 北京: 中央文獻出版社, 2013: 13쪽.

그것을 철저하게 완수하는 것은 앞으로의 과제다."[260] 그리고 "역편향反傾向의 문제를 거론하자면, 하나는 조급증이고 다른 하나는 국민당을 추수하는 영합주의다. 따라서 조직의 독자성과 비판의 자유를 유지해야만 한다."[261]

국공합작의 실현과 당의 독자성 견지를 동시에 충족시킨다는 입장은 확실히 중국공산당이 당시 직면했던 가장 중요하면서도 해결하기 어려운 문제였다. 국민당은 전국적인 규모의 집권 정당이었으며, 수백만에 이르는 군대와 국제적으로 인정된 외교상의 지위도 갖추고 있었다. 그들의 참여가 이루어지지 않는다면, 민족 전체의 항일 통일전선도 만들어지기 어려웠다.

그런데 공산당에 대한 장제스의 의심은 너무나도 깊었다. 그는 일본의 침략에 저항하기 위해 국공합작을 필요로 했음에도 불구하고, 항전 시기 내내 공산당을 통제하거나 흡수하려고 했을 뿐만 아니라 궁극적으로는 공산당을 제거하고자 했다.

만약 공산당이 국공합작 과정에서 자신의 독자성을 느슨하게 했다거나 심지어 그것을 포기함으로써 타인의 지배를 용인했다면, 공산당은 결국 소멸당할 위험에 처했을 것이다. 이처럼 그것은 생사가 달려 있는 중대사라고 할 수 있었다. 마오쩌둥은 국공합작의 시작부터 독자성 견지라는 지극히 중요한 문제를 명료하게 제출했고, 그것은 향후 정세의 흐름에 크고 광범위한 영향을 주었다.

국공합작을 위한 초기 협상은 순조롭지 않았는데, 항전의 형세는 매우 빠르게 전개되고 있었다. 1937년 8월 13일에 일본 침략군은 상하이에 대규모의 공격을 단행했고, 전쟁의 불길은 난징 정부가 통치하는 심장부까지 타올랐다. 장제스는 중국과 일본의 전면전이 불가피해지자, 공동 작전을 위해 더욱 시급하게 홍군을 항일 전선으로 보내야만 했다.

그로부터 국공 협상 과정에서 오랫동안 미뤄져왔던 문제들이 매우 신속하게 해결되었다. 8월 18일, 장제스는 홍군을 국민혁명군 제8로군第八路軍으

---

260 | 毛澤東在中共中央政治局會議上的發言記錄, 1937年8月9日.
261 | 毛澤東在中共中央政治局會議上的發言記錄, 1937年8月9日.

로 개편하고, 주더와 펑더화이를 각각 총사령관과 부사령관에 임명하는 데 동의했다.

그리고 같은 날, 중국공산당 중앙서기처는 주더·저우언라이·예젠잉에게 전보를 보냈다. 거기서는 홍군이 전략적 유격 부대의 역할을 담당해야 한다는 점, 그리고 전체 전략적 방침에 따른 독자적인 유격전의 수행 문제를 제기했다.[262] 여러 차례의 협상을 거쳐 결국 장제스와 허잉친이 그 제안에 동의했다. 즉, 8로군은 전략적 유격대의 역할을 맡는다. 그들은 전면전을 피하고 적의 측면을 공격하면서 우군을 지원한다. 적 전체를 대상으로 교란과 견제의 임무를 수행하고, 적 일부에 대해서는 소멸 작전의 임무를 담당한다.[263]

이처럼 새롭게 조성된 정세로부터 중국공산당 중앙은 8월 22일에 정치국회의, 즉 뤄촨洛川 회의를 개최했다. 그 회의에서는 「항일 구국의 10대 강령抗日救國十大綱領」[264]이 통과되었다. 마오쩌둥은 거기서 두 가지를 언급했는데, 하나는 전략의 문제였고 다른 하나는 두 당의 관계 문제였다. 그는 그 두 가지를 논의하면서 국공합작에는 상대적 독자성이 요구된다는 점을 강조했다.

우선 전략의 문제에 대해서는 다음과 같이 설명했다. "독자적인 산악山地 유격전에는 유리한 조건에서 적의 군단兵團을 소멸시키는 것과 평야로 유격전을 확대하는 것이 있지만 [홍군의 전략적 방침은] 산악에 역점을 둔다. a.

---

262 | 「中共中央書記處關於同國民黨談判的十項條件給朱德·周恩來·葉劍英的指示」, 中共中央文獻硏究室·中央檔案館 編, 『建黨以來重要文獻選編1921-1949』14, 北京: 中央文獻出版社, 2011: 471쪽.

263 | 中共中央文獻硏究室 編, 『周恩來年譜: 1898-1949(修訂本)』, 北京: 中央文獻出版社, 1998: 385쪽.

264 | 10대 강령은 1937년 8월 25일에 발표되었다. 그 내용은 구체적으로 다음과 같다. ① 일본제국주의의 타도, ② 전국적 군사 역량의 총동원, ③ 전국 인민의 총동원, ④ 정치 기구의 개혁, ⑤ 항일을 위한 외교 정책, ⑥ 전시 상황에서의 재정 및 경제 정책, ⑦ 인민 생활의 개선, ⑧ 항일을 위한 교육 정책, ⑨ 매국노와 친일파의 숙청 및 후방 지역의 공고화, ⑩ 항일을 위한 민족적 단결이다.

통일된 전략에서의 상대적 독자성(전체 전략에서)이다. 그런데 그러한 전략적 방침은 반드시 국민당과 공산당의 공동 논의를 거쳐야만 한다. 그것을 지휘의 원칙으로 한다. b. 유격전은 병력을 분산시켜 [더 많은] 군중을 이끌고, 병력을 집중시켜 적을 섬멸하며,[265] 싸워서 이길 수 있으면 싸우고, 이길 수 없다면 도망치는 것이다. 그것을 작전의 원칙으로 한다. c. 산악전은 근거지 구축과 용이한 유격전을 목표로 한다. 이를 위해 소규모 유격대를 평야로 전개시킨다."[266]

그리고 두 당의 관계 문제에 대해서도 지적했다. "지금 통일전선이 무르익어 가고 있지만, 다른 한편으로는 당원 전체가 당의 계급적 독자성이라는 문제에 주의를 기울여야만 한다."[267] "독자성에는 조직적 측면과 정치적 측면 두 가지가 있다. 1927년까지 진행된 대혁명 시기에는 조직상의 독자성만 있었을 뿐 정치적 독자성은 없었다. 그래서 자본가계급의 2중대尾巴에 불과했다. 지금 우리는 정치적 측면에서 대혁명의 교훈을 기억해야 한다."[268]

역사적 전환이 이루어지는 중요한 시기에 올바른 지도자라면 어떻게 해야 하는가? 그와 같은 인물에게는 명석한 두뇌, 넓은 전략적 안목, 과감한 담력과 지략이 요구된다. 그때그때 수동적으로 판단하는 것이 아니라, 전체적 국면에서의 핵심 문제들을 정확히 틀어잡고 올바른 판단과 함께 그에 따른 대응 방침도 제시할 수 있어야 한다.

결과가 알려주듯이, 마오쩌둥의 중국공산당 중앙은 루거우차오 사건이

---

265 | 본문의 표현은 "分散發動群衆, 集中消滅敵人"인데, 그것은 "分兵以發動群衆, 集中以應付敵人"의 의미로 해석된다. 毛澤東, 「星星之火, 可以燎原」, 『毛澤東選集』1, 北京: 人民出版社, 1991: 103-104쪽을 참조하라. 참고로, 「星星之火, 可以燎原」(1930년)은 마오쩌둥이 린뱌오에게 보낸 답신으로, 그는 거기서 유격전의 의의를 설명하고 있다.

266 | 中共中央文獻硏究室 編, 『毛澤東年譜1893-1949 修訂本』中, 北京: 中央文獻出版社, 2013: 16쪽을 참조하라.

267 | 毛澤東在中共中央政治局會議上的發言記錄, 1937年8月22日.

268 毛澤東在中共中央政治局會議上的發言記錄, 1937年8月22日.

발생한 지 한 달여 만에 그것을 해냈으며, 그로부터 당시의 정세도 올바른 궤도로 나아갈 수 있었다. 하지만 그 모든 것들은 왕밍이 모스크바를 떠나 중국으로 돌아오기 이전의 상황이었다.

2) 왕밍의 귀국과 12월 회의

당시 코민테른은 중국공산당에 어떠한 태도를 취했고, 또 어떠한 영향을 주었을까? 1960년, 저우언라이는 그것을 전체적으로 분석한 바 있다. "마오쩌둥 동지는 그것의 양 끝은 좋고, 중간은 나쁘다고 했다.[269] 물론 양 끝이 좋다고 하더라도 여러 문제가 있었고, 중간이 나쁘다고 하더라도 제대로 된 것이 전혀 없었던 것은 아니다."[270]

또한 "1935년 7월부터 8월까지, 코민테른의 제7차 대표대회가 개최되었다. 스탈린이 자국 문제에 더 많은 신경을 쓰면서, 디미트로프가 코민테른을 이끌었다. 당시 국제집행위원회는 국제 노동운동의 기본적인 정치 노선과 전략 노선을 규정하는 방향으로 업무 중심을 옮겨야 하며, 통상 각국의 공산당 내부 업무는 관여하지 않는다는 결의안을 통과시켰다. 그 시기에 코민테른이 시행한 반파시즘 통일전선은 중국의 민족통일전선과 일치하는 것이었다."[271] 이것이 그의 기본적인 평가다.

중국과 일본 사이에 전면전이 벌어지자, 코민테른은 그것이 세계의 세력 균형 전반에 중대한 영향을 끼칠 것으로 보았다. 1938년 7월 16일, 코민테른 집행위원회 의장단은 결의안을 발표했는데, 거기에는 "중국 인민의 승리는 장차 모든 파시스트 침략자들의 정복 계획에 심각한 타격을 입힐 것

---

[269] | 毛澤東, 「吸取歷史敎訓, 反對大國沙文主義」, 『毛澤東文集』7, 北京: 人民出版社, 1999: 120쪽.

[270] | 周恩來, 「共産國際和中國共産黨」, 中共中央文獻編輯委員會 編, 『周恩來選集』下, 北京: 人民出版社, 1984: 300쪽.

[271] 周恩來選集 編委會, 『周恩來選集』下, 北京: 人民出版社, 1984: 311쪽. | 周恩來, 「共産國際和中國共産黨」, 中共中央文獻編輯委員會 編, 『周恩來選集』下, 北京: 人民出版社, 1984: 311쪽.

이다."²⁷²라는 내용이 담겨 있다.

    1937년 8월 10일, 코민테른 집행위원회 서기처는 특별 회의를 열었는데, 여기서 디미트로프 총서기는 다음과 같이 발언했다. "중국공산당이 직면해 있는 문제들은 대단히 복잡할 뿐만 아니라 그들이 처해 있는 여건들도 매우 특수한 상황이다. 지난 2년 동안 얼마나 많은 일들이 있었는지 생각해보라. 중국 홍군을 이끌었던 중국공산당은 현재 중요한 전환점을 맞이하고 있다. 여러분은 중국공산당과 같이 그렇게 복잡한 국면에서도 몇 년 만에 정책적으로 또는 전략적으로 그렇게 중요한 전환을 이룰 수 있는 코민테른의 지부를 찾아내지 못할 것이다."²⁷³ 또한 "[그들은] 난징 정부를 반대하는 무장투쟁 속에서도 간부들을 키워냈는데, [그 과정에서] 우수한 간부들이 만들어졌을 뿐만 아니라 일군의 정치 활동가들도 나타났다."²⁷⁴

    이로부터 그는 다음과 같은 결론을 내렸다. "[그런데] 그 간부들은 여전히 다른 정당의 사람들도 아니고, 새롭게 바뀐 사람들도 아니다. [마찬가지로] 여전히 그 당원과 그 군중들로, 그들은 어쩔 수 없이 다른 정책을 시행하려 할 것이다."²⁷⁵

    따라서 "그러다가 우리의 중국 동지들과 중국공산당은 커다란 난관에 봉착할 수도 있다. 왜냐하면 장제스와 그의 측근들이 온갖 술수로 농락할

---

272 Jane Degras 選編, 『共産國際文件(1929—1943)』, 北京: 東方出版社, 1986: 536쪽. | 참고로, 그 결의안의 공식 명칭은 「共産國際執委會主席團關於中國共産黨政策的決議」이다.

273 |「季米特洛夫在共産國際執行委員會討論中國問題會議上的講話」, 中國社會科學院近代史研究所翻譯室 編譯, 『共産國際有關中國革命的文獻資料(1936-1943)(1921-1936補編)』3, 北京: 中國社會科學出版社, 1990: 17쪽.

274 |「季米特洛夫在共産國際執行委員會討論中國問題會議上的講話」, 中國社會科學院近代史研究所翻譯室 編譯, 『共産國際有關中國革命的文獻資料(1936-1943)(1921-1936補編)』3, 北京: 中國社會科學出版社, 1990: 17쪽.

275 |「季米特洛夫在共産國際執行委員會討論中國問題會議上的講話」, 中國社會科學院近代史研究所翻譯室 編譯, 『共産國際有關中國革命的文獻資料(1936-1943)(1921-1936補編)』3, 北京: 中國社會科學出版社, 1990: 17-18쪽.

것이기 때문이다. 중국공산당이 얼마나 심각한 위험에 둘러싸여 있는가를 상상하는 것은 그리 어렵지 않다. 그래서 반드시 도와야 한다. 사람을 보내 중국의 간부 집단을 내부적으로 강화시켜야 한다."[276]

여기서 알 수 있는 것은 디미트로프의 관점에서 중국의 항일 민족통일전선 수립 이후, 중국공산당이 직면하게 되는 '심각한 악순환의 상황'은 '장제스와 그의 측근들이 온갖 술수로 농락하'는 것으로부터 야기된다는 점이다. 그 문제에 대한 그의 이해는 명확했다. 그는 중국공산당이 그렇게 복잡한 국면에서도 '그렇게 중요한 전환을 이루었다'는 점을 인정했는데, 분명히 항일 민족통일전선이라는 문제에서 어떤 원칙적인 오류가 중국공산당 중앙에 있다고 생각하지 않았다.

따라서 그러한 이유 때문에 왕밍 등의 귀국을 결정했던 것은 더욱 아니었다. 중국으로 사람을 보낸 것은 그저 역량을 좀 더 강화시키려 했기 때문이다. 1937년 10월, 소련에 가서 치료를 받던 왕자샹은 왕밍과 캉성의 뒤를 이어 코민테른 집행위원회의 중국공산당 대표가 되었다. 중국으로 돌아가기 하루 전날인 11월 13일, 왕밍과 캉성은 왕자샹과 함께 디미트로프를 찾아가 출발 전 마지막 대화를 나눴다.

왕자샹은 옌안의 정풍整風 운동 시기에 그날의 대화를 다음과 같이 회고했다. "디미트로프는 왕밍에게 중국으로 돌아가면 중국 동지들과 좋은 관계를 맺어야 한다고 했다. 왕밍이 중국의 동지들을 잘 모르기 때문에, 그들이 왕밍을 총서기總書記로 추대하더라도 맡아서는 안 된다고 했다."[277] 또한 "내 기억으로는 중국공산당의 노선이 부정확하다는 코민테른의 발언을 들은 적이 없다."[278] 이것은 매우 중요한 기억들이다.

---

[276] 中國社會科學院近代史研究所飜譯室 編譯, 『共産國際有關中國革命的文獻資料』3, 北京: 中國社會科學出版社, 1990: 18쪽. |「季米特洛夫在共産國際執行委員會討論中國問題會議上的講話」, 中國社會科學院近代史研究所飜譯室 編譯, 『共産國際有關中國革命的文獻資料(1936-1943)(1921-1936補編)』3, 北京: 中國社會科學出版社, 1990: 18쪽.

[277] | 徐則浩 編著, 『王稼祥年譜 1906-1974』, 北京: 中央文獻出版社, 2001: 308쪽.

[278] 王稼祥在中共中央書記處工作會議上的發言記錄, 1941年10月8日. | 徐則浩 編著, 『王稼祥

디미트로프는 이후 런비스에게도, 왕밍이 귀국할 때 자신이 별도로 왕밍에게 주의를 주었다고 전했다. "비록 왕밍 당신이 코민테른에서 오랫동안 일했고, 집행위원회의 위원이자 서기처의 서기라고 하더라도, 왕밍 당신은 코민테른을 대표하지 않는다. 또한 왕밍 당신은 오랫동안 중국을 떠나 있어서 실제적인 중국 혁명도 알지 못한다. 그렇기 때문에 귀국한다면 겸손한 태도로 중국공산당을 이끌어가고 있는 동지들을 존중해야만 한다."[279]

그는 여기서 매우 분명하게 '왕밍 당신은 코민테른을 대표하지 않는다.'고 밝혔다. 이로부터 코민테른이 왕밍 등을 중국으로 보낼 때, 그들에게 '특명 전권대사欽差大臣'[280]의 신분으로 중국공산당의 '잘못된 노선'을 시정하라고 요구하지 않았다는 점을 알 수 있다. 왕밍과 캉성은 1937년 11월 14일에 소련을 떠나, 29일 옌안에 도착했다. 그리고 중국공산당 중앙은 12월 9일에서 14일까지 통상 '12월 회의'로 불리는 정치국회의를 개최했다.

회의가 시작되자, 장원톈이 먼저 정치 보고를 진행했다. "이번 회의는 중대한 전환이 이루어지는 시기에 개최되었다."[281] 그런데 "지금까지의 상황을 보자면, 중국의 항전은 아직 [민족 전체의 항전이 아니라] 정부 차원의 제한된 항전일 뿐이다."[282]

그는 나아가 국민당과 공산당의 관계를 두 가지 측면에서 분석했다. 한 편에서는 "항일을 중심으로 항일 민족통일전선의 근간을 공고히 해야 한다. 우리는 민주나 민생과 같은 문제 때문에 항일이라는 중심 문제에 소홀

年譜 1906-1974』, 北京: 中央文獻出版社, 2001: 308쪽.

279　師哲 口述·李海文 整理, 『在歷史巨人身邊:師哲回憶錄』, 北京: 中央文獻出版社, 1991: 121쪽.

280　| '흠차대신欽差大臣'은 일반적으로 왕의 칙명을 받고 특정한 곳에 파견되는 대신(외국 사신 등을 포함한)을 가리킨다.

281　| 張聞天在十二月會議上的政治報告記錄, 1937年12月9日.

282　| 中共中央黨史研究室張聞天選集傳記組 編, 『張聞天年譜1900-1941 修訂本』上, 北京: 中共黨史出版社, 2000;2010: 365쪽을 참조하라.

해서는 안 된다."[283] 그리고 다른 한편에서는 다음을 강조했다. "우리는 통일전선의 과정에서 우리의 독자성을 유지할 필요가 있다."[284] "민족 혁명이라는 흐름에서, 그 흐름에 빠져 허우적대지 말아야 한다. 민족 혁명의 흐름에서 독자성을 유지해야만 우리는 그 바다에 빠져 죽지 않을 것이다."[285] 이와 같은 입장은 뤄촨 회의의 방침을 재확인한 것이었다.

왕밍의 보고가 이어졌다. 그의 발언은 이튿날 오후까지 계속되었는데, 주된 논조는 국공합작 과정에서 공산당의 독자성을 유지해야 한다는 뤄촨 회의의 방침을 비판하는 데 초점이 맞춰져 있었다. 사실상 그것은 중국공산당의 노선이 옳은지 그렇지 않은지의 문제였다. 그가 보고 과정에서 항일 민족통일전선과 국공합작의 중요성을 재차 밝히기는 했지만, 그것은 처음부터 문제라고 할 수 없는 것이었다.

결국 그는 다음을 강조했다. "작금의 핵심 문제는 어떻게 항일 전쟁에서 승리할 것인가에 있다. 또한 어떻게 통일전선을 공고히 할 것인가, 즉 어떻게 국공합작을 공고히 할 것인가에 대한 문제다. 우리 당에서 어느 누구도 국공합작을 깨뜨리지 않았지만, 통일전선에 대해 잘 모르는 동지들이 있기 때문에 통일전선은 [언제든] 훼손될 수 있다."[286]

'통일전선에 대해 잘 모르는 동지들이 있기 때문에 통일전선은 [언제든] 훼손될 수 있다.'라는 말은 무엇을 뜻하는가? 앞서 언급했듯이, 뤄촨 회의에서는 주되게 국민당과 공산당의 관계, 그리고 군사적 전략 문제를 다루면서, 어떤 경우라도 반드시 공산당의 독자성을 견지해야 한다는 점을 지적했다. 왕밍의 보고는 바로 그 결론을 정면에서 반대한 것이었다.

그는 국공 양당의 관계를 다음과 같이 평가했다. "통일전선을 구성하는

---

283 | 張聞天在十二月會議上的政治報告記錄, 1937年12月9日.

284 | 中共中央黨史研究室張聞天選集傳記組 編, 『張聞天年譜1900-1941 修訂本』上, 北京: 中共黨史出版社, 2000;2010: 365쪽.

285 張聞天在十二月會議上的政治報告記錄, 1937年12月9日.

286 | 中共中央文獻研究室 編, 『毛澤東傳』2, 中央文獻出版社, 2013;2022: 510쪽에서 재인용.; 王明, 『王明言論選輯』, 北京: 人民出版社, 1982: 548-550쪽을 참조하라.

양당 가운데 누가 [더] 주요 세력인가? 국민당이 전국적 범위의 정치권력과 군사적 역량을 갖췄다는 점에서 그 지도 역량의 우위를 인정할 수밖에 없다."[287] "역량을 갖추지 못한 채, 말로만 무산계급의 지도를 떠들어서는 안 된다. 말로만 지도하겠다고 떠든다면 동맹군들이 놀라 도망갈 것이다."[288] 그리고 "우리의 투쟁 방식에도 주의가 필요하다. 예를 들어, 건설적 제안은 많이 하고, 정치적 호소는 적게 하자는 장나이치의 주장[289]에는 어느 정도의 일리가 있다."[290]

그는 구호 하나를 제시했다. "오늘의 핵심 문제는 모든 것이 항일을 위한 것이고, 모든 것이 항일 민족통일전선을 거쳐야 하며, 모든 것이 항일에 종속服從된다는 점이다. 우리는 지금 그러한 원칙으로부터 군중을 조직해야만 한다."[291] (이것이 기록된 원문의 내용이다. 코민테른의 의견이라는 표현은 보이지 않는다.)

그는 구체적인 사례를 들어 설명하고 있다. "정치권력의 문제에서, 우리

---

[287] | 中共中央文獻研究室 編, 『毛澤東傳』2, 中央文獻出版社, 2013;2022: 510쪽에서 재인용.

[288] | 曹仲彬·戴茂林, 『王明傳』, 長春: 吉林文史出版社, 1991: 291쪽.; 中共中央文獻研究室 編, 『毛澤東傳』2, 中央文獻出版社, 2013;2022: 510쪽에서 재인용.

[289] | "적게 호소하고少號召, 많이 건의한다多建議"는 말은 장나이치가 1937년 9월 1일자 『신보申報』에서 사용한 표현이다. 그는 국가 정책이 확정되지 않았을 때는 정치적 호소와 주장이 많을 수 있지만, 항일통일전선이라는 정책이 결정된 이상, 정치적 주장은 최대한 자제하고 항일 전쟁을 위한 건설적 제안을 많이 해야 한다고 보았다. 하지만 이와 같은 시각은 결국 현실적으로 통일전선의 수장인 장제스를 따를 수밖에 없다는 한계를 보인다. 다시 말해서, 왕밍은 중국공산당의 독자성 원칙을 비판하기 위해 이 표현을 인용한 것이다.

[290] | 中共中央文獻研究室 編, 『毛澤東傳』2, 中央文獻出版社, 2013;2022: 511쪽에서 재인용.

[291] | 中共中央文獻研究室 編, 『毛澤東傳』2, 中央文獻出版社, 2013;2022: 511쪽에서 재인용.; 郭德宏 編, 『王明年譜』, 北京: 社會科學文獻出版社, 2014: 351쪽을 참조하라.; 中共中央文獻研究室 編, 『毛澤東年譜1893-1949 修訂本』中, 北京: 中央文獻出版社, 2013: 42쪽을 참조하라.

는 정치권력의 기구 개편이 아니라 통일된 국방정부國防政府를 제기해야 한다."²⁹² 또한 "행정 제도상 산시山西와 같은 지역에서는 산시·간쑤·닝샤 특별 지역陝甘寧特區²⁹³과 같은 정책을 시행하면 안 된다. 예전부터 사용하던 현정부縣政府나 현장縣長과 같은 제도를 그대로 유지해야 하며, 그것을 항일 인민정부의 행정 제도로 새롭게 고쳐서도 안 된다. 류사오치 동지가 저술한 소책자²⁹⁴에는 새로운 주장들이 너무 많이 들어 있다."²⁹⁵

왕밍이 '통일전선을 구성하는 양당 가운데 누가 [더] 주요 세력인가?', '국민당이 지닌 지도 역량의 우위를 인정할 수밖에 없다.'라고 명확하게 언급한 이상, 그의 '모든 것이 항일 민족통일전선을 거쳐야' 한다는 말도 분

---

292 | 中共中央文獻研究室 編, 『毛澤東傳』2, 中央文獻出版社, 2013;2022: 511쪽에서 재인용.

293 | '산시陝西·간쑤甘肅·닝샤寧夏 특별 지역特區'은 그 3개 성의 접경 지역에 세워진 혁명근거지를 가리킨다. 그것은 '산시陝西·간쑤 소비에트 지역蘇區'·'산시陝西·간쑤·닝샤 접경 지역邊區'이라고도 불렸다. 1935년 10월, 중앙 홍군의 주력이 대장정을 마치고 산시陝西 북부에 도착하면서 산시 북부 지역은 중국 혁명운동의 핵심 근거지가 되었다. 1937년 9월 6일, 중국공산당은 국공합작에 관한 양당의 합의에 따라 '산시陝西·간쑤 소비에트 지역'을 '산시陝西·간쑤·닝샤 접경 지역'으로 그 명칭을 변경했다. 이처럼 동일 지역을 다양하게 표현하는 현상에는 중국공산당의 독자적 행정 체계를 인정할 것인가의 문제가 자리한다. 다시 말해서, 중국공산당 입장에서 '산시陝西·간쑤·닝샤 접경 지역'은 중국공산당 중앙이 위치한 곳이다. 따라서 그것을 '산시陝西·간쑤 소비에트 지역'으로 부를 수 없다면, 당연히 '산시陝西·간쑤·닝샤 특별 지역'으로 불러야 한다. 하지만 국민당은 그러한 독자적 행정 체계의 명칭 사용을 인정하지 않았다. 그로 인해 '접경 지역'과 '특별 지역'이라는 표현이 혼용되는 현상이 발생했다. 楊東, 「從特區到邊區-陝甘寧根據地地域名稱的政治博弈與生成邏輯」, 『人文雜誌』2019年第3期를 참조하라.

294 | 劉少奇, 「抗日遊擊戰爭中的若干基本問題」, 『劉少奇選集』上, 北京: 人民出版社, 1981: 88-89쪽을 참조하라. 이 글은 원래 陶尙行라는 필명과 함께 「抗日遊擊戰爭中各種基本政策問題」(解放出版社)라는 제목으로, 1937년 10월 16일에 출판된 것이다. 중국공산당에서 항일 유격전을 다룬 최초의 저술이 알려져 있다. 전체 구성은 6개 절로 되어 있지만, 『劉少奇選集』에서는 1-4절까지만 실렸다.

295 | 郭德宏 編, 『王明年譜』, 北京: 社會科學文獻出版社, 2014: 352쪽을 참조하라.

명히 '모든 것이' 장제스를 '거쳐야' 한다는 의미가 된다. 또한 그가 강조한 '종속服從'도 모든 것이 장제스에 '종속'된다는 의미일 뿐이다.

그는 군사 문제에 대해서도 '통일'을 이뤄야 한다고 강조했다. "우리는 통일적인 지휘를 옹호해야 한다. 8로군도 장제스의 통일적인 지휘를 받아야 한다. 우리는 통일된 규율·작전 계획·보급품을 두려워하지 않는다. 단, 무의미한 희생이 발생하지 않도록 주의해야 한다. 홍군의 개편은 단지 명칭상의 변경뿐만 아니라 내용상에서도 변경되는 것이다."[296]

그리고 "우리 8로군八路軍과 신4군新四軍은 군대를 분열시키는 통일이 아니라 [군대 전체를] 통일시키는 방향으로 나아가야 한다. 예전에 국민당의 제한된 항전을 문제시했던 것은 그들을 재촉하기 위함이었다. 하지만 이제는 [국민당] 정부가 진행하는 항전의 좋은 점을 내세워야 하며, 많은 인민들을 모아 그 항전을 도와야만 한다. 따라서 예전처럼 지나칠 정도로 문제를 제기하지 말아야 한다."[297] 나아가 "항일 전쟁이라는 상황에서 국민당의 통제를 두려워할 필요는 없다. 오히려 우리의 [대응] 방법이 적절하지 못했다. 인민들이 8로군을 지지한다고 해서 많은 동지들이 지나치게 고무되어 있는데, 그것도 좋지 못하다."[298]

그렇다면 장제스의 정치적 태도는 어떻게 평가되었을까? 왜냐하면 그것이 장제스 정책의 대응 방식을 결정짓는 근거였기 때문이다. 당시 장제스가 항일 전쟁을 결심했을 뿐만 아니라 적극적으로 그것에 뛰어들었다는 점에서 긍정적이며, 공산당과의 관계도 눈에 띠게 나아졌다고 할 수 있다. 그것은 국공합작에 기초한 항일 민족통일전선이 유지되는 데 매우 중요한

---

[296] 中共中央文獻研究室 編,『毛澤東傳』2, 中央文獻出版社, 2013;2022: 511쪽에서 재인용. 참고로, 이 인용문에서 저자는 '통일된 보급품'을 '統一給養'으로 표기하고 있지만,『毛澤東傳』2에서는 '統一經濟'로 제시되어 있다.

[297] 中共中央文獻研究室 編,『毛澤東傳』2, 中央文獻出版社, 2013;2022: 510-511쪽에서 일부 재인용.

[298] 王明在十二月會議上的報告記錄, 1937年12月9日. | 周國全·郭德宏,『王明傳(增訂本)』, 北京: 人民出版社, 2014: 274쪽에서 일부 재인용.

사안들이었다.

그런데 그는 공산당에 대한 의심이 매우 깊어서, 항전 시기 내내 공산당을 통제하거나 흡수하려고 했을 뿐만 아니라 심지어 절멸시킬 기회만 엿보고 있었다. 1937년 12월이 되었을 때, 상하이는 이미 적에게 함락되었고, 난징도 대단히 위태로운 상황이었다. 이처럼 당시 전쟁의 형세는 매우 긴박했다.

장제스의 일기 가운데 "이번 달의 중대사 예정표"[299]를 보면, "항전의 장기화라는 최악의 상황을 생각해야 한다."[300]면서, 그것의 두 번째 조항에서는 "기회를 틈타 소란을 피워 민중과 정권을 획득하려는 공산당"[301]을 막아야 한다고 적혀 있다. 또한 그는 "공산당과 군벌 정치인들에 대한 지침"[302]이라고 적으면서 다음과 같이 규정했다. "국공합작이 결렬되기 전까지는 애써 인내심을 가지고 대처해야 한다. 하지만 일단 그것이 결렬된다면 조금의 망설임도 없이 비상수단을 사용해야 한다."[303] 여기서 그가 일찍부터 품었던 살기를 느낄 수 있다.

12월 회의가 열리고 그 이튿날인 1937년 12월 10일, 장제스는 일기에 다음과 같은 내용을 남겼다. "전반적인 상황을 고려해보면, 당분간은 공산당과 협력해 일본에 함께 대항할 수 있도록 하는 것이 적절해 보인다."[304] "공산당과 속히 협상을 시작해야 한다."[305] 여기서는 '당분간'이라는 표현

---

299 | 蔣介石, 『蔣中正日記』1937(12月1日), 抗戰歷史文獻研究會, 2015: 139쪽.
300 | 蔣介石, 『蔣中正日記』1937(12月1日), 抗戰歷史文獻研究會, 2015: 139쪽.
301 | 蔣介石, 『蔣中正日記』1937(12月1日), 抗戰歷史文獻研究會, 2015: 139쪽.
302 | 蔣介石, 『蔣中正日記』1937(12月1日), 抗戰歷史文獻研究會, 2015: 139쪽.
303 蔣介石日記(手稿本), 1937年12月1日. 이 자료는 미국 스탠퍼드 대학 후버연구소에 소장되어 있다. | 蔣介石, 『蔣中正日記』1937(12月1日), 抗戰歷史文獻研究會, 2015: 139쪽.
304 | 蔣介石, 『蔣中正日記』1937(12月10日), 抗戰歷史文獻研究會, 2015: 142쪽.
305 蔣介石日記(手稿本), 1937年12月10日. 이 자료는 미국 스탠퍼드 대학 후버연구소에 소장되어 있다. | 蔣介石, 『蔣中正日記』1937(12月10日), 抗戰歷史文獻研究會, 2015: 142쪽.

에 주목할 필요가 있다. 그것은 국공합작이 장제스에게 그저 일시적인 계책에 불과했다는 점을 알려준다.

그는 12월 11일 일기의 주의 사항 부분에서 "공산당을 통제해 그들이 소란을 피우지 않도록 해야 한다."[306]고 썼다. 그리고 13일[307]에는 다시 "공산당의 음모와 반동파"[308]에 주의를 기울여야 한다고 하면서 다음을 언급했다. "일단 [관계가] 깨지면 공산당과 반동파를 단칼에 잘라내야 한다. 그 성공 여부는 문제 삼지 않겠다."[309]

이처럼 장제스는 국공합작이 시작되었을 때부터 '공산당에 대한 통제' 방법을 찾았으며, 필요한 시점에 '단칼에 잘라낸다'는 식의 단호함으로 공산당에 대응하고자 했다. 그는 그것을 단 한 순간도 잊지 않았다. 만약 12월 회의에서 제기된 왕밍의 노선에 따라 모든 경계심을 풀고 협상 과정에 임했다면, 나아가 '8로군[조차] 장제스의 통일적인 지휘를 받'게 되었다면, 그런 상황에서 장제스가 언제든 자신의 태도를 바꾼다면 공산당과 혁명은 사라질 운명에 처했을 것이다.

논의 과정에서 마오쩌둥은 린보취에 이어 두 번째 발언자로 나섰는데, 거기서 왕밍의 보고에 회답했다. "침략을 막기 위한 단결은 우리의 근본 방침이다. 그 방침의 실행은 안팎으로 일관되어야 하며, 확실하게 이행되어야 한다."[310]

---

306 蔣介石日記(手稿本), 1937年12月11日. 이 자료는 미국 스탠퍼드 대학 후버연구소에 소장되어 있다. | 蔣介石, 『蔣中正日記』1937(12月11日), 抗戰歷史文獻研究會, 2015: 143쪽.

307 | 이 부분의 내용은 12월 13일이 아니라 12월 12일자 일기에서 찾아볼 수 있다.

308 | 蔣介石, 『蔣中正日記』1937(12月12日), 抗戰歷史文獻研究會, 2015: 144쪽. 이 언급은 12월 12일자 일기의 주의 사항 1번에 제시되었다.

309 蔣介石日記(手稿本), 1937年12月13日. 이 자료는 미국 스탠퍼드 대학 후버연구소에 소장되어 있다. | 蔣介石, 『蔣中正日記』1937(12月12日), 抗戰歷史文獻研究會, 2015: 144쪽. 이 언급은 12월 12일자 일기의 주의 사항 3번에 제시되었다.

310 | 中共中央文獻研究室 編, 『毛澤東年譜1893-1949 修訂本』中, 北京: 中央文獻出版社, 2013: 42쪽을 참조하라.

또한 왕밍이 언급한 통일전선과 군사적 문제에 대해서는 다음과 같이 지적했다. "통일전선이라는 문제에서 전체적 방침은 침략을 막기 위한 단결에 적합한가이다. 통일전선은 '조화'와 '투쟁'의 대립적 통일이라는 점에서 이해되어야 한다. 지금은 당연히 '조화'를 중시해야 한다. 그럼에도 불구하고 우리는 정치적 호소는 적게 하고, 건설적 제안은 많이 하자는 장나이치의 주장을 비판해야 한다."[311] 즉, "우리는 정치적으로 호소하되, 그것을 실행에 옮길 때는 국민당을 거쳐서 한다거나 국민당에 제안하는 방식으로 해야 한다."[312]

따라서 "홍군의 문제인 8로군과 유격대는 당연히 전국적인 군대의 일부지만, 정치적으로는 구별되어야 한다."[313] "우리가 말하는 독자성은 일본과 벌이는 전투상의 독자성이다. 독자적인 산악전은 전략적 필요에 따른 전술이다. 왜냐하면 유격전은 우리가 매우 뛰어나기 때문이다."[314]

그리고 "만약 공산당이 독자적이지 않다면, 공산당의 격은 국민당과 같은 수준으로 떨어질 것이다. 국민당과 공산당의 관계에는 누가 누구를 끌고 갈 것인가라는 문제가 있다. 그런데 [공산당의 입장에서] 그것은 국민당이 공산당의 정치적 영향력을 인정하도록 하는 것이지, 국민당을 공산당 쪽으로 끌어오려는 것이 아니다."[315]

---

311 | 中共中央文獻研究室 編, 『毛澤東年譜1893-1949 修訂本』中, 北京: 中央文獻出版社, 2013: 42쪽을 참조하라.

312 | 中共中央文獻研究室 編, 『毛澤東年譜1893-1949 修訂本』中, 北京: 中央文獻出版社, 2013: 42쪽을 참조하라.

313 | 中共中央文獻研究室 編, 『毛澤東年譜1893-1949 修訂本』中, 北京: 中央文獻出版社, 2013: 42쪽을 참조하라.

314 | 中共中央文獻研究室 編, 『毛澤東年譜1893-1949 修訂本』中, 北京: 中央文獻出版社, 2013: 42쪽을 참조하라.

315 毛澤東在十二月會議上的發言, 1937年12月10日. | 中共中央文獻研究室 編, 『毛澤東年譜1893-1949 修訂本』中, 北京: 中央文獻出版社, 2013: 42쪽을 참조하라. 저자는 위의 마오쩌둥 발언이 12월 10일에 이루어진 것으로 밝혔지만, 『연보』에서는 12월 11일과 12일 이틀 동안 이루어진 것이라고 소개한다. 中共中央文獻研究室 編, 『毛澤東

마오쩌둥은 이후 옌안의 정풍운동 시기에 12월 회의를 언급하면서 다음과 같이 회고했다. "나는 고립되어 있었다. 당시 나는 다른 모든 것들에 동의했지만, 지구전持久戰과 유격전 그리고 통일전선에서의 독자성과 같은 원칙적 문제에 대해서는 끝까지 입장을 바꾸지 않았다."[316] 그 당시 마오쩌둥은 소련에서 돌아온 왕밍을 알게 된 지 얼마 되지 않았고, 코민테른의 입장도 정확하게 파악하지 못한 상태였다. 그래서 그의 발언은 신중했을 뿐만 아니라 말투도 부드러웠다. 그럼에도 불구하고 실제로는 뤄촨 회의를 비판한 왕밍에 대해 명확한 태도를 취했던 것이다.

왕밍은 코민테른 집행위원회 의장단의 구성원이자 중앙政治서기처의 서기 후보였을 뿐만 아니라 일찍이 영향력이 컸던「8·1 선언」[317]을 직접 작성한 이력을 가지고 있었다. 그런 이유에서 그가 12월 회의의 보고 내용을 코민테른의 지시 사항이라고 별도로 언급하지 않았더라도, 대부분의 사람들은 그의 말을 코민테른의 의견으로 받아들였다.

10년 동안의 내전을 거친 국민당과 공산당이 다시 협력을 한다는 것은 대단히 새로운 경험을 요구하는 문제였다. 또 다시 협력을 하려면 일련의 양보들을 할 수밖에 없는데, 그 가운데 양보하기 어려운 중차대한 사안도 있었다. 많은 사람들이 협력과 독자성의 관계를 어떻게 적절히 다룰 것인지, 나아가 어떻게 하면 그 중간의 '기준度'을 정확하게 파악할 수 있는지에 대해 명확하게 판단하지 못했다.

그러한 상황에서 왕밍의 보고를 듣게 되자, 이전의 통일전선 사업을 점

年譜1893-1949 修訂本』中, 北京: 中央文獻出版社, 2013: 42쪽.

316　毛澤東在中共中央政治局會議上的發言記錄, 1943年11月13日. | 中共中央文獻研究室 編, 『毛澤東年譜1893-1949 修訂本』中, 北京: 中央文獻出版社, 2013: 480쪽을 참조하라.

317　|「8·1 선언」은 코민테른 주재 중국공산당 대표단이 1935년 8월 1일에 작성한「항일 구국을 위해 중국 소비에트 정부와 중국공산당 중앙이 모든 동포들에게 보내는 서한」을 가리킨다. 그 해 10월 1일, 그것은 중화소비에트공화국 중앙정부와 중국공산당 중앙위원회의 명의로 프랑스 파리에서 출간된『구국보救國報』에 실렸다. 그 선언문은 전체 인민의 단결, 내전 중단, 항일 구국, 국방정부와 항일 연합군의 건설을 호소했으며, 2차 국공합작의 필요성을 제시한 것으로 평가된다.

검하면서 각기 다른 수준의 자기비판을 행한 핵심 지도자들이 적지 않았다. 예를 들어, 다음과 같은 발언들이 있었다. "항일 전쟁 이후 국민당의 본질적인 변화에 대한 고려가 부족했다." "우리의 독자성 강조는 통일전선과 대립되어 갔다."

그리고 "[인민 전체가 참여하는] 전면적 항전을 [정부 차원의] 제한된 항전과 대립시켰다." "항일이라는 근본 문제에 집중하지 못한 채, 민주와 민생 문제가 자주 항일 문제와 함께 나열되거나 심지어는 그것이 강조되기까지 했다." "국민당의 제한된 항전은 반드시 실패할 것이라는 비판에만 치중했다."

또는 "당 차원에서 독자성을 과도하게 내세웠다." "독자성을 여러 영역으로 확장시키는 것은 통일전선을 저해한다. 예를 들어, 독자적으로 군사적 구역을 세우는 것, 자체적으로 벌금을 부과하는 것, 그리고 녜룽전이 옌시산에게서 합법적인 승인을 얻지 못한 것[318] 등이 있다."

왕밍과 비교적 가까웠던 두 명의 정치국원도 다음과 같이 말했다. "항일이 그 무엇보다 중요하기 때문에 모든 것은 민족통일전선을 거쳐야 하고, 모든 것은 민족통일전선을 위해 복무해야 한다는 점을 구호로 제시해야 했지만, 그렇게 하지 못했다." "군중 운동의 모든 것은 통일전선을 위한 것이자 통일전선에 종속되는 것이다."[319]

---

318 | 1937년 10월, 화베이 지역의 전시 상황으로부터 마오쩌둥은 녜룽전에게 우타이산五臺山 지역에 항일 근거지를 건설하게 하고, 팔로군 주력의 이동을 지시했다. 녜룽전이 주도한 진차지晉察冀 접경 지역 정부는 적의 후방에 위치한 최초의 통일전선 정부였다. 당시 그는 국공 양당의 관계를 고려해 옌시산에게 7통의 전보를 보내 진차지 접경 지역 정부에 대한 국민정부의 승인을 요청했지만, 옌시산은 아무런 반응을 보이지 않았다. 그 이후, 진차지 접경 지역 정부가 산시山西에서 허베이와 차하르로 옌시산의 세력을 확장하는 데 도움이 된다고 하자, 그는 그때서야 그것에 동의했다.

319 十二月會議記錄, 1937年12月10日·11日. | 저자는 여기서 누가 이 발언들을 한 것인지 밝히지 않고 있다. 따라서 「十二月會議記錄」을 직접 확인하지 않는 이상, 누구의 발언인지를 파악하는 것은 어렵다. 대신 회의 참석자들의 명단은 공개되어 있는

그런데도 막상 회의에서는 관련 내용의 결의안이 채택되지 못했고, 중국 공산당 중앙의 상임위원 교체도 없었다. 그로 인해 뤄촨 회의에서 결정된 정치적 노선은 여전히 지속될 수 있었다. 12월 회의에서 확정된 것은 마오쩌둥을 주석으로 하고, 왕밍을 서기로 한 중국공산당 제7차 전국대표대회 준비위원회를 구성했다는 점이다.[320]

또한 왕밍이 옌안에 돌아와 "그가 스탈린과 이야기를 나눴다고 한다."[321] 라는 식의 말이 있는 것처럼, 그가 그것을 떠벌리고 다녔던 점도 간과해서는 안 된다. 그때 스탈린은 중국공산당에서 매우 특별한 권위를 인정받고 있었다. 그래서 왕밍이 그렇게 말하는 것 자체가 사람들에게 자신의 주장과 스탈린의 의견이 같다는 오해를 불러일으켰다. 그것은 그가 많은 사람들에게 영향력을 행사할 수 있었던 주요 원인이기도 했다.

그 당시 스탈린은 소련의 동쪽과 서쪽에 대한 일본과 독일의 협공을 우려했기 때문에, 확실히 장제스의 군사적 역량을 지나치게 중시하고 있었다. 그래서 그는 장제스를 통해 일본이 소련의 동쪽으로 공격해오는 것을 견제하고자 했다. 그렇지만 사정이 이와 같다고 해서 왕밍의 12월 회의 주장들을 곧바로 스탈린의 의견으로 간주할 수는 없다.

왕밍과 캉성이 중국으로 돌아오기 사흘 전인 1937년 11월 11일, 그들은 디미트로프·왕자샹과 함께 크렘린궁에서 스탈린의 의견을 들었다. 그것은 중국공산당에 대한 스탈린의 태도를 알려주는 가장 중요한 담화였다. 다행스럽게도 디미트로프는 자신의 일기에서 당시 담화의 요점을 상세하게 기록했다.

스탈린은 "현재 중국공산당이 해결해야 할 근본적인 문제는 민족 전체

데, 마오쩌둥, 저우언라이, 보구, 린보취, 장궈타오, 장원톈, 펑더화이, 캉성, 류사오치, 천윈, 왕밍, 카이펑, 샹잉이 그들이다.

320 | 1945년 4월 23일부터 6월 11일까지 옌안에서 개최되었다.

321 周恩來選集 編委會, 『周恩來選集』下, 北京: 人民出版社, 1984: 311쪽. | 周恩來, 「共産國際和中國共産黨」, 中共中央文獻編輯委員會 編, 『周恩來選集』下, 北京: 人民出版社, 1984: 311쪽.

의 흐름에 스며드는 것과 그들의 지도적인 위치에 올라서는 것"[322]이라고 보았다. 그가 언급한 것은 '지도적인 위치에 올라서'야 한다는 것이지, 12월 회의의 왕밍처럼 '역량을 갖추지 못한 채, 말로만 무산계급의 지도를 떠들어서는 안 된다.'는 것이 아니었다. 하물며 중국공산당이 장제스를 '모두 거쳐'야 하고, 장제스에 '모두 종속되'어야 한다는 것은 더더욱 아니었다.

나아가 그는 구호도 제시했는데, "그 구호는 바로 '중국 인민의 독립을 쟁취하려는 전쟁에서 승리하자!', '자유로운 중국을 쟁취하고, 일본 침략자들을 반대하자!'이다."[323] 그는 그밖에 다른 어떠한 구호도 제시하지 않았다.

또한 스탈린은 군사 문제를 논하면서 다음을 주장했다. "8로군은 3개 사단이 아니라, 반드시 30개 사단이 있어야 한다."[324] 그리고 "8로군에 아직 포병이 없다면, 대응 전략은 직접적인 공격이 아니라 적들을 교란시키는 것이어야 한다. 그를 통해 적들을 자기 진영으로 끌어들여 그들의 후방을 타격해야 한다."[325] 다시 말해서, 적군과 아군에 큰 전력 차이가 존재할 경우, 8로군은 유격전을 전개해야만 한다. 그러므로 그것은 당연히 '장제스의 통일적인 지휘를 받'는 것이 아니다.

보이보[薄一波, 1908-2007]도 1938년에 왕자샹에게 다음과 같은 이야기를 전해 들었다고 기억했다. 그것은 왕자샹이 왕밍 등과 함께 스탈린을 만났을 때 들었던 스탈린의 중요 발언으로, 그 대략적인 의미는 다음과 같다. "중국은 지금 통일전선에 몰두하고 있는데, [통일전선이라는 이름 아래] 자신이

---

[322] | Georgi Dimitrov/馬細譜 等譯, 『季米特洛夫日記選編』, 桂林: 廣西師範大學出版社, 2002: 60쪽.

[323] | Georgi Dimitrov/馬細譜 等譯, 『季米特洛夫日記選編』, 桂林: 廣西師範大學出版社, 2002: 60쪽.

[324] | Georgi Dimitrov/馬細譜 等譯, 『季米特洛夫日記選編』, 桂林: 廣西師範大學出版社, 2002: 60쪽.

[325] Georgi Dimitrov/馬細譜 等譯, 『季米特洛夫日記選編』, 桂林: 廣西師範大學出版社, 2002: 60쪽.

상대편 쪽으로 끌려가지 않도록 조심해야 한다. 바다에서 수영할 결심은 하되, 그 바다에 빠져죽어서는 안 된다."[326]

12월 회의가 시작되었을 때, 장원톈 역시 그 발언을 인용했었다.[327] 당연하게도 그 의미는 '모든 것이 거쳐야 하'고 '모든 것이 종속되'는 것이 아니라, 통일전선 사업에서 자신의 독자성을 유지해야 한다는 점을 환기시켜주는 데 있다. 보이보는 다음과 같이 회고했다. "[스탈린의] 그 말은 나에게 매우 깊은 인상을 남겼다. 왜냐하면 당시 나는 국민당 소속의 지방 명망가들과 통일전선 사업을 수행하고 있었기 때문이다. 그 말은 나에게 많은 도움이 되었다."[328]

위에서 언급된 내용들을 알고 나면, 다음의 내용을 이해하는 것도 그리 어렵지 않다. 즉, 코민테른에서 중국의 상황을 더 많이 알아가면서 왜 왕밍을 지지하지 않았는지, 그리고 그들이 왜 마오쩌둥을 중심으로 한 중국공산당 지도부의 문제 해결을 명확하게 천명했는지 말이다. 그것은 우연이 아니었다.

물론 나중에 저우언라이가 밝혔던 것처럼, "두 번째 왕밍 노선이 코민테른과 전혀 관계가 없다고 할 수는 없을 것이다. 스탈린도 왕밍을 신임했고, 디미트로프와 왕밍의 관계도 좋았기 때문이다. 후에 내가 모스크바에서 디미트로프에게 왕밍의 오류를 지적했을 때, 디미트로프는 그 말을 듣고서 놀랍다는 반응을 보였다."[329] 이처럼 저우언라이의 평가에는 매우 신중하고 정확한 어휘가 사용되었다. 거기에는 어떠한 의미상의 축소나 과장도

---

326 | 徐則浩, 『王稼祥傳』, 北京: 當代中國出版社, 1996: 288쪽에서 재인용.

327 | "민족 혁명이라는 흐름에서, 그 흐름에 빠져 허우적대지 말아야 한다. 민족 혁명의 흐름에서 독자성을 유지해야만 우리는 그 바다에 빠져 죽지 않을 것이다." 張聞天在十二月會議上的政治報告記錄, 1937年12月9日.

328 薄一波在中央整黨工作指導委員會第十次辦公會議上的講話, 1984年2月11日.; 徐則浩, 『王稼祥傳』, 北京: 當代中國出版社, 1996: 288쪽에서 재인용.

329 周恩來選集 編委會, 『周恩來選集』下, 北京: 人民出版社, 1984: 311쪽. | 周恩來, 「共産國際和中國共産黨」, 中共中央文獻編輯委員會 編, 『周恩來選集』下, 北京: 人民出版社, 1984: 311쪽.

없었다.

3) 창장국長江局의 설치와 3월 회의

12월 회의가 시작되었을 때, 난징은 아직 함락된 상태가 아니었다. 그래서 회의 초반에는 "왕밍 동지는 난징에서 중앙으로 돌아와 업무에 복귀한다."라고 결정했고, 그가 업무에 복귀하면 통일전선부統一戰線部를 주관하도록 했다. 그런데 난징이 함락되자, 왕밍은 우한武漢으로 가려고 했다. 당시 국민정부는 난징에서 총칭重慶으로 옮겼지만, 장제스와 국민당의 주요 당黨·군軍·정政 기관들은 모두 우한으로 갔기 때문이다. 전국 각계각층의 애국 민주 인사와 사회적 저명인사, 그리고 외국의 외교관과 기자들 대부분이 우한으로 모여들었다.

왕밍은 옌안에 머물지 않고 서둘러 우한으로 떠났는데, 그 이유는 분명 그에게 당시 우한만이 중국 정치의 중심 무대였다는 점일 것이다. 저우언라이는 훗날 당시 왕밍이 "12월에 떠난 것은 장제스 정부에 참여入閣할 의사가 있었기 때문"이라고 지적했다. 마오쩌둥이 그를 "분칠에다가 단장을 하고는 제 발로 찾아갔다"[330]고 평가한 것도 그러한 의미에서였다.

1937년 12월 18일, 왕밍·저우언라이·보구 등이 우한에 도착했다. 그리고 21일에 장제스와 회담이 열렸다. 그날 그들은 중국공산당 중앙에 전보를 보내, 장제스가 왕밍에게 "우한에서 협조해주기를"[331] 바란다는 내용을 알렸다. 그렇게 해서 그는 우한에 남게 되었다.

그런데 장제스는 자신의 일기에 그날 일을 담담하게 적어놓았다. "공산당 대표들과 조직 문제를 논했는데, 지금은 그들이 할 수 있는 것을 다 하

---

330 | 毛澤東,「吸取歷史教訓, 反對大國沙文主義」,『毛澤東文集』7, 北京: 人民出版社, 1999: 121쪽.

331 | 王明·周恩來·博古·葉劍英致洛甫·毛澤東並中共中央政治局的電報, 1937年 12月 21日. |「陳紹禹等關於同蔣介石談判情況給張聞天等的報告」, 中共中央文獻研究室·中央檔案館 編,『建黨以來重要文獻選編1921-1949』14, 北京: 中央文獻出版社, 2011: 757쪽.

도록 편안하게 대해 주어야 한다."³³² 여기서는 두 가지에 주목해야 한다. 첫째, 그가 언급한 '지금은 그들을 편안하게 대해 주어야 한다.'와 11일 전 [12월 10일] 일기에서 말한 '당분간은 공산당과 협력해 일본에 함께 대항할 수 있도록 한다.'는 것이 동일한 의미라는 점이다. 다시 말해서, 그것은 그저 일본군의 대대적인 공세를 막아내야 할 때, 중국공산당에게 '그들이 할 수 있는 것을 다 하'게 만드는 미봉책에 불과했다.

둘째, 장제스가 그날 처음 왕밍을 만났는데, 일기에서는 왕밍의 이름조차 언급하지 않았다. 이로부터 그가 왕밍을 그리 중시하지 않았다는 사실을 알 수 있다. 그것은 이후 저우언라이도 지적했다. "당시 장제스도 왕밍을 필요로 하지 않았기 때문에 그 어떤 장관직도 그에게 맡기지 않았다. 마오쩌둥 동지는 만약 장제스가 왕밍에게 장관직을 맡겼다면 상황이 더 나빠졌을 수도 있다고 했다."³³³ 또한 저우언라이는 왕밍이 장제스에게 선택받지 못한 이유 가운데 하나는 처신은 가볍고, 제대로 된 실력을 갖추지 못해 사람들의 주목을 끌지 못했기 때문이라고 평가한 바 있다.

이틀 후인 12월 23일, 우한에서 중국공산당 중앙 대표단과 [중국공산당] 창장 중앙국長江中央局의 제1차 연석회의가 개최되었다. 회의에서는 다음과 같이 결의했다. "A. 대표단과 중앙국의 구성원이 대체로 겹치기 때문에 업무의 집중과 편의를 위해 하나의 조직으로 통합한다. 외부에는 중앙 대표단이라고 하고, 내부적으로는 창장국이라고 한다. B. 중국공산당 대표단과 창장 중앙국은 샹잉·보구·저우언라이·예젠잉·왕밍·둥비우·린보취가 담당한다. C. 당분간은 왕밍이 서기를 맡고, 저우언라이는 부서기를 맡는다. 이

---

332 蔣介石日記(手稿本), 1937年12月21日. 이 자료는 미국 스탠퍼드 대학 후버연구소에 소장되어 있다. | 蔣介石, 『蔣中正日記』1937(12月21日), 抗戰歷史文獻研究會, 2015: 147쪽.

333 周恩來選集 編委會, 『周恩來選集』下, 北京: 人民出版社, 1984: 311-312쪽. | 周恩來, 「共産國際和中國共産黨」, 中共中央文獻編輯委員會 編, 『周恩來選集』下, 北京: 人民出版社, 1984: 311-312쪽.

상의 A, B, C 3가지 사항을 중앙정치국에 보고해 승인을 요청한다."³³⁴

창장 중앙국이 설치된 이후, 그것은 항일 민족통일전선을 확장시키기 위해 많은 중요 사업들을 추진했다. 그 당시 국민당은 비교적 최선을 다해 항전에 임했고, 공산당과의 관계도 어느 정도 나아진 상태였다. 반면, 중국공산당은 다양한 방식으로 장제스와 국민당 당국에 다양한 제안을 하면서도 그들과 힘겨루기를 벌였다.

1938년 1월, 국민당 대표들은 국공 양당 관계위원회에서 '하나의 정당, 한 명의 지도자, 하나의 주의主義'라는 주장을 제기했다.³³⁵ 2월 10일, 저우언라이는 장제스를 만난 자리에서 '하나의 당 운동—黨運動'을 퍼뜨리면 심각한 결과가 초래될 것이라고 지적했다. 이에 장제스는 다음과 같이 언급했다. "모든 당파들의 존재를 없애거나 불인정하는 일은 없으니, 하나로 합쳐지길 바랄 뿐이다."³³⁶

저우언라이는 그날 중국공산당 중앙에 전보를 보내 "그는 여전히 하나의 당이라는 생각을 품고 있다."³³⁷고 평가했다. 그러고는 그 자리에서 장제

334　中央代表團與長江中央局第一次聯席會議記錄, 1937年12月23日. | 中共中央文獻研究室 編, 『周恩來年譜: 1898-1949(修訂本)』, 北京: 中央文獻出版社, 1998: 403쪽을 참조하라.

335　| '하나의 정당, 한 명의 지도자, 하나의 주의'라는 구호는 당시 부흥사復興社의 주요 인물이던 캉쩌[康澤, 1904-1967]와 류젠췬[劉健群, 1902-1972]이 1938년 1월부터 공공연히 주장했는데, 그것이 1938년 2월 10일 『소탕보掃蕩報』의 사설을 통해 공식화되었다. 부흥사의 공식 명칭은 '중화민족 부흥사'이고, '남의사藍衣社'라고도 불렸다. 장제스는 1932년 4월에 '민족의 부흥'이라는 이름으로 국민당 내부에 특수 임무를 담당하는 조직을 설치했다. 이 단체의 주요 임무는 중국공산당과 혁명 세력을 파괴하고, 정찰·납치·심문·암살 등의 수단을 사용해 진보적 인사와 다른 세력들을 탄압하는 것이었다. 부흥사는 1938년 4월에 해체를 선언했고, 그 해 7월에 창립된 삼민주의 청년단에 공개적으로 흡수되었다. 그 가운데 특무처는 군사위원회 조사통계국[軍統局]으로 확대 개편되었다.

336　| 中共中央文獻研究室 編, 『周恩來年譜: 1898-1949(修訂本)』, 北京: 中央文獻出版社, 1998: 412쪽.

337　| 中共中央文獻研究室 編, 『周恩來年譜: 1898-1949(修訂本)』, 北京: 中央文獻出版社,

스에게 국민당과 공산당을 없앤다는 것은 불가능하며, "연합하는 과정에서 대안을 모색할 수 있"[338]을 뿐이라고 답했다.

당시 우한은 각계각층의 많은 인사들이 모여든 곳이었다. 예전에는 공산당이 '포위 공격圍剿'과 삼엄한 봉쇄라는 여건에 놓여 있었기 때문에 국민당 통치 지역에서 공개적인 활동을 할 수 없었다. 그래서 공산당을 잘 알지 못하는 사람들이 적지 않았다.

그 시기의 창장국은 여러 합법적인 방식을 통해 그들과 광범위하게 교류하면서 공산당의 주장을 알리고, 서로의 신뢰와 우의도 증진시켰다. 또한 많은 수의 진보적 청년들을 옌안과 혁명근거지로 보냈다. 저우언라이는 중국공산당 중앙의 승인을 받아 국민정부 군사위원회 정치부 부부장副部長까지 겸임하게 되었는데, 그는 그와 같은 진지를 활용해 군중들의 애국적인 구국 운동을 기세등등하게 펼쳐 나갔다.

또한 창장국은 윈난雲南·구이저우貴州·쓰촨四川·후난湖南·후베이湖北·안후이安徽·장시江西·저장浙江·푸젠福建·광둥廣東·광시廣西·허난河南 등의 성省들과 동남분국東南分局[339], 그리고 신4군新四軍의 당 관련 업무를 지도하는 역할을 담당했다. 중일 전쟁이 발발하기 이전에 그 지역의 공산당 조직들은 '좌'편향적 오류의 부정적인 결과로 인해 매우 심각하게 훼손되거나 파괴되었다. 어떤 지역에서는 조직이 아예 존재하지 않았으며, 대부분의 지역에서는 당 조직을 복구하지도 새롭게 만들지도 못하는 실정이었다.

창장국은 그 지역들에서 신속하게 각급 조직을 재건했고, 많은 활동가들을 공산당으로 끌어 들였으며, 신4군의 편제 업무도 완료했다. 당시 창장국에서 일했던 덩잉차오는 훗날 다음과 같이 회고했. "항일 전쟁 초기에

1998: 412쪽을 참조하라.

338 陳紹禹·周恩來·秦邦憲·葉劍英·董必武致毛澤東·張聞天意見, 1938年2月10日. | 中共中央文獻研究室 編, 『周恩來年譜: 1898-1949(修訂本)』, 北京: 中央文獻出版社, 1998: 412쪽.

339 | 동남분국은 항일 전쟁 시기에 중국공산당 중앙이 동남 지역에 파견한 기구이다. 이후 중국공산당 중앙 동남국으로 명칭이 바뀐다.

창장국이라는 조직이 왕밍의 우경화된 투항주의적 노선을 이행했는지, 그리고 그것이 우한에서의 활동에 영향을 끼쳤는지를 따져본다면, 우리는 영향이 일부 있었다고 인정해야만 한다. 샹잉은 창장국 위원으로 왕밍의 영향 아래 있었지만 그가 받은 영향은 그리 크지 않았다. 다시 말해서, 그에게 전반적으로 영향을 끼친 것이 아니라 업무상의 결함을 발생시킬 정도였다. 당시 창장국의 민주와 집중이라는 제도는 완벽하지 못했고, 일의 분담은 마치 선을 그어 놓은 듯 각자가 자신의 일만을 담당했다."[340] 이것은 실사구시에 기초한 분석이다. 이처럼 창장국에서 수행한 사업들은 이후 중국의 정치적 국면 전개에 지대한 영향을 끼쳤다.

창장국 시기에 왕밍이 범한 오류는 앞서 저우언라이이 밝혔던 것처럼, "당 외부의 국민당에 무분별하게 굴종적 태도를 취하면서도, 당 내부적으로는 계속 독단적인 행동을 일삼는다는 점"[341]에 있었다. 이 짧은 표현에 그 핵심이 있다. 그런데 왕밍이 우한에 있는 동안 그와 같은 오류는 더욱 두드러졌다.

창장국 설치 사흘째인 12월 25일, 왕밍은 「중국공산당의 시국 선언」을 『신화일보新華日報』와 주간지인 『군중群衆』에 공개적으로 발표했다. 중국공산당의 이름으로 발표된 그 「선언」은 놀랍게도 중국공산당 중앙의 승인을 위한 보고조차 이루어지지 않은 것이었다. 그것은 국민당과 공산당의 견고한 협력이 지닌 중요성을 강조했다는 점에서 타당했다. 하지만 항전 노선의 전면화와 독자성 원칙을 견지한 중국공산당의 「항일 구국의 10대 강령」이라는 목표에는 미치지 못했다.

「선언」에서는 다음과 같이 밝히고 있다. "우리의 군軍과 민民은 국민정부

---

[340] 「鄧穎超談長江局及其婦女工作」, 中共湖北省委黨史資料徵集編研委員會·中共武漢市委黨史資料徵集編研委員會 編, 『抗戰初期中共中央長江局』, 武漢: 湖北人民出版社, 1991: 473쪽.

[341] | 中國延安精神研究會 編, 「延安整風運動紀實」, 『延安整風五十周年: 紀念延安整風五十周年文集』, 北京: 黨建讀物出版社, 1995: 279쪽.

군사위원회의 위원장인 장제스 선생의 지도 아래"[342], "우리의 통일적인 국가권력과 국가의 군대가 만들어지기 시작했다."[343] 또한 "중국 전역에서 통일된 국민혁명군을 공고히 하면서도 그것을 확장시키"[344]려면, "[내부적으로] 통일된 지휘, 통일된 규율, 통일된 무장, 통일된 대우, 통일된 작전 계획"[345]이 필요하다고 역설했다.

같은 날, 왕밍은 미국의 UP[346] 통신 기자인 벨든[Jack Belden, 1910-1989][347]과 회견하면서 다음과 같이 언급했다. "국민정부 군사위원장인 장제스 선생은 영명하고 단호하며, 뛰어난 재능과 큰 계책을 지녔기 때문에 전국적인 항전을 지도할 만하다."[348] 또한 "항일 전쟁 이후, 중국은 모든 방면에서 일정 정도의 진보를 이루었다. 예를 들어, 정부 차원에서는 중국 전역의 통

---

342 | 中國共産黨中央委員會, 「中國共産黨對時局宣言-鞏固國共兩黨精誠團結, 貫徹抗戰到底, 爭取最後勝利」, 潘梓年 主編, 『群衆』1, 湘潭: 湘潭大學出版社, 2014: 84쪽. 참고로, 『群衆』는 『紅藏: 進步期刊總彙1915-1949』편집출판위원회, 『紅藏: 進步期刊總彙1915-1949』, 湘潭: 湘潭大學出版社, 2014의 일흔아홉 번째 시리즈로 제작되었다.

343 | 中國共産黨中央委員會, 「中國共産黨對時局宣言-鞏固國共兩黨精誠團結, 貫徹抗戰到底, 爭取最後勝利」, 潘梓年 主編, 『群衆』1, 湘潭: 湘潭大學出版社, 2014: 84쪽.

344 | 中國共産黨中央委員會, 「中國共産黨對時局宣言-鞏固國共兩黨精誠團結, 貫徹抗戰到底, 爭取最後勝利」, 潘梓年 主編, 『群衆』1, 湘潭: 湘潭大學出版社, 2014: 84쪽.

345 『群衆』週刊第1卷第4期, 1938年1月1日. | 中國共産黨中央委員會, 「中國共産黨對時局宣言-鞏固國共兩黨精誠團結, 貫徹抗戰到底, 爭取最後勝利」, 潘梓年 主編, 『群衆』1, 湘潭: 湘潭大學出版社, 2014: 84쪽.

346 | UP(United Press)는 1907년에 미국 뉴욕에서 만들어진 통신사다. 1958년, INS(International News Service)와의 합병을 통해 지금의 UPI(United Press International)가 되었다.

347 | 벨든의 중국어 이름은 貝爾德이 널리 알려져 있는데, 당시 그는 白得恩이라는 중국어 이름을 사용했다. 中國新四軍和華中抗日根據地硏究會 編, 『國際友人筆下的新四軍』, 解放軍出版社, 2016: 3쪽 각주*.

348 | 陳紹禹, 『王明選集』5, [日本] 汲古書院, 1975: 80쪽.; 「陳紹禹(王明)先生與美國合衆社記者白得恩先生的談話」, 『新華日報』, 1938년1月18日.; 『新華日報(1938-1947)』1(1938,1,11.-1938,6,30.), 上海: 上海書店, 1987: 30쪽.

일된 중앙정부가 만들어지기 시작했다."³⁴⁹ "이와 함께 중국 전역에서 통일된 국민혁명군의 토대가 마련되기 시작했다는 점은 더욱 큰 의의를 지닌다."³⁵⁰

이틀 후인 12월 27일에 그는 「시국 전환의 핵심 문제」라는 또 한 편의 글을 작성했는데, 거기서는 국민당과 공산당의 협력을 더욱 공고히 해야 하고, 또한 그것을 확장시켜야 한다는 점을 강조하면서 국민당과 공산당은 중국의 우수한 진보적 청년들 대부분이 모여드는 곳이라고 밝혔다.³⁵¹

국민당 측에서 '하나의 정당, 하나의 지도자, 하나의 주의'를 열광적으로 옹호하던 시점인 1938년 2월 10일과 12일, 『신화일보』와 주간지 『군중』에 연이어 마오쩌둥 명의의 「옌안의 신중화보新中華報 기자 기광其光 선생과의 대담」이 발표되었다.³⁵² 그런데 그것은 사실 마오쩌둥이 아니라 왕밍이 작성한 글이었다.

그것의 주요 내용은 "지금 국민당이 '일당 독재 정치'를 실시해야 한다."³⁵³는 주장을 반박하는 데 있었다.³⁵⁴ 하지만 문제는 중국공산당 중앙의 승인을 위한 보고도 이루어지지 않았을 뿐만 아니라 마오쩌둥 본인의 동

---

349 | 陳紹禹, 『王明選集』5, [日本] 汲古書院, 1975: 77쪽. ; 「陳紹禹(王明)先生與美國合衆社記者白得恩先生的談話」, 『新華日報』, 1938年1月18日. ; 『新華日報(1938-1947)』 1(1938.1.11.-1938.6.30.), 上海: 上海書店, 1987: 30쪽.

350 陳紹禹, 『王明選集』5, [日本] 汲古書院, 1975: 77쪽. 「陳紹禹(王明)先生與美國合衆社記者白得恩先生的談話」, 『新華日報』, 1938年1月18日. ; 『新華日報(1938-1947)』 1(1938.1.11.-1938.6.30.), 上海: 上海書店, 1987: 30쪽.

351 『群衆』週刊第1卷第4期, 1938年1月1日을 참조할 것. | 陳紹禹(王明), 「挽救時局的關鍵」, 潘梓年 主編, 『群衆』1, 湘潭: 湘潭大學出版社, 2014: 59쪽.

352 | 이 글이 『群衆』에 실린 날짜는 1938년 2월 12일(『群衆』週刊第1卷第10期)이다. 저자는 게재 일자를 2월 22일로 소개했는데, 그것을 바로잡는다. 「毛澤東先生與延安新中華報記者其光先生的談話」, 潘梓年 主編, 『群衆』1, 湘潭: 湘潭大學出版社, 2014: 185-190쪽을 참조하라. 다시 말해서, 같은 글이 두 번 발표된 것이다.

353 | 潘梓年 主編, 『群衆』1, 湘潭: 湘潭大學出版社, 2014: 187쪽.

354 「毛澤東先生與延安新中華報記者其光先生的談話」, 『新華日報』, 1938年 2月 10日. | 『新華日報(1938-1947)』1(1938.1.11.-1938.6.30.), 上海: 上海書店, 1987: 123쪽.

의도 얻지 못한 데 있었다. 기사가 발표되던 당일에서야 중앙서기처에 전보를 보내 다음과 같이 알렸다. "그 기사가 마오쩌둥의 명의로 발표된 것은 한편으로 그의 위상을 높이기 위해서였고, 다른 한편으로는 이곳을 책임지는 동지들과 국민당이 정면으로 충돌하는 것을 피하려는 데 그 이유가 있었다. 그런데 시간이 촉박했고 글의 길이가 [중국어로] 10,000자 가까이 되었기 때문에 사전에 마오쩌둥과 서기처의 검토를 요청하지 못했다. 그 점 양해해주기 바란다."[355] 이렇듯 중앙을 무시하는 행동은 그때까지 한 번도 없었던 일이었다.

왕밍이 보기에 당시 상황은 다음과 같았다. 즉, 12월회의 이후 중앙정치국 상임위원은 모두 9명이었다. 그 가운데 비판을 받고 있던 장궈타오를 제외한다면, 옌안에 장원톈·마오쩌둥·캉성·천윈 4명, 창장국에 왕밍·저우언라이·보구·샹잉 4명이 있었다. 따라서 그는 자신이 옌안에 있는 중앙서기처와 대등한 지위에서 마음대로 할 수 있다고 생각했던 것이다.

그즈음인 2월 6일에 열린 중앙 대표단과 창장국의 연석회의에서는 다음의 내용이 결의되었다. "2월 22일에 정치국회의의 개최를 중앙에 요청한다."[356] 이튿날, 왕밍·저우언라이·보구·둥비우·예젠잉은 중앙서기처에 전보를 보내 "최근 시국 전반에 새롭게 나타난 심각한 문제들이 많다."[357]고 하면서 중앙정치국회의의 소집을 제기했다. 그 다음날, 중앙서기처는 전보로 그것에 동의했다.

그렇다면 도대체 시국 전반에 어떤 '새롭게 나타난 심각한 문제'들이 발생한 것일까? 그것은 대체로 다음의 두 가지를 가리킨다. 첫째, 중국 침략

355　中共武漢市委黨史研究室, 『抗日戰爭初期中共中央長江局史』上, 北京: 中共黨史出版社, 2011: 413쪽. | 周國全·郭德宏, 『王明傳(增訂本)』, 北京: 人民出版社, 2014: 291쪽.

356　中央代表團與長江局第九次聯席會議記錄, 1938年2月6日. | 中共武漢市委黨史研究室, 『抗日戰爭初期中共中央長江局史』上, 北京: 中共黨史出版社, 2011: 395쪽.

357　中共武漢市委黨史研究室, 『抗日戰爭初期中共中央長江局史』上, 北京: 中共黨史出版社, 2011: 396쪽. | 中共中央文獻研究室 編, 『周恩來年譜: 1898-1949(修訂本)』, 北京: 中央文獻出版社, 1998: 412쪽.

전쟁을 수행하는 일본 작전 본부는 신속하게 진푸津浦철도를 관통해 쉬저우徐州를 점령한 다음, 롱하이隴海철도를 차단해 우한을 포위·점령하고자 했다. 전쟁 국면이 날로 심각해져갔다. 둘째, 국민당 측에서 '하나의 정당, 하나의 지도자, 하나의 주의'를 거듭 옹호한다는 점, 그리고 1월 17일에 신화일보사가 폭도들에 의해 습격당하는 사건[358]이 발생했다는 점 때문에 정치적 상황은 날로 악화되고 있었다.

중앙정치국회의가 2월 27일에서 3월 1일까지 옌안에서 개최되었는데, 그것은 흔히 '3월 정치국회의'로 불린다. 왕밍은 회의에서 정치 보고를 담당했는데, 거기서 다시 12월 회의를 긍정했다. "지난 정치국회의의 방침은 올바르다. 하지만 기본적인 통일전선 정책에 관한 당내 교육도 부족했고, 새롭게 해석한 논문들도 많지 않았다고 본다. 또한 지난 정치국회의에서는 결의안도 작성하지 못했을 뿐만 아니라 국민당이 제안한 의견에 대해 어떠한 것도 밝히지 못했다. 그것은 정치적 손실이다."[359]

그리고 왕밍은 국민당과 공산당의 관계를 언급했다. "현재 장제스를 비롯한 국민당은 국공합작을 인정하지 않고 있는데, 신화일보에 국공합작, 나아가 공산주의와 공산당과 같은 내용의 게재를 허용하지 않는다. 천리푸도 공산당이 국민당에 투항하는 것만을 생각하고 있다. 또한 국민당은 국민당 군사위원회의 명령에 복종하는 것만을 군령軍令의 통일로 본다. 이른

---

358 | 1938년 1월 17일, 『신화일보』가 창간된 지 일주일 만에 국민당의 보수 진영이 사주한 20-30명의 폭도들이 쇠막대기와 도끼를 들고 신문사 영업부에 침입하여 전화선을 절단하고, 식자실과 기계실의 설비들을 파괴한 사건을 말한다. 이에 저우언라이는 신문이 계속 출판될 수 있도록 점검하면서 장제스에게 공식적인 항의를 전달했다. 『신화일보』는 당시 저우언라이 등이 주도해 1938년 1월 11일에 창간한 중국공산당의 전국 기관지로, 1947년 2월 2일까지 발행되었다. 또한 그것은 1949년 4월에 난징에서 복간되었으며, 1952년부터는 중국공산당 장쑤성 위원회의 기관지가 되었다. 이후 『신화일보』는 2001년에 신화일보 신문출판그룹이 설립되면서 당 기관지의 성격을 벗어나게 되고, 2011년에 신화신문출판미디어그룹이라는 명칭 변경을 통해 지금까지 이어지고 있다.

359 | 郭德宏 編, 『王明年譜』, 北京: 社會科學文獻出版社, 2014: 381쪽을 참조하라.

바 군정軍政 통일이라는 것도 사실 인사人事의 통일이기 때문에 그들이 직접 8로군 간부들을 배치하고자 한다."³⁶⁰

그렇다면 그는 이에 어떻게 대응해야 한다고 보았을까? "우리에게 통일된 군령이라는 것은 통일된 지휘, 통일된 규율, 통일된 급여(산시山西 지역 군대의 경우, 8로군은 4위안 50전, 산시山西군은 6위안 50전, 중앙군은 9위안 20전으로 급여가 통일되어 있지 않았다.), 그리고 통일된 무기이다."³⁶¹ 또한 "지금 국민당은 하나의 군대만이 존재한다고 하는데, 우리도 그 구호에 반대할 수는 없다. 『대공보大公報』에서도 국가에는 초당파적인 국가의 군대가 필요하다고 주장하고 있다. 따라서 당의 안팎에서는 통일된 군대라는 문제를 교육해야만 한다."³⁶²

왕밍은 '통일정부와 중앙정부 옹호라는 문제에 대해서'도 다음과 같은 견해를 밝혔다. "지금 접경 지역 혁명근거지邊區에서 시행되고 있는 정당 활동 금지라는 조치를 해제하고, 국민당의 활동을 공개적으로 허용해야 한다. 현재 특별 지역 혁명근거지特區에서 국민당의 활동을 허용하지 않는 것은 좋지 않다."³⁶³ 나아가 "8로군이 새롭게 점령한 지역 또한 중화민국의 일부이기 때문에 중앙정부에 복속시키는 편이 낫다."³⁶⁴

마오쩌둥은 그 다음날인 2월 28일에 발언에 나섰다. "나는 군사적 문제만 말하겠다. 우선 군사軍事적 측면에서 전쟁의 장기성長期性을 말하고자 한

---

360 | 王明在三月政治[局]會議上的政治報告記錄, 1938年2月27日. | 中共武漢市委黨史硏究室, 『抗日戰爭初期中共中央長江局史』上, 北京: 中共黨史出版社, 2011: 397쪽을 참조하라.

361 | 王明在三月政治[局]會議上的政治報告記錄, 1938年2月27日. | 中共武漢市委黨史硏究室, 『抗日戰爭初期中共中央長江局史』上, 北京: 中共黨史出版社, 2011: 397-398쪽을 참조하라.

362 | 王明在三月政治[局]會議上的政治報告記錄, 1938年2月27日. | 郭德宏 編, 『王明年譜』, 北京: 社會科學文獻出版社, 2014: 381쪽에서 일부 재인용.

363 | 郭德宏 編, 『王明年譜』, 北京: 社會科學文獻出版社, 2014: 381쪽을 참조하라.

364 王明在三月政治[局]會議上的政治報告記錄, 1938年2月27日. | 郭德宏 編, 『王明年譜』, 北京: 社會科學文獻出版社, 2014: 381-382쪽에서 재인용.

다."³⁶⁵ 그리고 다음을 지적했다. "중국의 항전은 결국 승리할 수밖에 없지만, 어떻게 최후의 승리를 거둘 것인가에 대해서는 정해진 답이 없다. 이것은 모든 이들이 알아야 하는 문제다."³⁶⁶ 군사적 문제는 당시 정치국회의의 중요한 의제 가운데 하나였다. 마오쩌둥이 상세히 분석했던 그 내용은 사실 머지않아 발표될『지구전을 논함論持久戰』³⁶⁷의 초고였다.

정치국회의의 마지막 날, 왕밍이 회의 결론을 보고하자 마오쩌둥은 다시 한번 발언에 나섰다. "왕밍 동지는 현 상황에서 다시 우한으로 가서는 안 된다."³⁶⁸ 당시 마오쩌둥은 왕밍이 다시 옌안을 떠나 우한으로 돌아가게 하면 안 된다는 점을 알고 있었지만, 다른 사람들은 그렇지 못했다.

그래서 그 사안은 표결에 부쳐졌는데, 찬성 5표와 반대 3표가 나와 다음과 같이 결정되었다. "정치국에서는 왕밍 동지와 카이펑 동지가 함께 우한에 가는 것을 결정했다. 왕밍 동지는 한 달 후에 돌아오고(우한과 시안西安의 교통이 끊길 것으로 예상되는 경우, 그 시점은 앞당겨진다), 카이펑 동지는 창장국에 남아 근무한다."³⁶⁹

그런데 우한으로 돌아간 왕밍은 '한 달 뒤에 돌아오라'는 결정을 무시하고, 계속 우한에 머물렀다. 게다가 그는 우한에 도착하자마자, 3월 11일에 중앙에 보고도 하지 않고 중앙의 동의도 거치지 않은 「3월 정치국회의의 최종 입장」이라는 글을 개인 명의로 작성했다. 그리고 그것을 주간지『군중』에 공개적으로 발표했다.「최종 입장」은 서두에서부터 3월 회의에 참석

---

365 | 中共中央文獻硏究室 編,『毛澤東傳』2, 中央文獻出版社, 2013;2022: 516쪽을 참조하라.

366 毛澤東在三月政治局會議上的發言記錄, 1938年2月28日. | 中共中央文獻硏究室 編,『毛澤東年譜1893-1949 修訂本』中, 北京: 中央文獻出版社, 2013: 53쪽을 참조하라.

367 | 毛澤東,『毛澤東選集』2, 北京: 人民出版社, 2009: 439-518쪽을 참조하라.

368 | 中共中央文獻硏究室 編,『毛澤東傳』2, 中央文獻出版社, 2013;2022: 517쪽에서 재인용.

369 三月政治局會議記錄, 1938年3月1日. | 中共中央文獻硏究室 編,『毛澤東傳』2, 中央文獻出版社, 2013;2022: 517쪽을 참조하라.

한 정치국 위원들 사이에 "현 시국과 당의 업무라는 문제에서 완전한 의견의 일치를 보았다."[370]고 선언했다. 왕밍은 "어떻게 항전을 지속하고, 그 항전에서 승리할 것인가?"[371]에 대해 다음과 같이 답했다. "반드시 통일된 국가의 군대를 만들어야만 한다."[372]

그것을 구성하는 기본 조건에는 7가지가 있는데, 바로 통일된 지휘, 통일된 편제, 통일된 무장, 통일된 규율, 통일된 대우, 통일된 작전계획, 통일된 작전행동이 그것이다.[373] 그리고 그는 어떻게 싸울 것인가에 대해서는 다음을 요구했다. "기동전을 중심으로 하면서 진지전을 결합하고, 유격전으로 그것을 보완한다는 전략적 방침을 확정한다. 그리고 그러한 방침을 보편적으로 적용한다."[374] 이처럼 그는 '보편적으로'라는 몇 글자를 통해 8로군과 신4군에 기동전 중심의 전투 방식을 요구했는데, 그것은 뤄촨 회의에서 결정된 전략적 방침을 뒤집는 행위였다.

왕밍은 「최종 입장」에서 다음과 같은 내용도 제시했다. "현재 국민당은 정부와 군대 모두에서 지도적인 위치를 차지하고 있다."[375] "산시陝西·간쑤·닝샤 접경 지역의 정부는 중화민국의 지방정부 가운데 하나다. 그것은 통일된 중앙으로서의 국민정부에 종속된다."[376] 나아가 각 지역의 군중 단체

---

370 | 陳紹禹(王明), 「三月政治局會議的總結-目前抗戰形勢與如何繼續抗戰和爭取抗戰勝利」, 潘梓年 主編, 『群衆』1, 湘潭: 湘潭大學出版社, 2014: 326쪽.

371 | 陳紹禹(王明), 「三月政治局會議的總結-目前抗戰形勢與如何繼續抗戰和爭取抗戰勝利」, 潘梓年 主編, 『群衆』1, 湘潭: 湘潭大學出版社, 2014: 326쪽.

372 | 陳紹禹(王明), 「三月政治局會議的總結-目前抗戰形勢與如何繼續抗戰和爭取抗戰勝利」, 潘梓年 主編, 『群衆』1, 湘潭: 湘潭大學出版社, 2014: 331쪽.

373 | 陳紹禹(王明), 「三月政治局會議的總結-目前抗戰形勢與如何繼續抗戰和爭取抗戰勝利」, 潘梓年 主編, 『群衆』1, 湘潭: 湘潭大學出版社, 2014: 331쪽을 참조하라.

374 | 陳紹禹(王明), 「三月政治局會議的總結-目前抗戰形勢與如何繼續抗戰和爭取抗戰勝利」, 潘梓年 主編, 『群衆』1, 湘潭: 湘潭大學出版社, 2014: 330쪽.

375 | 陳紹禹(王明), 「三月政治局會議的總結-目前抗戰形勢與如何繼續抗戰和爭取抗戰勝利」, 潘梓年 主編, 『群衆』1, 湘潭: 湘潭大學出版社, 2014: 332쪽.

376 | 陳紹禹(王明), 「三月政治局會議的總結-目前抗戰形勢與如何繼續抗戰和爭取抗戰勝利」,

들도 "정부 기관에 등록해야 할 뿐만 아니라 정부의 지도를 받아야만 하며"[377], "이를 통해 군중 운동과 군중 조직을 통일시킨다."[378]

그 글은 무슨 이유에서인지 완성되고 거의 한 달 반 정도가 지나서야 『군중』 19호[1938년 4월 23일]에 실릴 수 있었다. 그런데 그 시점은 3월 정치국회의에서 왕밍에게 한 달만 우한에 머물다가 돌아오라고 한 결정이 이미 지난 후였다. 그런데도 그는 여전히 옌안으로 돌아가지 않았다.

마오쩌둥은 5월 26일에서 6월 3일까지 옌안에서 『지구전을 논함』의 강연을 진행했는데, 그 내용이 얼마 후 공식 출판되었다. 그것은 전국적인 항전을 과학적으로 지도하는 군사 이론이자 강령으로서, 왕밍이 「3월 정치국회의의 최종 입장」에서 퍼뜨린 여러 잘못된 논점들을 명확하게 지적했다.

7월 초, 중국공산당 중앙은 창장국에 그 글을 『신화일보』에 게재하라는 전보를 보냈다. 하지만 왕밍은 글이 너무 길다는 이유로 게재를 거절했다. 중앙에서는 연재하는 방식도 무방하다고 또다시 요구했지만, 왕밍은 계속해서 그것을 거부했다. 이후, 저우언라이 등은 그것을 『신군총서新群叢書』라는 이름의 단행본으로 만들어 신화일보와 함께 판매하는 방식을 택했는데, 그 책은 [전선과 떨어진] 대후방大後方[379] 지역에서 큰 반향을 불러일으켰다.

왕밍은 이렇듯 중앙을 무시하고 독단적으로 행동하는 경우가 매우 많았다. 8월 6일, 마오쩌둥은 왕밍과 카이펑에게 다음과 같은 전보를 보냈다. "『신화일보』에 게재된 참정회參政會 축하 전보의 일부 문구들이 고쳐졌는데, 그렇게 되면 내가 참정회에 보낸 것, 그리고 해방보解放報에 게재한 것이 서로 일치하지 않게 된다. 이처럼 우리들의 의견 불일치를 외부에 드러

潘梓年 主編,『群衆』1, 湘潭: 湘潭大學出版社, 2014: 333쪽.

377 | 陳紹禹(王明),「三月政治局會議的總結-目前抗戰形勢與如何繼續抗戰和爭取抗戰勝利」, 潘梓年 主編,『群衆』1, 湘潭: 湘潭大學出版社, 2014: 334쪽.

378 『群衆』週刊[第1卷]第19期, 1938年4月23日을 참조할 것. | 陳紹禹(王明),「三月政治局會議的總結-目前抗戰形勢與如何繼續抗戰和爭取抗戰勝利」, 潘梓年 主編,『群衆』1, 湘潭: 湘潭大學出版社, 2014: 334쪽.

379 | 중일 전쟁 시기의 서남西南·서북西北 지역을 가리킨다.

내는 것은 그다지 적절해 보이지 않는다. 앞으로 형님들의 의견이 있다면, 먼저 후방에 알려주었으면 한다. 그래야 일치된 내용을 발표할 수 있기 때문이다."[380]

왕밍은 언제나 대도시나 국민당 상층부와 맺는 관계를 활동의 중심에 놓았고, 우한을 옌안보다 더 중시했으며, 그 자신을 중앙서기처보다 높은 곳에 위치시켰다. 그리고 그는 중국공산당 중앙이 제6기 중앙위원회 6차 전체회의의 소집을 준비하고 있을 때, 우한이나 시안에서 전체회의를 개최하자고 제안하기도 했다. 귀국 이후에는 한동안 자신이 지도자인 양 행세하면서 말과 행동이 제멋대로였다. 그로 인해 더는 그를 참아내기 어려운 지경에 이르렀다.

마오쩌둥은 옌안의 정풍운동 시기에 다음과 같이 언급한 적이 있다. "왕밍 노선의 특징은 이와 같다. ① 속전속결론速勝論을 근거로 지구전을 반대한다. ② 모든 것은 통일전선을 거쳐야 한다고 주장하면서 독자성을 반대한다. ③ 군사적으로는 유격전을 반대하고, 기동전을 주장한다. ④ 이상의 3가지 문제에서 근본적인 차이를 보였는데, 조직적으로는 개별적인 행동을 일삼았고, 중앙에 복종하지도 않았으며, 종파주의만을 불러일으켰다."[381] 이제 왕밍의 문제는 해결하지 않으면 안 되는 시점이 되었다.

4) 코민테른에서 진행된 논의들

왕밍이라는 문제를 해결하려면 코민테른의 동의와 지지가 필요했다. 그러한 상황에서 중국공산당 중앙은 3월 정치국회의를 통해 다음을 결정했다. 즉, 12월 회의 이후에 보여준 왕밍의 각종 언행과 중국공산당의 실정을 잘 알고 있는 런비스 중앙정치국 위원을 모스크바로 보내 코민테른에 직접 보고하게 하고, 그가 왕자샹이 맡고 있던 코민테른 주재 중국공산당 대

380　毛澤東致陳紹禹·凱豊電, 1938年8月6日. | 中共中央文獻研究室 編, 『毛澤東年譜1893-1949 修訂本』中, 北京: 中央文獻出版社, 2013: 87쪽.

381　毛澤東在西北局高幹會上的報告記錄, 1943年10月14日. | 中共中央文獻研究室 編, 『毛澤東年譜1893-1949 修訂本』中, 北京: 中央文獻出版社, 2013: 475쪽을 참조하라.

표직을 대신한다는 것이다.

런비스가 당시 모스크바에서 그와 같은 문제들을 해결하는 데 별다른 어려움을 겪지는 않았다. 오히려 그 과정은 매우 순조로웠다고 할 만하다. 사실 그것은 놀라운 일이 아니었는데, 처음부터 코민테른과 중국공산당 중앙 사이에 이견이라는 것이 없었기 때문이다. 1938년 3월 말, 런비스가 모스크바에 도착했다. 4월 14일, 그는 코민테른 집행위원회에 참석해 의장단에게 「중국 항일 전쟁의 정세와 중국공산당의 업무 및 임무」라는 서면 형식의 보고용 요지문을 제출했는데, 직접 손으로 작성한 그 요지문은 [중국어로] 15,000자에 달한다.[382]

우선 그것은 중국 항일 전쟁의 정세를 분석하면서 다음을 제기했다. 즉, 중국의 인민·정부·군대가 민족의 생존을 수호하기 위한 자위 투쟁에 나섰다는 점, 그로부터 일본 침략자들이 상당한 타격을 입었을 뿐만 아니라 중국은 내부적으로 전례 없는 단결과 통일의 상황이 조성되었다는 점이 그것이다. 이와 함께 다음의 내용도 지적했다. "국민당과 정부는 여전히 군중운동을 두려워해 민중을 제대로 동원하지 못하고 있다."[383] 또한 "군사적으로는 단순하게 정면방어 작전이라는 방침을 취하고 있다."[384]

요지문은 이어서 항일 민족통일전선의 현황을 언급했는데, 거기서는 시안 사변 이후 국민당과 공산당의 협력이 점차 구체화되었으며, 항전이 시작된 다음부터는 그러한 협력이 나날이 강화되어가고 있다고 평가했다. 또한 "공산당은 통일전선에서 조직적 독립과 비판적 자유를 유지해야만 한다. 그리고 그러한 비판에는 선의가 있어야 하며, 투항주의와 고립주의關門

---

[382] 런비스의 「中國抗日戰爭的形勢與中國共產黨的工作和任務」에는 두 가지 판본이 존재한다. 하나는 1938년 4월 14일에 서면으로 제출된 보고용 요지문이고, 다른 하나는 1938년 5월 17일에 코민테른에서 구두로 보고된 수정본이다. 전자는 中共中央文獻研究室 編, 『文獻和研究(1985年匯編本)』, 北京: 人民出版社, 1986: 54-79쪽, 후자는 任弼時, 『任弼時選集』, 北京: 人民出版社, 1987: 164-207쪽을 참조하라.

[383] 中共中央文獻研究室 編, 『文獻和研究(1985年匯編本)』, 北京: 人民出版社, 1986: 56쪽.

[384] 中共中央文獻研究室 編, 『文獻和研究(1985年匯編本)』, 北京: 人民出版社, 1986: 56쪽.

主義에 반대해야 한다."³⁸⁵

나아가 다음을 언급했다. "장제스는 중국에 단 하나의 정당만이 있을 수 있다는 생각에 공산당을 국민당의 파벌로 끌어들이려 했다. 부흥사復興社(국민당 내부의 파벌)의 보수주의자들은 '하나의 주의', '하나의 정당', '하나의 지도자', '하나의 군대', '하나의 정부'와 같은 구호들을 내세우며, 트로츠키 패거리들과 결탁해 공산당과 8로군을 공격하고 있다."³⁸⁶

한편, 요지문은 적지 않은 지면을 할애해 항전을 펼치고 있는 8로군의 활약을 소개했다. "8로군은 홍군 시대부터 노동자·농민 대중과 긴밀한 협조 관계를 맺어온 우수한 전통이 있는데, 이번 항일 전쟁에서도 지방의 인민들과 매우 친밀한 관계를 형성하고 있다."³⁸⁷ "8로군이 핑싱관平型關·광양廣陽 지역, 그리고 적들의 취약 지점에서 거둔 수많은 승리들로 인해, 항일 전쟁에 대한 군대와 인민 전체의 자신감이 높아졌다."³⁸⁸ 그리고 "적이 점령한 후방 지역에서 펼쳐진 8로군의 광범위한 유격전으로부터 진차지晉察冀 3성省의 접경 지역에 지속가능한 근거지가 만들어졌다."³⁸⁹

그 요지문에서 주목을 끈 부분은 결론이다. "8로군은 국민혁명군으로 개편된 이후에도 공산당의 지도가 일관되게 유지되고 있다."³⁹⁰ 또한 별도로 다음을 강조했다. "8로군과 신4군에서 공산당의 지도를 일관되게 강화하고, 지난 10년 동안 축적된 우수한 홍군의 전통을 유지·활용한다. 그와 함께 일반 지휘관과 병사들의 정치적·군사적·기술적 수준을 향상시켜 외부로부터의 악영향을 차단한다."³⁹¹

---

385 | 中共中央文獻研究室 編,『文獻和研究(1985年匯編本)』, 北京: 人民出版社, 1986: 62쪽.
386 | 中共中央文獻研究室 編,『文獻和研究(1985年匯編本)』, 北京: 人民出版社, 1986: 63쪽.
387 | 中共中央文獻研究室 編,『文獻和研究(1985年匯編本)』, 北京: 人民出版社, 1986: 67쪽.
388 | 中共中央文獻研究室 編,『文獻和研究(1985年匯編本)』, 北京: 人民出版社, 1986: 67쪽.
389 | 中共中央文獻研究室 編,『文獻和研究(1985年匯編本)』, 北京: 人民出版社, 1986: 68쪽.
390 | 中共中央文獻研究室 編,『文獻和研究(1985年匯編本)』, 北京: 人民出版社, 1986: 69쪽.
391 任弼時,「中國抗日戰爭的形勢與中國共產黨的工作和任務」(報告大綱), 手稿, 1938年4月 14日, 3·8·9·12-14·21쪽. | 中共中央文獻研究室 編,『文獻和研究(1985年匯編本)』, 北

그리고 한 달 후, 런비스는 코민테른 집행위원회 의장단 회의에서 보완한 요지문을 상세히 설명했다. 그 논의 과정에는 왕자샹도 발언자로 참여했는데, 그는 항일 민족통일전선이 1차 통일전선과 다른 점은 "국민당과의 1차 협력이 결렬된 후에 이루어진 2차 협력이고, 또한 국민당과 공산당은 현재 무장이 갖춰진 상태"[392]라고 덧붙였다.

코민테른은 처음부터 항전 이후 중국공산당의 실정을 잘 알지 못했는데, 런비스의 보고를 듣고는 별다른 이의 없이 그것을 높이 평가했다. 왕자샹은 귀국한 다음 그 평가를 이렇게 전했다. "디미트로프가 코민테른의 논의 과정에서 발언한 내용은 다음과 같다. 중국공산당이 지난 1년 동안 항일 통일전선을 구축했는데, 특히 주더·마오쩌둥 등이 8로군을 이끌면서 새로운 당 정책을 시행했다. 코민테른은 중국공산당의 정치노선이 올바르다고 본다. 또한 중국공산당이 복잡한 환경과 어려운 여건에서도 마르크스-레닌주의를 정확히 활용했다고 평가했다."[393]

1938년 6월 11일, 코민테른 집행위원회 의장단은 논의 결과로부터 두 가지 문서를 채택했다. 하나는 「중국공산당 대표의 보고에 대한 결의안」이라는 내부 문서이고, 다른 하나는 공개적으로 발표된 「코민테른 집행위원회 의장단의 결정」이다.

「결의안」의 표현은 명확했다. "코민테른 집행위원회 의장단은 중국공산당의 활동 보고를 듣고 나서, 중국공산당의 정치노선이 올바르다고 판단했다. 중국공산당은 복잡하고 어려운 여건에서도 유연하게 항일 민족통일전선이라는 정책으로 전환했다. 그로부터 국민당과 공산당은 새롭게 협력할 수 있었고, 민족적 역량을 결집함으로써 일본의 침략에 대항反對했다."[394] 또한, "공산당의 견고함, 독자성, 통일성은 민족통일전선을 지속적으로 발

京: 人民出版社, 1986: 77쪽.

[392] 徐則浩, 『王稼祥傳』, 北京: 當代中國出版社, 1996: 294쪽.

[393] 王稼祥, 『王稼祥選集』, 北京: 人民出版社, 1989: 138쪽.

[394] | 中共中央文獻研究室 編, 『文獻和研究(1985年彙編本)』, 北京: 人民出版社, 1986: 79-80쪽.

전시킬 뿐만 아니라 일본 침략자들에게 승리하기 위한 투쟁의 지속성을 근본적으로 보증해준다."[395]

공개 발표된 「코민테른 집행위원회 의장단의 결정」은 『국제월간』(러시아어판) 1938년 8월호에 게재되었다. 그리고 1938년 9월 8일에 『신화일보』가 그것의 중국어 번역본을 발표했다. 「결정」에서는 다음과 같이 선언했다. "코민테른 집행위원회 의장단은 중국공산당의 정치노선에 전적으로 동의할 뿐만 아니라 코민테른은 일본 침략자들에게 벌이는 중화민족의 해방투쟁에 함께 할 것을 밝힌다."[396] 이처럼 「결정」이 간결한 언어로 국제적 차원에서 중국공산당의 정치노선에 전적으로 동의한다고 선언한 것을 과소평가해서는 안 될 것이다.

원래 왕자샹이 소련에 간 이유는 부상을 치료하기 위해서였다. 런비스가 모스크바에서 코민테른 주재 중국공산당 대표의 업무를 대신하게 되자, 왕자샹은 1938년 7월 초 귀국길에 올랐다. 그가 모스크바를 떠나기 전, 디미트로프는 그와 중요한 대화를 나누었다. 왕자샹은 그것을 다음과 같이 회고했다. "내가 떠나려고 할 때, 그는 나와 런비스 동지에게 의미심장한 말을 간곡하게 전했다. '마오쩌둥 동지를 중국공산당의 지도자로 삼아야만 한다는 점을 모두에게 알려야 한다. 그것은 그가 실제 투쟁을 거쳐 단련되었기 때문이다. 다른 사람들, 예를 들어 왕밍 같은 사람은 더 이상 지도자 자리를 놓고 그와 경쟁해서는 안 된다.'"[397]

귀국한 왕자샹은 중앙의 정치국회의와 이어 개최된 제6기 중앙위원회 6차 전체회의에서 코민테른의 지시, 그리고 디미트로프의 의견을 공식적으로 전달했다. 왕자샹이 가져온 코민테른 지시문에는 다음의 내용이 적혀

---

395 「共產國際執委會主席團關於中共代表報告的決議案」, 『文獻和研究』 1985年第4期. | 中共中央文獻研究室 編, 『文獻和研究(1985年匯編本)』, 北京: 人民出版社, 1986: 82쪽.

396 「共產國際執委會主席團的決定」, 『新華日報』, 1938年9月8日. | 『新華日報(1938-1947)』 2(1938.7.1.-1938.12.31.), 上海: 上海書店, 1987: 284쪽.

397 王稼祥, 「我的履歷」(1968年); 徐則浩, 『王稼祥傳』, 北京: 當代中國出版社, 1996: 296쪽에서 재인용.

있었다. "통일전선에서는 각 당파의 독립성이 유지되어야 한다. 통일의 과정에서 자신의 손발이 묶여서는 안 된다. 최소한도의 원칙綱領만큼은 양보할 수 없다."[398]

특별히 주목을 끄는 것은 왕자샹이 전한 디미트로프의 말이었다. "오늘날의 여건에서는 중국공산당의 주요 책임자들이 한자리에 모이기 어렵기 때문에 문제의 발생 가능성이 높다. 지도 기관에서는 수반인 마오쩌둥의 지도로부터 문제들을 해결해야 하며, 지도 기관은 내부적으로 친밀하고 단합된 분위기를 조성해야 한다."[399]

이처럼 코민테른 집행위원회 의장단의 「결의안」과 「결정」, 그리고 디미트로프의 의견은 왕밍의 우경화 오류를 바로잡는 데 큰 역할을 담당했다. 루딩이는 그것을 회고했다. "이렇게 해서 왕밍 노선이 존재할 수 있었던 첫 번째 이유인 코민테른의 지지가 사라졌다."[400] 중국공산당 중앙은 '수반인 마오쩌둥의 지도로부터 문제들을 해결해야 한다'는 지적에서 보이는 것처럼 마오쩌둥의 위치는 쭌이 회의遵義會議 이후 이미 실질적으로 확정된 것이었다. 하지만 처음으로 코민테른이 그것을 공식적으로 인정했다는 점에서 그 의미는 당연히 작지 않다고 할 수 있다.

코민테른에 대한 마오쩌둥의 태도 역시 매우 긍정적이었다. 훗날 그는 중국공산당 제7차 전국대표대회에서 다음과 같이 발언했다. "쭌이 회의 이후, 중앙의 지도 노선은 올발랐지만 그 과정에서 풍파를 겪기도 했다. 항전 초기의 12월 회의가 첫 번째 풍파였다. 12월 회의의 상황이 계속 이어졌다면 어떻게 되었을까? 어떤 이는 코민테른의 명령으로 귀국했다고 하면서 중국 내부의 상황이 잘 풀리지 않고 있으니 새로운 방침이 필요하다고 했다. 새로운 방침이라는 것은 대체로 두 가지 문제, 즉 통일전선과 전쟁 [방식]이었다. 통일전선의 경우는 독자성을 유지할 것인가 아니면 유지하지

---

398 毛澤東在中共中央政治局會議上的發言記錄, 1943年11月13日. | 毛澤東, 『毛澤東選集』2, 北京: 人民出版社, 2009: 540쪽을 참조하라.
399 王稼祥, 『王稼祥選集』, 北京: 人民出版社, 1989: 141쪽.
400 陸定一, 『陸定一文集』, 北京: 人民出版社, 1992: 8쪽.

않을 것인가, 또는 그것을 약화시킬 것인가의 문제였다. 그리고 전쟁 [방식] 은 독자적인 산악 유격전인가 아니면 기동전인가의 문제였다. 중국공산당 제6기 중앙위원회 6차 전체회의가 중국의 운명을 결정지었다. 중국공산당 제6기 중앙위원회 6차 전체회의가 열리기 전에 『지구전을 논함』과 같은 일부 저서들이 있기는 했지만, 정작 코민테른의 지시가 없었더라면 중국공산당 제6기 중앙위원회 6차 전체회의에서 그 문제를 해결하는 것은 어려웠을 것이다."[401]

5) 중국공산당의 확대 제6기 중앙위원회 6차 전체회의

왕밍 문제를 해결하기 위한 여건은 중국공산당 내부는 물론이고 코민테른 쪽에서도 점차 무르익어갔다. 중국공산당 중앙은 1938년 9월 14일부터 27일까지 제6기 중앙위원회 6차 전체회의의 개최 준비를 위한 정치국회의의 소집을 결정했다. 당시의 정치국회의는 매우 성대하게 열렸다.

첫 번째 의사일정은 코민테른 지시에 관한 왕자샹의 보고였는데, 그것은 어떤 의미에서 회의의 기조를 결정지었다. 이어서 주더·류사오치·저우언라이·보구·샹잉·가오강[高崗, 1905-1954]은 각각 8로군·북방국北方局[402]·중국공산당 대표단·창장국·신4군·접경 지역을 대표해 해당 업무를 보고했으며, 왕밍·장원톈·천윈·캉성은 주제 발표를 진행했다. 9월 24일에는 마오쩌둥이 상임위원회의 논의를 거친 「항일 전쟁과 민족 전선의 새로운 단계, 새로운 정세, 그리고 공산당의 임무」를 정치국회의에서 보고했다.

우선 마오쩌둥은 그 회의의 의의를 거론하면서, 코민테른의 지시는 정치국회의의 성공을 보증해줄 뿐만 아니라 중국공산당 제6기 중앙위원회 6차 전체회의, 나아가 중국공산당 제7차 전국대표대회의 지도 원칙이 된다

401　毛澤東, 『毛澤東在七大的報告和講話集』, 北京: 中央文獻出版社, 1995: 231쪽.

402　| 중국공산당 북방국은 중국공산당 중앙을 대표해 북부 지역의 업무를 담당하는 기관이다. 1924년 12월에 처음 설립되었으며, 리다자오가 서기를 맡았다. 여기서 언급된 북방국은 1936년 4월에 개편된 것으로, 당시 서기는 류사오치였다.

는 점을 강조했다.[403] 그는 계속해서 중국공산당의 책임은 전국의 인민에게 3가지 문제를 설명하는 데 있다고 보았다. "첫째, 항일 전쟁은 장기적인 것인가 아니면 단기적인 것인가이다. 둘째, 최후의 승리는 중국의 것인가 아니면 일본의 것인가이다. 셋째, 어떻게 지구전을 전개해 최후의 승리를 거둘 것인가이다."[404]

그는 항일 전쟁의 형세를 다음과 같이 진단했다. "우한이 함락되고 나면 새로운 단계에 접어들 것이다."[405] "군사적 의미에서는 상호 대치의 단계이다. 정치적 상황은 두 가지 측면이 특징적인데, 그것은 예전보다 나아졌으면서도 그만큼 더 어려워졌다는 점이다."[406]

새롭게 조성된 항일 통일전선의 정세에 관해서는 '통일전선에서의 통일성과 투쟁성'의 문제를 강조했다. "통일전선에서 통일은 근본 원칙으로, 모든 지역과 모든 업무에 관철되어야 하는 것이다. 언제 어디서나 통일을 잊어서는 안 된다. 또한 투쟁의 원칙으로 통일의 원칙을 보완해야만 한다. 투쟁은 통일을 위한 것으로, 투쟁이 없다면 통일전선을 강화하고 확대시킬 수 없기 때문이다. 상황에 맞게 요구되는 투쟁은 필수적인데, 그것은 보수파들을 진보 진영으로 끌어들이는 데 필요하다."[407]

마지막으로, 마오쩌둥은 11개 항목의 과제를 제시하면서, 그것은 "당의 임무이자 민족 전체의 임무이기도 하다. 또한 그것은 민족통일전선에서의 임무이다."[408]라고 밝혔다. 10가지의 보고와 발언, 그리고 장문의 마오쩌둥

---

403 | 中共中央文獻硏究室 編, 『毛澤東年譜1893-1949 修訂本』中, 北京: 中央文獻出版社, 2013: 92쪽.

404 | 中共中央文獻硏究室·中央檔案館 編, 『建黨以來重要文獻選編1921-1949』15, 北京: 中央文獻出版社, 2011: 578쪽을 참조하라.

405 | 中共中央文獻硏究室 編, 『毛澤東傳』2, 中央文獻出版社, 2013;2022: 520쪽을 참조하라.

406 | 中共中央文獻硏究室 編, 『毛澤東傳』2, 中央文獻出版社, 2013;2022: 520쪽을 참조하라.

407 | 中共中央文獻硏究室 編, 『毛澤東傳』2, 中央文獻出版社, 2013;2022: 520쪽.

408 毛澤東在中共中央政治局會議上的報告記錄, 1938年9月24日.

보고가 끝나자 정치국에서는 토론에 들어갔다.

거기서 저우언라이가 발언했다. "나는 코민테른의 지시와 마오쩌둥 동지의 보고에 전적으로 찬성한다."[409] 그리고 "우리가 장제스를 끌어들여 항일을 하고, 삼민주의를 옹호하는 것은 견고한 통일전선의 정치적 기반이 된다. 하지만 우리는 반드시 당의 독자성을 유지한다는 원칙을 지녀야 한다."[410] 정치국회의의 마지막 날인 9월 26일에는 중국공산당 제6기 중앙위원회 6차 전체회의의 의사일정이 통과되었다.

1938년 9월 29일부터 11월 6일까지, 중국공산당은 옌안에서 확대 제6기 중앙위원회 6차 전체회의를 개최했다. 그 회의에는 중앙위원과 중앙위원 후보 17명, 중앙의 각 부문과 각 지역의 지도급 간부 30여 명이 참가했다. 그것은 중국공산당 제6차 전국대표대회 이후 참석자 수가 가장 많은 중앙위원회 전체회의中央全會였다.

9월 29일 전체회의의 개막사는 장원톈이 담당했다. "우리가 회의를 하고 있는 지금, 국제적 정세이든 중국의 정세이든 매우 긴박하게 돌아가고 있다. 국제적으로는 평화 진영과 침략 진영이 격렬한 투쟁을 벌이고 있으며, 중국 우한에서의 항전은 가장 위험한 고비에 처해 있다. 우리는 항전의 새로운 단계에 서 있다. 어떻게 하면 우리가 중국 민족의 항전에서 선봉대 역

---

409 | 中共中央文獻硏究室 編, 『周恩來傳』2, 北京: 中央文獻出版社, 1998: 522쪽.

410 周恩來在中共中央政治局會議上的發言記錄, 1938年9月25日. | 中共中央文獻硏究室 編, 『周恩來傳(1898-1949)』, 北京: 人民出版社·中央文獻出版社, 1989: 424쪽. ; 中共中央文獻硏究室 編, 『周恩來傳』2, 北京: 中央文獻出版社, 1998: 522쪽. ; 中共中央文獻硏究室 編, 『周恩來年譜: 1898-1949(修訂本)』, 北京: 中央文獻出版社, 1998: 429쪽을 참조하라. 참고로, 여기서 두 가지 문제를 지적할 필요가 있다. 첫째, 저자는 저우언라이의 이 발언을 '周恩來在中共中央政治局會議上的發言記錄'을 근거로 1938년 9월 25일로 소개하고 있지만, 제시된 『周恩來傳(1898-1949)』, 『周恩來傳』2, 『周恩來年譜: 1898-1949(修訂本)』에서는 모두 9월 26일로 표기되어 있다. 둘째, 저자는 본문에서 '우리가 장제스를 끌어들여 항일을 하'는 것으로 인용하고 있지만, 『周恩來傳(1898-1949)』, 『周恩來傳』2, 『周恩來年譜: 1898-1949(修訂本)』에서는 '항일'이 아니라 모두 '협력합작協力合作'으로 기재되어 있다.

할을 담당할 수 있고, 1년 3개월 동안 이어진 항전을 지속해나갈 수 있으며, 우리의 역량을 강화시킬 수 있는가, 그것이 이번 전체회의에서 논의해야할 문제들이다."[411]

왕자샹은 전체회의에서 다시금 코민테른의 지시와 디미트로프의 의견을 전달했다. 회의에 참석했던 중앙위원 리웨이한은 훗날 그것을 다음과 같이 회고했다. "디미트로프의 말이 회의에 큰 영향을 주었다. 그 이후로 우리 당에서는 마오쩌둥의 지도자적 위치가 더욱 명확해졌으며, 당의 통일된 지도라는 문제도 해결되었다."[412]

마오쩌둥은 10월 12일부터 14일까지 진행된 전체회의에서「새로운 단계를 논함」을 보고했다. 그는 거기서 8가지 문제를 체계적으로 다루었다. 즉, 제6기 중앙위원회 5차 전체회의[413]에서 제6기 중앙위원회 6차 전체회의에 이르기까지의 경과, 항전 15개월의 총결산, 항일 민족전쟁과 항일 민족통일전선 발전의 새로운 단계, 민족 전체가 당면한 긴급 임무, 장기전과 장기간의 협력, 중국의 반침략 전쟁과 세계의 반파시즘 운동, 민족전쟁에서 중국공산당의 위치, 중국공산당 제7차 전국대표대회가 그것이다.

그리고「장기전과 장기간의 협력」에서는 다음을 언급했다. "전쟁의 장기성이 협력의 장기성을 결정한다."[414] "여기서 각 정당 사이의 상호 협조와 상호 양보라는 문제가 발생한다."[415] "통일전선에도 상호 양보라고 하는 것이 있는가? 있다. 우리는 여러 정치적인 양보들을 한 적이 있다. 토지몰수

411　張聞天選集編輯組 編,『張聞天選集』, 北京: 人民出版社, 1985: 224쪽.

412　李維漢,『回憶與硏究』上, 北京: 中共黨史資料出版社, 1986: 416쪽.

413　│중국공산당 제6기 중앙위원회 5차 전체회의는 1934년 1월 15일부터 18일까지 장시성 루이진瑞金에서 열렸다.

414　│「論新階段(抗日民族戰爭與抗日民族統一戰線發展的新階段-一九三八年十月十二日至十四日在中共擴大的六中全會的報告)」, 中央擋案館 編,『中共中央文件選集(1936-1938)』11, 北京: 中共中央黨校出版社, 1991: 622·623쪽.

415　│「論新階段(抗日民族戰爭與抗日民族統一戰線發展的新階段-一九三八年十月十二日至十四日在中共擴大的六中全會的報告)」, 中央擋案館 編,『中共中央文件選集(1936-1938)』11, 北京: 中共中央黨校出版社, 1991: 630쪽.

의 중단, 홍군의 개편, 소비에트 지역의 제도 변경이 그것이다. 그것은 일종의 정치적 양보였다. 또한 그것은 통일전선을 통해 모든 인민들이 함께 적에 맞서기 위해 필요한 절차였다."[416]

또한 "상호 협조라는 것은 서로에게 해를 끼치지 않는 것이다. 남에게 해를 끼치면서 자신을 이롭게 하는 것은 개인의 도덕적 측면에서도 옳지 못할 뿐만 아니라 민족의 도덕적 측면에서도 옳지 못하다. 따라서 일부러 충돌을 야기하고, 심지어 사람을 체포하거나 죽이는 행동은 어찌되었든 해서는 안 되는 일이다. 공산당은 절대 그런 식으로 우호적인 정당을 대하지 않는다. 그런데 만약 우호적인 정당이 그렇게 우리를 대한다면, 우리도 결코 묵과하지 않을 것이다."[417]

「민족전쟁에서 중국공산당의 위치」에서는 다음과 같이 설명했다. "항일 민족통일전선을 유지해야만 적을 이길 수 있는데, 그것도 반드시 장기간 유지해야 한다. 이는 확정된 방침이다. 그런데 그와 함께 통일전선에 참여한 모든 당파는 반드시 사상적·정치적·조직적으로 독자성을 유지해야만 한다."[418] "만약 다른 사람들에 의해 그러한 상대적 독립성과 자율성이 말살당하거나 스스로 그것을 포기한다면, 그것은 마찬가지로 적에 맞서는 단결을 무너뜨리고 통일전선도 무너뜨릴 것이다."[419]

---

416 | 「論新階段(抗日民族戰爭與抗日民族統一戰線發展的新階段-一九三八年十月十二日至十四日在中共擴大的六中全會的報告)」, 中央檔案館 編, 『中共中央文件選集(1936-1938)』 11, 北京: 中共中央黨校出版社, 1991: 631쪽.

417 | 「論新階段(抗日民族戰爭與抗日民族統一戰線發展的新階段-一九三八年十月十二日至十四日在中共擴大的六中全會的報告)」, 中央檔案館 編, 『中共中央文件選集(1936-1938)』 11, 北京: 中共中央黨校出版社, 1991: 631쪽.

418 | 「論新階段(抗日民族戰爭與抗日民族統一戰線發展的新階段-一九三八年十月十二日至十四日在中共擴大的六中全會的報告)」, 中央檔案館 編, 『中共中央文件選集(1936-1938)』 11, 北京: 中共中央黨校出版社, 1991: 646쪽.

419 | 「論新階段(抗日民族戰爭與抗日民族統一戰線發展的新階段-一九三八年十月十二日至十四日在中共擴大的六中全會的報告)」, 中央檔案館 編, 『中共中央文件選集(1936-1938)』 11, 北京: 中共中央黨校出版社, 1991: 646쪽.

나아가 마오쩌둥은 마르크스주의의 중국화를 강조했다. 그것은 마르크스주의로 표현되는 모든 것에 중국적 특성이 갖춰져야 한다는 뜻이다. 다시 말해서, 마르크스주의에 중국적 특성을 적용한다는 것으로, 그것은 당 전체가 시급히 알아야 할 뿐만 아니라 또한 시급히 해결해야할 문제였다.[420] 저우언라이는 중앙대표단의 보고에서 항일 민족통일전선이 형성되고 발전한 그 역사적 과정을 설명하고, 항전 과정에서 드러난 국민당의 복잡한 이중성을 분석했다. 그리고 항전이 모든 것에 우선한다는 점, 당의 정치적 독립성이 유지되어야 한다는 점을 통일전선 사업의 원칙으로 제시했다.[421]

장원톈은 조직 업무에 관한 보고에서 다음과 같이 말했다. "두 가지 전선 투쟁[422]의 목적은 동지들이 오류를 범할지도 모른다는 불안 심리의 조장에 있지 않다. 오히려 그것은 동지들이 당의 노선을 올바르게 실행하고 대응 전략을 운용할 수 있도록 교육하는 데 있다."[423] "그렇지만 그 모든 것 때문에 명확한 기회주의적 태도傾向와 기회주의자들에 대한 투쟁이 느슨해져서는 결코 안 된다. 그와 같은 투쟁은 당을 공고히 하기 위한 필수 조건이기 때문이다."[424]

그런데 회의가 진행되던 1938년 10월 21일과 27일에 광저우와 우한이 잇따라 함락되었다. 11월 5일과 6일 이틀간, 마오쩌둥은 전체회의의 결론을 내리면서 통일전선에서의 독자성, 그리고 전쟁과 전략이라는 두 가지

---

[420] 中央檔案館 編,『中共中央文件選集』11, 北京: 中共中央黨校出版社, 1991: 658-659쪽. | 참고로, 여기서 저자는『中共中央文件選集』의 8권으로 표기했는데, 이를 11권으로 바로잡았다.

[421] | 中共中央文獻研究室 編,『周恩來年譜: 1898-1949(修訂本)』, 北京: 中央文獻出版社, 1998: 429쪽을 참조하라.

[422] | '두 가지 전선 투쟁'은 좌편향과 우편향의 두 가지 전선에서 진행되는 반대 투쟁을 가리킨다.

[423] | 張聞天,『張聞天文集』2, 北京: 中共黨史出版社, 1993: 455쪽.

[424] 張聞天,『張聞天文集』2, 北京: 中共黨史出版社, 1993: 456쪽.

차원의 근본 문제를 강조했다.

그는 전자, 즉 통일전선에서의 독자성에 관해 다시 한번 언급했다. "장기간의 협력을 위해서는 통일전선에 참여한 각 정파들이 서로 협조하고 양보해야 하는데, 그것은 소극적 태도를 벗어나 적극적이어야만 한다."[425] 또한 누구라고 밝히지는 않았지만 '모든 것은 통일전선을 거쳐야' 한다는 잘못된 구호를 비판했다. "중국의 상황은 국민당이 각 당파의 평등한 권리를 박탈하고 있으며, 모든 당파들이 국민당의 명령에 따르도록 강제되고 있다. 만약 우리가 그 구호를 채택해서 국민당의 '모든 것'은 우리의 동의를 '거쳐야' 한다고 한다면, 그것은 가능하지도 않겠지만 설사 가능하더라도 우스꽝스러워질 뿐이다. 이와 다르게, 우리가 하려는 '모든 것'에 국민당의 사전 동의가 있어야 한다면, 게다가 그들이 그것에 동의하지 않는다면, 그러한 경우에는 어떻게 할 것인가? 국민당의 방침은 우리의 발전을 제약하는 것인데, 우리가 그 구호를 내세운다면 스스로 자신의 손발을 묶는 셈일 뿐이다. 따라서 그것은 전적으로 타당하지 않다."[426]

그리고 중국의 국가 상황과 역사 발전으로부터 후자인 전쟁과 전략을 분석했다. "중국에서 주된 투쟁 형식은 전쟁이고, 주된 조직 형태는 군대이다."[427] "유격전은 모든 전쟁 가운데 중요한 전략적 위치를 차지하고 있다. 유격전을 하지 않는다면, 그래서 유격 부대와 유격 군대를 만드는 데 소홀해지고 유격전의 연구와 지도에 소홀해진다면, 일본에 승리할 수 없을 것이다."[428]

바로 이 두 가지 문제가 당시 1년 동안 왕밍과 벌인 논쟁의 초점이었다. 그 문제들의 경우에는 처음부터 시비가 분명했기 때문에, 마오쩌둥은 직접 왕밍의 오류를 따지는 방식으로 최종 결론을 내렸다. 또한 그는 동지를 아

---

425 | 毛澤東, 『毛澤東選集』2, 北京: 人民出版社, 2009: 537쪽.

426 | 毛澤東, 『毛澤東選集』2, 北京: 人民出版社, 2009: 539-540쪽.

427 | 毛澤東, 『毛澤東選集』2, 北京: 人民出版社, 2009: 543쪽.

428　毛澤東, 『毛澤東選集』2, 北京: 人民出版社, 2009: 552쪽.

끼는 태도를 취함으로써, 왕밍 본인이 자신의 오류를 시정하기를 바랐다.

훗날 그는 그것을 이렇게 설명했다. "제6기 중앙위원회 6차 전체회의의 문서에서도, 그 기록에서도 우리가 무엇을 신랄하게 비판했다는 내용은 없다. 왜냐하면 당시에는 비판을 할 수도 없었고, 해서도 안 되었기 때문이다. 오히려 일부 문제들을 긍정적으로 평가함으로써 사실상 그 문제점을 해소했다고 할 수 있다."[429]

실제로, 마오쩌둥이 항일 전쟁 이후 줄곧 견지해오던 올바른 주장들이 제6기 중앙위원회 6차 전체회의에서 대다수의 이해와 지지를 얻게 되었다. 펑더화이는 그 전체회의에서 다음과 같이 주장했다. "지도자는 장기간의 투쟁 경험이 축적된 최종 결과로, 장기간의 투쟁 과정에서 만들어진다. 마오쩌둥의 지도자적 위치는 그의 올바른 지도로부터 마련되었다."[430]

전체회의에서는 마오쩌둥의 보고에 근거해「정치결의안」을 채택한 것 외에도, 「중앙위원회의 업무 규칙과 규율에 관한 결정」, 「각급 당 부문의 업무 규칙과 규율에 관한 결정」, 「각급 당 위원회의 임시 조직기구에 관한 결정」, 그리고 그 밖의 여러 규정들을 통과시켰다.

통과된 규정들에는 다음과 같은 내용이 있다. "중앙위원은 중앙위원회 이외의 누구에게도 중앙위원회의 결정과 어긋난 의견을 표명해서는 안 되며, 또한 어떠한 어긋난 행위를 해서도 안 된다."[431] "중앙위원은 중앙위원회, 중앙정치국, 중앙서기처의 위임이 없다면 당 안팎에 중앙의 명의로 발언하거나 문서를 공개해서는 안 된다."[432] 그리고 "중앙위원이 규율을 위반하거나 심각한 과오를 저지른 경우, 중앙위원회 전체회의와 정치국은 그

---

429 毛澤東, 『毛澤東在七大的報告和講話集』, 北京: 中央文獻出版社, 1995: 163쪽.

430 彭德懷在中共六屆六中全會上的發言記錄, 1938年10月23日.

431 |「中共擴大的六中全會關於中央委員會工作規則與紀律的決定」, 中央檔案館 編, 『中共中央文件選集(1936-1938)』11, 北京: 中共中央黨校出版社, 1991: 761쪽.

432 |「中共擴大的六中全會關於中央委員會工作規則與紀律的決定」, 中央檔案館 編, 『中共中央文件選集(1936-1938)』11, 北京: 中共中央黨校出版社, 1991: 761쪽.

경중에 따라 적절한 처벌을 내린다."⁴³³

이는 당 내부에서 왕밍이 중앙을 향해 일삼은 개별적 행동, 그 심각한 교훈에 대한 최종 입장이 제출되었다는 점, 그리고 일벌백계의 차원에서 징계와 관련된 엄격한 결정이 내려졌다는 점을 분명하게 보여준다. 그것은 중국공산당의 역사를 크게 진전시킨 일이었다.

전체회의에서는 변화된 정세에 따라 창장국을 폐지했다. 그리고 남방국南方局(서기에 저우언라이)과 중원국中原局(서기에 류사오치)을 설치했으며, 동남분국東南分局을 동남국東南局(샹잉 서기의 유임)으로 개편했다. 또한 북방국北方局의 업무를 조정하고, 서기에 양상쿤을 임명했다. 왕밍은 옌안에 체류한 지 얼마 되지 않아 중앙통일전선부 부장이 되었는데, 그로부터 그는 중국공산당 중앙의 실제 업무에 더 이상 막강한 영향력을 행사할 수 없었다.

제6기 중앙위원회 6차 전체회의는 중국공산당 역사에서 매우 중요한 의미를 지녔다. 그 회의에서는 항일 전쟁의 정세를 정확하게 분석했고, 새로운 단계에 들어선 항일 전쟁에 따라 당의 임무를 재규정했으며, 그것의 전반적 계획을 수립했다. 또한 그 회의를 통해 당 내부에서는 왕밍의 우경화 오류가 확실하게 극복되었다.

나아가 당 전체적으로 마오쩌둥의 지도자적 위치가 확립되었고, 당 전체의 기본 인식步調이 통일되면서 여러 업무들이 신속하게 처리되었다. 따라서 마오쩌둥이 중국공산당 제7차 전국대표대회에서 "제6기 중앙위원회 6차 전체회의가 중국의 운명을 결정지었다."⁴³⁴고 한 것에는 조금의 과장도 없다.

6) 맺음말

그러한 중국공산당 내부의 풍파는 항일 전쟁이 시작된 지 얼마 되지 않

---

433 中央檔案館 編, 『中共中央文件選集』11, 北京: 中共中央黨校出版社, 1991: 761쪽. | 참고로, 여기서 저자는 『中共中央文件選集』의 9권으로 표기했는데, 이를 11권으로 바로잡았다.

434 毛澤東, 『毛澤東在七大的報告和講話集』, 北京: 中央文獻出版社, 1995: 231쪽.

아 발생했다. 국민당과 공산당이 10년 내전으로부터 항일에 협력하기까지는 많은 사람들이 예상하지 못했던 거대한 전환의 과정이라고 할 수 있다. 객관적 정세가 급격하게 변하면서 사람들 앞에 많은 문제들이 던져졌고, 그에 따른 새로운 사고가 요구되었다.

그것이 국민당과 공산당의 역사적인 두 번째 협력이었다. 두 번째 협력은 대혁명 시기의 첫 번째 협력과 명확히 다른 특징을 지니고 있었다. 첫째, 중국과 일본의 민족적 모순이 모든 것을 능가하던 시기에 형성되었다. 한 민족이 적의 침략을 받았다는 사실이 모든 것을 결정했다. "중화민족이 가장 위험한 시기에 처했"[435]기 때문에 서로 항일에 협력해야만 중화민족을 위험에서 구해낼 수 있었다. 바로 그것이 두 번째 협력을 비교적 오랜 시간 동안 유지시킬 수 있었던 이유다.

둘째, 국민당과 공산당이 생사를 건 10년 내전의 사투 끝에 다시 협력한 것이다. 10년 동안 공산당원들의 피가 너무나도 많이 흘렸기에 그 상처는 쉽게 아물지 못했다. 그런데도 국민당은 협력 기간 동안 여전히 공산당을 통제하거나 절멸시키고자 했기 때문에 공산당은 언제나 경계 태세를 유지하지 않을 수 없었다. 그것이 양당의 심각한 투쟁을 야기하는 등 제2차 국공합작을 매우 복잡하게 만들었다.

셋째, 국민당과 공산당 모두가 자신의 군대와 정치권력을 갖춘 상태에서 협력했다. 국민당은 전국적 범위의 정치권력과 함께 강한 군대를 가지고 있었기 때문에 매우 거만했으며 협력은 불평등했다. 공산당도 한편으로 자신의 군대와 정치권력을 갖추고 있었지만, 다른 한편으로는 적의 후방에서 빠르게 세력을 확장시키고 있었다. 그것이 공산당의 생존과 발전을 보장하는 역할을 담당했다. 그로부터 군대와 정치권력이라는 문제에서 제약하는 힘과 그 제약에 반대하는 힘의 투쟁이 줄곧 양당의 갈등을 부추기는 쟁점이 되었다.

그와 같은 특징들은 중국공산당이 지금까지 겪어보지 못한 새로운 문제

---

[435] 이것은 중국의 국가國歌인 의용군 진행곡義勇軍進行曲에 나오는 표현이다.

들을 제기했다. 그 가운데 일부 문제들은 상당히 까다로운 것이어서, 실천 과정을 통해 그 대안을 모색하고 극복해나갈 필요가 있었다. 합작을 하려면, 그것도 상당히 오랫동안 합작을 하려면, 마오쩌둥이 지적했던 것처럼 "서로 협조하고 양보해야만 한다."[436] 토지몰수의 중단, 홍군의 개편, 소비에트 지역의 제도 변경과 같은 것들은 공산당에게 매우 큰 양보였다. 그런데도 그와 같은 것이 필요했다. 만약 그렇게 하지 않았다면 내전의 중단도, 항일을 위한 협력도 불가능했으며, 생사의 갈림길에서 중화민족을 구해내는 것도 불가능했을 것이다.

문제는 양보의 마지노선이 어디까지인지, 협력과 투쟁이 공존할 수 있는지, 어떤 양보들은 허용되고 또 어떤 양보들은 허용되지 않는지에 있었다. 중국공산당의 입장에서 그것들은 충분한 경험과 확신이 없던 새로운 문제였다. 항전이 시작된 지 얼마 되지 않아 장제스가 겉으로 우호적인 반응을 보였을 때 특히 그랬다.

모든 것이 지난 상황에서 보면 매우 분명하게 드러나지만, 당시에는 그것을 판단해내기 쉽지 않았다. 왕밍이 코민테른의 깃발을 내걸고 '모든 것은 통일전선을 거쳐야' 한다는 잘못된 구호를 제기하면서 당 내부적으로 적지 않은 영향력을 행사할 수 있었던 근본적 원인이 바로 거기에 있었다.

그런데 당시 중국공산당은 1차 국공합작 결렬의 쓰라린 경험을 되풀이하지 않을 만큼 성숙해 있었다. 항전이 시작된 지 불과 한 달여 만에, 마오쩌둥은 뤄촨 회의에서 항일 민족통일전선에서의 독자성 문제를 명확하게 제기했을 뿐만 아니라 사람들에게 '대혁명의 교훈'을 잊지 말라고 경고했다.

그는 12월 회의에서도 한결같이 자신의 주장을 굽히지 않았으며, 이후의 논쟁 과정에서도 사상투쟁의 방식과 시점을 적절히 파악하면서 처음부터 끝까지 사실적인 내용을 가지고 사람들을 교육했다. 그를 통해 문제들은 결국 자연스럽게 해결되었다. 그뿐만이 아니었다. 사람들은 그러한 사

---

[436] | 毛澤東, 『毛澤東選集』2, 北京: 人民出版社, 2009: 537쪽.

상투쟁 과정에서 서로 다른 의견들의 비교를 통해 관련 사안에 대해 더욱 깊이 있게 생각할 수 있었다. 그로부터 통일 전선에서는 반드시 독자성을 유지해야 한다는 점, 그리고 적군이 강하고 아군이 약한 상황에서는 반드시 유격전 위주의 공격을 펼쳐야 한다는 점과 같은 근본 문제들을 더욱 깊이 이해할 수 있었을 뿐만 아니라 그 원칙들을 더욱 의식적으로 지켜나갈 수 있었다.

중국공산당은 그것이 만들어진 날부터, 이렇듯 실천 과정에서 크고 작은 사상투쟁을 끊임없이 벌여왔다. 그 과정에서 옳고 그름을 분별했으며, 객관적 실제에 대한 인식을 점차 심화시켜갔다. 그로부터 온전한 신민주주의 혁명 이론이 만들어졌으며, 그것을 가지고 승리를 향해 나아갔다.

10
항일 전쟁과 중화민족의 새로운 각성 [437]

항일 전쟁에서 승리한 지 70년이 되었다. 중국 사람들은 일본 군국주의자들의 야만적인 침략으로 전례 없는 유린을 당하고 고난을 겪는 등 큰 대가를 치렀다. 그것은 마치 엥겔스가 말한 것과 같다. "역사적 진보로 보상되지 않은 대규모의 역사적 재난은 없었다."[438] 그리고 전쟁은 하나의 커다란 학교로 기능하면서 사람들이 평소에 알지 못했던 많은 이치를 가르쳐 주었고, 중화민족이 위대한 부흥으로 나아갈 수 있는 중요한 거점이 되었다.

중화민족의 위대한 부흥은 중국 사람들의 마음속에 담겨 있는 가장 간절한 소망이자, 셀 수 없는 중국의 우수한 아들딸들이 기꺼이 어떠한 대가를 치르더라도 분투하게 만드는 내적 동력이다. 사물에 대한 사람들의 인식은 과정적이다. 근대 이후, 위태로운 민족을 구하기 위한 중국의 선진적 이들의 투쟁은 눈물겹고 끈질겼으며, 그 영향으로 사람들의 의식 수준은 지속적으로 높아졌다.

그런데 노쇠한 중국 사회에서는 수천 년 동안 쌓인 부정적 요소들이 상당히 타성화되어 있어 많은 사람들의 생각을 습관적으로 제약해왔다. 따라서 그것에 매우 강한 충격을 가하지 않는다면, 그것을 뿌리째 흔드는 일은 결코 쉽지 않았다. 소수의 선진적 이들에 의해 어느 정도 파악된 일이라고

437　원문은 『歷史硏究』 2015年 第4期에 실려 있다.
438　| 中共中央馬克思恩格斯列寧斯大林著作編譯局 編譯, 『馬克思恩格斯文集』 10, 北京: 人民出版社, 2009: 665쪽.

하더라도, 그것을 수많은 대중의 공유된 인식으로 만들려면 대중들이 직접 경험하는 실제적 교육이 필요했다. 그리고 그것도 일정한 단계들을 거쳐야만 이루어질 수 있는 것이었다.

일본 침략자들이 일으킨 중국에 대한 전면전은 중화민족에 전례 없는 고난을 가져다주었다. 그리고 그것이 중국 사람들에게 야기한 사상적 변화는 그것의 폭과 깊이라는 측면에서 예전의 어느 시대보다도 컸다. 항일전쟁은 중화민족이 자신의 존재를 의식하는 역사적 과정에서 매우 중요한 계기였다. 중국의 항전 이전과 이후, 특히 사람들 내면의 이데올로기적 상황을 구체적으로 비교해보면, 8년이라는 짧은 시간 동안 발생했던 변화의 양상을 어렵지 않게 살펴볼 수 있다.

그 가운데 가장 광범위한 영향은 3가지 측면에서 나타났다. 첫째, 중화민족이라는 민족적 자각이 그 유례를 찾아볼 수 없을 정도의 수준에 이르렀다. 둘째, 민주 관념이 나날이 사람들의 마음속에 깊이 새겨졌다. 셋째, 외세의 침략에 저항하는 중국공산당의 수준 높은 민족적 자신감과 올바른 주장들이 점점 더 많은 중국 사람들에게 이해되고 받아들여졌다.

그와 같은 변화는 부분적이고 지엽적인 것이 아니라, 전체 국면의 전환이라는 근본적 의의를 지녔다. 항전에서 승리했을 때의 중국과 항전 이전의 모습은 확실히 큰 차이를 보였다. 만약 그 8년 동안의 거대한 변화가 없었더라면, 인민공화국이 그렇게 빨리 중국의 대지 위에 세워질 수 있다고 상상하는 것은 불가능하다.

1) 민족의식의 새로운 경지高度

중화민족은 56개의 민족으로 구성되어 있으며, '다원일체多元一體'로 불린다. 우선 그것이 형성될 수 있었던 이유는 수천 년의 긴 세월 동안 중국 내 여러 민족의 사람들이 서로의 경제와 문화를 긴밀히 교류한 결과라고 할 수 있다. 그 과정에서 네 안에 내가 있고, 내 안에 네가 있으며, 어느 누구도 없어서는 안 될 운명공동체로 융합되었다.

그리고 근대 이후 외부 침략자들에 대한 공동 투쟁의 과정에서 중화민족이라는 자각적 인식이 형성되었다. 이처럼 외부 침략자들은 중화민족을 위해 반면교사의 역할을 담당했다. 1840년의 아편전쟁은 중국이 반半식민지·반半봉건적 사회의 비참한 길에 들어섰다는 점을 상징했으며, 외부 침략자들 가운데 후발주자인 일본 군국주의자들의 행태가 더욱 두드러졌다.

청일 전쟁의 참패는 중국의 선진적 이들에게 매우 큰 충격을 안겨주었다. '중화를 일으켜 세우자振興中華'는 구호는 바로 청일 전쟁이 발발한 그해에 쑨원이 외친 것이다.[439] 또한 '중화민족中華民族'이라는 명칭을 기존의 자료에서 살펴보면, 그것은 량치차오가 일본으로 망명한 1902년에 제기한 것이었다.[440]

20세기에 들어 일본 군국주의자들의 중국 침략은 더욱 가속화되었다. 그들은 위안스카이 정부에 '21개 조항'[441]을 요구했고, 파리강화회의 이후에는 중국 산둥 지역의 특권을 빼앗았으며,[442] 1927년의 동방회의東方會議[443]

---

[439] 孫文, 「檀香山興中會章程」, 『孫中山全集』1, 北京: 中華書局, 1981: 19쪽.

[440] 梁啓超, 「論中國學術思想變遷之大勢(文集7卷)」, 21쪽, 『飮氷室合集1(文集1-9)』, 北京: 中華書局, 1989;2008.

[441] '21개 조항'은 1915년 1월 18일에 중국 주재 일본 공사이던 히오키 에키[日置益/Hioki Eki, 1861-1926]가 위안스카이에게 직접 요구한 것이다. 당시 황제 자리에 오르려던 위안스카이는 외국 군대의 도움을 받기 위해 그것을 거부하지 않고 비밀리에 협상을 진행시켰다. 일본이 요구한 '21개 조항'에는 산둥 지역에 대한 모든 권리, 남만주와 동부 내몽골 지역에 대한 우선권, 광산 채굴의 허가권, 중국 연해의 도서와 항만의 타국 양도 불가, 중국 군대와 경찰에 대한 일본인 고문의 선임 및 일본 무기의 공급 등이 담겨 있었다. 결국 1915년 5월 25일에 '21개 조항'의 수정안인 '중일민4조약中日民四條約'이 베이징에서 체결되었다. 여기서 '민4'는 중화민국 4년, 즉 1915년을 가리킨다.

[442] 파리강화회의에서는 1차 세계대전 이후의 협약을 다루었다. 그 회의는 1919년 1월 18일에 파리 베르사유 궁전에서 개최되었는데, 독일과 오스트리아 등 패전국의 전쟁 책임, 각국의 영토 조정, 전후 평화 유지를 위한 조치 등을 협의했다. 그로부터 '베르사유 강화조약'이 체결된다. 당시 일본은 산둥 반도에서 독일군에게 승리했다는 점, 그리고 1918년 돤치루이와 맺은 중일 협정을 근거로 산둥에서의 특권을 요구했다. 또한 그것은 '21개 조항'의 요구 사항이기도 했다. 결국 일본은 프랑스와 영국의 지지를 받아 산둥에서 누렸던 독일의 권리를 양도받게 된다.

[443] 동방회의는 1927년 일본의 다나카 기이치([田中義一, 1864-1929]) 내각에 의해 개

등은 모두 중국 사람들에게 커다란 충격을 안겨주었다. 그리고 1931년 9·18 사변이 발발했다는 소식이 전해졌을 때는 이렇게 풍요로운 땅이 어떠한 저항도 없이 무너졌다며 중국 전체가 더 큰 충격에 빠져들었다. 이와 함께 둥베이 지역 인민들이 겪었던 비참한 처지도 사람들에게 공감을 불러일으켰다.

원래 비교적 온건한 정치적 태도를 보였던 쩌우타오펀은 당시 중국 청년들에게 영향력이 컸던 주간지『생활生活』에서 다음과 같이 밝혔다. "금일 일본이 우리의 둥베이 땅을 무단으로 점령했다. 그들은 관공서와 병영을 불태웠고, 무기를 해체했으며, 관리들을 체포했고, 무고한 이들을 참혹하게 살해했다. 우리가 망국의 노예들이 겪는 몹시도 비참한 비극을 철저히 각성하고 그것에 단호히 맞서지 않는다면, 그러한 갖가지 일들은 필연적으로 우리 모두에게 실제로 벌어질 것이다. 그들이 우리의 아내와 딸들을 마음대로 겁탈하거나 약탈하고, 우리를 노예로 삼아 함부로 부리거나 짓밟으며, 사람이 살 수 없는 지옥의 구렁텅이에 대대손손 빠져버리는 것은 그저 머릿속에서만 가능한 일이 아니라 실제로 일어날 수 있는 일이다."[444]

일본 군국주의자들은 여기에 그치지 않고 베이핑北平과 톈진天津을 비롯한 화베이 지역에 대해서도 침략의 화살을 들이댔다. 탕구塘沽 협정, 허잉친·우메즈何梅 협정, '화베이 5성省 자치 운동'처럼 중국 사람들에게 공포감을 안겨주는 비보가 연이어 전해졌다. 베이핑(지금의 베이징)은 몇 백 년 동안 중국의 옛 수도였기 때문에, 그것이 처한 운명은 망국의 참화가 눈앞에 다가왔음을 느끼게 했다.「의용군 행진곡義勇軍進行曲」을 주제가로 한 영화「풍운 남녀風雲兒女」가 1935년에 촬영되었고, 그로부터 '중화민족이 가장 위험한 시기에 처했다.'라는 노랫소리가 전국에 울려 퍼졌다. 또한 그해에 12·9

최되었다. 거기서 일본의 중국 침략이 체계적이고 본격적으로 논의되었는데, 특히 만주와 몽골 지역을 중국으로부터 분리시켜 직접적으로 지배하려는 '만·몽 분리 정책'의 윤곽이 마련되었다.

444 | 韜奮,「應澈底明瞭國難的眞相」, 鄒韜奮 主編,『生活』8, 湘潭: 湘潭大學出版社, 2014: 249쪽. ;『生活』第6卷第40期, 1931年9月26日.

운동으로 대표되는 애국구국 운동이 최고조에 달하며 전국을 뒤흔들었다.

1937년 7월 7일은 중국 사람들에게 영원히 지울 수 없는 날이다. 그날 일본 군국주의자들은 중국을 멸망시키기 위한 침략 전쟁을 본격화했는데, 이에 중국 인민들도 전 민족적 항일 전쟁에 돌입했다. 그것이 거의 모든 중국 사람들의 삶을 바꿔놓았다. 나라가 망하고 민족이 멸절당하는 심각한 위협 앞에서 만약 국가나 민족의 미래가 없다면, 개인의 미래라는 것도 존재할 수 없을 것이다. 누구나 피부로 느낄 수 있는 이와 같은 사실은 다른 천 마디 말보다 더 큰 설득력을 지녔다.

유명 작가인 바진[巴金, 1904-2005]은 다음과 같이 밝혔다. "이번에는 중국의 모든 사람들이 정말 하나로 뭉쳤다. 우리는 개인의 모든 것을 다 바쳐 그 '전체'의 생존을 도모해야 한다. 그 '전체'는 반드시 살아남을 것이다. '전체'라는 존재가 바로 우리 개개인의 존재 근거이다. 우리 민족의 생존을 위해 싸우다가 몸이 부서지는 지경에 이르더라도 우리는 사라지지 않을 것이다. 왜냐하면 우리는 여전히 우리 민족의 생명 속에 살아남아 있기 때문이다."[445] 그렇게 많은 애국지사들이 왜 개인의 모든 것을 희생했으며, 심지어 가장 소중한 자신의 목숨까지 바쳐가며 국가와 민족의 앞날을 위해 분투했을까? 그 이유가 바로 여기에 있었다.

당시 중화민족은 전례가 없을 정도로 단결했는데, 그것의 거대한 에너지가 외부 침략자들에 대한 전투 과정에서 화산처럼 터져 나왔다. 그것이 항일 전쟁을 끈질기게 이어가 결국 마지막 승리를 거둘 수 있었던 힘의 원천이 되었다.

중국공산당도 국난 극복을 위해 모든 힘을 쏟았다. 중국 공농홍군工農紅軍은 국민혁명군 제8로군과 신설된 제4군新編第四軍으로 재편되어 전선으로 향했다. 핑싱관平型關 전투는 항전 이후 중국 군대가 거둔 첫 번째 대승으로, 그로부터 '황군을 이길 수 없다'는 신화가 깨졌다. 이어 그들은 적의 후

---

[445] 巴金, 「一点感想」, 『吶喊』創刊號, 1937年 8月 25日: 6쪽.; 巴金, 『巴金全集』12, 北京: 人民文學出版社, 1989: 549쪽을 참조하라.

방으로 깊숙이 들어가 일본의 노예亡國奴가 되는 것을 거부하는 모든 중국 사람들과 연대해 유격전을 전개했고, 항일 근거지를 구축하면서 자신의 세력을 빠르게 확장시켰다.

국민당 장병들 가운데서도 많은 이들이 투철한 애국심을 드러냈다. 루거우차오盧溝橋 사건의 포성이 울리자 수비군 제29군은 즉각적인 반격에 나섰는데, 그 전투에서 부군장 퉁린거[佟麟閣, 1892-1937]과 사단장 자오덩위[趙登禹, 1898-1937]는 장렬히 전사했다. 마오둔은 그의 회고록에 다음과 같이 남겼다. "국민당 군대의 많은 장병들은 일본의 노예가 되는 것을 원하지 않았다. 그래서 그들은 적개심을 가지고 싸움터로 달려갈 명령만 기다리고 있었다."[446]

쑹후 전투淞滬戰役[447]·타이얼좡 전투臺兒莊戰役[448]·신커우 전투忻口戰役[449]·우한 방어전武漢保衛戰[450]·세 차례의 창사 결전長沙會戰[451]·뎬몐 전투滇緬戰役[452] 등

---

[446] | 茅盾,「烽火連天的日子」,『茅盾全集』, 北京: 人民文學出版社, 1997: 132쪽.

[447] | 1937년 8월 13일, 일본군이 상하이를 공격하자 국민정부는 쑹후 지역에서 전투를 조직했다. 하지만 일본군은 11월 중순에 상하이를 점령했다.

[448] | 일본군은 난징을 점령한 후, 진푸津浦철도를 따라 위아래로 쉬저우徐州를 협공했다. 이에 국민정부는 1938년 1월부터 5월까지 리쭝런의 지휘 아래 60만 대군이 참여한 쉬저우의 결전을 치렀다. 그 가운데 1938년 3월 16일, 1만 명 이상의 일본군을 섬멸한 타이얼좡 지역에서의 전투는 중국군이 항일 전쟁에서 거둔 가장 큰 승리로 알려져 있다.

[449] | 신커우 전투는 중국군이 산시山西의 타이위안太原을 방어하기 위해 신커우 지역에서 벌인 전투를 가리킨다. 1937년 10월 13일부터 거의 한 달 동안 진행된 그 전투에는 옌시산의 진쑤이晉綏군, 국민당의 중앙군, 중국공산당의 8로군(제18집단군으로도 불린다)이 참여했다. 항일 전쟁 초기, 화북 지역에서 가장 규모가 큰 전투라고 할 수 있지만, 타이위안은 11월 초에 함락되고 만다.

[450] | 우한 전투는 우한 방어전이라고도 불리는데, 1938년 6월 중순부터 10월 하순 우한이 함락될 때까지 진행되었다. 일본군 4만 명을 섬멸하는 전과를 올렸다.

[451] | 세 차례의 창사 결전은 1939년 9월부터 1941년 12월까지 진행되었다. 중국군은 10여만 명의 일본군에 맞서 결국 승리를 거두었다.

[452] | 뎬몐 전투는 1943년 10월부터 1945년 3월까지 중국 윈난의 서쪽 지역과 미얀

의 전장에서도 많은 애국적 장교와 병사들이 죽을지언정 굴복하지 않겠다며 목숨을 바쳤다. 그 가운데 제33집단군集團軍의 총사령관인 장쯔중[張自忠, 1891-1940]도 짜오이 전투棗宜戰役에서 장렬히 순국했는데, 그는 항일 전쟁 시기에 희생된 최고위급 장군이었다.

저우언라이는 그를 다음과 같이 기념했다. "장 상장上將은 하나의 방면에서 최고 사령관이다. 그의 순국이 끼친 영향은 다른 사람과 비교할 수 없을 정도로 막대하다."[453] "생사에 구애받지 않는 정의롭고 늠름한 민족적 기개는 항일 전쟁에 필요한 소중한 정신이다."[454] 장제스는 일본에 투항한 국민당 부총재 왕징웨이와 다르게, 일본 침략자들이 중국을 멸망시키려 하자 항전을 결심했다. 루거우차오 사건 발생한 지 열흘 뒤, 그는 루산의 담화회廬山談話會에서 다음과 같이 연설했다. "일단 전쟁이 시작되면 남과 북이라는 지역에 상관없이 나이가 많든 적든 간에 모두 나라의 땅을 지키기 위해 일본군과 싸울 책임이 있다. 또한 자신의 모든 것을 희생하겠다는 결의를 다져야만 한다."[455] 이 말은 당시 널리 알려져 큰 지지를 받았다.

장제스가 8년이라는 고통스러운 시간 동안 항전을 끝까지 이어나갔다는 점, 그리고 강한 적들에게 끝내 굴복하지 않았다는 점은 긍정적으로 평가할 만하다. 중국 국민당은 당시 중국에서 가장 큰 전국적 정치권력을 갖춘 정당으로, 수백만 명의 군대와 국제적으로 승인된 외교적 지위를 누리고 있었다. 따라서 당시 국민당이 참여하지 않았다면, 민족 전체의 항전도 불가능했을 것이다.

마 북부 지역에서 벌어졌다. 당시 인도 주둔 중국군과 중국 원정군은 미국과 영국의 협조 아래, 일본군이 장악한 미얀마 지역에 대한 공세를 취해 미얀마 북부의 크고 작은 마을 50여 개와 윈난 서쪽의 땅 83,000 km²를 되찾았다. 아울러 일본군 49,000여 명을 섬멸하는 등의 전과를 거뒀다.

453 | 周恩來, 「追念張藎忱上將」, 『新華日報』, 1943年 5月 16日. ; 『新華日報(1938-1947)』 11(1943.1.1.-1943.6.30.), 上海: 上海書店, 1987: 556쪽.
454 | 周恩來, 「追念張藎忱上將」, 『新華日報』, 1943年 5月 16日. ; 『新華日報(1938-1947)』 11(1943.1.1.-1943.6.30.), 上海: 上海書店, 1987: 556쪽.
455 | 張世瑛 編輯, 『蔣中正總統檔案·事略稿本』40補編, 臺北: 國史館, 2016: 90쪽.

1938년에 국민참정회國民參政會가 우한에서 열렸을 때, 한림원翰林院의 최고령 한림인 장이린[張一麐, 1867-1943]이 개막식 발언을 했다. "흉악한 일본은 온갖 궁리를 다해 10년 동안의 준비를 했다. 그들이 도모하려 했던 것은 우리 중화의 완전한 멸망이었다. 오늘날 이르러 그것은 더 이상 양보할 수도, 인내할 수도 없는 지경이 되었다! 그래서 정부는 국가와 민족의 생명을 지속시키기 위해 항전에 나설 수밖에 없었던 것이다. 전국의 인민은 자신의 모든 것을 바쳐야 한다. 각계각층의 마음과 재력을 모아 전체 역량을 결집시키면서 항전 정부를 강력하게 뒷받침해야 한다."[456]

전쟁의 불길은 맹렬하게 타올랐고, 중국의 풍요로운 여러 지역들이 일본의 말발굽 아래 짓밟혔다. 1941년 쩌우타오펀은 홍콩에서 다음과 같은 글을 남겼다. "항전이 본격화된 이후 전국의 많은 동포들이 일본 제국주의자들로부터 박해와 유린, 겁탈과 학살을 당했다. 그와 같이 참혹한 고통 속에서 중국 사람들(물론 매국노를 제외한)은 비록 외국에 나가본 경험은 없지만 모두 조국의 소중함을 절감하게 되었다. 또한 조국의 독립과 자유를 쟁취하는 것이 모든 중국 사람들에게 부여된 막중한 책임이라는 점도 깊이 깨달았다. 우리가 떳떳한 사람이 되고자 한다면, 우리의 조국을 사랑하지 않을 수 없다."[457] 나라와 민족이 삶과 죽음이라는 가혹한 시련을 마주했을 때, 이처럼 가슴에서 우러나오는 외침들은 엄청난 감동을 가져왔다.

일본 침략자들은 가는 곳마다 중화민족을 하나로 취급했는데, 누가 한족漢族인지 또는 만족滿族[458], 멍구족蒙古族, 후이족回族, 좡족壯族, 이족彝族, 먀오족苗族인지를 구분하지 않았다. 여러 민족의 중국 인민들은 운명공동체였기 때문에 어느 한 민족만으로는 일본의 침략에 저항할 수 없었다. 당시 유행했던 「유랑 3부곡流亡三部曲」에는 "적이 쳐들어오면, 화포에 부서지거나

---

456 | 李少兵·陳詩璇·張萬安 撰, 『張一麐年譜』, 北京: 中華書局, 2023: 299쪽을 참조하라.
457 | 鄒韜奮, 『韜奮全集』10, 上海: 上海人民出版社, 1995: 263쪽.
458 | 만주족을 가리킨다.

총상을 당하거나 다치는 것은 결국 매한가지다."⁴⁵⁹라는 가사가 담겨 있다. 여러 민족으로 이루어진 중국 인민들의 정체성과 결속력을 크게 높여준 것은 다름 아닌 일본 침략자라는 반면교사였다.

이처럼 수준 높은 민족의식은 중화민족이 항일 전쟁을 강고하게 전개할 수 있게 한, 그리고 최후의 승리를 거둘 수 있게 한 힘의 원천이 되었다. 또한 그러한 피와 불의 세례를 거친, 인민들의 머릿속에 깊이 각인된 민족의식은 항일 전쟁이 끝난 이후에도 중국의 우수한 아들딸들로 하여금 중화민족의 위대한 부흥을 위해 끊임없이 분투하게 만든 보이지 않는 동력이 되었다. 피비린내 나는 8년 동안의 항전 끝에 마침내 완벽한 승리를 거두었다. 그것은 오랜 반#식민지 상황에서 적지 않은 사람들의 열등감을 해소시켜 주었을 뿐만 아니라 중화민족의 민족적 자신감을 크게 높여 주었다.

2) 마음속에 깊이 새겨진 민주 관념

중국 민족 전체가 참여한 항전 기간 동안, 사람들의 가장 큰 관심사는 어떻게 하면 항전에서 승리할 수 있는가였다. 1938년, 마오쩌둥은 「새로운 단계를 논함」에서 그것을 정확하게 지적했다. "적들이 우리의 약점을 활용하는 지점은 비단 군사 영역뿐만 아니라 정치 영역에서도 나타난다. 우리의 정치 제도가 민주화되지 않았기 때문에 우리는 많은 인민들과 긴밀한 관계를 형성하지 못하고 있다."⁴⁶⁰

또한 "장시간의 고달픈 항일 전쟁은 그것에 필요한 모든 것들을 민중에게서 얻어야 하기 때문에, 민중 운동이 전체적으로 발전되지 못했거나 전국적으로 통일되지 않았다면, 전쟁을 장시간 동안 지속해 나가는 것은 불

---

459 | 이 노랫말은 「유랑 3부곡」의 2부 '유랑곡'에 나온다. 「유랑 3부곡」은 항일 전쟁 기간 중국 사람들에게 회자된 애국주의 노래다. 1부는 '쑹화강 위에서松花江上', 2부는 '유랑곡流亡曲', 3부는 '복수곡復仇曲'으로 구성되어 있다.

460 | 中央檔案館 編, 『中共中央文件選集(1936-1938)』11, 北京: 中共中央黨校出版社, 1991: 611쪽.

가능하다."⁴⁶¹ 이러한 언급들은 항일과 민주가 떼려야 뗄 수 없는 관계에 놓여 있으며, 민주적 정치가 없다면 항전의 승리도 가능하지 않다는 점을 알려준다.

중국은 수천 년 동안 봉건 사회에 머물러 있었기에 민주적 전통이 매우 취약했다. 오직 "천명을 따르고 새로운 기운을 잇奉天承運"⁴⁶²는 황제만이 더할 나위 없이 높은 자리에서 신성불가침의 지위를 누리며, 모든 통치권을 장악하고 있었다. 그리고 백성들은 '자민子民'이나 '의민蟻民'으로 불려졌다.

몇몇 사람들에 의해 멋대로 칭송되었던 청나라 말기의 『흠정헌법대강欽定憲法大綱』의 앞 두 조항은 다음과 같이 시작한다. '대청大淸의 황제는 대청제국을 통치하며, 영원토록 존귀하게 추대된다.' '군주의 신성함과 존엄은 침해되지 않는다.' 일반 사람들은 어릴 때부터 매우 정교하게 짜여진 '삼강오륜三綱五常'이라는 이데올로기에 포획되어 거기서 한 발자국도 벗어나지 못했다.

전제군주제를 무너뜨리고 공화정을 수립한 신해혁명은 20세기 중국의 첫 번째 역사적 전환점이라고 할 수 있다. 그와 같은 혁명을 이끈 쑨원은 다음과 같이 언급했다. "난징에서 제정된 민국약법民國約法 가운데 '중화민국의 주권은 국민 전체에 속한다.'는 조항만이 내 주장이었다."⁴⁶³ 이 말은 그가 무엇을 가장 중시했는지 알 수 있는 대목이다.

그런데 실제로는 국가 주권이 '국민 전체에 속해' 있지 않았다. 그것은 처음에는 북양 군벌北洋軍閥에, 그리고 그 뒤에는 장제스와 국민당 독재의 지배에 속해 있었다. 비록 서구 정치의 명칭들을 일부 사용했다고 하더라도, 사실 그것에 무슨 민주라고 할 만한 것이 있었겠는가?

항일 전쟁 시기, 민주를 요구하는 외침이 전국적으로 더욱 높아졌다. 그것이 사람들의 가장 큰 관심사였던 항전 승리의 핵심 요건이었기 때문에,

---

461 | 中央檔案館 編, 『中共中央文件選集(1936-1938)』11, 北京: 中共中央黨校出版社, 1991: 613쪽.

462 | 황제의 조서 서두에 들어가는 표현이다.

463 | 孫文,「在廣東省教育會的演說」,『孫中山全集』5, 北京: 中華書局, 1985: 497쪽.

전에 없는 큰 주목을 받았을 뿐만 아니라 더욱 확장된 새로운 의미가 만들어졌다.

적의 후방 지역이라는 극도로 어려운 여건에서도, 중국공산당이 자신의 기반을 굳건히 하면서 지속적인 확장을 꾀할 수 있었던 이유는 민주 정치를 시행했기 때문이다. 그로부터 중국공산당과 민중은 마치 물과 물고기처럼 나뉠 수 없는 관계가 되었다. 적의 후방에 구축된 근거지를 항일민주 근거지라고 불렀는데, 그것은 과거에 무시당하던 노동대중이 이제는 당당히 고개를 들고 스스로 주인이 되었다는 의미를 갖는다. 그리고 8로군과 신4군도 '인민의 자제들로 이루어진 군대人民子弟兵'라고 불렸다. 이 모든 것들이 당시 사람들에게 펼쳐진 새로운 세계를 보여준다.

그런데 국민당이 지배했던 대후방 지역에서는 오히려 우여곡절이 많았다. 쩌우타오펀은 그의 유작 「환난여생기患難餘生記」에서 다음과 같이 언급했다. "8·13 항전이 본격화된 후, 정치적 진전進步 상황을 '그래프'로 그려 본다면 그 '곡선'이 점차 상승하기 시작했다. 오르락내리락하는 모습을 보이기는 했어도 점점 상승하고 있다는 점만큼은 분명하다."[464] "'곡선'의 정점은 1938년이었다. 하지만 그 곡선은 안타깝게도 1939년부터 점점 내려가, 1941년의 완난 사변皖南事變[465] 이후에는 몇 달 동안 밑바닥까지 떨어졌다."[466]

'안타깝게도 1939년부터 점점 내려간' 이유는 무엇일까? 그것은 우한과 광저우를 점령한 일본 침략자들에게도 병력·재원·물자의 측면에서 큰 피

---

464 | 鄒韜奮,『韜奮全集』10, 上海: 上海人民出版社, 1995: 857쪽.

465 | 장제스는 항일 전쟁이 소강상태에 접어들자 중국공산당의 8로군과 신4군을 제거하기 위한 사건을 꾸몄는데, 그것이 바로 완난 사변이다. 즉, 완난(안후이성 남쪽) 지역에 주둔한 신4군의 이동을 명령하고, 그 길목에 8만 명의 병력을 매복시켜 신4군을 공격한 것이다. 그로 인해 9천여 명이던 신4군은 대다수가 전사하고, 2천여 명만이 그 포위망에서 벗어날 수 있었다. 이 사건은 2차 국공합작에 대한 의구심이 점차 확대되는 계기가 되었다.

466 | 鄒韜奮,『韜奮全集』10, 上海: 上海人民出版社, 1995: 858쪽.

해가 발생했다는 점, 그로부터 이전과 같은 규모의 공세를 다시 취하기 어려워졌다는 점 때문이다. 당시 장제스는 일본 침략자들의 위협과 압박이 현저히 줄어들었다는 것을 느끼고 있었으며, 그러한 이유로 반민주적인 독재 통치를 지속적으로 강화했다.

그 과정에서 두드러졌던 것이 바로 비밀 요원特務들의 만행이었다. 둥비우는 충칭重慶에서 옌안으로 돌아와 다음과 같이 언급했다. "국민당의 비밀 요원 정책 때문에 길을 가던 사람이 잡혀가고, 집에 앉아 있던 사람이 잡혀가며, 심지어 사무실에 앉아 있던 공무원도 잡혀간다. 그들이 잡아가는 방식은 어떠한 법률적 수단에도 의거한 것이 아니며, 비공개적이다. 또한 어디로 잡혀가서 고문당하고 감금당하는지도 아무도 모른다."[467] 흔히 '실종되었다'고 알려진 사람들 역시 일부는 수용소에 갇혀 있거나 일부는 비밀리에 살해되었다.

당시 명성이 자자했던 경제학자이자 교수인 마인추[馬寅初, 1882-1982]도 거대 자본가가 '국난을 이용한 재산國難財' 벌이에 몰두한다는 글[468]을 발표했다가 국민당 당국에 의해 체포되었다. 그는 다음과 같이 지적했다. "현재 전방에서 싸우고 있는 몇 십만 명에서 백만 명에 이르는 장병들이 자신의 뜨거운 피와 목숨을 바치고 있으며, 몇 천만 명의 인민들은 돌아갈 집을 잃고 정처 없이 떠돌고 있다. 그렇지만 후방의 고관대작과 자본가들은 정부를 위해 어떠한 노력도 기울이지 않았을 뿐만 아니라 불난 집에 들어가 도둑질을 일삼듯 떼돈을 긁어모으고 있다. 잔인하고 양심 없음이 어찌 이보다 더 심할 수 있겠는가?"[469]

그는 이어서 다음을 제안했다. "자본세를 거두고자 한다면, 우선 국난을

---

467 | 董必武文集 編輯組, 『董必武統一戰線文集』, 北京: 法律出版社, 1990: 240-241쪽.

468 | 1940년 10월 20일에 발표된 「對發國難財者徵收臨時財産稅爲我國財政與金融惟一的 出路」라는 글이다. 徐湯莘·朱正直 編選, 『馬寅初選集』, 天津: 天津人民出版社, 1988: 190-200쪽을 참조하라.

469 | 徐湯莘·朱正直 編選, 『馬寅初選集』, 天津: 天津人民出版社, 1988: 198쪽.

이용해 재산을 벌어들인 고관대작들로부터 시작해야 한다."⁴⁷⁰ 그는 당시 널리 퍼져 있던 백성들의 생각을 드러냈다가 국민당 당국에 체포된 것이다. 장제스는 그것을 일기에 남겼다. "오늘 마인추를 헌병사령부로 압송했다. 그 사람은 공산당共黨에 둘러싸여 유언비어를 퍼뜨리면서 사람들을 현혹했고, 재정적 신뢰도를 훼손시켰다."⁴⁷¹ 마인추는 체포된 후, 21개월 동안이나 수감되어 있었다.

인민들에게 최소한의 신변 안전조차 보장해주지 않는데, 무슨 민주를 말할 수 있겠는가? 그러한 분노들은 점점 더 깊이 쌓여갔다. 항일 전쟁의 승리가 눈앞에 다가왔을 무렵인 1944년, 패색이 짙어진 일본 침략자들은 남은 힘을 다해 허난·후난·광시에 대한 대규모의 군사 공격을 감행했는데, 8개월 만에 중국의 국토 20만 km²를 차례로 함락시켰다.

충칭은 공포에 휩싸였다. 사람들은 다른 문제들에 대해서 그럭저럭 참아낼 수 있었지만, 항일 전쟁의 군사적 패배에 대해서는 참지 못했다. 그것은 사실 누가 보더라도 국민당 당국의 정치적 부패를 극명하게 드러낸 사건이었기 때문이다. 사람들은 더 이상 참을 수 없었다. 대후방 지역에서 벌어진 민주 운동은 유례가 없을 정도의 규모로 새롭고 거센 흐름을 만들어냈다. 수많은 대학 교수와 문화계 인사, 그리고 청년 지식인들이 국민당의 독재에 반대하는 투쟁에 뛰어들었다.

중국민주동맹의 주석인 장란[張瀾, 1872-1955]은 1944년 9월에 다음과 같이 선언했다. "핵심은 민주에 있다. 오직 민주만이 중국에 유일한 길이며, 오직 민주를 시행해야지만 국가와 인민이 행복해진다."⁴⁷² 또한 그는 한 달 뒤 청두成都의 5개 대학에서 모인 2,000여 명의 학생 좌담회에서 다음을 언급했다. "여러분들이 이렇게 많은 문제들을 제기했는데, 사실 근본적으로는 하나의 문제일 뿐이다. 왜 여러분들이 이렇게 많은 문제들을 제기했을

---

470 | 徐湯莘·朱正直 編選,『馬寅初選集』, 天津: 天津人民出版社, 1988: 199쪽.

471 | 蔣介石,『蔣中正日記』1940(12月 6日), 抗戰歷史文獻研究會, 2015: 169쪽.

472 | 謝增壽·何尊沛·張廣華 編,「關於當前政治問題的談話」,『張瀾文集』上, 北京: 群言出版社, 2014: 223쪽.

까? 그것은 비민주不民主라는 것 때문이다."[473]

그와 같은 큰 민심의 변화는 장제스와 국민당 당국을 예전에 없던 고립 상황으로 떨어뜨렸다. 그것은 항전에서 승리한 이후에, 특히 국민당 정부가 세상 사람들이 다 반대하는데도 불구하고 내전을 본격화한 시기에 더욱 명확한 결과로 나타났다.

3) 더 많은 이들의 곁으로 다가간 중국공산당

중국공산당은 자신의 모습을 드러낸 날로부터 중국의 가장 광범위한 인민들의 근본 이익을 위해 싸워왔다. 항일 전쟁 이전, 중국공산당의 정치적 영향력은 주로 여러 혁명근거지의 가난한 농민들과 도시의 혁명적 지식인들에 국한되어 있었다.

국민당 당국은 혁명 근거지를 빈틈없이 봉쇄했을 뿐만 아니라 공산당에 대한 유언비어와 비방을 일삼았다. 또한 중국공산당 중앙의 '좌경화'된 고립주의關門主義라는 오류도 여러 해 동안 만연되어 있었다. 그러한 이유들 때문에 일반 민중들이 중국공산당의 실제 상황을 이해하는 데에는 많은 제약이 따랐다.

하지만 항일 전쟁이 시작되고, 국민당과 공산당의 2차 국공합작이 시행되면서 일부 지역에서는 공산당원들의 공개적 또는 반半공개적 활동이 가능해졌다. 그로부터 사람들은 점점 더 많이 중국공산당을 알게 되었을 뿐만 아니라 이해할 수 있게 되었다.

저우언라이 등 중국공산당 지도자들은 우한·충칭에서 국민당 당국과 협상을 이어가는 한편, 각계각층의 사회적 인사들이나 외국의 우호 인사들과 광범위하게 접촉해 나갔다. 그들의 솔직하고 성의 있는 태도는 서로에 대한 이해와 우의를 증대시켰고, 그로부터 사람들의 폭넓은 존경을 받을 수 있었다. 캐나다의 노먼 베쑨[Henry Norman Bethune, 1890-1939], 인도의 크와

---

473 | 謝增壽·何尊沛·張廣華 編, 「在成都華西壩五大學十二個學會主持的國是座談會上的演說」, 『張瀾文集』上, 北京: 群言出版社, 2014: 226쪽.

카나스 코트니스[Kwarkanath S. Kotnis, 1910-1942]와 같은 이들은 저우언라이의 소개로 적 후방의 항일 근거지를 향해 떠났다.

마오쩌둥이 1938년 5월과 6월 사이에 완성한 명저 『지구전을 논함』에서는 이 전쟁이 왜 긴 시간이 소요되는 힘겨운 장기전일 수밖에 없는지, 그리고 중국이 지구전에서 어떻게 단계적으로 약점을 강점으로 바꿔가면서 마지막 승리를 획득할 수 있는지를 체계적으로 다루었다. 그 책은 우한에서 출판되었는데 대후방 지역에서 큰 반향을 불러일으켰다. 그 이유는 사람들이 가장 궁금하던, 하지만 한동안 불명료한 상태로 남아 있던 문제의 답을 제시했다는 점에 있다. 결과적으로 그것은 많은 사람들에게 중국공산당과 그들의 주장을 더욱 잘 이해할 수 있게 했고, 중국공산당을 신뢰하도록 만들었다.

어느 외국 기자는 그것을 다음과 같이 평가했다. "그들이 공산당을 어떻게 생각하든, 그들이 누구를 대표하든 간에, 대부분의 중국 사람들이 지금까지도 인정하고 있는 것은 당시 마오쩌둥이 국내적·국제적 요인을 올바르게 분석했고, 나아가 미래의 전반적 윤곽을 명확하게 그려냈다는 점이다."

미국에서 유학했던 구국회救國會의 지도자 리궁푸는 6개월 동안 공산당의 적 후방에 있는 항일 근거지를 현지 조사했는데, 그 경험을 기초로 1940년에 「화베이의 적 후방華北敵後·진차지晉察冀」를 집필했다. 그 글은 다음과 같이 시작한다. "모범적인 항일 근거지이다. 항일을 위한 민주와 민족 통일전선에서 모범적인 진차지 접경 지역은 중화민족의 해방을 위한 승리, 그리고 신중국의 빛나는 미래를 상징한다."[474]

또한 다음과 같이 언급했다. "민주 정치의 철저한 시행, 행정 기구의 개혁, 경제 정책의 확정, 인민 생활의 개선, 그리고 접경 지역의 정치권력을 공고히 하고 확장시키는 것 역시 사람들이 공감하고 있는 사실이다."[475]

---

474 | 李公朴硏究會 編, 『李公朴文集』下, 北京: 群言出版社, 2012: 541쪽.
475 | 李公朴硏究會 編, 『李公朴文集』下, 北京: 群言出版社, 2012: 700쪽.

큰 영향력을 지닌 미국의 『타임』지와 『라이프』지, 그것의 중국 주재 기자였던 시어도어 화이트[Theodore Harold White, 1915-1986]와 애널리 자코비[Annalee Jacoby/Annalee Whitmore Fadiman, 1916-2002]도 중국공산당을 매우 생동감 있게 묘사했다.

"공산당의 모든 정치적 논제는 다음의 말들로 요약될 수 있다. 당신이 한 농민을 만났다고 가정해보자. 그 농민은 평생 괴롭힘과 매질을 당했으며, 욕설만을 들어왔다. 게다가 그의 아버지라는 사람도 조상 대대로 내려온 고통스런 감정을 통째로 그에게 물려주었다. 그런데 당신은 진정 그와 같은 사람을 한 명의 인격체로 대우하고, 그에게 의견을 구하며, 그에게 지방 정부 선출의 투표권을 주고, 그를 위한 경찰과 헌병을 스스로 조직하게 한다. 또한 당신은 그에게 권한을 주면서 그가 얼마의 세금을 내야 하는지를 스스로 결정할 수 있게 하고, 소작료와 이자의 인하 여부를 스스로 결정할 수 있도록 한다. 만약 당신이 그 모든 것을 할 수 있다면, 그 농민은 투쟁의 목표를 지닌 사람이 될 것이다. 그리고 그 목표를 위해 일본인이든 중국인이든 상관없이 어떤 적과도 죽음을 각오하고 싸울 것이다. 나아가 만약 당신이 그 농민에게 군대와 정치권력을 주면서 그들의 토지 경작과 곡식 수확을 도와줄 뿐만 아니라 그들의 아내를 강간하고 그들의 어머니를 욕보인 일본놈들을 없애버릴 수만 있다면, 그 농민은 반드시 그와 같은 군대와 정부, 그리고 그러한 군대와 정부를 통솔하는 정당에 충성을 다할 것이다. 또한 반드시 그와 같은 정당을 지지하고, 그 정당이 인도하는 길에서 생각하며, 대부분은 그러한 정당의 적극적인 구성원이 될 것이다."[476]

전국 각지에서 수천수만 명의 청년 지식인들이 옌안으로 갔는데, 그 가운데 베이핑과 톈진의 대학생들이 적지 않았다. 런비스는 다음과 같이 설명했다. "항일 전쟁 이후 옌안을 찾은 지식인은 모두 4만여 명이다. 학력을 가지고 말한다면, 중학교 이상의 학력이 71%(여기서 고등학교 이상의 학력

---

[476] | Theodore Harold White·Annalee Jacoby/王健康·康元非 譯, 『風暴遍中國』, 北京: 解放軍出版社, 1985: 216-217쪽.

이 19%, 고등학교 학력이 21%, 중학교 학력이 31%이다)이고, 중학교 이하의 학력이 30% 정도이다."⁴⁷⁷

그들의 상당수는 산베이공학陝北公學, 루쉰예술학원魯迅藝術學院, 항일군정대학抗日軍政大學 등을 다녔다. 그리고 그들은 졸업 후에 전선前線으로 나아가 혁명 사상을 퍼뜨리는 씨앗이 되었을 뿐만 아니라 많은 이들이 혁명의 핵심 역량으로 성장했다.

항일 전쟁이 끝나갈 무렵, 일본에 대한 동맹국들의 작전이 결전의 국면으로 접어들면서 중국 전장에서의 전반적인 상황 파악이 절실하게 필요해졌다. 하지만 과거 중국공산당이 주도하던 항일근거지들은 적으로부터 멀리 떨어진 후방에 있거나 국민당 당국의 삼엄한 봉쇄 아래 있었기 때문에, 대후방 지역의 많은 사람들은 중국공산당의 구체적인 상황을 알기 어려웠다.

당시 국민당 당국은 여러 차원에서 가해진 압력으로 인해, 결국 처음으로 중국과 외국 기자로 구성된 서북 지역 참관단 21명에게 그 근거지들에 대한 취재를 허락했다. 그 중에는 AP 통신, UP 통신, 미국의 『타임』지 등 외국 기자 6명이 속해 있었다. 1944년 6월 9일, 그들이 옌안에 도착했다. 어떤 이들은 적의 후방에 있는 항일근거지에서 현지 조사까지 진행했다. 그들이 발표한 다량의 보도와 논평들은 대후방과 해외 지역의 여러 간행물에 잇달아 게재되면서 큰 반향을 일으켰다.

미국의 『뉴욕타임즈』 기자였던 해리슨 포먼[Harrison Forman, 1904-1978]은 6개월 동안의 취재를 마치고 『붉은 중국으로부터의 리포트』라는 책을 썼다. 그의 글은 다음과 같이 시작한다. "우리 신문기자들의 대다수는 공산주의자도 아니고, 공산주의에 동조하는 이들도 아니다."⁴⁷⁸

그리고 그는 스스로 목격한 많은 사실들을 묘사한 다음, 다음과 같이 지

---

477 | 中共中央文獻硏究室 編, 『任弼時年譜』, 北京: 中央文獻出版社; 人民出版社, 1993: 454쪽을 참조하라.

478 | Harrison Forman/熊建華 譯, 『來自紅色中國的報告』, 北京: 解放軍出版社, 1985: 1쪽.

적했다. "8로군을 본 사람이라면 누구라도 그들을 의심할 수 없을 것이다. 그들이 노획한 무기나 보잘것없는 무기로 끝까지 싸울 수 있었던 이유는 바로 그들이 인민과 함께 있었기 때문이다."[479]

또한 "옌안에서 그들이 우리에게 자신들의 전과戰果를 말해줄 때, 나는 솔직히 그것을 믿을 수 없었다. 하지만 내가 8로군과 함께 두 달 동안 적의 후방에서 싸우고, 다시 말해서 여러 거점과 보루들을 점령하거나 파괴하는 과정에 실제로 참여한 다음, 나는 내가 본 모든 것으로 공산당의 설명이 결코 과장되지 않았다는 점을 입증할 수 있었다."[480]

『신민보新民報』 기자인 자오차오거우[趙超構, 1910-1992]가 쓴 『옌안에서의 한 달』, 그리고 황옌페이[黃炎培, 1878-1965]가 국민당의 참정원參政員 다섯 명과 5일 동안 옌안을 방문한 다음 저술한 『옌안에서 돌아와』는 모두 큰 사회적 반향을 일으켰다. 그러한 보도와 논평들은 대후방 지역의 많은 사람들이 예전에 접해 보지 못했던 것이었다. 그래서 그것은 그들에게 과거에 제대로 알지 못했던 세상을 새롭게 알려주었을 뿐만 아니라 중국의 미래에 새로운 희망을 품게 만들었다.

4) 나가며

8년이라는 기나긴 세월 동안, 중국 사람들은 국가와 민족의 운명을 좌우하는 사투를 치르면서 매우 참혹한 대가를 지불했다. 하지만 그 시간 동안 평상시와는 비교할 수 없는 투철한 교육이 이루어졌다. 당시 중국의 상황에서 항일 전쟁의 이전과 승리했을 때를 비교해보면, 특히 인심의 향배에 큰 변화가 일어났다는 점을 알 수 있다. 그 변화가 지닌 역사적 위치와 의미는 중화민족이 위대한 부흥으로 나아가는 일련의 연속 과정에서 겪게 되는 하나의 특정 단계로 파악해야만 제대로 이해할 수 있다.

고양된 민족의식은 사람들의 피를 대가로 치르고 나서야 그 사상적 경

---

[479] | Harrison Forman/熊建華 譯, 『來自紅色中國的報告』, 北京: 解放軍出版社, 1985: 67쪽.
[480] | Harrison Forman/熊建華 譯, 『來自紅色中國的報告』, 北京: 解放軍出版社, 1985: 115쪽.

계를 크게 넓혔으며, 개인과 가정이라는 울타리에 국한되었던 과거의 협소한 시각을 뛰어넘어 국가와 민족의 운명에 더 많은 관심을 갖도록 만들었다. 또한 중화민족으로서의 각성은 보이지 않는 거대한 응집력으로, 모든 사람들이 한마음 한뜻으로 중화민족의 위대한 부흥을 위해 분투하는 자각과 추진력이 되었다.

민주적 관념이 사람들의 마음속에 점점 더 깊게 자리하면서, 많은 사람들의 생활 태도도 근본적으로 바뀌었다. 다시 말해서, 그들은 외부 여건에 순응하거나 현 상태에 안주하는 것과 같은 소극적인 태도를 버렸고, 이전의 사회 질서에 대한 지엽적인 개혁 조치에는 더 이상 만족하지 않았으며, 인민이 진정한 주인이 되는 새로운 사회와 국가의 건설을 기대했다.

처음부터 정치적으로 중간층에 위치했던 많은 이들이 오랫동안 이루어진 국민당 당국의 통치에 크게 실망하게 되면서, 이전에는 비교적 생소했거나 심지어는 약간의 의심도 품었던 중국공산당에 더 많은 믿음과 기대를 갖게 되었다. 항일 전쟁이 종결되던 시기에, 대다수의 중국 사람들 눈에 비친 공산당과 국민당은 이미 중국의 양대 정당이 되었지만, 점차 공산당을 찬성하는 흐름이 더 커져가고 있었다. 그것은 항전 승리 이후 중국에서 조성된 정치적 정세에 간과할 수 없는 영향을 끼쳤다.

물론, 그와 같은 변화를 과대평가할 필요는 없을 것이다. 하지만 당시 정치적으로 중간층에 위치한 사람들이 상당히 많았고, 풍향계도 분명 앞서 언급한 방향으로 움직이고 있었다. 8년 동안의 항전 그 이전에는 나타난 적이 없던, 그처럼 상상하기 어려운 새 국면이 조성되었을 뿐만 아니라 그 방향으로 계속해서 크게 나아갔다.

항일 전쟁에서의 승리는 중국 인민이 100여 년 동안 외부 침략자들에 대항해 처음으로 완벽히 승리한 민족해방 전쟁이라고 할 수 있다. 중국의 항일 전쟁은 세계적인 반파시즘 전쟁에 매우 큰 기여를 했기 때문에 국제 사회의 인정과 존중을 받았다. 또한 중국의 국제적 위상도 크게 향상되었다.

항일 전쟁은 단지 군사적 행동만을 가리키지 않는다. 마오쩌둥은 중국공산당 제7차 전국대표회의에서 다음과 같이 보고했다. "이 전쟁이 중국 인민들을 각성시키고 단결시킨 정도는 지난 100년 동안 중국 인민들의 위대했던 모든 투쟁 가운데 그 어떠한 것에도 비견되지 않는다."[481] 여기서 '중국 인민들을 각성시키고 단결시킨 정도'를 '지난 100년 동안 중국 인민들의 위대했던 모든 투쟁 가운데 그 어떠한 것과도 비견되지 않는다.'고 표현한 것은 무게감 있는 평가라고 할 수 있다.

항전 8년 동안, 전쟁의 승리와 같은 일들은 당시 사람들에게 강렬한 인상을 즉각적으로 남겼지만, '인민들이 각성하고 단결하는 것'과 같은 일들은 시간이 지나면서 그 의미가 더욱 명확해지기도 한다. 70년 만에 지금 그것을 돌이켜보면, 당시 중국공산당 7차 전국대표회의에서는 충분히 중시되지 못했던 그 중요한 평가, 그리고 그것의 깊은 의미를 새롭게 실감할 수 있다.

---

481 | 毛澤東, 『毛澤東選集』3, 北京: 人民出版社, 1991: 1032쪽.

11
마오쩌둥과 장제스의 3대 전략적 결전[482]

무엇을 전략적 결전이라고 하는가? 그것은 전쟁의 전체적 국면을 결정짓는 전투로, 흔히 교전 상태에 있는 양측의 주력이 벌이는 결전을 가리킨다. 왜냐하면 결전을 통해 상대방의 주력을 섬멸해야만 전쟁의 승부를 최종적으로 결정지을 수 있기 때문이다. 당시 전국의 해방전쟁[483] 가운데 전략적 결전이라고 부를 수 있는 것은 랴오선遼瀋·화이하이淮海·평진平津 지역의 전투가 있다.[484]

전략적 결전은 전쟁의 핵심으로, 전쟁의 전체적 국면에 결정적인 역할을 담당한다. 따라서 양측의 군 통수권자들은 확실한 승리를 위해 전력을 다하지 않을 수 없다. 또한 그것은 양측 주력 간의 전투이기 때문에 전쟁의 전체 과정에서도 가장 치열하고 복잡하며 변화무쌍한 단계일 뿐만 아니라, 군의 지휘라는 측면에서도 가장 대처하기 곤란한 시간에 해당한다.

전략적 결전은 군 통수권자들이 지닌 전략적 안목과 복잡한 상황의 처리 능력, 그리고 그들의 결의와 의지력을 검증할 수 있는 가장 좋은 기준이 된다. 여기에는 다음과 같은 요소들이 포함되어 있다. 즉, 전체적 국면을 파악하면서 전쟁의 객관적 상황 전개를 정확하게 판단할 수 있는가, 적

---

[482] 원문은 『黨的文獻』 2013年 第1期에 게재되었다.
[483] 해방전쟁은 1946년 6월부터 1950년 6월까지 진행된 중국공산당과 국민당의 내전을 가리킨다.
[484] 여기서 랴오선은 랴오닝遼寧성과 선양瀋陽, 화이하이는 쉬저우徐州를 중심으로 한 화이허淮河와 하이저우海州, 평진은 베이핑北平과 톈진天津이다.

절한 시점에 일반 사람들이 하기 어려운 결단을 과감히 내려 각종 어려움들을 극복하고 또 그것을 단호하게 관철시킬 수 있는가, 싸움터에서 예견되거나 예상하기 어려운 중대한 변화에 대해 유연하게 대응하면서 적시에 기존의 배치를 탄력적으로 조정할 수 있는가, 현 단계에서 다음 단계로 정교하게 전투를 전환시킬 수 있는가 등과 같은 것들이다.

이처럼 전략적 결전은 양측의 군 통수권자들이 지닌 작전 지휘 능력의 대결이라고 할 수 있다. 대결 과정에서 누가 더 나을 것이라고 말로만 따지는 것은 아무런 의미가 없다. 모든 것은 전쟁이라는 실천적 사실로부터 검증될 수밖에 없기 때문이다.

물론 전략적 결전의 승패는 단순하게 군사적 측면에서만 살펴볼 수 없다. 일반적으로 그것에는 고착된 사회적 원인, 즉 정치·경제·사상·문화와 같은 다양한 요인이 서로 얽혀 있는데, 주로 민심의 향배라는 근본 요인에 의해 결정된다. 그럼에도 불구하고 군 통수권자의 주관적 지휘가 올바른지도 의심할 바 없이 매우 중요한 요인에 속한다.

마오쩌둥은 다음과 같은 점을 강조했다. "우리가 우위와 주도권을 원한다면, 적들도 그러하다. 그러한 점에서 전쟁은 양측의 군 지휘관들이 군사력과 재정 등의 물적 기초를 바탕으로, 서로의 우위와 주도권을 다투는 주관적 측면의 능력 경쟁이라고 할 수 있다. 그 경쟁의 결과로 승자와 패자가 나뉘게 된다. 여기서 객관적인 물질적 조건의 차이를 제외한다면, 분명 승자는 주관적 지휘의 올바름으로부터, 그리고 패자는 주관적 지휘의 오류로부터 만들어진다."[485]

나아가 그는 다음을 지적했다. "전쟁은 힘의 다툼이지만, 전쟁 과정에서 그 힘은 본래의 형태를 변화시킨다. 여기서는 주관적인 노력, 즉 더 많이 싸워 이기고 오류를 더 적게 범하는 것이 결정적 요소가 된다. 객관적 요인도 그러한 변화의 가능성을 갖고 있지만, 그 가능성이 실현되기 위해서는 올바른 방침과 주관적 노력이 요구된다. 그때 주관의 역할이 [더] 결정적이

---

[485] 毛澤東, 『毛澤東選集』2, 北京: 人民出版社, 2009: 490쪽.

다."[486]

그는 이처럼 짧은 문장에서도 '결정적'이라는 어휘를 두 번이나 사용하면서 강한 어조를 드러냈다. 전쟁의 승패는 물론 기본적으로 객관적 요인을 갖추었는가에, 그리고 인심의 향배나 승리한 측의 장교·병사·민중이 함께 노력했는가에 달려 있다. 그런데 그러한 조건들이 갖춰졌다면, 군 통수권자의 작전 지휘가 올바른가도 의심의 여지없이 '결정적' 역할을 담당하게 된다.

전략적 결전에서 대치하는 양측의 통수권자들은 언제나 최선을 다해 대결한다. 또한 양측은 서로 일정한 실력을 갖추고 서로에게 이기고자 한다. 만약 그렇지 않다면 무슨 '결전'이라고까지 말할 것도 없기 때문이다. 이것이 바로 역사의 흐름을 파란만장하면서도 위험한 상황의 연속으로 보이게 만든다. 결국, 한쪽은 승리하고 다른 한쪽은 패배했다. 이처럼 최선을 다한 대결을 검증하는 과정에서, 양측 통수권자의 우열이 다른 어느 시기보다 훨씬 더 뚜렷하게 드러났다. 그것이 그 문제를 둘러싼 사람들의 연구 욕구를 자극하고 있다.

저자는 평소 혁명 시기의 중국공산당 역사를 연구하려면 국민당도 함께 연구해야 하며, 그 시기의 국민당 역사를 연구한다면 마찬가지로 공산당도 연구해야 한다고 생각한다. 다시 말해서, 그들의 상호작용에 주목해야 한다. 어느 한쪽에만 시선을 맞춘다면, 그 시기의 역사가 지닌 포괄적 사실들을 이해하기 어렵다.

저자는 고교 재학 시절에 량치차오의 『중국역사 연구법中國歷史硏究法』과 그것의 『속편續編』을 읽은 적이 있다. 그 가운데 한 단락은 저자에게 매우 깊은 인상을 남겼다. "이한장[李瀚章, 1821-1899]의 『증문정공 연보曾文正公年譜』를 보면, 사실 [상세했으면 하는] 우리의 그러한 욕구를 만족시키지 못했다. 이한장은 연보의 대상인 인물譜主 자체의 명령이나 행동, 아니면 청나라 조정에서 그를 발탁하고 퇴출시킨 황제의 유지諭旨만을 서술했을 뿐이다.

---

[486] 毛澤東, 『毛澤東選集』2, 北京: 人民出版社, 2009: 487쪽.

나머지 내용들은 상세히 언급되어 있지 않으며, 모두 부수적으로 기술되었다. 그것은 우리가 마치 담벼락 사이로 싸움을 지켜보는 것과 같았는데, 그들이 왜 승부를 내려고 하는 것인지를 알지 못했기 때문이다. 비록 분량이 12권이지만 실제로는 여전히 충분하지 않다. 만약 어떤 사람이 그것을 기꺼이 고쳐 쓴다면, 그것은 매우 좋은 일이 될 것이다. 하지만 과거의 연보가 지닌 단점을 결코 잊어서는 안 된다. 태평천국의 모든 사건들을 가장 꼼꼼하게 수집하고, 그와 함께 사람들의 상호 관계 및 당시의 배경을 명확하게 기술해야만 증국번[曾國藩, 1811-1872]의 전체적 상황이 어떠한지를 이해할 수 있다."[487]

60여 년 전에 읽은 것이지만, 량치차오가 언급한 '마치 담벼락 사이로 싸움을 지켜보는 것과 같았는데, 그들이 왜 승부를 내려고 하는 것인지를 알지 못했다.'라는 구절은 지금까지도 잊히지 않는다.

비유를 들어 그것을 설명할 수 있다. 다른 사람이 바둑을 둘 때는 반드시 쌍방이 각각 어떻게 포석을 할 것인지, 그리고 바둑돌을 어떻게 놓을 것인지를 동시적으로 읽어내야 한다. 바둑판은 변화가 무쌍하고, 모르는 수와 변수들로 가득 차 있다. 그래서 다른 사람이 예상하지 못한 수를 어느 한쪽에서 놓았을 경우, 상대편이 어떻게 대응하는지 그리고 그 대응이 옳은 것인지 틀린 것인지를 읽어내야 한다. 그래야만 그 바둑을 이해한다고 할 수 있다.

만일 시선이 한쪽에서 두는 포석이나 바둑돌에만 맞춰져 상대편을 읽지 못한다면, 당신은 그 바둑을 전혀 이해하지 못한 것이다. 나아가 그것은 당신이 관심을 갖는 쪽에서 어떻게 이겼는지 또는 졌는지를 제대로 설명해 주지 못한다.

흔히 전쟁사에서는 다음과 같은 문제들이 사람들의 특별한 주목을 받는다. 즉, 양측의 통수권자들은 어떻게 전체적인 국면을 총괄하고 판단하며

---

[487] 梁啟超, 『中國歷史研究法補編』, 上海: 商務印書館, 1947: 103쪽. | 梁啓超, 「中國歷史研究法(補編)(專集99卷)」, 72쪽, 『飮氷室合集12(專集96-104)』, 北京: 中華書局, 2008.

포석과 바둑돌을 두었는지, 전쟁의 전개 과정에서 출현한 매우 복잡하고 중요한 문제들을 어떻게 처리했는지, 그리고 그들의 지도력은 대체 어떠했고, 그 결과는 또 어떠했는지가 그것이다. 다음에서는 3대 전략적 결전 과정에서 나타난 마오쩌둥과 장제스의 작전 지휘指導를 전체적으로 살펴보고자 한다.

1) 마오쩌둥에 관하여

마오쩌둥은 원래 군인이 아니었다. 그 자신도 그것을 언급했다. "나는 초등학교 교원으로 군사 업무를 배운 적도 없는 지식인이었는데, 어떻게 싸움을 할 줄 알았겠는가? 당시 국민당이 백색테러를 저질러 노동조합과 농민조합을 파괴했을 뿐만 아니라 5만 명의 공산당원들을 한꺼번에 살해하고 체포했다. 그제서야 우리는 총을 들고 산으로 올라가 유격전을 벌였다."[488]

그렇다면 마오쩌둥은 어떻게 뛰어난 군 통수권자가 될 수 있었을까? 그가 택한 방법은 전쟁 과정에서 전쟁을 배우는 것이었다. 여기에는 두 가지 의미가 있다. 첫째, 전쟁이라는 실천의 장에 뛰어들어야 한다. 그렇지 않다면 전쟁에서 전쟁을 배운다고 말할 수 없다. 둘째, 전쟁이라는 실천의 장에서는 주의를 기울여 성공의 경험과 실패의 교훈을 끊임없이 생각하고 정리함으로써 자신의 이해와 행동을 바로잡아야 한다. 아울러 전쟁의 과정에서 마주친 주요 문제들을 원칙적 차원에서 검토하고 해결한다. 그것이 바로 전략적 문제의 연구이다.

천이는 마오쩌둥의 군사 사상을 다음과 같이 요약한 바 있다. "그 특징은 실사구시의 방법으로 중국 전쟁의 실상을 연구하고, 중국의 혁명적 군사 활동에서 나타나는 일반 법칙을 발견·파악하는 데 있다."[489] 천이의 지적은

---

[488] 中共中央文獻研究室 編, 金沖及 主編, 『毛澤東傳(1893—1949)』, 北京: 中央文獻出版社, 2004: 164쪽. | 이 발언은 원출처는 毛澤東同智利新聞工作者代表團의 談話記錄(1964年 6月23日)이다.

[489] 陳毅傳編寫組 編, 『陳毅軍事文選』, 北京: 解放軍出版社, 1996: 325쪽. | 참고로, 저자는

타당하다. 실사구시는 분명 마오쩌둥 군사 사상의 핵심이었다.

그는 전쟁을 치르는 동안 늘 적군과 아군의 다양한 사항들을 숙지했을 뿐만 아니라 작전의 배치와 지휘에 있어서도 최대한 현지 상황에 맞추고자 했다. 주관적인 지도와 객관적 실제 상황을 일치시키면서 실제 가능한 일들부터 처리해 나갔다. 따라서 주관적 바람만으로 근거 없이 지휘한 것도, 빈말만 늘어놓은 것도 아니었다. 그것이 그가 전쟁에서 적을 물리치고 승리할 수 있었던 결정적 요인이다.

물론, 객관 사물에 대한 인식은 한 번에 이루어지지 않는데, 전쟁 상황에서는 더더욱 그러하다. 그는 명확하게 이해하고 있었다. "전쟁이나 전투 상황에서 우리의 예상과 정확히 일치하는 일은 극히 일부에 불과하다. 그것은 전쟁이나 전투에 참여하는 양측 모두 무장한 채 무리를 이룬 살아 있는 사람들인데다가 양측 간에 비밀이 유지되고 있기 때문이다. 그것은 고정된 사물이나 일상적 사건들을 처리하는 것과 매우 다르다. 하지만 전체적으로 상황에 적합하게, 즉 결정적 의미를 지닌 상황에서 적절하게 지휘가 이루어진다면, 그것이 승리의 밑거름이 된다."[490]

마오쩌둥은 군 통수권자가 어떻게 하면 작전을 올바르게 지휘할 수 있는지에 대해 자신의 생각과 함께 그 실행 과정을 구체적으로 명확하게 밝혔다.

> 지휘관이 수행하는 올바른 배치는 올바른 결정에서, 올바른 결정은 정확한 판단에서, 정확한 판단은 작전상 요구되는 주도면밀한 정찰, 그리고 그것과 다양한 정찰 자료들을 함께 연결시키려는 심사숙고의 과정에서 만들어진다. 지휘관은 작전상 필요한 정찰을 위해 가능한 모든 수단을 동원한다. 그리고 적의 상황에 관한 다양한 정찰 자료들로부터 불필요한 것과 가짜는 버리고 필요한 것과 진짜만을 남긴다. 또한 기존의 알고 있던

이 책의 편저자를 中國人民解放軍軍事學院으로 밝혔는데, 이를 바로잡았다.

[490] | 毛澤東, 『毛澤東選集』1, 北京: 人民出版社, 1991: 179쪽.

내용에서 모르던 내용을 끌어내고, 표면적 현상으로부터 내적 본질을 추론한다. 그러고 나서 아군 측의 상황을 보태 양측의 차이와 상호 관계를 연구하기 때문에 판단하고 결정하며 계획할 수 있는 것이다. 그것이 모든 전략과 전투 관련 계획을 세우기 전에 군사 전문가가 전체적으로 상황을 이해하는 과정이다. 주도면밀하지 못한 군사 전문가들이 그렇게 하지 않고 일방적인 희망 위에 군사 계획을 세운다면, 그와 같은 계획은 공상적인 것으로 전혀 현실적이지 않다.[491]

상황의 인식 과정은 군사 계획을 수립하기 이전뿐만 아니라 그것이 수립된 이후에도 요구된다. 하나의 계획을 세우고 그것을 집행하기 시작한 다음부터 전투의 종료 시점까지가 또 다른 상황 인식의 과정, 즉 실행 과정이 된다. 그때 첫 번째 과정의 내용이 실제 상황에 맞는지를 다시 점검해야만 한다. 만약 계획이 상황에 부합하지 않거나 불충분하게 부합한다면, 반드시 새로운 인식으로부터 새로운 판단과 결정을 가지고 기존의 계획을 바꿔 새로운 상황에 적합한 계획을 만들어야만 한다. 계획은 거의 모든 작전에서 부분적인 수정이 가해지는데, 계획 전체가 바뀌는 경우도 간혹 존재한다. 무모한 사람들은 그러한 변화를 알지 못하거나 원하지도 않기 때문에, 그저 맹목적으로 밀어붙이다가 결국 벽에 부딪히고 만다.[492]

이 두 문단은 마오쩌둥이 1936년 12월에 쓴 것이지만, 3대 전략적 결전이 벌어진 12년 후에도 그는 중국 인민해방군의 최고통수권자로서 그와 같이 생각했고, 그와 같이 실천해 나갔다. 전쟁의 전체 국면이라는 객관적 정세를 정확히 판단한다는 것은 3대 전략적 결전을 결행하기로 한 중국 인민해방군의 출발점이자 기본 근거였다. 1948년 8월, 결전의 시기를 정확하게 선택해야 하는 문제는 더 이상 늦출 수 없는 사안이 되었다.

해방전쟁 2년 동안, 국민당 군의 전력이 크게 약화되면서 양측 간의 힘

---

[491] 毛澤東, 『毛澤東選集』1, 北京: 人民出版社, 1991: 179-180쪽.
[492] 毛澤東, 『毛澤東選集』1, 北京: 人民出版社, 1991: 180쪽.

차이에 큰 변화가 나타났다. 국민당 당국은 둥베이東北 지역에서의 철수와 화중華中 지역의 확보 문제를 고민했지만 여전히 망설이고 있었다. 예젠잉은 다음과 같이 밝혔다. "이러한 상황에서, 과연 적들에게 그들의 현 병력을 관네이關內나 장난江南 지역으로 철수시키려는 계획을 방치해, 우리의 공격 기회를 상실함으로써 이후 아군의 작전 수행을 더욱 번거롭게 만들 것인가? 아니면 적들이 도주를 결정하기 전에 우리가 먼저 좋은 기회를 잡기 위한 결단을 내리고, 전략적 결전을 조직해 강력한 적들의 전략군戰略集團을 하나씩 제거할 것인가? 놓친 기회는 다시 오지 않는다. 마오쩌둥 동지는 전쟁의 정세를 과학적으로 분석함으로써 조금의 주저함 없이 그러한 전략적 결전의 기회를 잡았고, 랴오선·화이하이·핑진이라는 3대 전투를 연이어 조직했다."[493]

여전히 상대방을 능가하는 병력을 갖추지 못한 상황에서는 여러 요인들을 다각도로 고려해야만 했다. 따라서 전략적 결전을 결심하기까지는 큰 지혜와 용기가 필요했다. 한편, 장제스는 그것을 예상하지 못했는데, 그로 인해 사전에 대비할 준비를 하지 못했다. 그것은 결국 곳곳에서 국민당의 군대가 수세적 상황에 몰리게 되는 주된 원인이 되었다.

결전의 기회를 잡은 다음에는 결전의 방향을 확정하는 것이 매우 중요하다. 전체적 국면을 염두에 두면서도 어디서부터 어떻게 할 것인지, 그리고 어떻게 한 단계 한 단계 나아가 소기의 목표를 달성할 것인지를 정확하게 선택해야 한다. 그것은 군 통수권자의 지휘 능력을 평가하는 데 중요한 덕목이다.

마오쩌둥은 줄곧 다음을 강조했다. "한 번 싸워서 이기면 나머지는 하나씩 격파함으로써 전체 국면에서 우위를 점하고 전체 국면을 주동적으로 이끌어야 한다."[494] 그리고 다음과 같이 설명했다. "첫 번째 전투는 매우 중

---

493 中共中央文獻硏究室·中國人民解放軍軍事科學院 編, 『葉劍英軍事文選』, 北京: 解放軍出版社, 1997: 458쪽. | 참고로, 저자는 이 책의 편저자를 中國人民解放軍軍事學院으로 밝혔는데, 이를 바로잡았다.

494 毛澤東, 『毛澤東選集』2, 北京: 人民出版社, 2009: 491쪽.

요하다. 첫 번째 전투의 승패는 전체 국면에 대단히 큰 영향을 끼칠 뿐만 아니라 그 영향은 마지막 전투에까지 이른다."[495]

그렇다면 첫 번째 전투는 어떻게 치러야 하는가? 마오쩌둥은 여기서 3가지 원칙을 제시했다. "첫째, 반드시 이겨야 한다. 적의 상황·지형·인민 등의 조건들 전체가 우리에게 이롭고 적에게는 불리한지를 확실히 파악하고 난 다음에 움직여야 한다. 그렇지 않으면 차라리 뒤로 물러나 신중하게 때를 기다리는 편이 더 낫다. 기회는 항상 있기 때문에 경솔하게 응전應戰해서는 안 된다."[496]

그리고 "둘째, 첫 전투 계획은 전체 전투 계획과 유기적 관계를 이루는 출발점이어야 한다. 전체 전투 계획이 좋지 않다면, 제대로 된 첫 전투는 근본적으로 불가능하다."[497] "셋째, 그 다음 전략 단계의 계책도 생각해 놓아야 한다."[498] "전략적인 지도자는 어느 한 전략적 단계에서 이후에 거쳐야 할 대부분의 단계를 미리 계산해 놓아야 한다. 적어도 그 다음 단계만큼은 계산해야 한다. 이후의 변화가 예측하기 어렵고 멀리 내다볼수록 더욱 막연해질지라도, 대체적인 계산은 가능하고 미래의 전망을 추정하는 것은 필수적 사안이다."[499]

또한 "한 걸음 나아가서는 그 구체적인 변화를 보면서 자신의 전략적 전투 계획을 수정하거나 발전시켜야 한다. 그렇게 하지 않으면 모험적이고 맹목적인 오류를 범하게 된다. 그럼에도 불구하고 모든 전략적 단계 나아가 몇 가지의 전략적 단계를 관통하는, 그리고 대체적으로 구상했던 장기적인 방침은 결코 없어서는 안 되는 것이다."[500]

3대 전략적 결전은 둥베이의 전장戰場에서 시작되었다. 예젠잉은 마오쩌

---

495 | 毛澤東, 『毛澤東選集』1, 北京: 人民出版社, 1991: 220쪽.
496 | 毛澤東, 『毛澤東選集』1, 北京: 人民出版社, 1991: 220쪽.
497 | 毛澤東, 『毛澤東選集』1, 北京: 人民出版社, 1991: 221쪽.
498 | 毛澤東, 『毛澤東選集』1, 北京: 人民出版社, 1991: 221쪽.
499 | 毛澤東, 『毛澤東選集』1, 北京: 人民出版社, 1991: 221-222쪽.
500   毛澤東, 『毛澤東選集』1, 北京: 人民出版社, 1991: 222쪽.

둥의 정책 결정 과정을 다음과 같이 묘사했다. "당시 전국의 전장 상황은 정도는 달라도 모두 인민해방군의 작전 수행에 유리했다. 하지만 적들은 몇몇 고립된 둥베이의 주요 거점을 지키기 위해 전략적으로 최대한 시간을 끌고 있다. 그것은 우리 둥베이인민해방군이 산하이관山海關을 넘어 관네이關內 지역으로 이동하는 작전을 견제하려는 데 목적이 있다. 또한 적들은 둥베이 지역의 적군을 화중華中 지역으로 철수시켜 화중 방어를 강화하고자 한다. 이런 상황에서 우리가 만약 전략적 결전의 방향을 화베이 전장에 맞춘다면, 아군은 푸쭤이[傅作義, 1895-1974]와 웨이리황이 이끄는 두 전략군의 협공을 받게 되어 수세에 몰릴 수 있다. 반면, 우리가 우선적으로 전략적 결전의 방향을 화둥華東 전장에 맞춘다면, 둥베이의 적들을 빠르게 퇴각하게 만들 것이고, [병력의 지역적 재배치 등] 그들의 전략적 긴축收縮 시도를 달성시켜줄 수 있을 것이다. 이로부터 둥베이 전장은 전국적인 전쟁 국면의 향방을 결정하는 핵심 사안이 되었다."[501]

또한 "결전은 먼저 국지적 정세로부터 시작되었지만, 곧 전체 국면에서 큰 우위를 점할 수 있었다. 랴오선遼瀋 전역에서 신속하면서도 순조롭게 승리했기 때문에, 전국의 전쟁 국면은 매우 빠르게 변화되었다. 그것이 처음에 예상했던 전쟁 일정을 크게 단축시켰다."[502]

작전 방향이 정해지자, 마오쩌둥과 중앙군사위원회는 최상의 작전 효과를 위해 3대 전략적 결전에 기습이라는 작전 방법을 적용했다. 그것은 마치 『손자병법』에서 말한 것과 같았다. 「구지九地」11에서는 "전쟁 상황에서는 신속함이 중요하다. 적이 이르지 못한 때를 틈타고 적이 생각하지 못한 길을 거쳐, 적이 대비하지 못한 곳을 공격한다."[503]라고 했고, 「시계始計」1에

---

[501] 中共中央文獻硏究室·中國人民解放軍軍事科學院 編, 『葉劍英軍事文選』, 北京: 解放軍出版社, 1997: 459-460쪽.

[502] 中共中央文獻硏究室·中國人民解放軍軍事科學院 編, 『葉劍英軍事文選』, 北京: 解放軍出版社, 1997: 460쪽.

[503] 李零/김승호 옮김, 『전쟁은 속임수다』, 파주: 글항아리, 2019: 664쪽을 참조하라.

서는 "전쟁은 속임수다."[504] 그리고 "적이 대비하지 못한 곳을 공격하고, 적이 생각하지 못한 곳으로 나가야 한다. 이것은 병가兵家의 승리 비결이기 때문에 미리 알려져서는 안 된다."[505]라고 했다.

영국의 군사학자인 리델 하트[Basil Henry Liddell Hart, 1895-1970]도 다음과 같이 언급했다. "군사 계획에서 영원히 유용한 '기습'이라는 열쇠를 사용하지 않는다면, 계속된 실패를 겪을 수 있다. 비현실적 발상은 그러한 열쇠를 대신하지 못한다."[506] 이 말도 대체적으로 그와 같은 의미라고 할 수 있다.

기습에 성공하는 것은 결코 쉬운 일이 아니다. 그렇다면 어떻게 해야 상대방을 '대비하지 못하'고, '생각하지 못한' 상태로 만들 수 있을까? 여기에는 두 가지 조건이 중요한데, 하나는 신속함이고, 다른 하나는 비밀 유지다. 때로는 양동陽動작전으로 상대방의 착각을 유도하는 것도 필요하다.

3대 전략적 결전의 첫 전투는 거의 모두 기습이라는 방법이 채택되었다. 우선 상대방이 '생각지도 못한' 요충지에 급작스럽게 강한 공격을 가해, 그들의 방어 사슬에 큰 충격을 주었다. 그로 인해 상대방은 작전의 배치와 심리적 측면에서 매우 당혹스러운 상황에 빠져들었는데, 그러한 전과戰果를 전체적 국면에서 승리할 때까지 차근차근 쌓아나갔다.

랴오선 전투의 경우, 진저우錦州가 지닌 전략적 위치의 중요성은 모두 알고 있는 사실이었다. 그런데 당시 [해방군 소속] 둥베이 야전군의 주력과 후방근거지가 모두 베이만北滿 지역에 있었다는 점, 그리고 여기에 약간의 양동작전이 더해지자, 국민당 군대는 해방군의 공격 초점을 창춘長春으로 착각했다.

하지만 해방군의 주력은 은밀하게 먼 길을 돌아 진저우 지역을 급습하기 위해 [그 북쪽에 있는] 이현義縣을 빠르게 포위했을 뿐만 아니라 진저우와 관네이關內의 육로 교통을 단절시켰다. 그제야 장제스는 마치 꿈에서 깨어

504　| 李零/김승호 옮김, 『전쟁은 속임수다』, 파주: 글항아리, 2019: 150쪽을 참조하라.
505　| 李零/김승호 옮김, 『전쟁은 속임수다』, 파주: 글항아리, 2019: 150쪽을 참조하라.
506　Liddell Hart/林光餘 譯, 『第一次世界大戰戰史』, 上海: 上海人民出版社, 2010: 220쪽.

난 듯 황급하게 부대 배치를 다시 하는 등 혼란에 빠졌다. 기습은 이와 같은 것이다.

그리고 화이하이 전투를 살펴보면, 국민당 군대는 처음에 해방군이 서쪽에서 [장쑤성의] 쉬저우徐州를 기습할 것이라 판단했다. 하지만 해방군은 다양한 경로의 양동작전을 전개해 상대방의 그와 같은 착각을 강화시켰다. 그래서 국민당은 리미[李彌, 1902-1973]의 병단兵團을 서쪽으로, 쑨위안량[孫元良, 1904-2007]의 병단을 북쪽으로 이동시켜 쉬저우 주변에 집중 배치했다. 이에 화둥華東 야전군의 주력은 즉각적으로 빈틈을 타고 들어가, 동쪽에 고립되어 있는 황바이타오[黃百韜, 1900-1948] 병단과 쉬저우의 연결을 차단하고, 그들과 첫 번째 화이하이 전투를 전개했다. 그 일은 쉬저우 지역에 주둔하던 전체 국민당 군대의 배치를 혼란스럽게 만들었다. 또한 그 뒤를 이어 중원 야전군도 빈틈을 노려 [안후이성의] 쑤현宿縣을 급습해, 쉬저우와 [안후이성의] 벙부蚌埠의 연결을 끊으면서 화이하이 전투 전승의 토대를 닦았다. 이 역시 '적이 대비하지 못한 곳을 공격하고, 적이 생각하지 못한 곳으로 나가야 한다.'는 기습인 것이다.

핑진 전투에서 국민당 군대가 처음 가졌던 관심은 동쪽에 집중되어 있는데, 그것은 둥베이 야전군 주력이 산하이관을 넘어 관네이로 대거 들어오는 것을 막기 위함이었다. 또한 장제스도 필요시 바닷길을 이용해 남쪽으로 철수할 수 있도록 부대를 동쪽의 톈진津沽으로 이동시켰다.

하지만 해방군은 적들이 생각하지 못한 곳으로 나아가는 방식, 즉 서쪽 전선에서 시작했다. 원래 [당시 쑤이위안성의] 구이쑤이歸綏에 주둔하던 양청우 병단과 원래 [허베이성의] 스자좡石家莊 북쪽에 주둔하던 양더즈[楊得志, 1911-1994] 병단에 장자커우張家口와 신바오안新保安 지역을 신속하게 포위하도록 했는데, 그것의 목적은 푸쭤이가 동쪽 전선에 신경 쓰지 못하도록 그의 관심을 서쪽에 잡아놓는 데 있었다. 한편, 둥베이 야전군 주력은 미리 행동에 나서 몰래 만리장성을 넘어 동쪽에 있던 베이핑·톈진·탕구塘沽의 사이를 가르며 남하했다.

둥베이 해방군은 휴식과 정비를 하지 못한 채 비밀리에 산하이관을 넘어 관네이로 진입했는데, 그 상황은 당시 둥베이 야전군의 제1병단 부사령관이었던 천보쥔이 언급한 그대로였다. "그때 우리는 화베이 전체에 퍼져 있는 적들을 전략적으로 포위하지 못했는데, 그것은 톈진과 탕구 쪽 병력이 부족했기 때문이다. 만약 너무 일찍 베이핑과 톈진 등의 지역을 본격적으로 포위하면서 장자커우·신바오안·난커우南口 등지에서 본격적인 공격에 나섰다면, 분명 적들은 도망갔을 것이다. 또한 그것은 이후의 작전에도 불리하게 작용했을 것이다. 그뿐만이 아니라 우리 부대는 랴오선 전투가 끝난 뒤에도 계속된 작전으로 휴식과 정비를 하지 못했으며, 먼 길을 행군해 관네이에 도착했기 때문에 매우 지쳐 있었다."[507]

모든 것들은 시간을 필요로 했다. 그러한 이유에서 "포위하되 공격하지 않고"[508], "차단하되 포위하지 않는"[509]다는 전쟁사에서 보기 힘든 전법이 만들어졌다. 이처럼 그 과정에서도 기습적 측면이 많이 나타나고 있다. 바둑을 두는 것과 마찬가지로, 중요한 수를 둘 때에는 전략적 안목을 갖추고, 그 수가 전체 국면에 어떠한 변화를 야기할지를 충분히 고려해야 한다. 또한 여세를 몰아 전과戰果를 늘려가면서 전체 국면을 승리로 이끌어야만 한다. 특히, 매우 중요한 지점에서는 다양한 가능성과 그것의 적절한 대응 방법을 찾는 데 심혈을 기울여야만 한다.

마오쩌둥은 다음과 같이 지적했다. "전쟁 전반의 지도 법칙을 배우려면, 자신의 생각에 모든 것을 집중해야만 한다."[510] "전쟁 전반을 지휘하는 사람에게 가장 중요한 것은 전쟁의 전체 국면을 살피는 데 집중해야 한다는

---

507 陳伯鈞,「兵臨城下-回憶解放北平」, 紅旗飄飄編輯部 編,『解放戰爭回憶錄』, 中國青年出版社, 1961: 297쪽. | 陳伯鈞,「兵臨城下-回憶解放北平」, 紅旗飄飄編輯部 編,『解放戰爭回憶錄(增訂本)』, 中國青年出版社, 1961: 297쪽. 中國青年出版社는 1961년 1월과 5월에 각각『解放戰爭回憶錄』과『解放戰爭回憶錄(增訂本)』을 출판했는데, 그 내용이 다르게 구성되어 있다. 다시 말해서, 여기서 제시된 천보쥔의 글은『解放戰爭回憶錄』에는 수록되어 있지 않다. 增訂本 표기를 누락한 것으로 보인다.

508 | 毛澤東,『毛澤東選集』4, 北京: 人民出版社, 1991: 1365쪽.
509 | 毛澤東,『毛澤東選集』4, 北京: 人民出版社, 1991: 1365쪽.
510 | 毛澤東,『毛澤東選集』1, 北京: 人民出版社, 1991: 177쪽.

점이다. 대체로 상황에 따라 부대 또는 병단의 구성, 두 전투 사이의 관계, 개별 작전 단계 사이의 관계, 우리 진영과 적 진영의 모든 활동 사이의 관계들을 살펴보는 것이 가장 힘든 부분이다. 그런데 만약 그것들을 내버려 두고 부차적인 문제들에만 신경을 쓴다면, 결국 불리한 상황이 초래될 뿐이다."[511]

마오쩌둥과 중앙군사위원회의 지휘 아래, 3대 전략적 결전은 더 이상 흩어지고 고립된, 개별적으로 진행되는 3개의 전투가 아니었다. 그것은 전반적인 계획을 갖추었는데, 하나의 고리가 다음 고리와 긴밀히 연결된 것처럼 서로 조응하며 일관된 형태로 짜여졌다. 마오쩌둥은 1947년 12월 회의에서 그 유명한 10가지의 군사 원칙을 구체적인 작전 방법으로 제시했다.[512] 그 가운데 '집중된 병력 우세로 적을 하나씩 섬멸한다'는 것이 근본적인 방법이다.

마오쩌둥은 일찍이 다음과 같이 언급한 적이 있었다. "병력을 집중하는

---

[511] 毛澤東, 『毛澤東選集』1, 北京: 人民出版社, 1991: 176쪽.

[512] 毛澤東, 『毛澤東選集』4, 北京: 人民出版社, 1991: 1247-1248쪽을 참조하라. | 그 주요 내용은 다음과 같다. 1) 먼저 분산되고 고립된 적을 공격하고, 나중에 강하고 결집된 적을 공격한다. 2) 우선 중소도시와 광활한 농촌 지역을 취하고, 그 다음 대도시를 취한다. 3) 적 전력의 섬멸이 주된 목표이지, 도시와 지방의 유지나 점령은 주된 목표가 아니다. 4) 전투마다 병력을 집중해 절대적 우위를 유지한다. 적을 사방에서 포위해 단 한 명도 놓치지 않겠다는 각오로 완벽한 섬멸에 노력한다. 5) 준비되지 않은 전투와 불확실한 전투는 시작하지 않는다. 전투마다 철저하게 준비해야 하며, 적과 아군을 비교했을 때 승리의 확실한 조건을 마련하는 데 노력한다. 6) 용감하게 싸우고, 희생을 두려워하지 않으며, 누적된 피로와 계속되는 작전을 두려워하지 않는 기풍을 확립한다. 7) 운동 중에도 적 섬멸을 위해 노력한다. 특히, 적의 거점과 도시 점령에 필요한 진지 공격의 전술 연습을 중시한다. 8) 도시의 공격 문제는 다음과 같다. 적들의 수비가 취약한 모든 거점과 도시는 단호히 점령한다. 적들이 중간 정도 규모의 방어를 하는 모든 거점과 도시는 기회를 노려 점령한다. 그리고 적들의 방어가 견고한 모든 거점과 도시는 여건이 무르익었을 때 점령한다. 9) 적에게서 빼앗은 모든 무기와 포로 대부분으로 스스로를 보충한다. 그래서 우리 군의 인적·물적 자원의 출처는 대체로 최전선에 있다. 10) 두 전투 사이의 시간을 잘 활용해 휴식하고 부대를 정비한다.

것은 보기에 쉬워 보이지만 그것을 실행하는 것은 상당히 어렵다. 다수로 소수를 이기는 방법이 가장 좋다는 것을 누구나 다 알고 있다. 하지만 많은 사람들이 그것을 하지 못하고, 오히려 병력을 분산시키는 이유는 지도자의 전략적 마인드가 부족하고, 복잡한 환경으로부터 판단력이 상실되어 환경에 지배당하며, 주도적인 능력을 잃은 채 소극적인 태도應付主義만을 취하기 때문이다."[513] 이와 같은 근본적 작전 방법은 마오쩌둥이 3대 전략적 결전을 지도할 때 효과적으로 나타났다.

군사적 승리가 단지 군대만으로 이루어졌던 적은 단 한 번도 없었다. 인민의 전쟁은 더더욱 그러했다. 마오쩌둥은 줄곧 "병사와 인민이 승리의 근본이다."[514]라고 강조했다. 3대 전략적 결전에서 이길 수 있었던 이유는 기본적으로 민중의 지지였다. 그것이 최전선에 대한 인적·물적 지원을 끊이지 않게 만들었다.

화이하이 전투를 예로 들자면, 중앙군사위원회에서 "화이하이 전투를 치르는 것이 매우 중요必要하다."[515]는 결정을 내린 지 사흘 만에 중앙군사위 명의로 작성된 전보를 통해 마오쩌둥은 다음과 같이 지적했다. "이 전투는 분명 [산둥성의] 지난濟南 전투보다 규모가 더 크다. 그리고 어쩌면 [허난성의] 쑤이치睢杞 전투보다 규모가 더 클 수도 있다. 그래서 여러분들은 반드시 지난濟南 공격에 참여했던 병단에 휴식·정비·보충을 할 수 있는 충분한 시간을 줘야 한다. 아울러 군 전체의 작전에 필요한 모든 준비(병참 보급後勤 업무를 포함한)가 충분해야만 행동에 나설 수 있다."[516]

513 　毛澤東, 『毛澤東選集』1, 北京: 人民出版社, 1991: 222쪽.

514 　| 毛澤東, 『毛澤東選集』2, 北京: 人民出版社, 2009: 509-513쪽을 참조하라.

515 　|「軍委關於同意擧行淮海戰役的指示」, 中共中央文獻硏究室·中央檔案館 編, 『建黨以來重要文獻選編1921-1949』25, 北京: 中央文獻出版社, 2011: 505쪽. ; 毛澤東, 『毛澤東文集』5, 北京: 人民出版社, 1996: 157쪽. 이 지시문은 마오쩌둥이 중앙군사위 명의로 직접 작성한 것이다. 1948년 9월 25일자로 되어 있다.

516 　『毛澤東軍事文集』5, 北京: 軍事科學出版社·中央文獻出版社, 1993: 26쪽. | 이 통지문(「淮海戰役的準備工作」)의 작성 날짜는 1948년 9월 28일이다.

저우언라이도 전투가 시작되고 얼마 되지 않아 중앙군사위의 명의로 중원국中原局, 화베이국華北局, 화둥국華東局에 보내는 전보를 작성했다. 거기서 그는 최전선에 나가 있는 부대원들과 인부 100만 명을 위해 매달 약 5천만 kg의 식량이 필요하다고 설명하면서, 모든 지역에서는 즉각적으로 식량을 조달해 빠른 시간 안에 최전선에 보급할 것을 요구했다.[517]

당시 해방군의 최전선에 보급된 물자들은 거의 다 짊어지거나 작은 수레로 미는 방식을 통해 운반되었다. 쑤위[粟裕, 1907-1984]는 그것을 다음과 같이 회상했다. "참전 부대원들과 전선 지원 인부들支前民工을 합쳐서 매일 100만에서 150만 kg 이상의 식량이 필요했다. 게다가 날씨가 매우 춥고, 보급선은 길어서 운반도 불편했다. 따라서 식량 공급이 화이하이 전투의 승리를 결정하는 핵심 사안이 되었다. 이 문제를 해결하기 위해 마오쩌둥 동지는 우리에게 군 전체와 인부들을 합친 130만 명이 먹을 3-5개월 동안의 식량과 탄약, 여물, 부상자 치료 등에 관한 전반적 계획을 세워 집행하라고 거듭 지시했다. 이에 화둥국은 '최선을 다해 최전선을 지원하라'는 지시와 함께 '해방군이 싸우는 곳이라면, 그곳이 어디든 지원한다'는 구호를 내걸었다. 나아가 화둥 전선지원위원회를 구성해 최전선 지원 업무를 위한 통합적 지도 역량을 강화했다. 산둥 지역의 인민들도 당의 호소에 적극적으로 호응했는데, 먹을 것을 줄이고 절약하면서 부대의 식량 지원을 뒷받침했다."[518]

화이하이 전투가 막바지에 이르렀을 때, 해방군 진지에서는 다음과 같은 말이 나왔다. "식량은 풍족하고 군대는 강하다. 전투가 끝나가는 무렵인데도 전방에는 여전히 2천만 kg 이상의 식량이 남아 있다."[519] 화이하이 전투

517　中共中央黨史資料徵集委員會 主編, 『淮海戰役』3, 北京: 中共黨史資料出版社, 1988: 12쪽을 참조하라.

518　| 粟裕, 「山東人民對解放戰爭的支援」, 鄧華·李德生 等, 『星火燎原·未刊稿』10, 北京: 解放軍出版社, 2007: 101-102쪽.

519　粟裕, 「山東人民對解放戰爭的支援」, 鄧華·李德生 等, 『星火燎原·未刊稿』10, 北京: 解放軍出版社, 2007: 102쪽.

의 경우, 통틀어 동원된 인부만 연인원 543만 명에 달하고, 탄약 730만 kg 이상과 식량 4.8억 kg이 운반되었다. 그래서 천이는 감개무량한 어조로 화이하이 전투의 승리는 인민군중이 작은 수레를 밀어서 이룬 것이라고 말했다.[520]

그것은 국민당 군대의 상황과 뚜렷한 차이를 보인다. 그들은 반복적으로 탄약과 식량이 끊겨 궁지에 빠졌으며, 그로 인해 여러 차례 전멸당하는 상황에 내몰리곤 했다. 이처럼 민중의 전폭적인 지지를 받을 수 있는가는 전쟁의 승리를 결정짓는 근본 문제라는 점이 분명하다.

마오쩌둥 사상은 집단지성의 결정체다. 그는 군사 분야에 있는 최일선 장성들의 의견을 중시해 그들과 자주 상의했으며, 그들의 판단과 제안을 진지하게 고려했다. 화이하이 전투를 예로 들어보자. 화이하이 전투의 시작은 지난濟南 전투가 끝나갈 무렵, 화둥 야전군 사령관 대행이자 정치위원 대행인 쑤위가 중앙군사위에 "화이하이 전투의 즉각적인 실시를 건의한다"[521]는 제안에서 비롯되었다. 이튿날 마오쩌둥은 바로 "우리는 화이하이 전투를 치르는 것이 매우 중요하다고 생각한다."[522]는 중앙군사위 명의의 답신을 보냈다.

또한 화둥 야전군이 황바이타오 병단을 분리시켜 포위하고자 할 때, [안후이성, 후베이성, 허난성 접경의] 다볘산大別山 지역에 주둔하고 있던 중원 야전군의 사령관 류보청은 1948년 11월 3일 중앙군사위에 전보를 보내 다음과 같이 제안했다. "장제스의 대군이 쉬저우를 지키고 있는데, 그 보급로는 진푸로津浦路[523] 뿐이다. 그래서 그들은 우리가 그것을 막을까봐 두려워한다.

---

520 中共中央黨史研究室, 『中國共產黨的七十年』, 北京, 中共黨史出版社, 1991: 260쪽.

521 粟裕, 『粟裕文選』2, 北京: 軍事科學出版社, 2004: 571쪽. | 이 전문(「建議進行淮海戰役」)은 1948년 9월 24일자로 작성되었다.

522 毛澤東, 『毛澤東文集』5, 北京: 人民出版社, 1996: 157쪽. | 「軍委關於同意擧行淮海戰役的指示」, 中共中央文獻研究室·中央檔案館 編, 『建黨以來重要文獻選編1921-1949』25, 北京: 中央文獻出版社, 2011: 505쪽.

523 | 진푸로는 진푸철도 또는 진푸선이라고도 한다. 톈진에서 난징 푸커우浦口까지

······ 크게 불리한 상황이 조성되지 않는 한, 천·덩(천이와 덩샤오핑 — 저자주)의 주력은 먼저 쉬저우와 벙부 사이의 철도를 막는 것이 좋을 듯싶다. 왜냐하면 그렇게 해야만 그들과 쑨(쑨위안량 — 저자주)의 병단 사이를 차단하고 우리가 함께 쉬저우를 공격하는 상황을 만들어낼 수 있기 때문이다. 다시 말해서, 아군에게도 결전會戰의 주요 거점인 [쉬저우의] 서남쪽에서 적의 핵심 보급로를 끊어내겠다는 방법은 매우 좋은 결과를 가져올 수 있다."[524]

셋째 날, 마오쩌둥은 중앙군사위 명의로 전보를 작성했는데, 천이·덩샤오핑을 수취인으로 하고 쑤·천·장(쑤위, 천스쥐陳士榘, 1909-1995, 장전張震 — 저자주)에게도 관련 내용을 알린다고 적었다. 그는 거기서 [안후이성의] 쑤현과 벙부宿蚌 지역에서의 두 가지 작전 방안을 제기하면서 다음과 같이 남겼다. "어떤 것이 합당한지를 고려해 회답하기 바란다."[525]

1948년 11월 7일, 쑤위, 천스쥐, 장전은 다음의 내용을 보고했다. "류루밍[劉汝明,1895-1975] 군대를 섬멸하는 중원군의 작전이 완료되었다면, 그 주력이 쉬저우와 벙부 사이의 진푸로 구간으로 곧장 진격할 것을 제안한다. ······ 쉬저우에 있는 적의 퇴로를 차단해 리·추(리미李彌와 추칭취안[邱清泉, 1902-1949] - 저자주)의 병단이 남쪽으로 철수하지 못하게 해야 한다."[526]

11월 9일, 마오쩌둥은 중앙군사위 명의로 두 개의 전보를 잇달아 작성했는데, 첫 번째에서는 "천이와 덩샤오핑은 1·3·4·9 종대縱隊를 포함한 부대들을 직접 이끌고 쑤현으로 곧장 진격해 쑤벙로宿蚌路를 차단해야만 한다."[527]고 요구했다. 두 번째에서는 더욱 명확하게 밝혔다. "치천齊辰의 전보(쑤위와 장전이 11월 8일에 보낸 전보를 가리킨다 — 저자주)를 확인했다. 적의 주력

운행하는 철도로, 1908년 6월 착공되어 1912년 11월에 완공되었다.

524 中國人民解放軍軍事學院 編, 『劉伯承軍事文選』, 北京: 解放軍出版社, 1982: 437쪽. | 中國人民解放軍軍事學院 編, 『劉伯承軍事文選』, 北京: 戰士出版社, 1982: 574쪽.

525 | 毛澤東, 『毛澤東軍事文集』5, 北京: 軍事科學出版社·中央文獻出版社, 1993: 172쪽. 이 전문(「在宿蚌地區作戰的兩個方案」)의 작성 날짜는 1948년 11월 5일이다.

526 粟裕, 『粟裕文選』2, 北京: 軍事科學出版社, 2004: 616쪽.

527 毛澤東, 『毛澤東軍事文集』5, 北京: 軍事科學出版社·中央文獻出版社, 1993: 182쪽.

이 남쪽으로 도망가지 못하도록 쉬저우 부근에서 그들을 섬멸하는 데 최선을 다해야 한다. 그리고 화둥·화베이·중원 지역에서는 전력을 다해 아군의 보급선을 확보해야 한다."[528] 이처럼 화이하이 전투의 전반적인 전략 구상은 중앙군사위와 최전선의 장성들이 실제 상황에 근거해, 거듭된 협의를 거쳐 확정된 것이다.

중원 야전군의 참모장 리다[李達, 1905-1993]는 그것을 다음과 같이 평가했다. "군사위원회와 마오쩌둥 주석은 최전선 지휘관들의 건의를 받아들여 그때그때 계획을 수정함으로써 변화된 상황에 적절히 대처했다. 또한 총전위總前委[529]의 류·천·덩(류보청, 천이, 덩샤오핑 - 저자주)에게 '상황에 따라 사안을 처리할' 수 있는 권한을 부여했다고 거듭 천명했는데, 그것이 화이하이 전투에서 순조롭게 전승을 거둘 수 있었던 주된 이유였다."[530]

원래 군사적 상황은 매우 급박한 것이다. 그럼에도 마오쩌둥은 의사결정의 준비 과정이나 상황이 허락할 때마다 항상 최전방의 장성들과 반복적으로 협의했을 뿐만 아니라 그들의 의견을 듣고 나서 결정을 내렸다. 그리고 이미 결정이 내려졌다고 하더라도 새로운 긴급 상황이 발생하면, 최전방의 장성들에게 모든 것은 "상황에 따라 처리하고 상부의 지시를 받지 말라"[531]고 요구했다. 그것은 장제스의 작전 지휘에서는 찾아볼 수 없었던 일이다.

중국공산당은 민주에 기초한 집중, 집중이 지도하는 민주를 제창한다. 그러한 측면에서 해방군 최고지휘부와 최전방 장성들이 3대 전략적 결전

---

528 毛澤東, 『毛澤東軍事文集』5, 北京: 軍事科學出版社·中央文獻出版社, 1993: 184쪽.

529 | 총전위는 总前敌委员会의 줄임말이다. 그것은 어떤 지역의 무장 혁명이나 중대한 전투의 지휘를 조직하거나 지도하기 위해 최전선前敵에 설치한 임시적 최고지휘기구이다.

530 李達軍事文選編輯組 編, 『李達軍事文選』, 北京: 解放軍出版社, 1993: 291쪽. | 참고로, 저자는 이 책의 편저자를 中國人民解放軍軍事學院으로 밝혔는데, 이를 바로잡았다.

531 | 毛澤東, 『毛澤東軍事文集』5, 北京: 軍事科學出版社·中央文獻出版社, 1993: 269쪽을 참조하라. 이 전문('同意先打黃維')은 1948년 11월 24일 작성되었다.

과정에서 보여준 관계는 확실히 완벽한 하나의 팀이었다. 또한 여기서 저우언라이가 3대 전략적 결전 과정에서 수행한 특별한 역할을 언급하고자 한다.

1947년 3월, 국민당 군대가 옌안을 공격하자, 인민해방군 총참모장인 펑더화이는 시베이西北 해방군의 지휘 업무를 맡아 소수의 병력으로 후쭝난 부대의 공격에 맞섰다. 그리고 저우언라이는 중앙군사위원회 부주석 겸 총참모장 대행을 담당했다. 그때 마오쩌둥·저우언라이·런비스는 800명의 소규모 부대를 이끌고 전투를 벌이면서 산베이陝北 지역으로 이동했다.

당시 긴박했던 정세로부터 중국공산당 중앙의 지도력은 높은 수준에서 집중되었는데, 단지 마오쩌둥, 저우언라이, 런비스 세 사람만이 중앙의 문제들을 결정했다. 저우언라이는 훗날 외국 손님들에게 다음과 같이 말했다. "중앙에는 3명만 있었는데, 마오쩌둥, 저우언라이, 그리고 런비스 동지였다. 중앙이라는 것이 그 3명뿐이었다."[532]

그들이 산베이로 옮긴 지 1년 만에 류보청과 덩샤오핑의 군대가 다볘산까지 진출했고, 인민해방군은 전략적 방어에서 전략적 공격으로 태세를 전환하는 등 전쟁 상황이 빠르게 바뀌었다. 신중국이 만들어지고 얼마 되지 않았을 때, 마오쩌둥은 그것을 회상했다. "후쭝난이 옌안을 공격하고 나서, 나는 저우언라이와 런비스 동지와 함께 산베이의 토굴 두 곳에서 전국 차원의 전쟁을 지휘했다."[533] 그것을 이어 저우언라이도 말했다. "마오쩌둥 주석은 세계에서 가장 작은 사령부 안에서 가장 큰 인민해방 전쟁을 지휘했다."[534] 이처럼 저우언라이는 자기를 내세우지 않았지만, 그가 그 과정에서 수행한 역할만큼은 분명한 것이었다.

---

532 中共中央文獻硏究室 編, 金沖及 主編, 『周恩來傳』2, 北京: 中央文獻出版社, 1998: 842쪽. | 참고로, 저자는 이 책의 편저자를 中共中央硏究室로 밝혔는데, 이를 바로잡았다.

533 | 榆林地區『毛主席轉戰陝北』編寫組 編,「前言」,『毛主席轉戰陝北』, 西安: 陝西人民出版社, 1979: 2-3쪽.

534 榆林地區『毛主席轉戰陝北』編寫組 編,『毛主席轉戰陝北』, 西安: 陝西人民出版社, 1979: 3쪽.

3대 전략적 결전 당시의 중국공산당 중앙은 허베이성의 시바이포西柏坡에 있었고, 저우언라이는 여전히 중앙군사위원회 부주석 겸 총참모장 대행을 맡고 있었다. 그의 업무는 과중했는데, 매일 밤마다 일을 하다가 이튿날 새벽이 되어서야 잠자리에 들었다. 그리고 오전 9시 정각에 다시 일어났기 때문에 하루의 수면 시간은 다섯 시간에 불과했다.

그가 머문 곳은 마오쩌둥이 사는 마당과 가까워서 두 사람은 수시로 만났으며, 어떤 문제가 있으면 함께 의견을 나누고 그 해결책을 논의했다. 1980년대 초, 저자는 저우언라이 곁에서 근무했던 장칭화[張淸化, 1915-2002]를 방문한 적이 있다. 그는 당시 두 사람의 관계를 다음과 같이 설명했다. 군사적 문제는 주로 마오쩌둥과 저우언라이의 협의를 통해 해결되었다. 마오쩌둥이 지휘권을 행사하고, 저우언라이는 의사결정 과정에 참여해 결정 사안의 구체적 실행을 담당했다.

저우언라이는 군사위원회 작전부 외에도 작은 규모의 작전실을 두었는데, 그곳의 주임이 장칭화였다. 따라서 그의 직책은 저우언라이의 군사 담당 비서에 해당한다. 그는 매일같이 전쟁의 형세 변화를 지도에 표시했다. 저우언라이는 자주 군사위 작전실에 와서 상황을 파악했기 때문에, 적군과 아군의 전쟁 태세, 병력 배치, 부대별 특징, 전투력의 강약뿐만 아니라 국민당 군 지휘관들의 약력과 성격까지도 속속들이 꿰뚫고 있었다.

저우언라이는 상황이 발생하면 언제나 그 사안을 상세히 조사·확인하고 명확하게 이해한 다음에 마오쩌둥에게 보고했다. 두 사람의 논의를 통해 대응 방안이 확정되면, 문서나 전보의 내용은 대부분 마오쩌둥이 작성했지만 일부는 저우언라이가 작성하기도 했다. 반면, 모든 군사 관련 문서나 전보는 저우언라이의 서명을 거쳐 발송되었다.

중앙기록보관소中央檔案館에 보관된 당시의 군사 관련 문서나 전보 내용을 보면, 서기처의 서기 5명[535]이 공동으로 협의해 결정을 내린 일부의 경우를 제외하고는, 군사적 상황의 급박함 때문에 대부분 마오쩌둥과 저우언

---

535 | 5명의 서기는 마오쩌둥, 주더, 류사오치, 저우언라이, 런비스를 가리킨다.

라이가 협의한 다음 중앙군사위원회 명의로 작성·발송했다.

발송 방식에는 크게 두 가지가 있었다. 하나는 비교적 많은 경우로, 문서나 전보에 마오쩌둥이나 저우언라이가 '류사오치·주더·런비스 확인 후 발송'이라고 쓰고, 3명의 확인과 서명을 거쳐 발송하는 것이다. 다른 하나는 군사적 상황이 매우 급박한 경우로, '발송 후 류사오치·주더·런비스에게 보내어 확인'이라고 썼다.

모든 문서나 전보의 내용은 마오쩌둥과 저우언라이의 협의를 거쳐 군사위원회의 명의로 작성되었다. 따라서 마오쩌둥이 작성했다고 해서 마오쩌둥 개인의 의견이라고 볼 수 없으며, 마찬가지로 저우언라이가 작성했다고 해서 그것이 저우언라이 개인의 의견이라고 할 수도 없다. 중대한 전략적 문제에서 저우언라이가 어떤 의견들을 제기했는가는 당시 다른 참석자 없이 그 두 사람만이 협의를 했기 때문에, 지금 그것을 판단하는 것은 어려운 일이다. 또한 앞으로도 그 이상은 분명하게 말할 수 없을 듯하다.

한 가지 더 설명이 필요한 부분이 있다. 그것은 군사 분야를 경제, 정치, 문화 등의 분야와 떨어뜨려 독자적으로 살펴봐서는 안 된다는 점이다. 리델 하트는 "승리는 쌓여가며 이루어지는 것이다. 여기에는 군사적·경제적·심리적인 것을 포함한 모든 무기가 동원된다. 승리는 현대 국가의 모든 기존 자원을 효과적으로 활용하고 통합하는 데 있다. 성공은 다양한 행동들의 원만한 조정에 의존한다."[536] 군사적 지도 과정에서 나타난 마오쩌둥의 주요 특징은 그가 항상 군사력과 경제·정치·문화 등의 여러 요소들을 하나로 묶어 다각도로 살펴보고, 그것에 근거한 판단과 결정을 내렸다는 점에 있다.

2) 장제스에 관하여

장제스는 바오딩保定군관학교와 일본사관학교를 거친 군인이다. 중국 대륙에 있는 동안 가장 오랫동안 맡았던 직책이 군사위원회 위원장이었는데, 많은 사람들이 '위원장'이라고 부르면서 그것이 그를 상징하는 표현이 되

---

[536] Liddell Hart/林光餘 譯,『第一次世界大戰戰史』, 上海: 上海人民出版社, 2010: 427쪽.

었다.

마오쩌둥은 그를 다음과 같이 평가한 적이 있다. "장제스가 쑨원을 대신해 국민당의 군사적 전성시대를 열었다. 그는 군대를 목숨처럼 여긴다."[537] "군대가 있어야 권력이 있고, 전쟁만이 모든 것을 해결한다는 점을 그는 확고하게 틀어잡고 있다."[538] 그러나 그의 생애를 보면, 정치적 권모술수는 능했을지 몰라도 군사적 지휘 능력은 그다지 뛰어나지 못했다.

1936년 7월 9일, 에드거 스노[Edgar Snow, 1905-1972]는 장제스와 함께 황푸黃埔군관학교에서 근무하면서 그를 잘 알고 있던 저우언라이에게 물었다. "장제스를 군인으로서 어떻게 생각하는가?"[539] 저우언라이가 대답했다. "별로다. 전술가로서는 졸렬한 문외한이지만 전략가로서는 조금 나을 수도 있다."[540] "그는 정치의식이 군사의식보다 강하다. 그것이 그가 다른 군벌들을 이길 수 있었던 이유다."[541] (저우언라이가 당분간 그 대화 내용을 발표하지 말아 달라고 당부했기 때문에, 당시 에드거 스노의 『서행만기西行漫記』[542]에는 수록되지 않았다.)

장제스는 국민당의 파벌 간 내전을 통해 리쭝런·펑위샹·탕성즈[唐生智, 1889-1971]·옌시산·19로군·천지탕 등을 차례대로 물리쳤다. 그는 주로 정

---

537 | 毛澤東, 『毛澤東選集』2, 北京: 人民出版社, 2009: 545쪽.
538 毛澤東, 『毛澤東軍事文集』2, 北京: 軍事科學出版社·中央文獻出版社, 1993: 546쪽. | 毛澤東, 『毛澤東選集』2, 北京: 人民出版社, 2009: 546쪽. 이 인용문은 『毛澤東軍事文集』2이 아니라 『毛澤東選集』2에 실려 있다. 이를 바로잡는다.
539 | Edgar Snow/華中師院政治係黨史敎硏室 編譯, 『中共黨史敎學參考資料·中共雜記』(供內部用), 1981: 61쪽을 참조하라.
540 | Edgar Snow/華中師院政治係黨史敎硏室 編譯, 『中共黨史敎學參考資料·中共雜記』(供內部用), 1981: 61-62쪽을 참조하라.
541 Edgar Snow, 「中共雜記」(摘譯), 『黨史硏究資料』1980年第1期. | Edgar Snow/華中師院政治係黨史敎硏室 編譯, 『中共黨史敎學參考資料·中共雜記』(供內部用), 1981: 62-63쪽을 참조하라.
542 | 『西行漫記』는 『Red Star Over China』(1937)를 말한다. Edgar Snow/홍수원·안양노·신홍범 옮김, 『중국의 붉은 별』(개정판), 서울: 두레, 2013을 참조하라.

치적인 분열 상황과 금전 매수라는 방식으로 그것을 관철시킨 것이지, 탁월한 전략적 지도와 작전 지휘 능력으로 이룬 것은 아니었다.

군 통수권자가 원대한 전략적 안목을 지녔는지, 그리고 복잡다단한 정세를 관리할 능력을 갖추었는지를 가늠해 보려면, 적어도 두 가지 측면에서 살펴봐야 한다. 첫째, 전체 국면이라는 객관적 상황의 변화를 제때 파악하고 정확한 판단을 내릴 수 있는가, 또한 그 다음 단계로의 진행 경로를 예측할 수 있는가이다.

둘째, 눈앞의 실제 상황에 맞게 명확하고도 효과적인 의사결정을 내리는가, 상황에 중대한 변화가 발생하지 않는 한 경솔하게 동요하거나 바뀌지 않으며, 머리가 아프면 머리만 치료하고 다리가 아프면 다리만 치료하는 식의 대처에 급급하지는 않는가, 또한 여러 부차적인 상황 변동에 의해 내렸던 결정을 쉽게 번복하지는 않는가이다.

3대 전략적 결전이라는 실천적 검증을 통해 알 수 있듯이, 장제스는 이 두 가지 측면의 조건을 모두 갖추지 못했다. 자기 자신도 모르고 상대방도 알지 못했을 뿐만 아니라 안목이 짧고 변덕도 심했다. 그리고 수동적인 대처 방식으로 인해 하나를 신경 쓰다가 다른 하나를 잃은 경우도 많았다. 게다가 늘 자기 자신만이 옳다고 여겨, 일이 잘못되면 부하의 무능을 탓하거나 자신의 지시가 이행되지 않았다고 불평했다.

이와 같은 점들은 군 통수권자에게 금기 사항이다. 장제스는 평소에도 그러한 단점들을 드러냈지만, 특히 랴오선·화이하이·핑진 등 자신의 운명을 결정한 전략적 결전에서 더욱 두드러지게 나타났다.

그럼에도 불구하고 국민당 군대의 작전 지휘권은 장제스라는 한 사람 손에 줄곧 쥐어져 있었기 때문에, 그가 모든 것을 결정해야만 했다. 장제스의 신임이 두터웠던 왕스제[王世傑, 1891-1981] 외교부 부장은 1948년 초 자신의 일기에 다음과 같이 지적했다. "지금의 국방부는 사실상 장 선생이 모든 책임을 지고 있다. 어떤 일이든 책임을 분담할 사람이 없다."[543]

---

543 王世傑, 『王世傑日記』(手稿本)6, 臺北: '中硏院'近代史硏究所, 1990: 163쪽. | 王世傑,

장제스의 작전 지휘를 가까이서 지켜본 두위밍은 황웨이[黃維, 1904-1989] 병단이 화이하이 전투에서 몰살되던 과정을 회상하면서 더욱 구체적으로 언급했다. "처음에 장제스는 해방군을 과소평가하고 자기 자신을 과대평가했다. 그래서 병력을 늘리지 않고 남북의 협공을 통해 쉬저우와 벙부 사이의 진푸로 구간을 돌파하겠다는 환상을 가졌다. 하지만 이후 해방군의 위세가 대단하고 전투력이 강하며 진지의 경계도 삼엄해 국민당 군대가 돌파할 수 없다는 것을 알게 되자, 쉬저우를 포기하고 남아 있던 병력으로 난징 방어를 결정했다. 쉬저우에서 부대들이 나오는 것을 보고, 장제스는 또다시 해방군의 전술적 움직임에 현혹되었다. (해방군이 철수한 것으로 오해했다.) 이번에도 마음을 바꿔, 쉬저우로부터 퇴각 중인 국민당 군대로 하여금 다시 돌아가 해방군을 공격하라고 명령했다. 다시 말해서, 그들에게 리옌녠[李延年, 1904-1974] 병단과 협력해 포위 상태에 있던 황웨이 병단을 구해내라는 명령이었다. 황웨이 병단은 해방군이 미리 파놓은 함정에 빠져 겹겹이 설치된 포위망에 갇혀 있었다. 그들의 전투력은 나날이 저하되었으며, 해방군의 포위망은 조금씩 좁혀지고 있었다. 장제스는 12월 10일이 되어서야 쉬저우와 벙부에서 나온 국민당 군대가 해방군을 격퇴하지 못한다는 사실을 깨닫고, 황웨이에게 낮에 공군과 독가스 살포로 엄호할 테니 포위망을 뚫으라고 명령했다. 그렇지만 황웨이는 대낮에 포위망을 뚫는 것은 불가능하다고 보았다. 장제스와 황웨이는 [1948년 12월] 15일 저녁까지도 각자의 의견을 고집했다. 그러다가 황웨이는 상황이 위급해지자, 한밤중에 포위망을 돌파하기 시작했지만 황웨이 병단의 탈출 시도는 해방군의 물샐틈없는 경계 때문에 철저하게 실패한다. 후롄[胡璉, 1907-1977]이 군용차를 타고 혼자 탈출한 것 말고는 모두 몰살되었다.[544] 그 이후 장제스는 나에게 보낸 편지에서 황웨이가 공군의 독가스 엄호로부터 낮에 포위망을 뚫으라

『王世傑日記1947.1-1960.11』(手稿本)6, 臺北: 中央研究院近代史研究所, 1990: 163쪽. 참고로, 이 내용이 작성된 일자는 1948년 1월 25일이다.

544 | 그 과정에서 황웨이는 포로로 사로잡힌다.

는 자신의 명령을 따르지 않았다고 그를 책망했다. 그리고 야간에 제멋대로 포위망 돌파를 시도한 것은 스스로 화를 자초한 것이라고도 했다."[545]

당시 난징 정부의 부총통을 맡고 있던 리쭝런은 이후 해외에서 구술한 회고록에서 장제스를 다음과 같이 평가했다. "장 선생은 병사들을 통솔하는 것도, 장성들을 통솔하는 것도 능숙하지 못했다. 그런데도 그는 통수부統帥部에 앉아 직접 전화로 전방 작전의 지휘를 즐겼다."[546]

또한 "장 선생의 판단은 정확하지 않았고, 주장도 확고하지 못했다. 군대가 절반쯤 이동했을 때, 그의 생각은 자주 바뀌었다. 그것이 전방을 더더욱 혼란스럽게 만들었다. 장 선생이 그렇게 행동하는 것은 사실 그가 중·하급 장교로 근무한 적도 없고, 전쟁터의 실제 경험도 없기 때문이다. 그저 상급 지휘부에 앉아 순간적으로 떠오른 생각이나 추측으로 일처리를 하는 바람에 지휘 계통이 흐트러졌다."[547] 이러한 평가들은 모두 정곡을 찌르는 것이었다.

나아가 리쭝런은 다음과 같이 언급했다. "대체로 중앙 계통의 장성들은 장 선생의 그와 같은 문제점을 알고 있었다. 그들은 장 선생의 명령을 따르면 전투에서 더 많이 패한다는 것을 알고 있었다. 하지만 그의 명령을 따르지 않다가 불상사라도 생기면 그것이 더 큰일이었다. 그래서 모두들 아예 자신의 의견을 내지 않는 태도를 취했다. 위원장이 직접 전투를 지휘하게 되면, 패배하더라도 최고 통수권자 자신의 책임이 되기 때문이다. 그래야만 모두에게 책임이 돌아가지 않는다. 장성들이 이 정도의 인물이라고 한다면, 당연히 전투에서도 이길 수 없을 것이다. 그런데도 장 선생은 그런 부류의 사람들을 한사코 아주 좋아했다."[548]

---

545 杜聿明,「淮海戰役始末」, 中國人民政治協商會議全國委員會文史資料研究委員會 編, 『淮海戰役親歷記: 原國民黨將領的回憶』, 北京: 文史資料出版社, 1983: 29-30쪽. | 참고로, 저자는 이 책의 편저자를 中國人民政治協商會議全國委員會文史資料委員會로 밝혔는데, 이를 바로잡았다.

546 | 李宗仁 口述/唐德剛 撰書, 『李宗仁回憶錄』, 南寧: 廣西人民出版社, 1988: 591쪽.

547 | 李宗仁 口述/唐德剛 撰書, 『李宗仁回憶錄』, 南寧: 廣西人民出版社, 1988: 591쪽.

548 李宗仁, 『李宗仁回憶錄』, 香港: 南粵出版社, 1987: 549쪽. | 李宗仁 口述/唐德剛 撰書,

국민당 군부가 타이완에서 출판한 『국민혁명군 전투사 제5부 – '반란의 평정'』의 9권 『전반적 검토』에는 「야전 전략野戰略」이라는 부분이 들어 있다. 그들은 거기서는 다음의 문제를 검토했다. "당시 국민당 군대國軍의 상급 지휘기관에서는 공비匪와 아군의 전력을 평가할 때, 항상 장비裝備 문제를 전력 평가의 유일한 요소로 여겼다." 그리고 "장성과 병사 모두가 지역의 수복이나 점령만을 목표로 삼았는데, 이는 본말이 전도된 것일 뿐만 아니라 군사 운용의 원칙에서도 어긋난 것이었다."

또한 「통수권자의 절도節度」라는 부분에서도 여러 가지 검토가 이루어졌다. "(1) 하급자에 대한 과도적 개입은 그들에게 자신의 지휘 능력을 발휘할 수 없게 만든다. 그와 같은 상황이 지속되면 하급자는 점진적으로 상황에 대한 대처 능력과 융통성을 잃기 쉬워진다. (2) 통수부統帥部에서 각 지역의 전략적 구상과 지휘를 결정했는데, 그것이 전쟁터의 상황 변화에 따른 적절한 대응을 어렵게 만들었다. 그로 인해 쉽게 수동적인 상태가 되었다. 특히, 대규모의 전투會戰나 결전決戰을 지도하는 과정에서, 전투에 유리한 기회는 그 시간이 짧기 때문에 만약 상급자의 결정을 기다렸다가 행동에 나설 경우 기회를 놓치기 십상이다. 또한 전쟁터의 위기 상황에서, 만약 상급자의 결정만을 기다린다면 그 또한 제때 상황을 만회시키기 어렵다. (3) 통수부에서 결정된 각 지역의 작전 구상과 지도 내용은 상층부의 판단으로부터 만들어졌기 때문에 그것은 실제 전쟁터의 상황과 어느 정도 간극이 있을 수밖에 없었다. 하지만 그것을 검토하는 과정에서도 하급자의 의견을 구하지도, 전방 지휘관의 의견을 중시하지도 않았다. 그래서 결정된 모든 안건은 대부분 작전 부대의 실제 상황과 그 능력에 맞지 않았다. 결과적으로, 전략은 전술적 지원을 충분히 받기 어려운 상태가 되었다."

여기서 장제스의 이름은 언급되어 있지 않다. 또한 그 분석 대상도 핵심 문제 대신 지엽적인 문제들만 다루고 있다. 그렇지만 당시 장제스가 군사 지휘권을 독점하고 있었다는 점에서, 여러 차례 언급된 '통수부'의 잘못은

『李宗仁回憶錄』, 南寧: 廣西人民出版社, 1988: 591쪽.

사실상 군 통수권자인 장제스의 심각한 결함이라는 점을 잘 보여준다.

하오보춘[郝柏村, 1919-2020]은 장제스의 일기를 분석하면서 다음과 같이 평가했다. "공산당 토벌剿共 작전은 줄곧 장공蔣公이 직접 결정했고, 참모총장을 맡았던 천청과 구주퉁 두 사람은 그저 장제스의 정책을 집행했을 뿐이다."[549] 장제스가 가장 신임했던 천청도 그에 대한 불만이 있었다.

그는 그것을 다음과 같이 묘사했다. "장공과 천청 참모총장 사이의 이견은 당일의 일기에서도 나타난다. 내가 객관적 입장에서 보면, 주된 원인은 장공蔣公이 토벌 작전 계획에 관해 지나치게 많은 지시를 했고, 너무 세세하게 관여했다는 데 있다. 그로 인해 장성들도 그 지시를 따르지 않을 수 없었고, 천청도 마찬가지였다. 전쟁에서 패배하게 되자, 참모총장이 그 책임을 질 수밖에 없었으며, 그 역시 장공에 대한 원망을 숨기기 어려웠다. 그것이 천청의 성격個性이었다."[550] 이로부터 3대 전략적 결전 과정에서 국민당 군대가 보여준 전략적 지도의 졸렬함은 장제스에게 가장 큰 책임이 있다는 사실을 알 수 있다.

랴오선·화이하이·핑진에서의 3대 전략적 결전은 장제스의 군사적 지휘능력을 엄격하게 검증한 계기가 되었다. 그의 작전 지휘는 확실히 체계적이지 못했고, 현실과도 너무 동떨어져 있었다. 우선, 전쟁터의 상황을 객관적이고 전반적인 차원에서 분석하거나 이해하지 못했다. 그랬기 때문에 그것의 발전 추세를 충분히 예견할 수 있는 수준도 되지 못했고, 심사숙고를 거친 명확하고 확고한 작전 방안도 제시하지 못했다.

---

[549] 郝柏村, 『郝柏村解讀蔣公日記(1945—1949)』, 臺北: 天下遠見出版股份有限公司, 2011, 475쪽을 참조하라. 이 부분은 저자가 직접 인용으로 표기했지만, 실제 원서의 표현과는 차이를 보인다. 원문은 다음과 같다. "일기로부터 [다음과 같은 사실을] 알 수 있다. 모든 공산당 토벌 전쟁은 장공이 최고통수권자의 신분으로 직접 결정했고 지휘했다. 참모총장은 단지 그것을 받들어 집행할 뿐이었다. 천청과 구주퉁 모두 그러했다. 하지만 군의 최고 통수권자가 최전선의 부대까지 지휘한다는 것은 적절하지 않은 일이다."

[550] 『郝柏村解讀蔣公日記(1945—1949)』, 臺北: 天下遠見出版股份有限公司, 2011, 269쪽.

그는 상황이 발생하면 어쩔 줄 몰라 하면서 수동적으로 대응했다. 그리고 주관적이면서도 독단적이기까지 했다. 심지어 랴오선 전투와 화이하이 전투의 중후반에는 불리한 조건에서도 해방군과 무모한 결전을 치르고자 했다. 그렇지만 그러한 결심도 또다시 흔들려 결국 속수무책으로 "이 일은 정말 뜻밖이다."라고 하며 여러 차례 개탄하거나, 그저 "하느님이 보우하시길 간절히 기원할" 뿐이었다.

장제스는 1949년 2월 25일 일기에 다음과 같이 썼다. "공비共匪들에게 기대를 가져서는 안 된다. 그들이 [난징과 상하이 공략이라는 마지막 전투를 위해] 양쯔강을 건너고자 하는데, 이를 막는 것이 유일한 임무다." 그가 제기할 수 있는 다른 방안은 더 이상 없었다. 그의 주요 군사력이 이미 궤멸되었는데, '유일한 임무'로 간주한 '강을 건너지 못하게 하는' 것이 어떻게 가능하다는 말인가?[551]

1948년 12월 30일, 마오쩌둥은 「혁명을 끝까지 전개하라將革命進行到底」를 발표했다. 그리고 1949년 4월 21일, 마오쩌둥과 주더는 함께 「전국을 향한 진군 명령向全國進軍的命令」을 발표했다. 이로써 중국 혁명의 전국적 승리가 사실상 확정되었다고 할 수 있다.

---

551 蔣介石日記(手稿本), 1949年2月15日. 이 자료는 미국 스탠퍼드 대학 후버연구소에 소장되어 있다.

12
중국 사람들이 이제 떨쳐 일어섰다 [1]

50년 전 신중국[2]이 수립되던 전날 밤, 마오쩌둥은 중국인민정치협상회의[3]의 개막식에서 잊히지 않는 말을 남겼다. "대표 여러분, 우리는 우리의 사업이 인류 역사에 기록될 것이라는 점을 함께 느낄 수 있습니다. 전체 인류의 1/4분을 차지하는 중국 사람들이 이제 떨쳐 일어섰기 때문입니다."[4]

100여 년 동안 온갖 고난과 굴욕을 당했던 중국 사람들은 매우 힘들고 어려운 투쟁 끝에 마침내 용감하게 일어섰다. 제국주의가 중국의 봉건 세력들과 결탁해 제멋대로 중국을 유린했던 역사는 반복되지 않을 것이다. 오랫동안 나라가 사분오열된, 그러한 뼈저린 상황도 더 이상 존재하지 않는다. 그동안 억압과 노예 취급을 당하던 노동자들勞動人民은 해방과 함께 나라의 주인이 되었다. 그리고 '열등한 민족'으로 여겨졌던 중화민족이 국제 사회의 존중을 받게 된 지금, 조국의 앞날은 희망으로 가득 차 있다. 그것은 확실히 천지개벽에 버금가는 큰 변화였다. 이로부터 중국 역사의 새

---

1 원문은 『人民日報』 1999년 8월 26일자에 게재되었다.
2 | 1948년 10월 1일에 건국된 지금의 '중화인민공화국'을 가리킨다.
3 | '中國人民政治協商會議'은 '인민정협人民政協'이라고도 하는데, 국민당과 공산당의 국공합작과 애국통일전선의 형성이 가져온 '중국정치협상회의'에서 기원한다. 이후 내전에서 승리한 공산당은 각계 인사들이 포함된 '중국인민정치협상회의'를 구성했고, 그것은 1954년에 '전국인민대표회의'가 만들어질 때까지 의회의 역할을 담당했다.
4 | 毛澤東, 「中國人從此站立起來了」, 『毛澤東文集』5, 北京: 人民出版社, 1996: 343쪽.

로운 장이 열렸다.

1) 공화국 수립을 위하여

중화인민공화국의 수립은 중국의 근대적 민족민주혁명이 가져온 결과였다. 그것을 위해 수많은 선열들이 자신의 피와 생명을 맞바꾸었으며, 무수한 혁명가들이 앞선 이의 희생을 뒤로 하고 눈물겨운 투쟁을 통해 그것을 이룩했다.

장쩌민[江澤民, 1926-2022]은 중국공산당 제15차 전국대표대회에서 다음과 같이 보고했다. "아편전쟁 이후, 중국은 반#식민지 반#봉건의 국가가 되었다. 중화민족은 두 가지 역사적 과제에 직면해 있다. 하나는 민족의 독립과 인민의 해방을 추구하는 것이고, 다른 하나는 국가의 번영과 부강, 그리고 인민들이 함께 부유해지는 것이다. 전자는 후자를 위해 그것의 장애물을 없애는 필수 전제가 된다."[5]

국가의 번영과 부강, 그리고 인민들이 함께 부유해지는 것을 실현하는데, 왜 민족 독립과 인민 해방의 추구가 필수 전제로 요구될까? 현대화된 국가의 건설은 중국 사람들이 몇 세대에 걸쳐 가져온 꿈이었다. 그런데도 중국의 선진적 이들은 무엇 때문에 100여 년 동안 어떤 희생도 마다하지 않고 우선적으로 혁명 운동에 힘을 집중했던 것일까?

그런데 그러한 실천적 태도가 완전히 잘못되었다는 견해가 있다. 혁명은 파괴적 결과만을 가져오기 때문에, 중국에서는 혁명이 아니라 건설과 점진적 개혁이 필요했다는 주장이다. 그것은 마치 잘못된 길에 들어선 것처럼, 수많은 선열들의 희생을 헛된 것으로 본다. 하지만 그와 같은 견해는 황당하기 그지없는 것이라고 할 수 있다.

인간 사회의 변혁에는 일반적으로 두 가지 형태가 있다. 하나는 기존의 사회질서로부터 이루어지는 점진적 개혁이고, 다른 하나는 단기간에 기존

---

[5] | 江澤民,「高擧鄧小平理論大旗幟,把建設有中國特色社會主義事業全面推向二十一世紀」,『江澤民文選』2, 北京: 人民出版社, 2006: 2쪽.

사회질서를 근본적으로 바꾸는 폭력혁명이다. 언제 어떤 형태의 변혁을 취해야 할지는 추상적인 원리로만 판단해서도 안 되고, 이런 형식이 좋다거나 아니면 저런 형식이 좋다는 식으로 막연하게 말할 수 있는 것도 아니다. 모든 것은 그때 그곳의 구체적인 역사적 조건에 달려 있다.

혁명은 어느 누구나 마음대로 만들어낼 수 있는 그런 것이 아니다. 그것은 사회 내부의 여러 모순들이 기존의 체제에서 더 이상 해결되지 못할 정도로 첨예해졌을 때만 발생하고 성공한다. 폭력은 사회적 대변혁이라는 내적 여건이 무르익었을 때만 새로운 사회의 산파 역할을 담당할 수 있다.

일반적으로 사람들은 처음에는 기존의 사회질서에서 새로운 것을 만들거나 점진적인 개혁을 통해 그것을 바꾸려는 진보의 삶을 추구하려고 한다. 그렇게 하면 희생도 적을 뿐 아니라 더 많은 사람들이 쉽게 그것을 받아들일 수 있기 때문이다. 그런데 그와 같은 길이 처음부터 가능했다면, 사람들이 굳이 피를 흘리고 희생해가면서 혁명 운동에 뛰어들었겠는가? 쑨원이나 마오쩌둥 같은 이들도 젊은 시절에는 모두 그러한 생각을 한 적이 있었다.

그들이 혁명 운동에 뛰어든 것은 당시 중국의 민족적 모순과 사회적 모순이 매우 첨예했기 때문이다. 중화민족은 생사의 갈림길에 서 있었다. 중국 인구의 절대 다수를 차지하는 근로대중勞苦大衆이 사회의 밑바닥에서 최소한의 생존권조차 보장받지 못했는데, 어떻게 민주와 발전의 권리를 말할 수 있겠는가? 중국의 옛 세력들은 매우 강했다. 그래서 모든 근본적 변혁을 완강히 거부했을 뿐만 아니라 그들을 반대하는 모든 이들을 극악무도한 폭력으로 탄압했다. 엄혹한 정세, 특히 중화민족이 멸망 위기에 처한 상황에서 혈기왕성한 중화의 자녀들은 더 이상 참지도, 기다리지도 않았다. 그때 그들은 조금의 주저함도 없이 혁명의 길로 나섰다.

8년 동안의 항일 전쟁을 견뎌온 중국 인민들에게 왜 굳이 무기를 들고 저항했냐고 그들을 탓할 수 있을까? 국민당 통치에 대한 무장투쟁 역시 국민당의 살인屠刀 정책에 의해 강요된 선택이었다. 마오쩌둥은 신중국을 수립한 이후에 외국 친구들에게 다음과 같이 말한 적이 있다. "공산당이 만들어지고 나서 혁명전쟁을 치렀다. 그것도 우리가 싸우려고 한 것이 아니라 제국주의와 국민당이 우리와 싸우고자 했다. 1921년에 중국공산당이 만들어지자 나는 공산당원이 되었다. 그때도 우리는 싸울 준비가 되어 있지 않았다. 나는 초등학교 교원으로 군사 업무를 배운 적이 없는 지식인이었는데, 어떻게 싸움을 할 줄 알았겠는가? 당시 국민당이 백색테러를 저질러 노동조합과 농민조합을 파괴했을 뿐만 아니라 5만 명의 공산당원들을 한꺼번에 살해하고 체포했다. 그제야 우리는 총을 들고 산으로 올라가 유격전을 벌였다."[6] 이와 같은 언급은 당시의 상황을 매우 분명하게 보여준다.

물론 혁명에는 엄청난 대가가 따른다. 그럼에도 불구하고 그렇게 할 수밖에 없는 객관적 조건이 성숙되어 있다면, 혁명은 아주 짧은 시간 안에 사회 발전을 저해하는 낡은 것들을 없애버릴 수 있다. 평소에 그것들을 없애는 데 오랜 시간이 걸렸다면, 그와 다르게 혁명은 매우 강력하다. 또한 철저한 혁명일수록 앞으로의 사회경제적 발전 공간을 크게 확장시킬 수 있기 때문에 그렇게 지불한 대가는 그만한 가치가 있다. 중화인민공화국의 수립이 대표적인 사례라고 할 수 있다.

혁명은 아무 때나 할 수 있는 것도 아니고, 언제까지나 같은 방식으로 할 수 있는 것도 아니다. 낡은 건물을 무너뜨리는 것은 단기간에 끝낼 수 있겠지만, 그 폐허 위에 새로운 고층 건물을 세우는 것은 건축 자체의 객관적 법칙에 따라 오랜 시간 동안 차근차근 이루어져야만 한다.

새로운 사회 제도가 확립된 이후에도, 경제 건설을 중심에 놓지 않고 '계급투쟁의 원칙以階級鬪爭爲綱'[7]을 고수한 것은 전적으로 잘못되었다. 그것은

---

6 | 中共中央文獻研究室 編, 金沖及 主編, 『毛澤東傳(1893—1949)』, 北京: 中央文獻出版社, 2004: 164쪽. 이 발언은 원출처는 毛澤東同智利新聞工作者代表團的談話記錄(1964年 6月23日)이다.

7 | '以階級鬪爭爲綱'이라는 표현은 그 구체적 출처가 불분명하지만, 문화대혁명 (1966-1976) 시기에 크게 유행했다. 대체로 문화대혁명 이전에 있었던 마오쩌둥의 계급투쟁 발언에서 그 유래를 찾는다. 그것은 이후 1978년의 중국공산당 제11기 중앙위원회 3차 전체회의에서 공식 폐기된다.

변화된 객관적 실제와 부합하지 않기 때문에 그저 커다란 재앙만 불러올 뿐이다. 실제 가능성을 넘어서는 성급함은 그 자체로 해로울 뿐만 아니라 객관적 법칙에 따라 엄중한 후과가 발생할 수밖에 없다.

새로운 사회 제도는 내적 결함이 있을 수 있고, 새로운 역사적 조건에서 부정적 현상이 다시금 배태될 수 있기 때문에 지속적인 개혁이 필요하다. 그와 같은 개혁은 어떤 의미에서 일종의 혁명이라고도 할 수 있지만, 폭력적 수단으로 기존 사회 제도의 근본적 변혁을 목적으로 하는 혁명과는 철저히 구분된다.

1949년, 중국 사람들은 위대한 인민 혁명을 통해 자신의 머리를 짓누르던 3개의 산[8]을 무너뜨리고 중화인민공화국을 수립, 민족의 독립과 인민의 해방을 실현했다. 이로써 장애물들이 제거되면서 국가의 번영과 부강 그리고 인민들이 함께 부유해지는 새로운 길이 열렸다. 역사가 그것을 증명한다.

2) 신중국 수립의 청사진을 그리다

독립적이고 부강한 신중국의 수립은 중국 사람들이 오랫동안 꿈꿔온 목표였다. 그러나 긴 시간 동안 반동적 지배 세력이 인민의 혁명적 역량보다 훨씬 더 강했기 때문에, 그러한 목표는 단지 장밋빛 전망이었을 뿐 실제로 이루어지기 어려웠다. 그래서 신중국을 어떻게 만들 것인가라는 문제는 당장의 현실적 의제로 거론되지 못했다.

해방전쟁이 막바지에 이르렀을 때, 중국 혁명의 승리가 사람들의 예상보다 훨씬 빠르게 찾아왔기 때문에 중국공산당은 차분히 신중국을 준비할 시간이 충분하지 않았다. 신중국이 수립되기 이전의 상황은 밀려드는 난제들을 그 즉시 처리해야 할 정도로 빠르게 변하고 있었다. 그래서 중국공산당 중앙은 전략적 결전, 토지 개혁, 새로운 지역의 인수(특히, 대도시의 인수) 등 결코 가볍지 않은 중요 과제들에 최대한 집중하지 않으면 안 되었다.

---

8 | 제국주의, 봉건주의, 관료자본주의를 가리킨다.

그처럼 바쁘고 긴박한 상황임에도 중국공산당의 지도를 받는 중국인민정치협상회의에서는 신중국 초기의 임시 헌법 기능을 수행한 「공동강령」을 통과시켰다.⁹ 비교적 제대로 갖춰지고 명확해 보이는 신중국의 청사진을 제시함으로써, 각 분야의 업무가 그 시작부터 질서정연하게 진행될 수 있었다. 실로 그것은 대단한 성과였다.

어떻게 그렇게 할 수 있었는가? 거기에는 주관적 측면과 객관적 측면의 원인이 존재했다. 객관적 측면에서 본다면, 신중국의 수립은 러시아의 10월 혁명과 확연하게 다르다. 그것은 우선 인민의 군대를 통해 각 해방구에 정치권력을 세우고, 경제 건설과 정권 수립의 예비 경험을 축적해 나가면서 관리형 인재들을 양성했다. 그런 다음에 전국적인 정치권력을 쟁취했다. 물론 그것은 각각의 해방구를 하나로 묶은 다음, 그 하나를 확장시키는 방식이 아니었다.

실제로 중앙정부가 없는 분산된 형태로, 대체로 농촌에 있던 정치권력이 전국적인 정치권력으로 나아간 점, 그리고 새로운 국가의 사회경제적 구조·정치 체제·민족 관계·대외 정책 등의 기본 골격을 확정한 점은 모두 질적인 비약이었다.

주관적인 측면에서 중국공산당 중앙은 멀리 내다보는 전략적 안목과 전체 상황을 통제하는 리더십을 충분히 보여주었다. 지도자에게는 미래를 보는 안목이 필요하다. 건국으로부터 2년이 채 남지 않았던 1947년 12월 회의에서 마오쩌둥은 중국 인민의 혁명전쟁이 하나의 전환점을 맞이했다고 날카롭게 지적했다.¹⁰ 그리고 그는 회의에서 「현 정세와 우리의 임무」라는 보고서가 '장제스 타도, 신중국 건립'¹¹을 위한 행동강령이며, 그것이 「신민

---

9 | 「中國人民政治協商會議共同綱領」, 中共中央文獻硏究室·中央檔案館 編, 『建黨以來重要文獻選編1921-1949』26, 北京: 中央文獻出版社, 2011: 758-769쪽을 참조하라.
10 | 毛澤東, 「目前形勢和我們的任務」, 『毛澤東選集』4, 北京: 人民出版社, 1991: 1243쪽을 참조하라.
11 | 毛澤東, 「目前形勢和我們的任務」, 『毛澤東選集』4, 北京: 人民出版社, 1991: 1243쪽의 각주*를 참조하라.

주주의론」과 「연합정부를 논함」보다 앞으로 한 걸음 더 나아간 것이라고 주장했다.

또한 그는 전략적 결전이 발발하기 직전인 1948년 9월 정치국회의에서 다음과 같이 언급했다. "중앙 정부의 문제는 12월 회의에서 생각만 해보았는데, 이번 회의에서는 반드시 의제로 다뤄야만 한다."[12] "경제적 구성 요소에 대한 분석은 더 많은 검토가 필요한데, 류사오치 동지가 먼저 검토해 보길 바란다."[13]

마오쩌둥은 1949년에도 「중국공산당 제7기 중앙위원회 2차 전체회의에서의 보고」, 「인민민주주의 독재를 논함」과 같은 중요한 글들을 잇달아 발표했다. 류사오치, 저우언라이, 장원톈도 그에 관한 중요한 주장들을 많이 제기했다. 그러한 심사숙고와 거듭된 준비를 거치면서 마침내 신중국을 위한 여러 차원의 구상들이 점점 더 명확해졌다.

「공동강령」에서는 신중국의 국체國體, 즉 국가의 성격 문제를 명확하게 규정하고 있다. "중화인민공화국은 신민주주의, 즉 인민민주주의의 국가이다. 그것은 노동자계급이 지도하고, 노동자·농민동맹工農聯盟에 기초하며, 민주적인 여러 계급과 중국 내 여러 민족들이 연대團結한 인민민주주의 독재를 시행한다."[14] 이것은 마오쩌둥이 「인민민주주의 독재를 논함」에서 밝혔던 기본 주장이었다.

그리고 마오쩌둥은 1948년 9월 정치국회의에서 사회주의적 전망을 언급한 바 있다. "우리는 신민주주의 경제에서 사회주의로 이행하기 위해 경

---

12 | 毛澤東, 「在中共中央政治局會議上的報告和結論」, 中共中央文獻硏究室·中央檔案館 編, 『建黨以來重要文獻選編1921-1949』25, 北京: 中央文獻出版社, 2011: 446쪽.; 毛澤東, 『毛澤東文集』5, 北京: 人民出版社, 1996: 136쪽.

13 | 毛澤東, 「在中共中央政治局會議上的報告和結論」, 中共中央文獻硏究室·中央檔案館 編, 『建黨以來重要文獻選編1921-1949』25, 北京: 中央文獻出版社, 2011: 456쪽.; 毛澤東, 『毛澤東文集』5, 北京: 人民出版社, 1996: 146쪽.

14 | 「中國人民政治協商會議共同綱領」, 中共中央文獻硏究室·中央檔案館 編, 『建黨以來重要文獻選編1921-1949』26, 北京: 中央文獻出版社, 2011: 759쪽.

제를 적극적으로 발전시켜야 한다."¹⁵ 그러나 「공동강령」에는 '사회주의로 이행한다'는 내용이 포함되지 않았다.

인민정협人民政協의 논의 과정에서는 다음과 같은 주장이 제기되었다. 즉, 신민주주의를 이행기적 단계로 인정한 이상, 더 높은 수준의 사회주의와 공산주의적 단계로 나아가야 한다. 따라서 신민주주의라는 전체 강령總綱에 그와 관련된 전망을 명확하게 규정할 필요가 있다.¹⁶

이에 대해 저우언라이가 답했다. "준비회의의 논의 과정에서 모두들 그러한 전망에 동의하면서 조금의 의문도 갖고 있지 않다. 하지만 그 전망을 설명하고 홍보하는 것보다 그것의 실천 과정을 통해 전국의 인민들에게 입증하는 것이 중요하다."¹⁷ 그래서 "지금 당분간은 그것을 공동강령에 넣지 않았으면 한다. 그 전망을 부정해서가 아니라 그것을 더욱 신중하게 다루려 하기 때문이다. 그리고 본 강령의 경제 부분에서 사실상 그러한 전망으로 나아간다는 보장을 규정하고 있다."¹⁸

또한 마오쩌둥은 9월 정치국회의에서 신중국의 정치 체제, 즉 정치권력의 구성 형식에 대해서도 명확하게 문제제기했다. "우리의 정치권력 제도는 대의제를 채택할 것인가, 아니면 민주집중제를 채택할 것인가?"¹⁹ "인민민주주의 독재 국가는 인민대표회의에서 만들어진 정부로 국가를 대표한

---

15 | 毛澤東,「在中共中央政治局會議上的報告和結論」, 中共中央文獻研究室·中央檔案館 編, 『建黨以來重要文獻選編1921-1949』25, 北京: 中央文獻出版社, 2011: 456쪽.; 毛澤東, 『毛澤東文集』5, 北京: 人民出版社, 1996: 146쪽.

16 | 周恩來,「人民政協共同綱領草案的特點」, 中共中央文獻研究室 編, 『建國以來重要文獻選編』1, 北京: 中央文獻出版社, 2011: 14쪽을 참조하라.

17 | 周恩來,「人民政協共同綱領草案的特點」, 中共中央文獻研究室 編, 『建國以來重要文獻選編』1, 北京: 中央文獻出版社, 2011: 14쪽.

18 | 周恩來,「人民政協共同綱領草案的特點」, 中共中央文獻研究室 編, 『建國以來重要文獻選編』1, 北京: 中央文獻出版社, 2011: 14쪽.

19 | 毛澤東,「在中共中央政治局會議上的報告和結論」, 中共中央文獻研究室·中央檔案館 編, 『建黨以來重要文獻選編1921-1949』25, 北京: 中央文獻出版社, 2011: 446-447쪽.; 毛澤東, 『毛澤東文集』5, 北京: 人民出版社, 1996: 136쪽.

다."²⁰ 나아가 "부르주아 계급의 대의제와 삼권분립 등을 시행할 필요가 없다."²¹

「공동강령」에서는 그것을 더욱 구체적으로 규정했다. "중화인민공화국의 국가 정치권력은 인민에 속한다. 인민이 국가의 정치권력을 행사하는 기관은 각급 인민대표회의와 각급 인민정부이다. 각급 인민대표대회는 인민이 보통선거라는 방식을 통해 구성한다. 그리고 각급 인민대표대회는 각급 인민정부를 선출한다. 각급 인민대표대회가 폐회한 기간에는 각급 인민정부가 각급의 정치권력을 행사하는 기관이 된다."²² 또한 "각급 정치권력의 기관은 일률적으로 민주집중제를 실시한다."²³

다음은 신중국의 경제 구성과 경제 건설의 방침이다. 마오쩌둥은 1947년 12월 회의에서 다음을 설명했다. "신중국의 경제는 다음과 같이 구성된다. (1) 국영 경제로, 이것이 지도적인 구성 요소가 된다. (2) 개별적 주체個體에서 집단으로 점차 발전해 나가는 농업 경제이다. (3) 독립적인 소상공인 경제와 중소 규모의 민간자본 경제이다. 그것들이 신민주주의의 국민경제를 전체적으로 구성한다."²⁴

1948년 9월의 정치국회의 이후, 중국공산당 중앙의 둥베이국東北局은 장원톈의 보고서를 중앙에 제출했다. 주요 내용은 당시 둥베이 경제를 구성

---

20 | 毛澤東, 「在中共中央政治局會議上的報告和結論」, 中共中央文獻硏究室·中央檔案館 編, 『建黨以來重要文獻選編1921-1949』25, 北京: 中央文獻出版社, 2011: 446쪽.; 毛澤東, 『毛澤東文集』5, 北京: 人民出版社, 1996: 136쪽.

21 | 毛澤東, 「在中共中央政治局會議上的報告和結論」, 中共中央文獻硏究室·中央檔案館 編, 『建黨以來重要文獻選編1921-1949』25, 北京: 中央文獻出版社, 2011: 447쪽.; 毛澤東, 『毛澤東文集』5, 北京: 人民出版社, 1996: 136쪽.

22 | 「中國人民政治協商會議共同綱領」, 中共中央文獻硏究室·中央檔案館 編, 『建黨以來重要文獻選編1921-1949』26, 北京: 中央文獻出版社, 2011: 760쪽.

23 | 「中國人民政治協商會議共同綱領」, 中共中央文獻硏究室·中央檔案館 編, 『建黨以來重要文獻選編1921-1949』26, 北京: 中央文獻出版社, 2011: 761쪽.

24 | 毛澤東, 「目前形勢和我們的任務」, 『毛澤東選集』4, 北京: 人民出版社, 1991: 1255-1256쪽.

하는 기본적인 경제 요소가 5가지라는 점이었는데, 그 보고서는 마오쩌둥과 류사오치의 수정을 거쳐 확정되었다.

「공동강령」에서는 국영 경제, 농민의 개별個體 경제, 협동조합合作社 경제, 민간私營 경제, 국가자본주의 경제의 성격과 정부의 관련 정책들을 보다 명확하게 규정했다. 이처럼 사회주의적 성격의 국영 경제를 신중국 전체의 사회경제적 핵심領導 역량으로 제기하면서도 기타 경제적 구성 요소의 존재와 그것의 발전가능성을 인정했다.[25]

또한 「공동강령」에서는 다음과 같은 내용도 명시되어 있다. "중화인민공화국의 기본적인 경제 건설 방침은 공사公私를 함께 고려하고, 자본과 노동을 모두 이롭게 하며, 도시와 농촌이 서로 돕고, 중국과 외국의 교류를 촉진하는 정책을 통해 생산의 발전과 경제적 번영이라는 목적을 달성하는 데 있다."[26]

그 다음으로는 중국 내 민족 정책이다. 중국은 다민족 국가다. 저우언라이는 중국인민정치협상회의가 열리기 전에 제출한 보고서에서, 중국 민족 관계의 특징을 상세히 분석하고 다음과 같이 언급했다. "우리 국가의 명칭은 중화인민공화국이지, 연방이라고 부르지 않는다."[27] "우리가 연방은 아닐지라도, 민족의 지역 자치를 주장하고 민족의 지역은 자치권을 행사한다."[28]

「공동강령」에서는 민족 정책을 다음과 같이 규정했다. 즉, 중화인민공화국에 거주하는 모든 민족은 예외 없이 평등하다. 대민족주의大民族主義[29]와

---

25 | 「中國人民政治協商會議共同綱領」, 中共中央文獻研究室·中央檔案館 編, 『建黨以來重要文獻選編1921-1949』26, 北京: 中央文獻出版社, 2011: 763쪽을 참조하라.

26 | 「中國人民政治協商會議共同綱領」, 中共中央文獻研究室·中央檔案館 編, 『建黨以來重要文獻選編1921-1949』26, 北京: 中央文獻出版社, 2011: 763쪽.

27 | 周恩來, 「關於人民政協的幾個問題」, 中共中央文獻研究室·中央檔案館 編, 『建黨以來重要文獻選編1921-1949』26, 北京: 中央文獻出版社, 2011: 702쪽.

28 | 周恩來, 「關於人民政協的幾個問題」, 中共中央文獻研究室·中央檔案館 編, 『建黨以來重要文獻選編1921-1949』26, 北京: 中央文獻出版社, 2011: 702쪽.

29 | '大民族主義'는 '국수적 민족주의'라고도 한다. 한 나라에서 규모가 가장 큰 민족이 다른 민족들을 강제로 동화시키거나 경제적·정치적으로 그들을 종속시키는 태도

협소한 민족주의를 반대한다. 전체 민족의 단결을 억압하거나 분열시키는 행위, 그리고 민족 간 차별을 금지한다. 모든 소수민족의 거주 지역에서는 그 민족의 지역 자치를 시행해야만 한다.[30]

마지막으로 대외 정책이다. 1949년 1월, 중국공산당 중앙은 저우언라이가 작성하고 마오쩌둥이 수정·확정한 「외교 업무에 관한 중앙의 지시」를 발표했다. 거기서는 독립과 자주의 문제에 매우 특별한 의미를 부여했다.[31] 「공동강령」에서도 그것을 다음과 같이 규정했다. 즉, 중화인민공화국 외교 정책의 원칙은 자국의 독립과 자유, 그리고 영토 주권의 온전한 보장을 위해 세계의 항구적 평화와 각국 인민들 간의 우호 협력을 지지할 뿐만 아니라 제국주의적 침략 정책과 전쟁 정책에 반대한다.[32]

그리고 신중국은 국민당 반동파와 관계를 끊고, 중화인민공화국에 우호적인 외국 정부와 함께 평등·호혜·영토 주권의 존중이라는 기초에서 그들과 협상을 통한 외교 관계를 수립할 수 있다.[33] 또, 중화인민공화국은 평등과 호혜의 기초 위에 각국 정부나 인민들과 통상무역 관계를 회복·발전시킬 수 있다.[34] 이와 같은 규정들은 신중국이 독립적·자주적·평화적 외교 정책을 유지할 수 있는 견고한 토대가 되었다.

어떤 일이든 그 시작이 어려운 법이다. 신중국의 수립은 중국 역사에서

를 가리킨다. 그것에는 다른 민족의 이익을 무시할 뿐만 아니라 민족 간 관계에서 지배적 위치를 추구하거나 유지하려는 태도도 포함된다.

30 | 「中國人民政治協商會議共同綱領」, 中共中央文獻硏究室·中央檔案館 編, 『建黨以來重要文獻選編1921-1949』26, 北京: 中央文獻出版社, 2011: 767쪽을 참조하라.

31 | 「中共中央關於外交工作的指示」, 中共中央文獻硏究室·中央檔案館 編, 『建黨以來重要文獻選編1921-1949』26, 北京: 中央文獻出版社, 2011: 55-60쪽을 참조하라.

32 | 「中國人民政治協商會議共同綱領」, 中共中央文獻硏究室·中央檔案館 編, 『建黨以來重要文獻選編1921-1949』26, 北京: 中央文獻出版社, 2011: 767쪽을 참조하라.

33 | 「中國人民政治協商會議共同綱領」, 中共中央文獻硏究室·中央檔案館 編, 『建黨以來重要文獻選編1921-1949』26, 北京: 中央文獻出版社, 2011: 767쪽을 참조하라.

34 | 「中國人民政治協商會議共同綱領」, 中共中央文獻硏究室·中央檔案館 編, 『建黨以來重要文獻選編1921-1949』26, 北京: 中央文獻出版社, 2011: 767쪽을 참조하라.

마치 천지개벽과도 같은 사회적 대변화였다. 초창기였기 때문에 많은 일들을 처리할 때, 정해진 답이 없었을 뿐만 아니라 경험도 부족했다. 일처리를 위한 기본 틀은 일단 만들어지면, 향후 중국의 발전 과정에 지대한 영향을 끼치게 된다. 따라서 당시에 잘못된 결정이 경솔하게 내려졌다면, 그것이 초래한 후과도 매우 심각했을 것이다.

돌이켜보면, 당시의 주요 결정들이 중국의 실제 상황에 모두 부합했다는 점, 그리고 그것이 반세기라는 시간의 검증을 거쳐 지금도 타당성을 얻고 있다는 점에서 경이롭다. 이와 같은 영향은 오늘까지도 강하게 느낄 수 있을 뿐만 아니라 앞으로도 계속 이어져 나갈 것이다. 그것은 신중국을 세우고 그 기초를 닦은 이들이 물려준 풍부한 유산이자, 중화민족을 위한 헤아릴 수 없는 공헌이다.

3) 첫걸음을 뗀 인민공화국

새롭게 세워진 인민공화국은 당시 아시아 지역에서 우뚝 솟은 존재와도 같았다. 전 세계는 인민공화국이 과연 제대로 뿌리를 내릴 수 있을지, 그리고 앞으로 크게 나아갈 수 있을지를 주목했다. 그러한 우려가 아주 허무맹랑한 것은 아니었다. 신중국이 만들어지기는 했지만, 당시의 상황은 여전히 심각했다. 그때까지도 중국 대륙에 100여 만 명의 국민당 군대가 남아 있었고, 그들은 광저우廣州 중심의 화난華南 지역과 총칭重慶 중심의 시난西南 지역을 장악한 채 완강하게 저항할 계획이었다. 그리고 200만 명이 넘는 도적떼들도 산속에 숨어 백성들을 괴롭히고 있었다.

전쟁이 끝나면서 새롭게 해방된 지역들은 국민당의 만행으로 수습하기조차 어려운 폐허 상태였다. 그곳의 재정과 경제 상황은 생산 감소, 물가 폭등, 투기 만연, 심각한 재해 등으로 완전히 무너져버렸다. 신중국이 수립되고 보름 후, 중국 사람들이 건국의 기쁨을 빠져 있을 때 거대한 폭풍이 불어 닥쳤다. 1949년 10월 15일부터 화베이는 식량, 상하이는 면사와 면포를 중심으로 물가가 마치 고삐 풀린 말처럼 50일 만에 약 3.3배 폭등했으며, 그것이 전국으로 퍼져 나가면서 민심을 동요시켰다.

신중국을 둘러싼 국제적 환경도 매우 복잡했다. 미국을 중심으로 한 많은 서방 국가들이 신중국에 적대적 태도를 취하면서 치밀한 경제적 봉쇄를 단행했을 뿐만 아니라 당시 소련도 중국공산당이 '제2의 티토[Josip Broz Tito, 1892-1980][35]'가 될까봐 마음을 놓지 못하고 있었다. 또한 주변의 적지 않은 국가들도 신중국을 제대로 파악하지 못한 채, 어느 정도의 의구심을 갖거나 관망하는 태도를 보였다. 따라서 외교적 업무를 잘못 처리하게 되면, 그로부터 고립된 상황에 빠지거나 다시금 다른 나라의 속국이 될 수도 있었다.

어떤 일이든 그것을 실제로 겪어보지 않았다면 그것의 어려움을 알 수 없다. 동시에 사방에서 몰려드는 많은 난제들을 어떻게 처리해야 하는가는 확실히 쉽지 않은 일이다. 중국공산당은 복잡한 환경 속에서도 냉정하고 단호한 태도로, 질서정연하게 그리고 침착하게 대처함으로써 오래지 않아 놀라운 성공을 거두었다.

마오쩌둥은 신정치협상회의의 준비회의에서 자신 있게 예언한 바 있다. "중국의 인민들은 다음과 같은 것들을 보게 될 것이다. 중국의 운명이 인민 자신의 손에 놓이는 순간, 태양이 동쪽에서 떠오르듯 중국 자신의 찬란한 빛으로 대지를 널리 비추고, 반동反動 정부가 남긴 더럽고 부패한 것들을 깨끗이 씻어내며, 전쟁의 상처를 치료하고, 새롭고 강한 그리고 명실상부한 인민공화국을 수립하는 것이다."[36]

군사적 작전의 진행은 순조로웠다. 인민해방군은 압도적인 기세를 몰아 남쪽 지역으로 내려갔다. 당시 100만 명 이상의 국민당 군대는 마치 화살에 상처를 입은 새가 활시위 소리만 들어도 크게 놀라는 상태와 같았다.

---

35 | 티토는 유고슬라비아 사회주의 연방공화국의 대통령으로, 유고슬라비아 민족주의를 제창하며 소련의 통제에서 벗어나 독자적 정치노선을 걸었다.

36 | 毛澤東, 『毛澤東選集』4, 北京: 人民出版社, 1991: 1467쪽. 참고로, 여기에 언급된 '인민공화국'는 원래 '인민민주공화국'이었다. 그것이 이후 『毛澤東選集』의 편찬 과정에서 수정되었다. 中共中央文獻硏究室 編, 『毛澤東年譜1893-1949 修訂本』下, 北京: 中央文獻出版社, 2013: 519쪽 각주 [1]을 참조하라.

마오쩌둥은 그들을 전멸시키고자 다음과 같은 결정을 내렸다. 즉, 가까운 거리에서 포위하거나 우회하는 것이 아니라 먼 거리에서 포위하거나 우회하는 방식을 채택한다. 상대방의 일시적 부대 배치 상황을 조금도 고려할 필요 없이 그들로부터 아주 멀리 우회해 그들의 후방을 점령한 다음 모두 섬멸한다.[37] 이처럼 작전에 박차를 가하면서도 정치적 공세를 강화함으로써, 국민당의 많은 부대들이 무기를 내려놓거나 인민해방군으로 흡수 편제될 수 있도록 노력했다.

그와 같은 과정을 거쳐 1950년 6월 말, 국민당 군대 130만 명을 없앴을 뿐만 아니라 시짱西藏[38]·타이완台灣·연안의 일부 섬들을 제외한 모든 영토를 해방시켰다.(1년 정도 지난 [1951년 5월]에 중앙 인민정부는 시짱의 평화적 해방을 위해 시짱의 지방정부 대표들과 관련 협약을 체결했다.) 또한 그 기간 동안 무장한 100만 명 이상의 도적떼를 소탕했으며, 지방의 각급 인민정권들도 잇달아 수립되었다.

당시 사람들이 가장 많은 관심을 보인 경제적 문제는 인민정부가 물가를 안정시킬 수 있는가였다. 그래서 천윈의 주도로 건국 직후 발생한 물가 폭등에 대응하려는 준비가 면밀하게 이루어졌다. 즉, 전국적 차원에서 식량·면화·석탄 등의 물자를 대량으로 조달하고, 여러 대도시에서 그것을 일괄 매도하는 방식을 통해 물가를 안정시켰을 뿐만 아니라 투기꾼들에게도 큰 타격을 입혔다.

1950년 3월, 정무원政務院은 「국가의 재정 및 경제 업무 통합에 관한 결정」을 반포했다. 4월이 되자, 전국의 재정 수지는 균형을 잡아갔고, 물가도 마침내 안정되었다. 중국 사람들이 오랜 세월 동안 옛 중국에서 겪었던 고질적인 인플레이션의 고통도 끝이 났다. 전쟁은 아직 끝나지 않았고 제국주의의 경제 봉쇄도 풀리지 않은 상황에서, 그와 같은 기적이 짧은 시간 안에 이루어졌다는 것은 확실히 자부심을 느낄 만한 일이었다. 마오쩌둥은

---

37 | 毛澤東, 『毛澤東文集』5, 北京: 人民出版社, 1996: 308-309쪽을 참조하라.
38 | 티베트를 가리킨다.

그것을 높이 평가하면서, 물가를 안정시키고 재정과 경제를 통합시킨 것의 의의가 "화이하이 전투에 못지 않다."[39]고 밝혔다.

신중국 수립 당시, 농촌의 토지 개혁은 농업 인구 약 1억 1,900만 명이 거주하던 기존의 해방구에서 이미 완료된 상태였다. 반면, 농업 인구 약 2억 9,000만 명이 있던 새로운 해방구와 미해방 지역에서는 시행되지 못하고 있었다. 그 지역들은 면적도 넓었을 뿐만 아니라 상황도 복잡했다. 그래서 인민정부는 그 문제를 신중한 태도로 진지하게 준비했다.

1950년 6월, 류사오치는 중국인민정치협상회의 1기 전국위원회 2차 회의에서 「토지개혁 문제에 관한 보고」를 발표했다. 같은 달, 중앙 인민정부는 「중화인민공화국 토지개혁법」을 공포·시행했다. 그것들은 그해 추수가 끝난 다음에 이루어진 대규모의 토지 개혁, 그리고 중국에서 봉건주의라는 뿌리를 없애기 위한 행동 지침이 되었다. 또한 여기서 다음의 문제를 지적할 필요가 있다. 그것은 당시 새로운 해방구의 농촌 지역들이 직면했던 가장 시급한 사안으로, 바로 수해라는 심각한 자연재해였다.

1949년에 전국적으로 침수된 농경지는 8만 km^2가 넘었고, 이재민은 4,000만 명에 달했다. 화이허淮河의 모든 제방은 무용지물이었으며, 화이허의 양쪽 지역은 온통 물바다가 되었다. 그리고 이재민들은 목숨을 건 사투를 벌이고 있었다. 그해 12월, 정무원은 「생산 및 재난 구호에 관한 결정」을 통해 전례 없는 규모의 화이허 치수 조치와 재난 구호 작업을 전개했다.

'반동反動 정부가 남긴 더럽고 부패한 것들을 깨끗이 씻어내자'는 요구에 따라, 모든 사회 분야에서는 낡은 것을 없애고 일신하려는 민주적 개혁이 본격화되었다. 광공업 기업이나 교통운수 업계에서 노동자 군중들이 극도로 혐오한 봉건적 십장把頭[40] 제도가 폐지되었다.

그리고 중앙 인민정부가 반포한 「중화인민공화국 혼인법」은 당사자의

---

39 | 中共中央黨史研究室, 『中國共產黨歷史 第二卷(1949-1978)』上, 北京: 中共黨史出版社, 2017: 59쪽.

40 | '把頭'는 한 지역이나 업종을 장악하고 특정 기업과 노무자들의 중간에서 노무자들을 수탈하던 존재이다.

의사와 무관하게 제3자에 의해 독단적으로 결정된 혼인을 취소했고, 중혼重婚·축첩·민며느리를 금지했으며, 과부의 재가에 간섭하는 것을 금지했다. 나아가 남녀의 결혼할 자유, 일부일처제, 남녀의 권리 평등과 같이 여성과 자녀의 합법적 이익을 보장하는 새로운 혼인 제도를 시행했다. 또한 창가妓院의 엄격한 단속, 아편 흡입의 일소, 불량배와 조직폭력배의 소탕 등과 같이 사람들이 손뼉을 치며 기뻐할 만한 조치들을 신속하게 전개했다.

대외 관계의 측면에서 보면, 소련이 가장 먼저 신중국과 외교 관계를 수립했다. 석 달여 만에 중국은 11개 국가와 수교했는데, 모두 당시 사회주의 진영의 국가들이었다. 마오쩌둥과 저우언라이가 함께 소련을 방문했을 때, [1950년 2월 14일] 중국과 소련 양측은 「중소 우호 동맹 상호조약」을 체결했다.

또한 그 기간 동안 13개 국가가 중화인민공화국을 잇달아 승인했다. 그 가운데 인도·인도네시아·미얀마·스웨덴·덴마크·스위스·핀란드와 같은 7개 국가는 신중국과 공식적인 외교 관계 수립을 위한 협상을 1950년 10월 말까지 진행했다. 그것은 상이한 사회 제도의 국가들이 신중국과 수교를 맺은 첫 번째 사례였다.

옛 중국에서 제국주의 열강의 정치적·경제적 지배는 확고했는데, 중국 영토에서 그들은 군대 주둔, 내륙 하천의 운행, 세관 관리, 자유 경영, 영사재판[41] 등의 각종 특권을 누렸다. 그렇지만 해방전쟁이 시작되고, 중국 인민해방군은 그들이 도착한 지역을 중심으로 그동안 중국 영토에 주둔해 있던 외국 군대들의 완전한 철수를 요구했다. 그로부터 제국주의 열강들이 소유하던 내륙 하천의 운행, 자유 경영, 영사재판과 같은 특권들도 모두 사라졌다.

신중국 수립 이후, 중국 정부는 베이징·톈진·상하이 등의 지역에서 차례로 외국 병영兵營의 지상권地産權을 회수하고, 병영 및 기타 건물들을 징발했다. 외국인 거주자가 소유한 무기나 방송국의 경우, 그들에게 스스로 등기와 밀봉 보관할 것을 요구했다. 더욱 사람들을 흥분시켰던 일은 바로 인민세관의 설립이었는데, 그로부터 세관의 권한이 중국 사람들의 손 안에 온

---

41 | 영사재판은 치외법권이라고도 불린다.

전히 놓이게 되었다. 저우언라이는 그것을 "우리가 나라의 대문 열쇠를 손에 쥐었다."[42]고 치하했다.

불과 1년 만에, 인민정부가 많은 일을 해내면서 중화라는 대지에 매우 새로운 경관이 연출되었다. 1950년 9월 30일, 저우언라이는 신중국 수립 1주년 경축 대회에서 벅찬 감정으로 다음과 같이 말했다. "중국 역사상 단 하나의 정부만이 1년 동안 인민들에게 그렇게 많은 도움을 주었다. 단 하나의 정부만이 1년 동안 그렇게 많던 강도 같은 '군대'와 '정부'를 몰아냈고, 그것을 규율은 엄격하지만 자상하고 친절한 인민군대와 청렴하면서도 합리적인 인민정부로 대체했다. 단 하나의 정부만이 1년 동안 제국주의 국가의 특권을 박탈했고, 가증스러운 비밀 공작원特務 기관을 없앴으며, 기한 없던 인플레이션을 멈추었다. 그로부터 인민들에게 융성하는 번영의 기상을 느끼게 했다. 그 정부가 바로 중앙 인민정부다."[43]

또한 중국과 해외의 모든 인민들이 목격한 것은 다음과 같았다. 즉, 지난 1년 동안 중국은 과거의 몇 백 년, 심지어 몇 천 년보다도 훨씬 더 중요한 변화를 겪었다. 낡은 중국의 모습은 빠르게 사라졌지만 새로운 인민들의 중국은 확고한 형태로 성장해가고 있다."[44]

중화인민공화국의 수립은 신중국의 모든 진보와 발전을 가능하게 만든 토대였다. 신중국이 50년 동안 이룬 모든 성과는 그것을 출발점으로 한다. 덩샤오핑은 그것을 매우 격정적으로 표현한 바 있다. "세계에서 중국의 지위는 중화인민공화국의 수립과 함께 크게 향상되었다. 중화인민공화국의 수립만이 세계 전체 인구의 4분의 1을 차지하는 인구 대국을 세계에서 일으켜 세울 수 있었다. 마오쩌둥 동지가 했던 말처럼, 중국 사람들이 이제

---

42 | 中共中央文獻研究室 編, 『周恩來年譜: 1849-1976』上, 北京: 中央文獻出版社, 1997: 84쪽.

43 | 周恩來, 「爲鞏固和發展人民的勝利而奮鬪」, 中共中央文獻編輯委員會 編, 『周恩來選集』下, 北京: 人民出版社, 1984: 49쪽.

44 | 周恩來, 「爲鞏固和發展人民的勝利而奮鬪」, 中共中央文獻編輯委員會 編, 『周恩來選集』下, 北京: 人民出版社, 1984: 31쪽.

떨쳐 일어선 것이다.[45] 중국에 있는 인민이든, 해외에 있는 화교華僑든 모두 그것을 직접 느낄 수 있었다. 중화인민공화국이 수립된 이후에야 전국적 차원(타이완을 제외한)의 통일이 이루어졌다."[46] 나아가 다음과 같이 지적한다. "우리가 지금과 같은 성과를 거둘 수 있었던 것은 중국공산당의 지도, 그리고 마오쩌둥 동지의 지도라는 것과 따로 떨어져 있지 않다. 많은 우리 청년들이 바로 그 지점에 대한 이해가 부족하다."[47]

그렇다면 많은 청년들이 어째서 그 지점에 대한 이해가 부족할까? 그것은 전혀 이상한 일이 아니다. 그들은 아직 어려서 옛 중국의 그와 같은 환경에서 살아본 적이 없기 때문에, 당시 중화민족의 비참한 상황을 상상해보는 것도 어려울 것이고, 그러한 상황을 바꾼다는 것이 얼마나 어려운 일인지도 깨닫기 힘들 것이다.

100여 년 동안 중화민족이 보여준 분투의 역사는 조금의 끊어짐도 없는 이어달리기와 같았다. 다음 주자는 언제나 선행 주자가 도달한 자리를 출발점으로 삼아 앞으로 멀리 달려 나갔고, 선행 주자가 겪은 좌절도 다음 주자의 재산이 되었다. 앞선 이들의 업적은 잊히지 않고 영원히 마음속에 남아 후세 사람들이 더욱 앞으로 나아갈 수 있도록, 그들을 격려할 것이다.

---

45 | 毛澤東, 「中國人從此站立起來了」, 『毛澤東文集』5, 北京: 人民出版社, 1996: 342-346쪽을 참조하라.

46 | 鄧小平, 「對起草『關於建國以來黨的若干歷史問題的決議』的意見」, 『鄧小平文選』2, 北京: 人民出版社, 1994: 299쪽.

47 | 鄧小平, 「對起草『關於建國以來黨的若干歷史問題的決議』的意見」, 『鄧小平文選』2, 北京: 人民出版社, 1994: 299쪽.

13
신중국의 첫해 [48]

 신중국의 수립은 중화민족의 역사에서 그 유례를 찾아볼 수 없는 사회적 대변혁으로, 일반적 의미에서 한 정권이 다른 정권으로 대체되거나 과거와 같은 '왕조 교체'가 아니었다. 그렇다면 그와 같은 사회적 대변혁은 어떻게 시작되었을까?

 신중국이 마주했던 과제는 매우 어렵고 막중한 것이었다. 그리 많지 않은 시간 동안 뿌리 깊은 옛 중국의 모습을 바꾸어야 했고, 눈앞에 쌓인 산적한 난제들을 해결해야 했으며, 인민이 주인이 되는 세상에 적합한 완전히 새로운 사회적 제도들을 확립해야만 했다.

 바둑으로 비유하자면, 그것은 '포석'의 단계였다. 바둑판의 변화는 무궁무진하지만 첫 포석이 적절했는지가 매우 중요하다. 만약 부적절한 첫 포석으로 어떤 흐름이 만들어진다면, 그것이 끼칠 영향은 결정적일 뿐만 아니라 그것을 다시 바로잡는 것도 대단히 어렵다.

 오늘날의 중국 사람들은 그러한 중차대한 사회적 변혁이 가져온 상황의 어려움을 상상하기 어려울 것이다. 그 당시에도 내전은 치열하게 이어지고 있었고, 화난華南과 시난西南이라는 광활한 지역은 아직 해방되지 않았다. 또한 이전 시대가 남긴 난제들도 산더미처럼 쌓여 있었는데, 특히 물가 폭등은 인민들의 생활을 심각하게 위협하고 있었다. 게다가 일부 서구 국가들은 인민공화국에 적대적 태도를 취하면서 치밀한 경제 봉쇄를 단행했다.

---

48   원문은 『人民日報』 2004년 9월 30일자에 게재되었다.

적지 않은 국가들이 인민공화국을 제대로 이해하지 못했으며, 의구심마저 품고 있었다.

그리고 처음부터 혁명근거지는 대부분 농촌에 있었을 뿐만 아니라 [지역별로] 심각하게 나뉘어 있었기 때문에 전국적으로 통일된, 새로운 정치권력을 어떻게 수립할 것인지의 경험이 일천했다. 객관적 정세가 빠르게 전개될수록, 긴박한 상황 속에서 많은 난제들을 신속히 결정해야만 했다.

신중국의 미래는 어떻게 되는 것일까? 당시 중국과 해외에서는 여러 추측들이 존재했다. 어떤 이들은 다음과 같이 의심했다. 즉, 인민공화국이 만들어지기는 했지만, 그것이 과연 뿌리를 내릴 수 있을까? 아니면 중국공산당이 정치권력을 획득하기는 했지만 그것을 공고히 하면서 앞으로 나아갈 수 있을까? 이러한 의심들에 전혀 근거가 없던 것은 아니었다. 그와 같은 목표를 이루려면 분명 수많은 어려움들이 뒤따를 것이고, 자칫 잘못하면 공든 탑이 무너지거나 후유증이 심각해질 수도 있었기 때문이다.

역사적 사실은 그 문제에 대답했는데, 바로 신중국 첫해의 출발은 성공적이었다는 점이다. 중화인민공화국 수립 1년 만인 1950년 9월 30일, 저우언라이는 경축 대회의 보고 과정에서 한 해 동안의 성과를 5개 측면으로 나누어 총결산했다. 그것은 인민해방 전쟁의 대승리, 중화인민공화국의 외교 정책, 인민민주주의 독재의 공고화와 토지개혁을 위한 업무 준비, 재정의 통일과 경제 회복, 간부 양성과 문화적 수준의 향상이었다.

이어 그는 다음과 같은 결론을 내렸다. "지난 1년 동안 중국은 과거의 몇 백 년, 심지어 몇 천 년보다도 훨씬 더 중요한 변화를 겪었다. 낡은 중국의 모습은 빠르게 사라졌지만 새로운 인민들의 중국은 확고한 형태로 성장해 가고 있다."[49]

그는 보고가 끝나갈 무렵에 자부심을 드러내며 발언했다. "중국 역사상 단 하나의 정부만이 1년 동안 인민들에게 그렇게 많은 도움을 주었다. 단

---

49 | 周恩來,「爲鞏固和發展人民的勝利而奮鬪」, 中共中央文獻編輯委員會 編,『周恩來選集』下, 北京: 人民出版社, 1984: 31쪽.

하나의 정부만이 1년 동안 그렇게 많던 강도 같은 '군대'와 '정부'를 몰아냈고, 그것을 규율은 엄격하지만 자상하고 친절한 인민군대와 청렴하면서도 합리적인 인민정부로 대체했다. 단 하나의 정부만이 1년 동안 제국주의 국가의 특권을 박탈했고, 가증스러운 비밀 공작원特務 기관을 없앴으며, 기한 없던 인플레이션을 멈추었다. 그로부터 인민들에게 융성하는 번영의 기상을 느끼게 했다. 그 정부가 바로 중앙 인민정부다."[50]

단 1년 만에 그렇게 많은 일들을 할 수 있었다는 것은 실로 기적이었다. 비록 앞으로 나아가는데 여러 어려움들이 있었을지라도, 그리고 업무 처리 과정에서 이러저러한 결함과 잘못이 있었을지라도 말이다. 예를 들어, 각 지역의 당 조직과 정부가 도시 관리·공장 관리와 같은 분야의 경험이 크게 부족했고, 일부는 예전 농촌이나 군대의 관리 방식을 그대로 답습했으며, 적지 않은 간부들이 업무 수행 과정에서 관료주의, 특히 명령주의와 같은 잘못을 저질렀을지라도, 신중국은 자신의 왕성한 생명력을 여실히 드러냈다.

전반적으로 모든 업무들은 질서정연하게 진행되었고, 인민들은 자신의 나라를 신뢰했다. 신중국은 자신의 입지를 공고히 했을 뿐만 아니라 중국 사람들에게 행복하고 아름다운 미래를 제시했다. 그렇다면 신중국의 첫해에 어떻게 그러한 성과를 얻을 수 있었을까? 그 원인은 다양한데, 적어도 다음과 같은 것들이 가장 중요했다.

첫째, 지도자가 완전히 새로운 국가와 사회를 만들고자 한다면, 그는 모든 것을 예측할 수 있어야 하고, 또한 그 모든 것을 사전에 준비해 놓아야만 한다. 그래야만 복잡한 환경에서도 질서정연한 업무 처리가 가능하며, 어떤 상황이 발생하더라도 혼란스럽지 않게 된다. 중국의 옛말에 다음과 같은 말이 있다. 즉, 모든 일은 미리 대비하면 제대로 풀려가지만 미리 대

---

50 | 周恩來,「爲鞏固和發展人民的勝利而奮鬪」, 中共中央文獻編輯委員會 編,『周恩來選集』下, 北京: 人民出版社, 1984: 49쪽.

비하지 않으면 엉망이 된다.⁵¹ 미리 준비되어 있는 것과 그렇지 않은 것의 차이가 크기 때문이다.

마오쩌둥은 중국공산당 제7차 전국대표대회의 결론 부분에서 그것을 지적했다. "예측이란 미래의 추세를 앞서 파악하는 것이다. 예측이 없다면 지도라는 것을 말할 수 있을까? 나는 그것을 지도라고 말하지 않는다."⁵² 또한, "예측하지 못한다면 지도할 수 없고, 지도할 수 없다면 싸움에서 이길 수도 없다. 따라서 예측하지 못하면 어떠한 것도 이룰 수 없다."⁵³

중국공산당은 창당 이후, 자신의 원대한 이상과 함께 당면 과제를 명확하게 규정했다. 신중국의 사회경제적 형태는 신민주주의 사회이다. 이 사안은 항일전쟁 시기에 마오쩌둥이 작성한 「신민주주의론」과 「연합정부를 논함」에서 원칙적으로 합의를 이룬 것이다. 하지만 당시는 중국공산당이 이끄는 혁명 역량도 상대적으로 부족했고, 신중국을 어떻게 수립할 것인가라는 문제 또한 현실적 의제로 상정하지 못했다.

근본적인 상황 전환은 1947년에 나타났다. 국민당이 강자에서 약자로, 공산당은 약자에서 강자로 바뀌고, 모든 분야에서 혁명 세력의 비교우위가 뚜렷해졌다. 그해 10월, 공산당은 '장제스 타도, 신중국 건립'⁵⁴이라는 구호를 힘차게 외쳤다. 그로부터 신중국 수립이라는 문제가 현실적 의제로 떠올랐다.

두 달 후인 12월, 마오쩌둥은 「현 정세와 우리의 임무」에서 신민주주의 혁명의 경제적 방침綱領과 정치적 방침을 더욱 명확하고 구체적인 형태로 제기했다. "신중국의 경제는 다음과 같이 구성된다. (1) 국영 경제로, 이것이 지도적인 구성 요소가 된다. (2) 개별적 주체個體에서 집단으로 점차 발

---

51 | '凡事豫則立, 不豫則廢'는 『中庸』 20장에 나온다. 여기서는 신정근, 『중용, 극단의 시대를 넘어 균형의 시대로』, 파주: 사계절, 2010: 264쪽의 번역을 따랐다.
52 | 毛澤東, 『毛澤東文集』3, 北京: 人民出版社, 1996: 394쪽.
53 | 毛澤東, 『毛澤東文集』3, 北京: 人民出版社, 1996: 396쪽.
54 | 毛澤東, 「目前形勢和我們的任務」, 『毛澤東選集』4, 北京: 人民出版社, 1991: 1243쪽의 각주*를 참조하라.

전해 나가는 농업 경제이다. (3) 독립적인 소상공인 경제와 중소 규모의 민간자본 경제이다. 그것들이 신민주주의의 국민경제를 전체적으로 구성한다. 그리고 신민주주의적 국민경제의 지도 방침은 생산을 발전시키고, 경제적 번영을 추구하며, 공사公私를 함께 고려하고, 자본과 노동을 모두 이롭게 한다는 전체적 목표를 확고히 따른다."[55]

1948년 9월에 개최된 중국공산당 중앙의 정치국회의에서 마오쩌둥은 다음을 거듭 언급했다. "우리 정치권력의 계급적 성격은 다음과 같다. 즉, 무산계급이 이끄는 노동자·농민동맹工農聯盟을 기반으로 하지만, 노동자와 농민뿐만 아니라 자본가계급의 민주적 인사들도 참여하는 인민민주주의 독재이다."[56]

그리고 "인민민주주의 독재 국가는 인민대표회의에서 만들어진 정부로 국가를 대표한다. 중앙정부의 문제는 12월 회의에서 생각만 해보았는데, 이번 회의에서는 반드시 의제로 다뤄야만 한다."[57] "나는 우리가 다음과 같이 결정할 수 있다고 본다. 즉, [서구] 부르주아 계급의 대의제와 삼권분립 등은 시행할 필요가 없다."[58]

또한 1949년의 중국공산당 제7기 중앙위원회 2차 전체회의 결의와 마오쩌둥의 「인민민주주의 독재를 논함」와 같은 글에서도 신중국의 여러 측면에 대해 새로우면서도 더욱 구체적인 내용들을 많이 다루었다. 이처럼

---

55 | 毛澤東,「目前形勢和我們的任務」,『毛澤東選集』4, 北京: 人民出版社, 1991: 1255-1256쪽.

56 | 毛澤東,「在中共中央政治局會議上的報告和結論」, 中共中央文獻研究室·中央檔案館 編,『建黨以來重要文獻選編1921-1949』25, 北京: 中央文獻出版社, 2011: 446쪽. ; 毛澤東,『毛澤東文集』5, 北京: 人民出版社, 1996: 135쪽.

57 | 毛澤東,「在中共中央政治局會議上的報告和結論」, 中共中央文獻研究室·中央檔案館 編,『建黨以來重要文獻選編1921-1949』25, 北京: 中央文獻出版社, 2011: 446쪽. ; 毛澤東,『毛澤東文集』5, 北京: 人民出版社, 1996: 136쪽.

58 | 毛澤東,「在中共中央政治局會議上的報告和結論」, 中共中央文獻研究室·中央檔案館 編,『建黨以來重要文獻選編1921-1949』25, 北京: 中央文獻出版社, 2011: 447쪽. ; 毛澤東,『毛澤東文集』5, 北京: 人民出版社, 1996: 136쪽.

그 논의들은 2년 가까운 시간 동안의 심사숙고와 거듭된 토론을 통해 확정된 것이었다.

신중국 수립과 관련된 논의에 그렇게까지 매달린다는 것은 쉬운 일이 아니었다. 그 이유는 중국 사람들이 처음 기대했던 것보다 해방전쟁에서 너무 일찍 승리한 데 있다. 그래서 그 기간 동안, 당 중앙은 전략적 결전이나 해방구의 토지 개혁과 같은 매우 시급하고 조금도 소홀히 할 수 없는 과제들에 자신의 거의 모든 정력을 집중할 수밖에 없었다.

중국공산당은 그와 같이 긴박하고 분주한 상황에서도 늘 깨어 있는 자세로 방심하지 않고, 신중국의 수립이라는 다음 단계로 시선을 돌려 미래의 국가와 사회 구조에 대한 기본 윤곽을 명확하게 그려냈다. 그것은 중국공산당의 모든 당원과 조직, 그리고 전국의 인민들에게 정신적·실천적 측면에서 곧 다가올 대변혁을 준비할 수 있는 기회를 제공했다.

인민공화국의 수립 직전, 중국인민정치협상회의를 통과한 「공동강령」은 전체 강령總綱·정치권력 기구·군사 제도·경제 정책·민족 정책·외교 정책 등 신중국의 여러 분야에 대해 구체적이면서도 실행 가능한 청사진을 제시했다. 나아가 반복된 협의와 의견 청취의 과정을 통해 대다수가 그 강령에 동의하면서, 그것은 중국의 여러 정당黨派과 사회단체, 그리고 각계 인사들의 합의 사항이 되었다.

당시 저우언라이는 민주 인사인 황옌페이에게 전국의 모든 정당黨派들이 함께 전국정치협상회의에서 제정한 「공동강령」이야말로 인민을 위한 '각본'이라고 했다.[59] 1949년 10월 1일, 중앙 인민정부위원회의 1차 회의에서는 「공동강령」을 중앙 인민정부의 시정施政 방침으로 확정하는 데 전원이 찬성했다. 신중국 수립 이후, 「공동강령」은 중국의 모든 사람들이 다 같이 지켜야할 행동 규범이 되었고, 그에 발맞춰 여러 관련 업무들도 진행되었다.

둘째, 옛 사회와 새로운 사회의 본질적 차이는 인민이 주인이라는 점에

---

59 | 中共中央文獻硏究室 編, 『周恩來年譜(1949-1976)』上, 北京: 中央文獻出版社, 1997: 4쪽.

있다. 신중국의 성공은 모든 인민이 일치단결해 함께 싸운 결과였다. 다시 말해서, 모든 것은 인민을 위한 것이고, 그 모든 것을 인민에 의지하기에 가능했다. 그것이 힘의 원천이었다. 그와 같은 원칙이 없었더라면 인민공화국 초기의 거듭된 어려움을 극복하면서 순조롭게 나아가는 것도, 중국 사람들에게 새로운 면모를 보여주는 것도 기본적으로 불가능했다.

이를 위해 중국공산당은 각급 지도 간부들에게 인민 군중과의 관계를 대단히 중시해야 한다고 요구했을 뿐만 아니라, 나아가 정치권력의 형성 과정에서도 각계각층의 인민대표회 구성을 가장 중요한 문제로 다루었다.

마오쩌둥은 신중국이 수립된 지 보름도 되지 않아, 모든 대행정구大行政區[60] 책임자들에게 전보를 보냈다. "이 일은 매우 중대하다. 만약 천 몇 백 개의 현縣에서 현 대표대회를 모두 열고 또 그것이 잘 진행될 수만 있다면, 그것은 공산당과 몇 억 명의 인민들을 연결하는 일일 뿐만 아니라 공산당 안팎의 많은 간부들을 교육하는 일이라는 점에서 대단히 중요하다."[61]

신중국 수립 1년 만에 아주 적은 수의 도시와 현縣에서 인민대표대회가 열렸고, 그 밖의 다른 모든 시, 1,007개의 현, 36개의 몽골기蒙古旗[62]에서는 각계각층의 인민대표회의가 개최되었다. 이처럼 대부분의 구區, 그리고 향鄕과 촌村[63]에서 인민대표대회나 인민대표회의, 또는 농민대표회의가 열렸다. 과도기적 단계에서는 각계각층의 인민대표회의가 인민대표대회의 권한을 대행하기도 했다.

그러한 대표회의와 대표대회는 모든 사회 계층, 정당黨派, 민족들을 단결시켰을 뿐만 아니라 정부가 인민의 의견을 청취하고, 인민이 정부 업무를

---

60 | 중앙정부와 성省의 중간 규모의 행정구획 제도로, 1949년부터 1954년까지 시행되었다. 화베이華北·시베이西北·둥베이東北·화둥華東·중난中南·시난西南의 6대 행정 구역이 있었다.

61 | 毛澤東,「關於學習松江縣召開各界人民代表會議經驗的指示」, 中共中央文獻研究室 編,『建國以來重要文獻選編』1, 北京: 中央文獻出版社, 2011: 24쪽.

62 | '旗'는 내몽골 자치구의 행정 단위로, '현'에 상응한다.

63 | 향鄕은 현縣의 아래, 촌村은 향鄕 아래에 있는 행정 단위다.

파악·감독할 수 있도록 하는 긍정적 결과를 가져왔다. 특히, 주목해야할 것은 각계각층의 인민대표들이 모여 함께 중대사를 논의했다는 점이다. 그것은 바로 사회적 기층을 이루던 노동자와 농민들이 이제 국가의 주인이 되었다는 점을 알려준다.

저명한 사회학자 페이샤오퉁[費孝通, 1910-2005]은 베이핑시北平市 제1기 인민대표회의에 참가한 후, 강렬했던 당시의 느낌을 생생하게 묘사했다. "내가 회의장에 들어서자 많은 사람들이 눈에 들어왔다. 제복을 입은 사람, 노동복을 입은 사람, 홑겹의 상의短衫를 입은 사람, 치파오旗袍를 입은 사람, 서양식 복장을 한 사람, 장포長袍를 입은 사람, 그리고 전통식 빵모자瓜帽를 한 사람 등. 한 눈에 봐도 알 수 있듯이, 각기 다른 그 많은 사람들이 하나의 회의장에 모여 함께 토론을 한다는 것은 내 평생 처음 있는 일이었다. 그것이 무엇을 의미하겠는가? 나는 회의장 앞에 큼지막하게 걸려 있는 '대표代表'라는 글자를 쳐다보면서 고개를 끄덕일 수밖에 없었다. 대표성이라는 것이 이런 것이었구나! 베이핑시에는 이처럼 각양각색의 많은 사람들이 살고 있다. 만약 같은 모습의 사람들만 여기에 모여 회의를 하고 있다면, 그것을 대표회의라고 할 수 있을까?"[64]

과거에 멸시받던 '홑겹의 상의'와 '노동복'을 입은 노동자나 농민들이 이제 '서양식 복장'과 '장포를 입은' 사람들과 마주앉아 평등한 관계에서 함께 중대사를 논의할 수 있다는 것은 분명 이전까지만 해도 상상조차 할 수 없었던 일이다. 그리고 그것은 사회 전체의 대변혁을 가장 상징적으로 보여준 축소판이었다.

나아가 그것은 소수의 엘리트만이 향유하던 민주라는 권리를 다수의 사람들과 향유할 수 있는 것으로 바꾸었다. 그것이야말로 진정한 인민민주주의였다. 중국 역사상 그와 같은 사회적 대변혁은 확실히 그 이전까지는 존재하지 않았다.

---

[64] | 費孝通, 「我這一年: 我參加了北平各界代表會議」, 『費孝通全集(1948-1949)』6, 呼和浩特: 內蒙古人民出版社, 2009: 401-402쪽.

예전부터 중국 백성들은 "쟁반 위에 흩뿌려진 모래—盤散沙"[65]라고 조롱 받았는데, 신중국에서는 그러한 사회 각계각층의 인민들을 전국적 차원에서 전례 없는 규모로 조직했다. 각급 노동조합·농민협회·청년단·학생연합회·부녀연합회·주민街道居民위원회 등의 거대한 네트워크는 인민정부의 사업 지원을 위해 수시로 동원되었고, 그로부터 이전의 산만하고 비조직적인 상황이 해소되었다. 그것은 중국 인민들을 매우 강하게 단결시키는 데 중요한 역할을 담당했을 뿐만 아니라 사회적으로도 인민정부의 가장 폭넓은 버팀목이 되었다.

가난한 옛 사회의 민중들은 사회의 가장 밑바닥에서 억압받으며, 각종 비인간적인 고통을 감수해야만 했다. 따라서 그러한 상황이 바뀌지 않는다면, 인민이 주인이 되었다고 말할 수 없을 것이다. 신중국이 수립된 첫해, 정부는 그들을 고난에서 벗어날 수 있도록 도우면서 "반동反動 정부가 남긴 더럽고 부패한 것들을 깨끗이 씻어내"[66]기 위한 업무들을 매우 효과적으로 추진했다.

1950년 4월, 중앙 인민정부는 「중화인민공화국 혼인법」의 시행을 공포했는데, 부모 등 제3자가 독단적으로 혼인을 결정하거나 강요하는 것과 같은 봉건적 혼인 제도를 폐지했다. 나아가 중혼·축첩·민며느리뿐만 아니라 과부의 재가에 간섭하는 것도 금지시켰다. 그것은 신중국이 반포한 첫 번째 법률로, 중국의 여성해방운동 역사에 일대 사건이었다.

그리고 창가妓院는 옛 사회에서 가장 어둡고 잔혹하며 비인간적인 장소 가운데 하나였다. 신중국이 수립되고, 우선 베이징시의 자체 조사를 바탕으로 2기 각계각층 인민대표회의[67]에서는 「창가 폐쇄에 관한 결의」를 채택했다. 시 전체의 모든 창가가 12시간 만에 폐쇄되었을 뿐만 아니라 창가

---

65 | 梁啓超,「十種德性相反相成義(文集5卷)」, 44쪽,『飮氷室合集1(文集1-9)』, 北京: 中華書局, 1989:2008.

66 | 毛澤東,『毛澤東選集』4, 北京: 人民出版社, 1991: 1467쪽.

67 | 베이징시 2기 각계각층 인민대표회의는 1949년 11월 20일부터 22일까지 중산공원의 중산당中山堂에서 개최되었다.

에서 풀려난 기녀 1,288명을 위한 후속 작업도 진행되었다. 그로부터 전국 각지에서도 동일한 조치가 이어졌다.

1950년 2월, 정무원政務院은「아편 흡입 금지에 관한 훈령」을 발표해 100여 년 동안 중국에 해를 끼친 아편의 척결 활동에서 크게 성공했다. 또한 한 지역에서 활보하면서 민중들을 괴롭힌 '동패천東霸天'·'서패천西霸天' 부류의 불량배나 조직폭력배와 같은 악질 세력들을 단속하기 위한 강한 조치들이 모든 지역에서 이루어졌다. 그로부터 사회적 풍조가 눈에 띄게 일신되었다. 누구나 그러한 변화를 느낄 수 있었기 때문에 옛 사회와 새로운 사회는 완전히 다른 세상이라는 말이 사람들의 입에서 오르내리기 시작했다. 중국 사람들이 직접 겪은 그와 같은 경험들은 천 마디의 선전 문구보다 훨씬 더 큰 효과가 있었다.

중국은 다민족 국가이고, 모든 민족의 인민이 신중국의 주인이 된다. 중국에서 민족 관계는 고유한 특징을 지니고 있다. 그것은 모든 민족이 일정한 지역에서 아주 오랜 세월 동안 서로를 의지하며 떨어질 수 없는 관계로 지냈을 뿐만 아니라 많은 민족들이 오랫동안 같은 지역에서 뒤섞여 살아왔다는 점이다. 그러한 특징은 역사적으로 만들어진 것이자, 실생활에서 볼 수 있는 주된 흐름이었다.

중국공산당은 창당 초기에 외국의 경험을 기계적으로만 수용했기 때문에 민족의 자결自決을 시행한다거나 중화연방공화국을 수립한다는 것과 같은 구상을 제기했다. 하지만 그와 같은 시각은 중국의 실제 상황을 깊이 이해하게 되면서 점차 바뀌어 나갔고, 마침내 통일 국가의 민족 지역자치區域自治 제도라는 안이 제기되었다.

저우언라이는「공동강령」을 제정하기 전, 중국공산당 중앙을 대신해 정치협상회의政治協商會議의 대표들에게 다음과 같이 설명했다. "국가 제도라는 측면에서 우리의 국가가 다민족 연방제인가라는 문제가 남아 있다."[68]

---

[68] 周恩來,「關於人民政協的幾個問題」, 中共中央文獻研究室·中央檔案館 編,『建黨以來重要文獻選編1921-1949』26, 北京: 中央文獻出版社, 2011: 701쪽.

"오늘날 제국주의자들은 우리의 시짱西藏·타이완台灣, 심지어 신장新疆까지도 분열시키고자 한다. 이러한 상황에서 우리는 모든 민족이 제국주의자들의 이간질에 넘어가지 않길 바란다. 그렇기 때문에 우리 국가의 명칭은 중화인민공화국이지, 연방이라고 부르지 않는다."[69] 그리고 "모두가 이 의견에 동의해주길 바란다. 우리가 연방은 아닐지라도, 대신 민족의 지역자치를 주장한다."[70]

「공동강령」에서는 민족 지역자치를 국가의 근본적인 정치 제도로 확정했다. 그것은 중국공산당이 민족 문제에서 이룬 성공적인 업적이다. 만약 그와 같은 제도를 시행하지 않았다면, 그래서 민족의 지역자치가 아니라 연방제를 실시했다면, 중국의 민족 통합과 국가의 안정은 지금과 같은 상황을 유지할 수 없었을 것이다. 그것의 중요성은 시간이 지나면서 중국 사람들에게 점점 더 명확하게 다가왔다.

셋째, 옛 사회에서 새로운 사회로 바뀌는 시기에는 혼란스러운 상황들이 인민들에게 고통을 안겨줄 수밖에 없다. 그러한 상황에서는 질서와 안정이 무엇보다 중요하다. 그것을 이루기 위해서는 인민해방 전쟁의 속도를 높여 시짱을 제외한 중국 대륙 전체를 해방시켜야 했을 뿐만 아니라 남아 있던 200만 명의 도적떼들도 소탕해야만 했다. 당연하겠지만 그것이 기본 전제였다.

그와 함께 중앙 인민정부에서는 특별히 두 가지 문제에 주목했는데, 하나는 사회생활의 과정에서 군중들이 가장 관심을 갖거나 고통을 느끼는 실제적 문제들을 해결하기 위해 단호한 조치를 취하는 것이었다. 그것의 목적은 정상적인 인민들의 생활을 기본적으로 보장하려는 데 있었다. 그리고 다른 하나는 옛 사회나 이전 정치권력을 개혁하고자 할 때, 시기와 형세를 잘 살펴 단계적으로 추진해야만 한다는 점이었다. 결의의 수준이 높은

---

69 | 周恩來,「關於人民政協的幾個問題」, 中共中央文獻研究室·中央檔案館 編,『建黨以來重要文獻選編1921-1949』26, 北京: 中央文獻出版社, 2011: 702쪽.

70 | 周恩來,「關於人民政協的幾個問題」, 中共中央文獻研究室·中央檔案館 編,『建黨以來重要文獻選編1921-1949』26, 北京: 中央文獻出版社, 2011: 702쪽.

만큼 그 보폭이 일정해야만 혼란을 최소화할 수 있기 때문이다.

그 당시 인민들이 일상생활에서 가장 고통스러워했던 일들은 다음과 같았다. 즉, 국민당이 통치한 기간 동안, 오랜 시간에 걸쳐 형성된 악성 인플레이션과 물가 폭등이 여전히 전쟁이라는 상황 때문에 단기간 안에 꺾이지 않는 추세를 보였다. 그리고 극심한 수해와 가뭄이 가져온 기근으로 인해 많은 농촌 주민들의 생명과 재산이 보호되지 못했고, 도시에서도 심각한 실업 현상이 존재했다.

그 가운데 가장 두드러졌던 것이 물가 문제였는데, 그것이 모든 서민들의 가정에 직접적인 부담으로 작용했다. 인민공화국이 수립된 지 보름 후, 중국 사람들이 여전히 건국의 기쁨에 젖어 있을 때 거대한 폭풍이 몰려왔다. 1949년 10월 15일부터 물가가 크게 오르면서, 한 달 새 식량과 면직물의 가격이 2배 가까이 치솟자 민심은 불안에 떨었다.

이에 인민정부는 즉시 단호한 조치를 취했다. 농업 지역에서, 특히 둥베이東北의 오래된 근거지에서 식량 등의 물자를 대량으로 조달한 다음, 적당한 시기에 그것을 모두 도시에 매도하는 방식을 운용했다. 또한 생산량 증대와 근검절약의 정책을 엄격하게 시행했을 뿐만 아니라 국가의 재정과 경제 업무도 통합했다.

1950년 3월이 되자, 전국의 재정 수지도 균형을 잡아갔고, 물가도 안정되기 시작했다. 1950년 3월을 100으로 계산한 전국 도매 물가의 전체 지수는 그해 12월 88.6까지 떨어졌다. 그러한 안정 추세는 일시적인 것이 아니라 지속적으로 유지되었는데, 1952년 6월까지도 99.2에 불과했다.

중국 백성들이 오랜 시간을 바랐지만 이루어지지 못했던 물가 안정은 신중국이 수립된 지 반 년도 안 돼 마침내 실현되었고, 그것은 민심에 큰 영향을 주었다. "자본가계급을 대변하는 인물들도 탄복하지 않을 수 없었다. '우리는 중국공산당이 이번에 정치력이 아니라 경제력만으로 물가를 안정시킬 것으로는 전혀 예상하지 못했다.'"[71]

---

71 | 薄一波, 「陳雲的業績與風範長存-爲紀念陳雲同志逝世一週年而作」, 『人民日報』1996年4

당시 자연 재해 가운데 1950년 화이허淮河 제방의 대붕괴가 가장 심각했다. 농경지 2만 667 km²가 침수되었고 이재민은 995만 명에 이르렀으며, 일부 지역의 피해 상황은 끔찍해서 차마 볼 수 없을 정도였다. 저우언라이는 정무회의政務會議에서 격정적으로 토로했다. "수해는 막지 않으면 안 된다. 그렇다고 홍수가 나지 않았다고 해서 가뭄이 드는 땅이라면, 토지 개혁을 해도 아무런 소용이 없다."[72] 따라서 전반적인 계획의 수립과 배치, 그리고 치밀한 준비 과정을 거쳐, 화이허의 대규모 치수 사업이 1951년 2월부터 시작되었다.

재난 구호 말고도, 도시의 실업자를 구제하는 일 역시 부담이 크고 어려운 과제였다. 옛 사회로부터 거대한 실업자들의 행렬이 이어졌다. 새로운 정부의 출범 이후, 경제가 개편되는 과정에서 일부 공장들이 사회적 수요에 부응하지 못해 문을 닫게 되었다. 그로부터 실업자의 수가 다시 증가하면서 전국의 실업자는 모두 117만 명에 달했다.

정부의 구제 방안으로는 주로 국가 차원의 건설 공사를 통한 실업자 구제였다. 그와 함께 생산 활동에 참여하는 스스로의 구제·[도시가 아닌] 고향에서의 생산 활동·구제금 지급·직업 훈련·취업 소개 등의 방법이 동원되었다. 1950년 9월 말까지, 실업 상태의 노동자와 지식인들 가운데 절반 이상이 구제되었다. 그와 같은 활동으로부터 인민들은 정부가 그들을 배려할 뿐만 아니라 그들을 위해 실질적인 업무도 처리하고 있기 때문에, 그러한 정부를 신뢰할 만하다고 여겼다. 인민들이 보여준 신뢰는 보이지 않는 거대한 힘으로, 모든 이들의 마음을 하나로 모아 여러 과제들을 완수할 수 있도록 했다.

또 다른 중요한 문제는 옛 사회가 새로운 사회로 바뀌는 과정에서 초래되는 혼란을 최소화하기 위해서는 인수인계와 전환 작업의 속도가 최대한 안정적이어야 한다는 점이었다. 반드시 해결해야 할 문제는 단호한 조치로

月10日.

[72] | 中共中央文獻硏究室 編, 『周恩來傳』3, 北京: 中央文獻出版社, 1998: 973쪽.

해결하되, 시급하게 해결할 필요가 없는 사안이라면 성급하게 원래의 상태를 변경하지 않고 그것을 그대로 유지해야 한다.

마오쩌둥은 그 문제의 지도 원칙을 명확히 했다. 1950년 4월, 그는 당시 중국공산당 상하이시 위원회의 제1서기이자 상하이시의 시장이었던 천이에게 전보를 보냈다. "지금은 긴박한 전환의 시기이기 때문에 그 전환이 순조롭게 이루어질 수 있도록 노력해야 한다. 파괴해서 안 될 것들은 파괴하면 안 되고, 불가피하게 파괴할 수밖에 없다면 그 정도를 최소화하는 데 노력해야 한다. 여러분들이 그것을 이해해야만 다른 사람들의 반발을 누그러뜨리고 주도권을 행사할 수 있다."[73]

그는 얼마 지나지 않아 다시금 해결이 필요한 시급한 문제에 역량을 집중하기 위해서는 '사방에 전선을 설치하면 안 된다不要四面出擊'고 주장했다. "전선을 사방에 설치하게 되면 전국이 불안해져 좋지 않다. 우리는 절대 적을 많이 만들어서는 안 된다. 한쪽에서 양보하고 긴장을 완화시키면서 다른 한쪽으로는 역량을 모아 공세를 취해야만 한다."[74]

그러한 사상적 방향으로부터 국민당의 관료자본 기업[75]이 인수되던 시기에, "기존의 기업 조직을 어지럽히지 말라不要打亂原來的企業機構"[76]는 원칙이 제시되었다. 그것은 기존의 기술 조직과 생산 시스템에 혼란을 주지 말고, 그대로의 온전한 상태로 유지해야 한다는 뜻이다.

---

73 | 中共中央文獻研究室 編, 『毛澤東年譜(1949-1976)』1, 北京: 中央文獻出版社, 2013: 117-118쪽. 참고로, 이 전보는 1950년 4월 16일자로 발송되었다.

74 | 毛澤東, 『毛澤東選集』5, 北京: 人民出版社, 1977: 24쪽.; 毛澤東, 「不要四面出擊」, 中共中央文獻研究室 編, 『建國以來重要文獻選編』1, 北京: 中央文獻出版社, 2011: 225쪽. 이것은 1950년 6월 6일 마오쩌둥이 중국공산당 제7기 중앙위원회 3차 전체회의에서 한 발언이다.

75 | 관료자본 기업은 베이양北洋 군벌과 국민당 정부 시기, 정치적 특권을 이용해 상품 유통과 금융 상의 약탈을 자행한 기업을 가리킨다.

76 | 劉少奇, 「中共中央關於接收官僚資本企業的指示」, 中共中央文獻研究室·中央檔案館 編, 『建黨以來重要文獻選編1921-1949』26, 北京: 中央文獻出版社, 2011: 44쪽. 원 표현은 '不要打亂企業組織的原來的機構'로, 이 글은 1949년 1월 15일에 발표되었다.

이에 따라 해당 기업에 군 대표가 파견되고 나서, 극소수의 반동분자와 과거 악행이 현저한 경우를 제외한다면 예전처럼 일하기 원하는 직원들은 모두 예전과 같이 일할 수 있도록 했다. 그것을 바탕으로 점차 민주적 개혁이 이루어지면서 관리의 민주화와 경영의 합리화가 실현되었다.

1950년 겨울에는 새롭게 해방된 지역新區[77]의 대규모 토지 개혁을 준비하면서 부농富農 경제의 보존, 그리고 부농 스스로 경작하거나 고용인을 통해 경작하는 모든 부농의 토지 및 그밖의 재산을 보호한다는 규정을 제정함으로써 사회적 충격을 감소시켰다. 또한 옛 정권을 인수할 때도 신중한 방침을 취했는데, "세 사람의 밥을 다섯 사람이 나눠 먹는다."[78]면서 기존의 인력을 끌어안았다.

당시 중난 군정위원회中南軍政委員會 부주석이었던 덩쯔후이[鄧子恢, 1896-1972]는 다음과 같이 언급했다. "군사 관련 업무들이 빠르게 확대되면서, 각급 정치권력 기구의 설치는 성省 단위별로 간부들을 파견하는 하향식의 절차를 밟았다. 그와 함께 구區·향鄕 이하의 단위에서는 옛 보갑保甲[79]의 인력을 과감하게 활용한다는 방침을 택했다. 그러한 방침을 채택한 목적은 과도기 동안 사회 질서를 안정시키고 혼란과 파괴를 줄이며, 아울러 당시 긴급했던 전선 지원과 식량 징발 업무를 용이하게 하려는 데 있었다."[80]

문화와 교육 사업에서도 마찬가지였다. 고등교육 기관의 경우, 주로 다음과 같은 조치들이 단행되었다. "처음에는 반동적 훈육 제도가 폐지되었고, 국민당의 이념 및 국민에 관한 교육 과정이 중단되었으며, 교무위원회

---

77 | 공산당과 국민당의 내전 기간(1945-1949)에 국민당 통치를 벗어나 인민정부가 설치된 지역이다.

78 | 中共中央文獻研究室 編, 『陳雲年譜 修訂本』上, 北京: 中央文獻出版社, 2015: 733쪽.; 劉統, 『戰上海』, 上海: 學林出版社, 2019: 266쪽.

79 | 보갑은 송나라 때부터 군사적 업무 관리를 위한 호적 제도였다. 그것의 가장 큰 특징은 '호戶(가구)'를 사회 조직의 기본 단위로 한다는 점에 있다. 이처럼 보갑의 편제는 호를 기본 단위로 하고, 10호는 갑甲, 10갑은 보保가 되며, 각각 그것에 호장·갑장·보장이 있었다.

80 | 鄧子恢,「中南一年回顧」,『山東省人民政府公報』1950年第10期: 39쪽.

가 학교 업무를 책임지는 형태로 바뀌었다. 그로부터 신민주주의적 문화·교육의 방침이 국민당 반동파들의 반인민적이고 반동적인 문화·교육 방침을 대체했다."[81] 그밖의 다른 측면들은 쉽사리 바뀌지 않았다. 그와 같은 방식을 통해, 전체적인 인수인계와 전환 작업은 질서를 갖추고 단계적으로 차근차근 진행될 수 있었고, 심각한 혼란과 손실도 발생하지 않았다.

넷째, 사회적 대변혁이 질서와 안정을 필요로 한다는 점은 비단 중국의 내부 상황에만 국한되지 않는다. 역량을 모아 국가의 건설과 사회적 전환을 이루기 위해서는 국가 간에 상대적으로 안정된 질서가 유지되어야 한다. 그 가운데 두 가지가 가장 중요한데, 하나는 평화로운 국제 환경과 주변 환경이 되도록 힘쓰는 것이다. 그리고 다른 하나는 독자성獨立自主을 유지하고, 강권주의를 두려워하지 않으며, 어떠한 외부 세력의 간섭도 배제하는 것이다.

신중국 수립 당시, 그와 같이 새로운 외교적 국면을 어떻게 조성할 것인가는 매우 중요하면서도 생소한 문제였다. 처음부터 모든 것을 새롭게 시작해야만 했다. 새로운 정부의 외교적 업무는 그 시작부터 독자성을 자신의 뚜렷한 특징으로 내세웠다.

저우언라이는 외교부 창립 대회에서 민족적 자부심으로 가득 차 다음과 같이 명확하게 선언했다. "지난 중국의 100년 외교사는 굴욕적인 외교사였다. 우리는 그들에게서 배우지 않을 것이다. 우리는 수동적이거나 소심해서는 안 되며, 제국주의의 본질을 직시하고 독립적인 태도를 취해야만 한다. 두려움 없는 자신감을 가지고 주도권을 잡기 위해 노력해야 한다."[82]

또한 그는 모두에게 진지하게 주문했다. "그렇다고 맹목적이고 충동적이어서도 안 된다. 그러면 맹목적인 외세 배척의 정서만이 팽배해진다."[83] 나

---

81 | 潘漢年,「上海市人民政府一年來的工作」,『上海解放一年 1949-1950』, 上海: 解放日報社, 1950: 3쪽.

82 | 中華人民共和國外交部·中共中央文獻研究室 編,『周恩來外交文選』, 北京: 中央文獻出版社, 1990: 5쪽.

83 | 中華人民共和國外交部·中共中央文獻研究室 編,『周恩來外交文選』, 北京: 中央文獻出版

아가 "외교라는 것은 함부로 해서도 안 되고, 충동적으로 해서도 안 된다. 어떤 일을 마주하게 되면 꼼꼼하게 따지면서 분석하고 연구해야 한다. 그래서 그것이 어떤 유형의 성질을 띠는지, 그 결과는 어떠한지를 살펴야할 뿐만 아니라 긍정적인 면과 부정적 면을 함께 분석해야 한다. 이를 위해서는 생각하는 능력을 키워야만 한다."[84]

그는 거듭 모두에게 당부했다. "[예를 들어] 예전의 우리는 유격전을 벌였다고 할 수 있는데, 그저 일부 외국 기자들과 마셜[George Catlett Marshall, 1880-1959] 등을 만났을 뿐이다. 그것은 전면적 전투가 아니었다. 하지만 이제 우리는 국가를 대표해 모든 것을 공식화하고, 정규전正規戰을 정정당당하게 치러야 한다. 우리는 더욱 신중해져야만 한다."[85] 그 이전에 이미 인민해방군이 본토에서 결정적인 승리를 거두면서 100여 년 동안 지속된 제국주의 국가의 특권들은 기본적으로 사라졌다. 외국인들이 중국에서 의기양양하게 멋대로 굴던 시대는 지나갔다. 그것이 사회적 대변혁의 핵심 내용이었다.

신중국의 수립과 함께 맞이한 첫 번째 외교적 업무는 다른 국가들과 정상적인 외교 관계를 마련하고 국제 사회로 나아가는 것이었다. 인민정부는 모든 국가를 향해 호의를 표했다. 마오쩌둥은 건국 행사開國大典에서 다음과 같이 선포했다. "평등과 호혜, 그리고 영토 주권과 같은 상호 존중의 원칙을 준수하는 외국 정부라면, 본 정부는 그들과 외교 관계를 수립하고자 한다."[86]

하지만 당시는 2차 세계대전 이후의 냉전 시대로, 사회주의 진영과 자본주의적 진영으로 나뉘어 대립하고 있었다. 그러한 대립과 충돌은 갈수록

社, 1990: 5쪽.

[84] | 中華人民共和國外交部·中共中央文獻研究室 編, 『周恩來外交文選』, 北京: 中央文獻出版社, 1990: 5쪽.

[85] | 中華人民共和國外交部·中共中央文獻研究室 編, 『周恩來外交文選』, 北京: 中央文獻出版社, 1990: 6쪽.

[86] | 毛澤東, 『毛澤東文集』6, 北京: 人民出版社, 1999: 2쪽.

격렬해졌다. 당시 미국 정부는 신중국을 적대시하면서 신중국을 인정하지 않았으며, 다른 서구 국가들의 승인 시도도 막으려고 안간힘을 썼다. 그와 같은 적대적 태도는 그 이후에도 한동안 더욱 강화된 형태로 이어졌다.

사회주의 국가인 소련에서 가장 먼저 신중국을 승인했다는 점은 매우 큰 의의를 지닌다. 그리고 당시 신중국은 석 달여 동안 11개의 나라와 외교 관계를 수립했는데, 모두가 사회주의 진영의 국가들이었다. 1949년 12월과 1950년 1월, 마오쩌둥과 저우언라이가 연이어 소련에 도착했다. 당시 신중국이 대외 관계와 관련해 가장 크게 관심을 가졌던 문제는 세계의 평화였다. 마오쩌둥은 스탈린과의 회담이 시작되자마자 현재 가장 중요한 문제는 평화의 확립이라고 밝혔다.[87] 중국의 입장에서 경제를 전쟁 이전의 수준으로 되돌리고, 국가를 전체적으로 안정시키려면 평화적인 환경이 필요했기 때문이다.

두 나라는 「중소 우호 동맹 상호조약中蘇友好同盟互助條約」을 체결했다. 마오쩌둥은 그 조약을 중앙인민정부 위원회의 비준 절차에 회부하면서 다음과 같이 언급했다. "이번에 체결된 중국과 소련의 조약과 협정은 중국과 소련의 우의를 법적 형식으로 확정했을 뿐만 아니라 우리에게 신뢰할 만한 동맹국을 제공했다. 그로부터 우리는 마음 편히 중국 내 건설 사업을 지속하고, 제국주의의 침략가능성에 함께 대처함으로써 세계 평화를 확보하는 데 유리해졌다."[88]

마오쩌둥과 저우언라이의 소련 방문 기간 동안, 13개의 국가가 차례로 중화인민공화국을 승인했다. 그 가운데 7개 국가는 1950년 10월 말까지 공식적인 외교 관계를 수립했다. 그 나라들은 두 부류로 구분되는데, 하나는 아시아에서 새롭게 독립한 민족주의 국가로서 인도·인도네시아·미얀마

---

87 | 中共中央文獻研究室 編, 『毛澤東年譜(1949-1976)』1, 北京: 中央文獻出版社, 2013: 59쪽. 이 회담은 마오쩌둥이 모스크바에 도착한 1949년 12월 16일에 진행되었다.

88 | 中共中央文獻研究室 編, 『毛澤東年譜(1949-1976)』1, 北京: 中央文獻出版社, 2013: 113쪽. 이 회의는 1950년 4월 11일에 개최된 중앙인민정부 위원회 6차 회의를 가리킨다.

이다. 그리고 다른 하나는 북유럽의 스웨덴·덴마크·핀란드와 중앙유럽의 스위스다. 그들은 신중국과 공식적으로 수교한, 사회 제도가 상이한 첫 번째 국가들로 신중국의 외교 활동에 중요한 돌파구가 되었다.

중국은 이후 4년 동안 파키스탄·아프가니스탄·네팔 등과도 각각 수교를 했다. 그로부터 중국과 직접적으로 인접한 대부분의 국가들은 신중국과 공식적인 외교 관계를 맺게 되었다. 주변 국가들과 안정적인 선린우호 관계를 맺었다는 것은 당연하겠지만 갓 출범한 인민공화국에 매우 중요한 의의를 갖는다.

1년 동안의 노력 끝에, 중화인민공화국 초기의 대외 관계를 위한 기본 형태가 대체적으로 확립되었다. 그 모든 것이 질서정연하게 진행되었고, 국가의 독립·안보·존엄을 굳세게 지켰으며, 굴욕적 외교를 완전히 일소했다. 또한 처음부터 독자적이고, 평화를 사랑하면서도 강권주의를 두려워하지 않는 참신한 모습으로 새롭게 만들어진 인민공화국을 세계의 동쪽에 우뚝 세웠다.

민족의 독립과 인민해방은 20세기 전반기에 중화민족이 직면했던 두 가지의 역사적 임무였을 뿐만 아니라 그 첫해에 신중국이 마주했던 가장 중요한 과제이기도 했다. 중국의 인민들은 실제적인 사실로부터 중국공산당을 이해했고, 공산당만이 인민들을 이끌어 새로운 중국을 세울 수 있다고 판단했다. 반세기가 넘는 세월이 지났지만, 그 첫해에 신중국이 걸었던 발자취와 새로웠던 여러 상황들을 돌이켜보면 여전히 흥미롭다고 할 수 있다.

14
신중국의 첫 30년[89]

오늘의 강의 제목은 신중국의 수립에서부터 중국공산당 제11기 중앙위원회 3차 전체회의까지의 29년 역사인데, 그것을 '신중국의 첫 30년'이라고도 할 수 있을 것이다. 그 시기는 매우 영광스러운 역사로서, 중화인민공화국이 그 시기에 수립되었을 뿐만 아니라 그때부터 중국 사람들이 떨쳐 일어섰기 때문이다.

중국의 사회주의 제도도 그 시기에 마련되었으며(사회주의 초급단계를 1956년부터 21세기 중반까지로 계산하면 정확히 100년이 된다.[90]), 뜨겁게 타오른 대규모의 경제 건설도 그때 시작되었다. 그것은 중화민족의 역사에서 전례가 없던 일이었다. 또한 그 시기의 역사는 매우 복잡했다. 사회주의 제도를 확립한 다음, 어떻게 앞으로 나아갈 것인가? 그 당시에는 사회주의가 무엇인지, 그것을 어떻게 만들 것인지 모든 것이 불명확했고, 세계적으로도 그 분야에서 온전히 성공한 선례는 없었다. 게다가 중국의 상황도 대단히 혼란스러웠다.

그렇지만 객관적인 환경도 그렇고 대중의 심리도 그렇고, 그 문제들이 명확해진 다음에야 앞으로 나아갈 수 있다는 것은 허용되지 않았다. 앞으

---

89 본문은 저자가 2011년 5월 20일 베이징대학 문사대강당文史大講堂에서 보고했던 기록이다.

90 | 여기서 언급된 1956년은 사회주의 3대 전환改造이 끝난 해로, 그것은 중화인민공화국 초기에 중국공산당이 전국적으로 조직한 농업과 수공업, 그리고 자본주의적 산업과 상업에 대한 사회주의 전환을 가리킨다.

로 나아가지 않으면 그 문제들도 명확해질 수 없기 때문에 결국 길을 더듬어가며 앞으로 나아갈 뿐이었다. 그러한 과정에서 큰 성과를 거두기도 했지만 다른 한편으로는 많은 좌절을 겪기도 했다.

그 가운데 가장 중요한 것은 두 가지다. 하나는 경제 건설 과정에서 성과에 대한 조급함이 불러온 '대약진大躍進'이다. 그리고 다른 하나는 [계급투쟁이 요구되지 않는] 사회주의적 여건임에도 '계급투쟁의 원칙以階級鬪爭爲綱'을 고수함으로써 '문화대혁명文化大革命'와 같은 전반적인 차원의 오류가 초래되었다는 점이다. 그 오류들은 다른 사람들이 대신 바로잡아준 것이 아니라, 전국의 인민들과 함께 공산당 스스로가 바로잡은 것이다. 그것들은 매우 쓰라린 교훈을 남겼다.

이처럼 그 시기의 역사는 매우 복잡했기 때문에, 30년 전인 [1981년 6월] 중국공산당 제11기 중앙위원회 6차 전체회의에서는 「건국 이래 몇 가지 중요한 역사 문제에 관한 결의關於建國以來若干重要歷史問題的決議」[91]를 통과시켰다. 당시 덩샤오핑은 다음과 같이 언급했다. "이 결의안이 1945년 그때의 역사적 결의안과 같은 역할을 하려면, 그 동안의 경험을 모두 정리하고, 사상을 통일시키며, 일치단결된 태도로 미래를 내다볼 수 있어야 한다."[92]

그것은 30년 동안의 많은 근본적 문제들을 분명한 형태로 드러냈다. 나아가 결의안이라는 최종적 입장으로 모든 이들의 사상을 통일시키면서 모든 이들이 일치단결된 태도로 미래를 바라보기를 바랐다. 또한 향후 사회주의적 현대화의 과정에서도 역량들이 효과적으로 집중되길 희망했다. 하지만 30년이 지난 지금까지도 완전한 사상적 통일은 이루어지지 않았고, 사회적으로도 사상적 혼란은 상당히 심각하다. 그러한 사상적 혼란은 주되게 두 가지 측면에서 나타나고 있다.

하나는 적지 않은 매체들이 건설 과정에서 나타난 일부 부정적이거나

---

91 | 이것의 공식 명칭은 「關於建國以來黨的若干歷史問題的決議」이다.

92 | 鄧小平, 「對起草『關於建國以來黨的若干歷史問題的決議』的意見」, 『鄧小平文選』2, 北京: 人民出版社, 1994: 307쪽.

어두운 면만을 유난히 부각하면서, 당시 전국의 인민들이 새로운 사회와 국가를 만들기 위해 얼마나 치열하게 노력했는지에 대해서는 이상하리만치 무관심하다는 점이다. 특히, 일부 해외 지역에서는 개별적 사실만을 주목하거나, 심지어는 사실을 왜곡·날조함으로써 매우 부정적인 영향을 퍼뜨리고 있다. 소련의 붕괴 이전에도 그와 같은 흐름이 있었다는 점에서 경계할 필요가 있다.

다른 하나는 선의에서 비롯된 것이기는 하지만, 개혁개방이라는 위대한 성과를 알리기 위해 자주 지금과 지난 30년을 비교하거나 그때를 반면교사로 삼는 태도다. 저자는 개혁개방 20주년을 기념하는 연설문 작성에 참여한 적이 있는데, 그 토론 과정에서 당시 TV에 나오는 표현들에 거부감이 있다고 밝혔다. 예를 들어, 옛날에는 직물 배급표·식량 배급표·식용유 배급표가 너무 많았지만, 지금은 상점에 실제 상품들이 가득하다는 말들이 그것이다.

마치 고생스러웠던 지난날을 회상하면서 지금의 행복을 소중하게 여기는 것처럼, 과거부터 항상 옛 사회를 고통으로, 그리고 새로운 사회를 행복이라고 느끼는 듯했다. 하지만 방금 언급한 그와 같은 것들은 당시의 역사적 조건과 동떨어져 있을 뿐만 아니라 구체적인 분석도 결여된 것이다.

그때는 물자가 매우 부족한 상황으로, 식량 배급표·직물 배급표·식용유 배급표와 같은 것이 제공되지 않고 모든 것들이 시장 자율에 맡겨졌다면, 많은 사람들 가운데 특히 소득이 상대적으로 낮았던 사람들은 최소한의 의복과 생계조차 보장받지 못했을 것이다. 따라서 당시의 조치는 부득이했지만 결과적으로는 성공적이었으며, 또한 인민들에게도 도움이 되는 조치였다. 물론, 오늘날에는 물자가 매우 풍부해졌기 때문에 그와 같이 할 필요는 없을 것이다.

여러분 모두는 중국공산당의 역사를 배우고 있다. 창당 이후 90년 동안의 중국공산당을 전체적으로 보자면 다음과 같다. 초기 30년은 민주 혁명의 역사적 시기로, 많은 논쟁과 문제점이 있었지만 적어도 그 시기를 공개적으로 그리고 전반적으로 부정했던 경우는 거의 없다.

그리고 마지막 30년은 개혁개방 실시 이후의 30년으로, 그에 대한 견해가 모두 일치하는 것은 아니지만 공개적이고 전반적인 부정은 많지 않다. 반면, 그 중간의 30년에 대해서는 견해들이 상당히 엇갈려 있을 뿐만 아니라 많은 문제들이 심각한 논란 속에 휩싸여 있다.

저자는 올해 81세이다. 1947년에 푸단復旦 대학에 입학했는데, 국민당 치하에서 2년의 대학 교육을 받았고, 1949년 이후에도 2년의 대학 교육을 더 받았다. 저자가 1948년 초에 공산당에 입당해 마르크스주의를 받아들였다는 점에서, 이후 세대의 일부 동지들과는 어느 정도 다를 것이다. 이처럼 국민당이 실시하는 교육을 받으며 성장했고, 대학에 들어가서도 다양한 서구의 학설들을 접했다.

저자는 당시 토론회에서 한 친구와 논쟁을 벌인 적이 있었다. 그 친구는 현실에서 성공하면 왕이고 실패하면 역적이라고 주장하면서, 어떤 성공이든 모두 좋은 것이고 어떤 실패든 모두 나쁜 것이라고 했다. 하지만 저자는 그렇게만 볼 수는 없다고 답했다. 저자의 경우를 보더라도 마르크스주의를 받아들여 중국공산당에 참여했지만, 그것이 당시의 공산당이 성공해서라고 말하긴 어렵다. 오히려 당시에는 국민당이 공산당보다 우위를 차지한 듯 보였기 때문이다.

어떤 사안을 평가할 때, 언제나 그것이 최대 다수의 사람들에게 유리한 것인가 아니면 불리한 것인가를 판단의 객관적 기준으로 삼을 수 있다. 그 당시 국민당은 그다지 인심을 얻지 못했다. 그처럼 직접 눈으로 보았던 많은 사실들을 바탕으로, 스스로의 생각과 거듭된 비교의 과정을 거쳐 당시로서는 쉽지 않았던 결정을 내렸다.

저자가 그 시기의 역사를 언급한 이유는 신중국의 첫 30년 동안 발생한 많은 일들을 직접 겪었을 뿐만 아니라 그 많은 문제들에 대해서도 스스로 이런저런 생각을 해봤다는 것을 보여주려는 데 있다. 이곳에 있는 여러분들은 저자보다 젊기 때문에, 그것을 경험한 사람으로서 저자가 이해하고 체험한 내용들을 여러분들에게 알려주고자 한다.

원래는 중화인민공화국의 수립도 오늘의 주제로 다루려고 했다. 왜냐하면 그 사건은 확실히 대단한 일이었기 때문이다. 오직 그 시대를 살아온 사람만이 옛 사회와 새로운 사회라는 두 세계를 강렬하면서도 온전히 느낄 수 있다. 저자의 인생에서 천지가 뒤집힐 정도의 사회적 변화가 발생했다고 느꼈던 것이 바로 그때였다. 그 이후의 일들은 모두 그것을 바탕으로 이루어진 것이다. 하지만 오늘은 시간 관계상 그 문제에 대해서는 더 이상 언급하지 않도록 하겠다.

저자는 3년여 전에 선배 학자인 런지위[任繼愈, 1916-2009]가 『인민일보人民日報』에 발표한 글을 본 적이 있다. 그는 90세가 넘은 나이로 다음과 같이 말했다. "재난을 겪고 열강의 업신여김을 당한 중국 사람들만이 가슴 속 깊이 '해방감翻身感'을 새길 수 있었다. 100년 동안의 분투와 몇 세대의 노력을 거치고 나서야 마침내 중국 인민들은 떨쳐 일어설 수 있었다. 그 이후에 신중국에서 성장한 청년들은 그러한 느낌을 체감하지 못한다. 그들은 그저 중국은 처음부터 그런 것이었다고 생각할 뿐이다." 이것은 매우 심오한 언급이다.

그 시기의 마오쩌둥은 인민정치협상회의 개막식에서 다음과 같이 선언했다. "우리는 우리의 사업이 인류 역사에 기록될 것이라는 점을 함께 느낄 수 있다. 전체 인류의 4분의 1을 차지하는 중국 사람들이 이제 떨쳐 일어섰기 때문이다."[93] 저자는 그 회의에 참석했던 쑨치멍[孫起孟, 1911-2010]의 회고 글을 읽은 적이 있는데, 그는 당시 본인 스스로도 박수를 치면서 눈물을 흘렸고 나이가 지긋한 주위 사람들도 모두 눈물을 흘렸다고 한다.[94]

해방 직후, 상하이 거리의 모든 확성기에서 궈란잉郭蘭英의 「여성해방가婦女翻身歌」가 나왔던 것으로 기억하는데, 그 가사는 다음과 같이 시작한다. "옛 사회는 칠흑처럼 어두운 만 길 깊이의 마른 우물과도 같았네, 우물의 바닥에는 우리 백성들이 짓눌려 있었고, 부녀자는 거기서도 가장 밑바닥에

---

93 | 毛澤東, 「中國人從此站立起來了」, 『毛澤東文集』5, 北京: 人民出版社, 1996: 343쪽.
94 | 全國政協文史資料委員會 編, 『中國人民政治協商會議第一屆全體會議親歷記』, 北京: 中國文史出版社, 2003: 23-24쪽을 참조하라.

놓여 있었지."⁹⁵

옛 중국을 경험해보지 못한 사람은 확실히 그러한 느낌을 경험하기 어렵다. 신중국의 수립 문제는 마땅히 별도로 다뤄야 하지만 지금은 시간이 없기 때문에 더 이상 말하지 않겠다. 다만 한 가지만 얘기하자면, 1949년 이후의 모든 중국 역사는 옛 사회와는 전혀 다른 상황, 즉 신중국의 수립과 함께 시작되었다는 점이다. 그것을 고려하지 않으면, 이후의 모든 일들을 논할 수 없게 된다. 다음에서는 3가지 문제를 살펴보고자 하는데, 첫 번째는 사회주의적 제도의 확립에 관한 것이고, 두 번째는 '대약진'에 관한 것이며, 세 번째는 '문화대혁명'에 관한 것이다.

1) 사회주의적 제도의 확립에 관해

모두들 알고 있듯이, 신중국의 수립과 함께 신민주주의 사회가 확립되었고, 중국공산당은 1953년에 과도기적 총노선總路線을 제시했다. 1956년의 중국공산당 제8차 전국대표회의에서는 중국에서 사회주의적 기본 제도들이 확립되었다고 발표했다. 여기서는 논란의 여지가 있는 3가지의 문제점을 다루고자 한다.

첫째, 과도기적 총노선이 제기되었다는 점이다. 그 문제는 예전부터 별다른 논란거리가 없던 것이었다. 「건국 이래 중국공산당의 몇 가지 역사 문제에 관한 결의」에서 "당이 제기한 과도기적 총노선이 전적으로 올바르다는 점은 역사가 증명한다."⁹⁶고 밝혔기 때문이다.

그런데 최근 몇 년 동안 내가 아는 동료들을 포함해 일부 학자들이 다른 주장을 하고 있다. 어떤 이들은 과도기적 총노선이 제기되면서 원래 제대로 작동하던 신민주주의 사회의 운영 원리가 폐기되었고, 사회주의로의 이행에 시행착오를 가져왔다고 본다. 저자는 그들에게 당신들이 아직 어려서

---

95 │ 「婦女翻身歌」는 「婦女自由歌」로 더 많이 알려져 있다. 그것은 산시山西 지역의 민요. 「苦伶仃」에 가사를 붙여 만든 노래다.
96 │ 「關於建國以來黨的若干歷史問題的決議」(1981年6月27日中國共産黨第11屆中央委員會第6次全體會議一致通過), 『人民日報』1981年7月1日.

실정을 잘 모르는 것 같다고 답하겠다.

총노선이 구상되고 제안되었을 당시, 저자는 푸단 대학에서 공산당 내부의 소식을 전달받았는데 그들이 말하는 그러한 느낌은 전혀 받지 못했다. 당시의 뚜렷한 느낌은 대체로 다음과 같은 것들이었다. 원래 신민주주의에서 사회주의로의 이행은 특정 시기에 이르면 빠르게 진전될 것이다. 따라서 그때가 되면 '긴급한 사회주의적 절차'가 단행되고, 산업의 국유화와 농업의 집단화가 발표된다고 생각했다. 다른 모든 사람들도 '토지개혁의 관문'을 거쳤듯이 '사회주의라는 관문'도 수월하게 지나갈 것으로 여겼다.[97]

그런데 총노선이 제기되고 나서야 사회주의는 어느 날 갑자기 이루어질 수 있는 것이 아니라, 중화인민공화국이 수립된 그 순간부터 한 걸음씩 그것을 향해 이행되고 있었다는 생각이 들었다. 또한 그 이행이라는 것도 평화적일 뿐만 아니라 유상몰수와 같이 점진적인 이행의 형태를 띨 것이기 때문에 사회주의로의 이행이 한 번에 이루어진다는 생각은 전혀 하지 못했다.

모두가 알다시피, 중국공산당은 창당 당시부터 사회주의와 공산주의가 장기적인 과제이기는 했지만 그것의 확립을 목표로 했다. 그리고 신민주주의라는 것도 처음부터 과도적 성격을 지닌 단계로서만 거론되어왔지, 1953년에 들어 갑자기 제기된 것이 아니었다. 그러한 차원에서 1949년 「공동강령」이 제정될 때, 일부 민주인사들이 왜 '사회주의로의 이행'이라는 장기적인 목표를 강령에 포함시키지 않았냐고 물었다.

저우언라이는 회의석상에서 그 질의에 답했다. "그러한 전망에 동의하고 [그것에] 조금의 의문도 갖고 있지 않다. …… 지금 당분간은 그것을 공동강령에 넣지 않았으면 한다. 그 전망을 부정해서가 아니라 그것을 더욱 신중하게 다루려 하기 때문이다. 그리고 본 강령의 경제 부분에서 사실상 그러한 전망으로 나아간다는 보장을 규정하고 있다."[98] 여기서 '그러한 전망'이

---

97 | 中共中央文獻研究室 編, 『毛澤東年譜(1949-1976)』1, 北京: 中央文獻出版社, 2013: 158쪽을 참조하라.
98 | 周恩來, 「人民政協共同綱領草案의特點」, 中共中央文獻研究室 編, 『建國以來重要文獻選編』1, 北京: 中央文獻出版社, 2011: 14쪽.

라고 하는 것이 바로 사회주의다. 지금 언급한 내용은 모두 공개적으로 발표된 것들이다. 그래서 신민주주의는 사회주의를 향해 나아가는 하나의 과도적 단계로 알려져 있다.

과도기적 총노선은 언제 제기된 것일까? 그것의 시작은 1952년 9월 중앙정치국 상임위원회 회의[99]에서 저우언라이가 소련을 방문해 스탈린에게 말한 중국의 1차 5개년 계획을 설명할 때였다. 그 논의 과정에서 마오쩌둥은 10년 후에 사회주의로 이행하는 것이 아니라, 지금부터 10년에서 15년 내에 사회주의를 기본적으로 완성해야 한다고 했다.[100]

이것이 바로 과도기적 총노선이라는 문제가 가장 먼저 제기되었던 상황이다. 그렇다면 왜 그 시기에 그와 같은 문제가 제기되었고, 그것도 저우언라이가 소련에서 스탈린을 만나고 돌아온 직후였을까? 당시 후차오무[胡喬木, 1912-1992]는 그와 관련된 스탈린의 제안이 공식 기록檔案에 있는지를 확인하고자 했다. 하지만 그 문제에 관한 스탈린의 언급은 공식 기록에서 찾을 수 없었다.

그래서 당시 저우언라이가 스탈린과 면담하기 전에 작성했던 「지난 3년 동안의 중국 내 주요 상황 및 향후 5년 동안의 건설 지침을 위한 보고서 개요」[101]에 주목했다. 보고서에는 다음과 같은 내용이 들어 있었다. "상공업 총생산액 가운데 공사公私의 비중은 1949년에 43.8%:56.2%인데, 그것이 1952년에는 62.3%:32.7%으로 바뀌었다."[102] 그것은 무엇을 뜻하는가?

---

99 | 보이보는 이 회의를 1952년 9월 24일에 개최된 중앙서기처 회의라고 밝혔다. 薄一波, 『若干重大決策與事件的回顧』上, 北京: 中共中央黨校出版社, 1991: 213쪽을 참조하라.

100 | 中共中央文獻研究室 編, 『毛澤東年譜(1949-1976)』1, 北京: 中央文獻出版社, 2013: 603쪽을 참조하라.

101 | 「三年來中國國內主要情況及今後午年建設方針的報告提綱」, 中共中央文獻研究室·中央檔案館 編, 『建國以來周恩來文稿』7, 北京: 中央文獻出版社, 2018: 97-103쪽을 참조하라.

102 | 이 인용문 내용은 「三年來中國國內主要情況及今後五年建設方針的報告提綱」, 中共中央文獻研究室·中央檔案館 編, 『建國以來周恩來文稿』7, 北京: 中央文獻出版社, 2018에서는 보이지 않는다. 대신 薄一波, 『若干重大決策與事件的回顧』上, 北京: 中共中央黨校出

1949년 전체 상공업에서 사유私有경제의 비중은 56.2%로, 공유公有경제의 43.8%보다 더 높았다. 하지만 1952년의 공유경제는 67.3%로 늘어났지만, 민간私營경제는 32.7%로 그 비중이 줄어들었다.

그리고 "전국의 상품 총액의 경우, 민간私營 상업의 경영 비중은 1950년 55.6%에서 1952년 37.1%로 떨어졌지만, 민간 상인의 소매 경영은 1952년에도 여전히 전국 총액의 67%를 차지하고 있다. 양적으로 더 이상 우위를 차지하지 못하는 민간 공업은 대부분 가공 업무를 도급으로 처리할 뿐만 아니라 국가의 주문을 받기도 하고, 국가가 판매 목적으로 일괄 구매하는 상품을 제작하기도 한다. 그리고 민간 상업에서도 국영國營 상업을 위한 대리 판매가 시작되었다. 대규모의 경제가 시작되면서 국유國有경제의 확장 속도는 더욱 빨라지고 있다. 제1차 5개년 계획의 156개 핵심 프로젝트는 모두 국유경제로서 사회주의 경제에 속한다." 따라서 "의심할 여지없이, 국영 상공업은 향후 민간 상공업을 훨씬 능가할 것이며, 나날이 그 통제력이 강화될 것이다."

당시 농업의 협동화合作化도 빠르게 진행되고 있었다. 저우언라이의 보고서에서 언급된 내용은 처음부터 알아차리지 못했거나 파악하지 못했던 중요한 사실을 중국공산당 중앙이 찾아냈다는 것을 알려준다. 그것은 바로 실생활에서 공유제 경제가 점점 주도主體적인 지위를 차지해가고 있었다는 점이다(물론 농업 문제는 아직 해결되지 않았다). 그에 따라 민간 경제의 비중도 점차 줄어들고 있었다. 이렇게 되면, 10년 뒤라는 미래에 공업의 국유화와 함께 사회주의 단계로 들어섰다고 선언할 필요도 없이 [지금부터] 단계적으

版社, 1991: 213쪽에 관련 내용이 언급되어 있다. 참고로, 천원은 「關於編制5年計劃輪廓的方針」, 「中國經濟狀況和5年建設的任務」, 「三年來中國國內主要情況及今後午年建設方針的報告草案」으로 구성된 『5年計劃輪廓草案』을 1952년 6월 하순에 편찬했으며(遲愛萍, 「新中國現代化建設的起步-兼談陳雲對'一五'計劃的貢獻」, 『黨的文獻』2016年第2期: 58쪽.), 사회 각 분야의 구체적 내용을 담은 관련 자료집이 모두 25권으로 이루어져 있다고 밝혔다. 陳雲, 『陳雲文集』2, 北京: 中央文獻出版社, 2005: 419-420쪽을 참조하라. 따라서 여기서 제시된 내용은 관련 자료집에서 밝힌 수치로 추정된다.

로 이행하는 과정過渡을 거치면 된다.

과도기적 총노선에 담긴 주요 내용은 바로 '먼저 사실이 있고, 그 다음에 개념이 있다.'라는 것이다. 중국공산당 중앙은 과거에 파악하지 못했던 사실을 발견했는데, 그것은 처음부터 사회주의로의 전망을 명확했을지라도 어떻게 사회주의로 이행할 것인가에 대해서는 불분명했다는 점이다. 그런데 그때 그것을 새롭게 인식하면서 새로운 정책 결정이 이루어졌다. 1953년에 제1차 5개년 계획이 시작되고, 예전 중국에는 없던 대규모의 기업들이 새롭게 만들어지면서 국유 경제의 비중이 크게 늘어났다. 과도기적 총노선은 그와 같은 시대를 배경으로 등장했다.

둘째, 총노선의 주체 문제다. 점진적인 사회주의로의 이행을 제기했는데, 그 이행 과정은 어떻게 이루어지는 것일까? 과도기적 총노선의 내용은 기본적으로 '일체양익一體兩翼', 즉 하나의 근간主體과 두 개의 날개라고 불렸다. 그것은 또한 '하나의 변화와 세 가지 개혁一化三改'이라고도 불렸는데, 여기서 '하나의 변화'는 사회주의적 공업화, '3가지 개혁'은 농업·수공업·자본주의적 상공업에 대한 사회주의적 개혁을 가리킨다.

당시 그것은 매우 명확한 방침이었다. 그런데도 훗날 일부의 글이나 책에서는 사회주의가 어떻게 만들어졌는가를 언급할 때, 자주 근간主體을 잊어버리고 단지 '두 날개'가 가져온 결과인 듯 다루었다. 특히, 그것은 자본주의적 상공업에 대한 사회주의적 개혁의 결과로 여겨졌다.

사실 중국이 사회주의적 제도의 기본 여건을 마련할 수 있느냐는 무엇보다 중국의 사회주의적 공업화가 크게 향상될 수 있는가에 달려 있었다. 따라서 그것은 일정 정도 3가지 개혁의 물질적 기초가 된다고 할 수 있다. 사회주의적 공업화가 이루어지지 않는다면, 기본적으로 사회주의적 제도의 확립을 논할 수 없기 때문이다.

신중국의 수립 이후 과도기적 총노선이 제1차 5개년 계획의 시작을 선포했을 때, 전국 인민들의 주된 역량은 어느 지점에 맞춰졌는가? 대부분은 사회주의적 공업화라는 일에 집중投身되었다. 예를 하나 들어보자. 당시에는 156개 프로젝트의 중점 육성이 가장 유명했는데, 그 가운데 첫 번째 프로젝트가 안산철강공사鞍山鋼鐵公司의 3가지 핵심 공정이었다.

하나는 압연 공장이었다. 왜냐하면 압연 공장이 없이 거친 표면의 강철만으로는 철판을 만들 수도, 철도 레일을 만들 수도 없었기 때문이다. 그 이전의 중국에서 그것은 존재하지 않았다. 다른 하나는 이음매 없는 강관이었다. 그 이전에는 말린 철판을 용접한 관이었기 때문에 중간 부분에 이음매가 있었다. 그런데 지금은 어디에서도 그런 것을 찾아볼 수 없고, 모두 이음매 없는 강관뿐이다. 마지막으로는 자동으로 제어되는 용광로였다.

마오쩌둥은 예전에 지금 우리가 만들 수 있는 것이 무엇이냐고 자문한 적이 있는데, 당시 탁자·벤치·찻잔·찻주전자와 함께 심은 곡식을 갈아 밀가루를 만들 수 있다고 했다. 또한 종이도 만들 수 있다(방직 공장들이 있었다)고 했다. 하지만 그것들 말고는 자동차·트랙터·비행기·탱크는 만들지 못한다고 했다.[103]

요즘 젊은이들은 중국이 당시 그랬을 것이라고 상상하지 못할 것이다. 안산철강공사 이외도 우한철강공사武漢鋼鐵公司·바오터우철강공사包頭鋼鐵公司 등이 그때 세워졌다. 베이만北滿 제강소에서는 합금강合金鋼이 만들어졌는데, 합금강 없이는 어떠한 것도 만들 수 없다는 점을 지금은 알고 있지만 예전 중국에서는 그것을 만들지 못했다.

푸라얼지富拉爾基[104]와 타이위안太原에는 중장비 기계 공장이 들어섰다. 그리고 상하이에는 전기 기계 공장, 보일러 공장·증기 터빈 공장 등 온전한 발전 설비들이 갖춰졌는데, 그것들도 과거에는 만들지 못했던 것이다. 모두가 알다시피 그밖에도 자동차의 경우, 창춘제일자동차 제조 공장長春第一汽車製造廠이 설립되었고, 당시 장쩌민江澤民·리란칭李嵐清[105]이 제일자동차 제조 공장에서 기술 업무와 관리 업무를 담당했다.

또한 뤄양洛陽에 트랙터 공장이 들어섰으며, 선양瀋陽의 항공기 공장은 자

---

103 | 毛澤東, 『毛澤東文集』6, 北京: 人民出版社, 1999: 329쪽을 참조하라.
104 | 푸라얼지는 헤이룽장성黑龍江省 치치하얼시齊齊哈爾市에 속해 있다.
105 | 리란칭은 제15기 중앙정치국 상임위원과 국무원 부총리를 역임한 인물이다.

체적으로 제트기를 제작했다. 그 모든 것이 그때 만들어졌다. 예전에는 심지어 손목시계도 만들지 못했는데, 그때 처음으로 손목시계가 만들어지자, 중국 사람이 스스로 손목시계를 만들었다고 모두들 굉장히 흥분했다.

공장 말고도 철도와 도로도 그때 정비되었다. 모두들 알고 있듯이, 당시 가장 유명한 철도는 청위철도成渝鐵路[106]였고, 특별한 도로로는 캉짱康藏 국도[107]와 찬짱川藏 국도[108]가 있었다. 그래서 당시 여기저기서 "얼二! 얼랑산二郞山[109], 높구나! 높이가 만 길萬丈이나 되네."[110]라는 노래가 유행했다.

수리水利 방면은 신안강新安江의 수력 발전소를 예로 들 수 있는데, 지금은 그곳을 첸다오호千島湖라고 부른다. 그리고 싼먼샤三門峽 수력 발전소도 모두 그때 만들어진 것이다. 내지의 공장을 지원하기 위해 많은 공장들이 그곳으로 이주했는데, 당시 20만 명이 상하이에서 옮겨갔다. 거기에는 22,000명의 기술자와 8,000명의 숙련공, 그리고 일부 관리 인력이 포함되어 있었다. 저자는 몇 년 전 헤이룽장의 무기 공장을 보러 갔는데, 원래 그 무기 공장의 핵심 간부들은 모두 1950년대에 칭화대학淸華大學 등을 졸업한 이들로 이루어져 있었다. 1950년대 그 긴 시간 동안, 아마도 여러분들의 조부 세대가 그와 같은 활동에 헌신했을 것이다.

당시에 "청춘을 바쳐 평생에 헌신하고, 평생을 바쳐 후손에게 헌신하네."라는 말이 있을 정도로, 그들은 모든 것을 나라에 바쳤는데, 참으로 감동적

---

106 | 청위철도는 청위선成渝線이라고도 한다. 쓰촨성과 충칭시를 연결하는 여객·화물 노선으로, 중화인민공화국 수립 이후 처음 건설된 철도다.

107 | 캉짱 국도는 쓰촨성 야안雅安에서 티베트성 라싸拉薩에 이르는 총 길이 2,255km, 평균 해발 3,000m가 넘는다. 여기서 캉康은 시캉성西康省을 가리킨다. 시캉성은 중화인민공화국 수립 초기에 있던 성으로, 지금의 쓰촨 서부와 티베트 동부 지역을 가리킨다.

108 | 찬짱 국도는 쓰촨성 청두成都와 티베트성 라싸를 잇는 도로이다. 중국에서 가장 험한 도로로 알려져 있다.

109 | 얼랑산은 쓰촨성 톈취안현天全縣에서 서쪽으로 50km 떨어져 있으며, 해발 3,437m의 산이다. 청두에서는 172km 떨어진 곳에 위치한다.

110 | 이 부분은 1951년에 만들어진 「歌唱二郎山」의 도입부에 나온다.

이고 눈물겨운 일이라고 할 만하다. 모두들 신중국의 추진 사업이 날로 번영해 나간다고 느낄 때, 당시를 겪었던 사람들은 그들의 삶 속에서 가장 먼저 그때와 다른 그러한 변화를 보았다. 그래서 그들의 자부심에도 나름의 이유가 있는 것이다.

많은 언론 매체들은 자주 사람들에게 어떤 느낌을 조성했는데, 거기에는 마치 공산당이 신중국 수립 이후 그저 운동만을 거듭했을 뿐이고, 일군의 사람들을 번갈아 괴롭히기만 했기 때문에 그밖에 어떤 좋은 일도 한 적이 없다는 시각이 담겨 있다.

하지만 그것은 그 시대의 증인이라고 할 수 있는 우리의 느낌과 큰 차이가 있다. 만약 정말 그들의 말대로라면, 신중국이 수립되고 왜 그렇게 많은 지식인이 공산당을 옹호했는지, 그리고 신중국의 추진 사업에 왜 젊은 학생들이 그렇게 열정적으로 뛰어들었는지를 이해하기 어렵다. 사회주의의 확립은 주되게 열정에 가득 차 사회주의적 공업화에 투신했던 이들에 의해 이루어졌으며, 그들이 주체였다.

저자는 여기서 개인 자본을 수치로 설명해 보고자 한다. 1956년 전국의 개인 자본을 모두 합치면 24.1864억 위안(당시 1위안의 화폐 가치는 오늘날의 100위안보다 훨씬 높다.)이었는데, 나중에 어떤 지방에서는 20% 적게 계산했고, 또 어떤 지방에서는 40% 적게 계산했다는 것이 발견되었다. 그것을 배로 늘려도 겨우 50억 위안밖에 되지 않았다. 개인 기업 전체를 한데 합쳐도 그 정도의 금액이었다.

중국의 최대 자본가였던 룽榮씨[111] 일가의 선신방직申新紡織 그룹·마오신제분茂新麵粉 그룹을 모두 모아도 24개의 공장이었다. 룽씨 일가의 규모가 가장 컸기 때문에 어떤 누구도 그들에 비교할 수 없었지만 그 정도의 규모에 지나지 않았다. 당시 성냥왕으로 불리다가 훗날 석탄왕이라고도 불린 류훙성[劉鴻生, 1888-1956]은 1949년 해외에서 돌아와 화동군정위원회華東軍政委員會 위원을 맡았는데, 그것은 그가 상공업계에서 차지한 위상을 보여준

---

111 | 여기서 룽씨는 당시 민족자본가로 알려진 룽더성(榮德生, 1875-1952)을 가리킨다.

14. 신중국의 첫 30년　531

다. 하지만 그러한 그도 전체 자본 총액은 2천만 위안 정도였다.

또한 상공업이라고 해도 대부분은 상업이었지 공업이 아니었고, 그것도 많은 경우 흩어져 있었기 때문에 그 규모들이 매우 작았다. 따라서 공장들을 모두 사들인다고 할지라도 중국에서 사회주의적 기본 제도를 마련한다는 것은 말할 것도 없고, 사회주의 국가를 제대로 유지하는 것조차 턱없이 모자랐다.

다시 한번 비교를 해보자. 방금 언급했던 그렇게 많은 대형 국유 공장을 새롭게 세우는데, 어느 정도의 투자금이 들어갔을까? 제1차 5개년 계획에서 전민소유제全民所有制 기업의 고정 자산에 대한 투자금은 611.58억 위안이었다. 그렇다면 그 투자금은 어디서 나왔을까?

1953년부터 1957년까지를 계산해보면, 전민소유제 기업이 납부한 이익利潤은 늘어난 국가 재정수입에서 74.7%를 차지했다. 그와 같은 비교를 통해 다음을 알 수 있다. 5년 동안 국가의 투자금은 611.58억 위안이었고, 전체 민간 기업의 자본 총액은 최대 50억 위안에도 미치지 못했다. 또한 그것은 매우 분산되어 있었다.

그것은 다음과 같은 사실도 알려준다. 즉, 중국에서 사회주의가 확립될 수 있었던 이유는 무엇보다 전국의 인민들이 피땀을 흘려가며 열정적으로 사회주의 추진 사업에 뛰어들었고, 민간 상공업을 사들여 사회주의를 만든 것이 아니라 사회주의를 위해 한 세대의 사람들이 성실하게 정진해 나갔기 때문에 가능했다는 점이다.

따라서 근간을 무시하고 '두 날개'만을 말한 것이 본말전도까지는 아니라고 하더라도, 적어도 주요와 부차는 구분하지 못했다고 할 수 있다. 그러한 견해를 제시한 사람들을 정중한 말로 표현해보면, 적어도 당시의 중국 상황을 너무나 몰랐으며, 중국은 언제나 그들이 나중에 본 모습일 뿐이라고 여겼다.

1956년에 이르러 중국의 사회주의 제도가 기본적으로 확립되었고, 이때부터 사회주의 초급단계가 시작되었다. 그런데 지금도 어떤 이들은 사회주의 초급단계와 신민주주의를 혼동하고 있다. 그것은 두 가지 모두 여러 경제적 요소들이 함께 발전하는 것으로, 사실 사회주의 초급단계는 명칭만 바뀐 신민주주의로 이해되었다. 심지어는 '오늘날 이와 같이 될 줄 알았더라면, 처음부터 그렇게 할 필요가 있었겠는가?'라고 해서, 당시에 굳이 과도기적 총노선과 사회주의의 확립이라는 것을 추진할 필요가 있었겠느냐고 하는데, 그것은 오해라고 할 수 있다.

신민주주의와 사회주의 초급단계의 가장 큰 차이점은 어디에 있는가? 사회주의 초급단계는 공유제를 주축主體으로, 다양한 경제 제도와 함께 존재하면서 발전한다. 그러나 신민주주의 단계가 시작되면서, 상공업 가운데 민간 경제의 비중은 분명 공유 경제를 넘어서 있었다. 농촌에도 공유 경제가 얼마 되지 않았고, 소농 경제가 더 일반적인 형태였다.

더욱이 신중국이 수립된 초기, 즉 전국적인 토지개혁이 실시되기 이전까지만 해도 농촌에는 상당히 많은 봉건 지주의 토지소유제가 존재하고 있었기 때문에, 그 시기는 신민주주의라고밖에 할 수 없다. 사회주의적 공업화와 방금 언급한 3대 전환을 거친 1956년이 되어서야 공유제를 주축으로 하는 사회주의 사회가 만들어지고, 사회주의 초급단계에 접어들게 되었다.

셋째, 1956년의 중국에서 사회주의 제도가 확립되었다는 것을 어떻게 받아들여야 하는가이다. 그 문제는 「결의」에서도 명확한 결론이 제시되어 있다. "전체적으로 몇 억 명의 인구를 가진 큰 나라에서 이처럼 복잡다단하면서도 심오한 사회적 변혁을 비교적 순조롭게 실현했다는 점, 그리고 상공업과 전체 국민경제의 발전을 촉진시켰다는 점은 확실히 위대한 역사적 승리에 속한다."[112]

후성[胡繩, 1918-2000]이 편집을 맡은 『중국공산당의 70년』에서도 그것을 두 마디로 표현했다. "그것[첫 번째]은 기본적으로 국민경제의 안정적 발전이라는 상황에서 만들어졌으며, 그것[두 번째]은 기본적으로 인민군중의 광

---

112 | 「關於建國以來黨的若干歷史問題的決議」(1981年6月27日中國共産黨第11屆中央委員會第6次全體會議一致通過), 『人民日報』1981年7月1日.

14. 신중국의 첫 30년 533

범위한 지지라는 상황으로부터 만들어졌다."¹¹³ 그것은 소련의 그것과 매우 달랐다. 소련이 농업 집단화를 추진했을 때, 전체 농업 생산의 총량과 총액이 크게 감소했을 뿐만 아니라 많은 피해와 저항을 받았기 때문이다.

중국의 경우, 사회주의적 전환의 전체 과정에서 생산은 매년 뚜렷한 증가세를 보였으며, 대부분의 인민군중은 그것을 지지했다. 물론 사회주의적 전환 과정에서, 특히 마지막 1년은 너무 빠르고 거칠었으며, 지나치게 순수함만을 추구했다는 결점은 부인할 수 없다. 어떤 이들은 그와 같은 단점을 가지고 1956년에 사회주의 제도를 확립했던 중국의 모든 역사적 승리를 부정했다. 그래서 「결의」의 그 조항을 수정해야 한다고 하는 이도 있었다.

그런데 실제로 방금 언급한 분석에서도 알 수 있듯이, 1956년에 이르러, 어쩌면 그 보다 더 일찍 공유제 경제는 중국에서 사회주의 제도 확립의 기본 조건으로 기능하고 있었다. 저자는 어떤 토론회에서 비유를 든 적이 있는데, 그것은 아이를 낳으려면 7-8개월의 시간이 지나야만 가능하다는 점이었다.

가령 그러한 시간조차 없다고 한다면, 아이는 조산아로 태어날 가능성도 없이 유산되고 말 것이다. 하지만 마지막 한두 달을 남겨 놓고 경험이 없어서 또는 조심하지 못해 아이를 일찍 낳게 된다면, 그것은 실수이다. 물론 태어난 아이에게 선천적 결함들도 있겠지만 우리가 우선적으로 해야 할 일은 새로운 생명의 탄생을 축하하는 것과 함께 선천적 결함을 지닌 아이에게 후천적으로 그것을 보완해주는 조치를 취해야만 한다는 점이다. 왜냐하면 아이를 어머니의 뱃속에 넣고 다시 태어나게 할 수는 없기 때문이다. 따라서 당시는 사회주의적 기본 제도를 확립할 수 있는 여건이 어느 정도 갖춰져 있었고, 사회주의 제도의 확립도 전반적으로는 성공했지만 일부 결함도 있었다고 봐야 한다.

방금 '지나치게 순수함만을 추구했다'고 지적했다. 모두들 알고 있듯이,

---

113 | 中共中央黨史研究室 著, 『中國共產黨的七十年』, 北京: 中共黨史出版社, 1991: 334쪽.

그것은 당시 중국공산당 중앙조차 사회주의가 무엇인지 명확하게 이해하지 못했다는 점을 알려주는 매우 분명한 결함이다. 천윈은 중국공산당 제8차 전국대표대회에서 '3가지 근간主體과 3가지 보완'[114]을 제기하면서, 그 문제를 언급했다.

1956년 말부터 1957년 초까지, 중국공산당 중앙의 여러 지도자들은 중요한 일련의 관점들을 검토했는데, 마오쩌둥은 다음을 거론했다. "[은밀한] 지하地下 공장은 사회적 수요 때문에 형성된 것으로, 그것을 지상地上의 것으로 합법화해야 한다. 시장이 있고 원자재가 있는 한, 그와 같은 공장은 계속해서 늘어날 것이다. 부부가 운영하는 가게를 열어도 좋고, 노동자를 고용한 민간 차원의 큰 공장을 열어도 좋다. 개인의 투자로 공장을 열면, 고정 이자定息[115]의 활로도 열릴 것이다. 화교華僑의 투자가 이루어진 것은 100년 동안 몰수하지 않는다. 자본주의를 없앨 수도 있고, 없앤 자본주의를 다시 살릴 수도 있다."[116] 특히, 여기서 '자본주의를 없앨 수도 있고,

---

114 | '3가지 근간과 3가지 보완'은 1956년 9월 20일에 제기된 것으로 구체적인 내용은 다음과 같다. 1) 상공업의 경영이라는 측면에서, 국가 경영과 집단 경영이 근간, 그리고 개인 경영이 그것을 보완하는 역할을 담당한다. 2) 공업과 농업에서 계획 생산이 근간이고, 시장의 변화와 함께 자유롭게 이루어지는 생산이 그것을 보완한다. 여기서 자유로운 생산은 국가의 계획이 허용하는 범위에서 제한된다. 3) 시장은 자본주의적 자유 시장이 아니라 통일적인 사회주의 시장이다. 사회주의 시장에서는 국가가 주도하는 시장이 근간이 되고, 자유 시장이 일정한 범위에서 국가 시장을 보완한다. 하지만 그러한 자유 시장도 국가가 주도하기 때문에 사회주의 시장의 일부가 된다. 陣雲,「社會主義改造基本完成以後的新問題」,『陣雲文選』3, 北京: 人民出版社, 1995: 1-13쪽을 참조하라.

115 | 고정 이자는 중국의 사회주의적 전환 과정에서 국가가 민족자본계급의 생산 수단에 대한 보상책으로 시행되었다. 산업 전반에 걸쳐 국가가 상공업자의 투자 자산을 승인하고 일정 기간 고정 금리로 지불한 이자를 가리킨다. 고정 이자는 1956년부터 지급되었으며, 원래 만료 기한이 7년이었지만 3년 연장되어 1966년 9월에 지급 중단되었다.

116 | 中共中央黨史硏究室 著,『中國共産黨的七十年』, 北京: 中共黨史出版社, 1991: 350쪽.; 毛澤東,「同民建和工商聯負責人的談話」,『毛澤東文集』7, 北京: 人民出版社, 1996: 170-171쪽을 참조하라.

없앤 자본주의를 다시 살릴 수도 있다'는 마지막 말이 매우 예리하게 느껴진다.

그리고 류사오치는 "그러한 약간의 자본주의는 한편으로 사회주의 경제를 보완하는 데 활용될 수도 있고, 다른 한편으로는 어떤 측면에서 사회주의 경제와 비교될 수도 있다."[117]고 했다. 저우언라이도 "사회주의의 추진 과정에서 일부를 민영화하는 것이 활기찬 경제를 위해 도움이 된다."[118]고 언급했다.

그 당시는 모색의 과정이었다. 1956년 말부터 1957년 초까지 어느 누구도 사회주의를 어떻게 할 것인지 분명하게 이해하지 못했다. 그럼에도 불구하고 다양한 경제 요소들이 함께 발전할 수 있다는 점을 고려했다는 것은 매우 의미 있는 일이다. 하지만 안타깝게도 '좌경화'된 오류가 1957년 하반기에 확산되기 시작하면서, 앞서 언급한 견해들은 실현되지 못했다. 그 역시 모색의 과정에서 나타난 특징이라고 할 수 있다.

2) '대약진'에 관해

이번에는 '대약진'에 관해서다. 그것은 잘못된 것으로, 심각한 재난만을 초래했다. '대약진'은 마오쩌둥 개인이 제멋대로 일을 벌이고, 간부들이 그것에 부화뇌동한 것이라는 주장이 있다. 하지만 저자는 그것이 그렇게 간단한 일은 아니었다고 본다.

'대약진'은 1958년경에 발생했는데, 당시 저자는 푸단 대학에서 교학과학부敎學科學部 부주임副主任을 맡고 있었다. 그때의 학교는 오늘날처럼 그렇게 많은 부서들도 없었는데, 교학과학부·총무처·정치지도처, 그리고 총장

---

[117] | 中共中央黨史研究室 著, 『中國共産黨的七十年』, 北京: 中共黨史出版社, 1991: 350쪽.; 中共中央文獻研究室 編, 『劉少奇年譜(1898-1969)』下, 北京: 中央文獻出版社, 1996: 383쪽.

[118] | 中共中央黨史研究室 著, 『中國共産黨的七十年』, 北京: 中共黨史出版社, 1991: 351쪽.; 中共中央文獻研究室 編, 『周恩來年譜(1949-1976)』中, 北京: 中央文獻出版社, 1997: 31쪽.

실 그렇게 몇 개의 부서만 있었다. 또한 저자의 주변에는 수준이 높은 지식인들 많았는데, '대약진'이 시작되었을 당시 저자는 그들의 대다수가 흥분하며 그것을 옹호했다는 것을 똑똑히 기억하고 있다.

덩샤오핑도 다음과 같이 지적했다. "대약진은 옳지 못했다. 그 책임은 마오쩌둥 주석 한 사람에게만 있지 않고, 뜨거운 머리만 가졌던 우리와 같은 사람들에게도 있다. 객관적 법칙을 완전히 무시하고 경제를 단시간에 끌어올리고자 했다. 주관적 바람이 객관적 법칙을 어기면, 여지없이 손해를 보게 된다."[119]

덩샤오핑의 이 말은 생각해볼 만하다. 왜 그 당시에 한 두 사람만이 아니라 덩샤오핑을 비롯한 많은 사람들의 머리가 뜨거워졌으며, 그 원인은 어디에 있을까? 저자는 그런 일이 생겨난 데에는 적어도 3가지 원인이 있다고 본다.

첫째, 당시 중국의 민족 심리로부터 그것을 이해해야 한다. 모두가 알다시피 중화민족은 찬란한 문명을 창조했으며, 18세기까지만 해도 세계 선두의 위치에 서 있었다. 하지만 19세기 이후부터는 뒤떨어졌을 뿐만 아니라 다른 민족에 짓밟히면서 열등한 민족으로 여겨졌다. 신중국 수립 당시, 중국 사람들이 이제 떨쳐 일어섰다는 마오쩌둥의 말에 많은 사람들이 왜 그토록 감격했는지를 알 수 있는 이유가 여기에 있다.

신중국이 독립했지만 모두들 중국의 경제가 매우 뒤처졌다는 점을 알고 있었다. 경제적 독립이 없다면, 정치적 독립도 보장될 수 없다. 당시 마오쩌둥도 다음과 같이 언급했다. 즉, 중국의 경제는 뒤떨어졌고 물질적 기반은 취약한데, 그러한 것들이 우리에게 언제나 수동적 상태에 놓여 있다는 느낌을 준다. 어느 날, 예를 들어 15년이 지나, 우리의 식량과 철강이 많아진다면 우리는 더 많은 주도권을 가질 수 있을 것이다.[120]

---

119 | 鄧小平,「答意大利記者奧琳埃娜·法拉奇問」,『鄧小平文選』2, 北京: 人民出版社, 1994: 346쪽.

120 | 毛澤東,「工作方法六十條(草案)」, 中共中央文獻研究室 編,『建國以來重要文獻選編』11, 北京: 中央文獻出版社, 2011: 39쪽을 참조하라.

여기서 또 다른 요인을 고려해볼 수 있다. 중국은 한국전쟁이 끝나자 앞으로 15년 동안 더 이상 전쟁이 일어나지 않을 것으로 예상했기 때문에 그 15년을 챙겨야만 했다. 다시 말해서, 그 15년 동안 중국의 공업, 특히 중공업을 반드시 일으켜 세워야 했다. 당시 저자는 천이陳毅의 보고를 들은 적이 있었다. 그는 어떤 사람이 왜 그렇게 많은 힘을 중공업에 쏟아 붓는가라고 물었다면서, 그 질문에 다음과 같이 답했다. 만약 우리가 경공업만을 일으킨다면, 모두들 여기서 카스텔라를 먹으면서 매우 즐거워할 것이다. 하지만 당신이 아주 기쁘게 카스텔라를 먹고 있을 때, 누군가가 몇 만 톤의 강철을 당신의 머리 위에 떨어뜨릴 것이다. 그러면 당신은 무엇을 할 수 있는가?

확실히 그랬다. 그 당시는 모두가 '뒤처지면 얻어맞는다'고 생각했고, 그러한 상황에서 모두가 빠른 진행을 기대했다. 뒤처진 중국의 경제와 문화라는 상태를 가능한 한 빠르게 바꾸는 과정을 통해 중국 경제와 문화의 향상을 고대했다. 그러한 주장이 사람들의 폭넓은 지지를 받으면서 하나의 보편적 민족 심리가 나타났다.

둘째, 그와 같은 특정한 역사적 시기가 특정한 사유 방식과 심리 상태를 형성시켰다. 지난 몇 년 동안, 원래 결코 해낼 수 없다고 여겼던 많은 일들이 매우 빠르게 이루어지는 결과를 낳았다. 저자가 받았던 인상을 이야기해보면 다음과 같다. 해방 전쟁 시기, 마오쩌둥은 3년이나 5년 안에 승리할 수 있도록 노력해야 한다고 언급했다.

그때 저자는 공산당원으로, 국민당의 통치 지역에 살고 있었다. 솔직히 말해서, 그 당시에는 언제쯤 승리할 수 있을지 전혀 알 수가 없었기 때문에, 전체적으로 더 많은 시간이 걸릴 것이라고 판단했다. 저자도 개인적으로 3년이나 5년 안에 승리할 수 있을까라는 생각을 해보았다. 하지만 결과적으로 1946년에 내전이 본격화했고, 1949년에 공산당이 승리했으니까 딱 3년이 걸렸다.

신중국이 수립되자, 중국공산당은 국민당이 남겨 놓은 재정 경제의 총체적인 붕괴라는 혼란을 마주했다. 신중국의 수립은 10월 1일인데, 상하이와 톈진을 선두로 10월 15일부터 물가가 급등하기 시작해 11월 말에는 물가가 두 배로 뛰어올랐다. 마오쩌둥은 그즈음 3년이나 5년의 회복, 8년이나 10년의 건설을 언급했다.[121]

저자는 국민당의 통치 지역에서 살면서, 금원권金圓券[122]과 같은 재정 경제의 총체적 붕괴 상황을 직접 목격했다. 국민당에 그렇게 많은 재정과 금융 전문가들이 있었지만, 그들은 어떠한 것도 해결하지 못했다. 그렇다면 공산당은 어떻게 그렇게 문제를 빠르게 해결할 수 있었을까? 결과적으로 1949년에 해방되고, 1952년에 국민경제의 회복과 함께 물가 안정을 이룰 때까지 다시 3년이라는 시간이 걸렸다.

항미원조抗美援朝[123]가 시작된 후, 많은 중국 사람들은 과연 중국이 미국을 이길 수 있을지에 가슴을 졸였다. 미국은 군사적으로 현대화되어 있었다. 특히, 당시 중국은 제공권을 차지하지 못했기 때문에, 미국의 항공기들이 나무 꼭대기 위를 날아다니며 폭격과 기총소사를 마음대로 할 수 있었다. 그것은 현재 프랑스와 영국이 리비아를 폭격한 것보다도 더 격렬했다.[124] 결과적으로 미국이 1953년에 휴전 협정을 체결하면서, 전선은 큰 변화 없이 '38선'에서 고착되었다. 이 또한 1950년 전쟁이 발발해 1953년까지 3년이 걸렸다.

지금 보기에 사회주의적 전환이 다소 빨랐던 것 같기도 하지만, 1953년 과도기적 총노선이 선포되고 1956년 징과 북을 치며 요란하게 사회주의로

---

121 | 中共中央文獻硏究室 編, 『毛澤東年譜(1949-1976)』1, 北京: 中央文獻出版社, 2013: 53쪽을 참조하라. 참고로, 이것은 마오쩌둥이 1949년 11월 29일에 개최된 政治協商會議第一屆全國委員會常委會第2次會議에서 한 발언이다. 여기서는 '三年五年恢復, 十年八年發展'으로 제시되어 있다.

122 | 국민당 정부가 재정적 붕괴 상황을 관리하기 위해 발행했던 본위 화폐다. 1948년 8월 19일에 발행이 시작되었지만 1949년 7월에 그 유통이 중단되었다.

123 | 미국에 대항해 조선(북한)을 돕는다는 뜻으로, 중국의 한국전쟁 참전을 가리킨다.

124 | 여기서 언급된 '프랑스와 영국의 리비아 폭격'은 2011년 초 리비아에서 벌어진 무아마르 카다피[Muammar Gaddafi, 1942-2011]의 정부군과 반정부 시민군의 사이의 내전 과정에서 이루어졌다. 그때 미국·프랑스·영국의 연합군은 공습으로 반군을 지원했다.

진입했던 것도 3년이었다. 이처럼 매번 스스로 그렇게 빨리 해낼 수 없다고 여겼던 일들이 결국 모두 이루어졌다.

그와 같은 상황에서 '대약진'이 시작되었을 때, 허난성河南省 위원회에서는 처음으로 '3년의 고투로 [지금의] 상태를 일신하자'고 제안했다. 그런데 마오쩌둥은 거기에 "3년의 고투로 [지금의] 상태를 기본적으로 일신하자"[125]고 몇 글자를 덧붙였다. 오늘날 모두가 알고 있듯이, 누군가 3년 만에 중국의 경제 수준과 과학 발전이라는 지금의 상태를 바꿀 수 있다고 한다면, 모두 믿지 않을 것이다. 저자 또한 그러했다.

하지만 당시에는 그러한 것들이 하나하나 사실로 증명되었다. 다시 말해서, 해낼 수 없다고 생각했던 일들이 모두 이루어진 것이다. 그로부터 인간의 주관적 능동성이 과장되었는데, 그것은 특정한 역사적 조건에서 형성된 특정한 사유 방식일 뿐이다. 평소와 같은 일반적 상황에서는 그것들이 만들어질 수 없기 때문이다. 특정한 조건이 아니었다면, 그와 같은 발상이 가능할 수 없었다.

셋째, 사회주의 건설에 경험이 전혀 없었다. 마오쩌둥의 일생에서 주된 경험은 전쟁의 시대, 즉 정치를 우위에 두고 군중 운동을 대대적으로 펼치던 조건에서 형성된 경험이었다. 물론 그 경험이 성공적이라는 점은 사실로 판명되었다.

하지만 마오쩌둥은 국가 경제를 어떻게 만들어야 하는지에 대해 경험한 적이 없다. 그는 신중국이 수립되기 전까지 외국에 나가본 적이 없는데, 그것이 외국에 나가는 것의 중요성을 그가 인식하지 못했다는 의미가 아니다. 마오쩌둥이 프랑스로 고학하기 위해 떠나는 이들을 배웅할 때, 어떤 사람이 그에게 왜 외국으로 나가지 않느냐고 물은 적이 있다. 그때 그는 중국의 상황에 대해 아직 아는 것이 별로 없기 때문에 중국의 상황을 더 많이

---

[125] | 中共中央文獻研究室 編, 『毛澤東年譜(1949-1976)』3, 北京: 中央文獻出版社, 2013: 550-551쪽을 참조하라. 참고로, 이것은 마오쩌둥이 1958년 12월 9일의 중국공산당 제8기 중앙위원회 6차 전체회의에서 한 발언이다. 여기서는 '苦戰三年, 基本改變全國面貌'로 제시되어 있다.

파악한 다음, 국외의 상황과 그것을 비교해보고 싶다고 대답했다.[126]

그래서 마오쩌둥은 옛 중국, 특히 농촌을 다른 누구보다도 더 많이 그리고 더 깊이 이해하고 했으며, 옛 중국을 무너뜨리는 데 누구보다도 뛰어났다. 그런데 문제는 어떻게 현대화된 신중국을 만들 것인가에 있었다. 그에게는 그러한 경험이 부족했는데, 그것도 그의 한계라고 할 수 있다. 이와 다르게 저우언라이와 덩샤오핑은 20살 무렵에 외국에 나가 그곳에서 오랜 시간을 보냈으며, 그로부터 현대화된 새로운 관념이나 새로운 국가를 어떻게 만들 것인지에 대해 더 많이 알고 있었다.

사람의 인식은 스스로의 경험으로부터 영향을 받곤 한다. 마오쩌둥이 정치경제학에 관해 필기한 내용을 살펴보면, 거기에 비극이 담겨 있다는 느낌을 받게 된다. 그는 자주 이전 전쟁의 시대에는 그렇게 해서 모두 성공했는데, 어째서 지금은 가능하지 않을까라고 말했다. 그는 언제나 자신감에 가득 차 발언했지만, 사회주의 확립의 시기에는 실제 많은 일들이 예전처럼 이루어지지 않았다.

중국공산당의 각급 간부들, 즉 마오쩌둥을 비롯해 대다수의 간부들은 그와 마찬가지로 정치를 우위에 두고 군중 운동을 대대적으로 펼치던 전쟁의 시대에 성장했으며, 그러한 방식은 많은 사람들에게도 쉽게 받아들여졌다. 지금 보기에도 대련강철大煉鋼鐵[127]을 위해 그렇게 많은 사람들이 산으로 올라갔다고 하면 황당하지 않겠는가?

저자에게 남아 있는 그 당시의 인상은 다음과 같다. 저자는 '대약진'이 진행되던 시기에 상하이의 교외 지역에 갔는데, 그곳은 하늘 절반이 온통

---

126 | Edgar Snow/ 編譯, 『西行漫記』, 北京: 解放軍文藝出版社, 2010: 111쪽을 참조하라.
127 | 1958년 8월 17일, 중국공산당 중앙은 베이다이허北戴河에서 개최된 정치국 확대회의에서, 「당과 인민 전체의 철강 1,070만 톤을 생산하기 위한 분투」라는 결의안을 통과시켰는데, 그로부터 1958년 9월부터 12월까지 인민 전체가 동원된 철강 생산 운동, 즉 대련강철 운동이 전개되었다. 그러한 맹목적인 철강 생산 운동으로 당시 중국 경제는 심각한 불균형 현상을 겪게 된다. 여기서 사람들이 산으로 간 이유는 산에서 나무를 베거나 석탄을 캐어 철을 제련하기 위해서다.

붉게 물들어 있었고, 작은 재래식 용광로들이 불타고 있었다. 난 기술직에 종사하지 않았지만, 중국의 철강 문제를 작은 용광로들로 해결될 수 있다고 생각할 만큼 어리석지는 않았다.

그런데 당시 마음속에서는 흥분을 주체할 수 없었다. 왜냐하면 저자는 그때까지 군중들에게서 그러한 열정이나 넘치는 에너지를 본 적이 없었기 때문이다. 그와 같은 힘을 북돋우면 한 걸음씩 가야할 길을 찾아갈 수도 있고, 예전에는 도저히 할 수 없었던 일도 해낼지 모른다는 생각이 들었다. 그것은 저자 개인만의 생각이 아니었기 때문에 어쩌면 '대약진'의 출현은 우연이 아닐 수도 있었다.

'대약진'에 관한 구상들이 처음 제기된 것은 1957년 마오쩌둥이 소련에 갔을 때다. 그때 소련에서 15년 안에 경제적으로 미국을 넘어서겠다고 하자, 마오쩌둥은 15년 안에 영국을 넘어서겠다고 한 것이 그 시작이다. 철강 생산 능력이 영국보다 앞선다는 것은 산업화를 이미 이루었다는 의미였고, 전반적으로 영국과 프랑스를 넘어섰다는 의미와도 같았다. 이처럼 당시에는 세상물정에 어두웠다.

마오쩌둥은 몇 가지 조사 작업도 진행했다. 그는 영국 공산당의 해리 폴릿[Harry Pollitt, 1890-1960] 서기장이 제시한 의견으로부터 그것이 실행가능하다는 판단을 내렸다. 1957년에 그가 15년 안에 영국을 따라잡겠다고 했는데, 1972년이 되었을 때 중국은 2,338만 톤을 철강을 생산했고, 영국은 2,232만 톤을 생산하는 데 그쳤다. 15년이라는 시간이 걸려 결국 중국은 철강 생산량에서 영국을 따라잡았다. 중국이 실제로 그것을 해낸 것이다. 그런데도 무엇이 문제였을까?

첫째, 철강 생산량에서 영국을 넘어섰다는 것은 중국의 전체적인 경제력, 특히 과학 기술력의 측면에서 영국을 넘어섰다는 것과 같지 않다. 또한 관리상의 문제와 여러 측면의 다른 요인들이 존재할 뿐만 아니라 1인당 평균이라는 문제도 남아 있다. 양만을 언급하고 질을 언급하지 않는 것은 타당하지 않다.

둘째, 당시에는 경제적 업무에 관한 경험이 없었다. 그래서 마오쩌둥은

15년 후에 식량과 철강이 더 많아지면, 중국이 적극적으로 행동할 수 있을 것이라고 보았다. 그래서 그는 식량과 철강을 근간으로 삼아야 하고, '말 한 필이 앞장서면, 모든 말이 그 뒤를 따라 내달린다.'라는 구호까지 제창했다. 결과적으로 철강에만 집착하게 되고, 다양한 분야의 산업들이 모두 그것에 우선순위를 양보함으로써 경제는 심각한 불균형에 빠지게 되었을 뿐만 아니라 그 대가도 매우 혹독했다.

셋째, 대대적인 군중 운동과 같은 방식으로 경제 건설을 할 수는 없다. 그 당시 몇 천만 명의 농촌 농민들이 산으로 올라가 철을 제련했기 때문에, 결과적으로 그해는 '풍작이었지만 수확은 풍성하지 못했다' 왜냐하면 당시에 지금과 같은 농기계들이 없어서 많은 벼들이 그대로 땅에 떨어져 썩어버렸기 때문이다. 그래서 15년 만에 철강 생산량이 영국을 앞지른 것 같았지만, 전체적 구상은 모두 잘못된 것이었다.

당시에 더 큰 문제는 인민공사人民公社의 설립을 비롯해 농촌에서 벌어졌다. 그때 과장하는 풍조浮誇風[128]와 공산이라는 풍조共産風[129]가 나타났고, 곳곳에서 맹목적인 지휘가 남발되었으며, 여기저기서 '위성 띄우기放衛星'[130]를 했다. 여기에 있는 대다수의 사람들은 겪어보지 못했을 것이다.

---

128 | 浮誇風은 성과를 크게 부풀리는 풍조다. 대약진 운동의 시기에 하부 단위들이 경쟁적으로 성과를 부풀려 보고하는 경향을 가리킨다.

129 | 共産風은 대약진과 인민공사화 운동과정에서 나타난 것으로, 절대적 평균주의의 추구를 뜻한다. 생산대生産隊 간의 차이 불인정, 생산대 간 빈부 차이의 평등화, 인민공사 내 균등한 분배의 실현, 과도한 공동 적립, 과도한 의무 노동, 등가 교환의 원칙 파괴, 생산대와 농민 개인의 특정 재산에 대한 무상 조달 등을 주요 내용으로 한다.

130 | 1957년에 소련이 세계 최초로 발사한 위성은 당시 미국과 체제 경쟁에서 우위를 드러낸 상징과도 같았다. 그래서 '대약진'도 중국 사회주의의 우월성을 보여준다는 측면에서, 그 성과를 '위성'으로 표현하기 시작했다. 그런데 그것이 성과를 과장하는 풍조와 맞물리면서 각종 '위성 띄우기'가 성행하게 된다. 이처럼 '위성 띄우기'는 실제에 부합하지 않으면서 과장하거나 꾸며내는 행위를 가리키는 말로 사용되었다.

회의가 열리면 한 사람이 일어나 위성을 띄우겠다고 하면서, 1묘당 자신의 생산량은 예컨대 3,000톤에 달한다고 한다. 그러면 다른 사람도 일어나 자신은 태양을 띄우겠다고 하면서, 1묘당 생산량이 5,000톤이나 10,000톤에 달한다고 말하는 식이다. 그와 같이 과장하는 풍조는 결과적으로 생산량에 대한 과도한 예측을 가져왔으며, 당시 생산량의 허위 보고가 매우 심각한 수준이었기 때문에 적정선 이상의 과도한 수매高徵購가 이루어졌다.[131]

산업은 식량을 생산할 수 없으므로, 상업용 식량은 농촌의 공급에 의존할 수밖에 없다. 또한 '대약진' 기간 동안 도시 인구는 대체로 2,000만 명의 노동자가 증가한 반면, 농촌에서는 2,000만 명의 노동력이 감소했다. 그것은 곧 도시에서 늘어난 2,000만 명의 상업용 식량을 모두 농촌에서 구매해야 한다는 말이 된다.

상하이와 같은 대도시도 부족할 때는 겨우 며칠 간의 비축 식량만 있었을 뿐이다. 이처럼 문제가 갑자기 심각해졌다. 모두가 알다시피, 식량이 어느 정도 있는지는 한두 달 보고 나서 아는 것이 아니라, 수확이 최종적으로 끝나야만 그 양을 확정지을 수 있다. 식량이 부족하다는 사실을 알게 되자, 처음에는 농민들이 '생산량을 속인다'고 생각했다. 그래서 당시에는 '생산량 기만에 대한 반대' 투쟁까지 벌였다.

적정선 이상의 과도한 수매는 농민들의 일부 필수 식량과 종자용 곡물

---

[131] 중국공산당 중앙정치국은 1953년 10월 16일에 「關於實行糧食的計劃收購與計劃供應的決議」를 통과시키면서 양식의 일괄 수매와 일괄 판매라는 정책을 마련했다. 이로부터 양곡 시장은 국가에 의해 통제되었는데, 농민의 1년 수확물은 농민의 식량과 재생산에 필요한 부분을 제외하고 모두 국가가 수매했다. 만약 농민에게 양식이 부족하면 다시 국가가 농민에게 판매하는 방식이다. 그런데 대약진 운동 기간 동안, 과장하는 풍조에 의해 파국적인 상황이 조성되었다. 다시 말해서, 국가는 각급 단위의 보고에 근거해 곡식에 대한 일괄적인 수매·징수 계획을 세운다. 하지만 과장된 보고에 근거하게 되면 실제 생산량과 다르게 하부 단위에서 적정선 이상을 거둘 수밖에 없다. 적정 수매량과 과장된 보고에 기초한 수매량 사이에 차이가 발생하는 것이다. 대약진 운동 시기, 농촌에서 발생한 기아 문제는 대체로 여기서 기인한다.

마저도 수매하게 되는 결과를 가져왔다. 그와 같은 상황에서는 노동력 유지에 필요한 기본 식량도 없었다. 버틸 수 없는 지경에 이르자, 문제는 더 커졌다. 마오쩌둥은 "굶어죽은 사람들은 1960년 여름이 되어서야 중앙에 보고될 것이다."[132]라고 했다.

1960년 여름부터 그와 같은 상황들은 더 많이 보고되었는데, 그것은 중국공산당과 중국의 입장에서 가장 큰 교훈이 되었다. 다른 문제들의 경우, 대응이 조금 늦더라도 크게 문제될 것은 없지만 식량이 없다는 것은 심각한 상황이었다. 게다가 몇 억 명의 인구를 지닌 중국과 같은 국가에서 식량이 없다면, 그것은 어느 누구도 구제해줄 수 없을 뿐만 아니라 단기간 안에 해결되지도 않는다.

문제가 가장 심각했던 곳은 허난河南성의 신양信陽이었다. 문제가 불거지자, 당시 총리인 저우언라이는 식량을 챙기는 데 거의 모든 힘을 쏟았다. 그는 '하다표哈達表'[133]를 만들어 각 성省별로 식량이 얼마나 있는지, 창고 안의 비축 식량은 어느 정도인지, 인구는 얼마나 되고 식량이 어느 정도 필요한지 등을 1주일마다 한 번씩 기록했다.

그리고 기차의 많은 화물칸에 식량들을 가득 실어 놓았다. 어느 지역의 상황이 특별히 심각하다면, 저우언라이의 직접 승인을 거쳐 화재 현상으로 달려가는 소방차처럼 기차가 즉각적으로 화물칸을 끌고 갔다. 그러한 문제들은 한 번 터지면, 솔직히 어느 누구도 짧은 시간 안에 그것을 해결할 수는 없다. 부총리인 리셴녠李先念도 모두들 식량 문제에 겁을 먹었다고 지적했다. 그것은 참으로 쓰라린 교훈이다.

인구 문제를 다시 이야기해보자. 해외에서는 말이 많아질수록 과장된 표

---

132 | 中共中央文獻硏究室 編, 『毛澤東年譜(1949-1976)』4, 北京: 中央文獻出版社, 2013: 564쪽.
133 | 저우언라이는 기존의 식량 보고서를 더 이상 사용할 수 없게 되자, 각 성省의 식량 조달 상황과 중앙 식량의 수입·지출 상황을 한 눈에 파악할 수 있는 '중앙식량조달계획표中央糧食調撥計劃表'를 직접 설계했다. 그 표가 매우 길었기 때문에 '하다표'로 불렸다. 여기서 '하다哈達'는 티베트족과 몽골족이 경의나 축하의 뜻으로 사용하는 흰색·황색·남색의 긴 비단을 가리킨다.

현도 심해졌는데, 어떤 이는 3,000만 명이 굶어죽었다고 하고, 또 어떤 이는 4,500만 명이 굶어죽었다고 한다. 가장 많게는 7,000만 명까지 굶어죽었다고 한다.

중국의 인구 통계에 대해 모두들 알고 있듯이, 첫 번째 인구 총조사는 1954년에 실시되었다. 그것은 선거법에 맞춘 총조사였는데, 당시 조사된 인구는 6억 남짓이었다. 하지만 그때에는 타이완·홍콩·마카오·화교가 모두 계산에 포함되었기 때문에, 만약 중국 대륙만을 말한다면 6억 명이 채 안 되었다. 처음으로 6억 명을 넘어선 것은 1955년이었고, 1958년의 전국 인구는 6억 5,994만 명, 그리고 1959년에는 6억 7,207만 명이었다.

전국의 인구 통계에 따르면, 1960년까지 얼마나 많은 사람이 굶어죽었는지, 솔직히 어느 누구도 정확한 통계 수치를 내놓지 못하고 있다. 그런데 부정확한 인구 통계라고 하더라도, 대체적인 기본 수치는 존재한다. 1960년 그해에는 1,000만 명이 줄었고, 1961년에는 다시금 348만 명이 줄어들었다. 물론 1,300만여 명이 줄든 것도 그들이 모두 굶어죽었다는 것을 뜻하지 않는다. 거기에는 힘든 상황을 겪으면서 나타난 성인 여성의 체력 저하와 출산율 저하, 그리고 기저질환을 지닌 노인들이 힘든 상황을 신체적으로 감당하지 못했다는 점 등이 포함되어 있다.

그럼에도 불구하고 비정상적인 죽음이 너무 많았다는 점이 그때의 가장 참담한 교훈이다. 1962년부터 경제가 호전되면서 인구는 다시 늘었는데, 1962년의 인구는 얼마나 늘어났을까? 1,436만 명이 증가해 모두 6억 7,295만 명에 이르렀다. 다시 말해서, 2년 만에 대기근 이전의 인구수를 넘어섰지만, 그 또한 매우 뼈아픈 교훈이 되었다.

저자가 앞서 언급한 3가지는 '대약진'을 변호하기 위해 말한 것일까? 그런 의도는 조금도 없다. '대약진'이 종국적으로 야기한 문제들 때문에 모든 공산당원과 중국 사람들은 가슴 아파했으며, 그것은 확실히 매우 고통스러운 교훈으로 남아 있다.

이와 같은 것들을 언급하는 이유는 주되게 하나의 문제를 분명하게 말하고 싶어서다. 그것은 어떤 목적에서든, 즉 선의에서 국민 경제를 더 빨리 발전시키고 인민들에게 더 나은 삶을 만들어주고 싶을지라도, 객관적인 경제 법칙을 무시한다면 중대한 처벌을 받게 될 뿐만 아니라 파멸적 결과를 초래할 수 있다는 점이다.

항상 그것을 기억해야만 한다. '문화대혁명' 시기에도 저우언라이는 그 한 가지를 놓치지 않았다. 그는 구무[谷牧, 1914-2009]에게 농촌 문제는 잘 살펴야 한다고 언급하면서, 먹을 밥도 없는데 무슨 혁명이라고 할 만한 것이 있겠느냐고도 했다.[134] 그래서인지 '문화대혁명'이 그렇게 혼란스러웠는데도 '대약진' 때의 상황은 다시 발생하지 않았다. 그와 같은 쓰라린 교훈을 기억해야만 한다.

여기서 또 하나의 문제를 다뤄야만 한다. 그것은 중국공산당 제11기 중앙위원회 6차 전체회의의 「결의」[135]에서 밝힌 것과 같다. 즉, "모든 오류를 마오쩌둥 개인의 탓으로 돌릴 수는 없다"[136]고 하더라도, "그의 개인적인 독단적 태도로 인해 공산당의 민주집중제는 점차 훼손되었고, 개인숭배 현상도 점차 확산되었다."[137]는 점이다.

당시 마오쩌둥은 저우언라이와 천윈陳雲이 주도한 반맹동주의反冒進[138]와 펑더화이彭德懷로 대표되던 이른바 우경화 기회주의[139]를 비판했다. 그러한

---

134 | 谷牧, 『谷牧回憶錄』, 北京: 中央文獻出版社, 2009: 214쪽을 참조하라.
135 | 1981년 6월의 「關於建國以來黨的若干歷史問題的決議」를 가리킨다.
136 | 「關於建國以來黨的若干歷史問題的決議」(1981年6月27日中國共産黨第11屆中央委員會第6次全體會議一致通過), 『人民日報』1981年7月1日.
137 | 「關於建國以來黨的若干歷史問題的決議」(1981年6月27日中國共産黨第11屆中央委員會第6次全體會議一致通過), 『人民日報』1981年7月1日.
138 | 1956년에서 1958년까지 중국공산당 내부에서 진행된 경제 건설의 속도에 관한 논쟁이다.
139 | 이른바 '루산회의廬山會議'(1959년 7월 2일-1959년 8월 1일)라고 불리는 '중국공산당 중앙정치국 확대회의와 중국공산당 제8기 중앙위원회 8차 전체회의'에서 촉발된 사건이다. 펑더화이는 대약진의 의의와 문제점을 정리한 편지를 마오쩌둥에게 보냈는데, 마오쩌둥은 그 편지를 의견서로 명명해 토론에 부쳤다. 토론 과정에서 펑더화이의 입장에 동조하는 이들이 많이 나오자, 마오쩌둥은 그것을 우경화 기회주

잘못된 비판들이 정치적인 하중을 가져왔고, 중국공산당 중앙이 사실의 진상을 빠르게 파악하지 못하게 만들었다. 또한 집단적 지도 체제와 민주의 훼손으로부터 비정상적인 정치적 하중이 조성된 것도 문제를 제때 발견하고 해결하지 못하게 만든 주요 원인이었다.

혹자는 '대약진'이라는 문제를 더 이상 외면하지 말고, 더 많이 논의하자고 말할 수도 있다. 그 교훈들에 대한 최종적 결론을 도출해야 하기 때문이다. 저자가 앞서 언급했던 것들이 모두 교훈에 대한 최종적 결론에 해당한다. 만약 마오쩌둥이라는 한 사람의 정신병이 도졌다는 데서 그 문제의 원인을 찾는다면, 그것을 경험과 교훈에 대한 최종적 결론이라고 말할 수 있을까? 마오쩌둥은 더 이상 존재하지 않는데, 그렇다면 문제는 해결된 것인가?

앞서 지적했던 몇 가지 교훈들은 반드시 기억해야만 한다. 일반적으로 중국 사람들의 민족 심리는 대단히 빠른 속도를 추구한다. 특히, 그 발전 과정이 순조롭다면 그 속도가 더욱 빨라지기를 희망한다. 연이은 두 자릿수의 성장을 보면서, 7% 성장에는 언짢아한다. 최근 몇 년 동안, 중국의 경제는 계속해서 저급하고 중복된 건설과 성과주의를 반대했으며, 과열 방지에 노력해왔다.

그렇지만 그것에 대한 저항도 만만치 않다. 중국의 발전된 지역에서는 언제나 자신들의 조건이 좋기 때문에 지금의 속도보다 더 빨리 갈 수 있다고 한다. 반면, 낙후된 지역에서는 뒤처졌기 때문에 서두르지 않으면, 낙후된 상태를 아무리 바꾸려 해도 바꿀 수 없을 것이라고 한다. 그와 같은 고질병의 뿌리가 깊게 자리하고 있다.

또한 모든 경험을 다 갖추고 있지 못하다. 천원이 20년 전에 두 종류의 인재가 부족하다고 말한 적이 있었다. 하나는 금융 인재고, 다른 하나는 해외무역 인재다. 오늘날에도 여전히 그 두 종류의 인재가 부족한데, 아무래도 그 측면의 객관적 법칙을 제대로 파악하지 못한 듯하다.

의로 비판한다.

해외무역을 위한 해외 진출 전략은 최근에 조금 나아졌지만, '해외 진출'에 막 나섰을 때는 막대한 손해를 입기도 했다. 물론 그러한 일에도 일정한 수업료를 지불하는 것이 필요하고, 그러한 과정을 거쳐 한 걸음 한 걸음 앞으로 나아갈 뿐이다. 옛 것을 배우면 지금에 대해 더 많이 알게 된다. 경험과 교훈에 대한 최종적 결론을 이끌어내려면, 그 문제들이 어떻게 발생했는지를 충분히 분석하고 평가하는 과정이 필요하다.

3) '문화대혁명'에 관해

세 번째 문제는 '문화대혁명文化大革命'에 관해서다. 서구의 많은 학자들은 언제나 그것을 권력투쟁이라고 말하는 데 열심이다. 하지만 그것은 말이 되지 않는다. 첫째, 당시 마오쩌둥의 권력에 어떤 위협이 있었는가? 그 누가 그의 명성과 권력과 견줄 수 있었는가? 그러한 문제는 처음부터 없었다.

둘째, 만약 그가 진정 누군가의 권력을 제거하려고 했다면, '문화대혁명'을 일으킬 필요가 없었다. 류사오치도 그렇게 높은 자리에서 「사령부를 타도하라 – 나의 대자보」[140]라는 마오쩌둥의 글 하나 때문에 무너지지 않았던가? 그러한 서구 학자들의 설명 방식은 전적으로 그들 스스로가 익숙하게 보아오던 상황을 가지고 중국의 상황을 추정한 것이기 때문에 전혀 사실에 맞지 않는다.

저자가 이런 문제들을 언급하면 누군가는 '정부 당국의 학자'니까 언제나 감싸는 말만 하는 것이 아니냐고 물어볼 수 있다. 저자가 '문화대혁명' 시기에 겪은 고통을 적다고 할 수는 없을 듯하다. 그때 저자는 베이징에 있었는데, 푸단 대학의 조반파造反派[141]가 베이징에까지 와서 저자를 상하이로

---

140 | 毛澤東,「炮打司令部(我的一張大字報)」,『人民日報』1967年8月5日을 참조하라. 이 대자보는 1966년 8월 5일에 마오쩌둥이 살고 있던 중난하이中南海 정원 안에 붙었다. 여기서는 비판의 대상을 명시적으로 밝히지 않았지만, 사실상 당시 중화인민공화국 주석이었던 류사오치와 중앙서기처 총서기였던 덩샤오핑을 겨냥한 것이다.

141 | 여기서 '造反'은 사회에서 지배력을 행사하거나 지배적 위치에 있는 개인이나 집

끌고 내려갔다. 당시 자동차 한 대가 멈추면서 몇 사람이 뛰어내려 저자를 차에 태우고는 기차역으로 갔다. 그러고는 푸단 대학으로 죄인처럼 압송해 갔다.

이후 푸단 대학에서 꼬박 1년 동안을 감금 상태로 지냈다. 저자가 다시 베이징으로 압송되었을 때, 서류 하나가 따라왔다. 거기에는 저자가 1948년에 지하당원으로 고발당한 뒤 국민당의 비밀공작원 조직인 '학운 소조學運小組'에 참여했다는 내용이 담겨 있었다. 그래서 또 다시 4년 동안 조사를 받았고, 3년 동안 가족들을 만나지 못했다. 그 과정에서 저자의 친척이 박해를 받아 사망하는 일도 있었다.

『마오쩌둥전毛澤東傳』은 팡셴즈逄先知와 저자가 편집을 주관했는데, 그 사람의 상황은 저자보다 더 심했다. 그는 '문화대혁명' 기간 동안, 친청秦城 감옥[142]의 독방에 갇혀 대화 상대도 없이 7년 반이나 홀로 지냈다. 만약 더 오래 갇혀 있었다면, 정신적으로 문제가 생겼을 것이다.

저자와 같은 사람들이 보기에는 요즘 '상흔 문학傷痕文學'[143]에서 다루는 일부 내용들은 대단한 것이 아니라고 할 수 있다. 따라서 '문혁'을 옹호해야 할 이유도 없다. 그럼에도 불구하고 이 문제를 언급하는 이유는 그것이 중국의 역사, 그리고 앞으로 어떤 교훈을 남길 것인가와 관련되어 있기 때문에 과학적인 태도로 그 문제를 분석해야만 한다.

'문화대혁명'은 왜 일어났을까? 덩샤오핑은 팔라치[Oriana Fallaci, 1929-2006]에게 다음과 같이 설명했다. "마오 주석 자신의 희망에서 보자면, '문

    단에 대항하고 전복하려는 체제 내적 시도를 뜻한다. 따라서 '조반'과 '혁명'은 체제 전복적 성격을 지니는가의 여부로 구분된다. 그리고 造反派는 문화대혁명 시기에 스스로 그러한 '造反'을 표방하고 나선 단체를 가리킨다.

142 | 친청 감옥은 베이징 북부 지역에 위치해 있는데, 고위직 범죄자들이 대거 수감되어 있다.

143 | 1978년 8월, 상하이 『문회보文匯報』에 발표된 단편 소설 「상흔傷痕」이 큰 반향을 일으키면서 상흔 문학이라는 흐름이 형성되었다. 그것은 문혁 시기 수난과 고초를 당했던 작가들이 자신의 경험을 문학적으로 풀어낸 자전적 성격의 소설을 일컫는다.

화대혁명'은 자본주의의 재등장復辟을 피하기 위한 것이었지만, 그는 중국의 실제 상황을 잘못 예측했다."[144]

마오쩌둥은 왜 그때 자본주의의 재등장을 피해야 한다고 주장했을까? 그에게는 2가지 이유가 있었다. 하나는 중앙 지도부에서 일부 문제에 관한 견해가 정확히 일치하지 않았다는 점이다. 요즘은 가족도급제包産到戶[145]가 모두에게 익숙한 것이지만, 당시에는 주로 '독자 행동의 풍조單幹風'이라는 점에서 비판을 받았다.

당시에도 일부 동지들이 토지를 농가별로 분배해야 한다는 입장을 내놓았다. 물론 그들은 그것을 선의로서, 그리고 일시적인 임시방편으로 제안했다. 하지만 그것은 마오쩌둥에게 농업 집단화를 반대하고 사회주의를 부정하는 정말 말도 안 되는 소리였다.

그때 국민경제가 비교적 빠르게 회복되고 있었는데도 중국공산당 중앙이 비상사태를 언급했기 때문에, 마오쩌둥은 처음부터 일부 사람들이 경제적 어려움을 너무 심각하게 전망한 것이라고 보았다. 그래서 그는 그것을 '어두운 바람黑暗風'[146]이라고 불렀다.

그리고 마오쩌둥에게 더욱 중요했던 것은 사회주의 사회에서도 그것의

---

144 | 鄧小平,「答意大利記者奧琳埃娜·法拉奇問」,『鄧小平文選』2, 北京: 人民出版社, 1994: 346쪽.

145 | '가족도급제'는 토지의 소유권을 집단에 두면서도, 농민이 농가별로 할당받은 토지를 직접 경영하고 책임지는 제도다. 농민은 계약된 생산량을 국가에 납부하고, 초과분은 자신에게 귀속시킨다. 1976년 쓰촨성에서 처음 실시되었으며, 이후 전국적으로 확산되었다.

146 | '어두운 바람'은 경제적으로 심각하게 어려운 상황을 뜻한다. 1962년 3월, 류사오치·저우언라이·천윈 등은 당시 국민경제 상황을 파탄 직전이라고 진단했다. 그리고 그러한 예측에 기반해 다양한 대응 조치들을 실시했는데, 결과적으로 그 예측들이 타당했다는 점이 입증되었다. 하지만 8월 이후, 경제 상황이 호전되면서 베이다이허의 중앙업무회의에서는 '밝음은 조금도 언급하지 않고, 어둠만 이야기한다.'는 불만이 제기되었다. 이로부터 '어두운 바람'만이 불고 있다고 표현이 사용되기 시작했다.

어두운 면이 존재한다는 사실이었다. 그는 특히 간부가 심각할 정도로 군중들과 멀어져 제멋대로 행동하는 것을 걱정했다. 매우 유명한 그의 지시사항이 있는데, 그것은 당시 농업기계부의 부장인 천정런[陳正人, 1907-1972]이 보이보薄一波에게 보낸 서한에 남아 있다.

그 서한에는 다음과 같이 쓰여 있다. 이번에 천정런이 뤄양洛陽의 트랙터 공장에 가서 지도 점검을 했는데, 그는 지금까지 알지 못했던 많은 사정을 알게 되었다. 그것은 현재 많은 고참 간부들이 정치적인 위치를 차지한 다음, 그 특권을 이용해 마음대로 행동하고 있다는 점이었다. 그는 그와 같은 상태가 방치된다면 사회주의 기업이 자본주의적 기업으로 변질될 수도 있다고 보았다.[147]

보이보는 그러한 천정런의 견해를 문제라고 인정했다. 그리고 그것이 문제가 되는 주된 이유는 몇 년 동안 계급투쟁을 아예 벌이지 않았거나 벌였어도 너무 적게 벌였기 때문이라고 했다.[148]

마오쩌둥은 두 사람의 의견에 동의하면서 다음과 같은 의견을 남겼다. "관료주의자 계급과 노동자 계급·빈농·중하층 농민은 첨예하게 대립하는 두 계급이다."[149] 그와 같은 상황이 바뀌지 않는다면, "그들은 한평생 노동자 계급과 치열한 계급투쟁을 벌이는 처지에 놓일 것이고, 결국 노동자 계급에 의해 자본주의로 간주되어 타도될 것이다."[150] 당시에는 '사청四淸' 운동[151]이 진행되고 있었기 때문에 농촌 문제를 심각하게 다룬 보고들이 많

---

[147] | 中國機械功業聯合會 編, 『陳正人文集』, 北京: 中共中央黨校出版社, 2009: 381-383쪽을 참조하라.

[148] | 中國機械功業聯合會 編, 『陳正人文集』, 北京: 中共中央黨校出版社, 2009: 382쪽.

[149] | 中國機械功業聯合會 編, 『陳正人文集』, 北京: 中共中央黨校出版社, 2009: 382쪽.; 中共中央文獻研究室 編, 『建國以來毛澤東文稿』11, 北京: 中央文獻出版社, 1996: 265-266쪽.

[150] | 中國機械功業聯合會 編, 『陳正人文集』, 北京: 中共中央黨校出版社, 2009: 383쪽.; 中共中央文獻研究室 編, 『建國以來毛澤東文稿』11, 北京: 中央文獻出版社, 1996: 266쪽. 참고로, 『陳正人文集』와 『建國以來毛澤東文稿』에서는 '자본주의'가 아니라 '자산계급資産階級'으로 표기되어 있다.

[151] | 사청 운동은 1963년부터 1966년 5월까지 진행된 사회주의 교육 운동이다. 처

았다.

마오쩌둥의 수간호사였던 우쉬쥔吳旭君을 방문한 적이 있는데, 그녀는 마오쩌둥에게서 다음과 같은 말을 들었다고 했다. "내가 [여러 차례] 핵심 문제를 제기하면, 그들은 그것을 받아들이지 않고 크게 저항했다. 그들이 나의 말을 듣지 않을 수 있지만, 그것은 내 자신을 위한 것이 아니라 앞으로 나라와 당의 색깔이 바뀔 것인지, 다시 말해서 사회주의의 길로 나아갈 것인지에 대한 문제다. 내가 걱정하고 있는 것은 후계자 문제로, 누구에게 맡겨야 안심할 수 있겠는가? 내가 지금 살아있는데도 저들은 저 모양이다! 만약 그들의 방식대로라면, 나뿐만 아니라 많은 선열先烈들의 평생에 걸친 노력 전체가 수포로 돌아갈 것이다."[152]

또한, "나에게는 어떠한 사심도 없다. 나는 중국의 백성들이 고통을 겪고 있기 때문에 그들이 사회주의의 길로 가고 싶어 한다고 생각한다. 그래서 나는 군중들에 의지해 지나왔던 길로 그들이 다시 돌아가지 못하게 할 것이다."[153] "신중국을 수립하면서 얼마나 많은 사람들이 죽었던가? 어느 누가 그것을 진지하게 생각해본 적이 있는가? 나는 그 문제를 생각해본 적이 있다."[154]

이처럼 마오쩌둥은 그것을 매우 심각한 문제로 보았다. '문화대혁명'이 시작된 그해, 그의 나이는 73세였고, 자신에게 남은 시간이 많지 않다는 것을 느끼고 있었다. 그래서 그는 자신의 목숨이 남아 있는 동안 그 문제의 해결함으로써 나라의 색깔이 바뀌는 것을 막고자 했다.

그는 알바니아의 대표를 만나 자리에서 다음과 같이 언급했다. "내 몸은

음 농촌에서는 장부 정리, 창고 정리, 재산 정리, 노동 점수 정리(간부의 부정을 없애려는)라는 4가지 정리 운동이 진행되었고, 이후 정치·경제·조직·사상의 정리 운동으로 발전했다. 이 운동은 간부들의 업무 관행, 그리고 경제적 측면의 관리 문제를 시정하는 데 그 목적이 있었다.

152 | 中共中央文獻研究室 編, 『毛澤東傳』6, 北京: 中央文獻出版社, 2022: 2356-2357쪽.
153 | 中共中央文獻研究室 編, 『毛澤東傳』6, 北京: 中央文獻出版社, 2022: 2357쪽.
154 | 中共中央文獻研究室 編, 『毛澤東傳』6, 北京: 中央文獻出版社, 2022: 2357쪽.

아직 괜찮은데, 마르크스가 저세상에서 자꾸 나에게 오라고 한다."[155] 그리고 "우리가 황혼기에 접어들었기 때문에 아직 숨이 남아 있을 때, 그러한 자본주의의 재등장을 막아야만 한다."[156] 마오쩌둥이 몇몇 사람들과 이야기를 나눌 때, 그는 앞서 언급했던 간부들의 문제를 거론했다. 지금은 간부가 더 많아서 그들을 다 잘 알지 못한다. 그렇다면 누가 그들을 알고 있는가? 바로 군중만이 그들을 알고 있다. 군중을 동원하기만 한다면, 충분히 그 문제를 폭로할 수 있다. 폭로하고 비판하더라도 나중에 다시 일을 맡기면 되니까 크게 나쁠 것은 없다고 본다. 만약 안 좋은 간부라고 한다면, 이와 같은 과정에서 적발되었기 때문에 그대로 해임시키면 된다.

마오쩌둥이 홍위병紅衛兵을 찾은 이유는 덜레스[John Foster Dulles, 1888-1959]가 중국의 평화적 체제 전환和平演變이라는 희망을 3-4세대 뒤의 중국 후손들에게 기대하겠다[157]고 했기 때문이다. 그래서 마오쩌둥은 홍위병을 일으켰다. 그들이 젊은 시절에 그러한 투쟁(당시에는 그것을 '반수정주의 투쟁反修鬪爭'이라고 불렀다.)을 경험해야만, 어린 그들이 더 성장했을 때 당시 사회주의의 길에서 멀어진 중국을 어떻게 구해냈는지를 알 수 있기 때문이다. 이처럼 마오쩌둥은 이른바 '세상의 혼란天下大亂'을 통해 '세상의 태평天下大治'에 이르는 일련의 구상들을 하고 있었다.

그 시기에 마오쩌둥은 '사청' 운동도 시행했고 문화 분야에 대한 비판[158]

---

155 | 中共中央文獻研究室 編, 『毛澤東年譜(1949-1976)』5, 北京: 中央文獻出版社, 2013: 583쪽.

156 | 中共中央文獻研究室 編, 『毛澤東年譜(1949-1976)』5, 北京: 中央文獻出版社, 2013: 584쪽. 참고로, 『毛澤東年譜(1949-1976)』에서는 '자본주의'가 아니라 '자산계급'으로 표기되어 있다.

157 | John Foster Dulles/편자, 「1957年7月2日在記者招待會上的談話摘錄」, 『杜勒斯言論選輯』(內部讀物), 北京: 世界知識出版社, 1959: 322-323쪽을 참조하라.

158 | 1965년 11월 10일자로 상하이 『문회보文匯報』에 발표된 야오원위안[姚文元, 1931-2005]의 「評新編歷史劇『海瑞罷官』」을 둘러싸고 큰 논쟁이 벌어진다. 야오원위안은 거기서 역사극 「海瑞罷官」을 자산계급의 문화로 비판했는데, 마오쩌둥이 그것을 지지하면서 논쟁은 정치투쟁으로 변질된다. 그 사건은 '문화대혁명'의 도화선으로 평가된다.

도 했는데, 왜 또다시 '문화대혁명'을 하고자 했을까? 그는 그러한 방법들이 지엽적인 것에 불과하다고 보았다. 그는 다음과 같이 지적했다. "그것들 모두 문제를 해결하지 못했다. 우리의 어두운 면을 공개적이고, 포괄적이며, 아래로부터 드러내는 적절한 형식이나 방식을 아직 찾아내지 못했다."[159] 마오쩌둥에게는 '문화대혁명'이 바로 그러한 방식이었다.

그런데 마오쩌둥은 매우 심각한 오류 두 가지를 범했다. 첫째, 문제의 심각성, 심지어 문제의 성격까지도 잘못 판단했다. 그는 그 문제들이 자본주의의 재등장을 가져올 것이고, 특히 그가 죽고 나서 나라의 색깔이 바뀔 수도 있다고 보았다.

하지만 모두가 알고 있듯이, '5·16 통지'[160]라는 것에는 다음과 같이 언급되어 있다. "당·정부·군·문화계에 뒤섞여 있는 많은 이들이 반혁명적 수정주의자들이다. 그들이 언젠가는 정치권력을 탈취하고, 나라의 색깔을 바꿀 것이다."[161] 이처럼 그는 문제를 너무 심각하게 평가하면서, 적군과 아군 그리고 옳고 그름을 분별하지 못했다.

또한 그는 '사청' 운동 시기에 자신들의 수중에 있는 지도 권력이 1/3도 채 안 된다고 했는데, 그러자 류사오치가 1/3은 넘을 것이라고 하면서 말을 보탰다.[162] 이처럼 그는 당시에 이 문제를 그렇게까지 심각한 것으로 바라보고 있었다.

둘째, 선택한 방법이 완전히 잘못되었다. 사회주의 사회에서도 어두운 면이 존재한다는 점을 인정해야겠지만, 그와 같은 어두운 면을 어떻게 없

---

159 | 中共中央文獻硏究室 編, 『毛澤東年譜(1949-1976)』6, 北京: 中央文獻出版社, 2013: 45쪽.

160 | '5·16 통지'는 1966년 5월 16일에 중앙정치국 확대회의를 통과한 「中國共産黨中央委員會通知」를 가리킨다. 이 통지가 통과되면서 '문화대혁명'이 공식적인 운동 형태로 본격화된다.

161 | 毛澤東, 「爲中共中央'五·一六'通知加寫的幾段話」, 『毛澤東全集』48, 香港: 潤東出版社, 2013: 345쪽을 참조하라.

162 | 中共中央文獻硏究室 編, 『毛澤東年譜(1949-1976)』5, 北京: 中央文獻出版社, 2013: 358쪽을 참조하라.

앨 것인가? 그것은 사회적 생산력의 향상과 함께 법에 따른 일처리에 달려 있다. 그 과정에서 사회주의 사회의 어두운 면을 제약하거나 없애기 위한 조치를 점진적으로 시행해 나가야 한다.

마오쩌둥은 당시 군중을 동원하면서 군중들에게 "마음대로 하라"[163]고 했다. 모두가 알다시피, 중국처럼 6억의 인구를 가진 나라는 매우 복잡한 상황을 가지고 있기 때문에 올바른 지도가 이루어져야만 한다. 그렇지 않다면 어느 누구도 생각하지 못했던 일들이 나타나 정말 큰 문제가 될 수 있다.

당시 사회에서 제대로 된 특권을 누리는 이들은 소수였다. 더 나은 대우를 받고 어느 정도의 특권을 가진 이들은 지도급 간부이거나 수준 높은 지식인들이었다. 그런데 '자본주의의 길로 나아가는 집권파當權派'와 '자산계급의 반동적 학술 권위'에 반대해야 한다는 호소가 연출되자, 이에 스스로 뜻한 바를 이루지 못했다고 생각하는 이들이 들고 일어나 그 두 부류의 사람들을 집중적으로 공격하기 시작했다.

평소 하나의 부서에서 얽혀 있던 온갖 애증이 '혁명과 조반革命造反'이라는 기치 아래 악랄하게 터져 나왔다. 일부 야심가들은 그러한 혼란한 틈을 이용해 갖가지 악행을 저질렀다. 만약 중국에서 어떠한 지도도 없이 제멋대로 하는 '대민주大民主'[164]가 실행된다면, 그것은 매우 두려운 일이 될 것이다. 마오쩌둥의 '계급투쟁'은 군중을 동원해 계급투쟁을 대대적으로 전개함으로써 "자본주의의 길로 나아가는 집권파에 의해 빼앗긴 권력을 되찾겠다."[165]는 것이다. 하지만 그것은 완전히 잘못되었을 뿐만 아니라 매우

---

163 | 中共中央文獻研究室 編, 『毛澤東傳』6, 北京: 中央文獻出版社, 2022: 2407쪽.

164 | '대민주'는 문화대혁명이 표방한 것으로, 1957년 반우파 투쟁에서 비롯되었다. 그것은 계급적 내용을 배제하고, 중앙집권적 지도와 규율을 부정했다. '대민주'의 전형적 구호로는, '모든 사람은 자유롭게 자신의 행동을 결정해야 한다.' '하고 싶은 말을 하고, 하고 싶은 대로 하라.' '당위원회를 걷어차고 혁명을 일으켜라.' 등이 있다. 그러한 '대민주'는 1982년에 채택된 중국 헌법에 의해 철저히 부정된다.

165 | 「關於建國以來黨的若干歷史問題的決議」(1981年6月27日中國共産黨第11屆中央委員會第

심각한 결과를 가져왔다.

그러한 잘못된 인식은 이른바 "무산계급 독재에서의 계속 혁명"[166]이라는 잘못된 이론을 만드는 데 직접적인 영향을 끼쳤다. 그것은 마르크스주의에도 부합하지 않고, 또한 중국의 실제 상황에도 부합하지 않았다.

당시 마오쩌둥에 대한 개인숭배가 광적일 정도로 확산되었고, 많은 젊은 이들이 그를 숭배하면서 '조반'에 참여했다. 집단지도 체제가 무너져 한 개인에게 권력이 지나치게 집중되었으며, 그것이 1인 독재로까지 이어졌다. 그와 같은 상황에서 공산당과 국가가 그 오류를 방지하거나 바로잡지 못하면서, '모든 것의 타도와 내전內戰의 본격화'라는 비극적 상황이 초래되었다. 그것이 거대한 재앙을 가져왔고, 그 여파는 매우 심각했다.

여기서는 간단히 두 가지를 언급하고자 한다. 하나는 '문화대혁명'시기에 생산된 마오쩌둥의 공식 기록들이 온전하게 보존되어 있다는 사실이다. 그가 보았던 모든 문서들 가운데 단 한 줄의 선이라도 그어져 있다면 모두 보관되어 있을 뿐만 아니라 그와 관련된 부속 문서들도 남아 있다. 또한 다른 사람들이 보낸 서신이나 보고서, 그리고 관련 부속 문서들도 남아 있다.

그 기록들을 보면서 많은 생각이 들었다. '문화대혁명' 기간 동안, '최신 지시'라는 것이 잇달아 전해졌는데, 한밤중이라도 요란스럽게 "마오 주석의 '최신 지시'다!"라고 외쳤던 기억들이 있다. 그 당시에 일체의 모든 것은 '마오 주석의 위대한 전략적 배치'이며, 저자를 포함한 모두가 그의 배치에 따라 행동해야만 한다고 느꼈다.

그는 대단히 심각한 오류들을 많이 범했지만, 그 중에는 그가 예상치 못한 상황으로 전개된 경우들도 많았다. 심지어는 예상했던 것과 정반대의 경우들도 있었다. 예를 들어, '문화대혁명'의 기간이 얼마나 지속될 것인가라는 문제가 그러하다.

기록을 살펴보면, 마오쩌둥은 처음에 그것이 10년 넘게 지속될 것이라

6次全體會議一致通過),『人民日報』1981年7月1日.

[166] | 李穎 編,『從一大到十七大』下, 北京: 中央文獻出版社, 2008: 506쪽을 참조하라.

고 생각하지 못했다. 하지만 오류가 나타나기 시작하면서 점점 더 그것에 매몰되어, 그도 더 이상 그 상황을 통제하지 못했다. 더군다나 마오쩌둥도 나이가 들어 전체 국면을 장악할 힘도 없었다.

마오쩌둥의 처음 구상은 1966년 말까지였다. 그런데 1966년 8월, 그는 '문화대혁명'이 연말까지 끝날 것 같지 않으니 일단 내년 설까지 해보고 다시 판단하자고 했다. 그 해 10월에 소집된 중앙업무회의에서는 운동이 시작된 지 다섯 달밖에 되지 않았는데, 어쩌면 다섯 달이 더 필요할 수도 있고, 아니면 그 이상의 시간이 필요할 수도 있다고 했다. 그리고 1967년 1월에는 정권 탈취 운동이 본격화되자, 2·3·4월 석 달 정도가 결정적 시기가 될 것이고, 문제를 모두 해결하기 위해서는 내년 2·3·4월쯤이거나 아니면 그 이상이 될 수도 있다고 했다.[167]

정권 탈취 운동이 본격화된 이후, 전국 각지의 폭력 투쟁이 점점 더 격렬해졌다. 마오쩌둥은 폭력 투쟁의 소식을 접하고 크게 놀랐다. 그는 많은 외빈들 앞에서 다음과 같이 발언했다. "일련의 일들은 우리도 사전에 예상하지 못했다. 모든 기관과 지역이 두 개의 파벌로 나뉘어 대규모의 폭력 투쟁을 벌일 것이라고는 생각하지 못했다."[168]

국면을 통제하지 못하게 되자, 문제는 시간이 지날수록 더욱더 심각해졌다. 1969년, 그는 중국공산당 제9차 전국대표대회를 준비하면서, 그것이 '세상의 혼란'으로부터 '세상의 태평'에 이르는 전환 과정에 있다고 생각했다. 그래서 그는 [중국공산당 제9차 전국대표대회의 준비업무] 문서를 토론할 때 다음과 같이 언급했다. "문화대혁명을 관장하는 [중앙 차원의] 문혁 소조文革小組를 설치하지 말자. 문화혁명은 곧 끝날 것이기 때문에 상임위원회를 활용하면 된다."[169] 하지만 중국공산당 제9차 전국대표대회가 끝나고 개최된

---

167 | 中共中央文獻研究室 編, 『毛澤東年譜(1949-1976)』6, 北京: 中央文獻出版社, 2013: 46쪽.
168 | 中共中央文獻研究室 編, 『毛澤東年譜(1949-1976)』6, 北京: 中央文獻出版社, 2013: 146쪽.
169 | 中共中央文獻研究室 編, 『毛澤東年譜(1949-1976)』6, 北京: 中央文獻出版社, 2013: 231쪽.

중국공산당 제9기 중앙위원회 2차 전체회의에서 '린뱌오林彪 사건'[170]이 발생했고, 그 여파는 1971년까지 이어졌다.

이듬해인 1972년부터 마오쩌둥의 병이 위중해졌다. 마오쩌둥은 1972년 2월 12일에 갑자기 쇼크를 일으켰는데, 맥박은 뛰지 않았고, 안색은 새파랗게 창백했다. 그때 저우언라이에게 그 사실을 알리자, 그는 두 다리에 힘이 빠져 차에서 내리지도 못할 정도였다. 마오쩌둥은 20분쯤 지나 조금씩 안정되기 시작했다.[171]

그로부터 며칠 뒤, 그는 닉슨[Richard Milhous Nixon, 1913-1994]을 접견했다. 그때 간호사와 의사가 응급 상황에 필요한 응급 처치약을 주사기 안에 넣어 놓고, 커튼 뒤에서 대기하고 있었다. 그것은 무슨 일이라도 생기면 바로 뛰쳐나와 응급 처치를 하기 위해서였다.

1974년부터 마오쩌둥의 건강 상태는 더욱 악화돼 걸을 때도 부축이 필요했고, 말도 어눌해졌다. 당시 장위펑張玉鳳은 기밀을 다루는 마오쩌둥의 비서였는데, 통역도 맡고 있었다. 장위펑은 마오쩌둥의 입 모양을 보면서 그 내용을 판단하는 습관을 가지고 있었다.

그녀는 매우 똑똑하다고 알려졌는데, 마오쩌둥이 세상을 떠나기 얼마 전에 이런 일이 있었다. 마오쩌둥이 말을 하려고 하는데 말이 나오지 않자, 의자의 나무 손잡이를 세 번 내리쳤다. 이에 장위펑은 당시 일본 수상이었던 '미키 다케오[三木武夫, 1907-1988]'의 최신 자료들을 가지고 왔다. 나무를 세 번 내리친 행동이 바로 미키[세 번三+나무木]라고 하는 것을 알아차렸기

---

170 | 린뱌오는 1970년 8월에 소집된 중국공산당 제9기 중앙위원회 2차 전체회의에서 마오쩌둥을 가장 위대한 천재라고 추켜세우며, 자신도 천재라는 이른바 '천재론天才論'을 설파한다. 그것은 자신이 마오쩌둥의 후계자라는 점을 공공연히 드러낸 것인데, 곧 마오쩌둥의 비판을 받게 된다. 그러자 그는 무장 쿠데타를 통한 권력 찬탈을 준비했는데, 상황이 여의치 않자 1971년 9월 13일에 해외 도피를 시도한다. 그 과정에서 린뱌오와 그의 일가족이 탄 비행기가 추락하면서 탑승자 전원이 사망한다. 그것을 '9·13 사건'이라고 한다.

171 | 張玉鳳 等,『毛澤東軼事』, 長沙: 湖南文藝出版社, 1992: 2쪽을 참조하라.

때문이다.

그동안 마오쩌둥은 여러 차례 매우 위독한 상황을 겪었다. 그는 조금 나아지면 다시 버티면서 일을 했는데, 1974년부터는 대체로 그러한 상황이 반복되었다. 하지만 그것은 외부에 전혀 알려지지 않았기 때문에 어느 누구도 알지 못했다.

모두들 알다시피, 가오원쳰高文謙은 『만년의 주은래晩年周恩來』[172]라는 책을 썼는데, 서문에서 다음과 같은 일화를 소개하고 있다. 저우언라이가 세상을 떠난 다음 마오쩌둥이 중난하이中南海[173]에서 폭죽을 터뜨리려고 했고, 그것을 본 많은 사람들이 '어찌 마오쩌둥이 저럴 수 있느냐'면서 격앙되었다는 이야기다.

저자는 그것을 장위펑에게 물어보았는데, 당시 폭죽을 터뜨린 장본인이 바로 장위펑이었기 때문이다. 장위펑은 다음과 같이 답했다. 모두가 마오 주석을 위대한 지도자라고 보지만, 하루하루 모시면서 느꼈던 것은 그가 늙고 병든 환자라는 느낌밖에 없었다.[174]

1976년 1월 8일에 저우언라이가 세상을 떠난 다음, 마오쩌둥 본인도 한 차례 위독한 상황을 발생했다. 그해 설날은 1월 말이었는데, 당시 베이징에서는 폭죽 터뜨리는 것을 금지하지 않았기 때문에 중난하이 곳곳에서 폭죽 소리가 들렸다. 눈을 뜬 마오쩌둥은 모두들 설을 쇠러 자기 집으로 돌아간 것을 보고 자신에게 다음과 같이 말했다고 한다. '너희 몇 명만 [집으로 돌아가지 못하고] 환자인 내 곁에 있구나. 너희도 폭죽 몇 개 가지고 나가서 놀아라.'

저우언라이는 1976년 1월에 세상을 떠났고, 마오쩌둥도 1월에 중난하이에서 사람들에게 폭죽을 터뜨리라고 했다. 가오원쳰은 그것이 마치 하나의

---

172 | 高文謙/Peter Rand·Lawrence R. Sullivan, *Zhou Enlai: The Last Perfect Revolutionary, A Biography*, NY: Public Affairs, 2007.

173 | 中南海는 중국 국가 지도층의 거주 지역이다.

174 | 張玉鳳 等, 『毛澤東軼事』, 長沙: 湖南文藝出版社, 1992: 7-9쪽을 참조하라. 여기서 장위펑은 마오쩌둥에게 쇼크가 발생한 시점이 1972년 1월이라고 설명한다.

일인 것처럼 말했지만, 실상은 하나의 일이 아니다. 그와 같은 사례는 아주 많이 열거할 수 있다. 주치의였던 리즈쑤이[李志綏, 1919-1995]의 책[175]도 그 중 하나에 불과하다.

저자도 마오쩌둥의 진료 기록을 본 적이 있는데, 리즈쑤이 본인이 거기에 매우 분명하게 적어두었다. 즉, 1957년 7월 2일이 되어서야 보건부衛生部 부부장副部長인 황수쩌[黃樹則, 1914-2000]가 그를 마오쩌둥의 보건의로 파견한다는 내용이었다. 리즈쑤이는 원래 중난하이에서 일반 간부를 상대하고 있었다. 당시 중난하이에 있던 많은 사람들이 이 같은 사실을 선명하게 기억하고 있다.

그런데도 그는 자신의 책에서 1952년부터 마오쩌둥의 주치의를 담당했다고 했을 뿐만 아니라 1952년부터 1957년까지 그가 마오쩌둥과 나눴다는 긴 대화 내용으로 전체 분량의 1/3을 채웠다. 그가 마오쩌둥의 곁에 간 적이 없는데, 어떻게 이러한 일이 일어날 수 있을까? 따라서 그것은 근거 없이 지어낸 말에 불과하다.

괴벨스[Paul Joseph Goebbels, 1897-1945]는 '거짓말을 100번 하면, 진실眞理이 된다'고 하면서 사람들이 그것을 믿을 것이라고 했다. 많은 사람들은 최소한 '아니 땐 굴뚝에 연기 나랴?'는 생각을 가지고, 활자화된 것들만 사실로 여기는 데 익숙해져 있다. 그래서 누군가가 처음부터 이렇게 근거 없이 날조한다고는 생각하지 못한다.

그리고 다른 하나는 마오쩌둥과 장칭[江靑, 1914-1991]의 관계다. 장칭은 자신이 마오 주석의 개에 불과하다며, 마오쩌둥이 시키면 시키는 대로 했을 뿐이라고 거듭 주장했다. 이것은 장칭이 재판 때 한 발언이다. 사실 마오쩌둥이 원래 살고 있던 펑쩌위안豐澤園의 보수 공사가 끝난 1966년 9월부터 두 사람은 별거를 시작했다. 마오쩌둥은 수영장游泳池에서 지냈고,[176] 장

---

175 | 李志綏, 『毛澤東私人醫生回憶錄』, 臺北: 時報文化, 1994.
176 | 마오쩌둥이 수영을 좋아해서 중난하이 수영장의 옆 건물에서 거주했다. 그래서 사람들은 마오쩌둥의 거처를 수영장이라고 불렀다.

칭은 댜오위타이釣魚臺에 살았다. 장위펑은 그 상황을 매우 명확하게 기억하고 있었다. "1970년과 1971년까지만 해도 장칭은 마오쩌둥과 자주 만나고, 이야기도 길게 나누는 편이었다."

그런데 "1972년 봄, 장칭이 주석의 거처를 찾았을 때 주석이 몇 차례 화를 냈다. 그리고 주석은 우리에게 그의 동의 없이 장칭 마음대로 그의 거처에 찾아오지 못하게 하고, 그래도 찾아오면 못 들어오게 막으라는 지침까지 내렸다." 또, "1973년에는 장칭이 전화를 걸어 주석을 만나고 싶다고 했지만, 주석은 계속 핑계를 대며 만남을 거절했다."

1974년 3월 20일, 장칭은 마오쩌둥에게 편지를 써서 만나고 싶다고 전했지만, 마오쩌둥은 다음과 같이 답했다. "안 보는 것이 더 나을 듯하다. 예전에 당신과 여러 차례 이야기를 나눴지만, 당신은 많은 것들을 이행하지 않았다. 자주 본들 무슨 도움이 되겠는가?"[177] 그리고 1975년 1월에도 장칭이 마오쩌둥에게 편지를 썼는데, 그 봉투에는 '장위펑 동지가 마오 주석에게 전해 달라'고 쓰여 있었다. 편지에서는 "요즘 자주 미열이 나고, 머리도 깨질 듯 아프다. 당신을 한번 만났으면 한다."[178] 이에 마오쩌둥은 "나를 만나러 올 필요 없다."[179]고 답했다.

덩샤오핑에 대한 비판이 시작되었을 때, 다시 말해서 정치국 내부에서 일부가 덩샤오핑을 비판하기 시작했을 때, 마오쩌둥은 [자신의 조카인] 마오위안신毛遠新에게 장칭에게 아무 말도 하지 말라고 했다. 마오위안신은 당시의 상황을 자신의 수첩에 남겨 두었다.[180] 마오쩌둥은 정치국 회의에서 별도로 장칭은 결코 마오쩌둥 자신을 대변하지 못한다. 그녀는 단지 그녀

---

177 | 中共中央文獻研究室 編, 『毛澤東年譜(1949-1976)』6, 北京: 中央文獻出版社, 2013: 523쪽.

178 | 中共中央文獻研究室 編, 『毛澤東年譜(1949-1976)』6, 北京: 中央文獻出版社, 2013: 565쪽.

179 | 中共中央文獻研究室 編, 『毛澤東年譜(1949-1976)』6, 北京: 中央文獻出版社, 2013: 565쪽.

180 | 본문에는 '毛主席遠新'으로 되어 있는데, '主席'이 잘못 표기된 것으로 보인다.

자신만을 대변할 뿐이라고 공개적으로 밝혔다.[181]

사실 마오쩌둥은 처음부터 장칭을 매우 신뢰하고 중시했으며, 그 이후에 장칭에게 문제가 있어도 그녀를 타도의 대상으로까지 여긴 적은 없었다. 하지만 장칭에 대한 불만은 점점 더 쌓여 갔고 그녀와의 접촉도 크게 줄어들었기 때문에, 결과적으로 장칭은 그렇게 큰 역할은 하지 못했다. 이와 같은 내용은 모두가 잘 모르는 부분이다.

이렇게나 장황하게 설명한 것은 주되게 하나의 목적 때문이다. 작년 [2010년에] 중국공산당 중앙에서는 전국 공산당사 업무회의全國黨史工作會議를 개최했는데, 당 중앙의 명의로 공산당 역사와 관련된 회의를 개최한 것은 그때가 처음이었다. 시진핑習近平은 회의석상에서 실사구시의 태도로 중국공산당의 역사를 연구하고 홍보하려면, 중국공산당의 역사적 발전이라는 주제와 그것의 맥락, 그리고 그것에서의 주류와 본질을 파악해야 한다고 언급했다.

예전에 쑹핑宋平(중앙 정치국 상임위원)의 편지를 본 적이 있었다. 그는 거기서 당시의 주류主流와 맥락이 무엇인가라고 묻고, 그것은 중국공산당이 전국의 인민들을 지도해 새로운 사회와 새로운 나라를 만들어나간 역사라고 답했다. 물론 그 과정에서 많은 오류들도 나타났다.

시진핑은 다음과 같이 설명했다. "지금 활동 중인 당원과 간부의 대다수는 신중국이 수립되고 태어난 사람들이다. 많은 사람들이 신민주주의 혁명 시기의 험난한 투쟁을 겪어본 적이 없을 뿐만 아니라 신중국의 수립과 함께 진행된 사회주의 혁명, 그리고 1950년대와 1960년대의 대규모 사회주의 건설에도 직접 참여한 적이 없다. 게다가 상당수의 사람들은 10년 동안의 '문화대혁명'을 반면교사로 삼을 만한 교육조차 받아본 적이 없으며, 신중국 수립 이후 중국공산당이 이뤄낸 성과와 역사적 굴곡을 직접적으로 느끼고 경험해보지도 못했다. 그렇기 때문에 당의 전체 역사를 보다 체계

---

181 | 中共中央文獻研究室 編,『毛澤東年譜(1949-1976)』6, 北京: 中央文獻出版社, 2013: 540쪽.

적으로 학습하고, 당에 대한 충성도와 혁명 전통을 생생하고 구체적으로 배울 수 있도록 그들을 조직하거나 지도할 필요가 있다."[182] 저자는 이것이 바로 쑹핑의 주장이 담고 있는 구체적 내용이라고 본다.

두 시간에 걸쳐 강의를 진행했다. 시간 관계상, 강의가 촉박하게 이루어지다보니 많은 문제들을 꼼꼼히 다루지 못했다. 따끔한 질책을 고대한다.

---

[182] 中國中共黨史學會 編, 『中國共産黨歷史重要會議辭典』, 中共黨史出版社·黨建讀物出版社, 2020: 502쪽을 참조하라.

15
신新민주주의 사회와 사회주의 초급 단계[183]

신민주주의 사회와 사회주의 초급 단계는 연관을 맺고 있으면서도 서로 구별된다. 처음부터 그것은 매우 명확했던 문제다. 1949년 신중국 수립부터 1956년까지의 7년 동안, 당시의 중국은 대체로 사회주의 국가라기보다는 신민주주의 국가라고 할 수 있었다. 1956년 들어, 중국에서는 사회주의 제도가 기본적으로 확립되었을 뿐만 아니라 그때를 기점으로 사회주의의 초급 단계가 시작되었다. 그리고 그 단계는 대략 100년이 소요될 것으로 예상되었다. 다시 말해서, 21세기 중반에 이르러야만 중국은 사회주의적 현대화가 기본적으로 완성되었다고 볼 수 있으며, 지금도 그 과정을 지나고 있다.

그것이 매우 분명한 문제였다면, 왜 아직까지도 그 문제를 다뤄야만 할까? 그 이유는 사실 상이한 관점이 존재하기 때문이다. 예를 들어, 1953년의 과도기적 총노선[184]이 신민주주의를 포기하고 사회주의를 본격적으로 시행한 것이라는 주장이 있는가 하면, 다른 한편에서는 사회주의 초급 단계가 사실상 신민주주의로의 회귀라는 주장도 있기 때문이다. 그런데 그 두 가지 모두 실제에 맞지 않는 듯하다.

---

183 원문은 『黨的文獻』2008年第5期에 실려 있다.
184 | 과도기적 총노선에서 '과도기'는 신중국 수립 이후, 농업·수공업·자본주의적 상공업에 대한 사회주의적 전환을 완성하는 기간을 가리킨다. 그 시기에 3차례에 걸친 5개년 계획을 추진함으로써, 농업과 공업의 사회주의적 집단소유제 실현, 상공업의 국유화 실현, 국방력 강화를 통한 부국강병의 사회주의 국가 실현이 정책의 주요 내용을 이룬다.

신민주주의 사회는 처음부터 사회주의로 나아가는 이행기의 성격을 띤 단계로 구분되었다. 1949년의 인민정치협상회의에서는「공동강령共同綱領」을 논의하면서, 상황이 그렇다면 그 전망을 명확하게 규정할 필요가 있다는 주장이 제기되었다. 당시 저우언라이는 그 주장에 다음과 같이 답했다. "준비회의의 논의 과정에서 모두들 그러한 전망에 동의하면서 조금의 의문도 갖고 있지 않다. 하지만 그 전망을 설명하고 홍보하는 것으로부터, 특히 그것의 실천 과정을 통해 전국의 인민들에게 입증하는 것이 중요하다. …… 지금 당분간은 그것을 공동강령에 넣지 않았으면 한다. 그 전망을 부정해서가 아니라 그것을 더욱 신중하게 다루려 하기 때문이다. 그리고 본 강령의 경제 부분에서 사실상 그러한 전망으로 나아간다는 보장을 규정하고 있다."[185]

이로부터 신민주주의 사회는 사회주의로 나아가는 이행기의 성격을 지닌 단계라는 점을 알 수 있다. 따라서 그것은 과도기적 총노선에 의해 갑작스럽게 제기된 문제가 아니었다. 그렇다면 신민주주의 사회와 사회주의 초급 단계의 근본적 차이점은 무엇일까? 여기서는 공유제 경제가 국민경제 전체에서 지배主體적 위치를 차지하고 있는가가 가장 중요하다.

신중국이 수립되고 신민주주의 국가가 만들어졌을 때, 공유제 경제는 지배적 위치를 차지하지 못했다. 사회주의적 경제는 관료자본주의적 기업을 몰수하고, 그것을 사회주의적 국유경제로 전환시킴으로써 국민경제 전체에서 주도적인 위치를 점할 수는 있었지만, 중국은 당시 낙후된 농업 국가였을 뿐만 아니라 오랜 전쟁의 영향으로 생산력의 수준도 매우 낮았다.

공업과 농업의 총생산액을 비교해보면, 다음과 같은 사실을 알 수 있다. 1949년 농업의 총생산액은 326억 위안이었고, 공업의 총생산액은 140억 위안에 불과했다.[186] 그리고 대부분의 국토에서 토지개혁이 시작되지 못한

---

[185] 周恩來選集 編委會,『周恩來選集』上, 北京: 人民出版社, 1980: 368쪽. | 周恩來,「人民政協共同綱領草案의 特點」, 中共中央文獻研究室 編,『建國以來重要文獻選編』1, 北京: 中央文獻出版社, 2011: 14쪽.

[186] | 中央財經領導小組辦公室 編,『中國經濟發展五十年大事記(1949.10-1999.10)』, 北京: 人民出版社·中共中央黨校出版社, 1999: 6쪽.

상태였기 때문에 지주들의 토지소유제가 그대로 유지되고 있었다.

1952년까지 농업의 총생산액은 484억 위안, 공업의 총생산액은 349억 위안으로 늘어났지만, 공업은 여전히 농업보다 그 규모가 작았다.[187] 그리고 토지개혁도 진행되기는 했지만, 농촌 경제의 지배적 위치는 수없이 많은 소규모 개인 생산자들의 사유 경제가 차지하고 있었다. 그것이 당시 중국의 기본 상황이었다.

1956년이 되어서야 공업의 총생산액이 가까스로 농업의 총생산액을 넘어섰다.[188] 도시의 공업과 상업을 살펴보면, 1949년 공업의 총생산액에서 공공 부문과 민간 부문의 비중은 43.8%와 56.2%였고, 상업의 경영 총액 가운데 공공 부문과 민간 부문의 비중은 44.4%와 55.6%였다. 이처럼 민간 부문이 공공 부문보다 비중 면에서 훨씬 더 컸다.[189]

전체적으로 신민주주의 사회에서는 도시와 농촌을 막론하고 공유제 경제가 지배적 위치를 차지하지 못했으며, 특히 광활한 농촌 지역에서는 더더욱 그러했다. 따라서 그것은 당연히 사회주의 초급 단계라고 할 수 없다. 여기서 사회주의 초급 단계와 신민주주의 사회의 근본적 차이가 드러난다.

중국공산당 내부에서 과도기적 총노선이 가장 먼저 언급된 것은 1952년 9월에 한 차례 열린 중앙서기처 회의석상에서였다.[190] 그 회의는 저우언라이가 소련에서 스탈린 등과 상의했던 중국의 제1차 5개년 계획 내용을 보고·청취하는 자리였다.

저우언라이가 소련 방문을 위해 준비한 자료에는 하나의 중요한 사실이

---

187 | 中央財經領導小組辦公室 編,『中國經濟發展五十年大事記(1949.10-1999.10)』, 北京: 人民出版社·中共中央黨校出版社, 1999: 51쪽.

188 中央財經領導小組辦公室 編,『中國經濟發展五十年大事記(1949.10-1999.10)』, 北京: 人民出版社·中共中央黨校出版社, 1999: 99쪽을 참조하라. | 참고로, 1956년의 농업 총생산액은 610억 위안이고, 공업 총생산액은 642억 위안이다.

189 周恩來,「三年來中國國內主要情況及今後五年建設方針的報告提綱」, 1952年8月을 참조하라.

190 | 보이보는 이 회의를 1952년 9월 24일에 개최된 중앙서기처 회의라고 밝혔다. 薄一波,『若干重大決策與事件的回顧』上, 北京: 中共中央黨校出版社, 1991: 213쪽을 참조하라.

언급되어 있었다. 그것은 1952년까지의 공업 총생산액 가운데 공공 부문과 민간 부문의 비중이 67.3%와 32.7%, 상업의 경영 총액 가운데 공공 부문과 민간 부문의 비중이 62.9%와 37.1%로 그 관계가 역전되었다는 사실이다.[191] 다시 말해서, 공업과 상업 분야에서는 공유제 경제가 전체의 60% 이상을 차지하고 있다. 농촌에서는 그 문제를 여전히 해결하지 못했지만, 협동화 운동이 순조롭게 진행되면서 사회주의적 집단 경제를 이루는 요소들이 점차 늘어나고 있었다.

사람들의 인식은 언제나 실천 과정에서의 검증을 통해 향상되어간다. 처음에는 전혀 예상하지 못했던 사실이 중국공산당 중앙의 인식을 변화시켰다. 그러한 변화는 사회주의를 하느냐 마느냐에 있기보다는 어떻게 사회주의로 이행할 것인가에만 맞춰져 있었다.

처음부터 많은 사람들은 신민주주의 혁명에서 승리한 다음, 어느 정도의 시간이 지나 일정한 때가 되면 자본주의적 상공업과 토지의 국유화를 선언하고 한 번에 사회주의로 이행할 것이라고 생각했다. 그런데 앞서 언급한 사실들로부터 다음의 사실을 알 수 있다. 즉, 실제로는 신중국이 수립된 날부터 사회주의로의 이행이 점진적으로 이루어지고 있었다는 점이다. 다시 말해서, 사회주의적 경제를 이루는 요소들이 지속적인 발전을 거듭했을 뿐만 아니라 국민경제에서 차지하는 그것의 비중도 날로 늘어났다. 그것이 이행의 기본 경로였다.

또한 과도기적 총노선에서는 다음과 같은 내용이 제시되었다. 여건이 어느 정도 무르익었다면, 자본주의적 상공업은 유상으로 국유화하는 방식을 채택할 수 있고,[192] 농업의 협동화는 단계별로 나눠서 이행해 나간다.[193] 변

191　周恩來,「三年來中國國內主要情況及今後五年建設方針的報告提綱」, 1952年8月을 참조하라.

192 ｜ 毛澤東,「爲動員一切力量把我國建設成爲一個偉大的社會主義國家而鬪爭－關於黨在過渡時期總路線的學習和宣傳提綱」, 中共中央文獻研究室 編,『建國以來重要文獻選編』4, 北京: 中央文獻出版社, 2011: 625쪽.

193 ｜ 毛澤東,「爲動員一切力量把我國建設成爲一個偉大的社會主義國家而鬪爭－關於黨在過渡時期總路線的學習和宣傳提綱」, 中共中央文獻研究室 編,『建國以來重要文獻選編』4, 北京:

화는 바로 거기서부터 시작되는 것이다. 그때 예상했던 시간이 10년에서 15년 또는 그 이상이었다.[194]

그와 같은 방법은 사회적 동요를 줄이고 사회적 생산력을 지속적으로 끌어올리는 데 도움을 주었기 때문에 분명 초기 구상보다는 더 적절해 보인다. 그것은 실제 상황에도 적합했을 뿐만 아니라 어떻게 사회주의 사회를 만들 것인가에 대한 중국공산당의 창조적인 기여라고 할 수 있다. 그리고 그것은 신민주주의를 한순간에 버리고 사회주의를 하자는 것도 아니었다. 그렇기 때문에 「건국 이래 중국공산당의 몇 가지 역사 문제에 관한 결의」에서도 과도기적 총노선이 전적으로 올바르다고 했던 것이다.[195]

과도기적 총노선의 기본 내용은 일반적으로 '하나의 근간과 두 개의 날개一體兩翼' 또는 '하나의 변화와 세 가지 개혁一化三改'라고 불린다. 여기서 근간主體은 사회주의적 공업화, 두 개의 날개는 농업과 수공업, 그리고 자본주의적 상공업의 사회주의적 전환을 가리킨다. 그 가운데 가장 중요한 문제인데도, 많은 사람들이 경시했거나 잊어버렸던 것은 중국에서 사회주의적 제도를 확립할 수 있었던 근간이 사회주의적 공업화에 있었다는 점이다.

그 역사를 겪은 사람이라면 누구나 그것을 기억하고 있다. 1953년부터 중국 본토에서는 역사상 그 유례를 찾을 수 없는 대규모 경제 건설이 뜨겁게 일어났다. 수없이 많은 젊은이들이 그것을 위해 아무런 사심 없이 자신의 청춘을 바쳤다.

경제 건설의 핵심인 156개 중점 프로젝트에는 다음과 같은 것들이 있었다. 안산 철강공사의 3대 공정, 우한 철강공사, 바오터우 철강공사, 베이만 제강소, 푸라얼지 중장비 기계 공장, 바이인白銀 비철금속공사[196], 뤄양 트랙

中央文獻出版社, 2011: 615쪽.

194 | 中共中央文獻研究室 編, 『毛澤東年譜(1949-1976)』2, 北京: 中央文獻出版社, 2013: 115쪽을 참조하라.

195 | 「關於建國以來黨的若干歷史問題的決議」(1981年6月27日中國共産黨第11屆中央委員會第6次全體會議一致通過), 『人民日報』1981年7月1日.

196 | 간쑤甘肅성 바이인시에 위치해 있다.

터 공장, 제일자동차 제조 공장, 하얼빈 계량기 공장, 뤄양 광산기계 공장, 란저우蘭州 정유 공장, 선양과 난창南昌의 비행기 수리 공장 등이다. 그 모든 것들의 소유권이 중국 인민 전체에 있었고, 만약 그것들이 없었다면 중국에서 사회주의 제도를 확립했다고 말할 수 없었을 것이다. 또한 미래의 사회주의적 현대화조차 언급하지 못했을 것이다.

그렇다고 해서 중국 사회주의 제도의 확립을 자본주의적 상공업에 대한 사회주의적 전환의 결과로 간주하거나, 또는 그 지점만을 지나치게 부각하는 것도 적절하지 않다. 옛 중국이 남겨 놓은 민족적 상공업의 역량은 사실상 매우 취약했다. 그것은 [제국주의·봉건주의·관료자본주의라는] 커다란 3개의 산에 짓눌려 신중국이 수립되었을 때는, 그 명맥만이 유지되던 상태였다.

1956년 말, 전체 자산 규모에서 개인 자본은 24억 1,864만 위안이었고, 그 가운데 공업이 16억 9,345만 위안, 상업과 요식업이 5억 8,639만 위안이었다.[197] 물론 여러 가지 이유로 당시의 자산이 과소평가된 문제도 있다. 하지만 자산 점검 이전의 장부 금액과 비교해보면, 우한의 경우에는 43.91%가 줄어들었고, 충칭은 24.62%가 감소했다.[198] 그 액수를 좀 더 높게 잡더라도, 다시 말해서 낮게 잡은 액수가 절반인 24억 1,864만 위안이었기 때문에 그것을 제대로 계산하더라도 전체 액수는 50억 위안이 되지 못했다.

또한 민간 기업은 넓게 분산되어 있었고, 기업의 규모도 대부분 매우 작았다. 가장 규모가 큰 룽더성榮氏 가족은 방직(선신 그룹申新集團)·제분(마오신 그룹茂新集團)·날염·기계공업 업체를 운영했지만, 그것을 모두 합쳐도 24개에 불과했다. 그리고 석탄왕과 성냥왕으로 불리던 류홍성도 스스로 자신의 자본 총액이 2,000만 위안이라고 말했다.[199]

---

197 | 李定 主編, 『中國資本主義工商業의 社會主義 改造』, 北京: 當代中國出版社, 1997: 255쪽을 참조하라.

198 | 李定 主編, 『中國資本主義工商業의 社會主義 改造』, 北京: 當代中國出版社, 1997: 256-257쪽을 참조하라.

199 | 壽充一 等編, 『走在社會主義大道上-原私營工商業者社會主義改造紀實』, 北京: 中國文史

그것을 사회주의적 공업화와 비교해보면 다음과 같다. 국가는 제1차 5개년 계획을 통해 기초 건설에 427.4억 위안을 투자했다.(그 가운데 공업에 대한 투자가 248.5억 위안으로 58.2%에 이르렀고, 운송과 우편·전신 등의 기반 시설이 그 다음으로, 82.1억 위안을 투자해 19.2%를 차지했다.)[200]

실제 집행된 결과를 보면, 전민소유제全民所有制[201]의 고정 자산으로 611.58억 위안이 투자되었다.[202] 그렇다면 그 자금은 어디에서 나온 것일까? 그것은 1953년부터 1957년까지 전민소유제 기업의 납부 이익금이 국가 재정수입 증가분의 74.7%를 차지한 데 있다.[203]

국가가 5년 동안 611.58억 위안을 투자했다면, 민간 기업은 그 자금 총액이 가장 많았을 때도 50억 위안에 미치지 못했다. 양자를 비교해보면 다음과 같은 사실을 알 수 있다. 즉, 중국에서 기본적인 사회주의 제도가 확립될 수 있었던 이유는 무엇보다도 전국 인민들의 피와 땀으로 이룬 것이지, 유상의 국유화로 얻어낸 것이 아니라는 점이다. 근간을 경시하고 두 날개만을 논하는 것은 본말이 전도된 것이라고는 말할 수 없겠지만, 최소한 주요와 부차를 구분하지 못했다고 할 수 있다.

또한 농촌의 문제도 언급할 필요가 있다. 농업 협동화는 호조조互助組·초

出版社, 1988: 86쪽을 참조하라. | 본문에는 '壽充一'이 '壽充'으로 표기되어 있는데, 이를 바로잡는다.

200 中共中央文獻硏究室 編, 『建國以來重要文獻選編』6, 北京: 中央文獻出版社, 1993: 289쪽을 참조하라. | 李富春, 「關於發展國民經濟的第一個五年計劃的報告(節錄)」, 中共中央文獻硏究室 編, 『建國以來重要文獻選編』6, 北京: 中央文獻出版社, 2011: 250쪽.

201 | 全民所有制는 사회주의 사회의 모든 인민들이 생산수단을 공동으로 점유하는 공유제를 뜻한다.

202 | 董志凱·吳江, 『新中國工業的奠基石-156項建設硏究(1950-2000)』, 廣州: 廣東經濟出版社, 2004: 161쪽.

203 董志凱·吳江, 『新中國工業的奠基石-1956年建設硏究』, 廣州: 廣東經濟出版社, 2004: 165쪽을 참조하라. | 董志凱·吳江, 『新中國工業的奠基石-156項建設硏究(1950-2000)』, 廣州: 廣東經濟出版社, 2004: 164-165쪽을 참조하라. 저자가 인용한 책이름과 쪽수 표기가 잘못되어 바로잡았다.

급 농업생산 협동사低級社·고급 농업생산 협동사高級社라는 몇 가지 단계를 거쳤다.[204] 마오쩌둥은 「연합정부를 논함」에서 다음을 지적했다. "중국의 모든 정당정책과 그것의 실천이 중국 인민들에게 끼친 좋고 나쁨이나 크고 작음의 영향을 평가하려면, 결국에는 그것이 중국 인민들의 생산력 향상에 도움이 되었는지, 그리고 도움이 되었다면 얼마나 되었는지를 살펴봐야 한다. 아울러 그것이 생산력을 속박하는 것인지, 아니면 생산력을 해방시키는 것인지도 봐야 한다."[205]

중국의 농업 총생산액은 1949년에 326억 위안[206], 1950년에 384억 위안(이것은 1952년의 불변가격에 근거한 계산이다.)[207], 1951년에 420억 위안[208], 1952년에 484억 위안[209], 1953년에 510억 위안[210], 1954년에 535억 위안[211], 1955년에 575억 위안[212], 1956년에 610억 위안이었다.[213] 7년 만에 거의 2배 가까

---

[204] 互助組는 친족이나 가까운 이웃인 5-8호의 농가로 이루어졌으며, 低級社는 호조조보다 발전된 형태로 평균 20-30호의 가구로 구성되었다. 그리고 高級社는 여러 低級社를 병합해 평균 200호의 가구로 만들어졌다.

[205] 毛澤東, 「論聯合政府」, 『毛澤東選集』3, 北京: 人民出版社, 1991: 1079쪽.

[206] 中央財經領導小組辦公室 編, 『中國經濟發展五十年大事記(1949.10-1999.10)』, 北京: 人民出版社·中共中央黨校出版社, 1999: 6쪽.

[207] 中央財經領導小組辦公室 編, 『中國經濟發展五十年大事記(1949.10-1999.10)』, 北京: 人民出版社·中共中央黨校出版社, 1999: 24쪽.

[208] 中央財經領導小組辦公室 編, 『中國經濟發展五十年大事記(1949.10-1999.10)』, 北京: 人民出版社·中共中央黨校出版社, 1999: 40쪽. 이것도 1952년의 경상가격에 근거한 계산이다.

[209] 中央財經領導小組辦公室 編, 『中國經濟發展五十年大事記(1949.10-1999.10)』, 北京: 人民出版社·中共中央黨校出版社, 1999: 51쪽.

[210] 中央財經領導小組辦公室 編, 『中國經濟發展五十年大事記(1949.10-1999.10)』, 北京: 人民出版社·中共中央黨校出版社, 1999: 64쪽.

[211] 中央財經領導小組辦公室 編, 『中國經濟發展五十年大事記(1949.10-1999.10)』, 北京: 人民出版社·中共中央黨校出版社, 1999: 77쪽.

[212] 中央財經領導小組辦公室 編, 『中國經濟發展五十年大事記(1949.10-1999.10)』, 北京: 人民出版社·中共中央黨校出版社, 1999: 89쪽.

[213] 中央財經領導小組辦公室 編, 『中國經濟發展五十年大事記(1949.10-1999.10)』, 北京: 人民

이 늘어난 것을 보면, 전반적으로 협동화가 성공적이었다고 할 만하다.

고급 농업생산 협동사에 대해서는 긍정보다는 비판적인 평가가 더 많은 듯하다. 하지만 그러한 평가에는 고급 농업생산 협동사의 뚜렷한 역사적 공헌이 간과되어 있다. 초급 농업생산 협동사가 토지 지분 소유土地入股[214]의 방식이라면, 고급 농업생산 협동사는 토지를 공유하는 방식이기 때문이다. 따라서 고급 농업생산 협동사는 공유제 중심의 사회주의 제도를 만드는 데 매우 중요한 의의를 지닌다.

이후에도 여러 차례의 개혁이 있었지만 그 원칙은 바뀐 적도, 다시 검토動搖된 적도 없다. 그렇다면 가족단위 농업생산 책임제家庭聯產承包責任制가 어떻게 사회주의적 집단 경제라는 성격을 버리지 않았다고 말할 수 있는가? 그것은 그 토지가 공유된 상태였고 단지 경영 방식만이 바뀐 것이기 때문에, 농민이 할당된 토지를 직접 운영·생산하는 방식分田單干으로 돌아간 것이 아니었다. 현재 진행 중인 사회주의 현대화 과정에서도 토지 공유의 중요성은 거의 모든 곳에서 점점 더 분명한 형태로 드러나고 있다. 따라서 고급 농업생산 협동사가 지닌 역사적 업적의 중요성을 충분히 중시하고 인정할 필요가 있다.

물론 중국에서 사회주의적 제도가 확립되는 과정에는 결함과 실수도 있었다. 크게 두 가지 정도가 있었는데, 하나는 막바지에 이르러 너무 빨리 급하게 진행되다보니 작업이 대단히 거칠게 이루어졌고, 그 후유증도 적지 않았다는 점이다. 다른 하나는 사회주의 사회를 '순수함의 극치純而又純'로 추구했다는 점이다. 사실 노예 사회든 봉건 사회든 자본주의 사회든 '순수함의 극치'라는 것은 없기 때문에 사회주의 사회도 그렇게 될 수 없으며, 또 그렇게 돼서도 안 된다.

1956년 말, 중국공산당 중앙은 그것의 문제점을 어느 정도 파악한 상태

出版社·中共中央黨校出版社, 1999: 99쪽을 참조하라.

[214] 土地入股로부터 토지의 사용권과 소유권이 분리되었는데, 그것이 토지 공유제의 기반이 되었다.

였다. 마오쩌둥은 다음과 같이 언급했다. "국가가 경영할 수도 있고 개인이 경영할 수도 있다. 자본주의를 없앨 수도 있고, 없앤 자본주의를 다시 살릴 수도 있다. 물론 조건에 따라 다르겠지만, 원자재와 판매처만 있다면 해볼 수 있다. 현재 국영 기업·합작슴쓸 기업은 사회적 수요를 만족시키지 못하고 있을 것이다. 만약 원자재와 사회적 수요가 있는데 국가 차원의 투자가 어려운 상황이라면, 개인이 공장을 운영할 수 있다."[215] "그것을 신경제 정책이라고 부른다."[216]

그리고 류사오치는 "그러한 약간의 자본주의는 한편으로 사회주의 경제를 보완하는 데 활용될 수도 있고, 다른 한편으로는 어떤 측면에서 사회주의 경제와 비교될 수도 있다."[217]고 했다. 나중에 저우언라이도 다음과 같이 발언했다. "사회주의의 추진 과정에서 일부를 민영화하는 것이 활기찬 경제를 위해 도움이 된다."[218] "주요 흐름은 사회주의 [경제]지만, 그것에 어느 정도의 자유를 주면, 사회주의 [경제]가 발전하는 데 도움이 될 것이다. 그 방법은 공업, 농업, 수공업에도 적용 가능하다."[219]

그런데 아쉽게도 1957년부터 중국공산당 중앙에 '좌경화'된 지도 사상이 확산되면서 그 소중한 모색들이 중단되고 말았다. 심지어는 정반대 방향으로 나아가 상황은 더욱 심각해졌다. 그와 같은 오류는 중국공산당 제11기 중앙위원회 3차 전체회의를 거쳐 마침내 시정되었다.

전체적으로 보면, 그 시기에 중국은 사회주의 국가가 되었고, 사회주의

---

215 | 毛澤東, 「同民建和工商聯負責人的談話」, 『毛澤東文集』7, 北京: 人民出版社, 2009: 170쪽.

216 毛澤東, 『毛澤東文集』7, 北京: 人民出版社, 1999: 170쪽.

217 劉少奇在第一屆全國人大常委會第52次會議上的發言記錄, 1956年12月29日. | 中共中央文獻研究室 編, 『劉少奇年譜(1898-1969)』下, 北京: 中央文獻出版社, 1996: 383쪽.

218 | 中共中央文獻研究室 編, 『周恩來年譜(1949-1976)』中, 北京: 中央文獻出版社, 1997: 31쪽.

219 周恩來在國務院第44次全體會議上的發言記錄, 1957年4月6日. | 中共中央文獻研究室 編, 『周恩來年譜(1949-1976)』中, 北京: 中央文獻出版社, 1997: 31쪽.

초급 단계에 들어서기 위한 기본 여건을 갖추었으며, 공유제 경제가 지배적인 위치를 차지하고 있었다. 그것은 중화민족의 역사에서 나타난 하나의 위대한 변혁이었다. 또한 그것은 중국이 대규모의 사회주의 건설을 본격화함으로써, 향후 사회주의 현대화로 나아갈 수 있었던 위대한 출발점이 되었다.

따라서 그 시기가 지닌 역사적 의의를 긍정적으로 평가해야 한다. 비록 그 시기의 마지막 부분에 결함과 실수들이 있었지만, 그것은 사회주의의 자체 발전과 자체 보완을 통해 해결될 수 있었다. 마치 차가 길을 잘못 들어서 왔던 길로 되돌아가야 하듯, 그 시기를 부정할 필요는 없다.

어쩌면 부적절해 보일 수도 있는 비유를 하나 들어보겠다. '임신의 기간은 열 달이지만, 분만은 하루아침에 이루어진다.'는 속담이 있다. 분만을 하려면 어쨌든 기본 여건들이 갖춰져야만 한다. 만약 기간이 4-5개월밖에 되지 않았다면, 아이는 조산아로 태어날 가능성도 없이 유산되고 말 것이다.

출산일이 가까워올수록 경험 부족의 조급함 때문에 결함이나 실수들이 발생하면서, 8개월 만에 아이를 낳기도 한다. 그러한 경우, 선천적 결핍으로 인한 어떤 후유증들이 동반되기도 한다. 그럼에도 불구하고 우선적으로 해야 할 일은 새로운 생명의 탄생을 축하하는 일이다. 왜냐하면 그것은 하나의 대단한 사건이기 때문이다.

선천적 결핍이 가져온 어떤 후유증들은 그 경험과 교훈을 꼼꼼히 정리해야만 그것을 후천적으로 조정하거나 보완할 수 있다. 이처럼 그것도 자체 발전과 자체 보완이라는 과정에서 문제점들을 해결할 수 있다는 믿음을 필요로 한다. 아이를 어머니의 뱃속에 넣고 다시 태어나게 할 수 없는 것처럼, 왔던 길로 돌아갈 수는 없기 때문이다.

16
중국공산당 제11기 중앙위원회 3차 전체회의에서 제12차 전국대표대회까지
- 새로운 시기는 그렇게 시작되었다.[220]

　개혁개방 30년 동안, 중국은 외관상 엄청난 변화를 겪었는데, 그것은 규모와 속도 면에서 많은 이들의 예상을 뛰어넘었다. 전 세계는 놀라움을 감추지 못하고 그것을 지켜보면서, 그것이 어떻게 일어날 수 있었고 또 어떻게 단계적으로 이루어져왔는지를 논의했다. 중국에는 '어떤 일이든 그 시작이 어렵다.'라는 옛말이 있다. 중국의 개혁개방은 모든 여건이 갖춰진 환경에서 순조롭게 시작된 것이 아니라 매우 복잡하고 어려운 환경에서 첫발을 내디뎠다.

　그 시기에 중국 인민들 앞에는 두 가지 난제가 놓여 있었다. 한편으로는 '문화대혁명'이라는 10년 동안의 난리가 남긴 문제들이 산처럼 쌓여 있었고, 한동안 어디서부터 시작해야 그와 같은 곤경에서 벗어날 수 있을지 알 수 없을 정도로 사람들의 생각도 상당히 혼란스러운 상태였다. 다른 한편으로는 절박하고 처리하기 어려운 눈앞의 문제들에 대응하는 것뿐만 아니라 장기적이고 전략적인 안목에서 완전히 새로운 발전 방향을 만들어야만 했다. 그리고 그것이 견고한 토대를 갖춰야만 지금까지 없었던 새로운 국면을 열어나갈 수 있었다.

　이 두 가지 측면은 짧은 시간 안에 해결되어야만 했다. 비범한 전략적 안목과 지혜·담력이 없이는 불확실성이 많은 상황에서 역사적 결단을 과감하게 내리기 어렵다. 중국공산당 제11기 중앙위원회 3차 전체회의로부터

220　원문은 『黨的文獻』 2008年 第6期에 실려 있다.

중국공산당 제12차 전국대표대회에 이르기까지 중국은 바로 그와 같은 길을 지나왔다.

1) 중국공산당 제11기 중앙위원회 3차 전체회의의 전야前夜

그와 같은 길을 걷는다는 것은 실로 쉬운 일이 아니었다. 중국공산당 제11기 중앙위원회 3차 전체회의가 있기까지 중국은 2년 동안 길을 찾아 헤매면서도 앞으로 나아가야만 하는 시간을 보냈다. 1976년 10월, 중국공산당 중앙은 '4인방'[221]을 일거에 분쇄하고 '문화대혁명'을 종식시킴으로써 중국을 위험으로부터 구해냈다. 이어서 중앙은 2가지 일에 집중했는데, 하나는 '4인방'에 대한 공개 비판이었고, 다른 하나는 국민경제의 회복과 발전이었다.

그 당시 '4인방'과 그들의 핵심 세력은 이미 격리된 상태에서 조사가 진행 중이었고, 전국 대부분의 지역 상황은 빠르게 통제되었다. 하지만 그들이 수년간 이끌어온 파벌 세력은 전국에 널리 퍼져 있었다. 일부는 여전히 어느 정도의 권력을 가지고 있었기 때문에 만약 제대로 정리하지 않으면, 잠재적인 위험 요소가 될 수도 있는 상황이었다.

그래서 중앙은 단호한 조치를 취했는데, '4인방'과 관련된 사람이나 사건을 철저히 조사하고 각급 단위의 지도부를 조정하거나 강화해 나가면서 짧은 시간 안에 그 문제를 해결했다. 또한 그 과정에서 사회적 안정을 일관되게 유지했기 때문에 어떠한 동요나 혼란도 발생하지 않았다. 이와 함께 관련 글들이 많이 발표되면서 극단적으로 '좌경화'된 흐름의 악영향을 없애는 데 뚜렷한 성과를 이루었다.

국민경제는 그 2년 동안 대체적으로 회복되고 발전하는 모습을 보였다. 1977년 국내총생산은 전년 대비 7.6% 늘어났고, 1978년에는 다시 11.7%

---

[221] | '4인방'은 왕훙원[王洪文, 1935-1992], 장춘차오[張春橋, 1917-2005], 장칭, 야오원위안[姚文元, 1931-2005] 네 사람이 결성한 파벌로, 문화대혁명 기간 동안 활동했다.

로 증가했다. 그리고 많은 중점 건설 사업들에서 뚜렷한 진전이 나타났다. 1977년에는 전국의 직공職工 가운데 40%에 해당하는 이들의 임금이 인상되었다. 그것은 10여 년 만에 처음으로 직공들을 위해 이루어진 임금 인상으로, 그를 통해 인민들의 생활이 크게 개선되었다.

그 두 가지 일은 마땅히 해야 할 일들이었지만, 그 과정에는 심각한 어려움이 있었다. 지도적 사상이라는 측면에서 '문화대혁명' 시기와 수년간 존재했던 '좌경화'된 오류를 철저하게 청산하지 못했다는 점이 가장 중요했다. 다시 말해서, 마오쩌둥이 만년에 저지른 오류로부터 제대로 벗어나지 못했다.

그것이 바로 모두가 알고 있는 '두 가지의 무릇兩个凡是'[222]이다. 그러한 사상적 속박을 깨뜨리지 못한다면 '계급투쟁의 원칙'이든, '무산계급 독재에서의 계속 혁명'이든, '문화대혁명'에 대한 긍정적 평가든 간에 어떠한 것도 바꾸지 못했을 것이다. 만약 그랬다면 중국은 개혁개방이라는 새로운 시기를 열기는커녕 성공을 위한 새로운 길조차 개척할 수 없었다.

2) 그 시작은 사상 노선을 바로잡는 것으로부터

새로운 시기와 새로운 과제에는 새로운 지도자를 필요로 한다. 덩샤오핑은 오랜 혁명 과정에서 이룬 역사적 업적과 '4인방'에 대한 단호한 투쟁, 그리고 혼란스러운 문혁 시기에도 전반적인 정비 작업[223]을 주도해 뚜렷한 성과를 거두었다. 그로 인해 당시 공산당과 인민들 사이에서 큰 명성을 누리고 있었다.

전국 인민의 간절한 기대 속에 중국공산당 제10기 중앙위원회 3차 전체

---

222 | '두 가지의 무릇'은 "무릇 마오 주석이 내린 결정이라면 우리는 굳건히 옹호해야 하고, 무릇 마오 주석의 지시라면 우리는 변함없이 따라야 한다."는 것을 가리킨다.

223 | 덩샤오핑은 1972년 저우언라이와 마오쩌둥의 지지를 받으며 중앙의 일상 업무를 주재하기 시작했는데, 1975년에 군·산업·당 조직 차원에서 '전반적인 정비 작업'을 진행했다.

회의²²⁴에서는 덩샤오핑이 원래 담당했던 중앙 지도자라는 직위로 그를 복귀시켰다. 복귀한 덩샤오핑은 중국공산당 전체와 전국 인민들의 기대를 저버리지 않았다. 그는 일을 시작하자마자 전략가답게 멀리 내다보는 탁월한 식견을 드러냈으며, 확고하고 강력하면서도 질서정연하게 혼란으로부터 새로운 국면을 열어 나갔다.

모든 일들이 이리저리 뒤얽혀 있는 상황에서 어디서부터 시작해야만 했을까? 덩샤오핑은 결정적 의미를 지닌 부분을 단호히 틀어잡았는데, 그 시작은 사상 노선²²⁵을 바로잡는 것이었다. 그는 업무 재개 이전부터, 중국공산당 중앙에 서한을 보내 '두 가지의 무릇'에 대한 자신의 분명한 입장을 제기했다. "대대손손 정확하고 온전한 마오쩌둥 사상으로 우리의 당 전체와 군 전체, 그리고 전국의 인민들을 지도해 나가야 한다."²²⁶

그리고 그를 찾아온 중앙 사무청中央辦公廳²²⁷의 담당자들에게 "'두 가지의 무릇'은 안 된다."²²⁸고 지적했다. 여기서 가장 먼저 해결해야할 문제가 바로 그것이었다는 점을 알 수 있다. 이후에 벌어진 진리 기준에 관한 토론도 그러한 시각에 기초해 진행된 것이다.

덩샤오핑은 그 문제를 이론적으로 명확하게 제시했을 뿐만 아니라 즉각적이면서도 과감하게 행동에 옮겼다. 그는 업무를 재개한 다음, 과학과 교육 분야를 맡겠다고 나섰다. 그리고 한 가지 중요한 결정을 내렸는데, 그것은 대학입학시험과 관련 선발 제도의 복구였다.

---

224 | 중국공산당 제10기 중앙위원회 3차 전체회의는 1977년 7월 16일부터 21일까지 베이징에서 개최되었다.

225 | 사상 노선은 사물을 인식하는 방향과 경로를 뜻한다.

226 | 中共中央文獻研究室 編, 『鄧小平年譜』4, 北京: 中央文獻出版社, 2021: 157쪽.

227 | 중앙 사무청은 일반적으로 중국공산당 중앙위원회 사무청을 가리킨다. 그것은 중국공산당 중앙위원회, 중앙 직속기관의 각 부문, 지방의 각급 당 조직의 업무를 담당하는 기관이다. 중국공산당 중앙의 지도를 직접적으로 받는다. 중국공산당 창당 초기에 설치되었던 중앙 비서청이 그 전신이다.

228 中共中央文獻研究室 編, 『鄧小平年譜(1975-1997)』上, 北京: 中央文獻出版社, 2004: 157쪽. | 中共中央文獻研究室 編, 『鄧小平年譜』4, 北京: 中央文獻出版社, 2021: 157쪽.

그 일이 중국 사회에 끼친 영향은 매우 컸다. 수많은 지식 청년[229]들에게 다시 대학에 들어갈 수 있는 문이 열리면서 그들의 인생 경로가 바뀌었다. 나아가 그것은 전국을 뒤흔들며 행동으로 '두 가지의 무릇'을 타파했을 뿐만 아니라 개혁개방의 새로운 국면을 여는 데도 선도적인 역할을 담당했다.

「실천은 진리를 검증하는 유일한 기준이다實踐是檢驗眞理的唯一標準」라는 글이 발표되자[230] 전국적으로 큰 반향이 일어났지만, 상당히 큰 정치적 부담도 안게 되었다. 덩샤오핑은 당시 명확하게 다음을 밝혔다. "마오쩌둥 사상에서 가장 근본적이고 중요한 것은 바로 실사구시實事求是다. 그런데 지금 문제가 하나 생겼는데, 그것은 실천이 진리를 검증하는 기준이라는 것조차 문제가 된다고들 한다. 정말 어처구니가 없다!"[231] 그리고 얼마 후 덩샤오핑은 둥베이 3성을 시찰하면서 다음과 같이 발언했다. "나는 여기저기에 불을 지르고 다닌다."[232]

덩샤오핑은 중국공산당 제11기 중앙위원회 3차 전체회의[233]가 개최되기 전에 이루어진 중앙업무회의에서 사실상 중국공산당 제11기 중앙위원회 3차 전체회의의 기조 강연이라 할 수 있는 「사상을 해방하고, 실사구시와 일치단결의 자세로 미래를 바라보자解放思想, 實事求是, 團結一致向前看」를 연설했다. 그는 거기서 무게감 있는 말을 던졌다. "하나의 당, 하나의 나라, 하나의 민족이 교조적인 태도로부터 모든 것을 이해하고, 그로 인해 사상이 경직

---

229 | 여기서 언급된 지식 청년은 중학교나 고등학교의 학업을 마쳤지만, 문화대혁명으로 인해 농촌에서 재교육을 받은 사람들을 가리킨다.

230 | 1978년 5월 11일, 『光明日報』에 '『光明日報』特約評論員'의 명의로 발표된 「實踐是檢驗眞理的唯一標準」은 진리 기준을 둘러싼 대규모의 토론을 촉발시켰다.

231 | 中共中央文獻研究室 編, 『鄧小平年譜(1975-1997)』上, 北京: 中央文獻出版社, 2004: 320쪽. | 中共中央文獻研究室 編, 『鄧小平年譜』4, 北京: 中央文獻出版社, 2021: 320쪽.

232 | 中共中央文獻研究室 編, 『鄧小平年譜』4, 北京: 中央文獻出版社, 2021: 382쪽.

233 | 중국공산당 제11기 중앙위원회 3차 전체회의는 1978년 12월 18일부터 22일까지 베이징에서 개최되었다.

되고 미신이 만연하게 된다면, 그것은 앞으로 나아가지 못하고 그 활력도 사라지게 될 것이다. 그러면 당과 나라는 망하게 된다."²³⁴

사람의 행동은 사상의 영향을 받을 뿐만 아니라 그것에 의해 지배된다. 사상 노선이라는 문제를 제대로 해결해야만 새롭고 올바른 정책을 제시할 수 있다는 사실은 이미 증명된 것이다. 사상의 구속 정도가 심한 상황에서는 큰 걸음을 내딛을 수 없다. 따라서 사상 노선을 바로잡는 것으로부터 시작했다는 것은 모든 일이 뒤엉켜 있는 상황에서 핵심을 틀어잡았다는 의미가 된다. 또한 그것은 개혁개방이 순조롭게 진행될 수 있도록 하는 출발점의 의미도 지닌다.

3) 새로운 시기에 맞는 기본적 구조의 마련

사상 해방이라는 물꼬가 트이자 별의별 주장들이 다 제기되었다. 하지만 하나의 나라와 민족이 앞으로 나아가려면 확고하고 올바른, 공통된 지향점이 있어야만 한다. 지향점도 없이, 마치 바다 위의 조각배가 조류에 따라 이리저리 표류하는 것과 같은 상태라면 매우 위험하다.

또한 급박한 객관적 상황도 장기간에 걸친 논의를 허용하지 않았다. 하루라도 빨리 결단을 내려야만 당 전체와 전국 인민들의 생각을 한데 모으고, 한마음 한뜻으로 나아갈 수 있었다. 만약 망설이고 머뭇거리면서 결단을 하지 못한다면, 기회를 놓쳐 다시금 먼 길을 돌아가야만 한다.

덩샤오핑은 개혁개방의 총설계자로서 손색이 없었다. 그는 중화민족의 미래와 운명이 걸린 역사적 순간에 심사숙고의 과정을 거쳐 시의적절한 결단을 내렸을 뿐만 아니라 중국이 새로운 시기에 어떻게 할 것인지를 청사진으로 명확하게 그려냈다.

중국공산당 제11기 중앙위원회 3차 전체회의에서는 덩샤오핑 중심의 중국공산당의 2세대 중앙지도부中国共产党第二代中央领导集体 체제를 구성했다. 전체회의의 가장 두드러진 공헌은 '좌경화'된 지도 사상이 가져온 오랜 속

234　鄧小平,『鄧小平文選』2, 北京: 人民出版社, 1994: 143쪽.

박을 타파한 점, 그리고 사회주의 시대에도 계속 유지해온 '계급투쟁의 원칙'이라는 잘못된 관점을 폐기한 데 있다.

전체회의 공보公報에서는 다음을 명확하게 제시했다. "모든 당 업무의 주안점과 전국 인민들의 관심을 사회주의 현대화 건설로 전환시켜야 한다."[235] 또한 공보에서는 그러한 목표를 이루기 위해 전반적인 개혁을 확고히 추진해야 한다고 밝혔다. "4가지 현대화를 이루려면 생산력을 대폭 향상시켜야 한다. 다시 말해서, 많은 측면에서 생산력 발전에 조응하지 못하는 생산관계나 상부구조를 바꿔야 하고, 부적절한 관리방식·활동방식·사고방식 전체를 바꿔야만 한다. 따라서 그것은 광범위하고 심오한 혁명이다."[236]

전체회의에서는 대외개방 정책도 추진해야 한다고 결정했다. 그것은 외국의 선진 기술, 관리 경험, 자금을 활용함으로써 중국의 사회주의 현대화 건설을 더욱 가속화시켜야 할 필요성으로부터 제기되었다.

중국공산당 제11기 중앙위원회 3차 전체회의가 끝나고 20여 일이 지난 뒤에 이론학습토론회理論務虛會[237]가 베이징에서 개최되었다. 그 회의를 통해 많은 주요 사안들의 이론적 옳고 그름이 더욱 명확해졌다. 그럼에도 불구하고 하나의 극단에서 또 다른 극단으로 치닫는 소수의 사람들도 있었고, 사회적으로도 일부 불안정한 요소들이 남아 있었다.

높은 수준의 정치적 통찰력을 지닌 덩샤오핑은 그러한 문제들에 대해

---

[235] 「中國共産黨第十一屆中央委員會第三次全體會議公報(一九七八年十二月二十二日通過)」,『人民日報』1978年12月24日.

[236] 『人民日報』1978年12月24日. | 「中國共産黨第十一屆中央委員會第三次全體會議公報(一九七八年十二月二十二日通過)」,『人民日報』1978年12月24日.

[237] 이론학습토론회의 공식 명칭은 '이론업무학습토론회理論工作務虛會'이다. 참여 대상으로는 각급 정당, 정부 기관, 군, 기업 등의 의사결정 단위이며, 주로 정치·사상·정책·이론 등의 측면에서 조직 기구의 전반적 전략이나 특정 업무에 관한 토론을 진행한다. 그 목적은 공감대 형성, 이론 수립, 노선 제정, 강령 제시, 원칙 확립에 있다. 덩샤오핑이 주도한 이 이론학습토론회는 1979년 1월 18일부터 4월 3일까지 진행된 것이다.

시의적절한 답변을 내놓았다. "중국에서 4가지 현대화[238]를 이루려면, 사상적·정치적 측면에서 4가지 기본 원칙[239]을 견지해야만 한다. 그것이 4가지 현대화를 이루기 위한 기본 전제가 된다."[240] "만약 그 4가지 기본 원칙 가운데 어느 하나라도 흔들린다면, 사회주의와 현대화 건설의 제반 사업들이 흔들릴 것이다."[241]

이처럼 경제 건설을 중심에 놓고, 4가지 기본 원칙과 개혁개방을 견지한다는 새로운 시기의 기본 노선이자 지도 사상(즉, '하나의 중심과 두 가지의 주요 측면基本點'[242])이 짧은 시간 안에 매우 명확한 형태로 제시되었다. 이를 통해 사람들을 현혹하던 장애물이 제거되었고, 중국의 사회주의 제도에는 생기와 활력이 넘쳐나게 되었다. 또한 사람들이 앞으로 나아가는 과정에서 필요한 공통의 지향점과 옳고 그름을 판단하는 기준이 갖춰졌다. 중국적 특색사회주의라는 새로운 길은 바로 중국공산당 제11기 중앙위원회 3차 전체회의로부터 시작되었다고 할 수 있다.

4) 혼란의 수습과 본격화된 개혁개방

큰 방향이 정해졌다면, 사회주의 현대화 건설은 어떻게 시작되었을까? 당시 중국에서는 해결해야 할 문제와 해야 할 일들이 실로 대단히 많았다.

---

[238] | 4가지 현대화는 공업의 현대화, 농업의 현대화, 국방의 현대화, 과학기술의 현대화를 가리킨다. 그것은 1950년대부터 이어져온 중국의 전략적 목표였다.

[239] | 4가지 기본 원칙은 1) 사회주의라는 지향점, 2) 무산계급의 독재 정치, 3) 공산당의 주도권, 4) 마르크스레닌주의와 마오쩌둥 사상이다. 中共中央文獻研究室 編, 『鄧小平年譜』4, 北京: 中央文獻出版社, 2021: 502쪽을 참조하라.

[240] | 中共中央文獻研究室 編, 『鄧小平年譜』4, 北京: 中央文獻出版社, 2021: 502쪽.

[241] | 中共中央文獻研究室 編, 『鄧小平年譜(1975-1997)』上, 北京: 中央文獻出版社, 2004: 502쪽. | 中共中央文獻研究室 編, 『鄧小平年譜』4, 北京: 中央文獻出版社, 2021: 502쪽.

[242] | 中共中央文獻研究室 編, 「沿着有中國特色的社會主義道路前進」, 『十三大以來重要文獻選編』上, 北京: 人民出版社, 1991: 15쪽. 참고로, 「沿着有中國特色的社會主義道路前進」는 자오쯔양[趙紫陽, 1919-2005]이 중국공산당 제13차 전국대표대회에서 보고한 내용이다.

게다가 국가의 역량과 자금이 제한적인 상황임에도 불구하고 모든 변화와 개혁은 질서정연하게 진행되어야만 했다. 만약 질서 없이 우르르 몰려들어 한꺼번에 여러 일을 하려고 했다면 틀림없이 어떠한 일도 이루지 못했을 것이고, 심지어는 하던 일도 엉망진창이 되어 버렸을 것이다. 당시에는 2가지 과제가 가장 절실했다. 하나는 혼란스러운 상황을 안정화시키는 것이었고, 다른 하나는 개혁개방을 전반적으로 기획하고 추진하는 일이었다.

중국공산당 제11기 중앙위원회 3차 전체회의를 전후로 해서 혼란스러운 상황을 수습하기 위한 많은 노력들이 있었다. 진리 기준 문제에 관한 논의를 거치면서 실사구시라는 사상 노선이 재정립되었는데, 그것이 바로 사상 노선에서의 혼란스러운 상황을 안정시킨 것이라고 할 수 있다.

그리고 중국공산당 제11기 중앙위원회 3차 전체회의에서는 '계급투쟁의 원칙'이라는 방침을 폐지하고, 당과 국가의 업무 중심을 사회주의 현대화 건설로 이전하면서 사회적 생산력의 향상에 모든 힘을 집중했다. 그것은 가장 근본적인 차원에서 정치 노선의 혼란스러운 상황을 수습한 것이다. 또한 덩샤오핑은 조직 노선에 대해서도 자신의 생각을 밝혔다. 즉, 사상 노선과 정치 노선은 조직 노선에 의해 그 실현이 보장되는데,[243] 현재 조직 노선을 의사일정에 포함시켜 그 문제점을 해결하고자 한다.[244]

중국공산당 제11기 중앙위원회 3차 전체회의를 전후로 한 활동에는 조직 업무와 관련된 것도 있었다. 그것은 바로 문화대혁명 기간 동안 억울하게 누명을 썼던 이들의 명예 회복과 남겨진 여러 역사적 문제들을 올바르게 처리하는 것이었다. 그 문제들이 제때 해결되지 않았다면, 안정되고 단합된 국면을 조성하지도 못했을 것이고, 또한 각계의 적극적인 참여와 원활한 업무의 중심 전환도 이루어지지 못했을 것이다.

다음으로 덩샤오핑은 후계자 문제에 집중했을 뿐만 아니라 간부의 혁명화·저연령화·지식화·전문화라는 문제를 해결하고자 했다. 그리고 지도자

---

[243] 鄧小平, 『鄧小平文選』2, 北京: 人民出版社, 1994: 190쪽.

[244] 鄧小平, 『鄧小平文選』2, 北京: 人民出版社, 1994: 193쪽.

의 직무 종신제를 폐지함으로써 신구 세대의 조화와 교체를 이루었다. 그는 1979년 11월에 다음과 같이 강조했다. "후계자 양성은 조금도 늦출 수 없는 일이다. 그렇지 않으면 4가지 현대화는 빈말이 되고 말 것이다."[245]

1981년 6월, 중국공산당 제11기 중앙위원회 6차 전체회의에서「건국 이래 중국공산당의 몇 가지 역사 문제에 관한 결의」가 통과함으로써 기본적으로 당 전체와 전국 인민들의 인식을 통일시켰다. 전체회의의 공보에서는 다음과 같이 평가했다. "공산당의 지도 사상이라는 측면에서, 이번 회의가 혼란의 안정화라는 역사적 과제를 이루었다고 역사는 기록할 것이다."[246]

개혁개방은 새로운 시기를 보여주는 가장 뚜렷한 특징으로, 그것은 사회주의 제도의 자체 보완과 발전의 산물이었다. 전반적 개혁이라는 것도 어디에서부터 시작할 것인가라는 문제를 검토해야만 했다. 우선 개혁의 흐름은 농촌에서 형성되었다. 당시 중국은 농민이 전국 인구의 80%를 차지하는 국가였기 때문에 농업이 국민경제의 근간이었다. 그것은 천원의 언급과도 같다. "무엇보다 먼저 농민을 안정시켜야 한다."[247] "농민들을 안정시켜야 대다수의 사람들이 안정된다. 7억 명이 넘는 인구가 안정되면, 세계가 크게 안정될 것이다."[248]

농업 생산을 비교적 빠르게 이루기 위해서는 많은 농민들의 적극적인 참여를 충분히 이끌어내는 것이 무엇보다 중요했다. 당시의 농촌 개혁은 가족단위 농업생산 책임제家庭聯產承包責任制의 시행을 주요 내용으로 하는데, 그것은 농가의 분산 경영과 집단의 통일적 경영을 결합시킨 이중적 경영 체제를 가리킨다. 다시 말해서, 그것은 농업 협동화의 이전 형태인 소규모 사유私有 경제로 돌아간 것이 아니라 농촌 집단경제의 새로운 경영 방식이자 경영 체제라고 할 수 있다.

---

245 鄧小平,『鄧小平文選』2, 北京: 人民出版社, 1994: 221쪽.
246 『人民日報』1981年6月30日. |「十一屆六中全會在北京擧行全會一致通過『關於建國以來黨的若干歷史問題的決議』」,『人民日報』1981年6月30日.
247 | 陳雲,『陳雲文選』3, 北京: 人民出版社, 1995: 236쪽.
248 陳雲,『陳雲文選』3, 北京: 人民出版社, 1995: 236쪽.

도시의 상황은 농촌보다 더 복잡했기 때문에 농촌의 생산 책임제를 도시에 단순하게 적용할 수는 없었다. 처음에는 어떻게 해야 할지도 몰랐고, 개혁의 진척 정도도 농촌만큼 그렇게 크지 않았다. 그래서 초기 단계에서는 주로 기업의 자율권 등을 확대하는 차원에서 일련의 모색들이 이루어졌다.

대외 개방은 우선 광둥에서 큰 걸음을 내딛었다. 광둥 지역은 홍콩·마카오와 가까우면서도 주요 화교촌華僑鄕[249]으로 분류되었다. 대외적으로는 줄곧 경제 교류의 전통이 이어져온 곳이었다. 그로부터 경제특구의 설치라는 의제가 상정되었는데, 그것은 특구가 상당히 큰 경제적 관리 권한을 갖는 특별 정책이었다.

경제특구는 사람들의 눈앞에서 놀랄 정도의 속도와 효율성을 보이며 건설되었다. '선전의 속도深圳速度'는 대표적인 모범 사례로, 중국 내부에서 큰 역할을 담당했다. 또한 외국 자본을 끌어들이기 위한 방편으로 중국에 대한 외국 기업의 직접 투자를 허용했으며, 1979년에는 중국과 외국의 합자 기업 6개의 설립이 승인되었다. 이처럼 대외 개방은 정책 결정의 단계를 넘어 조직적 실행 단계로 접어들었다.

그 시기에 또 다른 중요한 조치가 취해졌는데, 그것은 바로 국민경제의 구조조정調整이었다. 중국공산당 제11기 중앙위원회 3차 전체회의가 개최되기 전까지만 해도, 경제 활동은 성과를 내는 데만 급급했을 뿐만 아니라 빠른 속도만을 일방적으로 추구하는 잘못된 경향이 다시 고개를 들고 있었다. 다시 말해서, "다칭 유전大慶油田[250]을 10개 이상 만들기 위해 투쟁해야 한다."[251]와 같은 구호를 내세우면서 "[국민경제가] 전반적으로 약진하는 새

---

249 | 중국으로 돌아온 화교華僑들의 거주 지역을 말한다.
250 | 다칭 유전은 세계에서 몇 안 되는 초대형의 사암砂巖 유전이다. 헤이룽장黑龍江성의 하얼빈시와 치치하얼시 중간에 위치한다. 유전의 길이는 남북으로 140km, 동서로 70km에 이르고, 총면적은 5470 km²이다.
251 | 「全國工業學大慶會議繼續擧行大會」, 『人民日報』1977年5月10日. 참고로, '全國工業學大慶會議'는 화궈펑[華國鋒, 1921-2008]이 주제한 회의였다.

로운 국면이 출현할 것이다"²⁵²라고 주장했다.

 그와 같은 생각은 충분히 이해할 수 있다. 사람들은 '4인방'이 무너지고 나서 크게 일을 벌여 허비한 시간을 되찾고 싶었을 것이다. 하지만 10년 동안의 혼란은 너무나도 많은 문제들을 남겼다. 국민경제의 부문 간 비율은 심각할 정도로 불균형 상태였고, 민생을 위해서도 마땅히 해결했어야 할 문제들이 마치 갚아야 할 '부채'처럼 잔뜩 쌓여 있었다. 대단히 혼란스러운 규정과 제도를 재정비하고, 경제 관리 업무도 개혁해야만 했다.

 이처럼 경제 성장의 기초를 다지려면 많은 준비 작업이 필요했다. 어느 학자의 말처럼, 중병에서 막 회복한 사람에게는 일정 기간의 휴식을 통해 건강을 찾도록 해야 한다. 그렇지 않고 그에게 앞으로 달려갈 것을 요구한다면, 결국 쓰러지거나 큰 문제가 생길 것이다.

 1979년 3월, 덩샤오핑은 다음을 제기했다. "핵심 과제는 3년 동안 진행되는 구조조정이다. 그것이 큰 방침이자 정책이다."²⁵³ "무엇보다 결심이 필요한 것이지, 좌고우면할 일이 아니다."²⁵⁴ 그리고 같은 해 4월, 중앙업무회의²⁵⁵에서는 3년 동안 국민경제에 '[구조]조정調整·개혁改革·정비整頓·향상提高'라는 방침을 적용하기로 했다. 그 가운데 농업·경공업·중공업과 함께 자본의 축적과 소비의 균형적 관계에 역점을 두었다. 이를 통해 개혁개방은 비교적 견고하고 확실한 기초를 가질 수 있었다.

 1983년 3월, 덩샤오핑은 다음과 같이 언급했다. "지금 돌아보니, 그때 그 회의에서 [조정·개혁·정비·향상이라는] 여덟 글자 방침八字方針을 확실히 하지 않고, 구조조정을 핵심으로 삼지 않았다면 오늘날의 여건은 갖춰지지 못했

---

252 | 「全國工業學大慶會議繼續擧行大會」, 『人民日報』1977年5月10日.

253 | 中共中央文獻硏究室 編, 『鄧小平年譜』4, 北京: 中央文獻出版社, 2021: 497쪽.

254 中共中央文獻硏究室 編, 『鄧小平年譜(1975-1997)』上, 北京: 中央文獻出版社, 2004: 497쪽. | 中共中央文獻硏究室 編, 『鄧小平年譜』4, 北京: 中央文獻出版社, 2021: 497쪽.

255 | 이 회의는 1979년 4월 5일부터 28일까지 진행되었는데, 주로 경제적 구조조정에 논의가 집중되었다.

을 것이다."²⁵⁶

중국공산당 제11기 중앙위원회 3차 전체회의 이후, 덩샤오핑 중심의 중국공산당 중앙지도부는 3년 남짓한 짧은 시간 동안 장기적 안목을 가지고 모든 일에 침착하게 대처했다. 어렵고 복잡한 상황에서도 무엇이 더 중요하고 시급한지를 구분해, 당면한 문제들을 합리적으로 처리해 나갔다. 자신의 업무에 적극적이면서도 신중했을 뿐만 아니라 그것을 질서정연하게 수행했다. 이처럼 중국은 10년 동안의 혼란을 겪었음에도, 위대하고 역사적인 전환을 성공적으로 이루어낸 것이다.

5) 치켜 든 중국적 특색사회주의라는 기치

덩샤오핑은 다음과 같은 말로 그것을 표현했다. "우리는 중국공산당 제11기 중앙위원회 3차 전체회의에서부터 중국공산당 제12차 전국대표대회에 이르기까지 한마음 한뜻으로 함께 만들어 나갈 수 있다는 새로운 길을 열었다."²⁵⁷ 새로운 길에 들어선 중국 사람들은 앞으로 나아가면서 어떤 기치를 들었어야 했을까? 그들이 한마음 한뜻으로 만들어나갈 목표는 무엇이었을까? 그것은 중국의 모든 민족과 인민들 앞에 놓인 절박한 문제였다.

그 문제에 대한 답은 일반적으로 중국적 특색사회주의의 확립이다. 그것은 덩샤오핑이 1982년에 중국공산당 제12차 전국대표대회의 개회사를 통해 제시했다. "마르크스주의라는 보편적 진리와 구체적인 중국 현실을 결합시키고, 자신만의 길을 가면서 중국적 특색을 갖춘 사회주의를 확립해야 한다. 그것이 바로 우리가 오랜 역사적 경험으로부터 얻어낸 기본 결론이다."²⁵⁸

무엇이 중국적 특색사회주의인가? 그것의 함의는 매우 명확하다. 첫째,

---

256 中共中央文獻硏究室 編, 『鄧小平年譜(1975-1997)』下, 北京: 中央文獻出版社, 2004: 895쪽. | 中共中央文獻硏究室 編, 『鄧小平年譜』5, 北京: 中央文獻出版社, 2021: 193쪽.

257 中共中央文獻硏究室 編, 『鄧小平年譜(1975-1997)』下, 北京: 中央文獻出版社, 2004: 850쪽. | 中共中央文獻硏究室 編, 『鄧小平年譜』5, 北京: 中央文獻出版社, 2021: 148쪽.

258 鄧小平, 『鄧小平文選』3, 北京: 人民出版社, 1993: 3쪽.

확립하려는 것은 사회주의 [사회]이지, 결코 다른 어떤 사회가 아니다. 훗날 덩샤오핑은 한 타이완 친구에게 다음과 같이 언급했다. "중국 본토의 우리는 사회주의를 고수하고, 자본주의라는 잘못된 길로 가지 않을 것이다. 자본주의와 다른 사회주의의 특징은 함께 부를 누리는共同富裕 데 있지, 양극화에 있지 않다."[259]

둘째, 우리가 확립해야 할 사회주의는 반드시 중국의 상황에 따라 이루어져야 하고, 중국적 특색을 갖춰야만 한다. 다른 나라의 발전 경험과 관리 경험은 그것이 소련이든 서구 국가든 모두 배우고 참조해야겠지만, 결코 그것을 맹목적으로 답습해서는 안 된다. 이것은 하나의 선명한 기치이다. 그 기치를 높이 치켜들수록, 10억 명이 넘는 중국 사람들이 앞으로 나아가는 방향을 함께 명확하게 공유할 수 있다. 마오쩌둥 역시 젊은 시절에 다음과 같이 말했다. "주의主義는 깃발과 같다. 깃발이 세워지면 사람들은 기대하는 바가 생기고, 따라갈 바를 알게 된다."[260]

한마음 한뜻으로 중국적 특색사회주의를 만들어 나간다고 했을 때, 중국이 20세기에 이루어야할 구체적인 목표는 무엇일까? 덩샤오핑은 그 문제를 지속적으로 생각했다. 1979년 12월, 그는 20세기 말까지 중국이 소강小康[261] 사회의 수준에 도달해야 한다는 목표를 제시했다.[262] 그것은 새로우면서도 중요한 판단이었다.

그 이전까지는 줄곧 4가지 현대화를 20세기 말까지 달성해야할 목표로 여겼기 때문에, 현실적으로는 지나치게 높은 목표가 설정되기 쉬웠다. 그

259　中共中央文獻硏究室 編,『鄧小平年譜(1975-1997)』下, 北京: 中央文獻出版社, 2004: 1047쪽. | 中共中央文獻硏究室 編,『鄧小平年譜』5, 北京: 中央文獻出版社, 2021: 345쪽.

260　中共中央文獻硏究室 編, 逄先知 主編,『毛澤東年譜(1893-1949)』上, 北京: 中央文獻出版社, 2002: 71쪽. | 中共中央文獻硏究室 編,『毛澤東年譜(1893-1949)(修訂本)』上, 北京: 中央文獻出版社, 2013: 70쪽.

261　| 小康은 많은 중국 사람들이 배불리 먹고 따듯하게 입을 수 있는 생활과 부유한 생활의 사이에 위치하는 비교적 넉넉한 생활 상태를 가리킨다.

262　| 中共中央文獻硏究室 編,『鄧小平年譜』4, 北京: 中央文獻出版社, 2021: 582쪽.

런데 20세기 말까지 소강 수준에 도달해야 한다는 새로운 판단은 기본적으로 진취적이면서도 신뢰감을 주는, 실제 상황에 부합하는 구상을 담고 있다. 그것은 지도 사상의 차원에서 중국의 실제 상황에 맞지도 않고 성과에만 급급했던 과거의 오래된 잘못을 되풀이하지 않도록 하는 근본적인 방지책이라고 할 수 있다.

그와 같은 기본 구상은 중국공산당 제12차 전국대표대회에서 확정되었다. 제12차 전국대표대회에서는 다음과 같은 내용이 보고되었다. 1981년부터 20세기 말까지 20년 동안 전국의 공업과 농업의 총생산액을 4배로 늘리기 위해 노력한다. 그때가 되면 인민들의 생활은 소강 수준에 도달할 수 있다. 그 결정은 실제적 현실에 부합하며, 노력한다면 이룰 수 있는 것이다.[263] 20세기 말까지 4배로 늘리겠다는 투쟁 목표는 사람들의 마음속에 깊이 파고들었을 뿐만 아니라 전국의 모든 민족과 인민들을 사회주의 현대화 건설로 이끄는 거대한 힘이 되었다.

중국공산당 제11기 중앙위원회 3차 전체회의부터 제12차 전국대표대회까지는 3년 남짓한 시간이었지만 사람들은 명확한 방향이 제시되었으며, 목표도 확고하게 정해졌다는 점을 알고 있었다. 중국 인민들은 중국공산당과 함께 그때부터 새로운 출발점에 서서 앞으로 나아가기 시작했고, 새로운 역사의 시기를 열었다.

---

[263] | 胡耀邦,「全面開創社會主義現代化建設的新局面」,『胡耀邦文選』, 北京: 人民出版社, 2015: 424쪽을 참조하라. 참고로, 이 보고는 후야오방[胡耀邦, 1915-1989]이 진행했다.

17
세기의 교차점에서의 회고와 전망 [264]

중국공산당 중국공산당 제15차 전국대표대회에서 행한 장쩌민의 보고에는 새로운 세기로 나아가는 중국공산당의 지도 원칙이 담겨 있다. 세기가 교차되는 역사적 시점에서, 그 보고 내용은 장기적인 안목으로 20세기 중국 인민들의 투쟁 역사를 되돌아보며 향후 21세기 전반부 50년의 발전 가능성을 전망함으로써 당 전체에 역사적 사명감을 강하게 부여했다. 마치 보고의 내용과도 같이, "20세기가 저물어갈 무렵, 전국대표대회를 통해 중국공산당은 중화민족의 운명에 대해 숭고한 역사적 책임을 짊어지고 있다는 공통의 이해를 갖게 되었다."[265]

1) 20세기 중화민족의 역정歷程

20세기는 인류 역사상 그 전례를 찾아볼 수 없는 격변과 혼란의 시대이자, 발전과 진보의 시대였다. 그 100년 동안 이루어진 엄청난 변화와 급속한 발전은 과거 수천 년의 그것을 뛰어넘었다. 중국의 경우, 중화민족은 극도의 쇠락과 온갖 굴욕을 겪었지만 국가 멸망의 문턱에서 기적적으로 다시 일어나 번영과 부강을 향해 크게 나아갔던 100년이었다. 세상을 놀라게 한 그와 같은 변화는 중국공산당이 모든 민족을 포함한 중국 전역의 인민

---

264 원문은 『人民日報』1997年9月27日에 실려 있다.
265 | 江澤民, 「高擧鄧小平理論大旗幟, 把建設有中國特色社會主義事業全面推向二十一世紀」, 『江澤民文選』2, 北京: 人民出版社, 2006: 2쪽.

들과 함께 오랜 기간 동안 고된 노력으로 얻어낸 것이다. 나아가 그것은 중국이 더 나은 미래로 나갈 수 있는 광활한 길을 열어주었다.

중화민족은 찬란한 고대 문명을 창조했지만, 근대에 들어 뒤처지고 말았다. 1840년의 아편전쟁 이후, 중국은 점차 그 독립적 지위를 상실하면서 반¥식민지·반¥봉건의 나라로 전락했다. 20세기라는 역사의 첫 페이지를 열었을 때, 중국 사람들의 눈앞에 펼쳐진 것은 1900년 8개국 연합군이 중국을 공격하는 매우 비참한 한 폭의 그림이었다.

거의 모든 제국주의 국가들이 연합해서 중국의 수도인 베이징을 점령했고, 베이징을 각국의 점령 지역으로 나누어 그들의 깃발을 달도록 강요했다. 그러한 극단적인 굴욕 상황은 1년 내내 이어졌고, 결국 청나라 정부가 마지못해 국권 상실의 치욕스러운 '신축辛丑 조약'을 체결하고 나서야 사태는 일단락되었다.

90년이라는 시간이 지나, 덩샤오핑은 외국 친구들을 만나 다음과 같이 지적했다. "나는 중국 사람으로서, 외국이 중국을 침략한 역사를 알고 있다. 7개국 정상회의에서 중국을 제재하려고 했을 때, 나는 바로 1900년 8개국 연합군이 중국을 침략한 역사를 떠올렸다."[266] 그 사건이 중국 사람들에게 끼친 충격이 얼마나 컸는지를 알 수 있는 대목이다.

당시 국가와 민족의 생존이 절체절명의 고비에 놓여 있었다. 중국이 스스로의 생존과 독립, 그리고 발전을 도모하기 위해서 무엇을 했어야 할까? 중국 사람들은 19세기 후반에 많은 것을 시도해 보았다. 예를 들어, 서구의 총이나 대포, 일부 근대적 공업 기술을 그대로 적용했던 양무운동洋務運動 같은 것으로는 중국을 구할 수 없다는 점이 바로 증명되었다.

그리고 청나라 정부가 위에서 아래에 이르기까지 스스로를 개혁하기 바랐던 무술변법戊戌變法도 실패했으며, '청나라를 도와 서구 세력을 몰아낸다扶清滅洋'는 의화단의 구시대적 저항도 실패하고 말았다. 결국 중국 사람들은 어떠한 주저함도 없이 혁명의 길로 나갈 수밖에 없었다. 혁명이라는 것

---

266 | 鄧小平,「振興中華民族」,『鄧小平文選』3, 北京: 人民出版社, 1993: 357-358쪽.

이 바로 현대화된 국가를 세우기 위해 필요한 전제를 만들거나 그 장애물을 제거하는 것이었기 때문이다.

중화민족이 20세기에 다시 일어섰다는 사실은 전 세계가 주목할 정도로 큰 사건이었다. 물론 그것이 이루어지기까지는 결코 쉽지 않은 과정을 거쳤다. 중국공산당 제15차 전국대표대회에서는 그 과정을 정리해서 보고했는데, 그 통찰력이 돋보인다. "지난 한 세기 동안 중국 인민들이 지나온 길에는 거대한 역사적 변화가 세 번 있었다. 그 시기, 쑨원·마오쩌둥·덩샤오핑이라는 위대한 인물들이 그 시대의 선구적 역할을 담당했다."[267] 이 위대한 3명의 인물은 각각 20세기 중국에서 벌어진 3차례의 역사적 격변을 대표하는 가장 선진적인 이들이라고 할 수 있다.

여러 세대에 걸쳐 중국 사람들에게 큰 울림을 주었던 '중화의 부흥振興中華'이라는 구호는 1894년 11월 쑨원이 흥중회興中會 창립 선언에서 가장 먼저 외친 것이었다. 당시의 중국을 위기에서 구하기 위해, 근대 중국이 가장 시급히 해결해야만 했던 문제는 민족 독립, 민주, 민생 행복이었다.

이처럼 쑨원은 근대 중국이 마주했던 복잡한 사회 현상으로부터 3가지의 근본 목표를 일목요연하게 제시했다. 나아가 혁명이라는 수단으로 그것을 실현해야 한다고 주장함으로써 중국에서 온전한 의미의 근대적 민족민주혁명을 전개했다. 하지만 그는 그 문제를 해결할 제대로 된 방법은 찾아내지 못한 채 문제만을 제기했다는 한계를 보인다.

1911년의 신해혁명을 이끈 것은 쑨원이었다. 그 혁명은 수천 년 간 중국을 지배한 군주적 전제 제도를 전복시키고, 민주 공화국을 수립했다. 그것이 사람들의 민족정신을 각성시키고, 그들의 민주 정신을 전체적으로 고양시킨 계기가 되었다. 또한 그것은 새로운 출발점이었다. 수문이 한 번 열리자마자 역사라는 거대한 진보의 물줄기가 걷잡을 수 없이 앞으로 치달았기 때문에, 중국의 반동적 지배 질서는 더 이상 스스로의 안정을 도모하지

---

267 | 江澤民,「高舉鄧小平理論大旗幟, 把建設有中國特色社會主義事業全面推向二十一世紀」, 『江澤民文選』2, 北京: 人民出版社, 2006: 2쪽.

못했다.

그것이 20세기에 중국이 겪은 첫 번째 역사적 변화였다. 비록 신해혁명이 엄청난 역사적 성과를 거뒀을지라도 반식민지·반봉건이라는 옛 중국 사회의 성격과 인민들의 비참한 상황을 바꾸지는 못했다. 이처럼 당시 나라의 상황은 나날이 악화되고 있었다.

중국의 선진적 이들은 극도의 실망감과 고통을 느꼈지만 새로운 길을 모색하기 시작했으며, 마침내 마르크스-레닌주의를 찾아냈다. 그로부터 중국 혁명의 모습을 새롭게 바꾸었다. 1921년에 중국공산당이 만들어졌는데, 그것은 처음부터 2가지의 뚜렷한 특징을 보였다.

하나는 마르크스주의를 사상적 무기로 삼아 중국 사람들에게 투쟁 목표와 승리로 나아가는 길을 명확하게 제시했다는 점이다. 다른 하나는 중국공산당이 중국 인민들의 근본 이익을 대변할 뿐만 아니라 매우 긴밀하게 조직되어 있으며, 많은 인민군중과 강고한 연대를 통해 거대한 힘의 원천을 갖추고 있다는 점이다. 그러한 2가지 특징은 중국에서 과거 어떠한 정당도 하지 못했던 것이다.

마르크스주의는 반드시 중국의 현실과 결합되어야 한다. 그것이 중국혁명과 사회주의 건설의 성패를 가르는 관건이었고, 예전 사람들이 경험해보지 못한 매우 복잡하고 어려운 과제였다. 20세기의 중국 사회는 그 전례를 찾아볼 수 없을 정도로 급격한 변화가 이루어졌다. 또한 중국은 서구 국가들과 다르게 아시아東方의 농업 대국으로, 그러한 나라에서는 혁명을 하든 건설을 하든 언제든 새로운 문제들이 잇달아 나타났다.

그런데 새로운 문제들은 책이나 다른 국가의 경험에서 그 해답을 찾을 수 없었다. 유일한 방법은 중국 사람들이 스스로에게 의지해 담대하게 중국의 실제 상황을 탐색하고, 성공했든 실패했든 간에 그 실천 과정에서 얻은 경험과 교훈을 정리해 자신만의 길을 모색해야만 했다. 그 외에 쉽게 갈 수 있는 다른 길은 없었다.

중국공산당은 중국의 실정에 맞는 자신만의 길을 가기 위해 오랜 시간 길고 힘든 탐색의 과정을 거쳤고, 마침내 마오쩌둥 중심의 1세대 지도부를 구성했다. 또한 그것은 중국 인민들의 혁명 승리와 사회주의 신중국의 수립을 이끌어나갈 마오쩌둥 사상을 정초했다. 불굴의 의지를 가지고 20여 년 동안 지난한 투쟁을 벌인 끝에, 중국을 지배하던 제국주의·봉건주의·관료자본주의가 무너졌다.

중화인민공화국은 20세기가 거의 절반쯤 지나갈 무렵에 수립되었다. 마오쩌둥은 새로 만들어질 정치협상회의의 준비회의에서 자부심을 드러내며 다음과 같이 선언했다. "중국은 반드시 독립해야 한다. 중국은 반드시 해방되어야 한다. 중국의 일은 반드시 중국 인민들 스스로 결정하고 처리해야만 한다. 그 어떤 제국주의 국가의 간섭도 더 이상 용납되지 않는다."[268]

그것이 중국 사람들 한 명 한 명의 기를 펴게 만들었다. 100여 년 동안 지긋지긋한 고통과 굴욕을 겪었던 중국 사람들은 그때부터 전 세계 앞에 당당히 나섰다. 신중국 수립 이후, 전쟁 상처의 빠른 치유와 국민경제의 회복을 바탕으로 사회주의 제도가 확립되었다. 그런데 그것은 중국 역사에서 가장 강렬하고 위대한 사회 변혁이자, 신중국이 진보하고 발전할 수 있는 토대가 되었다. 그로부터 사회주의 건설이라는 큰 성과가 만들어졌다.

그것이 20세기에 중국이 겪은 두 번째 역사적 변화였다. 하지만 나아가는 길은 결코 평탄하지 않았다. 사회주의를 어떻게 이해할 것인지, 그리고 사회주의를 어떻게 만들 것인지는 완전히 새로운 과제들이었다. 그 과제를 모색하는 과정에서 큰 성공을 거두기도 했지만, '문화대혁명'과 같은 재앙을 비롯해 매우 심각한 정도의 좌절을 겪기도 했다.

중국공산당은 엄숙한 자세로 역사적 경험과 교훈을 정리하면서 스스로의 실수를 바로잡았다. 그리고 개혁개방을 실시해 사회주의 현대화 건설에 힘을 모았을 뿐만 아니라 중국적 특색사회주의라는 새로운 길을 개척하는 데 성공했다. 그것은 덩샤오핑 중심의 2세대 중앙지도부가 주도한 새로운

---

[268] | 毛澤東,「在新政治協商會議籌備會上的講話」,『毛澤東選集』4, 北京: 人民出版社, 1991: 1465쪽.

혁명이었다. 그로부터 현대 중국의 마르크스주의이자, 새로운 역사적 맥락에서 마오쩌둥 사상을 계승하고 발전시킨 덩샤오핑 이론이 만들어졌다.

덩샤오핑은 큰 소리로 당당하게 밝혔다. "마르크스주의라는 보편적 진리와 구체적인 중국 현실을 결합시키고, 자신만의 길을 가면서 중국적 특색을 갖춘 사회주의를 확립해야 한다. 그것이 바로 우리가 오랜 역사적 경험으로부터 얻어낸 기본 결론이다."[269]

덩샤오핑은 무엇이 사회주의이고 사회주의를 어떻게 건설할 것인가라는 문제를 사상해방과 실사구시의 관점에서 접근했는데, 일련의 기본적 문제들에 대해 처음으로 비교적 체계적인 답을 제시했다. 예를 들어, 중국과 같이 경제와 문화가 일정 정도 뒤떨어진 나라에서는 사회주의를 어떻게 만들고, 공고히 하며, 발전시켜야 하는지 등이다. 이처럼 덩샤오핑 이론은 새로운 사상적 관점을 통해 마르크스-레닌주의와 마오쩌둥 사상을 폭넓게 발전시켰다.

덩샤오핑 이론과 '하나의 중심과 두 가지의 주요 측면'이라는 공산당의 기본 노선은 중화민족에게 자신감을 갖고 사회주의 현대화라는 웅대한 목표를 향해 큰 걸음으로 나아가도록 했으며, 그로부터 중국의 모습은 크게 바뀌었다. 전 세계가 바로 그러한 중국 사회주의의 생기와 활력에 주목했다.

그것이 20세기에 중국이 겪은 세 번째 역사적 변화였다. 근대 시기에 중화민족은 2가지의 역사적 과제에 직면해 있었다. 하나는 민족 독립과 인민해방의 추구였고, 다른 하나는 국가의 번영과 부강, 그리고 인민들의 공동부유共同富裕를 실현하는 것이었다.

20세기에 발생한 3차례의 역사적 변화는 마치 쉬지 않고 이어달리기를 하듯 3개의 커다란 계단을 연달아 뛰어오른 것과 같다. 20세기가 끝날 무렵의 중국과 20세기에 막 접어들었을 때의 중국을 비교해보면, 확실히 엄청난 변화가 생겼다는 것을 바로 알 수 있다. 그렇다면 그러한 변화는 어떻

---

269 | 鄧小平, 『鄧小平文選』3, 北京: 人民出版社, 1993: 3쪽.

게 이루어졌을까?

그것은 중국공산당 제15차 전국대표대회에서 보고된 내용과 같다. "100년 동안의 거대한 변화를 통해 얻은 결론은 중국공산당만이 중국 인민들과 함께 민족의 독립·인민의 해방·사회주의의 승리를 이룰 수 있다는 점이다. 나아가 중국적 특색사회주의로 나아가는 길을 개척할 수 있으며, 민족의 부흥·국가의 부강·인민의 행복을 실현시킬 수 있다는 점이다."[270] 이것이야말로 중국 인민들이 한 세기 동안의 오랜 실천 과정을 거쳐 얻어낸 명확한 결론이다.

2) 굳게 움켜잡아야 할 미증유의 역사적 기회

이제 20세기는 몇 년밖에 남지 않았고, 곧 21세기가 다가온다. 지금 이 순간, 사람들은 다가오는 새로운 세기가 중국에 도대체 무엇을 의미하는지 고민하고 있다. 21세기는 새로운 세기가 될 것이며, 중국의 미래는 더욱 밝을 것이라고 단언할 수 있다. 우리는 심각한 도전에 직면해 있지만, 또한 전에 없던 유리한 여건과 좋은 기회도 마주하고 있다.

중국공산당 제15차 전국대표대회의 보고에서는 '움켜잡아야 할 기회抓住機遇'의 중요성을 특별히 강조했는데, 다시 말해서 기회를 잡는가, 그렇지 못하는가는 언제나 사회주의 혁명과 건설의 성공 여부를 결정짓는 중대한 문제였다.[271] 또한 그것은 덩샤오핑의 일관된 생각이기도 했다.

그는 1992년에 진행된 남부 지역에서의 담화南方談話[272]를 통해 자신의 생

---

270 | 江澤民, 「高擧鄧小平理論大旗幟, 把建設有中國特色社會主義事業全面推向二十一世紀」, 『江澤民文選』2, 北京: 人民出版社, 2006: 3쪽.

271 | 江澤民, 「高擧鄧小平理論大旗幟, 把建設有中國特色社會主義事業全面推向二十一世紀」, 『江澤民文選』2, 北京: 人民出版社, 2006: 4쪽.

272 | 南方談話는 1992년 1월 18일부터 2월 21일까지 덩샤오핑이 우창武昌·선전深圳·주하이珠海·상하이上海를 차례로 시찰하며 발표한 담화들이다. 당시 덩샤오핑은 중앙지도부를 떠나 평당원 자격으로 시찰에 나섰는데, 그 담화들은 이후 중국의 사회주의 현대화 건설에 매우 큰 영향을 끼쳤다.

각을 밝혔다. "기회를 잡으려면 지금이 좋은 기회다. 나는 기회를 놓칠까 봐 걱정이 된다. 기회를 잡지 못하면 눈앞의 기회는 사라지고, 시간은 순식간에 지나갈 것이다."[273] 이듬해인 1993년 음력설에도 상하이에서 다시 한번 언급했다. "여러분들이 기회를 놓치지 않기 바란다. 중국에게 크게 발전할 수 있는 기회는 그렇게 많지 않다."[274] 그의 간곡한 당부가 아직도 귓가에 남아 있다.

그렇다면 현재 중국의 사회주의 현대화는 어떤 역사적 기회와 유리한 조건을 마주하고 있을까? 첫째, 중국의 외부 환경은 다음과 같다. 세계에는 여전히 크고 작은 갈등이 가득하지만, 평화와 발전이 현 시대의 화두로 등장했다. 세계는 다극화의 방향으로 나아가고 있으며, 상당히 오랜 시간 동안 국제적 평화가 유지될 것으로 기대되기 때문에 사회주의 현대화 건설에 집중할 수 있는 여건이 조성되었다.

특히, 주목해야 할 것은 세계적 차원에서 과학기술 혁명이 하루가 다르게 비약적으로 발전한다는 점이다. 아울러 그것이 생산 과정에 광범위하게 적용되면서 급속한 경제 발전과 함께 산업 구조의 지속적 재편을 촉진시켰다. 그리고 국제 관계에서 경제적 요인의 역할도 부단히 증대되었다.

중국은 경제와 과학기술 분야에서 선진국과 여전히 상당한 격차를 보이기 때문에 세계 발전 과정의 큰 흐름을 정확하게 파악하고, 후발주자의 지위를 활용하면서 불굴의 의지로 관련 활동에 몰두해야만 한다. 또한 최신 과학기술의 성과와 현대화된 관리 방식을 숙달·운용하는 데 노력해야 하고, 사회주의 제도가 대규모 사업에 대한 역량 집중이 용이하다는 장점을 충분히 발휘해야 한다. 그렇게 해야만 오랜 시간 동안의 노력이 들더라도 결국 선진국을 따라잡을 수 있다.

둘째, 중국의 내부 여건은 다음과 같다. 신중국 수립 이후, 특히 지난 20

---

[273] | 鄧小平, 「在武昌·深圳·珠海·上海等地的談話要點」, 『鄧小平文選』3, 北京: 人民出版社, 1993: 375쪽.

[274] | 中共中央文獻研究室 編, 『鄧小平年譜』5, 北京: 中央文獻出版社, 2021: 657쪽.

년 동안 상당히 괄목할만한 국가경쟁력을 갖추었다. 1996년의 국내총생산은 6조 7,795억 위안에 달했다. 철강·석탄·시멘트·전기·곡물·면화棉花와 같은 주요 공업과 농산물의 총생산액은 세계의 선두 자리에 서 있으며, 수리水利·교통·통신 등의 인프라는 빠르게 성장했다. 수출입 무역 규모도 대폭 증가해 국가 외환보유고가 1,050억 달러를 넘어섰다.

인민들의 생활수준이 현저히 향상되었다. 개혁개방 정책은 사회주의 현대화 건설을 위한 제도적 보장으로, 시장의 수요와 자금원이 확대되면서 인민들에게 새로운 창조력을 불러일으켰다. 그 과정에서 중국 사회 내부의 거대한 잠재력이 더욱 강하게 분출되었다. 그것이 앞으로 나아갈 수 있는 무한한 역량의 원천이다.

셋째, 더욱 중요한 것은 중국공산당이 중국적 특색사회주의를 만들기 위한 기본 이론과 기본 노선을 정확하게 정초해 놓았다는 점이다. 그것은 과거에 성공했거나 좌절했던 경험을 진지하게 정리해낸 것으로, 막대한 대가를 치르고 얻었을 뿐만 아니라 새로운 실천 과정에서 그 내용을 폭넓게 지속적으로 발전시켜왔다.

그로부터 더 명확하고 더 멀리 바라보는 식견을 갖출 수 있게 되었다. 따라서 덩샤오핑 이론이라는 위대한 기치를 높이 들고, 중국공산당 제11기 중앙위원회 3차 전체회의로부터 실천적으로 검증된 노선을 일관되게 견지하기만 한다면, 분명 21세기에도 올바른 궤도에서 지속적인 승리를 향해 나아갈 수 있을 것이다.

지금은 그와 같은 조건들을 모두 갖추고 있지만, 예전에는 아예 그것이 없거나 있어도 충분하지 못했다. 중국공산당 제15차 전국대표대회의 보고 내용은 그것을 일깨워준다. "과거에 우리는 중요한 역사적 기회를 잡기도 했지만, 몇몇 기회는 놓치기도 했다. 이제 당 전체가 그것을 깊이 인식하고, 세기의 전환기라는 역사적 기회를 확고히 움켜잡고 새로운 발걸음을 내딛어야만 한다."[275]

---

[275] | 江澤民, 「高擧鄧小平理論大旗幟, 把建設有中國特色社會主義事業全面推向二十一世紀」,

물론 앞으로 나아가는 길에 어려움과 좌절은 없을 수 없다. 그렇기 때문에 마주하고 있는 엄중한 도전을 냉정한 시선으로 바라봐야 한다. 힘으로 약자를 무시하고, 작은 나라를 업신여기며, 가난한 민족을 억압하는 패권주의覇權主義와 강압 정치强權政治가 여전히 존재한다. 경제와 과학기술 분야에서 선진국과 격차가 크다는 점, 그리고 국제적 차원의 경쟁이 날로 치열해지고 있다는 점은 큰 부담이 된다. 중국은 인구가 너무나 많기 때문에 1인당 국민총생산의 수준도 매우 낮다. 이처럼 스스로에게는 여전히 많은 어려움과 문제들이 존재한다.

이제 개혁과 발전은 산적한 문제들을 해결해야만 하는 단계에 들어섰다. 해야 할 일들은 많고, 또 가야 할 길은 멀다. 모든 것이 순풍에 돛을 단 듯 순조롭게 진행될 수 없을 것이다. 그래서 그 어려움들을 충분히 이해하고 회피하지 않는 태도가 요구될 뿐만 아니라 그것을 극복하는 과정에서도 끊임없이 앞으로 나아가는 길을 개척해야만 한다.

그럼에도 불구하고 자신 있게 다음을 말할 수 있다. 그것은 세계 발전 과정의 큰 흐름을 정확하게 파악하고, 현 단계 중국의 실제 상황을 정확하게 이해하면서 한마음 한뜻으로 노력한다면, 21세기를 더욱 찬란한 미래로 만들어낼 수 있다는 점이다.

3) 다가오는 새로운 세기

덩샤오핑은 일찍이 '3단계三步走' 발전 전략을 제시했다. 그는 1987년에 다음과 같이 언급했다. "중국의 경제 발전은 3단계로 나뉜다. 이번 세기[20세기]에는 두 단계, 즉 배불리 먹고 따뜻하게 입을 수 있는 생활溫飽과 소강小康이라는 비교적 넉넉한 생활 단계까지 도달하고, 다음 세기[21세기]에는 30년에서 50년 정도의 시간을 들여 기본적으로 현대화를 이룬 국가中等發達國家에 까지 한 단계 더 나아간다. 그것이 우리의 전략적 목표이자, 우리의

『江澤民文選』2, 北京: 人民出版社, 2006: 4쪽.

원대한 포부이다."[276]

그러한 전략적 구상에서 첫 번째 목표는 배불리 먹고 따듯하게 입을 수 있게 하는 것이었는데, 그것은 1980년대에 대체로 완성되었다. 그리고 두 번째 목표는 2000년까지 소강 사회를 건설하는 것인데, 1인당 국민총생산을 1980년 대비 4배로 늘려 빈곤 문제를 기본적으로 해결한다는 데 초점이 맞춰졌다. 그와 함께 현대적 기업 제도를 적극적으로 만들어냄으로써 사회주의적 시장경제 체제의 기반을 조성한다.

이처럼 인민들의 생활은 부유한 정도까지는 아니지만 나날이 좋아지고 있었고, 국력도 전체적으로 커져갔다. 그와 같은 목표는 실현가능한 것이기 때문에 끊임없이 앞으로 나아간다면 그것은 중화민족에게 거대한 주도권을 부여할 것이다.

21세기의 전반부 50년을 전망해 본다면, 중국적 특색사회주의 건설이라는 위대한 여정에서 '3단계' 전략의 세 번째 전략적 목표, 즉 21세기 중반까지 사회주의 현대화를 기본적으로 실현할 수 있을 것이다. 세 번째 전략적 목표를 이루기 위해서는 그 50년을 다시 세 걸음으로 크게 구분해 내딛어야 할 것이다. 첫 10년 동안은 2010년까지의 발전 계획을 실현해야 한다. 국민총생산을 2000년 대비 2배로 늘리고, 인민들의 생활수준이 소강에 이를 정도로 더욱 부유하게 만든다. 그를 통해 보다 완벽한 사회주의 시장경제 체제를 마련한다. 그것이 첫 번째로 시도되는 거대한 진보가 될 것이다.

그리고 중국공산당 창당 100주년[즉, 2021년]이 되면, 국민경제는 더욱 발전하고 다양한 사회 제도가 더욱 완벽히 정비될 것인데, 그것이 두 번째 거대한 진보이다. 중화인민공화국 수립 100주년[즉, 2049년]인 21세기 중반이 되면, 기본적으로 현대화가 이루어지고, 부강하고 민주적이며 문명화된 사회주의 국가가 만들어질 것이다. 그것이 세 번째의 거대한 진보가 된다.

---

276 | 鄧小平, 「一切從社會主義初級階段的實際出發」, 『鄧小平文選』3, 北京: 人民出版社, 1993: 251쪽.

그때가 되면, 중국은 현대화된 모습으로 세계에 우뚝 서 있을 것이다. 그것은 많은 선열先烈과 선배들이 포함된 중화민족이 100여 년 동안 꿈꿔온 목표이자, 모든 이들이 한마음으로 함께 노력하면 이룰 수 있을 것이라고 기대했던 목표이기도 하다. 중국공산당의 제15차 전국대표대회는 새로운 출발점이다. 덩샤오핑 이론이라는 위대한 기치를 높이 들고, 장쩌민 중심의 중국공산당 중앙의 지도를 따라, 21세기에도 중국적 특색사회주의 건설을 본격 추진함으로써 중화민족을 새롭고 위대하게 다시 일으켜 세워야만 한다.

18
21세기 초 중국공산당의 행동강령 [277]

역사의 중요한 갈림길에서 제때 정확한 행동강령을 제시하는 것은 중국공산당과 중국의 발전에 매우 중요한 일이다. 정확한 행동강령이 있어야만 당 전체와 전국 인민들의 사상을 통일시키고, 함께 투쟁할 목표를 정하며, 어떤 경로를 통해 그 목표를 달성할 것인지가 이해된다. 그래야만 모든 이들이 한마음 한뜻으로 승리하기 위한 결속력을 강하게 만들 수 있다. 그렇지 않으면 사람들의 마음이 흐트러지면서 모두 제멋대로 행동하게 된다. 결과적으로 나라의 발전은 정체되고, 심지어는 나아갈 방향도 잃어버릴 것이다.

어떻게 해야 정확한 행동강령을 도출할 수 있을까? 여기에는 최소한 3가지의 조건이 필요하다. 첫째, 인민 군중의 이익과 바람이 반영되어야 한다. 둘째, 시대적 요구에 부응하고, 중국의 실제 상황에도 부합해야 한다. 셋째, 사물의 객관적 발전 법칙에 부합하고, 노력을 통해 실현 가능해야 한다. 이 3가지 가운데 어느 하나라도 없어서는 안 된다.

중국공산당은 줄곧 그 문제를 매우 중시했다. 마오쩌둥은 중국공산당 제7차 전국대표대회의 결론 부분에서 다음과 같이 주장했다. "무엇을 지도라고 하는가? 지도와 예측은 어떤 관계가 있는가? 예측이란 미래의 추세를 앞서 파악하는 것이다. 예측이 없다면 지도라는 것을 말할 수 있을까? 나는 그것을 지도라고 말하지 않는다."[278] "우리의 글과 대회 문건들은 우리

---

277 원문은 『人民日報』2002年11月19日에 실려 있다.
278 | 毛澤東, 『毛澤東文集』3, 北京: 人民出版社, 1996: 394쪽.

의 예측을 바탕으로 중국 인민들에게 어떤 길로 가야하는지를 제시하고, 아울러 그것을 정책으로 규정한 것이다."[279]

중국공산당 제16차 전국대표대회[280]는 중국공산당이 21세기에 소집한 첫 번째 전국대표대회이자, 사회주의 현대화 건설의 세 번째 전략적 단계로 배치된 새로운 상황에서의 매우 중요한 대표회의였다. 대회에서 통과된 장쩌민의 「소강 사회의 전반적 건설로 중국적 특색사회주의 사업의 새 지평을 열자」라는 보고에는 21세기 초 중국공산당의 행동강령이 담겨 있다. 그것은 시대적 요구, 인민들의 바람, 실제적 조건에 따르면서도 장기적인 안목을 갖추었다.

1) 21세기에 마주한 새로운 정세

어떻게 현 시대의 특징을 정확하게 파악할 것인지, 그리고 어떻게 세계와 중국의 발전 추세를 명확하게 인식할 것인지는 정확한 행동강령을 정하기 위한 중국공산당의 기본 근거다. 21세기에 접어들면서 전 세계 사람들이 공통적으로 느꼈던 것은 주변의 모든 것이 격렬한 변화의 과정 속에 놓여 있다는 점, 그리고 그 변화의 속도가 눈에 띄게 빨라졌다는 점이다.

지금까지 접해보지 못했던 많은 새로운 문제들이 끊임없이 눈앞에 나타나고 있었다. 사람들이 애당초 상상하지 못했던 일들이 하나둘 연이어 일어난 것이다. 그와 같은 변화는 폭과 깊이의 면에서 사람들이 경험했던 과거의 모든 세기들을 훨씬 뛰어넘었다. 그것은 사람들에게 강한 긴장감을 불러일으켰는데, 조금만 방심해도 바로 시대의 흐름에서 뒤처질 수 있었기 때문이다.

21세기는 결코 조용히 다가온 것이 아니었다. 당시 그것은 막 시작되었지만, 냉전이 끝난 이후로 가장 심각한 변화가 세계 판도에 나타났다는 것

---

279 | 毛澤東, 『毛澤東文集』3, 北京: 人民出版社, 1996: 394쪽.
280 | 중국공산당 제16차 전국대표대회는 2002년 11월 8일부터 14일까지 베이징에서 개최되었다.

을 알려주었다. 평화와 발전은 오늘날 세계에서 2가지의 큰 주제지만 지금까지 해결된 것은 아무 것도 없다.

평화 유지와 발전의 도모는 전 세계 사람들의 보편적이고 강렬한 염원이기 때문에 글로벌 경제의 상호 관계는 날로 심화되어갔다. 그런데도 세상은 불안정하고 패권주의와 강압 정치는 그대로 남아 있을 뿐만 아니라 더 악화된 측면도 존재하고 있었다. 테러리즘은 세계 안보에 중대한 위협이였고, 일상생활에서도 각종 사회적 불안 요소들은 증대되었다.

전반적 평화와 국부적 전쟁, 전반적 완화와 국지적 긴장, 전반적인 안정과 국부적 불안정은 향후 일정 기간 동안 세계정세의 기본적 역학 구도가 되었다. 그것은 누구나 알 수 있는 사실로, 중국의 국내 발전을 고려할 때 염두에 두지 않으면 안 되는 외부 환경이다.

중국 내부 상황은 다음과 같다. 중국공산당 제11기 중앙위원회 3차 전체회의 이후, 사회주의 현대화 건설은 세계적인 인정을 받을 만큼 뚜렷한 성과를 보였고, 국가경쟁력은 크게 강화되었으며, 인민들의 생활수준도 대폭 향상되었다. 그때처럼 중국 사람들이 자신만만하게 미래를 바라본 적은 아마도 예전에는 없었던 것 같다. 그것은 어느 누구라도 실생활에서 강하게 느낄 수 있었던 사실이었다. 하지만 개혁과 발전의 길은 결코 순탄하지 않았으며, 모순이 가득한 곳에서 앞으로 나아가고 있었다.

개혁개방이 심화되고 사회주의 시장경제가 발전하면서 사회적 환경에 큰 변화가 나타났다. 사회경제적 구성 요소, 조직 형태, 고용 방식, 이해관계, 분배 방식이 나날이 다양화되었지만 새로운 사물, 새로운 문제, 새로운 모순이 계속해서 등장했다. 경제 분야의 전략적 구조조정 과정에서도 몇몇 고질적 문제들은 제대로 된 해결을 보지 못하고 있었다.

그리고 소득 분배 문제도 합리적이지 않았고, 고용 부담도 더 커지고 있었다. 인민들의 근본 이익이 일치한다는 전제로부터 어떻게 하면 서로 다른 집단 간의 구체적인 이해관계를 적절히 처리할 것인가는 눈앞에 놓인 주요 과제가 되었으며, 그것은 결코 가벼운 문제가 아니었다.

특히, 중국의 발전은 세계적으로 치열한 경쟁의 큰 흐름 속에서 이루어졌다는 점을 간과해서는 안 된다. 세계의 다극화와 경제의 글로벌화가 심화되어가고 있다. 전자정보·생명공학·신소재 등이 주도하는 과학기술의 진보는 놀라운 속도로 하루가 다르게 비약적으로 발전하고 있다. 과학기술의 성과를 상품화하는 주기가 크게 단축되었고, 첨단기술과 그 산업은 이제 현대 경제 발전의 원동력이 되었다.

몇 년 전만 하더라도 상상하기 어려웠던 일들이 눈 깜짝 할 사이에 사람들의 일상생활로 들어왔다. 각국은 경제력·국방력·민족 응집력 등 국가경쟁력 차원에서 그 전례를 찾아볼 수 없을 정도로 치열하게 다투고 있다. 다양한 사상적 흐름들은 서로에게 영향을 끼치고 있다. 우리가 발전하고 있을 때, 상대방도 발전하고 있다.

장쩌민은 다음과 같은 사실을 일깨워준다. "그것은 어떠한 국가나 민족도 피해갈 수 없는 전 세계적 차원의 거대한 경쟁이다. 그러한 경쟁에서는 물을 거슬러 올라가는 배처럼 앞으로 나아가지 않으면 뒤처지고 만다."[281]

세계와 중국에서 일어나고 있는 그 격렬한 변화들은 다른 많은 곳에서도 동일하게 나타나는 일반적 현실이다. 그것은 우리의 일과 생활의 모든 측면에 깊숙이 들어와 있을 뿐만 아니라 지금도 빠른 속도로 이어지고 있다. 그것이 21세기 초 모두의 눈앞에 펼쳐진 웅장하고 역사적인 장면이다.

융통성 없는 눈으로 주변 세상을 바라보고, 늘 해오던 익숙한 방식으로 일을 처리하게 되면, 시대에 뒤떨어질 수밖에 없을 뿐만 아니라 시대로부터 사라질 위험성까지 있다. 정신이 혼미한 사람만이 그것을 보지 못한다. 중국공산당 제16차 전국대표대회는 그러한 국내외의 거대한 흐름·배경·환경으로부터 개최되었다.

장쩌민은 왜 최근 몇 년 동안 시대에 발맞춰 끊임없이 개척하고 혁신해야 한다고 거듭해서 강조했을까? 왜 중국공산당 제16차 전국대표대회에서 중국공산당이 나라를 운영하고 일으키기 위해서는 발전을 최우선 과제로

---

281 | 江澤民,「在新世紀把建設有中國特色社會主義事業繼續推向前進」,『江澤民文選』3, 北京: 人民出版社, 2006: 128쪽.

삼아야 한다고 보고했을까? 그리고 왜 당의 모든 동지들이 편안한 시기에도 위기를 생각하는 우환의식을 갖춰야 하고, 세계적으로 나날이 격화되는 경쟁이 가져온 엄중한 도전과 앞으로 나아가는 과정에서 나타날 어려움과 위험을 냉정히 바라봐야 한다고 보고했을까?

여기에 그 이유가 있다. 그것은 사람들이 시대를 이해하는 수준이 높을수록, 그리고 싸워야 할 목표가 분명할수록 사회 전체적으로 더 많은 생기와 활력이 넘쳐나고 그 발전도 더 빨라진다고 단언할 수 있기 때문이다.

중국공산당은 10억 명이 넘는 인민들을 이끌고 앞으로 나아가고 있다. 따라서 세계와 중국에서 일어나는 격렬한 변화들을 과학적으로 분석하고, 정확하게 이해하며, 적극적으로 대응해야 한다. 그를 통해 항시 시대 흐름의 선두에 서서 모든 민족을 포함한 중국 전역의 인민들을 격려하고 이끌면서, 중국적 특색사회주의라는 위대한 사업을 계속해서 밀고 나가야 한다. 그것이 중국공산당이 짊어진 엄숙한 역사적 사명이자, 중국공산당에 부과된 준엄한 시험이다.

2) 높이 치켜든 위대한 기치, 덩샤오핑 이론과 주요 사상인 '3가지의 대표'의 전반적 구현

어떤 기치를 들어야 하고, 어떤 길로 가야 하는가가 21세기 초 중국공산당의 행동강령을 정하기 위한 전제 조건이었다. 중국공산당은 마르크스-레닌주의·마오쩌둥 사상·덩샤오핑 이론으로 당 전체를 강화武裝하고, 인민을 교육하며, 이론적 혁신을 지속적으로 추진해왔다. 그로부터 매우 복잡한 환경 속에서도 항상 냉정함을 유지하며 나아갈 방향을 정확하게 파악할 수 있었고, 발전 과정에서 직면한 일련의 중대한 문제들에 대해서도 과학적인 답을 내놓을 수 있었다. 그것이 승리를 위해 부단히 앞으로 나아갈 수 있는 토대가 되었다.

덩샤오핑 이론은 현대 중국의 마르크스주의라고 할 수 있다. 장쩌민은 중국공산당 제15차 전국대표대회의 보고에서 다음과 같이 명확하게 밝혔다. "사회주의적 개혁개방과 현대화 건설이라는 새로운 시기에, 세기를 뛰어넘는 새로운 여정에서 덩샤오핑 이론의 위대한 기치를 높이 들고 덩샤오핑 이론으로 사업 전체와 각종 활동을 지도해야 한다. 그것은 당이 역사와 현실로부터 끌어낸 움직일 수 없는 결론이다."[282]

그리고 "그와 같은 결정은 덩샤오핑이 개척한 중국적 특색사회주의 사업을 21세기에도 본격적으로 추진하겠다는 중앙지도부와 당 전체의 결심과 신념을 보여준다. 또한 그것에는 전국 인민들의 공감과 염원이 반영되어 있다."[283]

이와 같은 장쩌민의 주장은 21세기 초 중국공산당이 어떤 깃발을 들고 어떤 길을 가야할지에 대해 명확한 답을 제시한 것이기 때문에 중요한 의의를 지닌다. 중국공산당 제15차 전국대표대회의 보고 내용에서도 다음과 같이 언급되어 있다. "마르크스주의는 언제나 객관적 사실을 엄밀한 근거로 삼는 과학이다."[284] "마르크스주의는 시대·실천·과학의 발전에 따라 부단히 발전할 수밖에 없는 것으로, 그것은 결코 고정불변한 것이 아니다."[285]

그 보고에서는 다음과 같은 내용도 함께 제시했다. 덩샤오핑 이론은 중국적 특색을 지닌 사회주의 건설 이론의 새로운 과학적 체계를 마련했는데, 그것은 "또한 모든 측면에서 더욱 풍부하게 발전시켜야 할 과학적 체계이다."[286]

중국공산당은 실천 과정에서 이론적 혁신을 끊임없이 모색하고 추진하

---

[282] | 江澤民, 「高擧鄧小平理論大旗幟, 把建設有中國特色社會主義事業全面推向二十一世紀」, 『江澤民文選』2, 北京: 人民出版社, 2006: 8쪽.

[283] | 江澤民, 「高擧鄧小平理論大旗幟, 把建設有中國特色社會主義事業全面推向二十一世紀」, 『江澤民文選』2, 北京: 人民出版社, 2006: 9쪽.

[284] | 江澤民, 「高擧鄧小平理論大旗幟, 把建設有中國特色社會主義事業全面推向二十一世紀」, 『江澤民文選』2, 北京: 人民出版社, 2006: 12쪽.

[285] | 江澤民, 「高擧鄧小平理論大旗幟, 把建設有中國特色社會主義事業全面推向二十一世紀」, 『江澤民文選』2, 北京: 人民出版社, 2006: 12쪽.

[286] | 江澤民, 「高擧鄧小平理論大旗幟, 把建設有中國特色社會主義事業全面推向二十一世紀」, 『江澤民文選』2, 北京: 人民出版社, 2006: 11쪽.

는 것에 주저하지 않는 정당이다. 마오쩌둥은 7,000인 대회[287]의 강연에서 다음과 같이 설명했다. "사회주의 건설에 관한 법칙을 이해하려면 하나의 과정을 거쳐야만 한다. 그것은 반드시 실천으로부터 시작해야 하는데, 경험이 없는 상태에서 경험을 갖춘 상태로, 비교적 경험이 적은 상태에서 비교적 경험이 많은 상태로 나아가야 한다. 사회주의 건설이라는 인식되지 못한 필연의 왕국必然王國으로부터 점차 그것의 맹목성을 극복하고 객관적 법칙을 파악함으로써 자유를 얻어야 한다. 즉, 인식적 차원의 비약을 거쳐 자유의 왕국自由王國에 도달해야 한다."[288]

실천은 끝이 없고 이해의 깊이도 끝이 없다. 시대의 변화와 실천의 진행 정도에 따라 이론을 끊임없이 발전시켜야 한다. 그렇게 하지 않으면 이론은 왕성한 생기와 활력을 잃게 될 것이고, 그것의 생명도 끝나버릴 것이다.

장쩌민은 중국공산당 제16차 전국대표대회에서 중국공산당 제13기 중앙위원회 4차 전체회의 이후 10가지의 주된 경험을 정리·보고했다. 그 주된 경험들에는 중국공산당이 13년[289] 동안 이룬 새로운 실천과 이론적 성

---

[287] | 7,000인 대회는 1962년 1월 11일부터 2월 7일까지 베이징에서 개최되었다. 그것은 중앙업무회의 확대한 형태로, 중앙의 각 부처, 각 중앙국, 각 성·시·자치구의 당위원회·지역위원회·현위원회, 주요 광공업 기업의 간부, 군 간부 등 모두 7,000명 이상의 사람들이 참석해 7,000인 대회로 불린다. 그 대회의 주요 목적은 과거의 경험을 정리해 통일된 이해를 마련하며, 당내 민주집중제를 강화하는 데 있었다. 그를 통해 '대약진' 이후 나타난 업무상의 오류를 시정하고, 국민경제의 방침을 관철하고자 했다.

[288] | 中共中央文獻研究室 編, 『毛澤東年譜(1949-1976)』5, 北京: 中央文獻出版社, 2013: 79쪽. 여기서 언급된 필연의 왕국은 인간이 객관적 세계의 법칙을 인식하고 그것을 체화시키기 이전의 상태, 즉 의지의 자유가 없을 뿐만 아니라 행위가 필연성의 지배를 받는 상태를 가리킨다. 반면, 자유의 왕국은 인간의 능력이 전반적으로 실현된, 인간의 능력 발전이 목적 그 자체로 간주되는 상태이다. 王南湜/안인환·제효봉·가맹맹 옮김, 『중국철학의 근본적 재구성을 위한 여정』, 고양: 학고방, 2020: 403쪽을 참조하라.

[289] | 따라서 '13년'은 중국공산당 제13기 중앙위원회 4차 전체회의(1989년)에서부터 중국공산당 제16차 전국대표대회(2002년)에 이르기까지의 기간을 말한다.

과가 충분히 담겨 있다.

그 13년 동안 도전과 위험으로 가득 찬 길을 걸어왔는데, 실제로 외적인 압력과 내적인 어려움 모두 존재했다. 중국공산당은 매우 복잡하고 변화가 심한 환경에서 돌발 사태라는 일련의 도전에 침착하게 대처했을 뿐만 아니라 중국의 내부나 외부로부터의, 그리고 사회와 자연계 모든 측면으로부터의 위험을 극복했다.

끊임없이 새로운 상황을 연구하면서 새로운 문제를 해결했고, 새로운 경험을 정리하면서 새로운 법칙을 찾아나갔다. 그를 통해 당과 국가 전반의 문제들에 대한 중대 결정을 잇달아 내렸으며, 바람을 타고 풍랑을 헤쳐 가듯 큰 걸음으로 나아갔다.

13년 동안, 중국의 국내총생산은 연평균 9.3% 성장했고, 사회주의적 시장 경제 체제가 기본적으로 확립되었으며, 전방위적인 대외개방의 형태가 기본적으로 갖춰졌고, 각종 사회적 사업들이 본격적으로 활성화되었다. 그로부터 중국의 모습에는 그 전례를 찾아볼 수 없던 커다란 변화가 나타났다.

장쩌민은 직접 겪어보지 못하면 그 어려움을 알 수 없다[290]고 여러 차례 언급했다. 중국공산당 제16차 전국대표대회의 보고 내용에는 실천 과정으로부터 정리·요약·추출된 새로운 경험들이 담겨 있는데, 그것은 이론적 혁신뿐만 아니라 앞으로의 실천 과정을 지도하는 데도 필요한 내용이다. 그것이 중국공산당 제16차 전국대표대회의 보고 내용이 지닌 주요 특징이다.

그 10가지의 주된 경험은 덩샤오핑 이론이라는 위대한 기치를 높이 들고 그 사상을 견지한다는 것이자, 장쩌민 중심의 중국공산당 중앙이 새로운 실천 과정을 통해 덩샤오핑 이론을 더욱 폭넓게 발전시키려는 것이다. 10가지의 주된 경험은 각각 하나의 문장에 두 구절로 나뉘어 표현되었는데, 전체적으로 앞 구절에서는 반드시 견지해야 할 점이 무엇인지, 그리고 뒷 구절에서는 새로운 실천 과정에서 무엇을 폭넓게 발전시킬 것인지를

---

290 | 「增廣賢文」: 書到用時方恨少, 事非經過不知難.

다루었다. 따라서 두 구절은 계승과 혁신의 통합을 나타낸다.[291]

앞 구절은 각각 다음과 같다. ① 덩샤오핑 이론을 지도 사상으로 견지한다. ② 경제 건설이라는 중심을 견지한다. ③ 개혁개방을 견지한다. ④ 4가지 기본 원칙을 견지한다. ⑤ 물질문명과 정신문명의 동시 발전을 견지한다. ⑥ 안정이 무엇보다 가장 우선한다는 방침을 견지한다. ⑦ 군에 대한 당의 절대적 지도를 견지한다. ⑧ 단결할 수 있는 모든 역량을 단결시킨다는 방침을 견지한다. ⑨ 독자적인 평화적 외교 정책을 견지한다. ⑩ 당의 지도를 더욱 강화하고 개선한다는 방침을 견지한다.

그리고 뒷구절에는 다음과 내용이 포함되어 있다. ① 이론적 혁신을 지속적으로 추진한다. ② 발전이라는 방법으로 나아가는 과정에서 제기되는 문제들을 해결한다. ③ 사회주의 시장경제 체제를 지속적으로 개선한다. ④ 사회주의적 민주정치를 발전시킨다. ⑤ 법法에 의한 국가 통치와 덕德에 의한 국가 통치라는 두 가지 방식을 결합시킨다. ⑥ 개혁·발전·안정이 맺는 상관관계를 올바르게 처리한다. ⑦ 중국적 특색을 갖춘 강군 노선을 택한다. ⑧ 중화민족의 결속력을 지속적으로 강화한다. ⑨ 세계 평화를 유지하고, 공동의 발전을 촉진한다. ⑩ 당 건설의 새로운 위업을 본격적으로 추진한다. 이처럼 앞구절과 뒷구절은 일맥상통하고 서로 나눌 수 없는 것이기 때문에 어느 하나라도 빠져서는 안 된다.

보고 내용에서는 다음과 같이 정리했다. "위의 10가지는 당이 인민을 지도하고 중국적 특색사회주의를 건설할 때 반드시 견지해야 할 주된 경험이다. 그 경험들은 당이 만들어진 이후의 역사적 경험과 관련되어 있다. 결론적으로, 우리 당은 항상 중국의 선진적 생산력의 발전적 요구를 대표해야 하고, 중국의 선진적 문화의 발전적 방향을 대표해야 하며, 중국의 인민 대다수의 근본 이익을 대표해야 한다."[292]

---

[291] | 江澤民, 「全面建設小康社會, 開創中國特色社會主義事業新局面」, 『江澤民文選』3, 北京: 人民出版社, 2006: 533-536쪽을 참조하라. 예를 들어, 첫 번째 경험은 '덩샤오핑 이론을 지도 사상으로 견지하면서 이론적 혁신을 지속적으로 추진한다.'이다.

[292] | 江澤民, 「全面建設小康社會, 開創中國特色社會主義事業新局面」, 『江澤民文選』3, 北京:

'3가지의 대표'라는 주요 사상은 장쩌민이 2000년 2월에 광둥을 시찰할 때 제기된 것이다. 그는 '7·1' 중요 연설[293]에서도 '3가지의 대표'라는 주요 사상의 과학적 함의를 체계적이고 깊이 있게 설명했다. 그 연설에 담긴 주요 시각, 예를 들어 마르크스주의를 대하는 올바른 태도, 혁명당에서 집권당으로의 변모가 제기한 도전, 두 선봉대의 관계 문제[294], 당의 계급적 기반 강화와 당의 군중적 기반의 확대 등은 중국공산당 제16차 전국대표대회의 보고 내용에 충분히 담겨 있을 뿐만 아니라 내용 전반에 일관하게 적용되고 있다.

중국공산당 제16차 전국대표대회에서는 '3가지의 대표'라는 주요 사상을 장기적으로 견지해야 할 중국공산당의 지도 사상으로 명확하게 제기했다.[295] 나아가 '3가지의 대표'라는 주요 사상을 어떻게 전반적으로 구현할 것인가를 중점적으로 다뤘다.

보고 내용 가운데 매우 중요한 언급이 있다. "'3가지의 대표'라는 주요 사상을 구현하기 위해서는 시대와 함께 나아가야 한다는 입장 견지가 관건이고, 당의 선진성 견지가 핵심이며, 인민을 위한 국정운영執政의 입장 견지가 본질이다. 당의 모든 동지들은 그러한 기본 요구를 확고히 파악하고, '3가지의 대표'라는 주요 사상을 구현하기 위한 자각과 확신을 지속적으로 강화해야 한다."[296] 이처럼 간결하면서도 의미심장한 말은 꼼꼼히 이해해

人民出版社, 2006: 536쪽.

[293] | '7·1'은 중국공산당의 창당일인 7월 1일이다. 중국공산당은 1921년에 창당되었는데, 여기서는 2001년의 기념일을 가리킨다. 따라서 그 해는 중국공산당 창당 80주년이 된다. 江澤民, 「在慶祝中國共産黨成立八十周年大會上的講話」, 『江澤民文選』3, 北京: 人民出版社, 2006: 264-299쪽을 참조하라.

[294] | '두 선봉대'는 중국공산당이 중국 노동계급의 선봉대이자 중국 인민과 중화민족의 선봉대라는 점을 가리킨다. 江澤民, 「在慶祝中國共産黨成立八十周年大會上的講話」, 『江澤民文選』3, 北京: 人民出版社, 2006: 292쪽을 참조하라.

[295] | 江澤民, 「全面建設小康社會, 開創中國特色社會主義事業新局面」, 『江澤民文選』3, 北京: 人民出版社, 2006: 536쪽을 참조하라.

[296] | 江澤民, 「全面建設小康社會, 開創中國特色社會主義事業新局面」, 『江澤民文選』3, 北京:

볼 필요가 있으며, 그를 통해 많은 교훈을 얻을 수 있을 것이다.

여기서 언급된 3가지의 '견지'는 서로 연관되어 있으면서도 보완적 관계를 이루는 전체라고 할 수 있다. 시대와 함께 나아가야 한다는 입장의 견지는 마르크스주의를 대하는 올바른 태도로, 그것의 전제는 시대적 특징을 정확하게 인식하고, 사회의 변화 상황을 파악하며, 역사 발전의 큰 흐름을 통찰하는 데 있다. 그를 통해 생각과 행동을 급변하는 객관적 실제에 안정적으로 적응시킬 수 있게 된다.

당의 선진성 견지를 위해서는 세계 발전의 흐름, 중국 사회의 전개 방향, 그리고 당 자체의 상황 변화를 정확하게 파악하는 것이 필요하다. 그것을 바탕으로 공산당은 항상 의식적으로 시대의 선두에 서서 인민을 이끌고 나아가야 한다.

그리고 그 모든 것의 본질은 궁극적으로 인민을 위한 국정운영執政이라는 입장의 견지이다. 가장 광범위한 인민들의 근본 이익을 당의 이론·실천·강령·방침·정책·각종 업무의 출발점이자 목적지로 삼아 인민군중의 적극성·능동성·창조성을 충분히 이끌어내야 한다. 그들과 함께 투쟁함으로써 지속적으로 발전하고 진보하는 사회에서 실질적 혜택이 인민군중에게 돌아갈 수 있도록 한다.

3) 소강 사회의 전반적 건설

21세기 중반에 현대화를 기본적으로 실현해야 한다는 요구로부터 중국 공산당 제16차 전국대표대회에서는 이번 세기의 첫 20년 동안 소강 사회를 전반적으로 건설한다는 구체적 목표를 확정했다. 그것은 앞선 시대를 계승하고 미래를 열어나간다는 의미에서 매우 고무적인 투쟁 목표라고 할 수 있다. 그러한 목표의 확정은 현대화 실현에 관한 덩샤오핑의 전략적 사상, 중국의 상황과 현대화 건설이라는 현실, 그리고 전국 인민들의 공통적 염원에도 부합한다.

人民出版社, 2006: 537쪽.

덩샤오핑은 중국과 같이 생산력이 발달되어 있지 못하고, 경제와 문화가 비교적 낙후된 국가에서 현대화를 실현하려고 하면 단계적이고 장기적인 노력이 요구된다고 했다. 그리고 그는 중국공산당 제11기 중앙위원회 3차 전체회의의 다음해[1979년], 일본의 수상 오히라 마사요시[大平正芳, 1910-1980]와 만난 자리에서 20세기 말까지 중국 현대화의 도달 목표는 소강 상태라고 밝혔다.[297]

1987년 8월, 이탈리아 친구를 만난 자리에서도 다음과 같이 언급했다. "중국의 경제 발전은 3단계로 나뉜다. 이번 세기에는 두 단계, 즉 배불리 먹고 따듯하게 입을 수 있는 생활溫飽과 소강小康이라는 비교적 넉넉한 생활 단계까지 도달하고, 다음 세기에는 30년에서 50년 정도의 시간을 들여 기본적으로 현대화를 이룬 국가中等發達國家에 까지 한 단계 더 나아간다. 그것이 우리의 전략적 목표이자, 우리의 원대한 포부이다."[298]

20세기가 끝나갈 무렵, 중국은 덩샤오핑이 제기한 '3단계三步走' 가운데 첫 번째와 두 번째 단계의 목표를 성공적으로 달성했다. 1인당 국민총생산은 1980년 대비 4배가 되었고, 국가경쟁력도 크게 강화되었다. 사람들이 대대로 갈망해오던 배불리 먹고 따듯하게 입을 수 있는 문제가 해결되었으며, 인민들의 생활도 전체적으로 소강의 수준에 도달해 21세기 전반부 50년의 발전을 위한 토대가 견고하게 마련되었다. 그것은 사회주의 제도의 위대한 승리이자, 중화민족 역사의 새로운 이정표이다.

앞의 두 단계 목표를 이루고 나서 세 번째 전략적 목표는 어떻게 달성해야 하는가? 중국공산당은 이에 대한 명확한 답을 제때 내놓기 위해, 그 문제를 지속적으로 검토하고 숙고해왔다. 중국공산당 제15차 전국대표대회에서는 그것을 다음과 같이 제시했다. "다음 세기[21세기]를 전망해볼 때, 우리의 목표는 첫 10년 동안은 국민총생산을 2000년 대비 2배로 늘리고,

---

297 | 鄧小平,「中國本世紀的目標是實現小康」,『鄧小平文選』2, 北京: 人民出版社, 1994: 237쪽을 참조하라.

298 | 鄧小平,「一切從社會主義初級階段的實際出發」,『鄧小平文選』3, 北京: 人民出版社, 1993: 251쪽.

인민들의 생활수준이 소강에 이를 정도로 더욱 부유하게 만든다. 그를 통해 보다 완벽한 사회주의 시장경제 체제를 마련한다. 다시 10년의 노력을 거쳐 중국공산당 창당 100주년이 되면, 국민경제는 더욱 발전하고 다양한 사회 제도도 더욱 완벽히 정비될 것이다. 중화인민공화국 수립 100주년인 21세기 중반이 되면, 기본적으로 현대화가 이루어지고, 부강하고 민주적이며 문명화된 사회주의 국가가 만들어질 것이다."[299]

그리고 중국공산당 제15기 중앙위원회 5차 전체회의에서는 더 나아가 21세기에 중국이 소강 사회를 전반적으로 건설하고, 사회주의 현대화를 가속화하는 새로운 발전 단계에 들어설 것이라고 천명했다.[300] 이것이 매우 중요한 주장이기는 하지만, 당시는 아직 21세기가 아니었을 뿐만 아니라 그 문제를 더 깊이 있게 검토할 시간적 여유가 없었다.[301]

21세기 초에 개최된 중국공산당 제16차 전국대표회의에서는 소강 사회의 전반적 건설을 21세기 첫 20년 동안의 단계적 목표로 명확하게 규정했다.[302] 그것은 전체적 국면과 관련된 전략적 결정으로, 매우 필요했고 또 시의적절했다고 할 수 있다.

20세기가 끝날 무렵에 이미 중국은 소강 사회에 진입했다고 했는데, 왜 '소강 사회의 전반적 건설'이라는 단계적 목표가 필요했을까? 그것은 시작된 소강 사회의 수준이 여전히 낮고, 전반적이지 않으며, 그 발전이 불균형하기 때문이다. 따라서 세 번째 전략적 목표를 구현하려면 50년 정도의 비교적 많은 시간이 요구되었다. 지금과 같은 토대에서 기본적으로 현대화를

---

299 | 江澤民,「高擧鄧小平理論大旗幟, 把建設有中國特色社會主義事業全面推向二十一世紀」, 『江澤民文選』2, 北京: 人民出版社, 2006: 4쪽.

300 | 中共中央文獻硏究室 編,「中共中央關於制定國民經濟和社會發展第十個五年計劃的建議」,『十五大以來重要文獻選編』中, 北京: 人民出版社, 2001: 1369쪽.

301 | 중국공산당 제15기 중앙위원회 5차 전체회의는 2000년 10월 9일부터 11일까지 베이징에서 개최되었다. 따라서 21세기는 2001년부터 계산된다. 저자는 21세기를 두 달 정도 남긴 상황에서 이와 같은 주장이 나왔다고 평가한 것이다.

302 | 江澤民,「全面建設小康社會, 開創中國特色社會主義事業新局面」,『江澤民文選』3, 北京: 人民出版社, 2006: 528·542쪽을 참조하라.

이룬 국가中等發達國家와 비슷한 수준이 되려면 여전히 단계적이고 장기적인 노력을 거쳐야만 한다. 소강 사회의 전반적 건설은 현재까지 이룬 소강의 수준을 공고히 하면서도 더욱 향상시키는 것으로, 구조의 최적화와 효율성의 향상을 바탕으로 2020년까지 중국의 국내총생산을 2000년 대비 4배까지 끌어올리기 위해 노력해야 한다. 그것은 당시 중간소득 국가의 평균 수준과 비슷한 정도이다.

또한 기본적인 산업화를 달성함으로써 현재 낮은 수준의, 전반적이지 못한, 불균형한 발전의 소강을 비교적 높은 수준의, 비교적 전반적인, 그리고 균형 있는 발전의 소강으로 대체한다. 아울러 도시의 인구 비율을 대폭 상승시키고, 각종 차별이 확대되어가는 추세를 점진적으로 바로잡아가는 소강으로 변모시킨다. 그로부터 인민 전체가 비교적 풍족한 생활을 누릴 수 있게 한다. 그것이 그 20년 동안 해야 할 주요 업무다.

소강 사회의 전반적 건설에서 '전반적'이라는 표현은 또 다른 중요한 의미를 지니고 있다. 그것은 경제·정치·문화 등도 전반적 발전의 목표가 되어야 한다는 점이다. 장쩌민은 중국공산당 제16차 전국대표대회에서 다음과 같이 보고했다. "소강 사회의 전반적 건설에서 가장 근본적인 것은 경제 발전을 중심으로 사회적 생산력을 부단히 해방시키고 발전시켜야 한다는 점이다."[303]

또한, "사회주의적 민주정치를 발전시키고, 사회주의적 정치문명을 만드는 것은 소강 사회의 전반적 건설을 위한 주요 목표가 된다."[304] 보고 내용에는 문화가 경제 또는 정치와 맺는 관계에 대해서도 언급되어 있다. "오늘날 세계에서 문화는 경제나 정치와 서로 융합되어 가고 있는데, 국가경쟁력을 다투는 과정에서 그것의 위상과 역할이 나날이 두드러지고 있다."[305]

---

303 | 江澤民,「全面建設小康社會, 開創中國特色社會主義事業新局面」,『江澤民文選』3, 北京: 人民出版社, 2006: 544쪽.

304 | 江澤民,「全面建設小康社會, 開創中國特色社會主義事業新局面」,『江澤民文選』3, 北京: 人民出版社, 2006: 553쪽.

305 | 江澤民,「全面建設小康社會, 開創中國特色社會主義事業新局面」,『江澤民文選』3, 北京:

그리고 "소강 사회의 전반적 건설을 위해서는 사회주의적 문화를 적극적으로 발전시키고, 사회주의적 정신문명을 건설해야 한다."[306] 그밖에도 중국의 생태 환경을 개선하는 것이 요구된다.[307] 이와 같이 이해해야만 비교적 전반적이라고 할 수 있을 것이다. 만약 그 가운데 어느 하나라도 모자란다면, 소강 사회의 전반적 건설이라고 할 수는 없다.

소강 사회의 전반적 건설은 중국의 사회주의 현대화 건설 과정에서 반드시 거쳐야만 하는, 지나쳐갈 수 없는 발전 단계이다. 그것을 위해서는 20년 동안의 진지한 노력이 필요하다. 그 단계를 잘 밟아야만 더 높은 출발점에서 21세기 중반으로 예정된 세 번째 전략적 목표, 즉 기본적으로 현대화를 이룬다는 목표를 달성할 수 있다.

모든 민족을 포함한 중국 전역의 인민들은 이제 중국이 21세기에도 양호한 발전의 흐름을 계속 유지하고, 중국의 국가경쟁력과 인민들의 생활수준이 한층 새로워지길 바라고 있다. 그와 같은 시기에 중국공산당 제16차 전국대표대회에서 '소강 사회의 전반적 건설'이라는 단계적 목표를 제시하고 구체화한 것은 당원 전체와 인민들의 염원에 온전히 부합한다고 할 수 있다. 또한 그것은 중국공산당과 국가사업이 지속적으로 나아가기 위한 필연적 요구이기도 하다.

중국공산당은 혁명·건설·개혁이라는 역사적 시기마다 언제나 인민들의 염원과 당 사업의 발전적 요구로부터 제때 명확하고 호소력이 강한 목표를 제시함으로써 많은 인민들을 단결시켰을 뿐만 아니라 그들이 그러한 목표를 위해 투쟁하도록 이끌어왔다.

그와 같이 명확한 목표가 있다는 것은 명확한 목표가 없다는 것과 크게 다르다. 중국공산당 제16차 전국대표대회에서는 20년 안에 소강 사회의

人民出版社, 2006: 558쪽.

306 | 江澤民, 「全面建設小康社會, 開創中國特色社會主義事業新局面」, 『江澤民文選』3, 北京: 人民出版社, 2006: 558쪽.

307 | 江澤民, 「全面建設小康社會, 開創中國特色社會主義事業新局面」, 『江澤民文選』3, 北京: 人民出版社, 2006: 544쪽을 참조하라.

전반적 건설이라는 구체적 목표를 명확하게 제시했으며, 그것을 과학적 논증에 기초해 기술했다. 따라서 그것은 분명 중국의 사회주의 현대화를 가속화하는 데 크고 광범위한 영향을 끼칠 것으로 여겨진다.

4) 본격화된 새로운 위업으로서의 당 건설

중국은 10억 명 이상의 인구가 다민족으로 이루어졌으며, 개발도상국이자 대국이다. 그러한 나라에서 중국공산당의 지도가 없었다면, 전국 인민들이 자신의 의지와 힘을 결집시켜 한마음 한뜻으로 소강 사회의 전반적 건설을 이룬다는 것은 기본적으로 불가능한 일이었을 것이다.

만약 중국공산당이 없었다면, 그렇게 큰 나라에서 그렇게 많은 사람들은 제각기 흩어진 모래가 되었을 것이고, 심지어는 사분오열되어 다툼이 멈추지 않는 상황이 만들어졌을 것이다. 그렇게 되면 사회주의 현대화 건설을 위해 힘을 모아야 한다는 말은 고사하고 안정이라는 말조차 더 이상 할 수 없게 된다.

역사가 증명하는 것처럼, 중국의 문제를 제대로 해결하려면 그것은 중국공산당에 달려 있다. 마찬가지로 소강 사회의 전반적 건설과 더 빠른 사회주의 현대화를 안정적으로 이룰 수 있는가도 중국공산당에 달려 있다. 당의 지도력을 유지하고 개선하는 것은 당 자체의 건설을 강화하는 것과 분리될 수 없는 문제다. 지난 13년 동안 중국공산당 중앙은 줄곧 많은 역량을 투입해 당 건설이라는 새로운 위업을 본격적으로 추진해왔다.

장쩌민은 「당을 더욱 강력한 노동자 계급의 선봉대로 만들기 위한 투쟁」이라는 연설에서 다음과 같이 지적했다. "중국공산당 제13기 중앙위원회 4차 전체회의 이후, '[중국공산당이라는] 이 당을 바로잡아야 한다. 바로잡지 않으면 안 된다.'[308]라는 덩샤오핑 동지의 의견에 따라 중앙은 당 건설의 강화를 위한 일련의 중요한 조치들을 취했다. 각급 당 조직들이 이를 위해 많은 업무를 담당했으며, 그 결실이 나타나기 시작했다. [결과적으로] 인민들과

---

308 鄧小平,「第三代領導集體的當務之急」,『鄧小平文選』3, 北京: 人民出版社, 1993: 314쪽.

당 전체가 기뻐하고 있다."³⁰⁹ 이 말은 전적으로 사실에 부합한다.

21세기에 들어와, 중국공산당의 위상과 임무, 그리고 당원들의 상황이 80여 년의 발전을 거치면서 크게 변화되었다는 점을 알아야 한다. 중국공산당 제16차 전국대표대회에서는 그와 같은 변화를 분석·보고했다. "혁명·건설·개혁을 거치면서 우리 당은 인민을 이끌고 전국적인 정치권력을 쟁취하기 위해 투쟁하던 당에서 인민을 이끌고 전국적인 정치권력을 장악했을 뿐만 아니라 오랜 기간 국가를 운영한 당으로 변모했다. 그리고 외부의 봉쇄와 계획경제의 시행이라는 조건에서 국가 건설을 이끌던 당은 대외개방과 사회주의적 시장경제라는 조건에서 국가 건설을 이끄는 당으로 바뀌었다."³¹⁰

새로운 시대, 새로운 정세, 새로운 상황은 중국공산당 내부에 많은 문제들을 던졌다. 그것들은 크게 2가지의 역사적 과제로 요약된다. 하나는 당의 지도 수준과 집권 수준을 어떻게 지속적으로 향상시킬 것인가이다. 다른 하나는 부패와 타락을 방지하고, 위험에 대한 통제 능력을 어떻게 지속적으로 높일 것인가이다. 그 두 가지는 반드시 해결해야 하지만 쉽게 해결될 수 없는 문제이기도 하다. 또한 그것은 시대가 중국공산당에 던져준 엄혹한 시련이라고도 할 수 있다.

장쩌민은 중국공산당 제13기 중앙위원회 4차 전체회의 이후로 여러 차례 "국가를 관리하려면 먼저 당을 관리해야만 하고, 당의 관리는 반드시 엄격해야만 한다."³¹¹고 강조했다. 그것은 당 건설에 관한 역사적 경험을 정리한 과학적 결론이다. 그러한 당의 건설에는 사상·조직·기풍이라는 3가지 측면의 건설이 포함된다.

---

309 | 江澤民,「爲把黨建設成更加堅强的工人階級先鋒隊而鬪爭」,『江澤民文選』1, 北京: 人民出版社, 2006: 87쪽.

310 | 江澤民,「全面建設小康社會, 開創中國特色社會主義事業新局面」,『江澤民文選』3, 北京: 人民出版社, 2006: 536-537쪽.

311 | 江澤民,「治國必先治黨, 治黨務必從嚴」,『江澤民文選』2, 北京: 人民出版社, 2006: 496-507쪽을 참조하라.

중국공산당 제16차 전국대표대회에서는 당의 지도를 유지·개선하고, 당 건설의 새로운 위업을 본격적으로 추진하기 위해 6가지의 방안을 제안했다.[312] 첫째, '3가지의 대표'라는 주요 사상을 깊이 있게 연구하고 구현함으로써 당 전체의 마르크스주의 이론 수준을 향상시킨다. 둘째, 당의 통치 능력을 강화함으로써 당의 지도 수준과 집권 수준을 향상시킨다.

셋째, 민주집중제를 견지하고 정비함으로써 당의 활력과 통일된 단결을 강화한다. 넷째, 수준 높은 지도 간부 집단을 양성함으로써 패기 넘치고 집념을 갖춘 지도층을 마련한다. 다섯째, 기층에서부터 당 건설 업무를 착실하게 해나감으로써 당의 계급적 기반을 강화하고 당의 군중적 기반을 확대한다. 여섯째, 당의 기풍을 강화·개선함으로써 반부패 투쟁을 심화시킨다.

따라서 그러한 6가지 방안을 엄격하게 시행하고 관철시켜야 하며, 그 실천 과정에서 얻은 새로운 경험들을 지속적으로 정리해야만 한다. 그와 같은 형태로 전반적인 당 건설이 추진된다면, 분명 중국공산당 제15기 중앙위원회 6차 전체회의의 결정에 나온 언급대로 이루어질 수 있다고 확신한다. "당은 세계정세가 격변하는 역사의 과정에서 줄곧 시대의 선두에 서 있었고, 국내외적으로 각종 위험에 대처해야 하는 역사의 과정에서 줄곧 전국 인민들을 받쳐온 기둥이었으며, 중국적 특색사회주의를 건설해 나가는 역사의 과정에서 줄곧 강한 지도의 핵심이었다."[313]

중국공산당의 제16차 전국대표대회는 당 전체와 전국 인민들의 정치 생활에서 하나의 중요한 사건이었다. 중국공산당은 만들어진 날부터 스스로를 노동자계급의 선봉대라고 명확하게 선언했다. 그와 함께 중국공산당은 확고부동하게 민족의 독립·인민의 해방·국가의 번영과 부강·인민들의 공동 부유를 위해 전국의 인민들을 이끌면서 백절불굴의 자세로 투쟁해왔다.

---

312 | 江澤民,「全面建設小康社會, 開創中國特色社會主義事業新局面」,『江澤民文選』3, 北京: 人民出版社, 2006: 569-572쪽을 참조하라.

313 | 中共中央文獻硏究室 編,「中共中央關於加強和改進黨的作風建設的決定」,『十五大以來重要文獻選編』下, 北京: 人民出版社, 2003: 1995쪽.

중국공산당 말고는 그 어떠한 정당도 그와 같은 역사적 사명을 성공적으로 수행하지 못했기 때문에 그들은 중화민족과 중국 인민들의 선봉대이기도 하다. 중국공산당은 새로운 시대를 맞이해 중국적 특색사회주의 건설이라는 위대한 사업을 시작했는데, 그것이야말로 중화민족의 위대한 부흥을 실현하기 위한 유일하고도 올바른 길이라고 할 수 있다.

중국공산당 제16차 전국대표대회에서 정한 주제는 다음과 같다. "덩샤오핑 이론의 위대한 기치를 높이 들고, '3가지의 대표'라는 주요 사상을 전반적으로 구현하며, 앞선 시대를 계승해 미래를 열어나간다. 시대와 함께 나아가면서 소강 사회를 전반적으로 건설하고, 사회주의 현대화를 가속화하며, 중국적 특색사회주의 사업의 새로운 국면을 열기 위해 투쟁한다."[314]

그것은 21세기 초 중국공산당의 행동강령이자, 중화민족과 중국 인민들의 행동강령이다. 물론 앞으로 나아가는 길에는 불안정한 요소와 어려움들이 많을 것이고, 그에 대한 정신적 준비도 필요하다. 그럼에도 불구하고 당 전체와 전국 인민들이 굳게 단결하고 모두 한마음 한뜻으로 그 행동강령에 맞춰 함께 노력한다면, 중화민족의 위대한 부흥은 실현될 것이다. 그리고 그것은 앞선 세대를 위로하고 미래를 열어주는 숭고한 역사적 사명으로, 분명 21세기 안에 현실화될 것이다.

---

314 | 江澤民, 「全面建設小康社會, 開創中國特色社會主義事業新局面」, 『江澤民文選』3, 北京: 人民出版社, 2006: 528쪽.

참고문헌

1) 간행물

1. 《江蘇》第5期, 1903年8月
2. 《天義》第3卷, 1907年7月10日
3. 《青年》雜誌第1卷第6號, 1916年2月15日
4. 《新青年》第3卷第3號, 1917年5月
5. 《湖南教育月刊》第1卷第2號, 1919年12月
6. 《時事新報》副刊《學燈》, 1921年2月21日
7. 《益世報》(天津), 1921年3月22日
8. 《益世報》(天津), 1921年3月23日
9. 《國聞周報》第13卷第23期, 1936年6月15日
10. 《群眾》周刊第1卷第4期, 1938年1月1日
11. 《群眾》周刊第19期, 1938年4月23日
12. 《新華日報》1938年2月10日
13. 《新華日報》1938年9月8日
14. 《中國青年》第1卷第2期, 1939年5月
15. 《解放日報》(延安), 1941年10月10日
16. 《人民日報》1978年12月24日
17. 《人民日報》1981年6月30日
18. 《黨史研究資料》1980年第1期
19. 《文獻和研究》1985年第4期
20. 《黨的文獻》1988年第1期
21. 《黨的文獻》1989年第3期

22.《黨的文獻》1994年第1期

23.《黨的文獻》2001年第4期

24.《近代中國》季刊第157期, 2004年6月30日

25.《鬥爭》第3期

26.《鬥爭》第8期

27.《鬥爭》第12期

28.《鬥爭》第21期

29.《鬥爭》第27期

30.《鬥爭》第45期

31.《布爾塞維克》第1卷第1期

32.《布爾塞維克》第1卷第3期

33.《布爾塞維克》第1卷第4期

34.《布爾塞維克》第1卷第5期

35.《布爾塞維克》第1卷第6期

36.《布爾塞維克》第1卷第9期

37.《布爾塞維克》第2卷第1期

38.《布爾塞維克》第2卷第5期

39.《布爾塞維克》第2卷第7期

40.《布爾塞維克》第3卷第1期

41.《布爾塞維克》第3卷第4, 5期合刊

42.《布爾塞維克》第4卷第1期

43.《布爾塞維克》第4卷第3期

44.《紅旗周報》第31期

45.《紅旗周報》第33期

46.《黨的生活》第3期

2) 단행본

1. 梁啟超:《中國歷史研究法補編》, 上海: 商務印書館, 1947年版

2. 《紅旗飄飄》編輯部編:《解放戰爭回憶錄》, 北京: 中國青年出版社, 1961年版

3. 復旦大學歷史系日本史組編譯:《日本帝國主義對外侵略史料選編(1931—1945)》, 上海: 上海人民出版社, 1975年版

4. 梁啟超:《歐遊心影錄》,《梁啟超選集》, 上海: 上海人民出版社, 1981年版

5. 陳伯鈞:《陳伯鈞日記(1933—1937)》, 上海:上海人民出版社, 1987年版

6. Basil Henry Liddell Hart 著, 林光余譯:《第一次世界大戰戰史》, 上海:上海人民出版社, 2010年版

7. 吳玉章:《吳玉章回憶錄》, 北京: 中國青年出版社, 1978年版

8. 中國人民政治協商會議全國委員會文史資料研究委員會編:《文史資料選輯》第62輯, 內部資料, 北京:中華書局, 1979年版

9. 廣東省社會科學院歷史研究室、中國社會科學院近代史研究所中華民國史研究室、中山大學歷史系孫中山研究所合編:《孫中山全集》第1卷, 北京: 中華書局, 1981年版

10. 陳旭麓主編:《宋教仁集》(下冊), 北京: 中華書局, 1981年版

11. 中國社會科學院近代史研究所編:《五四運動回憶錄》(續), 北京: 中國社會科學出版社, 1979 年版

12. 中國社會科學院近代史研究所翻譯室編譯:《共產國際有關中國革命的文獻資料》第1輯, 北京: 中國社會科學出版社, 1981年版

13. 中國社會科學院近代史研究所翻譯室編譯:《共產國際有關中國革命的文獻資料》第2輯, 北京: 中國社會科學出版社, 1982年版

14. 中國社會科學院近代史研究所編:《國外中國近代史研究》第3輯, 北京: 中國社會科學出版社, 1989年版

15. 中國社會科學院近代史研究所翻譯室編譯:《共產國際有關中國革命的文獻資料》第3輯, 北京: 中國社會科學出版社, 1990年版

16. 張允侯、殷敘彝等編:《五四時期的社團》(二), 北京: 生活·讀書·新知三聯書店, 1979 年版

17. 榆林地區《毛主席轉戰陝北》編寫組編:《毛主席轉戰陝北》, 西安: 陝西人民出版社, 1979年版

18. 中國革命博物館編:《新民學會資料》, 北京: 人民出版社, 1980年版

19. 《周恩來選集》編委會:《周恩來選集》(上卷), 北京: 人民出版社, 1980年版
20. 中國社會科學院現代史研究室, 中國革命博物館黨史研究室選編:《壹大前後》(二), 北京: 人民出版社, 1980年版
21. 蔡和森:《蔡和森文集》, 北京: 人民出版社, 1980年版
22. 《李達文集》編輯組編:《李達文集》, 北京: 人民出版社, 1981年版
23. 朱德:《朱德選集》, 北京: 人民出版社1983年版
24. 惲代英:《惲代英文集》(上卷), 北京: 人民出版社1984年版
25. 李大釗:《李大釗文集》(下), 北京: 人民出版社, 1984年版
26. 《周恩來選集》編委會:《周恩來選集》(下卷), 北京: 人民出版社, 1984年版
27. 管文蔚:《管文蔚回憶錄》, 北京: 人民出版社, 1985年版
28. Vissarion Lominadze, 孫武霞, 許俊基編:《共產國際與中國資料選輯(1925—1927)》, 北京:人民出版社, 1985年版
29. 中共中央黨校資料征集委員會, 中央檔案館編:《遵義會議文獻》, 北京: 人民出版社, 1985年版
30. 《張聞天選集》編輯組編:《張聞天選集》, 北京: 人民出版社, 1985年版
31. 何孟雄:《何孟雄文集》, 北京: 人民出版社, 1986年版
32. 中國社會科學院近代史研究所編:《米夫關於中國革命言論》, 北京: 人民出版社, 1986年版
33. 王稼祥:《王稼祥選集》, 北京: 人民出版社, 1989年版
34. 毛澤東:《毛澤東選集》第1卷, 北京: 人民出版社, 1991 年版
35. 毛澤東:《毛澤東選集》第2卷, 北京: 人民出版社, 1991 年版
36. 毛澤東:《毛澤東選集》第4卷, 北京: 人民出版社, 1991 年版
37. 陸定一:《陸定一文集》, 北京: 人民出版社, 1992年版
38. 黃克誠:《黃克誠自述》, 北京: 人民出版社, 1994年版
39. 鄧小平:《鄧小平文選》第2卷, 北京: 人民出版社, 1994年版
40. 鄧小平:《鄧小平文選》第3卷, 北京: 人民出版社, 1994年版
41. 瞿秋白:《瞿秋白文集》政治理論編, 第5卷, 北京: 人民出版社, 1995年版
42. 陳雲:《陳雲文選》第1卷, 北京: 人民出版社, 1995年版

43. 陳雲:《陳雲文選》第3卷, 北京: 人民出版社, 1995年版

44. 毛澤東:《毛澤東文集》第1卷, 北京: 人民出版社, 1993年版

45. 毛澤東:《毛澤東文集》第5卷, 北京: 人民出版社, 1996年版

46. 毛澤東:《毛澤東文集》第7卷, 北京: 人民出版社, 1999年版

47. 中央財經領導小組辦公室編:《中國經濟發展五十年大事記》, 北京: 人民出版社, 中共中央黨校出版社, 1999年版

48. 《馬克思恩格斯選集》第4卷, 北京: 人民出版社, 2012年版

49. 《憶徐海東》編輯組編:《憶徐海東》, 鄭州: 河南人民出版社, 1981年版

50. 中國人民解放軍軍事學院編:《劉伯承軍事文選》, 北京: 解放軍出版社, 1982年版

51. 何長工:《何長工回憶錄》, 北京: 解放軍出版社, 1987年版

52. 楊成武:《楊成武回憶錄》, 北京: 解放軍出版社, 1987年版

53. 王平:《王平回憶錄》, 北京: 解放軍出版社, 1992年版

54. 《中國工農紅軍第四方面軍戰史資料選編·長征時期》, 北京: 解放軍出版社, 1992年版

55. 中國人民解放軍軍事學院編:《李達軍事文選》, 北京: 解放軍出版社, 1993年版

56. 中國人民解放軍軍事學院編:《陳毅軍事文選》, 北京: 解放軍出版社, 1996年版

57. 中國人民解放軍軍事學院編:《葉劍英軍事文選》, 北京: 解放軍出版社, 1997年版

58. 鄧華, 李德生等:《星火燎原未刊稿》第10集, 北京: 解放軍出版社, 2007年版

59. 中國人民政治協商會議全國委員會文史資料委員會編:《淮海戰役親歷記: 原國民黨將領的回憶》, 北京: 文史資料出版社, 1983年版

60. 聶榮臻:《聶榮臻回憶錄》(上), 北京: 戰士出版社, 1983年版

61. 貴州省檔案館編:《紅軍轉戰貴州——舊政權檔案史料選編》, 貴陽:貴州人民出版社, 1984 年版

62. 謝本書, 馮祖貽主編:《西南軍閥史》第 3 卷, 貴陽: 貴州人民出版社, 1994年版

63. 《偉大轉折的起點: 黎平會議》編輯組編著:《偉大轉折的起點:黎平會議》, 貴陽: 貴州人民出版社, 2009年版

64. 瞿秋白:《瞿秋白文集》文學編, 第1卷, 北京: 人民文學出版社, 1985年版

65. 中央檔案館編:《中共中央文件選集》第7冊, 北京: 中共中央黨校出版社, 1991年版

66. 中央檔案館編:《中共中央文件選集》第8冊, 北京: 中共中央黨校出版社, 1991年版
67. 中央檔案館編:《中共中央文件選集》第9冊, 北京: 中共中央黨校出版社, 1991年版
68. 中央檔案館編:《中共中央文件選集》第10冊, 北京: 中共中央黨校出版社, 1991年版
69. 中央檔案館編:《中共中央文件選集》第11冊, 北京: 中共中央黨校出版社, 1991年版
70. James Bertram, 林淡秋譯:《中國的新生》, 北京: 新華出版社, 1986年版
71. Jane Degras 選編:《共產國際文件(1929—1943)》, 北京: 東方出版社, 1986年版
72. 李維漢:《回憶與研究》(上), 北京: 中共黨史資料出版社, 1986年版
73. 中共中央黨史資料征集委員會編:《共產主義小組》(上), 北京: 中共黨史資料出版社, 1987年版
74. 中共中央黨史資料征集委員會主編:《淮海戰役》第3冊, 北京: 中共黨史資料出版社, 1988年版
75. 中共桂林地委《紅軍長征過廣西》編寫組編著:《紅軍長征過廣西》, 南寧: 廣西人民出版社, 1986年版
76. 中共雲南省委黨史資料征集委員會編:《紅軍長征過雲南》, 昆明: 雲南民族出版社, 1986年版
77. 中央統戰部, 中央檔案館編:《中共中央抗日民族統壹戰線文件選編》(中), 北京: 檔案出版社, 1985年版
78. 四川省檔案館編:《國民黨軍追堵紅軍長征檔案史料選編(四川部分)》, 北京: 檔案出版社, 1986年版
79. 中國第二歷史檔案館編:《國民黨軍追堵紅軍長征檔案史料選編(中央部分)》(上), 北京: 檔案出版社, 1987年版
80. 賀國光:《參謀團大事記》(上), 北京: 軍事科學院軍事圖書館, 1986年影印本
81. 中共湖南省黨史資料征集研究委員會研究處編:《紅軍長征在湘南專號》,《崢嶸歲月》第7集, 長沙: 湖南人民出版社, 1987年版
82. 周朝舉主編:《紅軍黔滇馳騁風雲錄》, 北京: 軍事科學出版社, 1987年版
83. 周朝舉主編:《紅軍黔滇馳騁史料總匯》(上), 北京: 軍事科學出版社, 1988年版
84. 軍事科學院軍事圖書館編著:《中國人民解放軍組織沿革和各級領導成員名錄》, 北京: 軍事科學出版社, 1990年版

85. 毛澤東:《毛澤東軍事文集》第1卷, 北京: 軍事科學出版社, 中央文獻出版社, 1993年版
86. 毛澤東:《毛澤東軍事文集》第2卷, 北京: 軍事科學出版社, 中央文獻出版社, 1993年版
87. 毛澤東:《毛澤東軍事文集》第5卷, 北京: 軍事科學出版社, 中央文獻出版社, 1993年版
88. 粟裕:《粟裕文選》第2卷, 北京: 軍事科學出版社, 2004年版
89. 壽充一等編:《走在社會主義大道上——原私營工商業者社會主義改造紀實》, 北京: 中國文史出版社, 1988 年版
90. 中國人民政治協商會議全國委員會文史資料委員會《圍追堵截紅軍長征親歷記》編審組編:《圍追堵截紅軍長征親歷記——原國民黨將領的回憶》(上), 北京: 中國文史出版社, 1991年版
91. 何鍵, 王東原:《何鍵·王東原日記》, 北京: 中國文史出版社, 1993年版
92. 《周恩來書信選集》編委會:《周恩來書信選集》, 北京: 中央文獻出版社, 1988年版
93. 師哲口述, 李海文整理:《在歷史巨人身邊: 師哲回憶錄》, 北京: 中央文獻出版社, 1991年版
94. 中共中央文獻研究室編:《建國以來重要文獻選編》第6冊, 北京: 中央文獻出版社, 1993年版
95. 毛澤東:《毛澤東在七大的報告和講話集》, 北京: 中央文獻出版社, 1995年版
96. 中共中央文獻研究室編, 金冲及主編:《周恩來傳》第1卷, 北京: 中央文獻出版社, 1998年版
97. 中共中央文獻研究室編, 金冲及主編:《周恩來傳》第2卷, 北京: 中央文獻出版社, 1998年版
98. 楊尚昆:《楊尚昆回憶錄》, 北京:中央文獻出版社, 2001 年版
99. 中共中央文獻研究室編, 逢先知主編:《毛澤東年譜(1893—1949)》(上卷), 北京: 中央文獻出版社, 2002年版
100. 中共中央文獻研究室編, 金冲及主編:《毛澤東傳(1893—1949)》, 北京: 中央文獻出版社, 2004年版

101. 中共中央文獻研究室編：《鄧小平年譜(1975—1997)》(上)，北京：中央文獻出版社，2004年版
102. 中共中央文獻研究室編：《鄧小平年譜(1975—1997)》(下)，北京：中央文獻出版社，2004年版
103. 羅永賦，費侃如主編：《四渡赤水戰役親歷記》，北京：中央文獻出版社，2010年版
104. 胡繩主編：《中國共產黨的七十年》，北京：中共黨史出版社，1991年版
105. 張聞天：《張聞天文集》(1)，北京：中共黨史出版社，1990年版
106. 張聞天：《張聞天文集》(2)，北京：中共黨史出版社，1993年版
107. 中共山西省石樓縣委宣傳部編：《紅軍東征》(上)，北京：中共黨史出版社，1997年版
108. 石仲泉：《長征行》，北京：中共黨史出版社，2006年版
109. 中共中央黨史研究室第一研究部編：《聯共(布)，共產國際與中國蘇維埃運動(1931—1937)》(14)，北京：中共黨史出版社，2007年版
110. 中共武漢市委黨史研究室：《抗日戰爭初期中共中央長江局史》(上冊)，北京：中共黨史出版社，2011年版
111. 中共湖北省委黨史資料征集編研委員會：《抗戰初期中共中央長江局》，武漢：湖北人民出版社，1991年版
112. 羅明：《羅明回憶錄》，福州：福建人民出版社，1991年版
113. 朱謙之，師復：《謙之文存·師復文存》，上海：上海書店，1991年影印版
114. 中央檔案館編：《紅軍長征檔案史料選編》，北京：學習出版社，1996年版
115. 徐則浩：《王稼祥傳》，北京：當代中國出版社，1996年版
116. 李定主編：《中國資本主義工商業的社會主義改造》，北京：當代中國出版社，1997年版
117. 程中原：《張聞天傳》，北京：當代中國出版社，2000年版
118. 黃修榮：《國共關係七十年》，廣州：廣東教育出版社，1998年版
119. 中國第二歷史檔案館：《中華民國史檔案資料匯編》第5輯第1編政治(2)，南京：江蘇古籍出版社，2000年版
120. Georgi Dimitrov Mikhailov：《季米特洛夫日記選編》，桂林：廣西師範大學出

版社，2002年版
121. 董誌凱，吳江：《新中國工業的奠基石——1956年建設研究》，廣州：廣東經濟出版社，2004年版
122. 貴州社會科學》編輯部，貴州省博物館編：《紅軍長征在貴州史料選輯》，內部資料，1983年版
123. 《朱總司令自傳(1886—1937)》，孫泱筆記，稿本
124. 中央檔案館所藏檔案(包括會議記錄，電報，談話記錄，簡報，手稿等)

3) 해외 간행물

1. 秦孝儀 總編纂：《蔣介石大事長編初稿》卷3，臺北：國民黨中央黨史委員會，1978年
2. 《中華民國重要史料初編——對日抗戰時期》第6編，傀儡組織(2)，臺北：中國國民黨中央黨史委員會，1981年
3. 李宗仁：《李宗仁回憶錄》，香港：南粵出版社，1987年版
4. 陳壽恒，蔣榮森等編著：《薛嶽將軍與國民革命》，臺北："中研院"近代史研究所，1988年
5. "三軍大學"戰史編纂委員會編纂：《國民革命軍戰役史第五部——"戡亂"》第9冊"總檢討"，臺北："國防部史政編譯局"，1989年版
6. 王世傑：《王世傑日記》(手稿本)第6冊，臺北："中研院"近代史研究所，1990年版
7. 蔣中正：《蘇俄在中國》，臺北："中央"文物供應社，1992年
8. 萬耀煌口述，沈雲龍訪問，賈廷詩等紀錄：《萬耀煌先生訪問紀錄》，臺北："中研院"近代史研究所，1993年
9. 陳立夫：《成敗之鑒——陳立夫回憶錄》，臺北：正中書局，1994年
10. 楊奎松：《西安事變新探——張學良與中共關係之研究》，臺北：東大圖書公司，1995年
11. 蔣緯國：《歷史見證人的實錄——蔣中正先生傳》第2冊，臺北：青年日報社，1997年版
12. 《蔣介石檔案·事略稿本》(28)，臺北："國史館"，2007年
13. 《蔣介石檔案·事略稿本》(29)，臺北："國史館"，2007年

14. 《蔣介石檔案·事略稿本》(30), 臺北: "國史館", 2008年
15. 郝柏村: 《郝柏村解讀蔣公日記(1945—1949)》, 臺北: 天下遠見出版股份有限公司, 2011年版
16. 蔣介石日記(手稿本), 美國斯坦福大學胡佛研究所藏
17. 陳紹禹: 《王明選集》第5卷, 汲古書院, 1975年11月發行

찾아보기

번호

5·30운동 72

한국어

ㄱ

가오강 421
가오원첸 560
가오푸위안 320
겅뱌오 268
게오르기 디미트로프 309
관린정 77, 326, 335
관샹잉 234
관원웨이 128
괴벨스 561
구뎡위 157
구무 547
구바이 198
구주퉁 244, 290, 480
궁순비 273
귀쉰치 277, 278, 285
귀쓰옌 290
길드 사회주의 38

ㄴ

녜룽전 232, 235, 241, 268, 271, 398
노먼 베쑨 446
닉슨 559

ㄷ

다나카 기이치 435
덜레스 554
덩샤오핑 46, 48, 198, 228, 470, 471, 472, 498, 499, 537, 541, 549, 550, 562, 578, 579, 580, 581, 582, 584, 587, 588, 589, 592, 593, 595, 596, 597, 599, 600, 602, 607, 608, 610, 611, 613, 614, 618, 621
덩옌다 75, 84, 86
덩원이 343
덩잉차오 32, 405
덩중샤 31, 79, 111, 121, 144
덩쯔후이 514
덩파 318
데보린 210
뎀츄크돈롭 315
도이하라 겐지 308, 309, 318
동맹회 22, 29, 51, 56, 75
동비우 29, 56, 68
돤치루이 73, 275, 435
두위밍 77, 477
둥비우 77, 403, 409, 444
둥전탕 232
둥젠우 322, 323, 326, 327

ㄹ

랴오레이 254, 261, 262, 283, 294
랴오중카이 75, 79
량치차오 24, 25, 53, 435, 455, 456
량화성 245
러셀 25
런비스 97, 234, 389, 415, 416, 418, 419, 448, 472, 473, 474

런지위 523
레닌 28, 31, 60, 62, 74, 181, 200, 210, 211, 218, 227, 418, 583, 594, 596, 607
로미나츠 91, 107, 108, 109, 114, 133, 142, 214, 219
로이 86, 530
롱더성 531, 570
루다오위안 273
루딩이 217, 224, 420
루룽팅 252
루쉰 58, 59, 75, 449
룽윈 249, 250, 273, 295, 297, 298
뤄밍 196, 197, 198, 222
뤄빙후이 242
뤄이농 31, 96, 99, 101, 103, 105, 111, 142
뤄장롱 104, 139
뤄줘잉 244
뤼전위 322
류런징 38, 68
류루밍 470
류보젠 101
류보청 225, 267, 268, 271, 276, 293, 299, 469, 471, 472
류샤오치 30, 56, 104, 191, 192, 194, 212, 227, 312, 392, 399, 421, 429, 473, 474, 488, 491, 496, 536, 549, 551, 555, 574
류샹 268, 272, 275, 276, 277, 278, 279
류스페이 32
류야쯔 75
류원후이 272, 276
류전환 79
류젠쉬 277
류젠친 404
류쿤산 101

류즈단 305
류창성 323
류홍성 531, 570
리궁푸 354, 447
리다자오 28, 31, 36, 37, 60, 62, 63, 64, 77, 421
리더 201, 204, 223, 231, 239, 257, 269, 329, 330, 487
리델 하트 300, 463, 474
리란칭 529
리리싼 93, 94, 115, 121, 129, 150, 157, 159, 160, 161, 162, 163, 164, 165, 166, 167, 168, 171, 172, 174, 175, 177, 178, 179, 181, 183, 214
리미 464, 470
리셴녠 298, 545
리옌녠 477
리웨이한 98, 111, 128, 143, 183, 259, 424
리전잉 109
리줘란 232
리즈쑤이 561
리지선 94, 136, 372
리쭝런 94, 120, 157, 159, 251, 252, 255, 260, 261, 335, 356, 438, 475, 478
리커눙 320
린뱌오 232, 235, 385, 559
린보취 22, 29, 46, 373, 395, 399, 403
린썬 157
린웨이 246
린쭈한 77

□

마누일스키 177, 184
마르크스 5, 17, 28, 29, 31, 32, 34, 41, 42, 43, 44, 56, 57, 60, 61, 62, 63, 64, 65, 69, 74, 135, 181, 210, 211, 217, 218, 225, 227, 228, 418, 426, 522, 554, 557, 583,

588, 594, 596, 607, 608, 612, 613, 620
마링 79
마샹보 353
마셜 516
마오둔 182, 438
마오위안신 562
마오쩌둥 31, 36, 39, 40, 45, 46, 51, 56, 64, 67, 68, 69, 76, 81, 88, 110, 120, 148, 163, 172, 180, 186, 198, 201, 203, 214, 216, 217, 218, 219, 222, 224, 226, 227, 242, 250, 251, 253, 256, 270, 273, 276, 278, 281, 286, 293, 304, 305, 306, 311, 313, 315, 316, 318, 322, 323, 324, 329, 330, 331, 332, 333, 336, 337, 338, 342, 343, 344, 346, 350, 352, 354, 355, 359, 360, 363, 365, 366, 367, 368, 371, 372, 373, 374, 376, 377, 378, 381, 382, 383, 384, 385, 386, 395, 396, 397, 398, 399, 401, 402, 403, 408, 409, 411, 412, 414, 415, 418, 419, 420, 421, 422, 423, 424, 426, 427, 428, 429, 431, 441, 447, 451, 453, 454, 457, 458, 459, 460, 461, 462, 465, 466, 467, 468, 469, 470, 471, 472, 473, 474, 475, 481, 482, 484, 485, 487, 488, 489, 490, 491, 492, 494, 495, 496, 497, 498, 499, 503, 504, 506, 513, 516, 517, 523, 526, 535, 536, 537, 538, 539, 540, 541, 542, 545, 547, 548, 549, 550, 551, 552, 553, 554, 555, 556, 557, 558, 559, 560, 561, 562, 563, 572, 574, 578, 579, 580, 583, 589, 593, 594, 595, 596, 603, 607, 609
마오쩌탄 198
마인추 444, 445
몰로토프 153
무샤노코지 사네아쓰 35
무아마르 카다피 539
무정부공산주의동지사 33
무정부주의 18, 30, 32, 33, 34, 35, 38, 40, 98, 99, 140, 141

미나미 지로 308
미키 다케오 559
미프 108, 109, 182, 183

ㅂ

바이충시 120, 251, 252, 253, 261, 262, 263, 294, 335, 356, 376
바진 437
보구 183, 186, 187, 195, 196, 197, 199, 201, 202, 204, 210, 211, 217, 222, 230, 231, 239, 269, 279, 318, 322, 323, 324, 328, 336, 363, 366, 399, 402, 403, 409, 421
보로딘 85
보이보 400, 401, 526, 552, 567
부하린 109, 116, 117, 146, 151, 152, 153

ㅅ

사첸리 354
사회주의 강습회 32
상관윈샹 289
샤린 128
샤시 78, 184
샤오커 232, 234, 236, 237, 273
샹잉 101, 111, 136, 139, 141, 144, 169, 171, 212, 231, 234, 248, 399, 403, 406, 409, 421, 429
샹중파 109, 165, 184
석달개 247
선옌빙 66
선쥔루 353, 354
선쩌민 182
셰웨이쥔 198
셰츠 157
쉐웨 233, 236, 237, 244, 245, 248, 249, 250, 259,

260, 261, 262, 263, 264, 265, 268, 269, 272, 273, 277, 281, 282, 283, 284, 287, 291, 296, 297

쉬샹첸 77, 232, 276

쉬스잉 334

쉬안중화 78

쉬지선 77

쉬총즈 80

쉬하이둥 305, 306

슝스후이 246

스량 354

스탈린 91, 107, 109, 114, 115, 152, 211, 218, 386, 399, 400, 401, 517, 526, 567

스톨리핀 108

스푸(류스푸, 류쓰푸) 33

시라카바파 35

시어도어 화이트 448

시진핑 5, 563

신촌주의 35

신해혁명 20, 22, 44, 45, 46, 47, 51, 52, 53, 54, 55, 56, 57, 58, 66, 69, 70, 75, 442, 593, 594

쑤위 468, 469, 470

쑤자오정 79

쑨두 243, 249, 277, 280, 286, 288, 290, 291, 292, 293, 298

쑨양 297

쑨원 26, 46, 47, 49, 51, 52, 54, 55, 56, 66, 75, 76, 77, 79, 80, 339, 369, 435, 442, 475, 484, 593

쑨원안량 464, 470

쑨촨팡 81, 82

쑨치밍 523

쑹메이링 369

쑹시롄 77

쑹자오런 20

쑹저위안 308

쑹쯔원 369, 370

쑹칭링 75, 76, 84, 86, 322, 323, 331, 353

쑹핑 563, 564

ㅇ

안언푸 273

애널리 자코비 448

야오원위안 554, 577

양더즈 464

양상쿤 232, 240, 242, 277, 288, 289, 294, 429

양시민 79

양안궁 64

양원중 197

양윰타이 246, 247

양청우 268, 464

양후청 320, 333, 355, 358, 359, 363, 364, 365, 369, 371, 376

에드거 스노 475

엥겔스 31, 34, 211, 238, 433

여우궈차이 263

예젠잉 137, 384, 403, 409, 460, 461

예팅 82, 134

옌다오강 289, 291

옌시산 157, 158, 159, 314, 315, 318, 326, 333, 355, 361, 398, 438, 475

옌푸 50

오히라 마사요시 614

완야오황 245, 281, 283, 297

왕광치 37

왕둥위안 273

왕뤄페이 101, 115, 121, 136, 141, 144, 212

왕밍 161, 162, 174, 178, 179, 181, 183, 187, 200,

찾아보기 635

211, 217, 221, 380, 381, 386, 388, 389, 390, 391, 392, 395, 396, 397, 398, 399, 400, 401, 402, 403, 406, 407, 408, 409, 410, 411, 412, 413, 414, 415, 419, 420, 421, 427, 428, 429, 431

왕스제 476

왕이페이 96, 139, 140

왕자례 249, 254, 255, 256, 261, 263, 264, 265, 266, 268, 269, 273, 277, 281, 282, 283, 288, 297, 298

왕자샹 256, 286, 318, 328, 337, 388, 399, 400, 415, 418, 419, 420, 421, 424

왕전 234

왕징웨이 80, 84, 85, 86, 87, 124, 244, 245, 439

왕짜오스 354

왕쩌카이 104

왕훙원 577

우메즈 요시지로 318

우쉬췬 553

우위장 29, 41, 48, 56, 57, 61, 64

우치웨이 243, 244, 245, 249, 250, 259, 262, 282, 283, 285, 289, 297

우페이푸 73, 81

워싱턴 회의 72

웨이리황 359, 462

위쉐중 307

위슈송 65

위안머우 296, 297

위안스카이 21, 52, 57, 73, 435

원다이잉 31, 37, 39, 64

윌슨 61

이한장 455

ㅈ

자오덩위 438

자오쯔양 583

자오차오거우 450

장광나이 202, 372

장궁취안 83

장궈타오 68, 104, 184, 303, 304, 362, 367, 399, 409

장나이치 353, 354, 391, 396

장딩원 248, 359

장딩청 197

장란 445

장빙린 27

장쉐량 314, 320, 332, 333, 355, 356, 358, 359, 360, 361, 363, 364, 365, 369, 370, 371, 372, 376

장아이핑 287

장원톈 18, 23, 193, 197, 209, 213, 256, 279, 304, 306, 311, 312, 313, 315, 318, 322, 323, 324, 327, 332, 337, 338, 344, 347, 348, 352, 363, 366, 373, 375, 376, 389, 399, 401, 409, 421, 423, 426, 488, 490

장위핑 559, 560, 562

장이린 440

장전 300, 470

장제스 52, 78, 80, 81, 82, 83, 84, 85, 86, 87, 119, 120, 124, 157, 158, 159, 198, 202, 232, 236, 237, 239, 244, 245, 246, 247, 248, 249, 250, 251, 252, 253, 254, 255, 257, 259, 260, 261, 263, 264, 267, 269, 271, 272, 276, 277, 278, 279, 280, 281, 282, 283, 284, 285, 286, 287, 288, 289, 290, 291, 292, 293, 294, 295, 296, 297, 298, 300, 308, 310, 312, 313, 317, 318, 321, 326, 327, 329, 331, 332, 333, 335, 336, 338, 339, 340, 341, 342, 343, 344, 345, 346, 347, 348, 349, 350, 351, 352, 353, 354, 355, 356, 357, 358, 359, 360, 361, 362, 363, 364, 365, 366, 369, 370, 371, 372, 373, 374, 375, 376, 378, 383, 384, 387, 388, 391, 393, 394, 395, 399, 400, 402,

403, 404, 405, 407, 410, 417, 423, 431, 439, 442, 443,
444, 445, 446, 453, 457, 460, 464, 469, 471, 474, 475,
476, 477, 478, 479, 480, 481, 487, 503
장지 32, 157
장쩌민 483, 529, 591, 602, 604, 606, 607, 608, 609,
610, 612, 616, 618, 619
장쭤린 73
장쯔중 439
장쯔화 322, 323, 326, 327, 354
장춘차오 577
장충 343, 352
장칭 473, 561, 562, 563, 577
장칭화 473
장타이레이 96, 139
장파쿠이 94, 136, 245
장하오 308, 309, 310, 311, 313, 318, 325, 327, 375, 376
저우언라이 26, 31, 40, 56, 67, 77, 96, 97, 98, 101,
103, 104, 105, 110, 111, 112, 116, 118, 119, 120, 121,
140, 142, 143, 146, 158, 159, 173, 218, 219, 231, 256,
264, 270, 286, 311, 313, 318, 322, 324, 327, 328, 330,
332, 333, 336, 337, 342, 343, 350, 351, 352, 353, 354,
356, 359, 361, 362, 364, 369, 370, 373, 380, 381, 384,
386, 399, 401, 402, 403, 404, 405, 406, 409, 410, 414,
421, 423, 426, 429, 439, 446, 447, 468, 472, 473, 474,
475, 488, 489, 491, 492, 497, 498, 501, 505, 509, 512,
515, 517, 525, 526, 527, 536, 541, 545, 547, 551, 559,
560, 566, 567, 574, 578
저우쭈황 262, 263
저우쭤런 35
저우포하이 68
저우훈위안 244, 245, 249, 250, 259, 262, 269,
281, 285, 286, 288, 289, 297

정관잉 49
정둥궈 77
정푸타 101
제임스 버트럼 320
주더 56, 148, 172, 186, 235, 242, 253, 270, 273, 275,
276, 278, 280, 281, 282, 284, 285, 286, 288, 289, 296,
297, 337, 363, 375, 384, 418, 421, 473, 474, 481
주사오량 359
쥐정 157
증국번 456
직봉전쟁 73
직완전쟁 73
쩌우루 157
쩌우타오펀 331, 354, 436, 440, 443
쩡양푸 322, 343, 354
쪄취안 77

ㅊ

차오쿤 73
차이지민 22
차이팅졔 372
차이팅카이 202
차이허썬 39, 40, 64, 121
천경 77
천궁보 68, 157
천댜오위안 359
천두슈 22, 23, 31, 36, 44, 54, 58, 61, 62, 63, 64, 80,
87, 329
천리푸 322, 352, 353, 354, 410
천밍수 372
천보췬 239, 240, 465
천부레이 260
천스쥐 470

천옌넨 31
천왕다오 31, 63, 65, 66
천원 226, 230, 234, 241, 258, 268, 270, 298, 399, 409, 421, 495, 527, 535, 547, 548, 551, 585
천이 231
천정런 552
천중밍 75, 79
천즈신 248
천지탕 246, 251, 252, 255, 335, 336, 376, 475
천차오녠 101
천청 232, 244, 245, 248, 289, 291, 326, 335, 359, 480
천톈화 50
칭첸 80, 94
추칭취안 470
취추바이 17, 31, 61, 91, 92, 98, 99, 101, 102, 104, 105, 106, 111, 112, 113, 115, 117, 121, 131, 133, 134, 141, 143, 173, 181, 183
친더춘 318

ㅋ

카이펑 202, 318, 399, 412, 414
캉성 192, 388, 389, 399, 409, 421, 530
캉쩌 404
쾅융 74
쿵샹시 322
크로포트킨 35
크와카나스 코트니스 446

ㅌ

타시로 칸이치로 334
탄전린 197
탄하오밍 252
탕성즈 130, 475

탕야오 253
탕언보 244, 326, 335
탕지야오 275
텅다이위안 148
톨스토이 35
투정추 96
퉁린거 438
티토 494

ㅍ

판쑹푸 244
판원화 277
판한녠 343, 352, 368
팡셴즈 550
펑더화이 148, 232, 277, 288, 289, 318, 322, 325, 332, 333, 384, 399, 428, 472, 547
펑위샹 85, 86, 157, 159, 475
페이샤오퉁 507
푸쭤이 362, 462, 464

ㅎ

하오보춘 480
한궈(리한궈) 18, 19, 31, 63, 68
해리슨 포먼 449
해리 폴릿 542
허궈광 246, 276, 279, 284
허룽 134, 232, 234, 236, 237, 259, 273
허멍슝 23, 27, 172, 212
허샹닝 353
허우사오추 78
허우즈단 263, 264, 265, 266, 267, 269
허우한여우 265, 266, 267
허잉친 290, 317, 318, 384, 436

허젠 249, 250, 252, 253, 261, 284, 285
허창궁 242
허청쿤 291
헨리크 입센 59
홍수전 55, 102
훙차오 240
화궈펑 586
황바이타오 464, 469
황수쩌 561
황옌페이 450, 505
황웨이 477
황제 50, 52, 53, 54, 55, 73, 77, 435, 442, 455
황커청 241
황푸 74, 83, 475
후롄 477
후성 533
후야오방 590
후쭝난 77, 352, 370, 472
후차오무 526
후한민 251
히오키 에키 435

| 지은이 소개 |

진충지 金沖及

진충지(金沖及, 1930-2024)는 상하이 출생으로 중국 근대사와 중국공산당 당사黨史 연구자이다. 중국공산당 중앙문헌연구실 연구원, 러시아과학원 외국인 원사, 베이징대학교·푸단대학교·중국사회과학원의 겸임교수이자 박사지도교수를 지냈다. 또한 중국공산당 중앙문헌연구실 상무부주임, 국가철학사회과학계획 영도소조 구성원, 제7·8·9대 중국인민정치협상회의 전국위원회 위원, 중국사학회 회장 등을 역임했다. 많은 저서와 논문들이 있으며, 그 가운데『二十世紀中國史綱』(2009)은 '중국출판물정부상中國出版政府獎',『生死關頭: 中國共産黨的道路抉擇』(2016)는 '중국양서상中國好書獎'을 수상했다.

| 옮긴이 소개 |

안인환 安仁煥

안인환安仁煥은 서울 마포 한강변에서 태어났다. 성균관대학교에서 한국철학과 중국철학을 공부했으며, 성균관대와 중국 칭화대학에서 박사학위를 받았다. 현재 중국 베이징외국어대학교 한국어학과 교수로 있다. 지은 책으로는『중국대중문화, 그 부침의 역사』가 있고, 옮긴 책으로는『중국철학의 근본적 재구성을 위한 여정』등이 있다. 최근에는 한국과 중국이 서로를 더 깊이 이해하기 위한 학술적 소통의 내용과 방식을 고민하고 있다.

제효봉 齊曉峰

제효봉齊曉峰은 서울대학교 국어교육과에서 박사학위를 받았으며, 현재 중국베이징외국어대학교 한국어학과 교수로 재직 중이다. 저서로는『중국어권 학습자를 위한 한국어 쓰기 교육 내용 연구』등이 있다.

이형준 李炯俊

이형준李炯俊은 태동고전연구소(지곡서당)에서 수학했으며, 연세대학교 정치학과 박사과정을 수료했다.『대의각미록』,『선善의 역정』등 다수의 번역 작업에 참여했다.

생사의 기로에 선 중국공산당의 운명적 선택

초판 인쇄 2025년 5월 20일
초판 발행 2025년 5월 30일

지 은 이 | 진충지金沖及
옮 긴 이 | 안인환安仁煥·제효봉齊曉峰·이형준李炯俊
펴 낸 이 | 하운근
펴 낸 곳 | 學古房

주　　　소 | 경기도 고양시 덕양구 통일로 140 삼송테크노밸리 A동 B224
전　　　화 | (02)353-9908 편집부(02)356-9903
팩　　　스 | (02)6959-8234
홈페이지 | www.hakgobang.co.kr
전자우편 | www.hakgobang@naver.com
등록번호 | 제311-1994-000001호

ISBN 979-11-6995-686-4 93910

값 45,000원

파본은 교환해 드립니다.